Kreativ Kochen lernen

Rita Richter

8. Auflage

VERLAG EUROPA-LEHRMITTEL · Nourney, Vollmer GmbH & Co. KG
Düsselberger Straße 23 · 42781 Haan-Gruiten

Europa-Nr.: 67302

Autorin
Rita Richter, Waiblingen

Verlagslektorat
Anke Horst

Illustrationen
Bernd Bürkle, RB-Grafikdesignstudio, Fellbach

Fotos
Hans-Peter Fischer, Fotostudio Fischer, Elzach

8. Auflage 2016
Druck 5 4 3 2 1
Alle Drucke derselben Auflage sind parallel einsetzbar, da sie bis auf die Korrektur von Druckfehlern untereinander unverändert sind.

ISBN 978-3-8085-6730-2

Alle Rechte vorbehalten. Das Werk ist urheberrechtlich geschützt. Jede Verwertung außerhalb der gesetzlich geregelten Fälle muss vom Verlag schriftlich genehmigt werden.

© 2016 by Verlag Europa-Lehrmittel, Nourney, Vollmer GmbH & Co. KG, 42781 Haan-Gruiten
http://www.europa-lehrmittel.de
Satz: Ruhrstadt Medien AG, 44579 Castrop-Rauxel
Druck: Druckerei Triltsch GmbH, 97199 Ochsenfurt-Hohestadt

Vorwort

> **Das Leben ist wie Kochen. Alles hängt davon ab, was man hinzufügt und wie man es mischt. Manchmal folgt man dem Rezept, und zu anderen Zeiten ist man kreativ.**
> (Roger von Oech)

Der Kochordner **Kreativ Kochen lernen** wurde für Schülerinnen und Schüler erarbeitet, die das **Berufsvorbereitungsjahr (BVJ)**, das **Berufseinstiegsjahr (BEJ)** und die **Einjährige Hauswirtschaftliche Berufsfachschule (1BFH)** sowie die **Zweijährige Hauswirtschaftliche Berufsfachschule (2BFH)** im Fach Berufspraktische Kompetenz besuchen. Gleichzeitig ist es an all die gerichtet, die Interesse daran haben, Grundlegendes neu zu erlernen oder zu vertiefen und durch die Vielzahl an Rezepten kreativ tätig zu werden.

Der Ordner ist sachlogisch in zwölf Register unterteilt **(Registerüberblick, Seite 17).** Die Kapitel reichen von der Kochtheorie bis zu einem interessanten Service- und Reinigungsteil, der sich am Ende des Ordners befindet. Auf jedem Registerblatt sind die entsprechenden Inhalte deutlich vermerkt. Am Anfang jedes Kapitels werden Sie in das Thema eingeführt und erhalten dabei grundlegende Kenntnisse. Durch exakte praktische Anleitungen erfahren Sie mehr über die richtige Anwendung von Gartechniken, den vielfältigen Einsatz von Lebensmitteln und die Tischkultur. Zahlreiche Kniffe und Tipps vereinfachen den Kochprozess. Im Ordner sind sowohl traditionelle als auch eine Vielzahl von modernen Rezepten (z. B. Bruschetta, Crostini, Risotto, Cupcakes, Panna cotta) enthalten.

Neu in der 8. Auflage:
Die Inhalte wurden insgesamt aktualisiert. Insbesondere in der **Fachtheorie** wurde das Kapitel „**Kennzeichnung von Lebensmitteln**" den neuen gesetzlichen Vorgaben entsprechend überarbeitet.

Aufgrund häufiger Anfragen wurde der Kochordner **Kreativ Kochen lernen** um verschiedene **Module** erweitert. **Die Module „Kreativ Kochen lernen" zur gezielten thematischen Erweiterung des Basis-Ordners erhalten Sie in zwei Varianten:**

- Die **Loseblattsammlungen** mit stabiler Registerkarte können im Ordner individuell sortiert und mit eigenen Inhalten weiter ergänzt werden.
- Die **broschierten Ausgaben** sind durch den robusten Umschlag leicht zu transportieren und flexibel zu handhaben. Bei Bedarf können sie auch einzeln im Buchregal Platz finden oder abgeheftet werden, denn die Seiten sind perforiert und gelocht.

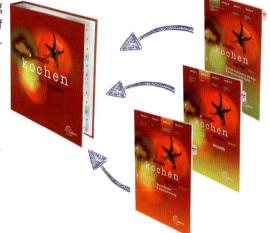

Folgende Module sind erhältlich (als Loseblattsammlung und als broschierte Ausgabe):
Modul A: Kochen und Backen für Kids & Internationale Küche
Modul B: Diätetik (diverse Kostformen im Überblick, inkl. passender Rezepturen und Nährwertberechnungen)
Modul C: Servicekunde & Gästebetreuung
Modul D: Reinigung & Wäschepflege & Wohnen **(ab Frühjahr 2017)**
Interessiert? Dann erweitern Sie doch systematisch Ihren Kochordner.

> **Nicht was der Zeit widersteht, ist dauerhaft, sondern was sich klugerweise mit ihr ändert.**
> (Verfasser unbekannt)

Deshalb sind Verlag und Autor für alle Anregungen und Verbesserungsvorschläge sehr dankbar, die zur weiteren Entwicklung des Kochordners **Kreativ Kochen lernen** beitragen. Per E-Mail an lektorat@europa-lehrmittel.de.
Einen ganz herzlichen Dank möchte ich an Gretel Lang, Heidrun Buchmüller, Kerstin Kunze, Eva-Maria Fischer, Lore Buchmüller, Gertrud Hertlein-Hohn und Andreas Lück richten, die mich während der Entwicklungsphase dieses Werkes in jeglicher Hinsicht unterstützt haben.

Waiblingen, im Sommer 2016   Rita Richter

Inhaltsverzeichnis

Vorwort	3
Inhaltsverzeichnis	4
Kurzer Leitfaden durch den Ordner	8
Wichtige Abkürzungen/Maßeinheiten	10
Grundmengen pro Mahlzeit für 1 Person/Mengenangaben für das Binden von Flüssigkeiten	11
Protokoll für den Nahrungszubereitungsunterricht	12
Registerverzeichnis	17
Koch für die Reflexion der Projekte	18

1 Fachtheorie

Aufgaben	20
Unfallschutz	21
Persönliche Hygiene	23
Arbeitsplatzgestaltung	24
Abfallbeseitigung	25
Das Messen und Wiegen	26
Grundausstattung an Schneidegeräten/Küchenhelfern	27
Zerkleinerungsmethoden	31
Vorbereitungsarbeiten/Wichtige küchentechnische Vorgänge	33
Das Handrührgerät mit Zubehör/Verarbeitung von Massen und Teigen	35
Der Herd (Gasherd/Elektroherd mit Besonderheiten)	36
Kochgeschirr (Erläuterung des Dampfdrucktopfes)	39
Der Backofen	42
Das Mikrowellengerät	44
Garverfahren	45
Kräuter	47
Gewürze und Samen	48
Saisonkalender für Obst und Gemüse	50
Probekochen	51
Aufbau eines Grundrezeptes (Lockerungsmittel, Bindemittel, Geschmacks- und Verfeinerungszutaten)	52
Vollwertige Ernährung	55
Vollwert-Ernährung	56
Vegetarismus	57
Leichte Vollkost	58
Kennzeichnung von Lebensmitteln	60
Convenience Food	62
Vorratshaltung	67
Methoden der Haltbarmachung	68

2 Vorspeisen

Bruschetta/Crostini	75
Cocktails	76
Obst- und Gemüsevorspeisen, Brotaufstriche	78
Buttermischungen	83
Eier- und Fischvorspeisen	84
Kleine Fleisch- und Wurstvorspeisen	87
Toastbrote	89

3 Suppen, Kaltschalen, Suppeneinlagen, Eintöpfe, Soßen

1. PROJEKT	92
Einführung Suppen, Kaltschalen, Eintöpfe	93
Verschiedene klare Suppen und Brühen mit **Grundrezepten**	93
Gebundene Suppen	96
Pikante und süße Kaltschalen	101
Verschiedene Suppeneinlagen für gebundene und klare Suppen und Brühen	102
Verschiedene Eintopfgerichte	106
Verschiedene Soßen mit **Grundrezept** helle Mehlschwitze und Abwandlungen	108

4 Fleisch, Geflügel, Fisch

Einführung Fleisch	113
Gerichte vom Rind	116
Einführung Fleischteig mit **Grundrezept** und verschiedenen Hackfleischgerichten	118
Gerichte vom Schwein	125
Gerichte vom Kalb	129
Einführung Geflügel mit verschiedenen Geflügelgerichten	131
Einführung Fisch (3-S-System) mit verschiedenen Fischgerichten	136

5 Teigwaren, Pfannkuchen- und Semmelgerichte

2. PROJEKT	142
Einführung Teigwaren	143
Nudelgerichte mit **Grundrezept** Nudelteig und Abwandlungen **(Vollwert/vegetarisch)**	144
Spätzlegerichte mit **Grundrezept** Spätzleteig und Abwandlungen **(Vollwert/vegetarisch)**	151
Pfannkuchengerichte mit **Grundrezept** Pfannkuchenmasse und Abwandlungen **(Vollwert/vegetarisch)**	154
Semmelteig mit **Grundrezept** Semmelteig **(vegetarisch)**	160

6 Kartoffel- und Getreidespeisen

3. PROJEKT	164
Einführung Kartoffeln, Kartoffelgerichte mit **Grundrezept** Kartoffelteig **(vegetarisch)**	165
Einführung Getreide mit verschiedenen **Vollwertrezepten/vegetarischen Rezepten**	175
Einführung Reis mit verschiedenen Reisgerichten **(Vollwert/vegetarisch)**	183

7 Salate und Gemüse

4. PROJEKT	190
Einführung Salate (Herstellung von Keimlingen)	191
Salatmarinaden mit verschiedenen **Grundrezepten**	193
Blattsalate	195
Gegarte Gemüsesalate	196
Rohe Gemüsesalate	198
Gemischte Salate	199
Einführung Gemüse mit verschiedenen Gemüsegerichten, Kürbis	202

8 Desserts

5. PROJEKT	216
Einführung Desserts (Anrichten und Garnieren von Desserts)	217
Quark- und Joghurtspeisen	218
Bindemittel, diverse Crèmes, Soßen, Flammeri mit **Grundrezepten** und Abwandlungen	222

Einführung Gelatine mit verschiedenen Gelatinespeisen (kalte und warme Methode)	227
Das Karamellisieren mit **Grundrezept** und verschiedenen Desserts	233
Verschiedene Obstspeisen	235
Sonstige Desserts (z. B. Tiramisu, Eis, Soufflés)	239

9 Rührmasse, Mürbeteig und Brandmasse

Einführung Rührmasse mit **Grundrezept**	243
Verschiedene Kuchen und verschiedenes Gebäck aus Rührmasse	244
Einführung Mürbeteig (süß und salzig) mit **Grundrezepten** und Abwandlungen **(Vollwert)**	252
Pikante Mürbeteigtorten und pikantes Kleingebäck	254
Süße Mürbeteigtorten und süßes Kleingebäck	259
Einführung Brandmasse mit **Grundrezept** und Abwandlungen	266
Verschiedenes Gebäck aus Brandmasse (Formgebungsmöglichkeiten/Füllungen)	268

10 Hefeteig, Biskuitmasse, Quark-Öl-Teig, Quarkblätterteig, Strudelteig

6. PROJEKT	272
Einführung Hefeteig (süß und salzig) mit **Grundrezepten** und Abwandlungen (Vollwert)	273
Pikante Kuchen und pikantes Kleingebäck aus Hefeteig	276
Süße Kuchen und süßes Kleingebäck aus Hefeteig	283
Einführung Biskuitmasse mit **Grundrezept** und Abwandlungen	288
Torten und Kleingebäck aus Biskuitmasse	290
Einführung Quark-Öl-Teig (süß und salzig) mit **Grundrezept**	294
Verschiedenes pikantes und süßes Gebäck aus Quark-Öl-Teig	295
Einführung Quarkblätterteig mit **Grundrezept**	297
Verschiedenes pikantes und süßes Gebäck aus Quarkblätterteig	298
Einführung Strudelteig mit **Grundrezept**	301
Verschiedenes pikantes und süßes Gebäck aus Strudelteig	302

11 Weihnachtsgebäck, Getränke, Haltbarmachung (Praxis)

7. PROJEKT	306
Grundregeln der Weihnachtsbäckerei	307
Verschiedenes Weihnachtsgebäck, klassische Plätzchen, Pralinen, Formgebäck	308
Einführung Getränke, verschiedene kalte und warme Getränke	316
Methoden der Haltbarmachung (Konfitüre, Marmelade, Gelee, Chutney), das Tiefgefrieren	319

12 Tischkultur, Reinigung/Textilpflege

8. PROJEKT	324
Tischkultur (Tafelformen, Tischunterlagen, Tischdecken, Blumenschmuck etc.)	325
Menükarten/Tischkarten (Platzkärtchen)	327
Tischgeräte (Grundausstattung Geschirr und Besteck)	331
Gläser	332
Kleine Getränkekunde	333
Das Tischdecken	336
Serviceregeln	337
Servietten dekorativ falten	340
Kleiner Knigge-Test	342
Reinigung (Reinigungsarten, Reinigungsmittel, Reinigung von Geräten und Maschinen)	343
Textilpflege (Faserarten, Textilausrüstung, Textilkennzeichnung, Wäschepflege)	358
Rezeptregister	373
Sachwortregister	376
Bildquellen- und Literaturverzeichnis	379

Ergänzende Modulsysteme

Modul A: Kochen und Backen mit Kids, Internationale Küche

Kochen und Backen mit Kids	A 5
Kinderernährung	A 5
Gängige Abkürzungen für Gewichte und Maßeinheiten	A 6
Frühstück/Snacks (Crêpes, Piratenschiffchen, Kunterbunte Frühstücksbrote, Lustige Brotgesichter, ...)	A 7
Auf zum Mittagstisch (Tortellinispieße, Knusperschnitzel, Kartoffelmäuschen, ...)	A 11
Desserts (Apfelpfannkuchen, Schokowürfel, Schneewittchencrème, Sommertraum-Exotika, ...)	A 18
Backwerke (süß- und pikant) (Kunterbunte Hosenknöpfe, Martinsgänse, Schneckenrennen, Donuts, ...)	A 22
Getränke (Wachmacherdrink, Bananentraum, Sonnenuntergang, Urwaldlimonade, ...)	A 27
Internationale Küche	A 29
Indische Küche (Gewürzmischungen, Gewürzpasten, Brote, Beilagen, Hauptgerichte, Desserts)	A 29
Nordafrikanische Küche (Vorspeisen/Suppen, Brote, Hauptgerichte, Desserts)	A 35
Mexikanische Küche (Vorspeisen/Suppen/Dips, Beilagen, Hauptgerichte, Desserts)	A 42

Modul B: Diätetik

Kurzer Leitfaden durch das Modul B	B 4
Basis-Kostformen/Ernährungsberatung (Vollwertige Ernährung/Leichte Vollkost/Reduktionskost ...)	B 7
Krankheiten/Störungen und Ernährungstherapien	B 28

Modul C: Servicekunde und Gästebetreuung

Kurzer Leitfaden durch das Modul C	C 4
Ausbildung im Gastgewerbe	C 5
Der Servicemitarbeiter	C 8
Rund um den Tisch	C 12
Der Service	C 36
Getränke	C 48
Frühstück	C 68
Der richtige Umgang mit dem Gast	C 79

Kurzer Leitfaden durch den Ordner

Dieser Leitfaden möchte Ihnen bei der Handhabung des Ordners behilflich sein und Ihnen stichwortartig die wichtigsten Informationen geben. Lesen Sie die Seiten aufmerksam durch und beachten Sie die nachfolgend aufgeführten Hinweise. Sie werden sich sehr schnell zurechtfinden und viel Freude beim Ausprobieren haben.

Alle Mengenangaben der Rezepte beziehen sich, wenn nicht anders angegeben, auf **4** Personen. Besondere Abweichungen sind neben den jeweiligen Rezepturen vermerkt.

Das **Unterrichtsprotokoll** für jeden Kochtag dient dazu, die über das Jahr behandelten Themen nachzuvollziehen. **Tag** = **Kochtag** wird mit Nummern versehen, z. B. Kochtag **1**, Kochtag **2**, **Datum** = **Unterrichtsdatum**, **Speisenfolge**: Reihenfolge der Menüzusammenstellung, **Lernziele**: wichtige Lerninhalte, z. B. **GR** Salatmarinade.

Beispiel:

Tag	Datum	Speisenfolge	Lernziele
1.	16.09. ..	• Toast Hawaii	Unfallverhütung, Müllentsorgung
		• Pizza-Toast	Persönliche Hygiene
		• Kopfsalat	**GR** Salatmarinade
		• Essig-Öl-Marinade	Der Backofen (Backofeneinstellung)

Der Rezeptordner besteht aus **12** Farbregistern. Der Gesamtüberblick der einzelnen Registerinhalte ist auf **Seite 17** aufgeführt. Die Inhalte der einzelnen Themenblöcke werden zu Beginn eines jeden Registers dargestellt. Es können zusätzliche Rezeptblätter eingeheftet werden. Es empfiehlt sich, diese in der Rubrik **Eigene Rezepte** einzutragen.

Beispiel: Auszüge Kapitel 6

6.1	Einführung Kartoffeln	**Eigene Rezepte**	
6.1.1	Salzkartoffeln	z. B. Kartoffel-Lauch-Auflauf	_____
6.1.2	Pellkartoffeln		_____

Bevor Sie ein neues Thema beginnen, sollten Sie die entsprechende Einführung sorgfältig lesen. Die Durchführung wird dadurch erheblich erleichtert. Um ein gutes Ergebnis zu erzielen, ist es sinnvoll, die genannten Zutaten und Arbeitsschritte entsprechend der angegebenen Reihenfolge einzuhalten.

Die **Grundrezepte GR** und die entsprechenden Abwandlungen sind ausführlich in einer Tabelle dargestellt. Es gibt Rezepte, deren Mengen- und Zutatenangaben von den **Grundrezepten** abweichen. Die **Zubereitung** des Rezeptes entspricht jedoch dem **GR**.

10.1.11 Grissini

500 g	Mehl
12 g	Hefe
1½ Tl	Salz
3 El	Sonnenblumenöl
~170 ml	lauwarme Milch
~90 ml	lauwarmes Wasser

Hefeteig salzig zubereiten (siehe GR). Teig zugedeckt stehen lassen, bis er das doppelte Volumen erreicht hat. Teig in je 35-g-Portionen teilen und diese zu ca. 30 cm langen Stangen rollen. An jeweils einem Ende können die unten dargestellten Formgebungsmöglichkeiten als Verzierung ausgewählt werden usw.

(Vergleichen Sie die Mengen und Zutaten mit dem GR Hefeteig salzig [10.1].)

Die Bedeutungen der ausgewählten Rezeptabkürzungen und die in der Küche gängigen Maßeinheiten finden Sie auf **Seite 9**.

> **Beispiel für Abkürzungen**
>
> Stg. ➡ Stange

Merke: Wird **1 Tl = 1 Teelöffel** oder **1 El = 1 Esslöffel** verwendet, so beziehen sich diese Angaben immer auf einen **gestrichenen** Teelöffel bzw. Esslöffel.

Die Grundmengen **pro** Mahlzeit für **1 Person** sind auf **Seite 10** zu ersehen.

Das Ordungssystem hat den Vorteil, dass für die Nahrungszubereitung einzelne Blätter entnommen werden können. Damit sie nicht verschmutzen, empfiehlt es sich, die Rezepte in **Sichthüllen** zu stecken. Es sollten keine Blätter verloren gehen. Ordnen Sie deshalb am Ende jedes Kochvorganges alle Blätter in der richtigen Reihenfolge wieder ein.

Merke: Wichtige Merksätze, die unbedingt beachtet und verinnerlicht werden sollten.

Tipps: Zusätzliche Anregungen, besondere Ideen und Vorschläge.

Bevor Sie eine Speise anrichten und garnieren, sollten Sie diese nochmals probieren und abschmecken. Für jedes Rezept ist ein **Anrichte- und Garnierungsvorschlag** angegeben. Bitte richten Sie sich nach den örtlichen Gegebenheiten.

Die angegebenen **Garzeiten** entsprechen Durchschnittswerten, die je nach Lebensmittel und Geräten variieren können. Besonders die Garzeiten des Dampfdrucktopfes sind von Modell zu Modell verschieden. Beachten Sie die Garzeiten, die in den Begleitheften des DDT angegeben sind.

> Garzeit Topf: 10 Min.
>
> Garzeit DDT: 5 Min./1. Ring/kein Einsatz
>
> Backzeit: ca. 40 Min.
>
> Backtemperatur: 180 °C

Einstellungen des Gasbackofens (Ober- und Unterhitze, Umluft)

Ober- und Unterhitze (Stufe 1–8)				Umluft (Stufe 1–6)				Umluft (Stufe 1–8)			
Regler	Temperatur	Regler	Temperatur	Regler	Temperatur	Regler	Temperatur	Regler	Temperatur	Regler	Temperatur
1	140–160 °C	5	220–235 °C	1	120 °C	5	180 °C	1	120 °C	5	200 °C
2	160–180 °C	6	235–250 °C	2	140 °C	6	200 °C	2	140 °C	6	215 °C
3	180–200 °C	7	250–265 °C	3	150 °C	*	*	3	160 °C	7	230 °C
4	200–220 °C	8	265–280 °C	4	160 °C	*	*	4	180 °C	8	250 °C

(Hinweis: Diese Einstellungen sind Anhaltswerte und je nach Fabrikat und Hersteller etwas verschieden.)

Kulinarische und geschichtliche Hintergründe, kleine Warenkunde, wissenswerte Anmerkungen finden Sie als kleine Randnotiz bei den entsprechenden Rezepten.

> **Datteln:**
> Hauptanbaugebiet: Nordamerika.
> Pflaumenförmige Frucht der Dattelpalme.

Projekte

Auf der Rückseite einiger Register finden Sie jeweils **8** verschiedene Projektaufgaben. Die Projekte **1–6** sind „**Übungsprojekte**", bei deren Durchführung Sie sämtliches „Handwerkszeug" erhalten, um die beiden umfangreicheren Projekte **(7–8)** durchführen zu können. Beginnen Sie deshalb mit den Projekten **1–6**. Berücksichtigen Sie bei der Ausführung grundsätzlich die schulischen Gegebenheiten. Entwickeln Sie im gemeinsamen Tun viele gute Ideen, die zum Gelingen der Projekte beitragen.

Alle Rezepte wurden mehrfach erprobt und haben sich im Unterricht bewährt.
Ich wünsche Ihnen viel Freude beim kreativen Kochen.

Wichtige Abkürzungen

Abk.		Bedeutung	Abk.		Bedeutung
Bd	➡	Bund	ml	➡	Milliliter
Be	➡	Becher	Msp	➡	Messerspitze
ccm	➡	Kubikzentimeter	P	➡	Päckchen
Ds	➡	Dose	Pr	➡	Prise
El	➡	Esslöffel (gestrichen)	Sch	➡	Scheiben
fein	➡	fein geschnitten	s. o.	➡	siehe oben
g	➡	Gramm	Stk.	➡	Stück
geh.	➡	gehackt	Stg.	➡	Stange
gestr.	➡	gestrichen	Ta	➡	Tasse
kg	➡	Kilogramm	Tl	➡	Teelöffel (gestrichen)
l	➡	Liter	Tr	➡	Tropfen
mg	➡	Milligramm	Vz	➡	Vanille-, Vanillinzucker

Wichtige Zeichen

GR	➡	Grundrezept	Backtemperatur	➡	je nach Backofen verschieden
Tk	➡	Tiefkühlkost			
°C	➡	Grad Celsius	Min./Std.	➡	Minuten/Stunden
DDT	➡	Dampfdrucktopf	Merke	➡	wichtiger Merksatz
Backzeiten	➡	entsprechen ca.-Angaben	Tipp	➡	wissenswerter Hinweis

Arbeitstechniken

○	➡	Scheiben	□	➡	Würfel
◐	➡	halbe Scheiben	▭	➡	Rechtecke/Streifen
△	➡	Schnitten/Stücke			

Maßeinheiten

Stücke	Liter	kg	g	ml/ccm
1 Stk.	1 l	1 kg	1000 g	1000 ml/ccm
³⁄₄ Stk.	³⁄₄ l	0,75 kg	750 g	750 ml/ccm
½ Stk.	½ l	0,5 kg	500 g	500 ml/ccm
¼ Stk.	¼ l	0,25 kg	250 g	250 ml/ccm
Kuchenstück = ⅛ Stk.	⅛ l	0,125 kg	125 g	125 ml/ccm
Tortenstück = ¹⁄₁₆ Stk.	¹⁄₁₆ l	0,0625 kg	62,5 g	62,5 ml/ccm

Grundmengen

Grundmengen pro Mahlzeit für 1 Person

Gerichtsteile	Mengen (Trockengewicht bzw. Rohgewicht)

E/F

Eintopf (als Hauptgericht)	ca. ½ l = 500 ml
Fischfilet	ca. 150 g – 200 g
Fisch (ganz)	ca. 200 g – 250 g
Fleisch (ohne Knochen)	ca. 100 g – 150 g
Fleisch (mit Knochen)	ca. 150 g – 200 g
Flüssigkeiten für Getränke	ca. ¼ l = 250 ml
Flüssigkeiten für Süßspeisen	ca. ⅛ l = 125 ml
Hackfleisch	ca. 100 g

G

Geflügel (mit Knochen)	ca. 300 g – 400 g
Geflügel (ohne Knochen)	ca. 150 g – 200 g
Gemüse (küchenfertig)	ca. 150 g – 200 g
Gemüse (Rohkost)	ca. 100 g – 125 g

K

Kartoffelklöße (je nach Größe)	ca. 200 g
Kartoffeln (Beilage)	ca. 200 g
Kartoffelpüree	ca. 150 g – 200 g
Kompott	ca. 125 g – 150 g

N/O

Nachspeisen	ca. 125 g – 150 g
Obst (frisch je nach Art)	ca. 150 g – 200 g

R

Reis (Hauptgericht)	ca. 100 g
Reis (Suppeneinlage)	ca. 15 g
Reis (Beilage)	ca. 60 g

S

Salat (Blattsalate)	ca. 50 g – 70 g
Soßen (zu Desserts)	ca. 50 ml – 60 ml
Soßen (zu Fleisch etc.)	ca. 50 ml – 70 ml
Suppen als Vorspeise (1 Teller)	ca. ¼ l = 250 ml
Suppen als Vorspeise (Tasse)	ca. 150 ml

T

Teigwaren (Beilagen)	ca. 50 g – 70 g
Teigwaren (Hauptgericht)	ca. 100 g – 150 g
Teigwaren (Suppeneinlage)	ca. 15 g – 20 g

Mengenangaben für das Binden von Flüssigkeiten
(Angaben für 1 Liter Flüssigkeit und 4 Personen)

Bindemittel	Suppen	Soßen	Brei	zum Stürzen	Garzeiten
Speisestärke	30 g	40 g	60 g	80 g – 90 g	3 – 4 Min.
Mehl	40 g – 50 g	80 g	●	●	4 – 5 Min.
Grieß	50 g	●	90 g	120 g – 125 g	5 – 10 Min.
Haferflocken	60 g	●	125 g	●	5 – 10 Min.
Sago	50 g	●	100 g	●	10 – 15 Min.

(● keine Angaben)

Protokoll für den Nahrungszubereitungsunterricht

Tag	Datum	Speisenfolge	Lernziele

Arbeitshinweis:

Tag = Tag des NA-Unterrichtes. Dieser sollte mit Nummern (**1.**, **2.**, **3.** Kochtag) gekennzeichnet werden.

Lernziele: geben Aufschluss über schwerpunktmäßige Lerninhalte (**GR** Rührmasse, **Garverfahren:** Dämpfen …).

Protokoll für den Nahrungszubereitungsunterricht

Tag	Datum	Speisenfolge	Lernziele

Arbeitshinweis:

Tag = Tag des NA-Unterrichtes. Dieser sollte mit Nummern (**1.**, **2.**, **3.** Kochtag) gekennzeichnet werden.

Lernziele: geben Aufschluss über schwerpunktmäßige Lerninhalte (**GR** Rührmasse, **Garverfahren:** Dämpfen …).

Protokoll für den Nahrungszubereitungsunterricht

Tag	Datum	Speisenfolge	Lernziele

Arbeitshinweis:

Tag = Tag des NA-Unterrichtes. Dieser sollte mit Nummern (**1.**, **2.**, **3.** Kochtag) gekennzeichnet werden.

Lernziele: geben Aufschluss über schwerpunktmäßige Lerninhalte (**GR** Rührmasse, **Garverfahren:** Dämpfen …).

Protokoll für den Nahrungszubereitungsunterricht

Tag	Datum	Speisenfolge	Lernziele

Arbeitshinweis:

Tag = Tag des NA-Unterrichtes. Dieser sollte mit Nummern (**1.**, **2.**, **3.** Kochtag) gekennzeichnet werden.

Lernziele: geben Aufschluss über schwerpunktmäßige Lerninhalte (**GR** Rührmasse, **Garverfahren:** Dämpfen …).

Protokoll für den Nahrungszubereitungsunterricht

Tag	Datum	Speisenfolge	Lernziele

Arbeitshinweis:

Tag = Tag des NA-Unterrichtes. Dieser sollte mit Nummern (**1.**, **2.**, **3.** Kochtag) gekennzeichnet werden.
Lernziele: geben Aufschluss über schwerpunktmäßige Lerninhalte (**GR** Rührmasse, **Garverfahren:** Dämpfen ...).

Register-verzeichnis

1 *Fachtheorie*

2 *Vorspeisen*

3 *Suppen, Kaltschalen, Suppeneinlagen, Eintöpfe, Soßen*

4 *Fleisch, Geflügel, Fisch*

5 *Teigwaren, Pfannkuchen- und Semmelgerichte*

6 *Kartoffel- und Getreidespeisen*

7 *Salate und Gemüse*

8 *Desserts*

9 *Rührmasse, Mürbeteig und Brandmasse*

10 *Hefeteig, Biskuitmasse, Quark-Öl-Teig, Quarkblätterteig, Strudelteig*

11 *Weihnachtsgebäck, Getränke, Haltbarmachung*

12 *Tischkultur, Reinigung und Textilpflege*

1. Kapitel

1 Fachtheorie

Ohne theoretische Fachkenntnis können in der Küche viele Fehler begangen werden. Deshalb empfiehlt es sich, die theoretischen Fähigkeiten mit den praktischen Fertigkeiten zu kombinieren. Der fachtheoretische Teil steht in engem Zusammenhang mit der Fachpraxis. Versuchen Sie deshalb Schritt für Schritt, sich sowohl die theoretischen als auch die praktischen Inhalte anzueignen.

	Aufgaben	20
1.1	**Unfallschutz**	21
1.2	**Persönliche Hygiene**	23
1.3	**Arbeitsplatzgestaltung**	24
1.3.1	Ergonomische Arbeitsplatzgestaltung	24
1.3.2	Arbeitsorganisation	24
1.4	**Abfallbeseitigung**	25
1.5	**Das Messen und Wiegen**	26
1.6	**Grundausstattung Schneidegeräte**	27
1.6.1	Arten von Schneidegeräten	27
1.6.2	Der richtige Umgang mit Messern	28
1.6.3	Das Schärfen von Messern	29
1.6.4	Küchenhelfer	29
1.7	**Zerkleinerungsmethoden**	31
1.7.1	Vermeidung von Vitamin- und Mineralstoffverlusten	31
1.7.2	Fingerhaltung beim Schneiden	31
1.8	**Vorbereitungsarbeiten**	33
1.9	**Küchentechnische Vorgänge**	33
1.10	**Das Handrührgerät mit Zubehör**	35
1.11	**Verarbeitungsmöglichkeiten von Massen und Teigen**	35
1.12	**Der Herd**	36
1.12.1	Herdoberflächen	36
1.12.2	Herdarten	36
1.13	**Kochgeschirr**	39
1.13.1	Anforderungen an Kochgeschirr	39
1.13.2	Energie sparen beim Garprozess	39
1.13.3	Das Reinigen von Kochgeschirr	39
1.13.4	Der Dampfdrucktopf (DDT)	40
1.14	**Der Backofen**	42
1.15	**Das Mikrowellengerät**	44
1.16	**Garverfahren**	45
1.17	**Kräuter**	47
1.18	**Gewürze und Samen**	48
1.19	**Saisonkalender Obst/Gemüse**	50
1.20	**Probekochen**	51
1.21	**Aufbau eines Grundrezeptes**	52
1.21.1	Lockerungsmittel	53
1.21.2	Geschmackszutaten	53
1.21.3	Verfeinerungs-, Verbesserungszutaten	53
1.21.4	Bindemittel (Dickungsmittel)	54
1.22	**Vollwertige Ernährung**	55
1.23	**Vollwert-Ernährung**	56
1.24	**Vegetarismus**	57
1.25	**Leichte Vollkost**	58
1.26	**Kennzeichnung von Lebensmitteln**	60
1.27	**Convenience Food**	62
1.27.1	Verarbeitungsgrade von Lebensmitteln	63
1.27.2	Produktgruppen verarbeiteter Lebensmittel	63
1.27.3	Vor- und Nachteile von Convenience Produkten	64
1.27.4	Bewertungsskala für den Beurteilungsbogen mit Verdeutlichung	65
1.27.5	Bewertungsbogen	66
1.28	**Vorratshaltung**	67
1.28.1	Einflussfaktoren, die eine Qualitätsminderung und einen Lebensmittelverderb hervorrufen können	67
1.28.2	Lebensmittelverderb	67
1.28.3	Wichtige Regeln für eine richtige Vorratshaltung	67
1.29	**Methoden der Haltbarmachung**	68
1.29.1	Physikalische Methoden	68
1.29.2	Chemische Methoden	72

Eigene Unterlagen

_____

_____

_____

_____

Fachtheorie

AUFGABEN

1. Persönliche Hygiene

1.1 Welche persönlichen Hygienemaßnahmen müssen Sie vor und während der Küchenarbeit treffen?

1.2 Erkundigen Sie sich in einem Fachgeschäft über die Preise von Berufsbekleidung für Köche, Hotel- und Restaurantfachleute.

2. Arbeitsplatzgestaltung/Arbeitsorganisation

2.1 Erläutern Sie je 4 Arbeitsgrundsätze, die Sie vor, während und nach der Nahrungszubereitung berücksichtigen.

2.2 Sie bereiten einen Karottensalat zu. Welche Dinge stellen Sie in den inneren und äußeren Greifraum?

3. Probekochen/Grundrezepte

3.1 Wie können Sie sich optimal auf ein Probekochen vorbereiten?

3.2 Erklären Sie stichwortartig den Aufbau eines Grundrezeptes.

4. Messen und Wiegen

4.1 Mit welchen Methoden können Lebensmittel in der Küche abgemessen und abgewogen werden?

4.2 Erkundigen Sie sich im Handel über die Preise einer Digitalwaage und einer manuellen Waage. Welcher Waage würden Sie beim Kauf den Vorzug geben? Begründen Sie Ihre Auswahl.

5. Grundausstattung Schneidegeräte/Zerkleinerungsmethoden

5.1 Welche Schneidegeräte gibt es in Ihrer Schulküche? Benennen Sie diese mit den entsprechenden Fachnamen.

5.2 Erläutern Sie, was man unter den Begriffen: passieren, pürieren, hobeln, raspeln und reiben versteht.

6. Elektroherd/Backofen/Kochgeschirr

6.1 Erklären Sie einem Mitglied Ihrer Kochgruppe die Funktionen am Schulherd bzw. Schulbackofen.

6.2 Sie möchten Kochgeschirr kaufen. Welche Anforderungen stellen Sie an ein hochwertiges Kochgeschirr?

6.3 Erläutern Sie Ihren Mitschülern den richtigen Umgang mit dem Dampfdrucktopf.

7. Garverfahren/Lockerungsmittel

7.1 Präsentieren Sie 2 Garverfahren Ihrer Wahl auf Plakaten. Versuchen Sie hierfür weitere Informationen über beide Garverfahren in Fachbüchern, im Internet etc. zu finden.

7.2 Welche Methoden der Teiglockerung kennen Sie? Geben Sie jeweils ein Beispiel.

8. Vollwertige Ernährung/Vollwert-Ernährung

8.1 Erläutern Sie die 10 wichtigsten Grundsätze einer vollwertigen Ernährung.

8.2 Stellen Sie anhand des Ordners ein Vollwert-Menü (3-Gänge) zusammen. Beachten Sie dabei die Grundsätze.

9. Vegetarismus/Leichte Vollkost

9.1 Sie haben einen Lacto-Vegetarier zu Gast. Stellen Sie ein Mittagessen (3-Gänge) für diese Person zusammen.

9.2 Ihre Großmutter leidet an einer leichten Gallenerkrankung. Welche Lebensmittel eignen sich nicht zum Verzehr?

10. Convenience Food

10.1 Erläutern Sie anhand einer Gemüseart Ihrer Wahl die verschiedenen Verarbeitungsstufen von Lebensmitteln.

10.2 Ein Koch behauptet: „Seitdem ich Fertigprodukte in meiner Küche einsetze, hat sich die Gästeanzahl gesteigert und die anfallenden Kosten konnten gesenkt werden!" Nehmen Sie dazu Stellung.

11. Methoden der Haltbarmachung

11.1 Welchen Kühlschrank haben Sie in Ihrer Schulküche? Kontrollieren Sie, ob die Lebensmittel fachlich richtig eingeordnet sind.

11.2 Welche Daten sind auf dem Energielabel Ihres Schulkühlschranks ausgewiesen?

Fachtheorie

1.1 Unfallschutz

In der Küche können sehr viele Unfälle passieren. Deshalb ist es wichtig, sich bestimmte Unfallgefahren bewusst zu machen und sich entsprechend zu verhalten, damit es zu keinen Unfällen kommt.

Unfallgefahren in der Küche

❶ Durch Stürze kann es zu Kopfverletzungen, Verstauchungen, Brüchen und Wirbelsäulenschäden kommen.

Maßnahmen zur Vermeidung von Unfällen:
→ Rutschfeste Arbeitsschuhe tragen, trittsichere Leitern benutzen.
→ Heruntergefallene Dinge sofort aufheben und den Boden säubern.
→ Hindernisse, die den Arbeitsablauf blockieren, müssen entfernt werden.
→ Defekte Bodenbeläge **sofort** reparieren.

> **Erste-Hilfe-Maßnahmen:**
> Bei Verstauchungen, Knochenbrüchen etc. den betroffenen Körperteil ruhig stellen und zum Arzt gehen oder diesen kommen lassen.

❷ Durch Verletzungen an elektrischen Maschinen und Geräten kann es zu schweren Schnittwunden kommen.

Maßnahmen zur Vermeidung von Unfällen:
→ Sind Maschinen nicht sehr häufig im Einsatz, sollte vor der Arbeit die Betriebsanleitung sorgfältig gelesen werden.
→ Schutzvorkehrungen, z. B. Handschutz, grundsätzlich benutzen.
→ Defekte Geräte **sofort** von Fachleuten reparieren lassen.
→ Alle Maschinen sollten ein Prüfsiegel (**GS**-Siegel = **G**eprüfte **S**icherheit) haben.
→ Scharfe und spitze Gegenstände, z. B. scharfe Messer von Maschinen, nicht ins Spülwasser legen, sondern **sofort** reinigen.

> **Erste-Hilfe-Maßnahmen:**
> Einfache Schnittverletzungen: Wunden mit keimfreiem Verband abdecken. Verletzte Stelle wenn möglich hochhalten. Schwere Schnittverletzungen: Wunden mit Druckverband versehen. Arzt aufsuchen bzw. rufen.

❸ Durch defekte Geräte und Elektroanschlüsse kann es zu Verletzungen durch elektrischen Strom kommen.

Maßnahmen zur Vermeidung von Unfällen:
→ Defekte Geräte und Stecker **sofort** vom Fachmann reparieren lassen.
→ Nach dem Gebrauch eines elektrischen Gerätes **sofort** Stecker ziehen.
→ Ein elektrisches Gerät wird vor der Reinigung vom Stromnetz getrennt.
→ Elektrische Geräte nur mit einem feuchten Tuch reinigen. Zur Reinigung sollte grundsätzlich wenig Wasser benutzt werden.
→ Nicht intakte Steckdosen **sofort** erneuern.

> **Erste-Hilfe-Maßnahmen:**
> Zuerst den Stromkreis unterbrechen, d. h. Hauptsicherung ausschalten. Besteht dazu keine Möglichkeit, muss der Verletzte mit nicht leitenden, trockenen Materialien aus dem Stromkreis befreit werden. Der Helfer sollte auf einer nicht leitenden Bodenschicht, z. B. Gummimatte, trockenen Tüchern etc., stehen. Den Arzt sofort alarmieren, evtl. mit Wiederbelebung beginnen.

Fachtheorie

④ Durch heißes Fett oder durch Wasserdampf kann es zu Verbrennungen kommen.

Maßnahmen zur Vermeidung von Unfällen:
→ Töpfe mit heißen Flüssigkeiten vor dem Transport abkühlen lassen.
→ Beim Öffnen von Töpfen, Großküchengeräten etc. kann heißer Dampf entweichen, deshalb beim Öffnen grundsätzlich Abstand halten.
→ Beim Frittieren müssen alle Sicherheitsmaßnahmen eingehalten werden.
→ Überhitzte Fette können brennen. Fettbrände niemals mit Wasser löschen.
Löschmöglichkeiten: großer Topfdeckel, Speziallöschdecke, Spezialfeuerlöscher.
Beachte: Nicht alle Feuerlöscher sind für Fettbrände geeignet. Fachmann befragen.

Erste-Hilfe-Maßnahmen:
Bei schwachen Verbrennungen die entsprechenden Körperteile in kaltes Wasser geben. Die Schmerzen werden dadurch gelindert, evtl. Brandsalbe oder Brandwundtuch auftragen. Bei starken Verbrennungen sollte sofort der Arzt geholt werden.

⑤ Verbrennungen und Explosionsgefahr durch falsche Handhabung mit Gas.

Maßnahmen zur Vermeidung von Unfällen:
→ Erst Gasanzünder bereithalten, dann Gashahn aufdrehen und das Gas entzünden.
→ Bei größeren Benutzungspausen sollte der Haupthahn zugedreht werden.
→ Auftretende Gasgerüche sofort beheben. Gasaustritt kontrollieren. Fenster öffnen.
→ Wird im Großbetrieb mit den Gasherden gearbeitet, muss die Lüftung eingeschaltet sein.

Erste-Hilfe-Maßnahmen: siehe Verbrennungen oben.

⑥ Falsch verarbeitete Lebensmittel können zu Lebensmittelvergiftungen führen.

Maßnahmen zur Vermeidung von Unfällen:
→ Frisches Hackfleisch am Tag des Einkaufs verarbeiten (Salmonellengefahr).
→ Die Auftauflüssigkeit von Fleisch, Fisch und Geflügel fachgerecht entsorgen.
→ Fleischerzeugnisse richtig durchgaren (Kerntemperatur messen).
→ Niemals rohe Eierspeisen servieren (Salmonellengefahr).
→ Lange Warmhaltezeiten von Speisen sollten vermieden werden.

Erste-Hilfe-Maßnahmen:
Bei Durchfallerkrankungen, die auf ein schlechtes Essen zurückzuführen sind, sollte sofort der Arzt aufgesucht werden (Salmonellenverdacht).

Aufgaben:
1. Welche weiteren Unfälle können in der Küche passieren und wie können sie vermieden werden?
2. Welche Maßnahmen müssen Sie in der Schule treffen, um einen Krankenwagen mit Notarzt zu benachrichtigen?
3. Welche Ausrüstung muss in einem Erste-Hilfe-Kasten enthalten sein? Überprüfen Sie den Kasten Ihrer Schule.
4. Überlegen Sie, ob Sie im Ernstfall einem Verletzten richtig helfen können. Schnelle und sichere Hilfe rettet Leben!

Fachtheorie

1.2 Persönliche Hygiene

Alle Menschen, die mit Lebensmitteln in Berührung kommen und diese verarbeiten, müssen, um Infektionskrankheiten zu vermeiden, auf ihre persönliche Hygiene am Arbeitsplatz achten.

Wichtige Hygieneregeln

❶ Arbeitskleidung

- Immer saubere Kochkleidung (Schürze, Vorbinder, Hose etc.) aus Baumwolle tragen. Baumwolle kann den Körperschweiß gut aufnehmen und lässt sich sehr gut waschen.
- Grundsätzlich eine Kopfbedeckung tragen, z. B. Schiffchen, Kochmütze **oder** Kopftuch. Lange Haare zusammenbinden.
- Um Unfälle zu verhindern, müssen flache, rutschfeste Arbeitsschuhe getragen werden. Geschlossene Schuhe **oder** Schuhe mit Fersenriemen verwenden.
- Private Kleidungsstücke immer in den Umkleideräumen aufbewahren.

❷ Schmuck ablegen

- Jegliche Art von Schmuck muss abgelegt werden. Nagellack grundsätzlich entfernen.

❸ Regelmäßige Körperpflege

- Um einen unangenehmen Körpergeruch zu vermeiden, sollte der Körper regelmäßig gepflegt werden.
- Vor Arbeitsbeginn, nach jeder Pause und nach jedem Toilettengang Hände waschen.

❹ Offene Wunden abdecken

- Verletzungen, offene Wunden etc. müssen mit einem wasserdichten Verband abgedeckt werden. Bei der Arbeit evtl. Einweghandschuhe tragen.

❺ Erkältungskrankheiten

- Beim Niesen oder Husten werden Bakterien verbreitet, deshalb sollte man sich vom Lebensmittel abwenden. Nach dem Niesen und Husten Hände waschen!

❻ Abschmecken von Speisen

- Je nach Gericht werden Speisen mit **2** Tl oder **2** Gabeln probiert. Damit man sich bei heißen Speisen den Mund nicht verbrennt, können diese vor dem Probieren kurz auf eine Untertasse gelegt werden. Besteckteile, die im Mund waren, sollten nicht mehr ins Gericht gegeben werden. Durch den Speichel werden Bakterien übertragen.

❼ Rauchverbot

- In der Küche und in allen Lebensmittel verarbeitenden Bereichen ist Rauchen verboten.

❽ Bescheinigung

- Personen, die in gewerbsmäßig Lebensmittel verarbeitenden Betrieben tätig sind, benötigen vor der erstmaligen Ausübung ihrer Tätigkeit eine Bescheinigung gemäß § 43 Abs. 1 des Infektionsschutzgesetzes durch das Gesundheitsamt. Bei Personen, die Krankheitserreger, z. B. Salmonellen, ausscheiden, besteht ein Tätigkeitsverbot im Lebensmittelbereich.

Fachtheorie

1.3 Arbeitsplatzgestaltung

Ein gut organisierter Arbeitsplatz erleichtert den Arbeitsablauf und sichert ein gutes Arbeitsergebnis.

1.3.1 Ergonomische Arbeitsplatzgestaltung

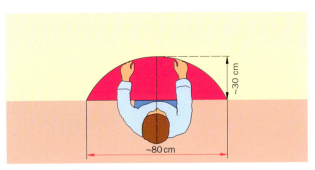

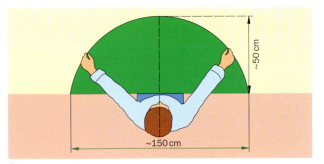

Innerer Greifraum
Arbeitsgegenstände, die **sehr oft** gebraucht werden, stellt man in den **inneren** Greifraum.

Äußerer Greifraum
Arbeitsgegenstände, die **selten** gebraucht werden, stellt man in den **äußeren** Greifraum.

Tipp: Durch eine aufrechte Körperhaltung können Haltungsschäden vermieden werden. Grundsätzlich ist zu überlegen, welche Arbeiten im Sitzen und welche im Stehen erledigt werden sollten.

1.3.2 Arbeitsorganisation

Arbeitsgrundsätze vor der Nahrungszubereitung:

→ Rezepte gut durchlesen und die Reihenfolge des Arbeitsablaufes überlegt planen.
  Beispiel: Um Vitaminverluste zu verhindern, sollte vor der Salatvorbereitung die Marinade hergestellt werden.
→ Auf die persönliche Hygiene achten. **Beispiel:** Vor der Arbeit Hände waschen **(siehe 1.2)**.
→ Abfallbehälter und Ordnungstopf (standfester Behälter für alle benutzten Besteck- und Messerteile) bereitstellen.
→ Geschirrtücher und Spüllappen bereitlegen.
→ Alle Zutaten auf einem Tablett herrichten und exakt abwiegen bzw. abmessen.
→ Alle benötigten Arbeitsgeräte unter Berücksichtigung der ergonomischen Arbeitsplatzgestaltung anordnen.

Arbeitsgrundsätze während der Nahrungszubereitung

→ Alle Arbeiten sollten, wenn möglich, von **rechts** nach **links** durchgeführt werden.
→ Arbeiten **rationell** durchführen, z. B. alle Karotten schälen, alle Karotten zerkleinern.
→ Arbeitsplatz übersichtlich gestalten und sauber halten.
→ Geschirr zwischen den Arbeitsgängen spülen, abtrocknen und aufräumen (Geschirrberg).
→ Zum Transport mehrerer Gegenstände wird ein Tablett oder ein Wagen benutzt.
→ Der Topfdurchmesser muss dem Durchmesser der Herdplatte entsprechen (Energieersparnis).
  Die Energie muss rechtzeitig reduziert werden. Die Nachwärme der Herdplatte sollte genutzt werden.
→ Kochlöffel, Bratenwender etc. nicht in den Speisen mitkochen lassen.
→ Den Frischezustand von Eiern prüfen. Eier einzeln in einer Arbeitstasse aufschlagen und prüfen.
→ Abgewogene Speisen, die nicht sofort gebraucht werden, abgedeckt kühl stellen, z. B. Hackfleisch, Sahne etc.
→ **Das Auge isst mit!** Verspritzte Schüssel- und Glasränder sind vor dem Garnieren mit einem sauberen Tuch, z. B. Küchenpapier, zu säubern.
→ Das Anrichtegeschirr rechtzeitig bei **ca. 50–60 °C** im Wärmeschrank oder Backofen vorwärmen.
→ Lange Warmhaltezeiten von Speisen vermeiden. Garzeiten und Essenszeiten abstimmen.
→ Die Reste in den Schüsseln und Töpfen sorgfältig mit dem Gummischaber herausholen.

Fachtheorie

Arbeitsgrundsätze nach der Nahrungszubereitung

→ Der Abfall sollte vorschriftsgemäß entsorgt werden **(siehe 1.4)**.
→ **Spülvorgang:**
   Geschirr zum Spülen vorbereiten. Groben Schmutz von den Töpfen, Schüsseln und Tellern entfernen, hierfür kann z. B. ein Gummischaber verwendet werden.
→ Geschirr rechts neben dem Spülbecken anordnen. Reihenfolge: Glas, Porzellan, Besteck, Töpfe, Pfannen.
→ **Spülwasser:** rechtes Spülbecken mit heißem Wasser und wenig Spülmittel füllen.
→ **Nachspülwasser:** linkes Becken mit heißem Wasser füllen. Spülkorb aufstellen.
→ Geschirr entsprechend der Reihenfolge im Spülwasser reinigen, danach ins klare Wasser geben und anschließend im Geschirrkorb abtropfen lassen. Geschirr trocken reiben und gesammelt aufräumen.

→ Keine spitzen Gegenstände, z. B. Messer, im Spülwasser liegen lassen (Unfallgefahr).
→ Wellhölzer mit Kugellager mit feuchtem Spültuch abreiben, nicht ins Wasser legen (Rostgefahr).
→ Beladung, Bedienung, Reinigung und Wartung von Geschirrspülmaschinen (siehe Register 12).

1.4 Abfallbeseitigung

Um unsere Umwelt zu schonen, ist es wichtig, den Müll den örtlichen Gegebenheiten entsprechend zu entsorgen. Wo immer es möglich ist, sollte die Müllbildung vermieden werden.

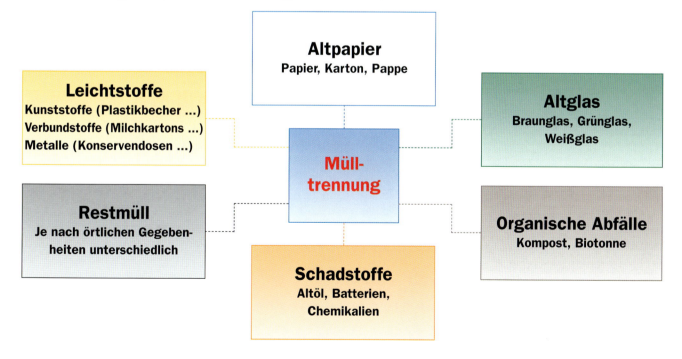

Aufgabe: Informieren Sie sich, wie an Ihrem Ort der Müll getrennt wird. Welchen Beitrag können Sie zur Mülltrennung und Müllvermeidung leisten?

Fachtheorie

1.5 Das Messen und Wiegen

Um ein gutes Arbeitsergebnis zu erzielen, ist ein exaktes Abmessen und Abwiegen der Nahrungsmittel notwendig. **Es gibt 3 wichtige Methoden**, Nahrungsmittel abzuwiegen bzw. abzumessen.

1. Methode: Abwiegen mit der Waage

Die Mengen können sehr genau abgewogen werden. Aus hygienischen Gründen sollte eine Waagschale oder ein Teller für das Abwiegen verwendet werden. Der Teller o. Ä. darf nicht mit abgewogen werden. Stellt man diesen auf die Waage, muss die Anzeige vor dem Wiegen auf **NULL** stehen.

Tipp: Diese Messmethode ist für Nüsse, Früchte, Obst, Gemüse, Fleisch, Fisch, Geflügel etc. geeignet.

2. Methode: Messen mit dem Messbecher

Mengen können nicht auf das **Gramm** genau abgemessen werden. Auf jedem Messbecher ist ersichtlich, welche Nahrungsmittel gemessen werden können.

Tipp: Messbecher sind für Flüssigkeiten, Mehl, Reis, Haferflocken, Grieß etc. gut geeignet.

3. Methode: Das Abschätzen

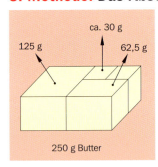 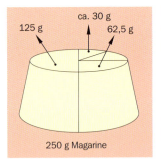

250 g Butter   250 g Magarine

Lassen Rezepte leichte Abweichungen zu, so können die Mengen abgeschätzt werden. Viele Packungen weisen am Rand **„Markierungshilfen"** auf.

Tipp: Das Abschätzen ist z. B. für die in der Abbildung angegebenen Mengen an Butter und Margarine geeignet.

Weitere Messverfahren:

Kurzzeitwecker (Küchentimer): Um die Garzeiten einzuhalten, empfiehlt es sich, einen Kurzzeitwecker zu stellen.
Thermometer: Dient zum Messen der Temperatur. Bsp.: Messung der Kerntemperatur von Fleisch und Geflügel.
Finger: (Pr = Prise) Menge, die zwischen Daumen und Zeigefinger passt.

Tipp: Wird oft bei Gewürzen angegeben.

Tassen, Gläser, Teelöffel (Tl) und **Esslöffel (El), Messer (Msp)**

Wissenswerte Durchschnittswerte von Lebensmitteln

Teelöffel = Tl (gestrichen)	Esslöffel = El (gestrichen)	Obst und Gemüse	
1 Tl Backpulver → ~ 3 g	1 El Backpulver → ~ 10 g	1 mittelgroßer Apfel	~ 140 g
1 Tl Mehl → ~ 5 g	1 El Mehl → ~ 10 g	1 große Birne/Banane	~ 150 g
1 Tl Salz → ~ 5 g	1 El Salz → ~ 12 g	1 mittelgroße Zwiebel	~ 100 g
1 Tl Zucker → ~ 5 g	1 El Zucker → ~ 15 g	1 mittelgroße Kartoffel	~ 100 g

Fachtheorie

1.6 Grundausstattung an Schneidegeräten

Qualitativ hochwertige Messer sind für gute Arbeitsergebnisse sehr wichtig. Sie senken den Kraftaufwand und erleichtern die Arbeit. Die Messerklingen werden bei hochwertigen Produkten aus einem Stück rostfreiem Stahl hergestellt. Die meisten Messergriffe bestehen aus widerstandsfähigem und den hygienischen Anforderungen entsprechendem Kunststoff. Um schwere Verletzungen zu verhindern, sollte auf einen breiten Fingerschutz am Griffanfang geachtet werden. Messer niemals zweckentfremdet einsetzen, d. h., das Tomatenmesser sollte ausschließlich zum Schneiden von Tomaten verwendet werden.

1.6.1 Verschiedene Arten von Schneidegeräten

1. Ausbeinmesser

Die schmale geschwungene Klinge erleichtert das Trennen (Ausbeinen) von Knochen, Fleisch, Sehnen und Knorpel. Häute können problemlos entfernt werden.

2. Brotmesser

Durch den Wellenschliff des Messers können mit geringem Kraftaufwand Brote und Kuchen aufgeschnitten werden. Die Speisen erhalten keine Formverluste.

3. Buntschneidemesser

Durch die Zacken der Messerklinge erzielt man ein dekoratives Muster. Geeignet für Obst, Gemüse, Butter etc.

4. Geflügelschere

Eignet sich sehr gut, um jegliche Art von Geflügel zu zerkleinern.

5. Gemüsemesser (Officemesser)

Das Gemüsemesser, auch Officemesser genannt, wird hauptsächlich zum Putzen und Schneiden von Gemüse, Salaten und Obst verwendet.

6. Kochmesser

Die breite Klinge vereinfacht ein gleichmäßiges Schneiden. Das Kochmesser eignet sich gut zum Schneiden und Wiegen von Gemüse und Obst.

Fachtheorie

7. Lachsmesser

Die lange Klinge ermöglicht es, den Lachs in sehr dünne Stücke zu schneiden.

8. Santoku-Messer

Japanisches Kochmesser. Fleisch, Gemüse und Obst können sehr fein geschnitten werden. Das Schneidegut bleibt nicht am Messer haften.

9. Schinkenmesser

Der glatte Schliff des Messers ermöglicht einen optimalen Schnitt. Das Messer eignet sich für Wurstwaren und Fleisch.

10. Spickmesser

Das Spickmesser verwendet man, um mageres Fleisch mit Speckstreifen zu spicken.

11. Tomatenmesser

Durch den Wellenschliff des Messers kann eine Tomate ohne Formverluste geschnitten werden.

12. Tourniermesser

Die gebogene Form des Messers passt sich dem Schälgut an. Das Messer eignet sich für Obst und Gemüse, das in Form geschnitten werden soll.

1.6.2 Der richtige Umgang mit Messern

→ Schmutzige Messer nicht zu lange ungesäubert liegen lassen, da evtl. säurehaltige Lebensmittelreste wie Zitronensaft, Senf etc. die Messerklingen angreifen können.

→ Messer nie in der Spülmaschine reinigen. Scharfe Reinigungsmittel greifen die Messerklingen an.
Messer unter fließendem Wasser oder kurz im Spülwasser reinigen und abtrocknen. Damit keine Unfälle passieren, sollten die Messer nicht im Spülwasser liegen bleiben.

→ Messer müssen richtig aufbewahrt werden (Messerblock, Magnetleiste an der Wand, Messerkoffer o. Ä.).

→ Damit die Messer nicht stumpf werden, sollte ein harter Schneideuntergrund vermieden werden.

→ Die Messer nicht zweckentfremdet einsetzen und nicht als Schraubenzieher etc. verwenden.

Fachtheorie

1.6.3 Das Schärfen von Messern

Die Messerklingen werden bei mehrmaligem Gebrauch automatisch stumpf. Damit die Messer funktionstüchtig bleiben, müssen sie in regelmäßigen Abständen mit dem Wetzstahl geschärft werden.

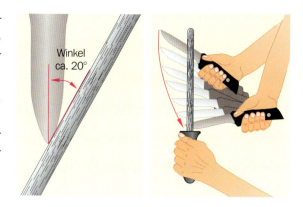

① Das Messer wird **ca. im 20°-Winkel** an den Wetzstahl angelegt.
② **Abziehvorgang**:
Das Klingenende wird am Stahlanfang angesetzt. Unter leichtem Druck wird dieses auf dem Stahl einmal auf der rechten, dann auf der linken Messerseite entlanggeführt.
③ Das Schärfen sollte locker aus dem Handgelenk erfolgen.

1.6.4 Küchenhelfer

1. Apfelteiler

Der Apfel wird in Apfelspalten geteilt, wobei das Kernhaus automatisch entfernt wird.

2. Ausbohrer (Kugelaushöhler)

Kugeln in verschiedenen Größen werden ausgebohrt. Der Ausbohrer wird ebenso zum Entkernen von Früchten, z. B. Honigmelonen, verwendet (siehe 8.6.1).

3. Eierschneider

Die gespannten Drähte ermöglichen es, ein Ei in Scheiben, aber auch in kleine Stücke zu teilen.

4. Fleischgabel

Zum Entnehmen, Wenden und Fixieren von Fleisch-, Fisch- und Geflügelstücken.

5. Kannelierer (Zitronen- oder Orangenschaber)

Es können feine gewellte Streifen von Früchten und Gemüse abgezogen werden.

6. Knoblauchpresse

Der Knoblauch wird sehr fein gepresst, wobei es zu einer minimalen Geruchsentwicklung kommt.

Fachtheorie

7. Palette

Die Palette wird zum Lösen und Transportieren von Gebäck sowie zum Glätten von Füllungen und Glasuren verwendet.

8. Pellkartoffelgabel

Die Kartoffeln werden aufgespießt und können im heißen Zustand geschält werden.

9. Plattiereisen (Kotelettklopfer)

Das Plattiereisen dient zum Flachklopfen von Fleisch, Fisch und Geflügel.

10. Sparschäler

Der Sparschäler ermöglicht ein dünnes Schälen von Obst und Gemüse.

11. Teigroller

Zum Schneiden von Teig. Durch die Wellenstruktur des Rädchens erhält man eine gewellte Kante.

12. Wiegemesser

Feines Zerkleinern (Wiegen) von Zwiebeln, Kräutern etc.

13. Gängige Spritztüllen mit Spritzbeutel

Lochtülle	Sterntülle	Rosettentülle	Spritzbeutel

| Zylinderform | Sternform | Rosettenform | Spritzbeutel muss der Spritztülle angepasst werden. |

Fachtheorie

1.7 Zerkleinerungsmethoden

Je nach Rezept werden unterschiedliche Zerkleinerungsmethoden angewendet. Grundsätzlich sollte bei der Verarbeitung von Lebensmitteln auf einen möglichst geringen Vitamin- und Mineralstoffverlust geachtet werden.

1.7.1 Vermeidung von Vitamin- und Mineralstoffverlusten

→ Die Nahrungsmittel erst **kurz vor** der Verwendung zerkleinern. So entstehen keine langen Liegezeiten.
→ Entstehen Wartezeiten, sollten die Nahrungsmittel abgedeckt und gekühlt werden. Die lichtempfindlichen Vitamine bleiben dadurch erhalten.

1.7.2 Richtige Fingerhaltung beim Schneiden und Hacken

Schneiden

Die Finger zu einer Kralle formen und das Schneidegut halten. Das Messer orientiert sich an den Fingerknöcheln. Durch langsame Rückwärtsbewegung der Finger wird die Schnittbreite des Schnittgutes festgelegt.

Hacken

Die Messerspitze liegt auf der Arbeitsfläche auf. Die eine Hand hält den Messergriff, die andere den Klingenrücken. Durch leichte Auf-und-ab-Bewegungen werden die Zutaten zerhackt.

❶ Durchdrehen

Lebensmittel werden durch den Fleischwolf gegeben und sehr fein zerkleinert, z. B. Hackfleisch.

❷ Hobeln

Durch ein Schneidemesser können die Lebensmittel in verschieden dicke Scheiben geschnitten werden.

❸ Mahlen

Lebensmittel werden zu einer pulverartigen Masse zermalmt, z. B. gemahlene Haselnüsse oder Mandeln.

❹ Mixen

Zerkleinern von Lebensmitteln durch ein scharfes rotierendes Messer, z. B. Mixgerät.

❺ Passieren

Gegarte, weiche Speisen werden durch ein Sieb gestrichen, z. B. Soße.

❻ Pressen

Gegarte, weiche Speisen werden zu einem einheitlichen Brei zerdrückt.

Fachtheorie

❼ Raspeln
Durch eine gelochte Reibefläche werden die Lebensmittel in streifenartige Stücke geteilt.

❽ Reiben
Durch eine feine, raue Reibefläche werden die Lebensmittel sehr fein zerkleinert.

❾ Schneiden
Mit dem Messer werden die Lebensmittel in Stücke, Scheiben, Streifen, Stifte, Würfel etc. geschnitten.

Wie wird eine Zwiebel fachgerecht in feine Würfel geschnitten?
Zwiebel schälen, Wurzelansatz stehen lassen. Zwiebel längs halbieren.

❶ Scheibenschnitt
Zwiebel **senkrecht** in sehr dünne Scheiben schneiden. Kurz vor dem Wurzelansatz enden (Zwiebel fällt nicht auseinander).

❷ Streifenschnitt
Zwiebel **waagrecht** in sehr dünne Streifen schneiden. Kurz vor dem Wurzelansatz enden.

❸ Würfelschnitt
Zwiebel **senkrecht** in dünne Würfel schneiden.
Tipp: Die Würfeldicke ist von der Breite der Scheiben abhängig.

❿ Wiegen
Mit dem Wiegemesser oder einem großen Messer werden die Lebensmittel durch rhythmische Bewegungen fein zerkleinert (siehe Schneidegeräte 1.6.4).

Trennen von Lebensmitteln

❶ Sieben
Durch das Sieben werden grobe Teilchen von feinen getrennt. Das Sieben bewirkt eine zusätzliche Luftlockerung.

❷ Entsaften
Durch Dampfeinwirkung oder Pressen wird Flüssigkeit von festen Stoffen getrennt.

Merke: Die enzymatische Bräunung von Lebensmitteln kann verhindert werden, indem man diese kurz in Zitronensaft wendet oder sofort weiterverarbeitet.

Fachtheorie

1.8 Vorbereitungsarbeiten

❶ Putzen

Schadhafte und nicht verwertbare Stellen werden entfernt.

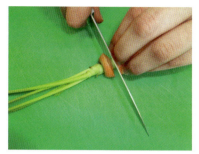

Beachte: Nicht zu großzügig putzen. Nur die schadhaften, nicht verwendbaren Stellen entfernen.
→ Kopfsalat: äußere, welke Blätter.
→ Karotten: Grünzeug entfernen.

❷ Waschen

Der gesamte Schmutz sowie wertlose Teile werden entfernt.

Beachte: Je nach Nahrungsmittel kann dies unter fließendem oder in stehendem Wasser geschehen.
→ Salat: in stehendem Wasser.
→ Lauch: unter fließendem Wasser.

❸ Wässern

Entfernung ungewünschter Stoffe, z. B. Bitterstoffe, Kleintiere.

Beachte: Nahrungsmittel nicht zu lange im Wasser liegen lassen, da sonst starke Vitamin- und Mineralstoffverluste auftreten.
→ Blumenkohl, Salzhering.

❹ Schälen/Pellen

Entfernen von Schalen (Sparschäler oder evtl. ein Messer benutzen).

Beachte: Nach dem Schälen können bei manchen Nahrungsmitteln enzymatische Bräunungen auftreten. → Äpfel, Kartoffeln, Birnen.

❺ Blanchieren/Abwällen

Struktur wird gelockert, Farbe bleibt erhalten, Geschmack gemildert.

Beachte: Gargut kurz in reichlich siedendes Wassr geben, herausnehmen und kurz in das Eiswasser legen (= Farberhalt, Lockerung des Zellgefüges, bessere Hygiene). → Brokkoli- und Blumenkohlröschen, Kohlblätter.

1.9 Wichtige küchentechnische Vorgänge

Häuten

Die Haut kann mit dem Tourniermesser abgezogen werden **oder** sich durch kurzes Abbrühen in siedendem Wasser lösen.

Häuten von Tomaten durch Abbrühen:

❶ Tomaten waschen, Stielansatz und Strunk entfernen, kreuzweise einschneiden

❷ Tomaten in siedendes Wasser legen.

❸ Tomaten mit dem Schaumlöffel herausnehmen, Haut abziehen.

Fachtheorie

Der Paniervorgang

❶ Gargut würzen und in Mehl wenden.

❷ In verquirltem Ei wenden.

❸ In Semmelbrösel wenden, andrücken.

Tipp: Es können anstelle von Semmelbrösel fein zerdrückte Cornflakes, Sesam etc. verwendet werden.

Auswellen von Mürbeteig zwischen Folien

❶ **Zwei** Plastikbeutel (6 l) an einer Seite und dem Boden aufschneiden.

❷ Eine Folie auf eine leicht befeuchtete Arbeitsfläche legen, glatt streichen. Sie sollte nicht rutschen. Teig auf Folie legen. Zweite Folie auf den Teig geben.

❸ Folie etwas über die Kante der Arbeitsfläche stehen lassen. Diese kann mit dem Körper festgehalten werden. Teig auswellen. Folie beidseitig lösen (Teig hat keine Qualitätsverluste).

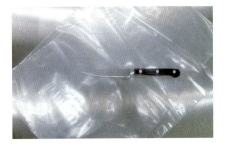

Erwärmen im Wasserbad

❶ Boden eines Topfes mit Wasser bedecken.

❷ Passende Schüssel mit den gewünschten Zutaten in den Topf setzen.

❸ Wasser zum Sieden bringen. **Merke:** Es darf kein Wasser in die Schüssel kommen.

Filetieren von Orangen

❶ Schale mit weißer Haut entfernen.

❷ Messer zwischen die Fruchtspalten führen.

❸ Orangenstücke herauslösen. Am Ende steht ein Gerippe.

Tipp: Die Orange wird nach Entfernung der Schale in der Hand filetiert.

Fachtheorie

1.10 Das Handrührgerät mit Zubehör

Handrührgerät mit Rührständer

Schneebesen (oben)
Knethaken (unten)

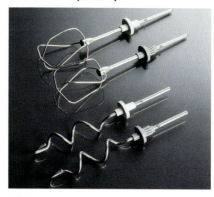

Schneebesen

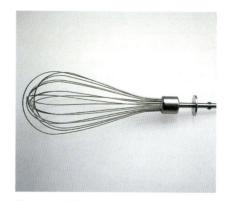

Handrührgerät mit Schnitzelwerk

Pürierstab (Plastik/Metall)

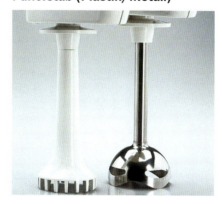

Passierstab

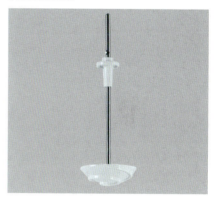

1.11 Verarbeitungsmöglichkeiten von Massen und Teigen

❶ Kneten

Alle Zutaten werden mit den Knethaken (Handrührgerät/Rührmaschine) oder mit der Hand zu einem einheitlichen Teig **geknetet** (Hefeteig Kapitel 10).

❷ Rühren

Alle Zutaten werden mit dem Handrührgerät (Schneebesen), dem Schneebesen oder einem Rührlöffel zu einer einheitlichen Masse **gerührt** (Rührmasse Kapitel 9).

❸ Schlagen

Luft wird mit dem Schneebesen in das Mischgut eingeschlagen. Es erhält eine hohe Stabilität, z. B. Quarkmasse, Sahne (siehe Lockerungsmittel 1.21.1).

❹ Unterheben/Unterziehen

Mit dem **Gummischaber** oder dem **Schneebesen** werden luftlockere Massen (z. B. Eischnee) mit **vorsichtigen Bewegungen** unter andere Massen gemischt. Schnelle Bewegungsabläufe sollten vermieden werden.

Beachte: Zu jedem Vorgang sollten die richtigen Arbeitsgeräte verwendet werden. Damit die eingearbeitete Luft in den Massen nicht verloren geht, sollte der Gummischaber, der Schneebesen etc. **nicht am Schüsselrand abgeklopft** werden.

Fachtheorie

1.12 Der Herd

1.12.1 Herdoberflächen

Man unterscheidet:

❶ Kochmulden mit Kochplatten

Kochmulden bestehen meist aus Edelstahl oder emailliertem Stahl, die Plattenoberflächen aus Gusseisen. Die unbeheizte Vertiefung der Plattenmitte verhindert einen Wärmestau und ein Überhitzen.

❷ Kochfelder mit Kochzonen

Sie bestehen aus einer **~4 mm** wärmestrahlungsdurchlässigen Glaskeramikplatte, die hohem Temperaturwechsel standhält. Die Kochzonen sind durch das Dekor auf dem Kochfeld mit darunter liegender Beheizung sichtbar.

Beide Herdoberflächen sind in unterschiedlichen Größen, Formen, Dekors und technischen Ausstattungen im Handel erhältlich. Die klassischen Kochplatten sind im Handel eher rückläufig.

1.12.2 Herdarten

1. Der Gasherd

Der Gasherd hat einen Brennkopf und einen Brenndeckel. Aus den Schlitzen des Deckels tritt bei Inbetriebnahme das Gas aus, welches durch eine Flamme gezündet wird. Durch einen Taktanzünder kann das Gas entzündet werden. Die Regulation der Flammenstärke erfolgt stufenlos. Die Energie wird schnell und direkt an das Gargut weitergegeben. Die Energiekosten sind somit sehr gut zu kalkulieren.

2. Der Elektroherd

Im Handel werden verschiedene Bauformen (Einbauherd/Unterbauherd) angeboten. Der Elektroherd ist in der Regel mit einer Kochmulde (ca. 4 Kochplatten) oder mit einem Kochfeld (ca. 4 Kochzonen) erhältlich. Die Kochstellen werden genormt in verschiedenen Größen angeboten. Die Kochfelder können durch folgende Heizelemente ausgestattet sein.

a) Induktionsbeheizung

Im Innenraum der Kochstelle befindet sich eine Spule mit Eisenkern. Es baut sich ein ferromagnetisches Spannungsfeld auf, wobei dieses im Topfboden induzierte Wirbelströme hervorruft. Die dabei entstehende Wärme wird direkt an das Gargut weitergegeben. Das Glaskeramikfeld wird dabei nicht erwärmt. Das Kochgeschirr muss einen elektrisch leitfähigen, magnetischen Boden haben.

b) Strahlungsbeheizung mit Heizwendeln oder Heizband

Heizwendeln: Bis zu **3** ringförmig angeordnete Heizwendeln erreichen nach **10 Sekunden ca. 1000 °C**. Die Wärme wird durch Strahlung von dem Glaskeramikfeld absorbiert und durch Wärmeleitung und -strahlung an das Gargut weitergegeben.

Heizband: Das **ca. 3–4 mm** hohe und **0,07 mm** gewellte Heizband wird an einem gut isolierten Blechteller verankert. Durch die gute Wärmedämmung und die geringe Dicke des Bandes glüht der Bandheizkörper bereits nach **ca. 3 Sekunden** sichtbar **rot** auf.

Fachtheorie

c) Halogenbeheizung (Infrarotstrahler)

Wärmestrahlen mit hoher Frequenz und kleiner Wellenlänge werden in einem Glaszylinder erzeugt, der mit einem Edelgasgemisch (Halogen) und Wolframdraht durchzogen ist. Reflektoren leiten die Wärme durch die Glaskeramikplatte zum Gargut. Da die Halogenbeheizung sichtbares Licht erzeugt, sind die Kochstellen durch den hellroten Farbton sofort erkennbar. Im Handel werden in der Regel Halogenbeheizungen kombiniert mit Strahlungsheizkörpern angeboten. Bei diesen Geräten kommt es zu einer Verkürzung der Ankochzeit. Der Marktanteil ist derzeit jedoch sehr gering.

Besonderheiten des Elektroherdes

❶ Infrarot – Kochsensor
Ein Kochsensor misst durch einen Infrarotstrahl die Temperatur am Kochgeschirr. Der Garvorgang wird automatisch auf der gewählten Garstufe gehalten.

❷ Topferkennung
Ein Sensor kontrolliert, ob der Topf auf der Kochzone steht. Erst dann wird sie beheizt. Bei Wegnahme des Topfes wird die Energiezufuhr gestoppt.

❸ Restwärmeanzeige
Die Restwärme wird bei digitalen Kochfeldern temperaturgeregelt oder zeitgeregelt und durch Leuchtsymbole (h oder H) angezeigt.

❹ Bratensensortaste
Der im Kochfeld integrierte Bratensensor überwacht automatisch durch ein akustisches und optisches Signal die Einhaltung der gewählten Temperaturstufe (min., med., max.). Hierbei wird ein Überhitzen von Fetten verhindert und eine gleichmäßige Rundum-Bräunung gewährleistet.

❺ Kontrollleuchtanzeige
Die im Glaskeramikfeld integrierte Bedienungsfläche gibt Auskunft über die ausgesuchte Leistungsstufe, die gewählte Zeit und Dauer des Garvorgangs sowie die Restwärme. Anhand der Sensortasten können die einzelnen Komponenten verändert werden.

❻ Zwei- bzw. Dreikreis-Kochzonen Anzeige
Der Kochzonendurchmesser kann dem entsprechenden Topfdurchmesser per Sensortaste angepasst werden. Es können bis zu drei Kochzonen ausgewählt werden. Dies ermöglicht ein flexibles und energiesparendes Garen.

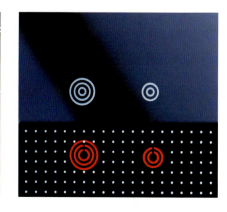

Fachtheorie

Kochstellen:
Man unterscheidet: → **N**ormal-Kochstellen **(N)**
→ **B**litz-Kochstellen **(B)**
→ **A**utomatik-Kochstellen **(A)**

Schaltstufen der Normal- und Blitz-Kochstellen
(Stufenlose Schaltung und Stufenschaltung)

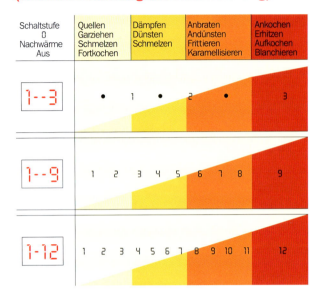

Die Normal-Kochstellen (N)

Diese sind mit **Stufenschaltung** oder **stufenloser Schaltung** im Handel erhältlich.

Stufenschaltung:

Je nach Gargut muss die entsprechende Schaltstufe gewählt werden.

Anwendungsbeispiel:

Nach dem Ankochen auf **Stufe 12** wird zum Fortkochen auf **Stufe 2** zurückgeschaltet.

Stufenlose Schaltung:

Durch die stufenlose Schaltung kann der Wärmebedarf optimal auf das Gargut abgestimmt werden. Die Beheizung erfolgt in regelmäßigen Intervallen.

Die Blitz-Kochstellen (B)

Die Platten sind in der Mitte durch einen **roten Punkt** gekennzeichnet. Die **B**litz-Kochstellen haben in der höchsten Einschaltstufe eine um **500 Watt** höhere Leistung als die **N**-Kochstellen. Sie können deshalb schnell aufgeheizt werden und sind mit einem Überhitzungsschutz versehen. In der Handhabung entsprechen sie den **N**-Kochstellen.

Schaltstufen der Automatik-Kochstellen (A)
(Stufenlose Schaltung)

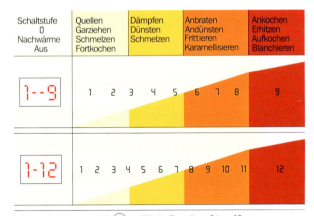

Bei der Ankochautomatik (A) entfällt die Einstellung 9 bzw. 12.

Die Automatik-Kochstellen (A)

Automatik-Kochstellen **(A)** werden auch als Kochstellen mit Ankochautomatik/-elektronik bezeichnet.

Die Ankochautomatik **(A)** sorgt über eine gewisse Zeitspanne (= zeitgesteuert) für ein **automatisches** Ankochen bei voller Heizleistung. Die Umschaltung von einer höheren auf eine niedrigere Garstufe erfolgt **automatisch**. Das Herunterschalten von Hand ist somit nicht erforderlich.

Die Einstellung erfolgt **stufenlos** von:
1–12 (alte Modelle) oder von **1–9** (neue Modelle).

Anwendungsbeispiel für zeitabhängig gesteuerte Modelle:
Die Einstellung erfolgt über das Symbol „**A**" (Ankochautomatik). Anschließend wird die gewünschte Kochstufe, z. B. „**2**" zum Fortkochen eingestellt.

Vorteil: Energieersparnis, da das Herunterschalten automatisch und dadurch rechtzeitig erfolgt.

Merke: Je nach Herdtyp werden die Kochstellen unterschiedlich bedient. Deshalb sollte man vor der ersten Inbetriebnahme eines Herdes die Gebrauchsanweisung aufmerksam lesen.

1.13 Kochgeschirr

1.13.1 Anforderungen an ein gutes Kochgeschirr

Das Kochgeschirr sollte lebensmittelecht, rostfrei, gut zu reinigen, hitzebeständig und spülmaschinenfest sein. Topf- bzw. Pfannenböden müssen eine leichte Wölbung nach innen aufweisen. Bei der Hitzezufuhr dehnt sich das Material aus, wobei der Boden flach auf der Platte liegt. Die Bodendicke sollte **ca. 4–6 mm** betragen.

> **Hinweis:** Haftfreie Aluguss-Pfannen sind durch spezielle Oberflächen-Versiegelungstechniken besonders langlebig, gleitfähig, abriebfest und bis zu 400 °C hitzebeständig. Deshalb können bei vielen Pfannen mittlerweile Metallwender eingesetzt werden. Die versiegelte Oberfläche verhindert das Ansetzen der Speisen, wobei fettarmes Garen und eine leichte Reinigung möglich ist. Die Gebrauchsanweisung sollte vor dem ersten Einsatz genau gelesen werden.

1.13.2 Energie sparen beim Garprozess

Damit die Wärme direkt an das Gargut übertragen werden kann und geringe Energieverluste eintreten, müssen beim Garprozess folgende Regeln beachtet werden:
- Vor der ersten Inbetriebnahme eines Herdes sollte die Betriebsanleitung gelesen werden.
- Die **Topfgröße** muss der **Kochstellengröße** entsprechen.
  Ausnahmen: bei Platten mit automatischer Topferkennung oder bei induktionsbeheizten Kochfeldern.
- Der **Topfdeckel** muss der **Topfgröße** entsprechen und sollte grundsätzlich fest aufliegen.
- Bei Kochstellen mit Stufenschaltung sollte die Energiezufuhr rechtzeitig reduziert werden, um die vorhandene Restwärme sinnvoll ausnutzen zu können.
- Beim Druckgaren wird bis zu **50 %** Energie gespart.

1.13.3 Das Reinigen von Kochgeschirr

- Es sollten keine falschen Reinigungsgegenstände und Reinigungsmittel verwendet werden. Spitze Gegenstände, z. B. Messer, verkratzen die Topfböden.
- Bei **starken** Verschmutzungen werden Scheuermittel, Essigessenz, Topfkratzer (Metallspiralen) und Spüllappen verwendet (Ausnahme ist antihaftbeschichtetes Kochgeschirr).
- Bei **leichten** Verschmutzungen werden Spülmittel, Handbürste und Spüllappen verwendet.
- Eingebrannte Speisekrusten löst man, indem diese mit etwas Spülmittellösung aufgekocht werden.
- Die Entfernung von Kalkflecken erfolgt mit einigen Tropfen Zitrone oder Essigessenz.
- Schmutzige Böden mit Topfkratzer (Metallspiralen) säubern (Ausnahme ist antihaftbeschichtetes Kochgeschirr).

Fachtheorie

1.13.4 Der Dampfdrucktopf (Abkürzung: DDT)

> Druckgaren: Lebensmittel werden in einem hermetisch (luft- und wasserdicht) verschlossenen Topf unter Druck (0,4 – 0,8 bar) gegart. Die Gartemperatur beträgt ca. 104 °C – 119 °C.

1. Anwendung:

Schongaren, Schnellgaren, Braten, Schmoren, Sterilisieren, Entsaften und Garen im Wasserbad.

2. Vorteile des DDT

→ Verkürzte Garzeiten ➡ Nährstoffe bleiben erhalten.
→ Bis zu **ca. 50 %** Energieersparnis ➡ Kostensenkung.
→ Bis zu **ca. 70 %** Zeitersparnis ➡ Kostensenkung.
→ Gleichzeitiges Garen diverser Lebensmittel
   ➡ Energie- und Zeitersparnis.

Kochkrone mit Kochventil (= 1. Sicherheitsventil) mit Garstufenwahl
Kochanzeigestift mit Markierung Garstufe I und II
Ankochautomatik (= 2. Sicherheitsventil)
Topfstiel
Seitengriff
Verriegelungsanzeige (= Öffnungstaste/-schieber)
Deckelaufsetzhilfe

3. Technische Teile des DDT im Überblick

Deckel mit Dichtungsring	Ein Gummiring im Deckel dichtet den Topf ab. Der Topf wird mit einem Bajonettverschluss verriegelt und hermetisch (luft- und wasserdicht) verschlossen.
Kochanzeigestift (zur Kontrolle der Garstufe I und II)	Dieser wird durch die Druckentwicklung im Garraum nach oben gedrückt. 1. Ring = Garstufe I (Schonstufe/Biostufe) = 0,4 bar, ca. 104 °C – 109 °C 2. Ring = Garstufe II (Schnellstufe/Schnellgaren)= 0,8 bar, ca. 116 °C – 119 °C Nach dem Absinken des Druckes senkt sich der Stift.
Kochventil (1. Sicherheitsventil)	Um eine Garstufe auszuwählen, muss das Kochventil auf die gewünschte Garstufe (Garstufe I oder Garstufe II) gestellt werden. Gleichzeitig übt das Kochventil eine Druckbegrenzungsfunktion aus. Wird die gewählte Garstufe überschritten, dampft das Kochventil automatisch ab.
Ankochventil (2. Sicherheitsventil)	Das Ankochventil gibt beim Ankochen und Öffnen des Topfes Dampf ab. Ist im Garraum keine Luft mehr enthalten, wird der Topf automatisch verschlossen. Ist aller Druck entwichen, kann der Topf geöffnet werden. Das **1.** und **2.** Sicherheitsventil sind räumlich getrennt ➡ **verringertes Unfallrisiko!**
Öffnungsschieber (mit dem Ankochventil verbunden)	Der Öffnungsschieber entriegelt den Deckel vor dem Öffnen des Topfes. Der Druck kann durch stufenweise Betätigung des Öffnungsschiebers entweichen = Abdampfen. Geschlossener Öffnungsschieber = Druckgaren möglich. Offener Öffnungsschieber = herkömmliches Garen (ohne Druck) möglich.

4. Einsätze für den DDT

a) **Einsatzsteg/Dreifuß**: um mehrere Einsätze zu stapeln.
b) **Gelochter Einsatz:**   für Kartoffeln, Gemüse, Fisch etc.
c) **Ungelochter Einsatz**: für das Garen von **2** Gerichtsteilen.

> **Merke:** Speisen mit ähnlichen Garzeiten können durch die Verwendung von verschiedenen Einsätzen gleichzeitig gegart werden. Dabei gilt: Fisch wird über Gemüse gegart, Gemüse wird über Fleisch gegart. Beim Garen von mehreren Speisen wird in der Regel der ungelochte Einsatz auf den gelochten Einsatz gestellt (Ausnahme: Entsaften).

> **Tipp:** Vor Gebrauch des DDT immer Sicherheitscheck durchführen, z. B. → Funktionieren die Ventile? → Sitzt der Dichtungsring richtig? → Kann der Topf richtig geschlossen werden?

Fachtheorie

5. Richtiger Umgang mit dem Dampfdrucktopf (= DDT)

Das Füllen und das Schließen des DDT

Die Dampfbildung ist gewährleistet, wenn der Topf bis zur „min."-Markierung (= minimale Füllmenge, 200–300 ml) befüllt ist. Damit das Kochventil nicht blockiert wird, sollte die „max."-Markierung (= maximale Füllmenge, 2/3 des Fassungsvermögens des Topfes) nicht überschritten werden. Topf bei stark schäumenden Speisen nur zur Hälfte füllen. Topfrand säubern.

Deckel aufsetzen und bis zum Anschlag nach links drehen. Beim Auflegen die Aufsetzhilfe beachten (= Punkte am Topfstiel und der Aufsetzhilfe). Der Topf ist durch ein hörbares „Klick" verriegelt. Je nach Topfmodell zeigt eine Verriegelungsanzeige die Betriebsfähigkeit des Topfes an (z. B. grün ➜ Topf ist betriebsbereit, rot: ➜ Topf ist nicht korrekt verriegelt).

Garstufe wählen

Der Drehknopf (= Kochkrone) am Kochventil muss auf die gewünschte Garstufe gestellt werden.
Garstufe I (Schonstufe/Biostufe): für empfindliche Speisen
Garstufe II (Schnellstufe/Schnellgaren): für Speisen mit langer Garzeit

Ankochphase

Den Topf auf höchster Energiestufe erhitzen, durch das Ventil entweicht der Sauerstoff nach außen. Der DDT schließt sich automatisch.

Dampfdruckphase (= Garphase)

Im Topf entsteht ein Überdruck. Der Kochanzeigestift steigt. Viele Dampfdrucktopfmodelle (= firmenabhängig) haben eine Kochanzeige mit Ampelregelung, die garstufenunabhängig funktioniert.
Gelber Ring: kurz vor dem Erreichen der Garstufen ersichtlich. Hitze reduzieren.
Grüner Ring: Garstufe erreicht, Garzeit beginnt, grüner Bereich muss während der gesamten Garzeit ersichtlich sein.
Roter Ring: Temperatur zu hoch, automatisches Abdampfen, Hitze reduzieren.

Öffnungsmöglichkeiten des DDT

❶ Beiseitestellen und abkühlen lassen
Nach kurzer Zeit senkt sich der Kochanzeigestift. Der Druck ist vollständig entwichen, der Topf kann geöffnet werden. D. h., von der Garzeit muss die Wartezeit abgezogen werden. (Speisen garen im geschlossenen Topf nach.)

Tipp: Geeignet für schäumende Speisen und Speisen mit langer Garzeit.

❷ Schnellabdampfen
Der Öffnungsschieber kann stufenweise auf „öffnen" gestellt werden. Bei manchen Modellen kann die Kochkrone schrittweise auf die „Abdampfposition" gedreht werden. Der Dampf entweicht vollständig. Der Innendruck wird abgebaut.

Tipp: Nicht geeignet für stark schäumendes und aufsteigendes Gargut.

❸ Kaltes Wasser
Fließend kaltes Wasser über den Topfdeckelrand senkt den Kochanzeigestift.

Tipp: Nicht geeignet für stark schäumendes und aufsteigendes Gargut.

Allgemeine Regeln im Umgang mit dem DDT
Sicherheitsvorrichtungen regelmäßig überprüfen. DDT nicht unbeobachtet in Betrieb nehmen. Vor dem Öffnen des DDT muss der gesamte Druck abgebaut sein. DDT niemals mit Gewalt öffnen. Die Garzeiten der Gerichte siehe Rezeptangaben bzw. Betriebsanleitungen des DDT (= abhängig von den Modellen).

Fachtheorie

1.14 Der Backofen

Im Handel sind unterschiedliche Backofentypen mit verschiedenen Sonderausstattungen erhältlich. Beim Kauf eines Backofens sollte man sich daher sehr gut informieren. Der Backofen ist zum Backen, Braten, Rösten, Grillen, Überbacken, Trocknen, Sterilisieren und Auftauen gut geeignet.

Drei wichtige Beheizungsfunktionen:

❶ Ober- und Unterhitze

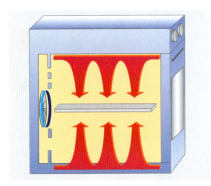

Im Backofenraum ist oben und unten ein Rohrheizkörper eingebaut. Die erzeugte Wärme wird durch Wärmestrahlung und Luftströmung (natürliche Konvektion) an das Backblech bzw. Gargut abgegeben. Es können Temperaturen von **ca. 30 °C – ca. 300 °C** erzielt werden. Der Backofen wird nur mit **einem** Backblech beschickt, somit kann eine optimale Wärmeübertragung stattfinden. Die richtige Einschubhöhe kann aus den Rezepten ersehen werden. Es gibt Backofenmodelle, bei denen die Ober- bzw. Unterhitze separat einstellbar ist (**Oberhitze:** z. B. beim Gratinieren von Speisen, **Unterhitze:** z. B. bei Pizza, um einen knusprigen Boden zu erhalten).

❷ Umluft

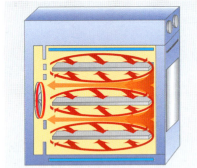

In der Backofenrückwand ist ein Ventilator eingebaut, der die erwärmte Luft im Backofen umwälzt (erzwungene Konvektion). Die Erwärmung kann durch Ober- und Unterhitze + Ventilator oder durch einen Ringheizkörper, der am Ventilator angebracht ist, erfolgen. Da die Wärmeübertragung im gesamten Backofenraum stattfindet, können **mehrere** Bleche auf einmal eingeschoben werden. Die Temperatur liegt **ca. 30 °C** unter den Werten der Ober- und Unterhitze. Ein Vorheizen des Backofens entfällt.

Sonderausstattung:
Auftaustufe/Warmhalten: Der Ventilator läuft mit nur geringer oder ohne Wärmezufuhr. Empfindliche Lebensmittel werden so aufgetaut.
Brotbackstufe: Durch hohe Hitze zu Beginn **(ca. 200 °C–220 °C)** und anschließender Hitzereduzierung **(ca. 180 °C)**, erhält man ein optimales Backergebnis (**Sonderzubehör:** Brotbackstein für knusprige Böden).

❸ Grillen

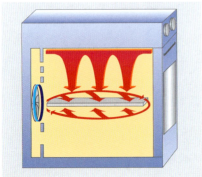

Ein fest eingebauter Rohrheizkörper oder ein Einsteckgrill erzeugt Strahlungshitze. Je nach Grillgut ist die Wahl des Einschubgegenstandes, z. B. Fettpfanne (Grillblech) oder Drehspieß, unterschiedlich. Im Backofen können Temperaturen von bis zu **300 °C** erreicht werden.

Sonderausstattungen:
Groß- und Kleinflächengrill: Je nach Gargutmenge kann die gesamte Grillheizfläche oder nur ein kleiner Teil in Betrieb genommen werden. **Vorteil:** Die Leistung wird dem Grillgut angepasst (Energieersparnis).
Umluft-Grill-System: Grillbeheizung und Ventilator werden abwechselnd geschaltet. **Vorteil:** Das Grillgut muss nicht gewendet werden.

Fachtheorie

Backöfen mit integrierter Mikrowelle oder integriertem Dampfgarsystem

In Kompakt-Backöfen können alle Beheizungsarten + Mikrowelle miteinander kombiniert oder separat verwendet werden. Bei einer kombinierten Einstellung verringern sich die Garzeit und die Energiekosten. Es gibt Dampfgarsysteme, die mit oder ohne Druck (siehe unten) angeboten werden. Geräte mit Dampfdrucksystem sind in der Regel mit Ober- und Unterhitze, Umluft und Grilleinrichtung ausgestattet.

Allgemeine Regeln für den Backofengebrauch:

→ Vor der ersten Inbetriebnahme grundsätzlich die Gebrauchsanweisung lesen.

→ Den Backofen regelmäßig reinigen (siehe Reinigungssysteme).

→ Die richtige Gartemperatur und Einschubhöhe müssen ausgewählt werden.

→ Je nach Backofeneinstellung muss das richtige Zubehör ausgewählt werden.

Ober- und Unterhitze	Umluft	Großflächengrill	Kleinflächengrill

(nur auf einer Etage)	(alle 3 Etagen möglich)	(über das gesamte Blech)	(nur bestimmte Stellen)

Brotbackstufe	Auftaustufe	Dampfgarsystem	Gärstufe

(Sonderzubehör: Brotbackstein)	(für empfindliche Lebensmittel)	(drucklos/mit Dampfzubehör)	(Festeinstellung: Joghurt, Hefeteig)

Haus-Automations-System

In einem modernen Haushalt sind Mobilität und Unabhängigkeit von größter Bedeutung. Dies wird durch ein sogenanntes **Haus-Automations-System** gewährleistet, bei dem alle vernetzungsfähigen Geräte (Backofen, Herd, Dunstabzugshaube, Fernseher, ...) und die Sicherheitstechnik in einem Haus (Licht, Fensteranlagen, Alarmanlagen...) mit einer elektronischen Kommunikationsplattform (Table PC) verbunden sind. So können in einem Raum mühelos Prozesse in Gang gesetzt werden, ohne Anwesenheit einer Person. Beispielsweise kann während der Gartenarbeit die Funktionsweise des Trockners oder der Waschmaschine kontrolliert oder der Backofen aktiviert werden.

Fachtheorie

1.15 Das Mikrowellengerät

Im Handel werden Tisch-, Einbau-, Kompakt- und Kombigeräte angeboten. Bei Mikrowellengeräten für den Hausgebrauch liegen die maximalen Leistungsstufen bei **ca. 600 W – 1000 W**. Die Zeitwahl **(bis zu 100 Min.)** kann mechanisch durch einen Drehschalter oder elektronisch über Display erfolgen. Bei Mikrowellen handelt es sich um elektromagnetische Wellen, deren Frequenz **2450 MHz** beträgt. Solo-Mikrowellengeräte eignen sich gut zum Auftauen, Erwärmen und Garen von Speisen.

Funktionsweise

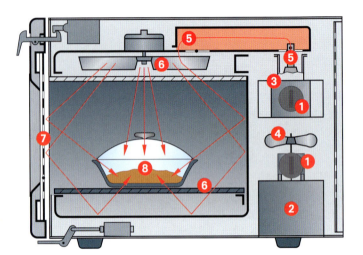

❶ Die Zeit- und Leistungswahl muss dem Gargut angepasst sein (siehe Betriebsanleitung).

❷ Ein Transformator oder Inverter wandelt den elektrischen Strom um.

❸ Im Magnetron werden Mikrowellen erzeugt.

❹ Das Gebläse kühlt den Magnetron und alle thermisch belasteten Bauteile.

❺ Die Mikrowellen werden über den Koppelstift (Antenne) durch den Hohlleiter in die Garraumöffnung (Einkopplung) geleitet.

❻ Die Reflektorflügel bzw. der Drehteller oder die Drehantenne sorgen für eine gleichmäßige Feldverteilung der Wellen.

❼ Die metalligen Innenwände und die mit Drahtgitter durchsetzte Tür reflektieren die Mikrowellen.

❽ Diese dringen in das Gargut ein und versetzen die Wassermoleküle in Schwingung, wobei Reibungswärme **(bis ca. 100 °C)** entsteht.

Allgemeine Regeln für die Bedienung eines Mikrowellengerätes

→ Vor der ersten Inbetriebnahme grundsätzlich die Betriebsanleitung durchlesen. Die Wahl der Leistungsstufen und die Angaben der Gar- und Aufwärmzeiten müssen aus der Betriebsanleitung entnommen werden, da jedes Gerät etwas andere Daten aufweist.

→ Es darf nur **mikrowellengeeignetes** Geschirr verwendet werden, z. B. Glas, Keramik, feuerfestes Porzellan ohne Metalldekor, spezielle Mikrowellenfolie, Koch- und Bratfolie (ohne Metallverschlüsse), Kunststoffe (sollten bis zu **210 °C** hitzebeständig sein). Papier und Pappe sind für hohe Temperaturen ungeeignet.

→ **Geschirrformen:**
Runde und ovale Formen: eignen sich für lange Garprozesse, da eine gleichmäßige Erwärmung erfolgt.
Eckige Formen: Da mehr Energie an den Ecken absorbiert wird, kann es dort zu Übergarungen kommen.
Große, flache Formen: geeignet für Speisen, die nicht umgerührt werden.

→ Speisen oder Flüssigkeiten nicht in fest verschlossenen Gefäßen erhitzen. Es entsteht ein starker Druck.

→ **Größe und Gewicht von Speisen:** Je größer die Menge der Speisen, desto länger die Garzeit.
Faustregel: doppelte Menge = doppelte Zeit.

→ Um das Austrocknen der Speisen zu vermeiden, sollten diese grundsätzlich abgedeckt werden.

→ Tellergerichte mit verschiedenen Speisekomponenten müssen langsam erwärmt werden.

→ Nahrungsmittel, die von einer Haut oder Schale umgeben sind, z. B. Würstchen etc., platzen nicht, wenn in die Schale mehrmals eingestochen wird. Eier sollten wegen der Schale nicht in der Mikrowelle gegart werden.

→ Entsteht im Garraum eine Rauchentwicklung, bleibt die Türe verschlossen. Das Gerät wird vom Stromnetz getrennt.

→ Zum Reinigen des Gerätes reicht in der Regel handwarmes Wasser mit Spülmittel und Spüllappen.

Fachtheorie

1.16 Garverfahren

Garverfahren	Braten in der Pfanne = Kurzbraten	Niedrigtemperatur-Garen = NT-Garen	Schmoren
Temperatur	ca. 120 °C bis 180 °C	70 °C bis 80 °C	1. Anbrattemp.: ca. 180 °C 2. Dünsttemp.: bis 100 °C
Erklärung	Fett (i. d. R. eiweiß- und wasserfrei) wird in der Pfanne erhitzt. Das Gargut wird bei **ca. 180 °C** eingelegt. Es kommt zur Röststoffbildung (= Bräunung). **Hitze reduzieren**, d. h. Temperaturverlauf sinkt während des Bratvorgangs. Fleisch ohne Panierung nach dem Braten würzen (= Safterhalt). Während des Wendens nicht in das Gargut stechen (= Saftaustritt).	Gargut wird häufig in heißem Fett angebraten, dann im Backofen/Konvektomat bei **70 °C bis 80 °C** über einen längeren Zeitraum gegart. Die Garzeit ist vom Gewicht des Gargutes abhängig und kann **bis zu 12 Std.** betragen. Kerntemperaturmessungen sind erforderlich. Gargut von **hoher Qualität** verwenden und hygienisch sauber arbeiten.	**Kombiniertes Garverfahren** Das gewürzte Gargut wird im **heißen** Bratfett von **allen Seiten** im **offenen** Gefäß angebraten (= Röststoffbildung). Evtl. Bratgemüse zugeben, kurz mitrösten. Danach wird das Bratgut mit **wenig** Flüssigkeit abgelöscht und bei reduzierter Hitze im **geschlossenen Topf gedünstet**.
Lebensmittel	Kleine Fleisch- und Fischportionen	Kalb, Lamm, Schwein, Rind (z. B. Roastbeef), Fisch (ganz)	Rindsrouladen, Gulasch, Geflügel, Fisch (Struktur, fest), Wild
Beurteilung	Schnelles Garen kleiner Portionen. Röst- und Aromastoffbildung, ungeeignet für Schonkostgänger	Saftiges Gargut mit hohem Eigengeschmack, geringe Garverluste	Röst- und Aromastoffbildung, für Schonkostgänger ungeeignet

Garverfahren	Grillen	Backen/Überbacken	Frittieren
Temperatur	ca. 250 °C	ca. 150 °C bis 240 °C	ca. 160 °C bis 180 °C
Erklärung	Garen durch **Strahlungs- oder Kontaktwärme**. Das Gargut marinieren, auf den **Rost** oder in ein **Grillblech** legen oder auf einen **Drehspieß** stecken (**keine gepökelte Ware → Bildung von krebserregenden Nitrosaminen**). Das Gargut erhält durch das Grillen eine aromatische **Röstschicht**.	Die Backwerke erhalten mittels **heißer Luft** an den Randschichten eine aromatische **Kruste** und im Innern eine elastische **Krume** (= Ausbildung eines Klebergerüstes). Beim **Überbacken** (= **Gratinieren**) wird die Gargutoberfläche mittels starker Oberhitze goldgelb gebräunt.	Frittiergut wird **vollständig** von heißem Fett (eiweiß- und wasserfrei) umgeben, sodass eine **gleichmäßige Bräunung** entsteht. Wasserreiches Gargut muss vor dem Frittieren gut abgetrocknet werden (Spritzgefahr). Gesundheitsschädliche Stoffe entstehen bei Temperaturen **über 180 °C**.
Lebensmittel	Kleine Fleischstücke, Gemüse, Geflügel, Fisch, Lamm etc.	Kuchen, Kleingebäck, Gratins, Toast	Fleisch, Fisch, Kartoffelprodukte, Früchte, Suppeneinlagen
Beurteilung	Hohe Vitamin- und Mineralstoffverluste. Bildung von Röst- und Aromastoffen	Hitzeempfindliche Vitamine werden zerstört. Bildung von Röst- und Aromastoffen	Frittiertes ist schwer verdaulich und kalorienreich. Bildung von Röst- und Aromastoffen

Fachtheorie

Garverfahren	Kochen	Direktes Pochieren (Garziehen in Flüssigkeit)	Indirektes Pochieren (Garziehen im Wasserbad)
Temperatur	ca. 100 °C	ca. 75 °C bis 85 °C	ca. 75 °C bis 85 °C
Erklärung	Garen in wässriger Flüssigkeit, das Gargut ist bedeckt. Die Rohstoffe können in die **kalte** (z. B. **Fleischbrühe** → Auslaugen der Zutaten ist erwünscht; **Eier** → platzen nicht) **oder** in die **kochende Flüssigkeit** gegeben werden (z. B. Nudeln). Die Hitzezufuhr kann während des Kochvorgangs etwas reduziert werden (= Energieersparnis), da sonst zu viel Flüssigkeit verdampft.	Das Gargut kann entweder in reichlich **kalte** Flüssigkeit (z. B. ganzer Fisch) oder in reichlich **siedende** Flüssigkeit (z. B. Klöße, pochierte Eier) gegeben werden. Damit die **Form** und **Konsistenz** des Gargutes erhalten bleibt, darf die Flüssigkeit **nicht aufwallen**, also nicht kochen.	Die Wärmeübertragung erfolgt **indirekt**, d. h. das abgedeckte Gargut wird in einem **Gefäß** oder in **Förmchen** im **Wasserbad** gegart. Dies kann im Topf oder im Backofen (Grillpfanne) erfolgen. Hierfür muss der Backofen auf **ca. 120 °C** eingestellt werden, um eine Wassertemperatur von **ca. 80 °C bis 90 °C** zu erhalten.
Lebensmittel	Eier, Brühen, Teigwaren, Fleisch, Gemüse	Klöße aller Art, ganzer Fisch, pochierte Eier, Rollpasteten	Soufflés, Eierstich, Flan, Terrinen
Beurteilung	Hohe Vitamin- und Mineralstoffverluste, evtl. Kochflüssigkeit mitverwenden	Formschonende Garmethode ohne Krustenbildung, für Schonkostgänger geeignet	Formschonende Garmethode ohne Krustenbildung, für Schonkostgänger geeignet

Garverfahren	Dünsten	Dämpfen	Foliengaren
Temperatur	bis 100 °C	ca. 100 °C	ca. 120 °C bis 180 °C
Erklärung	Gargut wird im eigenen Saft oder unter Zugabe von wenig Flüssigkeit und wenig Fett gegart.	Garen im Wasserdampf mit Siebeinsatz, dabei ist der Topfboden mit Wasser bedeckt. Durch Wärmezufuhr entsteht Wasserdampf. Dämpfen ist im Dampfdrucktopf (S. 40/41) oder im geschlossenen Topf möglich.	Das Gargut wird in eine hitzebeständige Folie (Bratfolie, Alufolie) gepackt und im Backofen gegart, das Gargut bleibt sehr saftig. Eine Krustenbildung wird erzielt, indem man **ca. 20 Min.** vor Ende des Garvorgangs die Folie oben öffnet.
Lebensmittel	Wasserhaltige Lebensmittel mit lockerer Zellstruktur z. B. zartes Gemüse, Fisch, Obst	Gemüse, Fisch, Hefeklöße, Kartoffeln	Geflügel, Fisch, Gemüse
Beurteilung	Für Schonkostgänger geeignet, da keine Röststoffbildung. Nährstoffschonende Garmethode, Aromaerhalt	Geringe Nährstoffverluste für Schonkostgänger geeignet	Nährstoffschonende Garmethode, Aromaerhalt, Backofen bleibt sauber

Fachtheorie

1.17 Kräuter

Frische Kräuter werten durch ihren hohen Vitamin- und Mineralstoffgehalt die Mahlzeiten auf. Die speziellen Aromastoffe verleihen den Speisen eine besondere Geschmacksnote.

Allgemeine Regeln zur Verarbeitung von Kräutern

- Grundsätzlich sollten zu jedem Gericht die passenden Kräuter ausgewählt werden.
- Kräuter nicht zu lange im Wasser liegen lassen. Die wasserempfindlichen Vitamine gehen sonst verloren.
- Durch langes Aufbewahren treten Nährstoffverluste ein. Frische Kräuter kaufen und baldmöglichst verarbeiten.
- Kräuter waschen, Blättchen vom Stiel entfernen und je nach Gericht weiterverarbeiten.
- Kräuter auf trockenen Brettern zerkleinern (Aromastoffe und Vitamine dringen nicht ins Brett ein).
- Kräuter können mit dem Wiegemesser oder dem Kochmesser fein zerkleinert werden.
- Die Kräuter für die Garnitur erst kurz vor dem Anrichten zerkleinern und über die Speisen geben.
- Damit die Trockenkräuter ihr Aroma entwickeln, sollten sie mindestens **ca. 10–20 Min.** mitgegart werden.

1. Basilikum (Basilienkraut)

Verwendung: Tomatengerichte, Salate, Fleisch (Hammel) etc.

2. Kerbel (Küchenkraut)

Verwendung: Eintöpfe, Gemüse, Salate etc.

3. Liebstöckel (Maggikraut)

Verwendung: Suppen, Soßen, Eintopfgerichte, Salate etc.

4. Petersilie (Peterle, Peterli, Silk)

Verwendung: Garnituren, Salate, Gemüse etc.

5. Pfefferminze (Minze)

Verwendung: Soßen, Lamm, Desserts etc.

6. Schnittlauch (Schnittling, Graslauch)

Verwendung: Salate, Fisch, Fleisch, Suppen etc.

7. Thymian (Küchenpolei, röm. Quendel)

Verwendung: Suppen, Fleisch, Soßen, Eintöpfe etc.

8. Zitronenmelisse (Eberraute, Zitronenkraut)

Verwendung: Dekorationen, Salate, Desserts etc.

Fachtheorie

1.18 Gewürze und Samen

Gewürze und Samen werden seit mehreren tausend Jahren als Geruchs- und Geschmacksstoffe in der Küche eingesetzt. Um in den Besitz von Gewürzen zu kommen, wurden Länder erobert, Kriege geführt und Handelsmonopole geschaffen. Gewürze und Samen sind Aromastoffe, die den Geruch und Geschmack einer Speise verbessern. Sie sind meist Teile einer Pflanze, die in der Erde oder oberhalb der Erde reifen und wachsen.

Aufbewahrung und Lagerung von Gewürzen:

→ Gewürze verlieren im gemahlenen Zustand sehr schnell ihr Aroma. Deshalb empfiehlt es sich, die Gewürze im Ganzen zu kaufen und wenn möglich selbst zu mahlen oder zu zerkleinern.

→ Damit die Aromastoffe nicht verloren gehen, sollten sie in einem fest verschlossenen, dunklen Gefäß leicht gekühlt gelagert werden.

→ Grundsätzlich keine großen Gewürzmengen einkaufen. Durch langes Lagern treten Qualitätsverluste ein.

1. Verschiedene Pfeffersorten

Pfeffer sind die Körner einer tropischen Kletterpflanze, die bis zu **15 cm** lange Ähren entwickeln kann. Die Körner werden in unterschiedlichen Reifegraden geerntet. **Die Hauptanbaugebiete sind Asien und Brasilien.**

Grüne Pfefferkörner: Aroma: fruchtig. Unreife Pfefferbeeren in Salzlake eingelegt oder tiefgefroren.

Schwarze Pfefferkörner: Aroma: kräftig scharf. Grüne Beeren, die in der Sonne getrocknet werden.

Rote Pfefferkörner: Aroma: weniger scharf. Reifen die grünen Beeren aus, dann werden sie rot.

Weiße Pfefferkörner: Aroma: sehr mild. Rote Beeren, die fermentiert, geschält und getrocknet werden. Passt zu: Soßen, Fleischgerichten, Eierspeisen.

2. Kümmel

Hauptanbaugebiete: Mexiko, Indien

Getrockneter sichelförmiger Samen der Kümmelpflanze. Wirkt Blähungen entgegen. Passt zu: Kohl- und Zwiebelgerichten

3. Paprika

Hauptanbaugebiete: Süd- und Osteuropa

Je mehr Samenkörner mit der Paprikaschote gemahlen werden, desto schärfer ist das Pulver. Passt zu: Kürbis, Lamm, Gemüse

4. Chilischoten

Hauptanbaugebiete: Indonesien, Mexiko

Kleine Paprikaschoten, die **ca. 20-mal** so scharf sind wie die Paprika. Gewürz sparsam verwenden. Passt zu: scharfen Speisen

5. Gewürznelken

Hauptanbaugebiete: Sansibar, Madagaskar

Getrocknete Blütenknospen des Nelkenbaumes. **Aroma:** würzig, feurig. Passt zu: Rotkohl, Hülsenfrüchten, Gebäck

Fachtheorie

6. Ingwer

Hauptanbaugebiete: Südostasien, Australien
Spross einer Schilfpflanze. Der fleischartige Wurzelstock hat ein pikantes bis sehr scharfes **Aroma**. Passt zu: Geflügel, Fisch, Kuchen

7. Curry

Hauptanbaugebiete: Asien, Südamerika
Gewürzmischung aus **ca. 15** Gewürzen, z. B. Pfeffer, Anis, Ingwer, Nelken, Kurkuma. **Aroma:** pikant, würzig. Passt zu: Reis, Soßen

8. Muskatnuss

Hauptanbaugebiete: Indien, Südamerika
Getrockneter Samenkern einer aprikosenähnlichen Frucht. **Aroma:** würzig. Passt zu: Kartoffelgerichten, Brühen

9. Zimt

Hauptanbaugebiete: Sri Lanka, Brasilien, Karibik
Getrocknete Rinde des Zimtbaumes. **Aroma:** würzig. Passt zu: Gebäck, Apfelspeisen

10. Kurkuma

Hauptanbaugebiete: Indien, Südostasien
Die Gelbwurzel ist aus der Familie des Ingwers. Getrocknete, gemahlene Wurzelstöcke ergeben das gelbe Pulver. Stellt das Grundwürzmittel des Currys dar. **Aroma:** scharf. Passt zu: Reis, Fisch

11. Vanilleschoten (Bourbon)

Hauptanbaugebiete: Mexiko, Indonesien
Früchte einer Kletterorchidee. Die Schoten werden getrocknet und unterliegen einem komplizierten Gärvorgang. Deshalb sind sie sehr teuer.
Passt zu: Kuchen, Desserts

12. Lorbeeren (Synonym für Ruhm)

Hauptanbaugebiete: Mittelmeerraum
Blätter des immergrünen Lorbeerbaumes. Sie entfalten nur langsam das Aroma, deshalb empfiehlt es sich, sie mitzugaren. **Aroma:** fein herb und leicht bitter. Passt zu: Hülsenfrüchten, Suppen

13. Senf

Hauptanbaugebiete: Mittelmeerraum
Samen der Senfpflanze. Man unterscheidet **ca. 40 verschiedene** Senfarten. Die Senfvielfalt erhält man durch die unterschiedlichen Samen. **Aroma:** pikant, würzig. Passt zu: Soßen, Wild, Fleisch

1.18.1 Gewürzsoßen

Tabascosoße	Sehr scharfe Soße, die durch Fermentation aus dem Extrakt scharfer Chilis gewonnen wird.
Sojasoße	Der Soja-Weizen-Brei wird gekocht und **ca. 2–3 Tage** fermentiert. Anschließend werden Salzlake und Hefe zugefügt. Eine **gute** Sojasoße muss **ca. 2 Jahre** heranreifen.
Worcestersoße (Worcestershiresoße)	Hocharomatische Soße aus folgenden Hauptbestandteilen: Weinessig, Sojasoße, Cayennepfeffer, Sherry. Die genaue Rezeptur ist streng geheim.

Fachtheorie

1.19 Saisonkalender für Obst und Gemüse

Obst	Jan	Feb	Mrz	Apr	Mai	Jun	Juli	Aug	Spt	Okt	Nov	Dez
Ananas												
Äpfel												
Aprikosen												
Bananen												
Birnen												
Brombeeren												
Erdbeeren												
Grapefruit												
Heidelbeeren												
Himbeeren												
Johannisbeeren												
Kirschen/süß												
Kirschen/sauer												
Kiwi												
Mirabellen												
Nektarinen												
Pfirsiche												
Pflaumen												
Preiselbeeren												
Quitten												
Stachelbeeren												
Wassermelone												
Weintrauben												
Zitronen												

Gemüse	Jan	Feb	Mrz	Apr	Mai	Jun	Juli	Aug	Spt	Okt	Nov	Dez
Artischocken												
Auberginen												
Batavia												
Blumenkohl												
Buschbohnen												
Brokkoli												
Champignons												
Chicorée												
Chinakohl												
Eichblattsalat												
Eisbergsalat												
Endiviensalat												
Erbsen												
Feldsalat												
Fenchel												
Grünkohl												
Gurken												
Kartoffeln												
Kohlrabi												
Kürbis												
Lollo rosso												
Mais												
Meerrettich												
Möhren												
Paprika												
Petersilie												
Porree												
Radieschen												
Rettich												
Rosenkohl												
Rote Bete												
Rotkohl												
Schwarzwurzel												
Sellerieknolle												
Spargel												
Spinat												
Tomaten												
Weißkohl												
Wirsing												
Zucchini												
Zwiebel												

Zeichenerklärung:

- Monate mit stärkeren Angeboten und günstigen Preisen
- Monate mit geringeren Angeboten und höheren Preisen

Hinweis: Diese Angaben variieren von Region zu Region.

Fachtheorie

1.20 Probekochen

Durch das Probekochen im Kochunterricht kann der Leistungsstand, also die Kochkenntnis und die damit verbundene Fertigkeit und Fähigkeit, ermittelt werden.

Wie kann ich mich auf das Probekochen optimal vorbereiten?

→ Wer zu Hause die Gerichte kontinuierlich nachkocht, bekommt Routine und gewinnt dadurch Sicherheit und Schnelligkeit.
→ Wählen Sie prinzipiell die Rezepte aus, vor denen Sie am meisten Sorge bei der Zubereitung haben.
→ Vor dem Üben sollten die Rezepte genau durchgelesen werden.
→ Benützen Sie Maschinen und den Dampfdrucktopf, um rationell zu arbeiten.
→ Lernen Sie, wenn schulisch gefordert, die Grundrezepte kontinuierlich auswendig.
→ Treten bei der Nahrungszubereitung zu Hause Fragen auf, klären Sie diese im nächsten Unterricht.
→ Die Rezeptesammlung muss vollständig sein, kontrollieren Sie den Ordner auf Vollständigkeit.

Mindmap: Probekochen

Das Probekochen wird nach bestimmten Beurteilungskriterien benotet. Diese können von der Lehrkraft vorgegeben oder gemeinsam mit allen Beteiligten entwickelt werden. Hierzu bietet eine **Gedankenlandkarte (= Mindmap)** eine echte Hilfestellung. Eine Mindmap besteht aus Hauptästen, die dann in Nebenästen aufgeteilt werden. Am Beispiel des Probekochens bedeutet dies, dass zunächst die Beurteilungskriterien gefunden werden müssen (= Hauptäste), die dann inhaltlich weiter verzweigt werden (= Nebenäste).

Grundsätzliche Tipps für die Erstellung einer Mindmap

❶ Unliniertes Blatt in Querformat verwenden.

❷ Schreiben Sie das Thema in die Mitte und zeichnen Sie hierzu ein passendes Bild.

❸ Zeichnen Sie nun die Hauptäste und finden Sie die Hauptthemen (z. B. Beurteilungskriterien für das Probekochen). Schreiben Sie die Hauptthemen in Blockschrift und Großbuchstaben auf die Äste.

❹ Entwickeln Sie zu den Hauptthemen weitere passende Gedanken (= Nebenäste) und schreiben Sie diese in Form von Nebenästen auf (siehe Ausschnitt: Probekochen).

❺ Der Übersicht wegen sollte jeder Hauptast mit den passenden Nebenästen in einer anderen Farbe gestaltet werden.

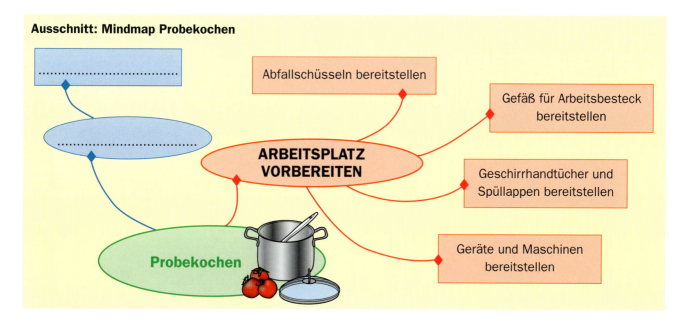

Ausschnitt: Mindmap Probekochen

Aufgabe: Entwickeln Sie mit der Kochgruppe und der Lehrkraft eine Mindmap zum Thema: Probekochen. Legen Sie dabei die Beurteilungskriterien für das Probekochen fest. Finden Sie passende Nebenäste.

Fachtheorie

1.21 Aufbau eines Grundrezeptes (GR)

Alle Grundrezepte werden mit roten Großbuchstaben **GR** abgekürzt, wie beispielsweise **GR** Biskuitmasse. Das Grundrezept ist ein vereinfachtes, vereinheitlichtes **„Basisrezept"**. Wird das Grundrezept abgewandelt, können vielfältige Rezeptkombinationen entwickelt werden. Grundrezepte sind nach einem einheitlichen Schema aufgebaut. Sie weisen die Mengen, die Zutaten und die Zubereitung aus.

Menge ½ GR	Menge 1 GR	Zutaten	Zubereitung
250 g	500 g	mehlig kochende Kartoffeln	**Kartoffeln werden am Vortag gegart:** Kartoffeln waschen und in der Schale (Pelle) garen. **Topf: ca. 40–45 Min./DDT: ca. 12–15 Min./2. Ring/gelochter Einsatz**

Mengen
→ **1 GR** ist für **4** Personen, **½ GR** ist für **2** Personen ausgewiesen.
→ Die Verhältnisse der Mengen und Zutaten sind genau aufeinander abgestimmt, um ein optimales Ergebnis zu erzielen.

Zutaten
Die Zutaten eines Grundrezeptes werden in fünf Kategorien unterteilt.

Grundzutaten	Geschmackszutaten	Verbesserungs- und Verfeinerungszutaten	Bindemittel	Lockerungsmittel
Der Teil des Grundrezeptes, der den mengenmäßig größten Anteil einer Zutat ausmacht.	Sie bestimmen den Geschmack der Speise und können im Rezeptnamen enthalten sein.	Sie „verbessern" das Rezept und erhöhen häufig den Sättigungswert und den Preis.	Sie geben den Speisen die nötige Stabilität, indem sie die Flüssigkeit binden.	Sie lockern auf chemischem, biologischem oder physikalischem Wege die Speise.

Aufgabe: Vergleichen Sie die **GR** miteinander. Finden Sie deren Grundzutaten, Geschmacks- und Verbesserungszutaten, Bindemittel und Lockerungsmittel heraus. Weitere Hilfestellungen bietet dieses Kapitel.

Zubereitung
→ Bei der Zubereitung eines Grundrezeptes werden alle wichtigen Arbeitsschritte und die damit verbundenen Grundregeln schrittweise erklärt.
→ Notwendige Garzeiten sowie der Einsatz von Geräten und Maschinen sind ausgewiesen.
→ Wichtiges wird durch Merksätze ausgewiesen. Interessante Anmerkungen sind durch Tipps vermerkt.

Abwandlungs- bzw. Veränderungsmöglichkeiten

Abwandlungen eines Grundrezeptes werden durch Änderung
→ der Zutaten,
→ der Garverfahren,
→ der Formgebung   erreicht.

Beispiel: Fleischteig → Frikadellen, Hackbraten, gefüllte Paprika, panierte Hackbällchen etc.

Fachtheorie

1.21.1 Lockerungsmittel

Teige und Massen können durch **physikalische**, **chemische** oder **biologische** Methoden gelockert werden.

Physikalische Lockerung	Chemische Lockerung	Biologische Lockerung
Eingeschlagene Luft (z. B. Biskuitmasse 10.2)	**Backpulver** (z. B. Rührmasse 9.1)	**Hefen: (Frisch- oder Trockenhefe)** (z. B. Hefeteig 10.1)
Durch Kneten und Rühren von Teigen und Massen wird **Luft** eingeschlagen. Diese versucht, sich während des Backprozesses auszudehnen, und lockert so das Gebäck. **Weitere Beispiele sind:** steif geschlagene Sahne oder steif geschlagenes Eiweiß (Eischnee).	Unter Hitze- und Feuchtigkeitseinfluss bewirkt das Backpulver in Massen und Teigen die Bildung von **Kohlendioxid (CO₂)**. **Kohlendioxid** lockert das Gebäck. Backpulver ist eine Mischung aus: a) **Trennmittel:** z. B. Getreidemehl, b) **Säureträger:** z. B. Weinsäure, c) **Komponente, die während des Backprozesses CO₂ spaltet** = Natriumhydrogencarbonat.	Bewirken den enzymatischen Abbau von **Stärke** zu **Kohlendioxid (CO₂)** und **Alkohol**. Der Alkohol und das Kohlendioxid dehnen sich während des Backprozesses aus und lockern so das Gebäck.
Wasserdampf (z. B. Blätterteigfisch 4.8.7)	**Hirschhornsalz** (z. B. Lebkuchenherstellung)	**Milchsäurebakterien** (z. B. Brot-, Käseherstellung)
Die Flüssigkeiten der Zutaten, z. B. sehr hohe Anteile an Wasser, werden durch Hitzeeinwirkung während des Backprozesses zu **Wasserdampf** (gasförmig) und lockern so das Gebäck.	Hirschhornsalz entwickelt unter **Hitzeeinwirkung** einen starken Geruch und Geschmack. Deshalb wird es meist bei gut gewürztem, flachen Gebäck eingesetzt. Beim Backen wird **Kohlendioxid**, **Ammoniak** und **Wasserdampf** frei. **Pottasche (z. B. Honigkuchen)** Organische Säuren bewirken die Freisetzung von **Kohlendioxid** in Teigen.	Milchsäurebakterien bewirken den enzymatischen Abbau von **Glucose (Einfachzucker)** zu **Milchsäure**. Das z. B. mit Sauerteig gebackene Brot wird durch die entstandene Milchsäure gelockert und durchsäuert.

1.21.2 Geschmackszutaten

Geschmackszutaten verleihen den Speisen ein besonderes und typisches Aroma. In der Regel sollten die Geschmackszutaten so dosiert werden, dass die Speisen geschmacklich abgerundet schmecken, d. h., keine Geschmackszutat sollte dominieren.

Geschmackszutaten können sein:

Kräuter: Basilikum, Thymian, Majoran, Petersilie, Schnittlauch, Dill, Zitronenmelisse etc. **(siehe 1.17)**.
Gewürze: Pfeffer, Paprika, Piment, Anis, Kümmel etc. **(siehe Kapitel 1.18)**.
Soßen: Sojasoße, Worcestersoße, Tabascosoße, Ketchup etc. **(siehe Kapitel 1.18.1)**.
Aromen: Zitronenaroma, Amarettoaroma, Bittermandelaroma, Rumaroma, Orangenfruchtaroma etc.

1.21.3 Verbesserungszutaten/Verfeinerungszutaten

Verfeinerungszutaten sind Zutaten, die die Speisen verbessern, verfeinern und oftmals auch verteuern, z. B. Mandeln, Haselnüsse, Schokolade, Sahne, Crème fraîche, Sauerrahm, Rosinen, Pinienkerne, Pistazien.

Fachtheorie

1.21.4 Bindemittel (Dickungsmittel)

Massen und Flüssigkeiten erhalten durch Bindemittel die nötige Stabilität und Festigkeit. Gebunden werden in der Regel Suppen, Soßen, Süßspeisen, bestimmte Teigarten, Konfitüren, Säfte etc.

Man unterscheidet:

```
                Bindemittel
               /           \
    Tierische Bindemittel    Pflanzliche Bindemittel
```

Tierische Bindemittel	
Gelatine	wird aus Knochen und Knorpel gesunder Schlachttiere hergestellt. Sie ist geruchs- und geschmacksneutral und wird in Blatt- oder Pulverform im Handel angeboten **(siehe Kapitel 8.4)**.
Eier	Beim Erhitzen von Eiern gerinnen die Eiweißstoffe im Ei. Ein Ei kann die **2fache** Flüssigkeitsmenge seines Eigengewichtes aufnehmen.

Pflanzliche Bindemittel	
Agar-Agar: (E 406)	Produkt aus verschiedenen Rotalgen. Agar-Agar löst sich beim Erhitzen. Die Gelierfähigkeit wird bei **ca. 45 °C** erreicht. Es ist geschmacksneutral. Agar-Agar kann **ca. 6–8-mal** mehr Flüssigkeit binden als Stärke. ¾ **gestr. Tl** Agar-Agar bindet **ca. 500 ml** Flüssigkeit.
Alginate: (E 400–E 405)	Sind die Salze von Braunalgen (mittleres Bild). Alginate verlieren durch lange Säure- und Hitzeeinwirkung ihre Bindefähigkeit. Alginate in Kombination mit anderen Geliermitteln werden zu stabilem Gel.
Guarkernmehl: (E 412)	Rohstoffe der indischen Guarpflanze. Die Guarschoten werden von giftigen Stoffen getrennt und gemahlen. Den wasserlöslichen Teil nennt man Guaran. Bereits bei sehr geringen Dosierungen werden stabile Gelverbindungen erreicht.
Johannisbrotmehl: (E 410)	Gemahlene Samen des Johannisbrotbaumes (rechtes Bild). Bei **ca. 95 °C** ist dieses Mehl voll löslich. Das Wasserbindungsvermögen ist relativ hoch.
Pektine: (E 440)	Bestandteil von Zellsubstanzen, das meist aus Apfeltrester (Abfallprodukt bei der Apfelsaftherstellung), Zuckerrübenschnitzen oder Zitronenschalen gewonnen wird. Je nach Pektinart können diese in kaltem oder kochendem Wasser gelöst werden.
Gummi arabicum: (E 414)	Harz tropischer Akazienarten. Die doppelte Wassermenge ist für das Lösen der bernsteinartigen Masse erforderlich. In der Lebensmittelverarbeitung wird es meist als sprühgetrocknetes Dickungsmittel eingesetzt.
Feine, mittelfeine und grobe Bindemittel (linkes Bild, nähere Ausführungen siehe Kapitel 8.3)	

Fachtheorie

1.22 Vollwertige Ernährung

Der Mensch sollte auf eine vielseitige und ausgewogene Ernährung achten, um den Organismus gesund zu erhalten und sich vor bestimmten Krankheiten zu schützen.

Verschiedene Nährstoffe und deren Vorkommen in der Nahrung

Nährstoffe	Kohlenhydrate	Fette	Eiweiß	Vitamine Mineralstoffe	Wasser
Vorkommen	Getreideprodukte, Kartoffeln, Zucker, Hülsenfrüchte **etc.**	Öl, Butter, Käse, Wurst, Margarine, Nüsse **etc.**	Milchprodukte, Käse, Ei, Erbsen, Fisch, Fleisch **etc.**	Obst, Gemüse, Getreideprodukte, Hülsenfrüchte **etc.**	Mineralwasser, Obst- u. Fruchtsäfte, Tee **etc.**

Nährstoffbedarf

Damit eine ausgewogene Ernährung gewährleistet ist, sollte man die Nährstoffe in folgenden Verhältnissen zu sich nehmen.

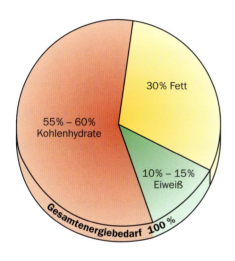

Ernährungskreis der DGE

Dieser gibt Aufschluss, in welchen Mengenverhältnissen die Nahrungsmittelauswahl stattfinden sollte. Aus Gruppe **1–4** und **7** darf mehr als aus Gruppe **5** und **6** aufgenommen werden.

© Ernährungskreis der Deutschen Gesellschaft für Ernährung e.V.

10 wichtige Grundsätze für eine vollwertige Ernährung

① Achten Sie auf eine **vielfältige** und **abwechslungsreiche** Auswahl der Lebensmittel.

② Essen Sie wenig fettreiche Produkte. „**Versteckte Fette**" sind zu meiden. Das Fett ist hierbei nicht unmittelbar ersichtlich und somit risikoreich. Versteckte Fette sind z. B. in Käse, Wurst, Nüssen etc. enthalten.

③ Meiden Sie große Mengen an Zucker und Salz. Kräuter und andere Gewürze sind gesünder. Jodiertes Speisesalz ist zu bevorzugen.

④ Wählen Sie **ca. 5 x am Tag Obst** und **Gemüse** aus. Hohe Anteile an Vitaminen, Mineralstoffen und Ballaststoffen wirken sich positiv auf die Körpervorgänge aus.

⑤ Es sollte mindestens **1,5–2 Liter** Flüssigkeit in Form von Mineralwasser, Tee (z. B. Kräuter- oder Früchtetee), Gemüse- und Obstsäften (ohne hohen Zuckergehalt) getrunken werden.

⑥ Essen Sie mehr pflanzliche als tierische Produkte. In Getreideprodukten, Hülsenfrüchten und Kartoffeln sind viele Mineralstoffe, Vitamine und Ballaststoffe enthalten.

⑦ Achten Sie auf schonende Vorbereitungs- und Garmethoden (fettarme Zubereitung, Nährstofferhalt).

⑧ Es sollten täglich fettarme Milchprodukte, einmal in der Woche Fisch und Fleisch sowie Wurstwaren in Maßen gegessen werden (hohe Anteile an Calcium, Jod, Eisen und Vitaminen).

⑨ Essen Sie bewusst! Planen Sie genügend Zeit für jede Mahlzeit ein. Das Essen soll ein Genuss sein.

⑩ Sportliche Aktivitäten und genügend Bewegung unterstützen die Figur und die Vitalität des Körpers.

Fachtheorie

1.23 Vollwert-Ernährung

Oberstes Ziel der Vollwert-Ernährung ist es, den Menschen in seinem **gesamten Gefüge** (= ganzheitlich, vernetzte Denkweise) zu betrachten. Die Ernährung wird also nicht isoliert von **gesundheitlichen, sozialen, ökologischen** und **ökonomischen Aspekten** betrachtet, sondert bindet diese in die Ernährungsweise des Menschen mit ein.

10 Wichtige Grundsätze der Vollwert-Ernährung

1. Auf eine **lakto-vegetabile** Ernährungsweise wird geachtet, d. h. pflanzliche Lebensmittel stehen im Vordergrund.
2. Die Lebensmittel sollten naturbelassen, also so gering wie möglich verarbeitet sein (Wertstufe 1, siehe unten).
3. Etwa **50 %** der Lebensmittel werden in Form von nicht erhitzter Frischkost verzehrt.
4. Produkte aus **anerkannt ökologischer Landwirtschaft** auswählen. Diese sollten unter **sozialverträglichen** Bedingungen erzeugt und vermarktet werden.
5. Bevorzugt **regionale** und **saisonale** Marktangebote sollten genutzt werden.
6. **Vermeidung** von Nahrungsmitteln, die unter Anwendung bestimmter technischer Verfahren erzeugt wurden (gentechnisch erzeugte Lebensmittel, bestrahlte Lebensmittel).
7. Auf **umweltfreundlich verpackte Lebensmittel** oder auf Lebensmittel ohne Verpackung zurückgreifen und umweltfreundliche Produkte auswählen (= Reduzierung der Schadstoffemissionen).
8. Lebensmittel mit Zusatzstoffen, z. B. Farb- und Konservierungsstoffe, werden abgelehnt.
9. Auf eine **fettreduzierte** und **schonende Zubereitung** der Speisen muss geachtet werden.
10. Reduzierung der Veredelungsverluste, indem weniger tierische Produkte verzehrt werden.

4 Wertstufen der Vollwerternährung

Die Lebensmittel der Vollwert-Ernährung werden in **vier Wertstufen**, unter Berücksichtigung der oben ausgewiesenen Aspekte, eingeteilt. Lebensmittel aus der **Wertstufe 1** sind **grundsätzlich** zu bevorzugen.

Wertstufen (1–4)	Foto	Lebensmittelauswahl
❶ **sehr empfehlenswert**		Nahrungsmittel, die **nicht** oder **sehr gering verarbeitet** und **nicht erhitzt** sind. **Beispiele:** Gekeimte Getreidekörner, frisches Gemüse und frisches Obst, Nüsse, Ölsamen, Ölfrüchte, Mineralwasser, Quellwasser, frische Kräuter und frisch gemahlene Gewürze, Vorzugsmilch, frisch gequetschte Flocken.
❷ **empfehlenswert**		Empfohlen sind Nahrungsmittel, die nur **gering verarbeitet** u. **erhitzt** werden. **Beispiele:** Bissfestes Obst und Gemüse, gegarte Kartoffeln und Hülsenfrüchte, kaltgepresste Öle, Butter, pasteurisierte Milch, Milchprodukte ohne Zusatzstoffe, Kräuter-, Früchtetees, Fleisch (2 x in der Wo.), Fisch (1 x Wo.).
❸ **weniger empfehlenswert**		**Stark be-** und **verarbeitete** Produkte sollten selten verzehrt werden. **Beispiele:** Gemüse-, Obstkonserven, H-Milch, Milchprodukte (mit Zusatzstoffen), Fleisch-, Wurst- und Fischware, Bier, Wein, schwarzer Tee, extrahierte, raffinierte Fette und Öle, Zucker, Sirup, vorgefertigte Kartoffelprodukte.
❹ **nicht empfehlenswert**		**Komplett verarbeitete Lebensmittel** sollten **gemieden** werden. **Beispiele:** Fertigprodukte, Halbfertigprodukte, Süßigkeiten, Alkohol, Limonaden, Aromen, Instantgetränke, gehärtete Margarine, Sterilmilch, Kondensmilch, Schmelzkäse, Getreidestärke, Ballaststoffpräparate.

Aufgabe: Stellen Sie unter Berücksichtigung der Regeln der Vollwert-Ernährung ein Vollwert-Menü zusammen. Berücksichtigen Sie dabei Lebensmittel aus der Wertstufe 1.

Fachtheorie

1.24 Vegetarismus (vegetus: lat. belebt, erregend)

Der Vegetarismus geht auf den griechischen Philosophen und Mathematiker Pythagoras (6. Jh. v. Chr.) zurück, der an die Wiedergeburt der menschlichen und tierischen Seelen glaubte und somit vom Verzehr von „beseelten Tieren" absah. Als Vegetarier werden die Menschen bezeichnet, die keine Nahrungsmittel zu sich nehmen, die von getöteten Tieren stammen. Dazu zählen auch Fisch, Weich- und Schalentiere und tierische Fette (Speck, Rinder- und Schweinefett).

Gründe und Argumente des Vegetarismus

Ästhetische: Totes Fleisch ist unansehnlich!

Biologische: Der Mensch ist von Natur aus ein Pflanzenfresser!

Ernährungsphysiologische: Der geringere Fett- und Eiweißverzehr ist gesund für den Körper!

Ethisch-moralische: Tieren soll kein Leid zugefügt werden (Tierschutz/Tierrechte)

Soziale: Einer weltweit ungerechten Verteilung der Nahrungsmittel könnte durch Verzicht auf Fleisch teilweise entgegengewirkt werden.

Gesundheitliche: Fleisch von Mastbetrieben ist häufig mit schädlichen Zusatzstoffen (Antibiotika, Hormonen) kontaminiert!

Ökologisch-ökonomische: Massentierhaltung verschwendet Land und Energie und verschmutzt die Umwelt!

Klassische Formen des Vegetarismus
Produkte, die konsumiert werden (+), die nicht konsumiert werden (−).

Formen des Vegetarismus	Fleisch	Geflügel	Eier	Milch/Butter	Konserven	Obst/Gemüse
Ovo-Lacto-Vegetarier	−	−	+	+	+	+
Lacto-Vegetarier	−	−	−	+	+	+
Veganer	−	−	−	−	−	+

(Ovo = Ei, Lacto = Milch)

Pseudoformen bzw. degenerierte Formen des Vegetarismus
(Beachte: Diese im Trend liegenden Mischformen entsprechen nicht der oben genannten Erläuterung von Vegetarismus)

Pesce-Vegetarier	isst nur Fisch	−	+	+	+	+
Pudding-Vegetarier	−	isst vor allem stark verarbeitete Lebensmittel, wie Fastfood, Süßigkeiten etc.				

Bewertung der klassischen Formen des Vegetarismus

(Ovo-) Lacto-Vegetarier: Wird auf eine ausgewogene Zusammenstellung der Nahrung geachtet, treten keine Mangelerscheinungen von Calcium, Vitamin B 12, Vitamin D, Eisen und Jod auf. Es ist ebenfalls eine ausreichende Fett- und Eiweißzufuhr gewährleistet. Der Anteil an Ballaststoffen und Polysacchariden ist etwas höher als gewöhnlich. Die Fettzufuhr (gesättigte Fettsäuren, Cholesterin) dagegen geringer. Dies begünstigt einen niedrigen Blutdruck und einen geringen Blutfettspiegel. Übergewicht, Fettstoffwechselstörungen und Gicht treten somit seltener auf.

Fachtheorie

Veganer: Sie verzehren ausschließlich pflanzliche Produkte und somit kann es leicht zur Unterversorgung von Calcium, Vitamin B 12, Vitamin D, Eisen, Jod und Eiweiß kommen. Die Nahrungsauswahl muss deshalb mit großer Fachkenntnis erfolgen.

Risikogruppen: Kleinkinder, Säuglinge, Stillende, Schwangere, Senioren sollten von einer veganen Ernährung absehen. Es kann leicht zu einer Unterversorgung an Eiweiß, Vitaminen und Mineralstoffen kommen.

Spezielle Kostformen des Vegetarismus

Kostform	Prinzip	Ziel	Beurteilung
Schnitzer-Kost J. G. Schnitzer geb. 1930, Zahnarzt	**Intensivkost: Vegetabile Kost** Nur Rohkost: Salat, Gemüse, Obst, Nüsse **Normalkost: Ovo-lacto-vegetabile Kost** aus kontrolliert-biologischem Anbau (kein Zucker, Kaffee und Gemüsesaft).	Die Verdauungsorgane sollen entgiftet werden. Die Gesundheit soll gefördert werden. Prävention vor Zivilisationskrankheiten	Ist als Dauerkost abzulehnen (extrem nährstoffarm). Ist bei einer sehr guten Nahrungsmittelauswahl auf Dauer geeignet.
Waerland-Kost A. Waerland, 1876–1955, Naturphilosoph	**Lacto-vegetabile Kost:** – viel Kartoffeln und Flüssigkeit – Rohkost, Getreidebrei – gesäuerte Milch, Milchprodukte – kein Fleisch, Eier, Zucker, Auszugsmehl, Genussmittel	Legt auf eine basenüberschüssige Kost Wert, um der Übersäuerung des Organismus entgegenzuwirken.	Ist bei einer sehr guten Nahrungsmittelauswahl auf Dauer geeignet.
Bircher-Benner-Kost M. Bircher-Benner, 1867–1939, Arzt	**Ovo-lacto-vegetabile Kost:** – 50% des Tagesbedarfs sollte aus Rohkost und Müsli bestehen – Kein Zucker und Genussmittel – Es gibt eine Hauptmahlzeit und zwei kleine Nebenmahlzeiten.	Mobilisierung der Selbstheilungskräfte des Körpers. Die Zwischenmahlzeiten würden die Verdauungsorgane zusätzlich belasten.	Ist bei einer sehr guten Nahrungsmittelauswahl auf Dauer geeignet.

Aufgabe: Stellen Sie für einen Ovo-Lacto-Vegetarier ein geeignetes Menü zusammen und bereiten Sie dieses zu.

1.25 Leichte Vollkost

Durch eine leichte Vollkost sollen die Verdauungsorgane und der gesamte Stoffwechsel entlastet werden. Die Nährstoffzufuhr entspricht der „Vollwertigen Ernährung". Vermieden werden jedoch alle Lebensmittel, Speisen und Getränke sowie Garverfahren, die erfahrungsgemäß sehr häufig Unverträglichkeiten auslösen. **Das Motto lautet: Alles, was vertragen wird, ist erlaubt!**

Wann ist eine leichte Vollkost empfehlenswert?

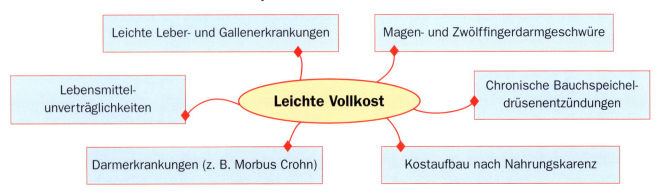

- Leichte Leber- und Gallenerkrankungen
- Magen- und Zwölffingerdarmgeschwüre
- Lebensmittelunverträglichkeiten
- Chronische Bauchspeicheldrüsenentzündungen
- Darmerkrankungen (z. B. Morbus Crohn)
- Kostaufbau nach Nahrungskarenz

Fachtheorie

10 Ernährungsempfehlungen für eine leichte Vollkost

① Es sollten regelmäßig **mehrere kleine** Portionen pro Tag aufgenommen werden.

② Zum Essen muss **ausreichend Zeit** vorhanden sein. Gutes **Kauen** der Speisen ist wichtig.

③ Keine **fett-** und **zuckerreichen** Lebensmittel aufnehmen.

④ Die Flüssigkeitsaufnahme beträgt **ca. 1,5 – 2 Liter** am Tag.

⑤ **Stark blähende** Lebensmittel sind unbedingt zu meiden.

⑥ Ungeeignet sind **scharfe Gewürze** und **zu viel Salz**.

⑦ Die Speisen müssen **richtig temperiert** sein, d. h. nicht zu heiß und nicht zu kalt.

⑧ Auf Nikotin, Alkohol und koffeinhaltige Getränke grundsätzlich verzichten.

⑨ Es sollten **schonende** und **wenig fettreiche** Garmethoden ausgewählt werden. Geeignet sind: Garen in der Folie, dünsten, dämpfen, kochen, garen in der Mikrowelle. Ungeeignet sind: frittieren, braten, schmoren, grillen.

⑩ Angemessene körperliche Aktivitäten und Bewegungen wirken unterstützend.

Geeignete und weniger geeignete Lebensmittel bei einer leichten Vollkost

Lebensmittelgruppen	Geeignete Lebensmittel ☺	Ungeeignete Lebensmittel ☹
Backerzeugnisse	fettarmes Gebäck, älteres Brot, feines Vollkornbrot, Obstkuchen ohne Sahne	frisches Hefegebäck, Fettgebackenes, Sahne- und Crèmetorten, Blätterteiggebäck
Eier	fettarme Eierspeisen, weich gekochte Eier	Eierspeisen mit Mayonnaise, hart gekochte Eier
Fette	kleine Mengen natürlicher Pflanzenöle	große Mengen an Öl, Schmalz, Talg
Fisch	Magerfisch, z. B. Hecht, Zander, Flussbarsch	Fettfisch, z. B. Hering, Aal, Lachs
Fleisch	mageres Fleisch, z. B. Pute, Kalb, Rindfleisch	fettes, gepökeltes, geräuchertes Fleisch
Fleischwaren	magere Wurstsorten, z. B. Geflügelwurst, kalter Braten, gekochter Schinken ohne Fettrand	fette, würzige und geräucherte Wurstwaren
Gemüse/Salat	leicht verträgliche Gemüsesorten, z. B. Karotten, Bohnen, Zucchini, gehäutete Tomaten	keine schwer verdaulichen und blähenden Sorten: Kohlsorten, Lauch, Oliven, Gurken, Rettiche
Getränke	Stilles Wasser, Kräutertees, Gemüse- und Obstsäfte mit geringem Zuckergehalt	Alkohol, kohlensäurehaltige u. koffeinhaltige Getränke, Limonade, eisgekühlte Getränke
Getreideprodukte	Reis, Nudeln, Grieß, Getreideflocken	keine Einschränkungen
Gewürze	Die Verträglichkeit ist individuell verschieden und muss ausprobiert werden.	große Mengen Pfeffer, Salz, Curry, Paprika, Senf, Zwiebel- und Knoblauchpulver
Kartoffeln	Klöße, Salzkartoffeln, Pellkartoffeln, Püree	Pommes frites, Bratkartoffeln, Rösti
Milch und Milchprodukte	fettarme Produkte z. B. Milch (1,5% Fett), Magerquark, fettarmer Käse, Kefir	Sahne, Sauerrahm, würzige und fetthaltige Käsesorten, Vollmilch
Obst	reife, leicht verträgliche gekochte oder rohe Obstsorten	unreifes, rohes Stein- und Kernobst wie: Birnen, Apfelsinen, Aprikosen
Süßigkeiten	in Maßen Konfitüre und Honig	Schokolade, Pralinen, Marzipan, Sahnebonbons
Zucker	nur in geringen Mengen	nicht in großen Mengen

Aufgabe: Stellen Sie aus den Rezepturen ein leichtes Vollkost-Menü unter Berücksichtigung der obigen Kriterien zusammen und bereiten Sie dieses zu. Wandeln Sie hierfür die Rezepte ab.

Fachtheorie

1.26 Kennzeichnung von Lebensmitteln

Die Kennzeichnung von Lebensmitteln ist in der **Lebensmittelinformations-Verordnung (LMIV)** geregelt und ist seit dem **13. Dezember 2014** für alle Mitgliedsstaaten der EU verbindlich. Durch die Verordnung wird sichergestellt, dass europaweit einheitliche Standards und klare Vorgaben bei der Kennzeichnung von verpackten Lebensmitteln gemacht werden. Dies erhöht den Verbraucherschutz und die Lebensmittelsicherheit. Für Lebensmittel in Fertigpackungen gilt, dass alle Pflichtangaben gut sichtbar und gut lesbar ausgewiesen sein müssen **(Mindestschriftgröße = 1,2 mm bezogen auf den Buchstaben x, bei Kleinpackungen [Verpackungsoberfläche 80 cm²] beträgt die Mindestschriftgröße 0,9 mm bezogen auf den Buchstaben x)**.

Welche Angaben müssen auf verpackten Lebensmitteln stehen?

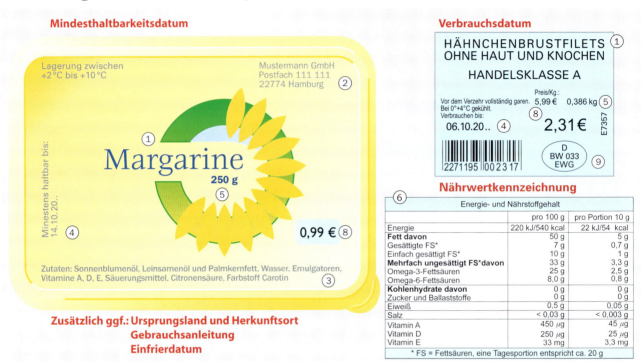

1. Verkehrsbezeichnung (Name des Produkts)

Name, also die „**verkehrsübliche**" Bezeichnung des **Produktes** bzw. die **Beschreibung des Produktes**, damit es von anderen Produkten unterschieden werden kann.

2. Anschrift

Der **Name** und die **vollständige Anschrift** des Herstellers, Verpackers **oder** des in der EU niedergelassenen Verkäufers müssen auf der Packung ausgewiesen sein. Der Verbraucher erhält Aufschluss, welche Firma für das Produkt verantwortlich ist und haftet.

3. Zutatenverzeichnis

Alle Zutaten (inkl. Zusatzstoffe), die in **unveränderter** oder **veränderter** Form im Endprodukt vorhanden sind, müssen in **absteigender Reihenfolge ihres Gewichtsanteils** auf der Verpackung ausgewiesen werden. Das gilt auch für Zutaten, die aus mehreren Zutaten bestehen (zusammengesetzte Zutaten). Zutaten, die in der Verkehrsbezeichnung genannt und von wesentlicher Bedeutung für das Lebensmittel oder in **Wort, Bild** oder **Grafik** hervorgehoben werden, müssen entsprechend ihres **prozentualen Anteils** aufgelistet sein. Zusatzstoffe müssen mit dem **Klassennamen** (z. B. Süßstoffe), dem **Namen des Stoffes** (z. B. Saccharin) und der **E-Nummer** (z. B. E 964) gelistet werden, es sei denn sie üben im Lebensmittel keine technische Wirkung mehr aus. Zutaten, die in Form technisch hergestellter Nanomaterialien enthalten sind, müssen mit der Zutat und mit dem in Klammer gesetzten Wort **(Nano)** ausgewiesen werden. Pflanzliche Öle bzw. Fette sind konkret zu benennen (z. B. Rapsöl, Palmkernfett). Für Lebensmittelimitate gilt ein konkretisiertes Irreführungsverbot (siehe LMIV). Der Ersatzweise verwendete Stoff (Imitat) muss in **unmittelbarer Nähe** zum Produktnamen in gut lesbarer Schriftgröße **(mind. 75 % der x-Höhe des Produktnamens)** angegeben werden. Zusammengesetztes Fleisch „**Klebefleisch**" muss zukünftig den Hinweis „**aus Fleischstücken zusammengefügt**" enthalten. Die Allergenkennzeichnung im Zutatenverzeichnis ist auf S. 62 ausgewiesen.

4. Mindesthaltbarkeitsdatum = (MHD) bzw. Verbrauchsdatum, Einfrierdatum

Wird das Lebensmittel unter den angegebenen Lagerbedingungen ungeöffnet aufbewahrt, ist die Haltbarkeit bis zu diesem Zeitpunkt gewährleistet. Der **Tag**, der **Monat** und die **Jahreszahl** muss in **unverschlüsselter Form** mit den Worten „**mindestens haltbar bis …**" angegeben werden. Bei mikrobiologisch leicht verderblichen Lebensmitteln, wie z. B. zerkleinertem Fleisch, ist anstelle des Mindesthaltbarkeitsdatums das **Verbrauchsdatum „zu verbrauchen bis: Tag, Monat** und **ggf. Jahr"** anzugeben. Bei TK-Fleisch, Fleischprodukten und unverarbeiteten Fischerzeugnissen muss das Eingefrierdatum ausgewiesen werden. Gelten für ein Produkt spezielle Lager- oder Verwendungsbedingungen, müssen diese auf der Verpackung aufgeführt werden.

5. Mengenangaben

Die Angabe der Mengen müssen nach **Gewicht (g oder kg), Stückzahl, Volumen (ml, cl oder Liter), Länge (cm, m), Fläche (cm^2, m^2)** oder **Nettofüllmenge** (**Abtropfgewicht** = Gewicht des Lebensmittels nach Abtropfen der Aufgussflüssigkeit) erfolgen. Bei konzentrierten Produkten, z. B. Suppenpackungen, muss die Milliliter- oder Literangabe ausgewiesen sein, die sich nach der Zubereitung ergibt.

6. Nährwertkennzeichnung

Es müssen Angaben über den **Brennwert** sowie **Mengenangaben** von folgenden Stoffen – Fett, gesättigte Fettsäuren, Kohlenhydrate, Zucker, Eiweiß und Salz – in **Tabellenform** (soweit Platz vorhanden) ausgewiesen werden. Grundsätzlich beziehen sich die Mengenangaben auf **je 100 g** oder **je 100 ml** eines Lebensmittels. **Richtwerte für die Tageszufuhr (= GAD = Guideline Daily Amount)** sind nicht verpflichtend, sondern freiwillig. Alkoholische Getränke sind von der Nährwertkennzeichnung allerdings ausgenommen.

7. Los-/Chargen-Nummer

Ein Los ist die Bezeichnung für alle Verkaufseinheiten eines Lebensmittels, die unter gleichen Bedingungen erzeugt, hergestellt und verpackt wurden. Anhand der Los-Nummer oder Chargen-Nummer (**= Buchstaben-Kombinationen und/oder Ziffern-Kombinationen, beginnend mit dem Buchstaben „L"**) kann die fertig verpackte Ware problemlos bis zum **Erzeuger** rückverfolgt werden (**= vom Acker bis zum Teller**). Dies ist besonders bei schwerwiegenden Mängeln der Ware und damit verbundenen Rückrufaktionen wichtig. Ist das Mindesthaltbarkeitsdatum oder das Verbrauchsdatum auf der Packung angegeben, entfällt die Los- bzw. Chargen-Kennzeichnung.

8. Preisangaben (auf Preisschildern oder Beschriftung direkt auf der Ware)

Die Preise müssen **deutlich lesbar, leicht erkennbar** und **unverwischbar**, entsprechend der **Preisklarheit** und **Preiswahrheit**, angebracht werden. Fertigpackungen, offene Packungen oder Verkaufseinheiten ohne Umhüllung, die für den Verbraucher bestimmt sind, müssen neben dem **Endpreis** den **Grundpreis** (= Preis pro Mengeneinheit + Umsatzsteuer + sonstiger Preisbestandteil ohne Rabattgewährung) enthalten. Die Mengeneinheiten für den Grundpreis beziehen sich auf **1 Liter, 1 Kilogramm, 1 Kubikmeter, 1 Meter** oder **1 Quadratmeter** der Ware. Beträgt das Nenngewicht (-volumen) **weniger als 250 g/ml**, kann der **Grundpreis für 100 g/ml** angegeben werden. Bei loser Ware, die nach Gewicht bzw. Volumen angeboten wird, wird der Grundpreis in der Mengeneinheit **1 kg oder 100 g** bzw. **1 Liter oder 100 ml** ausgewiesen. Der Grundpreis bezieht sich grundsätzlich auf das Abtropfgewicht einer Ware (detaillierte Informationen siehe PAngV).

9. Identitäts- und Genusstauglichkeitskennzeichen

DE ❶
❷ BW 033 ❸
EG ❹

Dieses Zeichen muss auf allen tierischen Lebensmitteln, wie z. B. Milch-, Fleisch- und Geflügelerzeugnissen, vorhanden sein, wenn der Betrieb nach **EU-Hygienestandards** arbeitet und überwacht wird. Gleichzeitig garantiert der Betrieb, dass seine Produkte für den menschlichen Genuss tauglich sind. ❶ **Herkunftsland:** z. B. **DE = Deutschland**, ❷ **Bundesland:** z. B. **BW = Baden-Württemberg**, ❸ **Zulassungsnummer des Betriebes** = z. B. **033**, ❹ **EG = Europäische Gemeinschaft**. Durch das Zeichen kann die Herkunft der Ware genau identifiziert werden.

10. Herkunfskennzeichnung von Fleisch

Die Herkunftsangabe von frischem, gekühltem und gefrorenem Fleisch von **Rind, Schwein, Schaf,** der **Ziege** und von **Geflügel** ist verpflichtend.

Fachtheorie

11. Allergenkennzeichnung

Bestimmte Lebensmittelgruppen können beim Verbraucher Allergien bzw. Unverträglichkeiten auslösen. Deshalb werden derzeit in der Europäischen Union **vierzehn** Lebensmittelgruppen (**Zutaten** und **deren Erzeugnisse**) gelistet, die zu den häufigsten Allergenen gehören und auf Verpackungen optisch im Zutatenverzeichnis deutlich hervorgehoben werden müssen, z. B. durch **GROSSBUCHSTABEN** und/oder **Fettdruck**. Diese sind: **Glutenhaltiges Getreide** (Weizen, Gerste, Roggen ...), **Krebstiere, Eier, Erdnüsse, Fisch, Soja, Milch** (inkl. Lactose), **Schalenfrüchte** (Mandeln, Haselnüsse, Walnüsse ...), **Sellerie, Senf, Sesamsamen, Schwefeldioxid** und **Sulfite** (ab 10 mg/pro kg oder l), **Süßlupinen, Mollusken** (= Weichtiere). Die Allergenkennzeichnung gilt zukünftig auch für lose Ware.

12. Kennzeichnungspflicht – gentechnisch veränderter Produkte

Zur Information des Verbrauchers müssen gentechnisch veränderte Lebensmittel **klar** und **eindeutig ersichtlich** gekennzeichnet sein. Werden bei der Herstellung von Lebensmitteln oder Futtermitteln **direkt gentechnisch veränderte Organismen (GVO)** verwendet, sind diese kennzeichnungspflichtig.

Von gesetzlicher Seite ist der **Kennzeichnungstext** genau vorgeschrieben und ist vom gentechnisch verwendeten Ausgangsmaterial abhängig. Folgende Textpassagen sind zulässig:

- „genetisch verändert",
- „enthält gentechnisch veränderten ...",
- „aus gentechnisch veränderten ... hergestellt."

Alle Unternehmen, die Produkte aus GVO erzeugen oder diese handeln, sind verpflichtet, die Informationen an die nachfolgende Verarbeitungsstufe weiterzuleiten. Somit können GVO über den gesamten Produktionsprozess und die Vertriebskette hinweg **rückverfolgt** werden.

Welche Produkte sind von der Kennzeichnung ausgenommen?

- Gelangen GVO-Beimischungen zufällig in das Produkt und sind technisch nicht vermeidbar, so sind diese Produkte unter einem Schwellenwert von **0,9 % kennzeichnungsfrei**.
- **Futtermittel** aus gentechnisch verändertem Material **unterliegt der Kennzeichnungspflicht**, aber **nicht betroffen** sind Lebensmittel von Tieren, die GVO-Futtermittel erhalten haben (z. B. Eier, Milch, Milchprodukte).
- Zusatzstoffe, Aromen, Vitamine, die aus gv-Mikroorganismen hergestellt sind, wenn diese im **Endprodukt nicht mehr vorhanden sind**.
- Technische Hilfsstoffe (z. B. Enzyme) aus gentechnisch veränderten Mikroorganismen, die im **Endprodukt außer Funktion** sind.

Aufgabe: Finden Sie im Internet zusätzliche Informationen zum Thema „Kennzeichnungspflicht – gentechnisch veränderter Produkte" und halten Sie in der Klasse ein Kurzreferat.

1.27 Convenience Food (bequeme, komfortable Lebensmittel)

Der englische Begriff „**Convenience Food**" steht im deutschen Sprachraum für **bequeme** und **komfortable** Lebensmittel. Es handelt sich dabei um industriell vorgefertigte Produkte, bei denen mindestens eine Be- und Verarbeitungsstufe von den Herstellern übernommen wird. Die Verwendung solcher Lebensmittel stellt für den Verbraucher eine gewisse **Erleichterung** und einen **Komfort** dar. Man unterscheidet sogenannte **Halbfertigprodukte**- von **Fertigprodukten**. Halbfertigprodukte sind vorbereitete Lebensmittel, die noch fertig zubereitet und gegart werden müssen. Fertigprodukte können kalt verzehrt oder nach dem Erwärmen sofort gegessen werden. Die Zubereitung und der Garvorgang entfallen.

Fachtheorie

1.27.1 Verarbeitungsgrade von Lebensmitteln

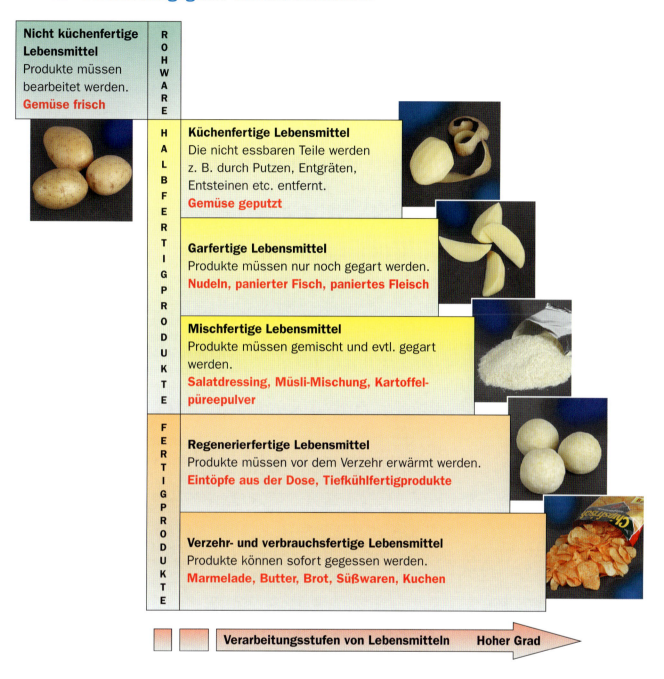

Nicht küchenfertige Lebensmittel
Produkte müssen bearbeitet werden.
Gemüse frisch

ROHWARE

Küchenfertige Lebensmittel
Die nicht essbaren Teile werden z. B. durch Putzen, Entgräten, Entsteinen etc. entfernt.
Gemüse geputzt

HALBFERTIGPRODUKTE

Garfertige Lebensmittel
Produkte müssen nur noch gegart werden.
Nudeln, panierter Fisch, paniertes Fleisch

Mischfertige Lebensmittel
Produkte müssen gemischt und evtl. gegart werden.
Salatdressing, Müsli-Mischung, Kartoffelpüreepulver

FERTIGPRODUKTE

Regenerierfertige Lebensmittel
Produkte müssen vor dem Verzehr erwärmt werden.
Eintöpfe aus der Dose, Tiefkühlfertigprodukte

Verzehr- und verbrauchsfertige Lebensmittel
Produkte können sofort gegessen werden.
Marmelade, Butter, Brot, Süßwaren, Kuchen

Verarbeitungsstufen von Lebensmitteln → Hoher Grad

1.27.2 Produktgruppen verarbeiteter Lebensmittel

1. Trockenprodukte
Durch verschiedene Trocknungsverfahren (Wärmetrocknung, Gefriertrocknung) erfolgt ein Wasserentzug der Lebensmittel. Die unter Wärmetrocknung (Sprühtrocknung, Walzentrocknung) behandelten Produkte verzeichnen einen erheblichen Aroma-, Farb- und Vitaminverlust. Die im Hochvakuum gefriergetrockneten Lebensmittel behalten weitgehend ihre Farbe, Vitamine und Aromen. Trockenprodukte sind: Trockensuppen, -soßen, Püreeflocken, löslicher Kaffee etc.

2. Hitzekonservierte Produkte
Vollkonserven: Beim Sterilisieren werden Lebensmittel unter Hitzezufuhr (bis zu 135 °C) und Sauerstoffentzug sehr lange haltbar gemacht (z. B. Erbsen aus der Dose). Halbkonserven: Die Lebensmittel werden kurz unter 100 °C pasteurisiert. Da die Mikroorganismen nicht vollständig inaktiviert werden können, sind diese Produkte (z. B. Würstchen im Glas) nur begrenzt haltbar. Bei hitzekonservierten Produkten treten erhebliche Farb-, Geschmacks-, Nährwert- und Aromaverluste ein.

Fachtheorie

3. Tiefkühlprodukte (TK-Produkte)
Industriell werden vorbereitete Lebensmittel entweder durch flüssige Gase (Stickstoff, Kohlendioxid oder Sauerstoff) in Gefriertunneln, Spiral- oder Tauchgefrierern oder durch Kontakt- bzw. Plattengefrierer tiefgekühlt. Bei fachgerechtem Eingefrieren kommt es zu geringen Abtropfverlusten. Im Vergleich zu den Produktgruppen 1 und 2 treten weniger Nährstoffverluste auf. Die Garzeit von TK-Produkten ist erheblich reduziert.

4. Gekühlte Produkte
Die Lebensmittel werden bei **ca. 0 °C bis + 8 °C** kühl gelagert und sind zum Teil durch Sauerstoffentzug luftdicht verpackt (= vakuumiert). Die Haltbarkeit wird dadurch etwas verlängert (Schupfnudeln, Maultaschen, Speck).

1.27.3 Vor- und Nachteile von Convenience Produkten

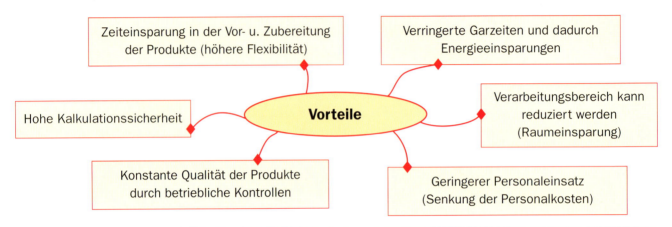

Merke: Je nach betrieblicher Struktur können einige Vor- bzw. Nachteile im wechselseitigen Verhältnis stehen.

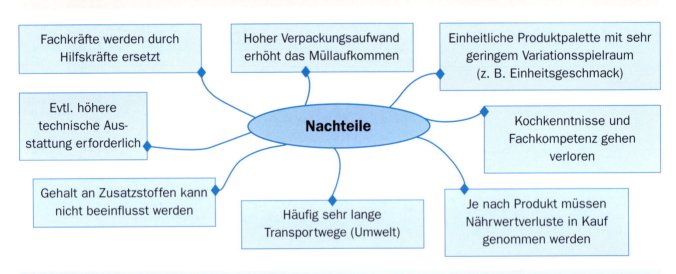

Aufgabe: Finden Sie weitere Vor- bzw. Nachteile, die für oder gegen den Einsatz von Convenience Produkten sprechen.

Welche Fragen sollte man sich beim Einsatz von Convenience Produkten stellen?
- Entspricht die Qualität und der Preis der Produkte den Erwartungen der Gäste?
- Wie können die Produkte verfeinert und kreativ in ein komplettes Menü eingebaut werden?
- Wie kann ein Betrieb beim Einsatz verschiedener Convenience Produkte eine stetige Qualitätskontrolle vornehmen?

Aufgaben: Gruppenarbeit
- Vergleichen Sie anhand des Bewertungsbogens frisch hergestellte Speisen mit Halbfertig- und Fertigprodukten derselben Art. Wählen Sie hierfür geeignete Produkte aus. Verwenden Sie als Hilfestellung die Bewertungsskala.
- Bewerten und beurteilen Sie die Ergebnisse in Ihrer Gruppe. Begründen Sie Ihre Auswahl.
- Präsentieren Sie Ihre Ergebnisse und Verbesserungsvorschläge der Klasse. Verwenden Sie dafür geeignete Präsentationsmedien (Pinnwand mit Karten, Flip-Chart, PC, etc.).

Fachtheorie

1.27.4 Bewertungsskala für den Beurteilungsbogen mit Verdeutlichung

Noten / Kriterien	sehr gut 1	gut 2	befriedigend 3	ausreichend 4	mangelhaft 5	ungenügend 6
Preis	sehr günstig	günstig	durch-schnittlich	gerade noch akzeptabel	teuer	überteuert
Vor- und Zubereitung	keine	gering	durch-schnittlich	überdurch-schnittlich	aufwendig	sehr aufwendig
Garzeit	keine	gering	durch-schnittlich	überdurch-schnittlich	lange	sehr lange
Reinigungs-aufwand	keinen	gering	durch-schnittlich	aufwendig	sehr hoher Aufwand	sprengt den zeitlichen Rahmen
Farbe	frisch	appetitlich	befriedigend	unnatürlich	verblasst	unappetitlich
Konsistenz	ausgezeichnet	bissfest	befriedigend	weich	matschig	unappetitlich
Geschmack	hervorragend	gut	mittelmäßig	gerade noch akzeptabel	sehr fade bzw. zu würzig	übel schmeckend
Zusatzstoffe	keine	wenig	durch-schnittlich	gerade noch akzeptabel	viele	sehr viele
Verpackung	keine	unerheblich	durch-schnittlich	gerade noch akzeptabel	viel	sehr viel

$$\text{Endnote} = \frac{\text{Gesamtpunktzahl}}{\text{Anzahl der Kriterien (9)}}$$

Erläuterungen der Vorgehensweise bei der Bewertung und Beurteilung der Gerichtsteile

❶ Die Zahlen werden entsprechend der Packungsvorgaben bzw. Berechnungen ermittelt und in die Felder eingetragen.
❷ Die Gerichtsteile 1–3 werden miteinander verglichen. Die Wertung wird entsprechend der Bewertungsskala vorgenommen und in die kleinen Kästchen geschrieben.
❸ Die Gesamtpunktzahl wird aus den Einzelbenotungen ermittelt und durch **die Kriterien (= 9)** geteilt **= Endnote**.
❹ Die Ergebnisse werden stichwortartig beurteilt und begründet sowie Verbesserungsvorschläge aufgeführt.

Ausschnitt des Bewertungsbogens (Die verkürzte Tabelle soll die Handhabung erleichtern. Die Gesamtpunkte wurden aus allen 9 und nicht nur aus den 4 aufgezeigten Kriterien ermittelt. Die angegebenen Zahlen wurden errechnet bzw. den Packungen entnommen.)

Gerichtsteile für 4 Personen	❶ Preis €	❷ Arbeits- und Zeitaufwand in Min.			❼ Gesamtpunktzahl : 9 Kriterien = Endnote Beurteilung Begründung Verbesserungen
		Vor-, Zubereitung	Garzeit	Reinigung	
1. Kartoffelknödel (frisch) (4 Stk.)	0,54 [2]	25–30 [4]	12–15 [2]	~20 [4]	hoher Arbeitsaufwand, Geschmack individuell bestimmbar, Herstellung lohnt sich, wenn Zeit vorhanden. Verbesserung: Speckwürfel, Kräuter — 18 : 9 = 2
2. Kartoffelknödelpulver (halb/halb) (4 Stk.)	0,59 [2]	~15 [3]	20 [3]	~10 [2]	mittlerer Arbeitsaufwand, Einheitsgeschmack, nicht mit Selbstherstellung zu vergleichen, geringe Veränderungsspielräume. Verbesserung: Kräuter — 24 : 9 = 2,6
3. Fertige Kartoffelknödel tiefgekühlt (4 Stk.)	1,19 [4]	keine [1]	30 [4]	~2–3 [1]	geringer Arbeitsaufwand, Rest nicht bestimmbar, lange Garzeit, Geschmack nicht bestimmbar. Verbesserung: Kräuter — 24 : 9 = 2,6

Fachtheorie

1.27.5 Bewertungsbogen – Vergleich von frisch hergestellten Speisen, Halbfertig- und Fertigprodukten

Gerichtsteile für 4 Personen	❶ Preis €	❷ Arbeits- und Zeitaufwand in Min.			❸ Aussehen		❹ Geschmack	❺ Zusatzstoffe	❻ Verpackung	❼ Gesamtpunktzahl : 9 Kriterien = Endnote Beurteilung Begründung Verbesserungen
		Vor-, Zubereitung	Garzeit	Reinigung	Farbe	Konsistenz				
1.	☐	☐	☐	☐	☐	☐	☐	☐	☐	☐
2.	☐	☐	☐	☐	☐	☐	☐	☐	☐	☐
3.	☐	☐	☐	☐	☐	☐	☐	☐	☐	☐
1.	☐	☐	☐	☐	☐	☐	☐	☐	☐	☐
2.	☐	☐	☐	☐	☐	☐	☐	☐	☐	☐
3.	☐	☐	☐	☐	☐	☐	☐	☐	☐	☐
1.	☐	☐	☐	☐	☐	☐	☐	☐	☐	☐
2.	☐	☐	☐	☐	☐	☐	☐	☐	☐	☐
3.	☐	☐	☐	☐	☐	☐	☐	☐	☐	☐

☐ 1. Frisch hergestellte Speisen ☐ 2. Halbfertigprodukte ☐ 3. Fertigprodukte

Tipp: Aus Platzgründen ist es empfehlenswert, diese Vorlage auf A3-Format zu vergrößern.

1.28 Vorratshaltung

Durch eine gute und durchdachte Vorratshaltung kann im Haushalt und Betrieb viel Zeit und Geld gespart werden. Kommen unangemeldet Gäste, kann eine Bewirtung spontan erfolgen. Die optimale Ausnutzung der saisonalen Angebote ist gewährleistet. Die Häufigkeit der Einkäufe kann reduziert werden, dies schafft eine höhere Flexibilität. Für auftretende Krisenzeiten (Katastrophen) ist vorgesorgt. Bestimmte Einflussfaktoren können eine Minderung der Lebensmittelqualität und einen Verderb hervorrufen. Bei einer guten Vorratshaltung werden diese Faktoren soweit wie möglich ausgeschlossen bzw. reduziert.

1.28.1 Einflussfaktoren, die eine Qualitätsminderung und einen Lebensmittelverderb hervorrufen können

1.28.2 Lebensmittelverderb

Durch physikalische, chemische und biologische bzw. biochemische Prozesse treten starke Farb-, Form-, Geruchs- und Geschmacksverluste bei Lebensmitteln ein. Damit eine Kontamination ausgeschlossen wird, müssen verdorbene Lebensmittel sofort vorschriftsgemäß entsorgt werden.

Verderb	Einflussfaktoren	Beispiele
Physikalischer Verderb	Lichteinwirkungen, große Kälte- und Wärmeeinwirkungen, hohe Feuchtigkeitsaufnahme und -abgabe, mechanischer Abrieb.	Brot trocknet aus, Zucker verklumpt, Schalen platzen auf, zerdrückte Konserven und kaputte Gläser machen Produkte ungenießbar.
Chemischer Verderb	Enzyme, die in den Produkten vorhanden sind, werden aktiv.	Fette werden ranzig, geschälte Kartoffeln und Äpfel werden braun.
Biologischer bzw. biochemischer Verderb	Mikroorganismen (Schimmelpilze, Hefen und Bakterien) oder Schädlinge verderben die Lebensmittel.	Schimmelbildung auf Brot, Schmierfilmbildung auf Wurst, Gärung von frischen Obstsäften, Fraßschäden, Milbenbildung, Kotkontaminierungen.

1.28.3 Wichtige Regeln für eine richtige Vorratshaltung

- Lebensmittel sollten immer temperaturgerecht gelagert werden (Trockenprodukte → Trockenlager, Kühlprodukte → diverse Kühlbereiche, Tiefkühlprodukte → Gefrierraum/-schrank, Getränke → Getränkelager etc.).
- Lebensmittelspezifische Verpackungen sind erforderlich. Die Kontrolle des MHD der Ware ist unumgänglich.
- Die Lagerräume und -bestände sollten schädlingsfrei sein. Regelmäßige Kontrollen sind erforderlich.
- Eine regelmäßige Reinigung der Lagerräume muss erfolgen und nachweisbar dokumentiert werden.
- Eine EDV-mäßige Überwachung der Lagerzugänge bzw. Abgänge ermöglicht eine reibungslose Lagerverwaltung.

Aufgabe: Überlegen Sie weitere Regeln, die für eine richtige Vorratshaltung von Vorteil sind.

Fachtheorie

1.29 Methoden der Haltbarmachung

1.29.1 Physikalische Methoden

❶ Das Kühlen und das Tiefkühlen in Kühlgeräten

Kühlgeräte sind in unterschiedlichen Bauformen, Größen und Kombinationsmöglichkeiten im Handel erhältlich. Es werden Kühlschränke, Gefrierschränke oder -truhen sowie Kühl-Gefrier-Kombinationen oder Mehr-Zonen-Geräte angeboten.

Prinzip der Kälteerzeugung in Kühlgeräten

Es gibt zwei Möglichkeiten der Kälteerzeugung in Kühlgeräten. Man unterscheidet das Kompressions- und Absorbersystem. Das Absorbersystem benötigt derzeit eine hohe Energiemenge. Es ist deshalb bedingt marktfähig und wird hauptsächlich bei Kleinkühlgeräten (z. B. Mini Bars) eingesetzt. In den meisten Kühlgeräten wird das Kompressionssystem angewandt. Als Kältemittel wird heute umweltfreundliches Isobutan oder ein Propan-Butan-Gemisch eingesetzt.

Das Kompressionssystem

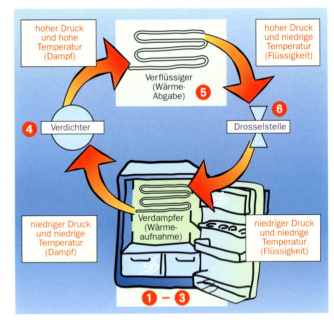

❶ Der Temperaturregler (digital oder manuell), der mit einem Fühler verbunden ist, misst die Temperatur am Verdampfer.

❷ Der Ist-/Sollzustand wird verglichen. Der Kälte-Kreislauf wird ein- bzw. ausgeschaltet.

❸ Das Kältemittel wird im Verdampfer unter geringem Druck gasförmig (verdampft), wobei dem Geräteinnenraum und den Lebensmitteln Wärme entzogen wird.

❹ Das gasförmige Kältemittel wird von einem motorbetriebenen Verdichter angesaugt und verdichtet (= komprimiert). Die Temperatur des Kältemittels steigt.

❺ Das unter hohem Druck stehende gasförmige Kältemittel strömt zum Verflüssiger und leitet die Wärme über die Oberfläche (Rohre oder Lamellen) des Verflüssigers nach außen. Das Kältemittel wird flüssig, der hohe Druck bleibt.

❻ Das Kältemittel gelangt über die Drosselstelle zum Verdampfer, dabei findet ein Druckabbau statt und der Kreislauf beginnt von Neuem.

Kühlschrank

Im Kühlschrank sind Lebensmittel kurzfristig bei einer Temperatur von **+ 2 °C bis + 8 °C** haltbar. Durch eine natürliche Luftzirkulation befinden sich vorwiegend in älteren Modellen unterschiedliche Temperaturbereiche. Dies ist für die Beschickung (Packordnung) der Lebensmittel von Bedeutung. Im vorderen oberen Bereich und an der Tür ist es am wärmsten, in der Nähe des Verdampfers und über den Gemüseschalen am kältesten. Um das Austrocknen und die Geruchsübertragung zu verhindern, müssen bestimmte Lebensmittel (z. B. zubereitete Speisen) abgedeckt bzw. verpackt aufbewahrt werden.

„Packordnung" von Kühlschränken

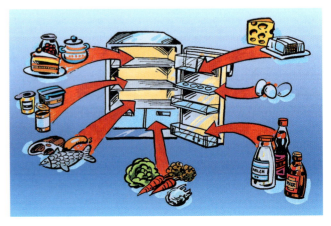

Fachtheorie

Verdampferfach bzw. Gefrierfach in Kühlschränken

In vielen Kühlschränken ist ein Verdampferfach enthalten. Es entsteht ein zweiter Temperaturbereich von **ca. 0 °C bis – 18 °C**. Je nach Sternkennzeichnung (siehe Frontklappe bzw. Tabelle) können die Lebensmittel unterschiedlich lange gelagert werden.

> **Hinweis:** Zukünftig sind Kühlschränke mit integriertem Food-Management-Programm erhältlich. Ein Scanner liest den Balkencode der Produkte und gewährt somit eine optimale Vorratshaltung.

Gefriergeräte

Beim Eingefrieren werden Lebensmittel ohne starke Qualitätsverluste längere Zeit haltbar gemacht. Es werden Temperaturen **unter – 18 °C** erreicht. Die Aktivität der Mikroorganismen wird sehr stark eingeschränkt. Bei steigender Temperatur findet jedoch wieder eine Vermehrung statt. Ein Infosystem an den Gefrierfächern/Frontklappen bzw. der Deckelinnenseite der Truhe gibt Aufschluss über die Lagerdauer des Gefriergutes. Die angegebenen Zahlen beziehen sich auf Monatsangaben. Ein akustisches u. optisches Warnsignal dient der Überwachung der Lagertemperatur. Das Gefriertablett ermöglicht das Eingefrieren einzelner Beeren u. Kräuter etc. Die Form des Gefriergutes bleibt dabei erhalten. Werden größere Mengen eingefroren, kann die Temperatur kurzfristig auf die kälteste Regelstufe gesenkt werden = „**Superkühlen**".
Der Energieverbrauch ist dadurch erhöht. Nach **ca. 6 Std.** (je nach Modell verschieden) schaltet die Elektronik automatisch auf Normalbetrieb.

Stern(e)	Temperatur im Fach	Lagerdauer Tiefkühlwaren
*	mind. –6 °C	bis zu 1 Woche
* *	mind. –12 °C	bis zu 3 Wochen
* * *	mind. –18 °C	bis zu 3 Monaten
* ***	–18 °C und kälter	über 3 Monate

Gefriertruhen

Die Verdampferrohre befinden sich an der Außenseite des Innengehäuses. Das Gefriergut wird in Einhänge- bzw. Einstellkörbe gelegt, die sich vor allem für großes Gefriergut eignen. Gefüllte Körbe können bei der Entnahme oftmals sehr schwer sein. Der Deckel ist gewichtsentlastet, dies ermöglicht ein leichtes Öffnen. Die Gerätefunktionen werden an einem Display am Deckelgriff angezeigt. Eine Gefriertruhe benötigt je nach Größe viel Platz. Um den Überblick über die eingefrorene Ware zu behalten, sollte das Gefriergut systematisch in Gruppen eingelegt werden. Viele Gefriertruhen verfügen über ein **Low-frost-System**. Bei Stillstand der Kältemaschine wird die kalte trockene Luft in einen Airbag, der an der Rückwand des Gerätes angebracht ist, geführt. Bei Betrieb der Kältemaschine wird durch Unterdruck aus dem Airbag die erwärmte trockene Luft in den Innenraum geleitet. Es kommt zu einer bis zu **80 %** geringeren Eis- und Reifbildung im Gerät. Die Abtauphasen verringern sich um ein Vielfaches.

Gefrierschränke

Gefrierschränke sind mit Flachböden und Kunststoffklappen oder Gitterkörben bzw. Kunststoffschubladen (teilweise transparent) ausgestattet. Das Gefriergut lässt sich übersichtlich in verschieden große Etagen einordnen. Die Nutzfläche ist im Vergleich zur Gefriertruhe geringer, wobei ein Gefrierschrank eine kleinere Stellfläche benötigt.

Kühl-Gefrier-Kombinationen

Das Gerät besteht aus einem Kühl- und einem Gefrierschank. Sind zwei Verdichter enthalten, können beide Teile unabhängig voneinander betrieben werden. Der Kauf ist sinnvoll, wenn im Haushalt nur wenig Platz vorhanden ist.

Fachtheorie

Mehr-Zonen-Geräte

Diese Geräte werden vermehrt im Handel angeboten und sind folgendermaßen aufgebaut:

1. **Kühlzone: Temperatur ca. +4 °C bis +8 °C**
2. **Frisch-Kühlzone: ca. 0 °C bis +2 °C**
   Frisch-Kühlzone „trocken": Luftfeuchtigkeit **max. 50 %** für verpackte tierische Lebensmittel.
   Frisch-Kühlzone „feucht": Luftfeuchtigkeit **max. 95 %** für unverpackte pflanzliche Produkte.

   Je nach Modell kann die Zone 3 variiert werden:
3. **Gefrierzone (unter –18 °C) und/oder**
   Kellerzone (ca. +8 °C bis +14 °C).

Merke: Die Qualitätsverluste der Lebensmittel in der Frisch-Kühlzone sind um das Doppelte bis Dreifache geringer, als wenn sie in der Kühlzone gelagert werden. Um Kälteschäden zu vermeiden, sollte kälteempfindliches Obst und Gemüse (Auberginen, Zucchini, Ananas, Bananen etc.) im Fach der Kühlzone u. nicht in der Frisch-Kühlzone aufbewahrt werden.

No-Frost-Einrichtung

Die Kühl-Gefrierkombinationen, Gefrierschränke und Mehr-Zonen-Geräte verfügen über ein Umluft-Kältesystem. Durch einen Ventilator wird feuchte Luft dem Geräteraum entzogen, über den Verdampfer geleitet, dort abgekühlt, entfeuchtet und dem Innenraum zugeführt. Es findet ein gleichmäßiger Luftaustausch im Innenraum statt. Das Einordnen der Lebensmittel in Temperaturbereiche entfällt. Um eine gute Übersicht zu gewährleisten, sollte die Ware trotzdem ordnungsgemäß eingestellt werden. Die vorhandene Luftfeuchtigkeit schlägt sich als Reif am Verdampfer nieder und wird periodisch abgetaut. Das herkömmliche Abtauen im Kühl- und Gefrierteil entfällt.

Energielabel (Energieeffizienzklassen)

Das Energielabel stellt den Energieverbrauch eines Elektrogerätes zu seiner Leistung dar. Es gibt die **Effizienzklassen A (besonders sparsam) bis G (hoher Energieverbrauch)** und zusätzlich die **Klassen A+, A++, A+++ (sehr hohe Energieersparnis)**. Zusätzlich relevante Produkteigenschaften sind in Form von Piktogrammen auf dem EU-Label dargestellt, um den Verbraucher ausreichend zu informieren. Detaillierte Informationen sind im Fachhandel oder bei den Verbraucherzentralen zu erhalten.

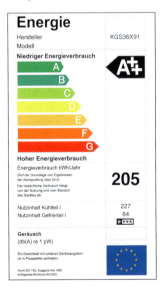

Reinigung von Kühlgeräten

Grundsätzlich wird das leere Gerät gereinigt. Geräte sollten bei starker Reifbildung abgetaut und gereinigt werden. Geräte mit entsprechenden Abtausystemen müssen regelmäßig kontrolliert und bei Bedarf gesäubert werden. Kühl- und Gefriergeräte werden mit handwarmem Spülwasser gereinigt. Bei starker Geruchsbildung empfiehlt es sich, diese mit klarem Wasser und einigen Tropfen Essig auszureiben. Gutes Austrocknen ist erforderlich. Gitter und Lüftungsschächte sowie die Geräterückseite sollte, wenn möglich, regelmäßig entstaubt werden. Alle Dichtungen müssen saubergehalten und bei Defekten ausgetauscht werden.

Merke: Die Oberflächen (Innenwände u. Türen) von neuen Geräten sind mit Silberionen beschichtet. Die Ausbreitung der Mikroorganismen wird dadurch verhindert. Dies ersetzt auf keinen Fall die Reinigung der Geräte.

1.29.1 Physikalische Methoden (Fortsetzung)

❷ Das Sterilisieren

Sterilisiert wird im Einkochkessel, Backofen oder bei kleineren Mengen im DDT oder Mikrowellengerät. In der Industrie werden in Hocherhitzungskesseln Temperaturen von **ca. 100 °C bis 135 °C** erreicht, wobei die Ware luftdicht verschlossen und sämtliche Mikroorganismen abgetötet werden. Die sogenannten Vollkonserven sind über Jahre haltbar. Durch die hohen Temperaturen treten erhebliche Farb-, Aroma- und Nährwertverluste ein. Es sollten daher nur Lebensmittel verwendet werden, bei denen keine wesentlichen Strukturveränderungen auftreten (Essiggurken, Rote-Bete etc.).

❸ Das Pasteurisieren

Dieses Verfahren wurde nach dem französischen Chemiker und Mikrobiologen Louis Pasteur benannt. Die Lebensmittel werden bei Temperaturen **unter 100 °C** erhitzt. Diese Produkte sind nur begrenzt haltbar, da keine völlige Keimfreiheit erreicht wird. Es treten im Vergleich zur Sterilisation geringere Geschmacks- und Nährwertverluste ein. Folgende Produkte werden hauptsächlich pasteurisiert: Milch- und Milchprodukte, Fruchtsäfte, marinierte Fischerzeugnisse, Würstchen.

Beispiel: Pasteurisierte Milch
Sie wird in der Regel für **ca. 15 bis 30 Sek.** auf **72 °C – 75 °C** erhitzt. Pasteurisierte Milch ist in offenem Zustand **ca. 4–5 Tage** gekühlt haltbar.

❹ Das Trocknen

Beim Trocknen wird dem Lebensmittel Wasser entzogen. Die Aktivität der Mikroorganismen wird eingeschränkt. In der Industrie werden folgende Trocknungsverfahren angewandt:

1. Gefriertrocknung: Die Lebensmittel werden bei **ca. – 30 °C** tiefgefroren. Im Hochvakuum wird das Eis durch Unterdruck sofort in Dampf überführt, ohne flüssig zu werden (= sublimieren). Hierbei handelt es sich um ein nährstoffschonendes Verfahren, das vor allem bei Kräutern, Trockenobst und der Herstellung von Kaffeepulver etc. angewandt wird.

2. Walzentrocknung: Die zerkleinerten Lebensmittel werden über heiße Walzen geführt, damit die Flüssigkeit verdampft. Dieses Verfahren wird z. B. bei der Herstellung von Püreeflocken angewandt.

3. Sprühtrocknung: Die flüssigen Produkte werden in einem Sprühturm fein versprüht und mittels Heißluft getrocknet. Bei den Verfahren 2 und 3 treten erhebliche Farb- und Aromaverluste ein.

4. Freilandtrocknen/Elektrische Dörrgeräte
Viele Bio-Firmen und vor allem Anbieter aus heißen Ländern (Afrika) bevorzugen das Trocknen im Freien, was jedoch sehr zeitintensiv ist und sich auf den Preis der Ware auswirkt. Die Haltbarkeit der Produkte ist begrenzt. Für den Hausgebrauch eignen sich so genannte elektrische Dörrgeräte. Das Dörrgut (Apfelstücke, Kräuter, Pilze) wird in Sieben (bis zu 10 Stück) gestapelt und durch Warmluftzirkulation getrocknet.

Fachtheorie

1.29.2 Chemische Methoden

❶ Das Zuckern

Gezuckerte Lebensmittel sind nur begrenzte Zeit haltbar. Zucker bindet die vorhandene Flüssigkeit und schränkt die Aktivität der Mikroorganismen ein. Wird dem gezuckerten Lebensmittel zusätzlich über einen bestimmten Zeitraum Hitze zugeführt und in entsprechenden Gefäßen luftdicht aufbewahrt, sind sie über **1–2 Jahre** haltbar (Konfitüre, Apfelmus). Nähere Informationen siehe Konfitürenherstellung.

❷ Das Salzen

Beim Salzen wird dem Lebensmittel Wasser entzogen. Die Aktivität der Mikroorganismen wird dabei stark eingeschränkt. Gesalzen werden meist Fisch- und Fleischprodukte. Die Haltbarkeit ist begrenzt. Man unterscheidet: **Trockensalzung:** Die Lebensmittel werden mit Salz eingerieben. **Nasssalzung:** Die Lebensmittel werden in eine ca. **10–15** % Salzlake gelegt. Beim Salzen treten Farb-, Geschmacks- und Nährstoffveränderungen ein.

❸ Das Pökeln

Beim Pökeln wird Nitritpökelsalz **(Salz + max. 0,5 % Nitrit)** und Pökelhilfsstoffe **(Vitamin C, Gewürze)** verwendet. Das Pökelgut ist begrenzt haltbar, erhält jedoch eine typische Farbe und ein besonderes Aroma. Gepökelt werden meist Fleisch- und Fischprodukte. Man unterscheidet:
Nasspökeln: Einlegen in **ca. 15** % Pökelsalzlösung bis zu **4 Wochen**.
Trockenpökeln: Einreiben mit Pökelsalzmischung/Lagerdauer **4–8 Wochen**. **Spritzpökeln:** Die Pökellake wird in das Pökelgut eingespritzt. Eine nachfolgende Vakuumbehandlung kann die Diffusion der Salze im gesamten Pökelgut beschleunigen. Der Pökelvorgang ist nach **2–3 Wochen** beendet.

❹ Das Räuchern

Durch Räuchern im Holzrauch (naturbelassene Buche, Birke etc.) wird dem Räuchergut (Fleischerzeugnisse/Fisch/Käse) Wasser entzogen. Die Tätigkeit der Mikroorganismen wird dadurch teilweise gehemmt. Das Räuchergut ist oftmals gepökelt. Es erhält eine typische Räucherfarbe und ein ganz besonderes Aroma. Man unterscheidet:
Kalträuchern: 20 °C – 28 °C, ca. 3–14 Tage für Rohwürste, Lachs, Käse
Heißräuchern: 60 °C – 80 °C, 1–2 Stunden für Brühwürste, Fisch

❺ Das Säuren

Werden Lebensmittel mit Säuren (z. B. Essig-, Wein- oder Zitronensäure) gemischt, kommt es zu einer Veränderung des pH-Wertes und Hemmung der Mirkoorganismen. Häufig werden die in Säure eingelegten Produkte durch Hitzezufuhr haltbar gemacht (z. B. Essiggurken). Gleichermaßen kann es durch Bildung von Milchsäure zur enzymatischen Säuerung von Lebensmitteln kommen. Zucker wird durch Milchsäurebakterien zu Milchsäure abgebaut (Sauerkraut, Joghurt).

2. Kapitel

2 Vorspeisen

Zu Beginn (Auftakt) eines Menüs wird meist eine Vorspeise gereicht. Vorspeisen können in kalter oder warmer Form angeboten werden. Hat man einen reichhaltigen Hauptgang, so ist die Vorspeise eher leicht, bei einem weniger nahrhaften Hauptgang kann eine gehaltvollere Vorspeise ausgewählt werden. Geschmacklich und farblich sollte eine Vorspeise grundsätzlich auf den Hauptgang abgestimmt sein.

2.1	**Bruschetta/Crostini**	75
2.1.1	Bruschetta (Tomate/Basilikum)	75
2.1.2	Crostini mit diversen Belägen	75
2.2	**Cocktails**	76
2.2.1	Krabbencocktail	76
2.2.2	Gemüsecocktail	76
2.2.3	Geflügelcocktail	77
2.2.4	Spargelcocktail	77
2.3	**Radieschenmaus auf Käsecrème**	78
2.4	**Gorgonzola-Birnen**	78
2.5	**Gefüllte Tomaten mit vegetarischer und Wurst-Füllung**	79
2.6	**Gurkentürmchen**	79
2.7	**Gefüllte Champignons**	80
2.8	**Gemüsesoufflé**	80
2.9	**Papaya-Schiffchen**	81
2.10	**Gefüllte Avocados**	81
2.11	**Pikante Pfitzauf**	82
2.12	**Zwiebeltörtchen**	82
2.13	**Parmaschinken auf Melone**	82
2.14	**Buttermischungen**	83
2.14.1	Paprikabutter	83
2.14.2	Orangenbutter	83
2.14.3	Kräuterbällchen	83
2.15	**Eierspeisen**	84
2.15.1	Rührei im Körbchen	84
2.15.2	Rühreivariationen	84
2.15.3	Cocotten mit Schinken und Ei	84
2.15.4	Eieromelett (Eierkuchen)	85
2.15.4.1	Füllungen für 1 Omelett	85
	Speck-Käse-Füllung	
	Champignon-Mais-Füllung	
	Früchte-Füllung	
2.15.5	Rote-Bete-Röllchen mit Kresse	86
2.16	**Garnelen in Tempura mit Mango-Chili-Chutney**	86
2.17	**Schweinemedaillons auf Blätterteig**	87
2.18	**Partybrötchen**	87
2.19	**Fleischbällchen mit Avocadodip**	88
2.20	**Canapés**	88
2.21	**Toastbrote**	89
2.21.1	Toast Hawaii	89
2.21.2	Pizza-Toast	89
2.21.3	Schweizer-Toast	89
2.21.4	Camembert-Toast	90
2.21.5	Curry-Schnitzel-Toast	90
2.21.6	Welsh Rarebit	90

Eigene Rezepte

_____

_____

_____

_____

_____

_____

Vorspeisen

**Wenn hier steht:
„Drei Eier …", dann nehm ich auch drei Eier …**

Vorspeisen

2.1 Bruschetta/Crostini

2.1.1 Bruschetta (Tomate/Basilikum)

→ Backofen auf **180 °C** vorheizen, Backblech mit Backfolie auslegen.

8	Baguettescheiben	**(1,5 cm dicke Scheiben, ca. 150 g gesamt).**
8 El	Olivenöl	Baguettescheiben beidseitig einpinseln im Backofen **(Grillfunktion)** anrösten.
2	Tomaten **(200 g)**	waschen, häuten **(siehe 1.9)** und in **kleine** ☐ schneiden.
½	Knoblauchzehe	häuten, durch die Knoblauchpresse pressen, unter die Tomatenwürfel mischen.
50 g	Parmesan	fein reiben, untermischen.
2 El	Basilikum (frisch)	waschen, sehr fein schneiden, untermischen.
	Salz, Pfeffer, Thymian, Majoran, Paprika	Masse kräftig abschmecken und gleichmäßig auf den gerösteten Baguettescheiben bergförmig anordnen.

> **Backzeit: ca. 10 bis 15 Min./Backtemperatur: ca. 180 °C mittlere Schiene/Ober- und Unterhitze**

Anrichten: Platte (warm)   **Garnieren:** Basilikum (frisch)

2.1.2 Crostini mit diversen Belägen

8	Baguettescheiben	**(1,5 cm dicke Scheiben, ca. 150 g gesamt),** einpinseln, rösten (siehe Bruschetta).

Belag I: Roquefort mit Oliven und Tomaten (für 8 Baguettescheiben)

4	in Öl eingelegte Tomaten	in sehr **feine Streifen** schneiden und in eine Schüssel geben.
4	grüne Oliven	fein hacken, zugeben.
4	schwarze Oliven	
30 g	Roquefort	zugeben.
90 g	Picandou en Périgord	
	Zucker, Pfeffer	Masse abschmecken, auf die gerösteten Baguettescheiben geben (siehe Abb.).

Anrichten: Platte   **Garnieren:** Tomaten- und Olivenstückchen, Basilikum (frisch)

Belag II: Ziegenkäse-Feigen (für 8 Baguettescheiben)

100 g	Ziegenfrischkäse	in eine Schüssel geben.
70 g	Schmand	
5 Bl	Zitronenmelisse	**sehr fein** schneiden, untermischen.
30 g	Katenschinken	fein würfeln, anrösten, zugeben.
1 El	Zitronensaft	gesamte Zutaten mischen, abschmecken.
	Salz, Pfeffer	
2	Feigen	für die Dekoration in **16** gleich große Stücke schneiden.
24 Bl	Rucola (keine Blättchen)	waschen und gleichmäßig auf den Baguettescheiben verteilen, Masse dekorativ anordnen und jedes Stück mit je **2** Feigenstücken garnieren (siehe Abb.).

Anrichten: Platte   **Garnieren:** Rucola, Feigenstücke, Zitronenmelisse

Vorspeisen

2.2 Cocktails

2.2.1 Krabbencocktail

Cocktailmarinade:

100 g	Joghurt-Mayonnaise
3 El	Weißwein **oder** Sahne
1 Msp	Senf **(mittelscharf)**
1 Tl	Zitronensaft, Weinbrand
1 Pr	Salz, Pfeffer, Zucker
½	Knoblauchzehe

▶ die Knoblauchzehe durch die Knoblauchpresse drücken und mit allen weiteren Zutaten mischen, Marinade abschmecken.

Cocktailzutaten:

| 200 g | Krabben |

▶ kurz unter kaltem Wasser abbrausen (**8** Krabben für die Garnierung wegnehmen).

| ½ | Zitrone |
| 180 g | frischer Spargel |

▶ auspressen, Krabben marinieren (mischen).
▶ waschen, Schale mit dem Spargel- oder Sparschäler entfernen.

> **Merke:** Schäler unterhalb des Spargelkopfes ansetzen. Alle holzigen und harten Stellen entfernen. Spargelköpfchen auf eine Seite legen, bündeln. Spargel **bissfest** garen **(siehe 7.7.9)**. Spargel in □ schneiden. Anstelle von frischem Spargel können Spargelspitzen (Ds) verwendet werden.

oder

185 g	Spargelspitzen **(Ds)**
1	Orange
2 Sch	Ananas **(Ds)**

▶ Saft abtropfen lassen, Spargel in □ schneiden.
▶ schälen, filetieren **(siehe 1.9)**, in △ schneiden.
▶ in △ schneiden. Cocktailzutaten mit Cocktailmarinade überziehen. Cocktail gut durchziehen lassen.

Tipp: Gemüsewasser kann z. B. für eine helle Mehlschwitze verwendet werden.

| 5 | schöne Kopfsalatblätter |

▶ waschen. Dessertgläser damit auslegen. Cocktail einfüllen.

Anrichten: Dessertgläser, Untertassen, Papierspitzen   **Garnieren:** Krabben, Dillsträußchen (fein)

2.2.2 Gemüsecocktail

1 ×	Cocktailmarinade
100 g	Blumenkohl
100 g	Brokkoli
	Topf oder DDT und gelochter Einsatz
1 Tl	Salz

▶ herstellen, siehe Rezept oben.
▶ putzen, in **kleine** Röschen teilen, waschen.

Tipp: Je nach Saison können andere Gemüsesorten ausgewählt werden, dabei grundsätzlich auf die Farbauswahl achten.

▶ Wasser (~ ¼ l) bis zum Boden des gelochten Einsatzes (Garkörbchen) füllen.
▶ ins Wasser geben. Das Gemüse in den gelochten Einsatz legen. Topfdeckel auflegen. Gemüse **bissfest = al dente** dämpfen.

> **Garzeit Topf: ca. 6–8 Min./ DDT: ca. 3–4 Min./1. Ring/gelochter Einsatz**

Im Topf sollte der **Wasserstand** regelmäßig **kontrolliert** werden. Das Wasser abgießen und das Gemüse abkühlen lassen.

½	Paprika **(gelb)**
1	Orange
3 El	Petersilie

▶ Kerne und Strunk entfernen, waschen, in feine □ schneiden, zum Gemüse geben.
▶ schälen, filetieren **(siehe 1.9)**, in △ schneiden, zum Gemüse geben.
▶ waschen, fein zerkleinern. Alle Zutaten **vorsichtig** mit der Marinade überziehen.

| 8 | Friséeblätter |

▶ waschen, Wasser abtropfen lassen. Dessertgläser damit auslegen. Salat abschmecken und **sorgfältig** einfüllen.

Anrichten: Dessertgläser, Untertasse, Papierspitzen   **Garnieren:** Orangenstücke (1 El), Petersilie (½ El), Paprikawürfel (1 Tl)

Vorspeisen

2.2.3 Geflügelcocktail

20 g	Banane	mit einer Gabel sehr fein zerdrücken.
70 g	Joghurt (Natur)	
2 El	Frischkäse	zugeben, gesamte Zutaten mischen.
1–2 El	Obstessig	
4 El	Kräuter	waschen, fein zerkleinern, unter die Joghurtmasse mischen.
	Kräutersalz, Pfeffer ...	Marinade abschmecken.

Tipp: Damit es nur zu geringen Vitamin- und Mineralstoffverlusten kommt, wird grundsätzlich zuerst die Salatmarinade zubereitet.

Geflügelzutaten:

200 g	Hühnerbrust	mit Küchenpapier abtupfen, in feine □ schneiden.
3 El	Sojasoße	Geflügelstreifen marinieren und **ca. 10 Min.** zugedeckt durchziehen lassen.
2–3 El	Öl	erhitzen, Geflügelstreifen anbraten, **ca. 5 Min.** garen.
	Salz, Pfeffer, Paprika ...	Geflügelstreifen würzen und abkühlen lassen.
1	Pfirsich	waschen, evtl. häuten, Kern entfernen, in △ schneiden.
2 Sch	Ananas (Ds)	in △ schneiden.
140 g	Erbsen (Ds)	Saft abtropfen lassen.
2 El	geh. Mandeln	in der Pfanne anrösten, abkühlen lassen. **Alle** Zutaten **vorsichtig** mit der Marinade überziehen.
3	Kopfsalatblätter	putzen, waschen, in mundgerechte Stücke teilen, die Dessertgläser damit auslegen. Geflügelcocktail **sorgfältig** einfüllen.

Anrichten: Dessertgläser, Unterteller   **Garnieren:** Ananasstücke, kleine Pfirsichstreifen, geröstete Mandeln (1 Tl)

2.2.4 Spargelcocktail

50 g	Sauerrahm	
100 g	Joghurt (Natur)	Zutaten mischen,
1–2 Tl	Zitronensaft	Marinade
	Salz, Pfeffer, Zucker ...	abschmecken.

Spargelzutaten:

180 g	frischer Spargel	waschen, Schale mit dem Spargel- **oder** Sparschäler entfernen.

Merke: Schäler unterhalb des Spargelkopfes ansetzen. Alle holzigen und harten Stellen werden entfernt. Spargelköpfchen auf eine Seite legen, bündeln.

	Topf oder DDT und gelochter Einsatz	Wasser (**~ 1/4 l**) bis zum Boden des gelochten Einsatzes (Garkörbchen) füllen.
1 Tl	Salz	ins Wasser geben. Spargel in den gelochten Einsatz legen. Topfdeckel auflegen und Spargel **bissfest** dämpfen.
1/2 Tl	Zucker	

Garzeit Topf: ca. 15–20 Min./DDT: ca. 7–9 Min./1. Ring/gelochter Einsatz

Garprobe mit der Gabel machen. Spargel sollte elastisch sein. Diesen in **ca. 1,5 cm** lange Stücke schneiden, zur Marinade geben.

	oder	Anstelle von frischem Spargel können Spargelspitzen aus der Ds. verwendet werden.
185 g	Spargelspitzen (Ds)	in **ca. 1,5 cm** lange Stücke schneiden, zur Marinade geben.
140 g	Erbsen (Ds/klein)	Saft abtropfen lassen, zur Marinade geben.
1	Orange	schälen, filetieren (**siehe 1.9**), in △ schneiden, zugeben.
150 g	Mais (Ds/klein)	zugeben, Spargelzutaten abschmecken. Alle Zutaten mit der Marinade überziehen, anrichten.
	Salz, Pfeffer, Zucker	

Tipp: Je nach saisonalem Angebot können anstelle von 1 Ds. Erbsen 140 g frische Erbsen verwendet werden. Diese müssen jedoch zuvor blanchiert (1.9) werden.

Anrichten: Dessertgläser, Unterteller   **Garnieren:** Erbsen und Orangenstücke

Vorspeisen

2.3 Radieschenmäuse auf Käsecrème

Käsecrème:

2		Eier	▸ um das Platzen der Eier zu vermeiden, werden diese mit dem Eierpicker oben und unten angestochen.
1/2	l	Wasser	▸ Eier in das Wasser geben, **10 Min.** hart kochen. Gegarte Eier kalt abbrausen und erkalten lassen. Eier schälen, in □ schneiden, dazu die Eier einmal in Längs- und Querrichtung in den Eierschneider **(1.6.4)** legen.
1/4	Bd	Schnittlauch **(3 El)**	▸ waschen, sehr fein schneiden.
2		Radieschen	▸ putzen, waschen, in □ schneiden.
250	g	Frischkäse	
40	ml	Sahne	▸ Zutaten verrühren und Eier, Radieschen, Schnittlauch **vorsichtig** untermischen.
2	El	Speisequark	
1/2	Tl	Zitronensaft	
1/2	Tl	Senf	
		Salz, Pfeffer, Paprika ...	▸ Masse abschmecken.
8	Sch	Toastbrot **(Vollkorn)**	▸ in den Toaster geben, goldbraun toasten.
30	g	Butter	▸ die noch warmen Brote dünn mit Butter bestreichen. Brote diagonal zu Dreiecken schneiden. Käsecrème auf Toastdreiecke gleichmäßig verteilen.

Radieschenmäuse (für 16 Mäuse):

16	Radieschen	▸ waschen, Blätteransatz abschneiden, Wurzel als Mäuseschwänzchen belassen.
	Nelken	▸ oberhalb des abgeschnittenen Blattansatzes werden in jedes Radieschen **2** Nelken als Augen gesteckt.
2	Radieschen	▸ waschen, in ○ schneiden. Oberhalb der Augen **2** diagonale Schlitze für die Ohren einschneiden. Radieschenscheiben als Ohren anbringen. Mäuse auf die Käsecrème setzen.

Anrichten: Platte, Tortenspitze **Garnieren:** Schnittlauch (fein, 1 El), Radieschenmäuse

2.4 Gorgonzola-Birnen

1/2		Zitrone	▸ auspressen.
4		mittelgroße reife Birnen	▸ waschen, halbieren, Kernhaus entfernen. Die Schale nur entfernen, wenn diese nicht mehr ansehnlich ist. Birnenhälften in Zitronensaft wenden.
200	g	Gorgonzola	▸ in feine □ schneiden.
20	g	weiche Butter	▸ mit dem Schneebesen (Handrührgerät) unter die Gorgonzolawürfel mischen, so lange rühren, bis eine glatte Masse entsteht.
2	El	geh. Walnüsse	▸ leicht anrösten, abkühlen lassen und zugeben.
		Salz, Pfeffer, Paprika	▸ gesamte Masse abschmecken. Masse in Spritzbeutel **(Lochtülle ⌀ 10 mm)** geben und auf die Birnen spritzen.
2		blaue Weintrauben	▸ waschen, halbieren, Kerne entfernen, vierteln, Birnen garnieren.
4		Kopfsalatblätter	▸ waschen, auf eine Platte legen, fertige Birnen sorgfältig anordnen.

Gorgonzola: Ital. Edelpilzkäse. Hat einen pikanten Geschmack und ist gut geeignet für Brotbeläge, Soßen etc.

Anrichten: Platte **Garnieren:** Kopfsalatblätter, Weintraubenviertel, geh. Walnüsse (1 El)

Vorspeisen

2.5 Gefüllte Tomaten

| 4 | mittelgroße Tomaten | ▶ | waschen, Strunk entfernen, ¹/₃ der Tomate als Deckel abschneiden (Strunkansatz = Tomatenunterseite). Tomaten aushöhlen. |
| | Salz | ▶ | Tomateninneres leicht aussalzen. |

Vegetarische Füllung (für 4 Tomaten):

20 ml	Sahne	▶	steif schlagen.
120 g	Speisequark	▶	mischen, Sahne locker unterheben.
1 El	Gomasio		
½	Zwiebel	▶	schälen, in feine ☐ schneiden, zugeben.
3 El	Kräuter	▶	waschen, sehr fein schneiden, zugeben.
	Kräutersalz, Pfeffer, Zucker ...	▶	Masse abschmecken, in Tomaten füllen, Deckel **vorsichtig** auflegen.

Wurst-Füllung (für 4 Tomaten):

50 g	Lyoner		
50 g	Edamer	▶	in **0,3 cm × 2 cm** lange ☐ schneiden.
1	kleine Essiggurke		
1 El	Öl		
1 Tl	Obstessig	▶	Masse würzen und abschmecken.
	Salz, Pfeffer, Paprika ...		Tomaten füllen und Deckel auflegen.
4	Kopfsalatblätter	▶	putzen, waschen und auf einen Teller legen, Tomaten anordnen.

Gomasio (Goma Sio): Gerösteter Sesam mit Meersalz. Pikantes Würzmittel für Getreide-, Gemüsespeisen und Salate.
Die ausgehöhlte Tomatenmasse kann zu einer Tomatensuppe oder -soße verwendet oder eingefroren werden.

Anrichten: Teller (flach) **Garnieren:** Kopfsalatblätter, Tomatendeckel, Petersilie (fein, 1 El)

2.6 Gurkentürmchen

1	kleine Zwiebel	▶	schälen, in ☐ schneiden.
20 g	Margarine **oder** Butter	▶	Zwiebel andünsten.
30 g	Langkornreis	▶	waschen, zugeben, mitdünsten.
60 ml	Wasser	▶	zugeben, Reis zum Kochen bringen, Hitze reduzieren. Reis **ca. 20 Min.** quellen lassen.
1 Pr	Salz		
	Pfeffer, Brühpulver ...	▶	Reis abschmecken.

Marinade:

1 El	Joghurt (**Natur**)		
2 El	Crème fraîche	▶	mischen.
1 Tl	Ananassaft		

20 g	Gouda	▶	in **ca. 0,5 cm × 0,5 cm** dünne ☐ schneiden.
½ Sch	Ananas (**Ds**)	▶	Saft abtropfen lassen, in dünne △ schneiden.
2 El	Mandarinen (**Ds**)	▶	Saft abtropfen lassen, halbieren.
~1	Salatgurke	▶	waschen, in **ca. 5 cm** lange Stücke schneiden, ³/₄ der Gurke aushöhlen. Einen **ca. 0,3 cm** dünnen Rand stehen lassen. Reis, Gouda, Ananasstücke und Mandarinen **vorsichtig** mit der Marinade mischen.
	Curry, Salz, Pfeffer ...	▶	Masse abschmecken, Gurken damit füllen.
	Kopfsalatblätter	▶	waschen, auf einer Platte anordnen, Gurkentürmchen anrichten.

Anrichten: Platte **Garnieren:** Kopfsalatblätter, Petersilie (fein, 1 El)

Vorspeisen

2.7 Gefüllte Champignons

→ Quicheform **oder** feuerfeste Auflaufform mit etwas Margarine ausfetten.

½	Zitrone	▸ auspressen.
8	Champignons	▸ säubern, Stiel herausdrehen. Champignons evtl. häuten, in Zitronensaft wenden und in die Form setzen. Stiel in sehr feine □ schneiden.
10 g	Margarine **oder** Butter	
½	kleine Zwiebel □	▸ mit Champignonwürfeln glasig dünsten.
2 El	Petersilie **(fein)**	
¼	Knoblauchzehe	▸ häuten, durch Knoblauchpresse drücken, zur Zwiebelmasse geben.
½ Sch	gek. Schinken	▸ in sehr feine □ schneiden, zugeben. Masse abkühlen lassen.
½	Ei	▸ mit der Gabel verquirlen, zur Masse geben (**1 Ei verquirlen > ½ entnehmen**).
1 Pr	Salz, Paprika, Muskat	▸ zugeben, Masse nicht abschmecken (**Eier > Salmonellengefahr**).
30 g	gerieb. Gouda	▸ untermischen, Masse mit **2 Tl** gleichmäßig auf Champignons verteilen, backen.

Backzeit: ca. 20 Min./Backtemperatur: ca. 180 °C
mittlere Schiene/ Ober- und Unterhitze

Kurz vor Ende der Garzeit:

2 El	gerieb. Gouda	▸ über die Champignons streuen.
4 Sch	Toastbrot	▸ goldbraun toasten.
	weiche Butter	▸ Toastbrote dünn damit bestreichen, in Dreiecke teilen.

Anrichte- und Garniervorschlag:

→ Glasteller **oder** Dessertteller
→ Salatblatt, Karottenrose
→ **1–2** Champignons pro Teller
→ **2** Toastdreiecke pro Teller
→ **Garnitur:** Petersiliensträußchen **oder** Thymiansträußchen

2.8 Gemüsesoufflé (frz. soufflé = Auflauf)

→ **4** kleine Souffléförmchen (**Volumen: 100 ml**) **oder 4** andere hitzebeständige Förmchen mit Margarine ausfetten.

8	Cocktailtomaten	▸ waschen, Strunk entfernen, halbieren, in jedes Förmchen **4 Hälften** geben.
4 El	Mais **(Ds)**	▸ in jedes Förmchen **1 El** Mais geben.
4 El	Crème fraîche	
1 Tl	Salz	
1 Pr	Pfeffer, Paprika ...	▸ mischen, je **2 El** Masse in **1** Förmchen geben.
1 El	Kräuter **(fein)**	
4 El	gerieb. Emmentaler	
2	Eier	▸ verquirlen, gleichmäßig in die Förmchen gießen, backen.

Tipp: Anstelle von Cocktailtomaten und Mais können weitere Gemüsesorten entsprechend der Saison ausgewählt werden.

Backzeit: ca. 25 Min./Backtemperatur: ca. 180 °C
mittlere Schiene/ Ober- und Unterhitze

Anrichten: Glasteller, Papierspitzen   **Garnieren:** Petersilie (fein 1 El)

Vorspeisen

Papaya:
Hauptanbaugebiete: Südamerika, Florida, Philippinen. Die gelb-orange Frucht kann bis zu 8 kg schwer werden. Der Papayabaum gehört zu der Gattung der Melonenbäume. Die kleinen Kernchen der Papaya können nicht verzehrt werden.

Dattel:
Hauptanbaugebiete: Mexiko, Nordamerika, Kalifornien. Pflaumenförmige Frucht der Dattelpalme.

2.9 Papaya-Schiffchen mit Speck-Datteln

4		frische Datteln	▶ entkernen (je nach Bedarf waschen und trocken abtupfen).
2	Sch	durchwachs. Speck	▶ Speckstreifen halbieren und um die Datteln wickeln.
4		Zahnstocher	▶ Speckstreifen an den Datteln befestigen.
2	El	Öl	▶ in der Pfanne erhitzen, eingewickelte Datteln von allen Seiten anbraten.
½		reife Papaya **(ca. 150 g)**	▶ Kerne entfernen. Die Hälfte in **4** gleich große Scheiben = Schiffchen **(siehe Foto)** teilen.
		Pfeffer **(frisch mahlen)**	▶ Papayaschiffchen **vorsichtig** bestreuen. In die Mitte jedes Schiffchens eine angebratene Dattel stecken.
1		Karambole	▶ waschen, in dünne Scheiben schneiden und zur Garnierung verwenden (s. o.).

Anrichten: Teller   **Garnieren:** Karambole, Datteln, Pfeffer, Schnittlauch (fein, 1 El)

2.10 Gefüllte Avocados

2		Avocados	waschen, halbieren, Kerne entfernen. Mit Ausbohrer **(Kugelaushöhler 1.6.4)** kleine Kugeln ausstechen, dabei einen **3 mm** dünnen Rand stehen lassen.
70	g	Karotten	▶ waschen, schälen, in sehr feine ☐ schneiden.
70	g	Krabben **oder**	▶ vorbereiten, kalt abbrausen, abtropfen lassen.
70	g	gekochter Schinken	▶ in ☐ schneiden.
½		Paprika **(gelb)**	waschen, halbieren, Kerne entfernen, in feine ☐ schneiden.
4	El	Joghurt **(Natur)**	mischen, Avocadokugeln, Karotten- und Paprikastreifen, sowie die Krabben **oder** den Schinken **vorsichtig** untermischen.
2	El	Sahne	
2	El	Sauerrahm	
1	Tl	Zitronensaft	
		Salz, Pfeffer, Paprika	Masse kräftig abschmecken und in die Avocadohälften füllen.

Anrichten: Teller mit Papierspitze   **Garnieren:** Schnittlauch (fein, 1 El)

Tipp: Avocadokern wird ¾ in Blumenerde gesteckt. Diesen einmal pro Woche gießen. Nach ca. ½ Jahr beginnt sich der Kern zu spalten. Es treibt ein Spross aus.

Vorspeisen

2.11 Pikante Pfitzauf (ca. 20–22 Stück)

→ **Eine** Mini-Muffinform mit Butter einfetten **(20 bis 22 Förmchen)**.
→ Backofen auf **170 °C,** Ober- und Unterhitze vorheizen.

125	g	Mehl
250	ml	Milch
2		Eier
½	Tl	Salz
1	El	Öl

mit dem Schneebesen zu einer einheitlichen Masse verrühren. Förmchen fast vollfüllen, in den vorgeheizten Backofen geben, backen.

Backzeit: ca. 40–45 Min./Backtemperatur: 170 °C mittlere Schiene/Ober- und Unterhitze

200	g	Speisequark
200	g	Frischkäse
1	Bd	Schnittlauch
		etwas Zitronensaft
		Salz, Pfeffer …

▸ Masse verrühren.

▸ waschen, in feine Röllchen schneiden, untermischen.
  Masse abschmecken. Oberes Drittel **(= Deckel)** der Pfitzauf mit einer Schere aufschneiden. Masse in Spritzbeutel **(Lochtülle ⌀ 10 mm)** füllen, diese gleichmäßig in die Unterseiten spritzen, Deckel **vorsichtig** auflegen.

Anrichten: Platte **oder** Teller   **Garnieren:** —

2.12 Zwiebeltörtchen (ca. 35–38 Stück)

→ **Zwei** Mini-Muffinformen **(je 24 Förmchen)** mit geschmolzener Margarine **oder** Butter einfetten.
→ Backofen auf **180 °C,** Ober- und Unterhitze vorheizen.

275	g	Blätterteig
		(Fertigprodukt, Rolle)
2		Zwiebeln (~140 g)
½	Bd	Petersilie
4	El	Öl
150	g	Katenschinken ☐
200	g	Sauerrahm
50	ml	Sahne
3		Eier
		etwas Salz, Pfeffer, Muskat

▸ auf einer leicht bemehlten Arbeitsfläche ausbreiten und ⌀ **6,5 cm** große ◯ ausstechen, Mini-Muffinformen **sorgfältig** auslegen, d. h., Ränder sollten nicht über die Muffinform stehen. Mit Gabel **3 x** in den Boden stechen.

▸ putzen, in **2 mm x 2 mm** kleine ☐ schneiden.
▸ waschen, sehr fein schneiden.
▸ Zwiebeln und Petersilie andünsten.
▸ in die abgekühlte Zwiebel-Petersilienmasse geben. Muffinförmchen ¾ mit Zwiebelmasse füllen.

▸ mit dem Schneebesen verrühren.

Sahne-Ei-Masse abschmecken und **1–2 El** in die Förmchen geben, backen.

Backzeit: ca. 30–40 Min./Backtemperatur: 180 °C mittlere Schiene/Ober- und Unterhitze

Zwiebeltörtchen vom Rand lösen, anrichten.

Anrichten: Platte **oder** Teller   **Garnieren:** —

2.13 Parmaschinken auf Melone (für 6 Personen)

½		Ogen-Melone
1 ½	El	Joghurt **(Natur)**
1 ½	El	Crème fraîche
¼	Tl	Salz, Zitronensaft
1	Pr	Pfeffer, Zucker
6	Sch	Parmaschinken
3	Sch	Toast **(Vollkorn)**

▸ Kerne entfernen, in **6** dünne Scheiben schneiden.

▸ mischen, abschmecken und je 1 **Tl** auf die Scheiben streichen.

▸ Röschen formen, je **1** Röschen auf die Melonenscheiben setzen.

▸ **goldbraun** toasten, in Dreiecke schneiden. Je **1** Toastdreieck und **1** Melonenscheibe auf einem Dessertteller schön anrichten.

Ogen-Melone:
Diese Melonenart wurde ursprünglich in einem israelischen Kibbuz (gemeinschaftliche Siedlung) gezüchtet und nach ihm benannt. Sie ist sehr süß und saftig und wird gut gekühlt sehr gerne gegessen.

Anrichten: Dessertteller   **Garnieren:** Petersilie (fein, 2 El)

Vorspeisen

2.14 Buttermischungen

Formgebungsmöglichkeiten:

Werkzeuge	Formen
→ Ausstechförmchen	div. Formen
→ Buntschneidemesser	Rillen
→ Ausbohrer (Kugelaushöhler)	Bällchen
→ Spritzbeutel/Rosettentülle	Rosetten
→ Spritzbeutel/Lochtülle	Tupfen

2.14.1 Paprikabutter

125 g	weiche Butter	in einer Rührschüssel mit dem Handrührgerät (Schneebesen) schaumig rühren.
2 El	Tomatenketchup	zur Masse geben, abschmecken. Masse etwas erkalten lassen. Plastikbeu-
1 Tr	Zitronensaft	tel **(3 l)** an einer Seite und den Boden aufschneiden. Die Butter zwischen
2 Tl	Paprika	den Beutelteilen zu einer **ca. 0,7 cm** dünnen Platte auswellen. Diese in das
1 Pr	Salz, Pfeffer	Tiefkühlfach legen. Die Butter muss zum Ausstechen sehr gut gekühlt sein.
	Ausstechförmchen	div. Formen ausstechen, schuppenförmig auf einem Teller anrichten.

Anrichten: Teller   **Garnieren:** Paprikapulver

2.14.2 Orangenbutter

125 g	weiche Butter	in einer Rührschüssel mit dem Handrührgerät (Schneebesen) schaumig rühren.
1 Tl	Orangensaft	zugeben, mischen. In Spritzbeutel füllen **(Lochtülle ⌀ 10 mm)**.
1 Pr	Pfeffer, Salz …	Tupfen auf eine Plastikfolie spritzen.
1 El	Orangenschalen	über die Butter streuen. Butter im Kühlschrank fest werden lassen.

Anrichten: s. o.   **Garnieren:** Orangenschalen **(Kannelierer 1.6.4 verwenden)**

2.14.3 Kräuterbällchen

125 g	weiche Butter	in einer Rührschüssel mit dem Handrührgerät (Schneebesen) schaumig rühren.
1 Pr	Salz, Pfeffer, Zucker	zugeben, unterrühren.
4 El	Kräuter, **z. B. Dill** **Schnittlauch**	vorbereiten, sehr fein schneiden, unterrühren. Masse abschmecken. Masse etwas kühlen. Mit dem Ausbohrer **oder** mit **2 Tl** Masse ausstechen.
4 El	Petersilie	waschen, sehr fein zerkleinern, Butterkugeln darin wenden.
	Weintraubenblätter **(o. ä. Blätter)**	waschen, abtrocknen und mit etwas Öl leicht bepinseln. Kugeln pyramidenförmig aufeinander setzen **oder** als Trauben anordnen.

Anrichten: Platte, Traubenblätter   **Garnieren:** Petersilie (fein, 1 El)

Tipp: Die Butterkugeln lassen sich besser formen, wenn sie mit Kräutern umhüllt sind. Die Hände sollten kalt sein.

Vorspeisen

2.15 Eierspeisen

2.15.1 Rührei im Körbchen

Tipp:
Je nach Pfannengröße empfiehlt es sich, die Rühreimasse zu teilen und schrittweise anzubraten.

4		frische Eier
8	El	Sahne **oder** Milch
1	Tl	Salz
2	Pr	Pfeffer, Paprika ...

▸ einzeln aufschlagen, in eine Schüssel geben.
▸ zugeben, mit dem Schneebesen verrühren.
▸ zugeben, Masse würzen.

Merke: Masse nicht abschmecken! Rohe Eier können Salmonellen enthalten. Um diese abzutöten, wird das Rührei **mind. 5 Min.** auf über **60 °C** erhitzt.

2	El	Butter

▸ in einer Pfanne schmelzen, die Rühreimasse zugeben und stocken lassen. Die Eiermasse mit den Bratenwendern in großflockige Stücke teilen. Rührei mehrmals wenden, abschmecken.

1	El	Öl
12	Sch	Schinkenwurst

▸ in einer separaten Pfanne erhitzen.
▸ anbraten, bis sich die Wurst nach oben wölbt. Fertige Rühreimasse in die Wurstkörbchen füllen.

¼	Bd	Schnittlauch **(3 El)**

▸ waschen, fein schneiden, über das Rührei streuen.

Anrichten: Platte (warm) **Garnieren:** Schnittlauch (fein, 3 El)

2.15.2 Rühreivariationen (für 4 Eier)

Rührei mit Champignons

200	g	frische Champignons
2	El	Butter
2	El	Basilikum u. Thymian

▸ säubern, evtl. häuten, feinblättrig schneiden.
▸ in Topf **oder** Pfanne schmelzen lassen, Champignons andünsten.
▸ waschen, zerkleinern, zugeben. Champignons zum Rührei servieren.

Rührei mit Frühlingsgemüse

¼	Bd	Frühlingszwiebeln
½		Paprika **(rot u. gelb)**
3		Champignons
2	El	Öl
		Salz, Pfeffer ...

▸ putzen, waschen, in sehr feine ○ schneiden.
▸ waschen, Kerne entfernen, in sehr feine □ schneiden.
▸ säubern, evtl. häuten, feinblättrig schneiden.
▸ erhitzen, Gemüse andünsten.
▸ abschmecken, auf Platte legen. Rührei bergförmig darauf anordnen.

Anrichten: Platte (warm) **Garnieren:** Schnittlauch (fein, 1 El)

2.15.3 Cocotten mit Schinken und Ei (für 1 Person)

1	El	Crème fraîche
½	Sch	Schinken
1		Ei
1	Pr	Salz, Pfeffer, Paprika

▸ in Souffléförmchen **(Volumen: 150 ml)** geben.
▸ in feine □ schneiden, auf Crème fraîche geben.
▸ in einer Tasse aufschlagen, mit der Gabel verquirlen.
▸ Ei würzen, nochmals verquirlen und auf den Schinken gießen, Förmchen in den **vorgeheizten** Backofen geben, garen.

Cocotte:
(frz.) kleines hitzebeständiges Kochgeschirr aus Porzellan oder Steingut.

Backzeit: ca. 15–20 Min./Backtemperatur: ca. 180 °C mittlere Schiene/Ober- und Unterhitze

Anrichten: Glasteller, Papierspitze **Garnieren:** Petersilie (fein, ½ Tl)

Vorspeisen

Omelett: Bevor die Franzosen die Eierkuchen herstellten, versuchten es bereits die alten Römer. Über die Wortdeutung ist man sich jedoch nicht ganz einig. Einige behaupten, Omelett komme aus dem Lat. und bedeute „ovum = Ei, mellitus = gesüßt mit Honig"; andere meinen, es komme vom lat. „lamella = Metallblättchen, dünnes Blech", was auf den metallenen Bratenwender, mit dem das Omelett aus der Pfanne genommen werden kann, hindeuten könnte.

2.15.4 Eieromelett (Eierkuchen) (für 1 Person)

2	Eier	einzeln in einer Tasse aufschlagen, in eine Schüssel geben.
1 ½ El	Milch **oder** Sahne	zugeben.
1 Tl	Mehl	zugeben. Masse mit dem Handrührgerät (Schneebesen)
1 Pr	Salz	sehr gut schaumig schlagen.
10 g	Butter	in einer Pfanne schmelzen. Eiermasse eingießen und die Masse mit einer Gabel einmal durchrühren. Beginnt die Masse zu stocken, muss das Omelett durch etwas Rütteln vom Pfannenboden gelöst werden. Wird das Omelett nicht gefüllt, klappt man es, wenn es fertig ist, zur Hälfte zusammen.

Anrichten: Teller (warm)   **Garnieren:** Petersilie (fein, 1 El)

2.15.4.1 Füllungen für 1 Omelett

Speck-Käse-Füllung

50 g	durchw. Speck	in □ schneiden, in einer Pfanne auslassen.
50 g	gerieb. Emmentaler	Speckrechtecke und Emmentaler auf die gestockte Omelettoberfläche streuen. Käse sollte etwas schmelzen. Omelett zur Hälfte klappen, anrichten.

Anrichten: Teller (warm)   **Garnieren:** Petersilie (fein, 1 Tl)

Champignon-Mais-Füllung

50 g	Champignons	säubern, evtl. häuten, feinblättrig schneiden.
70 g	Mais **(Ds)**	Saft abtropfen lassen.
½	kleine Zwiebel	schälen, in □ schneiden.
1 El	Petersilie	waschen, fein zerkleinern.
20 g	Butter **oder** Margarine	in Pfanne erhitzen, Zwiebelwürfel, Petersilie, Mais und Champignons andünsten.
	Salz, Pfeffer, Paprika ...	Masse würzen, abschmecken. Omelett füllen und halbieren.

Anrichten: Teller (warm)   **Garnieren:** Petersilie (fein, 1 Tl)

Früchte-Füllung

½	Zitrone	auspressen.
½	Apfel	in □ schneiden, in Zitronensaft wenden.
½	Pfirsich	in □ schneiden, zugeben.
2 El	Joghurt **(Natur)**	unter die Früchte mischen, abschmecken und
1 Tl	Apfeldicksaft	evtl. nachsüßen. Früchte auf eine Omeletthälfte setzen, zur Hälfte legen, anrichten.

Tipp: Die Früchte sollten entsprechend dem saisonalen Angebot ausgewählt werden.

Anrichten: Teller (warm)   **Garnieren:** Puderzucker (fein)

Vorspeisen

2.15.5 Rote-Bete-Röllchen mit Kresse

125	ml	Rote-Bete-Saft
125	ml	Milch
2		Eier
½	Tl	Salz
1	Pr	Kreuzkümmel
1	Pr	Pfeffer
100	g	Mehl

▶ in eine Rührschüssel geben, mit dem Schneebesen verrühren.

▶ sieben, unter die Flüssigkeit rühren und **20 Min.** stehen lassen.

Füllung

300	g	Frischkäse
80	g	Sauerrahm
30	g	Meerrettich
½	Bd	Kräuter
1	Pr	Pfeffer, Salz ...
		etwas Sonnenblumenöl

▶ alle Zutaten mischen.

▶ waschen, fein schneiden, untermischen.
▶ Masse abschmecken.
Pfanne dünn mit Öl benetzen, erhitzen. **4 sehr dünne** Crêpes ausbacken, erkalten lassen. Masse gleichmäßig auf den Crêpes verteilen, dünn aufstreichen und Crêpes **sehr straff** in Frischhaltefolie aufrollen. Enden sehr **straff** verschließen und Crêpes **½ Std.** kühl stellen. Diese in **3 cm** dicke Röllchen schneiden, mit einem Holzpicker befestigen und anrichten.

1		Rote Bete **(gegart)**
		Salz, Pfeffer, Kümmel
2–3	El	Kresse

▶ pürieren, Wasser **vollständig** abtropfen lassen, Masse würzen und Nocken abstechen. Auf jeden Teller **2** Nocken setzen.

▶ waschen, dekorativ verteilen.

Anrichten: Teller **Garnieren:** Kresse

2.16 Garnelen in Tempura mit Mango-Chili-Chutney

➔ Breiten Topf ¾ mit Sonnenblumenöl füllen **oder** Fritteuse verwenden und bis zur **maximalen** Angabe mit Sonnenblumenöl füllen, auf **170 °C** erhitzen.

1		Mango **(vollreif)**
1–2		Chilischoten
50	g	Ingwer
50	g	brauner Zucker
70	ml	Orangensaft
		Salz, Pfeffer ...
30	Stk	Garnelen **(roh, Tk)**
		Sojasoße, Pfeffer, Salz, Zitronensaft ...
150	g	Tempuramehl **(Instantprodukt)**

▶ schälen, Kern entfernen, in feine □ schneiden.
▶ waschen, halbieren, Kerne entfernen, in **2 mm x 2 mm** □ schneiden.
▶ Schale entfernen, fein reiben.
▶ leicht karamellisieren, Mangowürfel und geriebenen Ingwer zugeben, **vorsichtig** andünsten.
▶ ablöschen, Masse zu einem Chutney einreduzieren lassen, mit dem Pürierstab pürieren, die Chiliwürfel **(Menge bitte je nach Schärfewunsch)** zugeben.
▶ Chutney abschmecken.
▶ in kaltem Wasser waschen und auf einem Küchenpapier abtupfen.
▶ Garnelen marinieren, zugedeckt **ca. 10 Min.** ziehen lassen.
▶ entsprechend der Packungsanleitung anrühren.
Garnelen auf den Zahnstocher spießen und in der Tempuramasse wenden, kurz abtropfen lassen. Garnelen **goldbraun** frittieren, auf dem Küchenpapier entfetten und auf einem Teller **bergförmig** anrichten, Mango-Chili-Chutney dazu servieren.

Anrichten: Teller **Garnieren:** —

Tipp: Garnelen in Tempura sollten sofort heiß serviert werden, da sie in diesem Zustand am besten schmecken. Lange Standzeiten sollten also vermieden werden.

Vorspeisen

2.17 Schweinemedaillons auf Blätterteig

50 g	Blätterteig **(Tk)**	auf einer leicht bemehlten Arbeitsfläche **ca. 2 mm** dünn auswellen. **8** Kreise ⌀ **7 cm** ausstechen. Mit der Gabel **ca. 5-mal pro Kreis** einstechen (Luftblasenbildung wird vermieden). Teigkreise auf ein leicht mit Wasser benetztes Backblech legen. Das Wasser verdunstet beim Backen und treibt den Teig in die Höhe.
1	Eigelb	verquirlen, Kreise damit bestreichen, backen.
1 Tl	Milch	

**Backzeit: ca. 10–15 Min./Backtemperatur: ca. 200 °C
mittlere Schiene/Ober- und Unterhitze**

		Fertige Kreise auf einem Kuchengitter abkühlen lassen.
2–3 El	Öl	in einer Pfanne erhitzen.
8	Schweinemedaillons	von allen Seiten anbraten und **durchgaren = well done = bien cuit** (siehe 4.1). **Druckprobe:** Das Fleisch ist gar, wenn es bei Druck nur gering nachgibt.
	Pfeffer, Salz, Paprika	Medaillons würzen.

Garnitur I (für **8** Fleischstücke)

150 g	Frischkäse	mischen, Masse abschmecken, in Spritzbeutel **(Sterntülle ⌀ 10 mm)** füllen. **Unterseite** der Blätterteigkreise auf eine Platte legen. Auf jeden Blätterteigkreis ein Schweinemedaillon setzen. Die Frischkäsemasse in großen Tupfen auf die Medaillons spritzen.
1 Tl	Sahne	
1 Tl	Tomatenketchup	

Anrichten: Platte mit Papierspitze   **Garnieren:** kleine Petersiliensträußchen, kleine Stücke einer Cocktailtomate

Garnitur II (für **8** Fleischstücke)

1	Kiwi	schälen, in **8** ○ schneiden.
~1/2	Orange	schälen, filetieren **(siehe 1.9)**.
2	Cocktailkirschen	halbieren, vierteln. Medaillons auf die Blätterteigkreise legen. Eine Kiwischeibe auf ein Medaillon legen. Ein Orangenstück darauf geben. Das Kirschenstück dekorativ auf dem Orangenstück anordnen.

Tipp: Anstelle von Schweinefleisch kann ebenso Rind- oder Kalbfleisch verwendet werden.

Anrichten: Platte mit Papierspitze   **Garnieren:** Kirschviertel

2.18 Partybrötchen

2	Brötchen	halbieren.
100 g	Speisequark	mischen, Masse gleichmäßig auf die Brötchen verteilen. Brötchen auf vorbereitetes Backblech legen und in den vorgeheizten Backofen geben, überbacken.
70 g	gek. Schinken ☐	
70 g	gerieb. Emmentaler	
1 El	Petersilie **(fein)**	
1/4	Zwiebel ☐	
1/4 Tl	Kräutersalz	
1 Pr	Pfeffer, Paprika	

**Backzeit: ca. 10–15 Min.
Backtemperatur: ca. 180 °C
mittlere Schiene
Ober- und Unterhitze**

Tipp: Die Brötchen können aus 1/2 **GR** Hefeteig (salzig 10.1.1) selbst hergestellt werden. Die Menge der Quarkmasse muss auf die Anzahl der Brötchen abgestimmt werden.

Anrichten: Teller (warm)   **Garnieren:** Petersilie

Vorspeisen

2.19 Fleischbällchen mit Avocadodip (für 5 Personen)

½ GR	Fleischteig	▸ herstellen **(siehe 4.4)**. **1 geh. Tl** große Häufchen bilden **= ca. 15 Stk.**
	Öl	▸ Hände leicht mit Öl benetzen und walnussgroße Bällchen formen.
	Semmelbrösel	▸ Bällchen darin wenden (die Brösel ergeben eine knusprige Kruste).
2–3 El	Öl	in einer Stielpfanne erhitzen. Bällchen von allen Seiten **ca. 7–10 Min.** anbraten. Fleischbällchen aus der Pfanne nehmen und auf ein Küchenpapier legen. Das überschüssige Fett wird aufgezogen. Bällchen erkalten lassen.

Avocadodip

½	**reife** Avocado	▸ Kern entfernen. Avocadofleisch mit einem **El** aushöhlen, in einen Rührbecher geben. Masse mit dem Pürierstab (Handrührgerät) **oder** dem Mixstab pürieren.
2 El	Mayonnaise	▸ zur Avocadomasse geben, mischen, Masse abschmecken.
2 El	Crème fraîche	
	Salz, Pfeffer …	
5	Toastbrote	▸ goldbraun toasten, diagonal in Dreiecke schneiden.

Tipp: Bleibt noch etwas Dip übrig, so kann dieser in einem kleinen Schälchen zusätzlich gereicht werden.

Anrichtevorschlag

→ 5 Dessertteller
→ Je **3** Fleischbällchen aneinander setzen.
→ Je **1 geh. El** Avocadodip daneben geben.
→ **2** Toastdreiecke dazu reichen.
→ **Garnitur: 1** Petersiliensträußchen, **2** Tomatenachtel

2.20 Canapés (Canapé, frz. = Sofa oder pikant belegte Schnitte)

Tipp: In Bäckereien sind die kleinen runden Kaviarbrote, die für Canapés geeignet sind, erhältlich. Es können jedoch auch Toastbrotscheiben oder Baguetteschnitten verwendet werden.

| 8 Sch | Kaviarbrot o. Ä. Scheibendicke: **ca. 1 cm–1,5 cm** | |
| 30 g | weiche Butter | ▸ Brote dünn bestreichen. |

Lachsschinken-Canapés

16 Sch	Lachsschinken	
8	Lollo rosso Blätter	Kaviarbrote dekorativ belegen **(siehe Foto)**.
8	Mandarinenstücke	
	Petersiliensträußchen	
16	Gurkenscheiben	

Eier-Tomaten-Canapés

16 Sch	Tomaten (~ 3 Stk.)	▸ mit dem Sparschäler Schale entfernen. Schale aufbewahren. Auf jedes Brot **2** ○ legen.
2	Kopfsalatblätter	▸ waschen, zerkleinern, dekorativ auf die Tomaten legen.
2	Eier	▸ Rührei herstellen **(siehe 2.15.1)**. Je **1 geh. El** auf die Tomatenscheibe und das Salatblatt setzen.
	Tomatenschalen	▸ zu kleinen Rosen aufwickeln. Canapés garnieren.

Anrichten: Platte, Papierspitze   **Garnieren:** je nach Belag individuell verschieden

Vorspeisen

2.21 Toastbrote

Toast ist die Bezeichnung für eine Weißbrotscheibe, die außen geröstet und innen weich ist. Toastbrote kann man je nach Anlass oder Tageszeit sehr vielseitig belegen. Belegte Toastbrote können als Imbiss, Vorspeise oder zum Abendessen gereicht werden. Das Anrösten der Brote kann im Toaster, in der Pfanne oder im Backofen geschehen. Sie sind rasch zubereitet, nicht sehr teuer und werden von jedermann gerne gegessen.

2.21.1 Toast Hawaii (Hawaii: südlichste und größte der Sandwichinseln im Stillen Ozean)

4 Sch	Toastbrot **(Vollkorn)**	goldbraun toasten.
20 g	Butter **oder** Margarine	die noch warmen Scheiben bestreichen.
4 Sch	gek. Schinken	Toastbrote belegen. Es sollten keine Schinkenränder überstehen.
4 Sch	Ananas	auf den Schinken legen.
4 Sch	Butterkäse o. Ä.	auf die Ananas legen, backen.

Backzeit: ca. 10 Min./Backtemperatur: ca. 200 °C mittlere Schiene/Ober- und Unterhitze

Toast Hawaii heiß servieren.

Anrichten: Platte (warm)   **Garnieren:** Jeweils eine Kirsche in die Ananasmitte legen.

2.21.2 Pizza-Toast

4 Sch	Toastbrot **(Vollkorn)**	goldbraun toasten.
20 g	Butter **oder** Margarine	Brote bestreichen.
8 Sch	Salami	auf jedes Brot **2** Scheiben Salami legen, Ränder sollten nicht überstehen.
2	Tomaten	waschen, Strunk entfernen, in ○ schneiden. Schuppenförmig auf der Salami anordnen.
	Pizzagewürz, Salz	über die Tomaten streuen.
2 Sch	Gouda	halbieren, auf die Tomaten legen. Käseränder sollten nicht überstehen, backen.

Backzeit: ca. 10 Min./Backtemperatur: 180 °C mittlere Schiene/Ober- und Unterhitze

Tipp: Backblech immer mit Backfolie vorbereiten. Toastbrote sind sehr schnell zubereitet, wenn der Backofen rechtzeitig vorgeheizt wird.

Anrichten: Platte (warm)   **Garnieren:** —

2.21.3 Schweizer-Toast

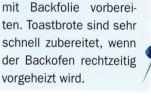

4 Sch	Toastbrot **(Vollkorn)**	goldbraun toasten.
20 g	Butter **oder** Margarine	Brote bestreichen.
1	Paprika **(gelb oder rot)**	waschen, halbieren, Kerne und Strunk entfernen, in □ schneiden.
100 g	Champignons **(Ds)**	Saft abtropfen lassen und je nach Bedarf feinblättrig schneiden.
	Salz, Pfeffer, Paprika	Paprikawürfel und Champignons würzen, Masse gleichmäßig auf den Broten verteilen.
4 Sch	Emmentaler	Brote belegen, Ränder einschlagen, backen.

Backzeit: ca. 10–15 Min./Backtemperatur: 180 °C mittlere Schiene/Ober- und Unterhitze

Anrichten: Platte (warm)   **Garnieren:** —

Vorspeisen

2.21.4 Camembert-Toast

4	Sch	Toastbrot (**Vollkorn**)	goldbraun toasten, auf vorbereitetes Backblech legen.
20	g	Butter **oder** Margarine	Brote bestreichen.
4	Sch	gek. Schinken	Toastbrote belegen.
150	g	Camembert	in Streifen schneiden, Brote belegen.

Camembert: franz. Weichkäse. Benannt nach dem Ort Camembert in der Normandie. Um 1791 erfand ihn die normannische Bäurin Marie Harel.

Backzeit: ca. 10 Min./Backtemperatur: 180 °C
mittlere Schiene/Ober- und Unterhitze

Anrichten: Platte (warm)   **Garnieren:** Petersilie (fein, 1 El)

2.21.5 Curry-Schnitzel-Toast

4	Sch	Toastbrot (**Vollkorn**)	im Toaster goldbraun toasten, auf ein vorbereitetes Backblech legen.
2		Putenschnitzel (**200 g**)	in sehr feine ☐ schneiden.
3	El	Sojasoße	Putenstreifen einlegen und **ca. 10 Min.** marinieren. Putenstreifen von allen Seiten anbraten.
1	Pr	Pfeffer, Paprika ...	
3	El	Öl	
100	ml	Sahne	zum Putenfleisch geben.
100	g	Mais (**Ds**)	zugeben. Putenstreifen so lange garen, bis die Sahne fast vollständig reduziert ist.
		Salz, Currypulver	Putenmasse nochmals kräftig abschmecken und gleichmäßig auf den Toastbroten verteilen.
2	Sch	Gouda	halbieren, auf der Putenmasse verteilen. Der Käse sollte nicht über die Toastbrote ragen (pro Toast ½ Scheibe Käse verwenden).

Tipp: Anstelle von Mais können auch feine Ananasstücke (2 Sch. Ananas) verwendet werden.

Backzeit: ca. 10 Min./Backtemperatur: ca. 180 °C
mittlere Schiene/Ober- und Unterhitze

Anrichten: Platte (warm)   **Garnieren:** Petersilie (fein, 1 El)

2.21.6 Welsh Rarebit (engl., walisischer Bissen)

4	Sch	Toastbrot (**Vollkorn**)	goldbraun toasten, auf ein mit Backfolie belegtes Backblech legen.
10	g	Butter	erhitzen.
1	El	Milch	
100	g	Chester **oder** Gouda	in ☐ schneiden, zur Butter geben, Käse schmelzen lassen.
½	Tl	Senf	zugeben, Masse abschmecken. Masse **sorgfältig** auf Toastbrote streichen und backen.
1	Tr	Worcestersoße	
1	Pr	Paprika, Pfeffer	

Chester: (engl. Cheshire) ist ein Hartkäse, der aus Kuhmilch gewonnen wird und erstmals im 12. Jahrhundert in der Grafschaft Cheshire hergestellt wurde. Da er leicht salzig schmeckt, eignet er sich gut für das Welsh Rarebit.

Backzeit: ca. 10 Min./Backtemperatur: 175 °C
mittlere Schiene/Ober- und Unterhitze

4		Salatblätter	waschen, fertiges Welsh Rarebit darauf legen, anrichten.

Anrichten: Platte (warm)   **Garnieren:** Petersilie (fein, 1 El)

Tipp: Das Vollkorn-Toastbrot kann je nach Wunsch durch ein Weizen-Toastbrot (Typ 405) ersetzt werden.

3. Kapitel

3 Suppen, Kaltschalen, Suppeneinlagen, Eintöpfe, Soßen

Suppen und Soßen bereichern seit Jahrhunderten den Speisezettel und können vielseitig eingesetzt werden. Die Suppe gilt als Appetitanreger und zugleich wärmt sie den Magen vor. Klare Brühen können durch Suppeneinlagen erheblich aufgewertet werden. Wer es gerne etwas herzhafter und deftiger liebt, kann einen Eintopf auswählen. Soßen werden grundsätzlich mit anderen Speisekomponenten angeboten. Sie dienen dazu, das Gericht abzurunden und geschmacklich zu vollenden.

	1. PROJEKT	92
3.1	**Klare Suppen und Brühen**	93
3.1.1	Minestrone	93
3.1.2	**GR** Fleischbrühe	94
3.1.3	**GR** Hühnerbrühe	95
3.1.4	**GR** Knochenbrühe	95
3.1.5	**GR** Gemüsebrühe/Wurzelbrühe	95
3.1.6	Bunte Gemüsesuppe	95
3.2	**Gebundene Suppen**	96
3.2.1	Kartoffelcrèmesuppe	96
3.2.2	Karottencrèmesuppe	96
3.2.3	Champignoncrèmesuppe	97
3.2.4	Käsecrèmesuppe	97
3.2.5	Brokkolisuppe	97
3.2.6	Blumenkohlsuppe	98
3.2.7	Spargelcrèmesuppe	98
3.2.8	Gulaschsuppe	98
3.2.9	Kohlrabi-Kartoffelsuppe mit Kressehaube	99
3.2.10	Kürbiscrèmesuppe	99
3.2.11	Italienische Tomatensuppe	100
3.3	**Kaltschalen**	101
3.3.1	Gurkenkaltschale	101
3.3.2	Karotten-Frischkäse-Kaltschale	101
3.3.3	Apfel-Walnuss-Kaltschale	102
3.4	**Suppeneinlagen**	102
3.4.1	Grießnockerln	102
3.4.2	Dinkelnockerln	102
3.4.3	Mandelnockerln	103
3.4.4	Profiteroles	103
3.4.5	Suppenbiskuit	103
3.4.6	Feine Pfannkuchen	104
3.4.7	Waffelschnitten	104
3.4.8	Croûtons	104
3.4.9	Fleischbällchen	105
3.4.10	Buchweizenbällchen	105
3.4.11	Eierstichkugeln	105
3.5	**Eintopfgerichte**	106
3.5.1	Gaisburger Marsch	106
3.5.2	Irish Stew	107
3.5.3	Amerikanischer Farmereintopf	107
3.5.4	Gemüseeintopf	107
3.6	**Soßen**	108
3.6.1	**GR** helle Mehlschwitze (inkl. fettreduziert/Vollwert)	108
3.6.2	Abwandlungen **GR** Mehlschwitze Käsesoße, Tomatensoße, Béchamelsoße, Kräutersoße	109
3.6.3	Tomaten-Kerbel-Soße	109
3.6.4	Thunfischsoße	109
3.6.5	Möhren-Sonnenblumenkern-Soße	110
3.6.6	Kräutersahnesoße	110
3.6.7	Hackfleischsoße	110

Eigene Rezepte

_____
_____
_____
_____
_____
_____
_____
_____
_____
_____
_____

1. PROJEKT

Schwerpunkte: Informationsbeschaffung/Erstellung einer Einkaufsliste

In der Schule sollen 20 französische Gäste verköstigt werden. Damit die Gäste eine Auswahl treffen können, werden Ihnen als Vorspeise verschiedene Suppen angeboten. Ihre Gruppe ist für die Auswahl der Suppen zuständig. Gleichzeitig sollen alle Lebensmittel (inkl. Mengen), die für die Herstellung der Suppen benötigt werden, in einer Einkaufsliste zusammengefasst werden.

Diese Fragen und Aufgaben sollen Ihnen bei der Durchführung des Projekts als Anregung und Hilfestellung dienen.

Planungshilfen/Vorbereitungen

- Wie viel Geld steht Ihnen zur Verfügung?
- Wie viele verschiedene Suppen bieten Sie an?
- Welche schulischen Möglichkeiten stehen Ihnen zur Verfügung? ... usw.

Aufgabe: Erstellen Sie einen Fragenkatalog. Dieser soll alle wichtigen Informationen, die für die Auswahl der Suppen wichtig sind, enthalten. Holen Sie die Antworten ein und versehen Sie die erledigten Aufgaben mit einem Haken.

Auswahlprozess

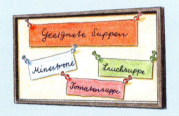

- Welche Suppen eignen sich für die Gästegruppe?
- Welche regionalen und saisonalen Angebote können genutzt werden?
- Wie passen die ausgewählten Suppen farblich zusammen? ... usw.

Aufgabe: Sammeln Sie geeignete Suppenrezepte. Nutzen Sie dabei Zeitschriften, Kochbücher, das Internet etc. Werten Sie das Material in der Gruppe aus. Schreiben Sie alle geeigneten Suppen auf Karten und stecken Sie diese an eine Pinnwand. Überlegen Sie dabei, ob sich die Suppen in spezielle Gruppen zusammenfassen lassen. Treffen Sie eine Auswahl für Ihre Gäste (z. B. durch Auswahlkriterien, Abstimmung, Losverfahren etc.).

Einkaufsliste

- Welche Mengen und Zutaten werden für die Suppen benötigt?
- Welche Zutaten können Sie zu Gruppen zusammenfassen (z. B. Gemüse)?
- Wie könnte eine praktikable Einkaufsliste aussehen? ... usw.

Aufgabe: Erstellen Sie eine Einkaufsliste, indem Sie alle Zutaten (inkl. der Mengen) bestimmten Lebensmittelgruppen zuordnen. Überlegen Sie, ob Ihnen das zur Verfügung stehende Geld ausreicht. Stellen Sie Preisvergleiche an und informieren Sie sich, in welchen Geschäften Sie die Ware am preisgünstigsten einkaufen könnten.

Reflexion

- Welche positiven und negativen Ereignisse sind bei der Durchführung des Projekts vorgefallen?

Aufgabe: Reflektieren Sie gemeinsam das Projektgeschehen (als Hilfestellung dient Ihnen S. 18).

Suppen

3 Suppen, Kaltschalen, Eintöpfe, Soßen und Suppeneinlagen

Das Wort Suppe – „sope" – stammt aus dem altfranzösischen Sprachgebrauch und bedeutet so viel wie eingeweichtes Brot in Brühe. Suppen werden vor allem an kalten Tagen sehr gerne gegessen. Sie regen den Appetit an, dienen als Auftakt zur weiteren Speisenfolge oder werden als sättigendes Hauptgericht gereicht.

Suppenarten	Beispiele
Klare Suppen/Brühen	Fleisch- und Knochenbrühe, Gemüse- oder Geflügelbrühe werden häufig mit Suppeneinlagen serviert oder dienen als Grundlage für gebundene Suppen.
Gebundene Suppen	Getreidesuppen, Crèmesuppen, Suppen, deren Grundlage die helle und dunkle Mehlschwitze ist.
	In der modernen Küche versucht man vom Binden mit Mehl Abstand zu nehmen. Die Bindung kann ebenso durch püriertes Gemüse erfolgen. Gebundene Suppen können durch frische Kräuter, Gewürze, Sahne, Sauerrahm etc. verfeinert werden.
Kaltschalen und süße Suppen	Milchsuppen: Die Milch wird meist durch Getreideprodukte gebunden und mit Beilagen, z. B. Früchten, serviert.
	Kaltschalen: sind hauptsächlich in den Sommermonaten zur Erfrischung geeignet. Sie können aus Früchten oder diversen Gemüsearten hergestellt werden.
Eintöpfe	Dicke Suppen mit Einlagen, z. B. Gemüse- oder Getreideeintöpfe. Die Zutaten sollten farblich zueinander passen und geschmacklich aufeinander abgestimmt sein. Aufgrund ihres hohen Sättigungswertes werden Eintöpfe in der Regel als Hauptspeisen gereicht.

3.1 Klare Suppen und Brühen

3.1.1 Minestrone (italienische Suppenspezialität)

1	Zwiebel	in feine □ schneiden.
50 g	Speck (mager)	in feine □ schneiden.
1	Karotte	waschen, schälen, in **3 mm** dünne ▶ schneiden.
½ Stg	Lauch	putzen, der Länge nach halbieren, waschen, abtropfen lassen, in dünne ▶ schneiden.
1	Kartoffel	waschen, schälen, in feine □ schneiden.
2 El	Öl	erhitzen, Speckwürfel anbraten, Gemüse nach und nach zugeben, andünsten.
1½ l	Wasser	Gemüse ablöschen.
	Salz, Pfeffer, Brühpulver	würzen, Gemüse **bissfest** garen.

Topf: ca. 10 Min./DDT: ca. 2–3 Min./1. Ring/ohne Einsatz

70 g	Erbsen **(Tk)**	wird im Topf gegart, gibt man Erbsen und Bohnen **5 Min.** vor Ende der Garzeit zu. Wird im DDT gegart, kann das **tiefgefrorene** Gemüse gleich zugegeben werden.
70 g	Bohnen **(Tk)** **oder**	
70 g	frische Bohnen	waschen, Enden entfernen, in **ca. 3 cm** lange Stücke schneiden.
70 g	frische Erbsen	vorbereiten, das Gemüse kann von Anfang an mitgedünstet werden.
50 g	Suppennudeln **(siehe 5.1)**	in kochendem Salzwasser **(siehe 5.1.2)** „al dente = bissfest" garen, kalt abschrecken und **kurz vor dem Anrichten** in die Minestrone geben.
	Salz, Pfeffer, …	Suppe nochmals abschmecken, evtl. auch noch etwas Wasser zugeben.
1	Tomate	häuten, in feine □ schneiden.
20 g	frischen Parmesan	fein reiben.

Anrichten: Suppenschüssel (warm) **Garnieren:** Tomatenwürfel, fein geriebener Parmesan, Petersilie (fein, 1 El)

Tipp: Zur Minestrone passen auch sehr gut kleine Blumenkohlröschen und/oder fein geschnittenes Weißkraut.

Suppen

3.1.2 Fleischbrühe

GR Fleischbrühe

Die Fleischbrühe kann mit Suppeneinlagen, wie Grießklöße oder Profiteroles, serviert werden. Ebenso dient sie als Aufgussflüssigkeit zur geschmacklichen Verbesserung von gebundenen Suppen.

Menge	Zutaten	Zubereitung
1½–2 l	Wasser	in einen breiten, hohen Topf **oder** in einen Dampfdrucktopf (DDT) geben.
300 g	Rinder- **oder** Markknochen	waschen, blanchieren **(siehe 1.8)** und in das kalte Wasser geben.
400 g	mageres Rindfleisch, **z. B. Schwanzstück, Bug, Brustkern, Wade**	waschen. Wird auf eine gute Brühe Wert gelegt, gibt man das Fleisch in das kalte Wasser ➡ **Die Nährstoffe des Fleisches werden an die Brühe abgegeben.** Möchte man ein saftiges Fleisch, wird dieses in das kochende Wasser gegeben ➡ **Der Fleischsaft bleibt im Fleisch enthalten.**
1	Zwiebel	schälen, vierteln, zugeben.
1 ½ 1 Stg	Karotte Sellerie Lauch **(klein)**	putzen, waschen, evtl. schälen, grob zerkleinern, zugeben.
1 Stg	Liebstöckel	waschen, zugeben.
1 2 1–2 Tl	Lorbeerblatt Nelken Salz	zugeben, Brühe einmal aufkochen lassen. Den gesamten Schaum mit einem Schaumlöffel **oder** Löffel abnehmen, Topf schließen. **Garzeit Topf: ca. 40–50 Min. (je nach Fleischauswahl verschieden)** **Garzeit DDT: je nach Fleischsorte ca. 20–25 Min./1. Ring/ohne Einsatz**
		Nach Ende der Garzeit Brühe absieben. Karotte und Sellerie können in sehr dünne Streifen geschnitten werden **oder** man sticht mit Ausstechförmchen kleine Figuren aus dem Gemüse aus. Das Gemüse kann in die Brühe gegeben werden. Je nach Wunsch: Fleisch in feine □ schneiden und zugeben **oder** je nach Bedarf verwerten.
	Salz, Pfeffer, Brühpulver …	Brühe kräftig abschmecken.
3 El	frische Kräuter	waschen, sehr fein zerkleinern, zugeben.

Merke: Sind die klaren Brühen zu fett, können sie entfettet **oder** mit Wasser verdünnt werden.
Entfetten: Kühlt die Brühe, setzt sich das Fett, da es leichter ist als Wasser, oben ab und kann abgeschöpft bzw. abgenommen werden.

Tipp: Brühen entwickeln ein besonderes Aroma, wenn die Menge eines **GR** zubereitet wird. Die restliche Brühe kann in einem gefriergeeigneten Gefäß **ca. 4–5 Monate** eingefroren werden. Hat man sich keinen Vorrat geschaffen **oder** ist zu wenig Zeit zur Verfügung, können zur Herstellung von Brühen Instant-Produkte, z. B. gekörnte Brühe **oder** Brühwürfel, verwendet werden. Frische Kräuter werten die Brühe erheblich auf.

Suppen

Verschiedene klare Suppen und Brühen

3.1.3 Hühnerbrühe

Brüharten	Zutaten/Zubereitung
	**Zutaten:** 1 kleines Suppenhuhn (ca. 1 kg) ohne Innereien, alle weiteren Zutaten wie bei **GR** Fleischbrühe, jedoch keine Knochen und kein Fleisch verwenden. **Zubereitung:** siehe **GR** Fleischbrühe **(3.1.2)**. **Garzeit im DDT: je nach Größe des Huhnes ca. 30–35 Min./2. Ring/ohne Einsatz; Topf ca. 1 Std.** Gegartes Hühnerfleisch von den Knochen lösen u. weiterverarbeiten **(siehe 4.7.1)**.

3.1.4 Knochenbrühe

	**Zutaten:** ½ kg Rinderknochen, davon **ca. ¼** Markknochen, 20 g Öl, Gemüse und Gewürze siehe **GR** Fleischbrühe **(3.1.2)**. Kein Fleisch mitverwenden. **Zubereitung:** 1. **Möglichkeit:** siehe Zubereitung **GR** Fleischbrühe. 2. **Möglichkeit:** Knochen in Fett anbraten, restliche Zutaten zugeben. **Garzeit im DDT: ca. 15–20 Min./1. Ring/ohne Einsatz; Topf ca. 30 Min.** **Merke:** Durch das Anbraten der Knochen erhält die Brühe ein besseres Aroma, eine schöne Farbe und eine festere Konsistenz.

3.1.5 Gemüsebrühe/Wurzelbrühe

	Zutaten: 2 Karotten, 1 Stg. Lauch, 1 Zwiebel, ¼ Sellerieknolle, 1 Stg Liebstöckel, 30 g Margarine, 1 Lorbeerblatt, 2 Nelken, ½ Tl Salz, Pfeffer, 1½ l Wasser. **Zubereitung:** Gesamtes Gemüse vorbereiten, grob zerkleinern, in Fett andünsten und mit Wasser ablöschen, garen. **Garzeit im DDT: ca. 10 Min./1. Ring/ohne Einsatz; Topf ca. 30 Min.** Gegartes Gemüse kann je nach Weiterverarbeitung in der Brühe als Suppeneinlage mitverwendet werden. **Tipp:** Kräuter, z. B. Schnittlauch, Petersilie, werten die Brühe auf.

Tipp: Grundsätzlich kann das gegarte Gemüse und Fleisch als Suppeneinlage mitverwendet werden. Es empfiehlt sich, das Gemüse mit kleinen Ausstechförmchen auszustechen oder in feine □ oder □ zu schneiden und in die Suppe zu geben. Die passenden Kräuter werten die Suppe durch ihren hohen Wirkstoffgehalt erheblich auf.

3.1.6 Bunte Gemüsesuppe

1	Zwiebel	schälen, in feine □ schneiden.
20 g	Butter **oder** Margarine	im Topf erhitzen, Zwiebeln glasig dünsten.
1	Karotte	waschen, schälen, in ❭ schneiden, mitdünsten.
¼	Sellerieknolle	waschen, putzen, schälen, in □ schneiden, mitdünsten.
200 g	Brokkoli	
200 g	Blumenkohl	in sehr kleine Röschen teilen, waschen, zugeben und kurz mitdünsten.
1 l	Wasser	Gemüse ablöschen.
	Salz, Brühpulver, Pfeffer	Suppe würzen. Gemüse **ca. 7–10 Min. bissfest** garen, abschmecken.
2 El	Petersilie	waschen, fein zerkleinern, zur Suppe geben.

Anrichten: Suppenschüssel (warm)   **Garnieren:** Petersilie (fein, 2 El)

Tipp: Je nach Saison können verschiedene Gemüsesorten ausgewählt werden (siehe Saisonkalender 1.19).

Suppen

3.2 Gebundene Suppen

Kartoffel: Die Kartoffel hat ihren Ursprung im Reich der Inka. 1565 brachten sie die Spanier nach Europa. Zunächst sah man die Kartoffel aufgrund ihrer Blütenpracht als Zierpflanze an. Wilhelm I. (1797–1888) förderte den Anbau der Kartoffel und nahm sie als Nährmittel ernst. Während der Industrialisierung war die Kartoffel von existenzieller Bedeutung für die Ernährung der Menschen. Heute ist sie in der internationalen Küche nicht mehr wegzudenken.

3.2.1 Kartoffelcrèmesuppe

1	Zwiebel	▶ schälen, in feine □ schneiden.
20 g	Butter **oder** Margarine	▶ erhitzen, Zwiebeln glasig dünsten.
500 g	Kartoffeln **(mehlig)**	▶ waschen, schälen in □ schneiden, mitdünsten.
400 ml	Milch	▶ zufügen, Suppe garen.
500 ml	Wasser	

> **Topf: ca. 20–25 Min.**
> **DDT: ca. 5–7 Min./1. Ring/ohne Einsatz.**

▶ Suppe pürieren (Handrührgerät/Pürierstab **oder** Mixstab).

2 El	Crème fraîche	▶ Suppe verfeinern.
	Muskat, Salz, Pfeffer Brühpulver etc.	▶ Suppe abschmecken.
1 El	Petersilie	▶ waschen, fein zerkleinern, über die angerichtete Suppe streuen.
1 El	Sonnenblumenkerne	▶ ohne Fett in einer kleinen Pfanne **oder** Topf goldbraun anrösten und über die Suppe streuen.

Anrichten: Suppenteller **oder** Suppentassen (warm), Untertassen
Garnieren: Petersilie (fein, 1 El), geröstete Sonnenblumenkerne (1 El)

Tipp: Je nach Saison können frische Pfifferlinge in Butter geschwenkt und auf die Kartoffelcrèmesuppe gegeben werden.

3.2.2 Karottencrèmesuppe (Möhrencrèmesuppe)

1	Zwiebel	▶ schälen, in feine □ schneiden.
20 g	Butter **oder** Margarine	▶ erhitzen, Zwiebeln glasig dünsten.
400 g	Karotten	▶ waschen, schälen, in □ schneiden, mitdünsten.
100 g	Kartoffeln	
900 ml	Wasser	▶ zugeben, Suppe garen.
1 Tl	Brühpulver	

> **Topf: ca. 20–25 Min.**
> **DDT: ca. 5–7 Min./1. Ring/ohne Einsatz**

▶ Suppe pürieren (Handrührgerät/Pürierstab **oder** Mixstab).

1 Pr	Pfeffer, Salz, Zucker	▶ Suppe abschmecken.
3 El	Sahne	▶ unterrühren.

Croûtons = geröstete Brotwürfel

1 Sch	Toastbrot	▶ in **0,5 cm × 0,5 cm** dicke □ schneiden.
10 g	Butter	▶ in einer Pfanne schmelzen lassen und Brotwürfel goldbraun anrösten. Croûtons auf ein Küchenpapier geben, restl. Fett abtropfen **(siehe 3.4.8)**. Suppe in eine Suppenschüssel **oder** in Suppentassen füllen und Croûtons darüber streuen.
1 El	Petersilie	▶ waschen, fein zerkleinern, über die Suppe streuen.

Anrichten: s. o. **Garnieren:** Petersilie (fein, 1 El), Croûtons

Suppen

3.2.3 Champignoncrèmesuppe

500 g	Champignons	▶	säubern, evtl. häuten, feinblättrig schneiden.
1	Zwiebel	▶	schälen, in feine ☐ schneiden.
40 g	Butter **oder** Margarine	▶	erhitzen, Zwiebeln und Champignons andünsten.
60 g	Mehl	▶	Zutaten bestäuben.
1 l	Gemüsebrühe **(3.1.5)**	▶	ablöschen. Suppe ca. **10–15 Min.** garen.
3 El	Sahne	▶	zugeben, unterrühren.
	Salz, Pfeffer, Zucker		
1 Tl	Zitronensaft, Weißwein	▶	Suppe abschmecken.

Anrichten: Suppenschüssel (warm)   **Garnieren:** Petersilie (fein, 2 El)

Tipp:
Champignons

Es empfiehlt sich, die Champignons nur dann zu häuten, wenn die Haut sehr viele dunkle und verschmutzte Stellen aufweist.

Gemüsebrühe

Es kann ebenso Gemüsebrühpulver (1 geh. El auf 1 l Wasser) verwendet werden.

3.2.4 Käsecrèmesuppe

40 g	Butter **oder** Margarine		
50 g	Mehl	▶	Helle Suppe herstellen
½ l	Gemüsebrühe **(3.1.5)**		**(siehe GR helle Mehlschwitze 3.6.1)**.
½ l	Milch		
300 g	Allgäuer Schmelzkäse	▶	zur Suppe geben, schmelzen lassen. Suppe pürieren (Handrührgerät/ Pürierstab).
	Salz, Pfeffer ...	▶	Suppe abschmecken.
3 El	Crème fraîche	▶	Suppe verfeinern, nochmals abschmecken.
2 Sch	Toastbrot	▶	toasten.
4 El	gerieb. Emmentaler	▶	Toastscheiben bestreuen und kurz in der Mikrowelle gratinieren. Die Mikrowelleneinstellung ist je nach Modell verschieden. Überbackene Toasts vierteln und kurz vor dem Anrichten auf die Suppe legen (**1** Stück **pro** Suppentasse). Die restlichen **4 Stücke** sind zum Nachreichen gedacht.

Anrichten: Suppentasse (warm), Untertasse   **Garnieren:** Toastquadrate mit Käse überbacken, Petersilie (fein, 1 El)

3.2.5 Brokkolisuppe

500 g	Brokkoli	▶	putzen, in kleine Röschen teilen, Außenschicht der Stiele entfernen. Die dicken Stiele in kleine Stücke teilen, gesamten Brokkoli waschen.
1 l	Wasser	▶	erhitzen, gesamtes Gemüse garen. **Gemüsesud** aufbewahren.
½ Tl	Salz und Brühpulver		Topf: ca. 10–12 Min. DDT: ca. 4–5 Min./1. Ring/gelochter Einsatz
1 GR	helle Suppe	▶	herstellen **(siehe GR helle Mehlschwitze 3.6.1)**. Anstelle von Wasser wird der **Gemüsesud** verwendet. ³⁄₄ des Brokkolis zur Suppe geben und pürieren.
	Salz, Pfeffer ...	▶	Suppe abschmecken und nochmals aufkochen lassen.
2 El	Sahne	▶	mischen, in die nicht mehr kochende Suppe geben und die restl. Brokkoliröschen zugeben.
1 El	Crème fraîche		
2 El	gehobelte Mandeln	▶	ohne Fett anrösten, über die angerichtete Suppe streuen.

Anrichten: Suppenschüssel (warm)   **Garnieren:** geröstete, gehobelte Mandeln (2 El), Petersilie (fein, 1 El)

Tipp: Ist beim Garen der Brokkoliröschen zu viel Wasser verdunstet, wird zum Gemüsesud noch Wasser gegeben. Man benötigt insgesamt **1 l** Flüssigkeit für **1 GR** helle Suppe. Beim Garen im DDT wird das Wasser nur bis zum Boden des gelochten Einsatzes eingefüllt.

Suppen

3.2.6 Blumenkohlsuppe

Gesamtes Rezept siehe Brokkolisuppe **(3.2.5)**. Anstelle von Brokkoli wird ½ Blumenkohl **(groß)** oder ¾ Blumenkohl **(klein)** verwendet. Ist die Suppe zu dickflüssig, wird noch etwas Flüssigkeit zugegeben.

3.2.7 Spargelcrèmesuppe

Menge	Einheit	Zutat	Zubereitung
500	g	frischer Spargel	waschen, Schale mit dem Spargelschäler **oder** dem Sparschäler entfernen. Geschält wird vom Kopf zum Spargelende. Die Spargelspitzen (Köpfchen) sollten nicht geschält werden. Holzige Stellen entfernen.
½	l	Wasser	in einen breiten Topf geben. Spargelschalen zugeben und **Sud** kochen.
1	Tl	Salz	

Topf: ca. 20 Min./DDT: ca. 10 Min./1. Ring/ohne Einsatz

		Topf oder DDT und gelochter Einsatz	Schalen herausnehmen. **Spargelsud** (~ ¼ l) bis zum Boden des gelochten Einsatzes (Garkörbchen) einfüllen.
1	El	Zitronensaft	zum **Spargelsud** geben, Spargel in den Einsatz legen, garen.
2	Pr	Zucker	

Topf: ca. 15–20 Min./DDT: ca. 7–9 Min./1. Ring/gelochter Einsatz

Im Topf regelmäßig mit einer Gabel eine **Garprobe** durchführen. Fertig gegarten Spargel in **ca. 2 cm** lange Stk. schneiden. **Spargelsud** aufbewahren.

60	g	Dinkelmehl	in einem Topf erhitzen, bis ein nussartiger Geschmack entsteht.
½	l	Vollmilch	unter ständigem Rühren zum Mehl geben.
375	ml	**Spargelsud (von oben)**	Suppe einmal aufkochen lassen, bis sie gebunden ist.
		Salz, Pfeffer, Zitronensaft	Suppe abschmecken. Spargelstücke in die Suppe geben. Suppe pürieren (Handrührgerät/Pürierstab).
70	ml	Sahne	steif schlagen, **vorsichtig** unter die Suppe heben. Suppe sollte nicht mehr kochen.
2	El	Petersilie	waschen, sehr fein zerkleinern, über die Suppe streuen.

Tipp: Die Spargelschalen sollten vollständig entfernt werden, damit die Suppe beim Pürieren keine Schalenstücke enthält.

Anrichten: Suppenschüssel **oder** Suppentasse (warm) mit Untertasse   **Garnieren:** Petersilie (fein, 2 El)

3.2.8 Gulaschsuppe

Menge	Einheit	Zutat	Zubereitung
500	g	Rindfleisch (o. Ä.)	mit Küchenpapier abtupfen, in **1 cm × 1 cm** große **Stk.** schneiden.
20	g	Plattenfett **oder** Öl	rauchheiß erhitzen, Fleischwürfel von allen Seiten in 2 Etappen anbraten.
3		Zwiebel	schälen, in sehr feine □ schneiden, zugeben.
1		Knoblauchzehe	häuten, durch eine Knoblauchpresse drücken, zu den Zwiebeln geben.
1		Paprika (rot)	waschen, Strunk entfernen, in □ schneiden, mitdünsten.
		Salz, Pfeffer, Paprika	Fleisch würzen.
2½	El	Mehl	Fleisch bestäuben.
4	El	Tomatenmark **(gehäuft)**	zugeben.
¾	l	Gemüsebrühe **(3.1.5)**	zugeben, Gulaschsuppe garen.
50	ml	Rotwein	

Topf: ca. 40–45 Min./DDT: ca. 15 Min./2. Ring/ohne Einsatz

Suppe nochmals abschmecken.

¼	Bd	**Schnittlauch (3 El)**	waschen, sehr fein schneiden, über die fertige Suppe streuen.

Anrichten: Suppenschüssel **oder** Suppentasse (warm) mit Untertasse   **Garnieren:** Schnittlauch (fein, 3 El)

Tipp: Anstelle von ¾ l Gemüsebrühe können ¾ l Wasser und 1 gehäufter Tl Gemüsebrühpulver verwendet werden.

Suppen

3.2.9 Kohlrabi-Kartoffelsuppe mit Kressehaube

1		Zwiebel	▶ putzen, häuten, in feine ☐ schneiden.
400	g	Kohlrabi (grün)	▶ putzen, waschen, schälen, in feine ☐ schneiden.
200	g	Kartoffeln	▶ waschen, schälen, in feine ☐ schneiden.
			Merke: Am Ende sollten insgesamt 500 g Gemüse (Kohlrabi und Kartoffeln) vorhanden sein.
2	El	Öl	▶ im Topf erhitzen, das gesamte Gemüse zugeben, dünsten.
850	ml	Wasser **oder** Gemüsebrühe	▶ ablöschen. Das Gemüse **ca. 15–20 Min.** garen und anschließend pürieren (Handrührgerät/Pürierstab **oder** Mixstab). Je nach Bedarf kann noch etwas Flüssigkeit zugegeben werden.
4	El	Sahne	▶ zugeben.
		Salz, Pfeffer, Paprika	Suppe herzhaft abschmecken. Suppe in eine vorgewärmte Suppenschüssel **oder** in vorgewärmte Suppentassen füllen.
~4	El	Kresse	▶ verlesen, waschen, abtropfen lassen und locker über die Suppe streuen.

Anrichten: Suppenschüssel **oder** Suppentasse (warm) mit Untertasse **Garnieren:** Kresse (~ 4 El)

Kohlrabi (Oberrübe): Man vermutet, dass die Kohlrabi aus dem nördlichen Europa stammt. In Deutschland wird sie erstmals im 16. Jahrhundert erwähnt. Das Gemüse besteht zwischen Stengel und Wurzelhals aus einer plattrund bis oval geformten Knolle. Sie hat einen Durchmesser von ca. 8–14 cm und wiegt bis zu 500 g. Im Handel sind weiß bis grünlich oder rötlich bis violette Kohlrabi erhältlich. Die Kohlrabi ist reich an Vitamin A, C, Kalium und Calcium.

3.2.10 Kürbiscrèmesuppe

1		Zwiebel	▶ putzen, häuten, in feine ☐ schneiden.
180	g	Tomaten	▶ waschen, Strunk entfernen, häuten **(siehe 1.9)**, in feine ☐ schneiden.
400	g	Kürbis (z. B. Hokkaido)	▶ putzen, Schale mit der Gemüsebürste säubern. Kürbis je nach Sorte und Zustand der Schale evtl. schälen. Kerne entfernen, in feine ☐ schneiden.
100	g	Karotten	▶ waschen, schälen, in feine ☐ schneiden.
100	g	Kartoffeln	
3	El	Öl	▶ erhitzen, das gesamte Gemüse andünsten.
~800	ml	Wasser **oder** Gemüsebrühe	▶ ablöschen. Das Gemüse **ca. 15–20 Min.** garen und anschließend pürieren (Handrührgerät/Pürierstab **oder** Mixstab). Je nach Bedarf kann noch etwas Flüssigkeit zugegeben werden.
		Salz, Pfeffer, Paprika	Kürbiscrèmesuppe herzhaft abschmecken.
1	El	Kürbiskernöl	▶ in einer kleinen Pfanne erhitzen.
2	El	Kürbiskerne	▶ leicht anrösten und erkalten lassen.
2	El	Kerbel	▶ waschen, abtropfen lassen, kleine Blättchen abzupfen.
70	ml	Sahne	▶ steif schlagen. Suppe in eine vorgewärmte Suppenschüssel **oder** in vorgewärmte Suppentassen füllen. Sahne auf die Suppe geben, mit gerösteten Kürbiskernen, dem Kürbiskernöl und den Kerbelblättchen verzieren.

Anrichten: Suppenschüssel **oder** Suppentasse (warm) mit Untertasse **Garnieren:** Kürbiskerne, Kerbel (fein, 2 El), Kürbiskernöl

Tipp: Legt man auf einen reduzierten Energiegehalt Wert, kann auf die Sahne verzichtet werden. Verwendet man einen Hokkaido-Kürbis, so kann die unbeschädigte Schale mit verwendet werden.
Asiatische Kürbiscrèmesuppe: ca. 15 g frischen, fein gehackten Ingwer sowie 4 El Kokosmilch zugeben. Anstelle von Paprika sollte Currypulver verwendet werden. Suppe mit 1–2 Pr. Zucker abrunden.

Suppen

3.2.11 Italienische Tomatensuppe

1	große Zwiebel	schälen, in feine ☐ schneiden.
20 g	Butter **oder** Margarine	Zwiebeln glasig dünsten.
4	Fleischtomaten	waschen, Strunk entfernen. Tomaten an der Oberfläche kreuzweise einschneiden und in das kochende Wasser geben. Die Haut der Tomaten löst sich automatisch ab. Die Tomaten müssen mit Wasser bedeckt sein. Tomaten in ☐ schneiden, zugeben, dünsten **(Häuten von Tomaten siehe 1.9)**.
2 El	Tomatenmark **(gehäuft)**	zugeben und mitdünsten.
~500 ml	Wasser	Tomatenmasse ablöschen.
	Salz, Pfeffer, Paprika, Zucker, Oregano	Suppe würzen, garen.
		Topf: ca. 20 Min./DDT ca. 10 Min./1. Ring/ohne Einsatz
		Suppe pürieren (Handrührgerät/Pürierstab **oder** Mixstab). Je nach Bedarf kann noch etwas Flüssigkeit zugegeben werden.
1 El	frischer Basilikum	waschen, sehr fein schneiden, in die Suppe geben.
1 El	Petersilie	
	Salz, Pfeffer, Paprika	Suppe abschmecken.
50 ml	Sahne	steif schlagen, auf die **angerichtete** Suppe geben.
1 El	Mandelstifte	ohne Fett goldbraun anrösten, auf die Sahne streuen.

Anrichten: Suppenschüssel (warm)   **Garnieren:** kleine Basilikumblättchen, Mandelstifte (1 El)

Tipp: Anstelle von frischen Tomaten können geschälte (480 g = 2 Dosen) verwendet werden.

Suppen

3.3 Kaltschalen

3.3.1 Gurkenkaltschale

½	Salatgurke	waschen, Schale entfernen, Gurke halbieren und mit Ausbohrer **(1.6.4)** entkernen. **Eine** Hälfte sehr fein reiben. Die **zweite** Hälfte in sehr feine ☐ schneiden.
4 El	Dill	waschen, sehr fein schneiden.
200 g	Dickmilch	mischen. Dill, Gurke (gerieben und Stifte) zugeben
300 g	Joghurt **(Natur)**	(2 El Gurkenstifte siehe Garnierung).
¼	Knoblauchzehe	häuten, durch die Knoblauchpresse drücken, zugeben.
1 Tl	Zitronensaft	zugeben, untermischen.
	Pfeffer, Kräutersalz Salz, Zucker etc.	Masse abschmecken.

Anrichten: Suppenteller (kalt)   **Garnieren:** kleine Dillsträußchen, Gurkenstifte (2 El), Dill (fein, 1 El)

3.3.2 Karotten-Frischkäse-Kaltschale

2	Karotten	waschen, schälen, sehr fein reiben.
100 g	Frischkäse	
100 g	Sauerrahm	mischen.
300 g	Joghurt **(Natur)**	
100 ml	Sahne	steif schlagen, locker unter die Masse heben.
1 El	Weizenkleie	zugeben.
	Salz, Pfeffer, Paprika	Masse abschmecken.
2 El	Sonnenblumenkerne	anrösten, erkalten lassen, zur Garnierung verwenden.
2 El	Petersilie	waschen, sehr fein zerkleinern und über die angerichtete Kaltschale streuen.

Tipp: Zu den verschiedenen Kaltschalen kann sehr gut geröstetes Toastbrot oder selbst gebackene Brötchen (siehe **GR** Hefeteig, salzig 10.1) gereicht werden.

Anrichten: Suppenteller (kalt)   **Garnieren:** Sonnenblumenkerne (2 El), Petersilie (fein, 2 El)

Tipp: Anstelle von Weizenkleie können Leinsamen, Kürbiskerne oder Gomasio (gerösteter Sesam) verwendet werden.

Suppen

3.3.3 Apfel-Walnuss-Kaltschale

50	ml	Milch (**3,5 %**)	
150	g	Joghurt (**Natur**)	▸ mischen.
350	ml	Dickmilch	
½		Zitrone	▸ auspressen.
2		Äpfel, **z. B. Boskop**	▸ waschen, schälen, vierteln, Kernhaus entfernen. Die Äpfel grob raspeln, in dem Zitronensaft wenden und in die Joghurtmasse geben.
1–2	Tl	Zitronensaft	▸ zur Masse geben.
1–2	Tl	Tannenhonig	▸ zugeben, mischen, Masse abschmecken, evtl. nachsüßen.
2	El	Walnusshälften	▸ grob hacken, zugeben.

Anrichten: Suppenteller (kalt)   **Garnieren:** Zitronenmelisseblättchen, gehackte Walnüsse (1 Tl)

3.4 Suppeneinlagen

Suppeneinlagen dienen der geschmacklichen und farblichen Verbesserung von hauptsächlich klaren Brühen. Sie sollten nicht direkt in der klaren Brühe gegart werden, da diese trübe wird und dadurch ihr appetitliches Aussehen verliert. Suppeneinlagen wie z. B. Waffelschnitten, Suppenbiskuit, feine Pfannkuchen (Flädle), die in der Brühe stark quellen, werden kurz vor dem Anrichten der Brühe zugegeben.

3.4.1 Grießnockerln (Suppe)

125	ml	Milch	
10	g	Butter	
½	Tl	Salz	▸ zum Kochen bringen.
2	Pr	Muskat	
50	g	Hartweizengrieß	▸ in die Milch einrieseln lassen. Masse so lange rühren (Schneebesen), bis ein dicker Grießkloß entstanden ist. Grießmasse etwas abkühlen lassen.
1		Ei	▸ in einer Tasse aufschlagen und gleichmäßig unter die Grießmasse rühren. Mit **2 Tl** ein Probenockerl formen.
2	l	Wasser	▸ aufkochen lassen, Hitze reduzieren. Das Probenockerl in die siedende Brühe geben, **ca. 10 Min.** gar ziehen lassen. Brühe darf nicht kochen. Fertiges Nockerl probieren, evtl. Grießmasse nachwürzen. Ist das Probenockerl in der Brühe nicht zerfallen, können die restl. Nockerln geformt und gegart werden. **Garzeit: ca. 10 Min.** Die Nockerln sind fertig, wenn sie an der Oberfläche schwimmen.
2	El	Brühpulver	
1	GR	klare Brühe (3.1.2–3.1.5)	▸ herstellen und in eine Suppenschüssel füllen. Die fertigen Nockerln mit einem Schaumlöffel aus dem Sud nehmen, in die Brühe geben, anrichten.

Tipp: Fällt das Probenockerl auseinander, muss zur Masse noch etwas Grieß zugegeben werden. Unter die Grießmasse können 1–2 El frische gehackte Kräuter oder 1–2 El geriebener Parmesan gemischt werden.

Anrichten: Suppenteller **oder** Suppentasse (warm) mit Untertasse   **Garnieren:** Petersilie (fein, 2 El)

3.4.2 Dinkelnockerln (Suppe)

1		Zwiebel	▸ schälen, in **sehr** feine ☐ schneiden.
20	g	Butter **oder** Margarine	▸ Zwiebel andünsten.
100	g	Dinkel (**siehe 6.2**)	▸ **sehr fein** mahlen, zugeben.
⅛	l	Wasser	▸ Dinkel ablöschen, Dinkel so lange kochen, bis ein fester Kloß entsteht.
1	Tl	Brühpulver	▸ zugeben, Masse abschmecken und von der Herdplatte nehmen.
½	Tl	Salz	
~½		Ei	▸ zugeben, Masse gleichmäßig mischen. Ein **Probenockerl** formen. Weiterverarbeitung und Anrichten siehe Grießnockerln.

Tipp: ½ Ei erhält man, indem man 1 Ei in einer Tasse verquirlt und die Hälfte davon abnimmt.

102

Suppen

3.4.3 Mandelnockerln (Suppe)

40 g	Butter	▸ schaumig schlagen.
2	Eier	zugeben, mischen. Kleines **Probenockerl** mit **2 Tl** formen und in **2 l** Wasser **(+ 2–3 El Brühpulver) ca. 10 Min.** gar ziehen lassen. Nockerl probieren, evtl. nachwürzen. Ist die Masse zu weich, können noch Semmelbrösel zugegeben werden. Fällt das Nockerl nicht auseinander, werden die restl. Nockerln geformt und gegart. Sie sind fertig, wenn sie an der Oberfläche schwimmen.
~100 g	Semmelbrösel	
60 g	gem. Mandeln	
~4 El	Milch	
1 Tl	Salz	
1 Pr	Pfeffer, Muskat …	
1 **GR**	klare Brühe (z. B. 3.1.5)	herstellen, die Nockerln zugeben und anrichten.

Anrichten: Suppentasse (warm), Untertasse   **Garnieren:** Schnittlauch (fein, 1/2 Bd)

3.4.4 Profiteroles

➔ Backofen auf **180 °C** vorheizen. Backblech leicht einfetten, mit Mehl bestäuben **oder** mit Backfolie auslegen.

125 ml	Wasser	
25 g	Butter	in einem geschlossenen Topf (Topf mit Deckel) zum Kochen bringen.
1 Pr	Salz	
70 g	Mehl **(Typ 405)** **oder** Dinkelmehl	sieben und auf einmal unter ständigem Rühren in die kochende Flüssigkeit geben, bis ein Kloß entsteht. Kloß **„abbrennen"**, d. h., am Topfboden muss eine weiße dünne Teighaut sichtbar sein (Rührlöffel verwenden).
2	kleine Eier **oder**	erstes Ei in der Tasse aufschlagen, **sofort** unter den Kloß mischen. Ist der Kloß erkaltet, wird das zweite Ei untergemischt. Masse in einen Spritzbeutel **(Sterntülle ⌀ 7 mm)** geben. In **2-cm**-Abständen sehr **kleine** Tupfen auf das Blech spritzen, backen.
1	großes Ei	

Tipp: Beim Spritzen kann die Masse mit einem kleinen Messer abgeschnitten werden.

**Backzeit: ca. 15–20 Min./Backtemperatur: ca. 180 °C
mittlere Schiene/Ober- und Unterhitze**

Profiteroles passen als Suppeneinlage zu gebundenen und klaren Suppen.

Anrichten: s. o.   **Garnieren:** Petersilie (fein, 1 El)

3.4.5 Suppenbiskuit

➔ Backofen auf **180 °C** vorheizen. 1/2 Backblech mit Pergamentpapier auslegen, Ränder stehen lassen.

40 g	Butter	in der Mikrowelle schmelzen und etwas abkühlen lassen.
4	Eier	schaumig schlagen. Die geschmolzene, abgekühlte Butter zugeben, rühren.
125 g	Mehl	sieben, zur Eiermasse geben.
1 Pr	Muskat	zugeben, rühren. Biskuit **ca. 0,5 cm** dünn auf der vorbereiteten Backblechhälfte gleichmäßig verteilen, backen.
1/2 Tl	Salz	

**Backzeit: ca. 15 Min./Backtemperatur: ca. 180 °C
mittlere Schiene/Ober- und Unterhitze**

Damit sich das Pergamentpapier gut vom Biskuit löst, wird es mit kaltem Wasser bepinselt. Papier **vorsichtig** abziehen. Biskuit in **ca. 0,7 cm × 0,7 cm** dünne □ schneiden. Suppenbiskuit passt sehr gut zu **1 GR** klarer Brühe **(siehe 3.1.2–3.1.5)**.

Anrichten: s. o.   **Garnieren:** Petersilie (fein, 2 El)

Suppen

3.4.6 Feine Pfannkuchen (Flädlesuppe)

60 g	Mehl **(Typ 405)**
1	Ei
⅛ l	Milch **(125 ml)**
1 Pr	Salz, Muskat
2 El	Schnittlauch
	Öl **oder** Butterschmalz

▸ Pfannkuchenmasse herstellen **(siehe GR Pfannkuchenmasse 5.3)**.

▸ waschen, fein schneiden, zugeben.
in der Stielpfanne erhitzen. Es sollten **ca. 3 sehr dünne** goldbraune Pfannkuchen ausgebacken werden. Diese leicht erkalten lassen. Pfannkuchen aufrollen und in **ca. 3 mm** dünne Streifen schneiden. Pfannkuchenstreifen in die vorgewärmte Suppentasse **oder** Schüssel geben. **1 GR** kochende klare Brühe darüber gießen und **sofort** servieren. Bleiben die Pfannkuchen zu lange in der Brühe liegen, verlieren sie ihr appetitliches Aussehen, sie quellen sehr stark auf.

Tipp: Anstelle von Weizenmehl (Typ 405) kann Dinkelmehl **oder** 30 g Dinkel- und 30 g Hirsemehl verwendet werden.

Anrichten: Suppentasse/Untertasse **oder** Schüssel (warm)   **Garnieren:** Petersilie (fein, 2 El)

3.4.7 Waffelschnitten

→ Mit Pergamentpapier kleine Kastenform **(Länge: ca. 22 cm)** auslegen.

1	Eiweiß
20 g	Butter
1	Eigelb
1 Pr	Salz
35 g	Mehl
10 g	Hefe
2 El	lauwarme Milch

▸ steif schlagen.
▸ schaumig rühren.
▸ zugeben, unterrühren.
▸ sieben, zugeben.
Hefe in der Milch auflösen, zugeben, unterrühren. Steif geschlagenen Eischnee unterheben. Masse in die Kastenform geben, **ca. 15 Min.** zugedeckt gehen lassen, backen.

Tipp: Feine Pfannkuchen, Waffelschnitten und Croûtons quellen sehr stark auf, wenn sie zu lange in der Suppe liegen, deshalb erst kurz vor dem Anrichten in die Suppe geben.

Backzeit: ca. 20 Min./Backtemperatur: ca. 180 °C mittlere Schiene/Ober- und Unterhitze

Fertige Waffelplatte auf ein Kuchengitter stürzen, Pergamentpapier abziehen, erkalten lassen. Platte in **0,7 cm × 0,7 cm** dicke □ schneiden. Die Waffelschnitten passen sehr gut zu **1 GR** Brühe **(3.1.2–3.1.5)**.

Anrichten: s. o.   **Garnieren:** Petersilie (fein, 2 El)

3.4.8 Croûtons (geröstete Brotwürfel)

2 Sch	Toastbrot
20 g	Butter
	Salz, Pfeffer, Paprika

▸ in **0,5 cm × 0,5 cm** dünne Würfel schneiden.
in der Pfanne erhitzen. Brotwürfel gleichmäßig anrösten, würzen.
Auf Küchenpapier geben und das überschüssige Fett abtupfen. Croûtons sind sehr gut als Einlagen für gebundene Suppen geeignet. Ebenso können sie zu bestimmten Salaten gereicht werden.
Beispiel: Feldsalat mit Croûtons **(siehe 7.3.2)**.

Suppen

3.4.9 Fleischbällchen

½ GR	Fleischteig (4.4)	herstellen **(siehe GR Fleischteig)**. Mit **2 TL** Häufchen auf ein Brett setzen. Hände leicht bemehlen und kleine Kugeln formen **(4.4.3)**.
2 l	Wasser	zum Sieden bringen. Fleischbällchen hineingeben und gar ziehen (= direktes Pochieren) lassen.
2–3 El	Gemüsebrühpulver	Fertige Fleischbällchen können zu **1 GR** klarer Brühe **oder** zu einem Eintopf gereicht werden.

Anrichten: Suppenschüssel (warm) **Garnieren:** Petersilie (fein, 3 El)

Tipp: Anstelle von gem. Hackfleisch kann Kalbsbrät verwendet werden. Frische Kräuter wie Thymian, Majoran geben den Bällchen eine bestimmte geschmackliche Note.

3.4.10 Buchweizenbällchen

70 g	Buchweizen	sehr fein schroten.
150 ml	Gemüsebrühe (3.1.5)	zum Kochen bringen, das Buchweizenschrot zugeben und so lange rühren, bis ein fester Kloß entstanden ist. Kloß **ca. 10 Min.** zugedeckt quellen lassen.
1	Ei	
3 El	Semmelbrösel	unter die abgekühlte Buchweizenmasse mischen, dabei das Handrührgerät (Knethaken) verwenden.
25 g	grieb. Emmentaler	
	Salz, Pfeffer	Masse würzen. Mit **2 TL** ein kleines Häufchen bilden und zu einem Bällchen formen, dieses in etwas Mehl wenden.
2 l	Wasser	erhitzen. Probebällchen **ca. 10 Min.** gar ziehen lassen. Bällchen probieren und evtl. nachwürzen. Fällt es nicht auseinander, so können die restl. Bällchen geformt und gegart werden. Fertige Bällchen herausnehmen.
2 El	Gemüsebrühpulver	
1 GR	Gemüsebrühe (3.1.5)	herstellen, die fertigen Bällchen zugeben. Suppe heiß servieren.

Anrichten: Suppenschüssel (warm) **Garnieren:** Petersilie (fein, 3 El)

3.4.11 Eierstichkugeln (ergibt 18 Kugeln)

→ Großen Topf **ca. ¼** mit Wasser füllen. Einen Eiswürfelbeutel (Plastik) bereitstellen.

4	Eier	sehr gut verquirlen und Eimasse in den Eiswürfelbeutel gießen. Diesen verschließen und in das siedende Wasser legen. Eiermasse muss **stocken = Eiermasse denaturiert**. Eiswürfelbeutel **vorsichtig** herausnehmen und aufschneiden. Eierstichkugeln können zu **1 GR** klare Brühe **oder** zu passenden gebundenen Suppen gereicht werden.
8 El	Milch	
1 TL	Salz	

Anrichten: Suppenschüssel (warm) **Garnieren:** Petersilie (fein, 3 El)

Abwandlungsmöglichkeiten:

| Käse-Eierstich | auf **1 Ei** wird **1 gehäufter TL** Parmesan zugefügt. |
| Spinat-Eierstich | auf **1 Ei** wird **1 gehäufter TL** pürierter Spinat zugefügt. |

Tipp: Anstelle von Eiswürfelbeutel kann eine kleine, mit Butter ausgefettete Schüssel oder mehrere kleine Souffléförmchen verwendet werden. Nur ½ der oben genannten Menge verwenden. Beim Garprozess darf kein Wasser in die Eiermasse gelangen. Die Förmchen können mit Alufolie abgedeckt werden.

Eintöpfe

3.5 Eintopfgerichte

3.5.1 Gaisburger Marsch/Kartoffelschnitz on Spätzle
(typisch schwäbische Spezialität)

½ GR	Fleischbrühe (3.1.2) (= 750 ml Flüssigkeit)	herstellen. Gegartes Fleisch in □ schneiden, Karotten in ○ schneiden (Buntschneidemesser **oder** Ausstechförmchen verwenden).
500 g	Kartoffeln	waschen, schälen, ⅛-Stücke schneiden, dämpfen.

> Garzeit im Topf: ca. 17–20 Min.
> gelochter Einsatz
> Garzeit DDT: ca. 7–9 Min.
> 2. Ring/gelochter Einsatz

½ GR	Spätzleteig (5.2)	herstellen. Karotten, Kartoffeln und die Fleischstückchen in die Brühe geben.
	Salz, Pfeffer, Paprika	Eintopf abschmecken, heiß servieren.

Anrichten: Suppenschüssel (warm)   **Garnieren:** Petersilie (3 El)

Legende des Gaisburger Marsches:
Die Frauen von Gaisburg (Stadtteil von Stuttgart) durften ihren kriegsgefangenen Männern nur einen Topf mit Essen pro Tag bringen. Sie entschieden sich für den nahrhaften Eintopf, den Gaisburger Marsch.

Eintöpfe

3.5.2 Irish Stew (für ca. 5–6 Personen)
(irisches Lammragout/engl. to stew: schmoren)

500 g	Hammelfleisch	▶ mit Küchenpapier abtupfen, in **1 cm × 1 cm** große ☐ schneiden.
2–3 El	Öl	▶ erhitzen, Hammelwürfel von allen Seiten anbraten.
2	Zwiebeln	▶ schälen, in feine ☐ schneiden, zugeben.
1 l	Gemüsebrühe (3.1.5)	▶ zugeben, Fleisch garen.

Topf: ca. 40 Min./DDT: ca. 20 Min./2. Ring/ohne Einsatz

300 g	Weißkraut	▶ in feine ☐ schneiden, zugeben.
3	Kartoffeln	▶ waschen, schälen, in ☐ schneiden, zugeben.
2	Karotten	▶ waschen, schälen, in ▶ schneiden, zugeben. Das Gemüse im offenen Topf **ca. 8–10 Min. bissfest** garen.
	Kümmel, Salz, Thymian	▶ Irish Stew herzhaft abschmecken.

Anrichten: Suppenschüssel (warm) **Garnieren:** Petersilie (fein, 3 Tl)

3.5.3 Amerikanischer Farmereintopf

50 g	durchw. Speck	▶ in ☐ schneiden, im Topf anbraten.
1	Zwiebel	▶ schälen, in feine ☐ schneiden, zum Speck geben, glasig dünsten.
1	Paprika **(rot u. grün)**	▶ waschen, halbieren, Strunk und Kerne entfernen, in ☐ schneiden, mitdünsten.
1 Stg	Lauch (Porree)	▶ putzen, der Länge nach halbieren, einzelne Blätter waschen. Der Lauch sollte nicht auseinander fallen. In feine ▶ schneiden, zugeben.
¾ l	Wasser **(750 ml)**	▶ zugeben.
3–4 El	Tomatenmark	
	Salz, Pfeffer, Paprika	▶ Masse würzen, **ca. 10 Min. bissfest** garen.
140 g	Mais **(Ds)**	▶ zugeben, weitere **2–3 Min.** garen.
255 g	Kidney-Bohnen **(rot/Ds)**	
1 Paar	Wiener Würstchen o. Ä.	▶ in ○ schneiden, zugeben.
	Tabascosoße, Salz	▶ Eintopf abschmecken.

Anrichten: Suppenschüssel (warm) **Garnieren:** Petersilie (fein, 3 Tl)

3.5.4 Gemüseeintopf

1	Zwiebel	▶ schälen, in ☐ schneiden.
20 g	Margarine **oder** Butter	▶ Zwiebeln andünsten.
2	mittelgroße Karotten	
2	mittelgroße Kartoffeln	▶ waschen, schälen, in feine ☐ schneiden, mitdünsten.
1 Stg	Lauch (Porree)	▶ putzen, der Länge nach halbieren, waschen, in feine ▶ schneiden, dünsten.
¾ l	Wasser **(750 ml)**	▶ Gemüse ablöschen.
	Salz, Pfeffer, Brühpulver	▶ Gemüsewasser würzen, Gemüse **bissfest** garen.

Topf: ca. 7–10 Min./DDT: ca. 3–5 Min./1. Ring/ohne Einsatz

250 g	Putenbrust	▶ mit Küchenpapier abtupfen, in ☐ schneiden.
2–3 El	Sojasoße	▶ Putenstreifen darin wenden, **ca. 5 Min.** durchziehen lassen, goldbraun
2 El	Öl	anbraten, zum Gemüse geben.
	Salz, Pfeffer	▶ Eintopf kräftig abschmecken.

Anrichten: Suppenschüssel (warm) **Garnieren:** Petersilie (fein, 3 Tl)

Soßen

3.6 Soßen

Soßen unterstreichen den Geschmack der Speisen. Voraussetzung für eine gute Soße sind hochwertige Zutaten.

Man unterscheidet:

Warm gerührte Soßen: Damit eine Bindung entsteht, werden die Zutaten erhitzt, z. B. helle Mehlschwitze.
Kalt gerührte Soßen: Alle Zutaten werden in kaltem Zustand gemischt, z. B. Salatsoßen (siehe Kapitel 7).

3.6.1 GR helle Mehlschwitze (helle Grundsoße)

Menge ½ GR	Menge 1 GR	Zutaten	Zubereitung
20 g	40 g	Butter **oder** Margarine	in einem Stieltopf **oder** einem kleinen Topf erhitzen.
15 g	30 g	Mehl **(Typ 405)**	zugeben, goldgelb anschwitzen (Rührlöffel verwenden).
~ ¼ l	~ ½ l	Flüssigkeit, **z. B. Wasser, Gemüsebrühe**	Topf von der Herdplatte nehmen. a) Bei **kalter** Flüssigkeit: Flüssigkeit **nach** und **nach** unter ständigem Rühren zugeben. Schneebesen verwenden. Soße einmal aufkochen lassen. b) Bei **warmer** Flüssigkeit: Flüssigkeit auf einmal unter ständigem Rühren zugeben. Schneebesen verwenden. Soße einmal aufkochen lassen.
~ ¼ Tl	½ Tl	Salz **Geschmackszutaten:** Pfeffer, Zitronensaft, frische Kräuter, Knoblauch...	zugeben. je nach Geschmacksrichtung Soße abschmecken. Damit die Soße den Mehlgeschmack verliert, sollte sie **ca. 10 Min.** weitergegart werden.
25 ml 1 El	50 ml 2 El	**Verfeinerungszutaten:** Sahne **oder** Crème fraîche etc.	Am Schluss zugeben, Soße darf nicht mehr kochen. **Anrichten:** Soßengießer (warm) mit Untersetzer

GR helle Mehlschwitze (fettreduziert/Vollwert)

Menge ½ GR	Menge 1 GR	Zutaten	Zubereitung
15 g	30 g	Dinkelmehl **oder** Naturreismehl	in einem Topf **vorsichtig** erhitzen, bis sich ein nussartiger Geschmack gebildet hat. **Das Mehl darf nicht bräunen!**
~ ¼ l	~ ½ l	Milch **(lauwarm)**	unter ständigem Rühren zugeben. Soße einmal aufkochen lassen, kräftig abschmecken und verfeinern (s. o.).

Merke: Für ein GR **helle Grundsuppe** wird anstelle von ½ l Flüssigkeit **1 l** Flüssigkeit (z. B. ½ l Brühe und ½ l Milch) verwendet. Die Mehlmenge kann je nach Art der Suppe um **10–20 g** erhöht werden.

Dunkle Grundsoßen: Am besten schmeckt der Fond einer Bratensoße (siehe z. B. Rinderbraten 4.2.2). Ein Fond ist die Flüssigkeit, die beim Garen von Fleisch, Fisch und Geflügel entsteht. Zum Binden kann Speisestärke, Naturreismehl (= fein gemahlener Naturreis) etc. verwendet werden. Die klassische dunkle Mehlschwitze gilt in der modernen Ernährung als veraltet.

Soßen

3.6.2 Abwandlungen GR helle Mehlschwitze

Abwandlungen	Menge/Zutaten	Zubereitung
Käsesoße	**100 g** Schmelzkäse **oder** gerieb. Emmentaler	vor dem Abschmecken zur Soße geben, schmelzen lassen, Soße abschmecken, heiß servieren.
Tomatensoße	**2 geh. El** Tomatenmark	beim Anschwitzen des Mehls zugeben. Weiterverarbeitung siehe **GR**. 1 El fein geschnittenen Thymian und Oregano kurz vor dem Anrichten zugeben.
Béchamelsoße mit Schinken	½ l Milch als Flüssigkeit verwenden. **100 g** gek. Schinken	Schinken in feine Streifen schneiden und kurz vor dem Anrichten zugeben, nochmals erhitzen und abschmecken. Je nach Wunsch kann der Schinken weggelassen werden.
Kräutersoße	½ Bd frische Kräuter **(6 El)**	waschen, sehr fein schneiden, am Ende zugeben.

3.6.3 Tomaten-Kerbel-Soße

2 El	Sonnenblumenöl	▶ in einem kleinen Topf erhitzen.
1	Zwiebel	▶ schälen, in feine ☐ schneiden, glasig dünsten.
½	Knoblauchzehe	▶ häuten, durch Knoblauchpresse drücken, mitdünsten.
2	Tomaten	▶ waschen, Strunk entfernen, kreuzweise an der Oberfläche einschneiden.
	kochendes Wasser	▶ Tomaten kurz ins kochende Wasser geben. Haut löst sich automatisch **(1.9)**. Tomaten in sehr feine ☐ schneiden, zugeben, mitdünsten.
1 El	Tomatenmark	▶ zugeben, mitdünsten.
~150 ml	Wasser	▶ zugeben. Tomatenmasse **ca. 10–15 Min.** köcheln lassen. Soße pürieren (Handrührgerät/Pürierstab). Je nach Bedarf kann etwas Flüssigkeit zugegeben werden.
3 El	frischer Kerbel	▶ waschen, sehr fein schneiden, zugeben.
	Salz, Pfeffer, Paprika	▶ Soße kräftig abschmecken.
1 El	Crème fraîche	▶ zugeben, anrichten.

Anrichten: Soßengießer (warm), Untersetzer **Garnieren:** Kerbel (fein, 1 Tl)

3.6.4 Thunfischsoße

2 El	Sonnenblumenöl	▶ in einem kleinen Topf erhitzen.
1	Zwiebel	▶ schälen, in feine ☐ schneiden, zum Öl geben, andünsten.
1	Knoblauchzehe	▶ häuten, durch die Knoblauchpresse drücken, mitdünsten.
240 g	geschälte Tomaten **(Ds)**	▶ in sehr feine ☐ schneiden, gesamte Tomatenmasse inkl. des Tomatensaftes aus der Dose zugeben, mitdünsten.
3 El	Rotwein	▶ alle Zutaten zur Tomatenmasse geben.
50 ml	Wasser	▶ Masse **ca. 15 Min.** garen. Tomatensoße pürieren (Handrührgerät/Pürierstab).
1 Tl	Oregano, Thymian,	▶ Masse würzen.
	Salz, Pfeffer, Paprika	▶ Soße abschmecken.
1 Ds	Thunfisch (~ **150 g**)	▶ in ein Sieb geben. Das Öl abtropfen lassen. Thunfisch in groben Stk. zur Soße geben. Damit die Soße das appetitliche Aussehen behält, sollte starkes Rühren vermieden werden. Die Soße anrichten.

Anrichten: s. o. **Garnieren:** Oregano (fein, 1 Tl)

Tipp: Anstelle von Tomaten aus der Dose können frische gehäutete Tomaten verwendet werden.

Thunfisch:
Der Thunfisch ist eine Makrelenart, die bis zu 4 m lang werden kann und hauptsächlich in Mittelmeergewässern beheimatet ist. Thunfisch wird zur Verfeinerung von Soßen und Salaten verwendet. Thunfischsoße passt sehr gut zu Nudeln und/oder frischem Ciabatta.

Soßen

3.6.5 Möhren-Sonnenblumenkern-Soße

30	g	Sonnenblumenkerne	grob zerkleinern, ohne Fett in einem kleinen Topf anrösten.
250	ml	Wasser	zu den Kernen geben, **ca. 10 Min.** kochen lassen.
1	Tl	Brühpulver	
200	g	Karotten	waschen, schälen, fein reiben, zu den Kernen geben. Karotten **ca. 10 Min.** mitgaren.
100	ml	Sahne	in die etwas abgekühlte Soße rühren. Die Soße pürieren (Handrührgerät/Pürierstab). Soße abschmecken. Je nach Bedarf noch etwas Flüssigkeit zugeben.
2	El	Weißwein	
		Salz, Ingwer, Pfeffer, Zucker etc.	
1	El	Crème fraîche	zur Soße geben.
¼	Bd	Schnittlauch **(3 El)**	waschen, sehr fein schneiden, unter die Soße mischen.

Anrichten: Soßengießer (warm), Untersetzer   **Garnieren:** Schnittlauch (fein, 3 El)

3.6.6 Kräutersahnesoße

40	g	Butter	in eine Frischhaltefolie geben und in das Gefrierfach legen.
2		kleine Zwiebeln	schälen, in **sehr** feine ☐ schneiden.
20	g	Butter **oder** Margarine	Zwiebeln andünsten.
200	ml	Wasser	zu den Zwiebeln geben, **ca. 15–20 Min.** garen.
1	El	Zitronensaft	
200	ml	Sahne	in die Zwiebelflüssigkeit geben und weitere **10 Min.** garen. **Beachte:** Die Sahne sollte nicht zu kalt sein. Die eisgekühlte Butter in die leicht köchelnde Soße geben. Die Butter bindet die Flüssigkeit. Soße etwas einkochen lassen und mit dem Handrührgerät (Pürierstab) **oder** dem Mixstab pürieren.
1–2	El	Speisestärke	mischen, zugeben, Soße binden.
4	El	Wasser	
		Salz, Pfeffer, Kräutersalz	Soße abschmecken.
½	Bd	frische Kräuter **(6 El)**	waschen, sehr fein zerkleinern und unter die Soße mischen, abschmecken.

Tipp: Die Soßen werden besonders sämig, wenn sie püriert werden (siehe Pürierstab 1.10).

Anrichten: s. o.   **Garnieren:** Kräuter (fein, 1 El)

3.6.7 Hackfleischsoße

3	El	Öl	in einer Pfanne erhitzen.
300	g	gem. Hackfleisch	anbraten.
2		Tomaten	waschen, Strunk entfernen. Tomaten häuten **(siehe 1.9)**. Tomaten in ☐ schneiden und zum Hackfleisch geben.
3	El	Tomatenmark	zugeben, mischen.
1		Zwiebel	schälen, in feine ☐ schneiden, zugeben.
100	g	Karotten	waschen, schälen, sehr fein reiben, zugeben.
100	ml	Sahne	Masse ablöschen und **ca. 25–30 Min.** bei schwacher Hitze garen. Bei Bedarf am Ende der Garzeit noch etwas Wasser zufügen.
~370	ml	Wasser	
2	El	Rotwein	
		Salz, Pfeffer, Paprika, Majoran, Thymian	Hackfleischsoße würzen und abschmecken.

Anrichten: Soßengießer (warm), Untersetzer   **Garnieren:** Petersilie (fein, 1 El)

4. Kapitel

4 Fleisch, Geflügel und Fisch

Fleisch, Geflügel und Fisch sind wichtige, tierische Eiweißlieferanten. Der hohe Anteil an Mineralstoffen und Vitaminen trägt zur Deckung des Nährstoffbedarfes bei. Unterschiedliche Garverfahren, Geschmacks- und Verfeinerungszutaten ermöglichen es uns, ein abwechslungsreiches und wohlschmeckendes Mittagessen herzustellen. Grundsätzlich ist auf eine ausgewogene Ernährung zu achten. Fleisch, Fisch und Geflügel sollten daher in Maßen zu sich genommen werden.

4.1	**Einführung Fleisch**	113
4.1.1	**Gefüllter Fleischkäse**	115
4.2	**Rind**	116
4.2.1	Rindsrouladen mit diversen Füllungen	116
4.2.2	Rinderbraten	117
4.3	**Braten (diverse Fleischsorten)**	118
4.4	**Einführung Hackfleisch GR Fleischteig**	118
4.4.1	Frikadellen	119
4.4.2	Frikadellen-Variationen	119
4.4.3	Fleischbällchen	120
4.4.4	Fleischbällchen in Soße	120
4.4.5	Olivenbällchen	121
4.4.6	Cevapcici	122
4.4.7	Hackbraten	122
4.4.8	Abwandlungen Hackbraten	123
4.4.9	Hackfleischrolle	123
4.4.10	Pasta asciutta	123
4.4.11	Gefüllte Cannelloni	124
4.4.12	Gefüllte Paprika	124
4.4.13	Hackfleischpastete	125
4.5	**Schwein**	125
4.5.1	Schweinelendchen im Blätterteigmantel	125
4.5.2	Kasseler im Blätterteig	126
4.5.3	Serbisches Reisfleisch	127
4.5.4	Feurige Gulaschpfanne	127
4.5.5	Geschnetzeltes mit Champignons	128
4.5.6	Rahmgulasch	128
4.5.7	Szegediner Gulasch	128
4.5.8	Jägerschnitzel mit Pfifferlingen	129
4.6	**Kalb**	129
4.6.1	Kalbsschnitzel Julienne	129
4.6.2	Wiener Schnitzel	130
4.6.3	Cordon bleu	130
4.6.4	Kalbsgeschnetzeltes in Sahnesoße	130
4.7	**Einführung Geflügel**	131
4.7.1	Hühnerfrikassee	132
4.7.2	Hähnchenschenkel vom Grill	132
4.7.3	Geschmorte Hähnchenschenkel in Tomate	133
4.7.4	Picatta auf Pute	133
4.7.5	Putentöpfchen	134
4.7.6	Putenschnitzel Engadin	134
4.7.7	Putengeschnetzeltes Asia	135
4.8	**Einführung Fisch**	136
4.8.1	Fisch Weidmannsart	137
4.8.2	Lachsschnitten mit Meerrettichhaube	137
4.8.3	Heilbutt im Lauchmantel	138
4.8.4	Garnelen im Teigmantel mit Joghurtdip	138
4.8.5	Garnelen continental	139
4.8.6	Paniertes Schollenfilet	139
4.8.7	Gefüllter Blätterteigfisch	140

Eigene Rezepte

_____

_____

_____

_____

_____

Fleisch, Geflügel, Fisch

Fleisch

4.1 Theorie: Fleisch

Fleisch ist reich an:

→ Biologisch hochwertigem Eiweiß (12 %–22 %).
→ Der Fettgehalt ist je nach Tierart, Fütterung und Alter verschieden.
→ Vitaminen (B-Gruppe, A).
→ Mineralstoffen (Magnesium, Kalium, Calcium, Phosphor, Eisen).

Fleischarten:

Rind	Schwein	Kalb	Lamm	Kaninchen	Hase	Ziege	Pferd	Wild

Qualitätsmerkmale von Fleisch:

→ **Die Qualität der Schlachttiere ist abhängig von:**
Der Fütterung, dem Alter, der Rasse und dem Gewicht der Tiere. Alte und schlecht genährte Tiere haben meist einen sehr hohen Anteil an Bindegewebe und sind dadurch für die Nahrungsverwertung als minderwertig anzusehen.

→ **Güteklassen (Arten des Fleisches) sind abhängig von:**
Knochen-, Knorpel- und Fettanteilen sowie dem Muskeleiweißgehalt.
Beste Güteklasse: zarte Fleischfasern, z. B. Filet.
Mittlere Güteklasse: mäßige Anteile an Bindegewebe, z. B. Koteletts, Schlegel, Bug.
Geringe Güteklasse: hoher Anteil an Bindegewebe, z. B. Bauch, Hals, Brust.

→ **Lagerung:**
Durch den hohen Eiweiß- und Wassergehalt ist frisches Fleisch leicht verderblich. Große Fleischstücke können in einem Edelstahlgefäß (mit Deckel) gut gekühlt **ca. 2 Tage** aufbewahrt werden. Hackfleisch und Innereien sollten **am Tag des Einkaufs** verarbeitet werden. Die vergrößerte Oberfläche des Hackfleisches bietet Mikroorganismen einen optimalen Nährboden. Verdorbenes Fleisch riecht schlecht.

→ **Tiefkühlen:** Magere Fleischsorten können länger tiefgefroren werden als fettreiche Sorten. Aufgetautes Fleisch muss **sofort** weiterverarbeitet werden. Angetautes Fleisch nicht wieder einfrieren. Auftauwasser sofort entfernen (Salmonellengefahr). Anschließend müssen die Arbeitsflächen sehr gut gereinigt werden.

→ Bei **vakuumiertem** Fleisch auf **Haltbarkeitsdatum** achten. Durch den Luftabschluss ist das Fleisch beim Öffnen der Packung leicht grau. Vakuumpackung **ca. 30 Min.** vor der Verarbeitung des Fleisches öffnen. Das Fleisch erhält wieder die ursprüngliche Farbe.

Einkauf/Frischekennzeichen:

Tiere	Fleischfarbe	Fettfarbe und Maserung	Fleischfasern
Junge Tiere	hellrot/sattes Rot	weiß/feine Maserung	zarte Faserung
Alte Tiere	dunkelrot	gelb/grobe Maserung	grobe, lange Fasern

→ Fleisch sollte abgehangen, d. h. gereift sein, da es durch den Garvorgang zarter wird.
→ Der Preis des Fleisches sollte der Qualität entsprechen.

Fleisch

Vorbereitungsarbeiten:

→ Fleisch mit Küchenpapier abtupfen (Ausnahme: Hackfleisch). Stark blutiges Fleisch kurz unter fließendem Wasser waschen und abtupfen. Spülbecken und alle verwendeten Arbeitsgegenstände gründlich säubern.

→ Klein geschnittene Fleischstücke können **ca. 20–30 Min.** vor dem Garen mariniert werden. Das Fleisch erhält dadurch einen besonderen Geschmack und wird mürbe.

→ Fleischstücke, z. B. Schnitzel, sollten mit dem Plattiereisen **(siehe 1.6.4)** kurz geklopft werden. Die Fleischfasern werden dabei zerstört, das Fleisch wird mürbe.

→ Fleischstücke in der Regel vor dem Garen würzen. Da Salz dem Fleisch Wasser entzieht, sollte es erst nach dem Braten gesalzen werden.

→ Arbeitsgeräte und Arbeitsflächen nach der Vorbereitung des Fleisches sehr gut reinigen ➡ **Salmonellengefahr**!

Mögliche Garverfahren bei Fleisch sind:

Braten, Kurzbraten, Grillen, Schmoren, Kochen, Dünsten, Dämpfen, Garen in der Folie, Frittieren etc.

Garprozess:

→ Zum Garen grundsätzlich **wasser- und eiweißarmes** Fett, z. B. Plattenfette **oder** Öl, verwenden.
Diese Fett/Öle können aufgrund ihres hohen Siedepunktes höher erhitzt werden.

→ Das Fleisch wird durch den Garvorgang bekömmlicher, der Geschmackswert wird erhöht (Röststoffbildung).

Garstufen mit internationalen Bezeichnungen:

Bezeichnung der Garstufen				
frz. engl. dt.	bleu rare stark blutend	saignant medium rare blutig	à point medium halb durch	bien cuit well-done ganz durch
Fleischarten	Schlachtfleisch	Schlachtfleisch	Schlachtfleisch Wild	Schlachtf. Geflügel, Kalb, Schwein
Kerntemperatur	45 °C–47 °C	50 °C–52 °C	ca. 60 °C	70 °C–85 °C
Fleischsaft	rot	rötlich	rosa	hell/klar

Garprobe:

→ **Druckprobe:** Fertig gegartes Fleisch gibt nicht mehr nach, rosa gebratenes Fleisch gibt nach.

→ **Fleischsaft:** Ist der ausdringende Fleischsaft klar, ist das Fleisch gar.

→ **Kerntemperatur:** kann mit einem Fleischthermometer ermittelt werden (Tabelle oben = Richtmaße).

→ Zu lange gegartes Fleisch wird zäh und hart.

Tranchieren von Fleisch:

→ Kunststoffbrett mit Saftrille verwenden. Fleisch sollte beim Aufschneiden etwas abgekühlt sein.

→ Gegarte Fleischstücke vor dem Tranchieren (Zerlegen) etwas ruhen lassen. Das Fleisch wird quer zur Faser geschnitten.

Fleisch

4.1.1 Gefüllter Fleischkäse

4 Sch	Fleischkäse **(0,5 cm dünn)**
4 Sch	gek. Schinken
4 Sch	Gouda

▶ jeweils eine Scheibe Schinken auf je eine Scheibe Fleischkäse legen.
▶ auf den Schinken legen. Fleischkäse in der Mitte halbieren, zusammenklappen und panieren.

Paniervorgang

❶ **Ca. 2 gehäufte El** Mehl in einen tiefen Teller geben. Fleischkäse beidseitig wenden. Mehl leicht abklopfen.

❷ **1 Ei** in einem tiefen Teller verquirlen. Fleischkäse beidseitig wenden.

❸ **Ca. 5–6 gehäufte El** Semmelbrösel auf einen Teller streuen. Fleischkäse in Semmelbrösel wenden, gut festklopfen.

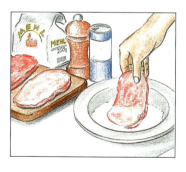  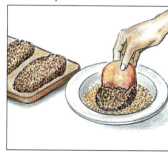

| 4 El | Öl |

▶ in einer Pfanne erhitzen, Fleischkäse von beiden Seiten goldbraun anbraten. Fertigen Fleischkäse kurz auf ein Küchenpapier legen, Fett tropft ab. Fleischkäse auf einer Platte schuppenförmig anordnen, **sofort** servieren.

Anrichten: Platte (warm)   **Garnieren:** Tomatenachtel, Petersiliensträußchen, Gurkenturm, s. o.

> **Tipp:** Es können unterschiedliche Panaden verwendet werden. Eine besonders knusprige Kruste erhält man, indem man die Semmelbrösel durch fein zerkleinerte Cornflakes (ca. 3 El pro Fleischkäse) ersetzt.

Fleisch

4.2 Rind

4.2.1 Rindsrouladen

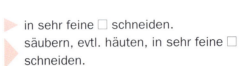

4		Rindsrouladen	mit einem Küchenpapier Rouladen beidseitig abtupfen.

Gemüsefüllung I:

1	Sch	gek. Schinken	in sehr feine □ schneiden.
2		Champignons	säubern, evtl. häuten, in sehr feine □ schneiden.
30	g	Lauch (Porree)	putzen, der Länge nach halbieren, waschen, in sehr feine ◗ schneiden.
1		kleine Karotte	waschen, schälen, sehr fein reiben.
½		kleine Zwiebel	schälen, in sehr feine □ schneiden.
30	g	Butter **oder** Margarine	in einer Pfanne erhitzen, Lauch, Zwiebeln, Karotten und Champignons **ca. 5 Min.** dünsten. Am Ende den Schinken zugeben.
		Salz, Pfeffer, Paprika	Masse abschmecken.
4	Tl	Senf	mischen, gleichmäßig auf den Rindsrouladen verteilen.
4	Tl	Frischkäse	

Füllen von Rouladen

❶ Masse gleichmäßig auf den Rouladen verteilen, glatt streichen (Ränder frei lassen).

❷ Rouladenränder von beiden Seiten **ca. 1 cm** einschlagen.

❸ Rouladen aufrollen und Enden mit Rouladennadeln oder Zahnstochern befestigen.

3	El	Öl	in Stielpfanne, Topf **oder** DDT erhitzen. Rouladen von allen Seiten anbraten.
50	g	Karotte	waschen, schälen, in grobe □ schneiden.
½		Zwiebel	schälen, in grobe □ schneiden.
80	g	Lauch (Porree)	vorbereiten (s. o.) und in grobe ◗ schneiden. Rouladen aus dem Topf nehmen. Lauch, Karotten, Zwiebeln in den Bratensaft geben und kurz anrösten. Rouladen wieder in den Topf setzen.
375	ml	Wasser	Rouladen ablöschen und im geschlossenen Gefäß **schmoren** (1.16).
½	Tl	Brühpulver	

Topf: ca. 40–45 Min./DDT: ca. 15 Min./2. Ring/ohne Einsatz

			Fertige Rouladen aus der Soße nehmen. Rouladennadeln **oder** Zahnstocher entfernen, warmstellen. Soße mit dem Pürierstab (Handrührgerät) **oder** Mixstab pürieren. Je nach Bedarf noch etwas Wasser zugießen.
		Salz, Pfeffer, Paprika	Soße abschmecken.
2–3	El	Sahne	in die nicht mehr kochende Soße geben, **Rouladen** nochmals **kurz** in der **Soße erhitzen**, anrichten.

Anrichten: Fleischplatte (warm)   **Garnieren:** Tomatenachtel mit Petersiliensträußchen

Fleisch

4.2.1 Rindsrouladen

Asiatische Füllung II (für 4 Rouladen):

125	g	Mandarinenstücke **(Ds)**	Saft abtropfen lassen.
2	Sch	roher Schinken	in feine ☐ schneiden, zu den Mandarinen geben.
3	El	Petersilie	waschen, sehr fein zerkleinern, zugeben.
50	g	Frischkäse	
1/2	Tl	Salz	alle Zutaten zu der Mandarinenmasse geben, abschmecken.
1	El	Sojasoße	Rouladen füllen und weiterverarbeiten **(siehe Füllen von Rouladen S. 116)**.
1	Pr	Pfeffer, Paprika	

Rustikale Füllung III (für 4 Rouladen):

1/2		Zwiebel	schälen, in feine ☐ schneiden.
50	g	durchw. Speck	in feine ☐ schneiden, zu den Zwiebeln geben.
1		Essiggurke	in feine ☐ schneiden, zugeben.
3	El	Petersilie	waschen, sehr fein zerkleinern, zugeben.
		Salz, Pfeffer, Paprika	Masse abschmecken.
4	Tl	Senf **(mittelscharf)**	Rouladen gleichmäßig bestreichen und weiterverarbeiten **(siehe Füllen von Rouladen S. 116)**.

Tipp: Es empfiehlt sich, zum Abschmecken der Rouladensoße die Gewürzmittel zu nehmen, die bereits für die Füllung verwendet wurden.

4.2.2 Rinderbraten

1	kg	Rindfleisch **(z. B. Bug, Keule)**	mit einem Küchenpapier abtupfen.
3–4	El	Öl	mischen, Fleisch gleichmäßig bestreichen.
		Pfeffer, Salz, Paprika ...	
200	g	Karotten	waschen, schälen, grob zerkleinern.
100	g	Lauch	putzen, in grobe Stücke schneiden, waschen.
1		Zwiebel	nur die äußerste Schale entfernen, vierteln.
4	El	Öl	in einer Kasserolle **oder** einem hohen Topf **oder** dem DDT erhitzen. Rindfleisch von allen Seiten anbraten. Fleisch aus dem Topf nehmen.
3		Fleischknochen	zugeben, anbraten. Gemüse zugeben und kurz mitbraten. Das Fleisch zugeben.
250	ml	Wasser	ablöschen, Fleisch garen.

DDT: ca. 40–45 Min./2. Ring/ohne Einsatz/Topf: ca. 1 1/2 –2 Std. Kasserolle im Backofen: Garen ohne Deckel. Braten regelmäßig mit Bratenfond übergießen. Garzeit: ca. 1 1/2 –2 Std./Gartemperatur: ca. 200 °C unterste Schiene/Ober- und Unterhitze

Tipp: Je nach DDT-Modell ist die Garzeit etwas verschieden. Bevor das Fleisch entnommen wird, sollten die entsprechenden Garproben durchgeführt werden (siehe S. 114).

Den Braten und die Knochen nach dem Garprozess aus der Soße nehmen. Braten etwas abkühlen lassen und quer zur Fleischfaser in **ca. 0,7 cm** dünne Scheiben schneiden. Die Soße pürieren (Handrührgerät/Pürierstab). Durch das pürierte Gemüse erhält die Soße eine sämige Konsistenz. Je nach Bedarf kann die Soße mit etwas Speisestärke gebunden werden.

2–3	El	Sahne	mischen und in die heiße Soße rühren, die Speisestärke nur dann zugeben, wenn die Soße zu flüssig ist, ansonsten nur die Sahne unterrühren.
1	El	Speisestärke	
		Salz, Pfeffer, Paprika	Soße abschmecken. Das Fleisch schuppenförmig auf der Platte anrichten und mit etwas Soße übergießen.

Anrichten: Fleischplatte, Soßengießer (warm), Untersetzer   **Garnieren:** Petersilie, Salatblatt, Tomatenscheibe

Fleisch

4.3 Braten (diverse Fleischarten)

Fleischarten	Garzeit: normaler Topf	Garzeit: DDT (variiert je nach DDT)	Garzeit: Backofen (Ober- u. Unterhitze)
1 kg Schweinebraten	ca. 1 1/2–2 Std.	ca. 30–40 Min.	ca. 1 1/2–2 Std./200 °C
1 kg Kalbsbraten	ca. 1 1/2–2 Std.	ca. 30–35 Min.	ca. 1 1/2–2 Std./200 °C
1 kg Lammfleisch	ca. 1 3/4–2 Std.	ca. 30–35 Min.	ca. 1 1/2–2 Std./200 °C

Hinweis: Die Zutaten und Zubereitung siehe Rinderbraten 4.2.2

4.4 Fleischteig

Das gewünschte Fleisch wird durch den Fleischwolf gedreht und mit anderen Zutaten zu einem Fleischteig verarbeitet. Dieser kann vielseitig verwendet werden, z. B. für Frikadellen, Klöße, Hacksteaks, Hackbraten, Füllungen.

Im Handel erhältliches Hackfleisch

Schabefleisch	Rinderhack	Gemischtes Hackfleisch	Schweinehack (Mett)
bis zu 6 % Fett	bis zu 20 % Fett	nicht mehr als 30 % Fett	bis zu 35 % Fett, gewürzt

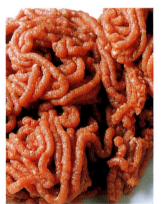

Küchentechnische Tipps

→ Hackfleisch hat eine **vergrößerte Oberfläche** und stellt für Mikroorganismen einen optimalen Nährboden dar. Das Hackfleisch ist deshalb **leicht verderblich**.
→ Hackfleisch sollte am Tag des Einkaufs **weiterverarbeitet** werden.
→ Wird Hackfleisch vor der Verarbeitung aufbewahrt, muss es abgedeckt und kühl gelagert werden.
→ Der Fleischteig sollte nicht zu fett sein, da sonst das Gargut beim Garen zu sehr schrumpft.
→ Den Fleischteig auf keinen Fall abschmecken. Die genauen Rezeptanweisungen befolgen **(Salmonellengefahr)**.
→ Arbeitsflächen und Arbeitsgeräte müssen nach der Verarbeitung von Hackfleisch sorgfältig gereinigt werden.

Wirkung der Zutaten:

Bindemittel	z. B. Eier. Bei **fettreichem** Fleisch muss mehr Bindemittel verwendet werden, da der bindende Eiweißanteil geringer ist. **1 Ei bindet 1–2 El Flüssigkeit**.
Lockerungsmittel	z. B. eingeweichtes, ausgedrücktes Brötchen, gekochte Kartoffeln, Getreide
Geschmackszutaten	z. B. Gewürze, Kräuter, Käse (Parmesan), Gemüse

Fleisch

4.4 GR Fleischteig

Menge ½ GR	Menge 1 GR	Zutaten	Zubereitung
½	1	trockenes Brötchen	in einer kleinen Schüssel in **lauwarmem** Wasser einweichen.
1 El ½	2 El 1	Petersilie Zwiebel **(klein)**	fein schneiden. schälen, in feine ☐ schneiden.
10 g	20 g	Butter **oder** Margarine	erhitzen, Zwiebeln und Petersilie andünsten. Masse abkühlen lassen. Je nach Wunsch kann auf das Andünsten verzichtet werden.
125 g	250 g	gem. Hackfleisch **(halb Schwein, halb Rind)**	in eine Schüssel geben.
½	1	Ei	verquirlen und zusammen mit der abgekühlten Zwiebel-Petersilien-Masse zum Hackfleisch geben. Das eingeweichte Brötchen zwischen **2** Brettchen **oder** Tellern, **sehr gut** ausdrücken und mit einer Gabel fein zerpflücken, zugeben.
½ Tl 1 Pr	1 Tl 2 Pr	Salz Pfeffer, Paprika	zugeben. Alle Zutaten mit dem Knethaken (Handrührgerät) zu einem Teig mischen. Ist dieser zu weich, können noch Semmelbrösel zugegeben werden. **Merke:** Rohen Fleischteig nicht probieren (Salmonellengefahr).

4.4.1 Frikadellen (= Fleischküchle = Buletten = Fleischpflanzerl)

1 **GR**	Fleischteig	▸ herstellen, siehe **GR**. Fleischteig je nach Wunsch in **4** oder **5** gleich große Stücke teilen (s. Bild).
	etwas Öl	▸ Hände mit etwas Öl benetzen und Frikadellen formen.
3–4 El	Öl	▸ in einer Pfanne erhitzen. Frikadellen von beiden Seiten anbraten. **Bratzeit: ca. 10 Min.**

Tipp: Die Frikadellen erhalten eine glatte Oberfläche, wenn man sie mit etwas Öl ausformt.

Anrichten: Platte (warm) **Garnieren:** Petersiliensträußchen, Tomatenstücke

4.4.2 Frikadellen-Variationen

Frikadellen (italienische Art)

1 **GR**	Fleischteig	▸ herstellen **(siehe GR 4.4)**.
1	Knoblauchzehe	▸ häuten, durch die Knoblauchpresse drücken, zugeben.
3 El	Parmesan	▸ zugeben, mischen und in **4** oder **5** gleich große
½ Tl	Basilikum u. Oregano	Frikadellen formen.
3–4 El	Öl	▸ in einer Pfanne erhitzen, Frikadellen von beiden Seiten anbraten und in eine feuerfeste Form, z. B. Quicheform, setzen.
1	Tomate	▸ waschen, Strunk entfernen, in ○ schneiden, auf die Frikadellen legen.
125 g	Mozzarella **(1 P)**	▸ in ○ schneiden und auf die Tomatenscheiben legen, **gratinieren**.

Gratinieren (frz.): Überbacken. Es entsteht eine Kruste.

**Backzeit: ca. 15 Min./Backtemperatur: ca. 180 °C
mittlere Schiene/Ober- und Unterhitze**

Anrichten: Form, hitzebeständige Unterlage **Garnieren:** pro Frikadelle ein kleines Basilikumblättchen

Fleisch

4.4.2 Frikadellen-Variationen

Frikadellen (griechische Art)

1	GR	Fleischteig	▶ herstellen (siehe GR 4.4).
100	g	Schafskäse	▶ in sehr feine ☐ schneiden, zugeben.
½	Tl	Thymian u. Majoran	▶ zugeben, 6 Frikadellen formen.
3–4	El	Öl	▶ in einer Pfanne erhitzen, Frikadellen von beiden Seiten anbraten. **Bratzeit: ca. 10 Min.**

Anrichten: Platte (warm) **Garnieren:** Tomatenstücke, frischer Thymian (fein, 1 Tl)

Frikadellen (indische Art)

1	GR	Fleischteig	▶ herstellen (siehe GR 4.4).
½		Banane	▶ mit der Gabel fein zerdrücken, zugeben.
1	El	Cashew-Nüsse	▶ sehr fein hacken, zugeben.
1	Tl	Curry	▶ zugeben, 6 Frikadellen formen, ca. 10 Min. anbraten (siehe Rezept 4.4.1).

Cashew-Nüsse: Fruchtkern eines in Indien und Südamerika beheimateten Nierenbaumes. Geschmack: mandelartig, leicht süß.

Anrichten: s. o. **Garnieren:** fein gehackte und geröstete Cashew-Nüsse (1 El)

Florida-Steak

1	GR	Fleischteig	▶ herstellen, 5 Frikadellen formen, anbraten (siehe GR 4.4.1). Frikadellen in eine feuerfeste Form setzen.
5	Sch	Ananas	▶ je eine Scheibe Ananas auf je eine Frikadelle legen.
3	Sch	Gouda	▶ Ananas belegen, es dürfen keine Ränder überstehen. Frikadellen überbacken.

Backzeit: ca. 15 Min./Backtemperatur: 200 °C mittlere Schiene/Ober- und Unterhitze

Anrichten: Form, hitzebeständige Unterlage **Garnieren:** in die Mitte der Ananasscheibe eine Kirsche setzen

4.4.3 Fleischbällchen

1	GR	Fleischteig	▶ herstellen (siehe GR 4.4), ca. 30 walnussgroße Kugeln (1 geh. Tl) formen, dabei die Hände leicht mit Speiseöl benetzen.
		Semmelbrösel	▶ Fleischbällchen darin wenden.
4	El	Öl	▶ in einer Pfanne erhitzen. Fleischbällchen von allen Seiten goldbraun anbraten, **Bratzeit: ca. 10 Min.**
		Küchenpapier	▶ Fleischbällchen kurz darauf liegen lassen.
		Kopfsalatblätter	▶ waschen, abtropfen lassen. Platte damit auslegen. Fleischbällchen darauf verteilen.
1		Tomate	▶ Tomaten in ⅛ Stücke schneiden, garnieren.

Anrichten: Platte (warm) **Garnieren:** Tomatenstücke, Petersilie (fein, 1 Tl)

4.4.4 Fleischbällchen in Soße

Werden die Fleischbällchen in eine Soße, z. B. **1 GR** helle Mehlschwitze **(3.6.1)**, gegeben, müssen sie davor in etwas Mehl gewendet und **ca. 10 Min.** in siedender Brühe **(1 GR)** gegart werden. Die Fleischbällchen sind fertig, wenn sie an der Oberfläche schwimmen. Bällchen aus der Brühe nehmen, abtropfen lassen und in die Soße geben.

Fleisch

Oliven

Der Ölbaum ist hauptsächlich im Mittelmeerraum kultiviert. Die Oliven gibt es in unterschiedlichen Farben, z. B. grüne Oliven sind noch nicht voll ausgereift, während schwarze Oliven reif sind. Im Handel sind Oliven oftmals mit roten Paprikastreifen oder Mandeln gefüllt.

Tipp:

Anstelle von Oliven können ebenso kleine Schafskäsewürfel (0,5 cm²) verwendet werden.

4.4.5 Olivenbällchen (ergibt ca. 16 Stück)

½ GR	Fleischteig	herstellen (siehe **GR** Fleischteig 4.4).
16	Oliven **(mit Paprika gefüllt)**	jede Olive mit **ca. 1 Tl** Fleischteig umhüllen, dabei die Hände mit Öl benetzen.
	Semmelbrösel	Olivenbällchen darin wenden.
3–4 El	Öl	erhitzen, Olivenbällchen von allen Seiten anbraten. **Bratzeit: ca. 10 Min.** Bällchen auf ein Küchenpapier legen. Überschüssiges Fett wird aufgenommen.

Joghurtmasse

¼	Salatgurke	waschen, schälen, entkernen, in sehr feine ☐ schneiden.
50 ml	Sahne	steif schlagen.
50 g	Joghurt **(Natur)**	mischen, Sahne locker unterheben
50 g	Sauerrahm	und mit den Gurkenstreifen mischen.
½	Knoblauchzehe	häuten, durch die Knoblauchpresse drücken, zugeben.
	Salz, Pfeffer	Masse abschmecken.
4 Sch	Toastbrot	toasten, in fleischbällchengroße Quadrate schneiden (= vierteln).
~4	Kopfsalatblätter	waschen, in mundgerechte Stücke teilen. Auf Toastquadrate jeweils ein kleines Salatblatt legen. **1 El** Gurkenmasse darauf geben und **1** Olivenbällchen **vorsichtig** auf die Joghurtmasse setzen.
	Zahnstocher o. Ä.	Bällchen auf dem Brot befestigen.
2	Cocktailtomaten	waschen, in feine Stücke schneiden. Je ein Stück zur Garnierung auf dem Olivenbällchen befestigen. Die restliche Gurkenmasse zu den Olivenbällchen reichen.

Anrichten: Platte, Papierspitze   **Garnieren:** Tomatenstücke, Petersiliensträußchen, Schnittlauch (fein, 1 El)

Fleisch

4.4.6 Cevapcici (Hackfleischröllchen)

150 g	Rinderhackfleisch	
50 g	Schweinehackfleisch	
50 g	Kalbsbrät	
1	Brötchen (zerpflückt)	
4 El	Petersilie (fein)	
1	Zwiebel ☐	
1	Ei	
1	Knoblauchzehe	
1 Tl	Salz	
1 Pr	Chilipulver, Paprika	
	Semmelbrösel	
3–4 El	Öl	

Fleischteig zubereiten (Handrührgerät/Knethaken), **siehe GR** Fleischteig (4.4). Fleischteig zu einer ⌀ **ca. 2 cm** dicken Rolle formen **oder** einen Spritzbeutel **(ohne Tülle)** mit Fleischteig füllen und eine lange Rolle spritzen. Rolle in **ca. 6 cm** lange Stücke schneiden (ergibt **ca. 15** Röllchen).

▷ Röllchen darin wenden.
in einer Pfanne erhitzen und Röllchen von allen Seiten goldbraun anbraten.
Bratzeit: ca. 10 Min. Während der Garzeit kann das Paprika-Champignon-Gemüse zubereitet werden.

Paprika-Champignon-Gemüse

1	Zwiebel	
20 g	Butter **oder** Margarine	
8	Champignons	
1	Paprika **(rot)**	
1	Paprika **(gelb)**	
	Salz, Pfeffer, Paprika	
2 El	Petersilie	

▷ schälen, in feine ☐ schneiden.
erhitzen, Zwiebeln glasig dünsten.
säubern, evtl. häuten, feinblättrig schneiden, mitdünsten.
halbieren, Strunk entfernen,
waschen, in feine ☐ schneiden, zugeben und Gemüse „**al dente = bissfest**" garen, evtl. etwas Wasser zugeben. Am Ende der Garzeit sollte nur wenig Flüssigkeit vorhanden sein.
Gemüse abschmecken.
waschen, fein zerkleinern. Cevapcici auf einer Platte (warm) anrichten und das Gemüse **sorgfältig** darauf verteilen. Die zerkleinerte Petersilie darüber streuen.

Anrichten: Platte (warm) **Garnieren:** Petersilie (fein, 2 El)

4.4.7 Hackbraten

→ Backblech mit Backfolie auslegen **oder** eine Kastenform **(Länge: 22 cm)** mit Alufolie **oder** Backfolie auslegen und sehr gut mit Butter **oder** Margarine ausfetten.

2 GR	Fleischteig

herstellen (**siehe GR** Fleischteig 4.4), zu einem Laib formen und auf das Backblech **oder** in die Kastenform geben. Oberfläche grundsätzlich glatt streichen, garen.

> **Garzeit: ca. 1 Std./Gartemperatur: ca. 180 °C–200 °C mittlere Schiene/Ober- und Unterhitze**

Hackbraten aus der Form nehmen, die Folie **vorsichtig** abziehen, in **ca. 1 cm** dünne Scheiben schneiden.
Hackbraten schuppenförmig auf vorgewärmter Platte anrichten.

Anrichten: Platte (warm) **Garnieren:** Petersiliensträußchen, Tomatenstücke

Fleisch

4.4.8 Abwandlungen/Hackbraten

Falscher Hase   In die Mitte des Fleischteiges können **4** hart gekochte Eier gelegt werden. **Wichtig:** Die Eier müssen vollständig mit Fleischteig umschlossen sein.

Hackbraten mit Kräuterbutter   **30 g** Kräuterbutter in dünne ○ schneiden und **5 Min.** vor dem Ende der Garzeit auf den Hackbraten geben, schmelzen lassen.

Hackbraten mit Käsekruste   **Ca. 10 Min.** vor dem Ende der Garzeit **70 g** geriebenen Emmentaler auf den Hackbraten streuen, **überbacken = gratinieren**.

4.4.9 Hackfleischrolle

1	**GR**	Fleischteig	herstellen **(siehe GR 4.4)**.
100	g	Sauerkraut	untermischen.
80	g	gek. Schinken	in □ schneiden, zugeben.
80	g	gerieb. Emmentaler	zugeben.
300	g	Blätterteig	zu einer **2 mm** dünnen ca. **35 cm × 30 cm** großen Teigplatte auswellen. Masse gleichmäßig darauf verteilen, dabei einen **ca. 1 cm** breiten Rand stehen lassen. Platte der Länge nach aufrollen.
1		Ei	verquirlen, Blätterteigrolle bestreichen, backen.

Backzeit: ca. 1 Std./Backtemperatur: ca. 180 °C mittlere Schiene/Ober- und Unterhitze

Anrichten: Platte (warm)   **Garnieren:** —

Tipp: Kleine Blätterteigplatten können an den Seitenrändern mit Eiweiß bestrichen und aneinander befestigt werden (siehe Pastete 4.4.13).

4.4.10 Pasta asciutta

2	El	Öl	erhitzen.
250	g	gem. Hackfleisch	anbraten.
2		Zwiebeln	schälen, in feine □ schneiden, zugeben.
1		Knoblauchzehe	häuten, durch die Knoblauchpresse drücken, zugeben.
½	Stg	Lauch	putzen, der Länge nach halbieren, waschen, in feine ◗ schneiden, zugeben.
100	g	Karotten	waschen, schälen, sehr fein reiben, zugeben.
5	El	Tomatenmark	zugeben, Masse mischen.
~550	ml	Wasser	Hackmasse ablöschen.
1	Tl	Oregano, Thymian, Basilikum, Salz	zugeben, Masse **ca. 30 Min.** garen. Je nach Bedarf kann noch etwas Flüssigkeit zugegeben werden.
3–4	El	Sahne	mischen, in die Hackfleischsoße geben, einmal aufkochen lassen.
2	El	Rotwein	
1	El	Speisestärke **(gestr.)**	
		Pfeffer, Paprika	Masse abschmecken.
250	g	Spaghetti	garen **(siehe 5.1.2)** und dazu reichen.

Anrichten: Teller (groß/warm)   **Garnieren:** Parmesan (2 El)

Tipp: Parmesan ist 2–3 Jahre alter Hartkäse, der frisch gerieben am besten zu Pasta asciutta schmeckt.

Fleisch

4.4.11 Gefüllte Cannelloni

Hinweis: Oftmals müssen die Cannelloni nicht vorgegart werden. Bitte lesen Sie die Gebrauchsanweisung auf der Nudelpackung genau durch!

~150 g	Cannelloni	▶	vorbereiten, siehe Gebrauchsanweisung auf der Packung.
3 El	Öl	▶	in einer Pfanne erhitzen.
300 g	gem. Hackfleisch	▶	anbraten.
1	Zwiebel	▶	schälen, in sehr feine ☐ schneiden, zugeben.
240 g	geschälte Tomaten **(Ds)**	▶	in ☐ schneiden, zugeben, Masse **ca. 10 Min.** garen, bis keine Flüssigkeit mehr vorhanden ist.
	Oregano, Salz, Paprika	▶	Masse abschmecken, Cannelloni füllen und in eine vorgefettete feuerfeste Auflaufform geben.
1 ½ **GR**	Béchamelsoße	▶	ohne Schinken herstellen **(siehe 3.6.2)**. Soße über die Nudeln gießen.
3 El	Parmesan	▶	über die Béchamelsoße streuen. Deckel auf die Auflaufform setzen. Die Form in den Backofen geben, garen.

Garzeit ca. 40–50 Min./Gartemperatur: 180 °C–200 °C mittlere Schiene/Ober- und Unterhitze

Anrichten: Form/hitzebeständige Unterlage   **Garnieren:** Petersilie (fein, 1 El)

4.4.12 Gefüllte Paprika

→ Backofen auf **200 °C** vorheizen.

4	Paprika **(rot)**	▶	waschen, ⅓ vom Stielansatz her abschneiden. Strunk nicht entfernen, Paprika aushöhlen und Kerne entfernen.
	Salz	▶	Paprikainnenseiten gut salzen.
80 g	Champignons	▶	säubern, evtl. häuten, feinblättrig schneiden.
1	Zwiebel	▶	putzen, in feine ☐ schneiden.
½ Bd	Petersilie	▶	waschen, fein schneiden.
20 g	Butter **oder** Margarine	▶	erhitzen, Champignons, Zwiebeln und Petersilie andünsten, erkalten lassen.
1 **GR**	Fleischteig	▶	**ohne Zwiebel** und **Petersilie** herstellen **(siehe 4.4)**. Champignongemisch zugeben, mischen. Masse in **4** gleich große Portionen teilen. Paprika füllen und mit Stielansatz bedecken.
	feuerfeste Auflaufform	▶	Paprika in Form setzen.
4 El	Tomatenmark	▶	erhitzen, verrühren und in die Form gießen.
½ l	Wasser	▶	Form ohne Deckel in den **vorgeheizten** Backofen geben.
1 Tl	Brühpulver		

Tipp: Anstelle von Paprika können Zucchini, Auberginen, Kohlblätter etc. gefüllt werden.

Garzeit ca. 45–50 Min./Gartemperatur: ca. 200 °C mittlere Schiene/Ober- und Unterhitze

50 g	gerieb. Gouda	▶	**5 Min.** vor Ende der Garzeit Stielansatz entfernen und gerieb. Gouda über die Hackfleischmasse streuen. Stielansatz (Deckel) aufsetzen, fertig garen. Fertige Paprika aus der Soße nehmen und auf eine Platte geben, kurz warm halten. Soße in einen kleinen Topf geben.
~2 El	Speisestärke **(gestr.)**	▶	mischen, Soße binden,
4 El	Sahne		einmal aufkochen lassen.
	Salz, Pfeffer, Paprika	▶	Soße abschmecken und heiß servieren.

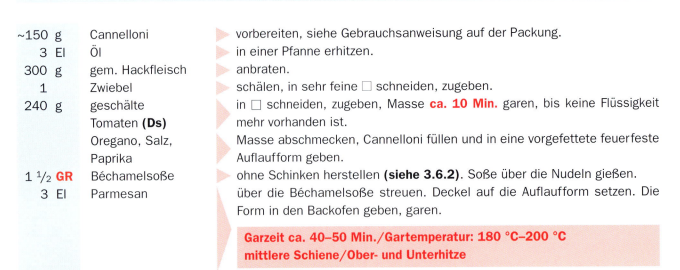

Anrichten: Platte, Soßengießer (warm) und Untersetzer   **Garnieren:** —

Fleisch

4.4.13 Hackfleischpastete

1	**GR**	Mürbteig, salzig	herstellen **(siehe GR 9.2)**.
		oder	
250	g	Blätterteig **(TK)**	auf einem Kuchengitter auftauen lassen.

Füllung

1		Brötchen	in kaltem Wasser einweichen, zwischen **2** Brettchen ausdrücken, zerpflücken.
350	g	gem. Hackfleisch	Brötchen zum Hackfleisch geben.
50	g	durchw. Speck	in feine ☐ schneiden und in der Pfanne anbraten.
1		Zwiebel	schälen, in ☐ schneiden, zum Speck geben, andünsten.
4	El	Petersilie	waschen, zerkleinern, mitdünsten, erkaltete Masse zum Hackfleisch geben.
80	g	Schafskäse	in sehr feine ☐ schneiden, zugeben.
1		Ei	verquirlen, zum Hackfleisch geben.
1	Pr	Salz, Pfeffer, Paprika	zur Masse geben, mischen.

Arbeitsschritte

❶ Backblech mit Backfolie **oder** Backtrennpapier auslegen.

❷ Die Ränder der einzelnen Blätterteigplatten mit Eiweiß bestreichen und aneinander befestigen. Blätterteigplatte **oder** den Mürbteig zu einer **ca. 2 mm** dünnen Teigplatte auswellen. Einen Essteller und einen Dessertteller auf den Teig legen und mit Teigrädchen Kreise ausrädeln.

❸ Den kleinen Kreis auf das Backblech legen. Den Fleischteig kuppelförmig in der Mitte anordnen und dabei einen **1 cm** breiten Rand stehen lassen. Fleischteig glatt streichen. Rand mit Eiweiß bestreichen.

❹ Den größeren Teigkreis über die Fleischteigkuppel legen. Teigränder müssen bündig sein. Teigplatte leicht andrücken. Mit der Gabel den **ca. 1 cm** breiten Rand strahlenförmig andrücken. Aus dem restlichen Teig kleine Motive ausstechen und mit Eiweiß bestreichen. Pastete damit verzieren.

❺ **Merke:** Damit die Pastete die Form behält und der Dampf entweichen kann, muss in der Kuppelmitte mit einer kleinen Ausstechform etwas Teig ausgestochen werden. Es entsteht ein kleines Loch.

❻ 1 Eigelb mit 1 El Milch verquirlen. Pastete sorgfältig damit bestreichen, backen.

Backzeit: ca. 45–50 Min./Backtemperatur: ca. 180 °C/mittlere Schiene/Ober- und Unterhitze

Anrichten: Tortenplatte (warm)   **Garnieren:** —

Tipp: Pastete oder Schweinelendchen in Blätterteig passen zu festlichen Anlässen. Eine Schweinelende wiegt ca. 600 g.

4.5 Schwein

4.5.1 Schweinelendchen im Blätterteigmantel

1		Schweinelende	mit Küchenpapier abtupfen.
2–3	El	Öl	erhitzen, Schweinelende von allen Seiten anbraten.
3	El	Sojasoße	mischen, Schweinelende damit bestreichen. Sojasoße **ca. 5 Min.** einziehen lassen. Vorgang wiederholen.
1	Pr	Pfeffer, Paprika	
300	g	Blätterteig **(Tk)**	zu einer **2 mm** dünnen rechteckigen Teigplatte auswellen.
1		Eiweiß	Platte damit bestreichen und die Schweinelende mit Blätterteig umhüllen. Dabei die Seitenränder einschlagen. Außenseite des Blätterteigs mit Eiweiß bestreichen.
3–4	El	gehobelte Mandeln	Blätterteig bestreuen, Mandelstücke etwas andrücken, backen.

Backzeit: ca. 40–50 Min./Backtemperatur: ca. 180 °C mittlere Schiene/Ober- und Unterhitze

Anrichten: Fleischplatte (warm)   **Garnieren:** Petersiliensträußchen und Tomatenstücke

Fleisch

4.5.2 Kasseler im Blätterteig

→ Backblech mit Backfolie **oder** Backtrennpapier auslegen.

300 g	Blätterteig **(Tk)**	auftauen lassen.
1	Eiweiß	Plattenränder bestreichen, längliche Seiten aneinander kleben **(siehe 4.4.13)**. Blätterteig zu einer **2 mm** dünnen rechteckigen Teigplatte auswellen.
50 g	Räucherspeck	in feine ☐ schneiden, anbraten.
1	Zwiebel	schälen, in feine ☐ schneiden, zugeben, andünsten.
40 g	Pistazien	sehr fein hacken, zugeben. Zwiebelmasse erkalten lassen.
150 g	Kalbsbrät	Zwiebelmasse mit Brät mischen. Die Brätmasse auf den Blätterteig streichen, dabei einen **2 cm** breiten Rand stehen lassen.
1 kg	Kasseler **(ohne Knochen)**	auf die Plattenmitte legen. Kasseler mit Teig umhüllen, dabei die Seitenränder einschlagen **(siehe 4.5.1)** und auf das Backblech setzen. Blätterteig mit Eiweiß bestreichen.
100 g	Blätterteig	**ca. 2 mm** dünn auswellen, mit kleinen Ausstechförmchen Formen aus dem Teig stechen, Kasseler verzieren **oder 0,5 cm** lange Streifen aus dem Teig rädeln und auf dem Kasseler gitterartig anordnen.
1	Eigelb	verquirlen. Teig bestreichen, backen.
1 El	Milch	

> **Backzeit: ca. 1 bis 1 ½ Std./Backtemperatur: ca. 180 °C mittlere Schiene/Ober- und Unterhitze**

Anrichten: Platte (warm)   **Garnieren:** Salatblatt, Tomatenstücke, Petersiliensträußchen

Fleisch

4.5.3 Serbisches Reisfleisch

400 g	Schweinefleisch	▸	mit dem Küchenpapier abtupfen. Fleisch in feine ☐ schneiden.
3 El	Öl	▸	erhitzen. Das Fleisch von allen Seiten anbraten.
½	Zwiebel	▸	schälen, in feine ☐ schneiden, zugeben.
1	Paprika (**rot**)	▸	halbieren, Kerne entfernen, waschen, in feine ☐ schneiden, zugeben.
2	Tomaten	▸	waschen, Strunk entfernen. Tomaten kreuzweise an der Oberfläche einschneiden und ins kochende Wasser geben, häuten (**siehe 1.9**). Tomaten in ☐ schneiden, zugeben. Masse so lange **dünsten**, bis alle Flüssigkeit verdampft ist.
2 El	Tomatenmark	▸	zugeben, gut mischen.
½ Tl	Salz		
250 g	Langkornreis	▸	waschen, abtropfen lassen, kurz mitdünsten.
~500 ml	Wasser	▸	ablöschen.
1 Tl	Brühpulver	▸	zugeben, Reis garen. **Garzeit: ca. 20–25 Min.** Bei Bedarf am Ende etwas Flüssigkeit zugeben.
2 Tr	Tabascosoße	▸	zugeben, Käse sollte nur leicht schmelzen.
100 g	gerieb. Emmentaler		Masse abschmecken und **sofort** anrichten.

Tipp: Vor dem Abschmecken kann dem Reisfleisch je nach Wunsch noch 140 g Mais oder 140 g Erbsen (Ds) zugegeben werden.

Anrichten: Schüssel (warm) **Garnieren:** Petersilie (fein, 2 El) **oder** Rosmarinzweig

Merke: Bevor das Fleisch angebraten wird, sollten alle Zutaten vorbereitet und abgewogen werden.

4.5.4 Feurige Gulaschpfanne

400 g	Schweinefleisch	▸	mit dem Küchenpapier abtupfen und in **1 cm × 1 cm** große ☐ schneiden.
3 El	Öl	▸	erhitzen, Fleischwürfel von allen Seiten anbraten.
1	Zwiebel	▸	schälen, in feine ☐ schneiden, zugeben.
2 El	Tomatenmark	▸	zugeben.
~½ Tl	Cayennepfeffer, Salz	▸	Fleisch würzen.
~550 ml	Wasser	▸	Fleisch ablöschen, garen.
2 El	Rotwein		

Topf: ca. 25–30 Min./DDT: 8–10 Min./2. Ring/ohne Einsatz

1	Paprika (**gelb**)	▸	halbieren, Strunk und Kerne entfernen, waschen. Paprika in feine ☐ schneiden und **5 Min.** vor Ende der Garzeit zugeben. Wird im **DDT** gegart, werden die Würfel nach Ende der Garzeit zugegeben. Das Gulasch wird weitere **5 Min.** im offenen Topf fertig gegart.
~255 g	Kidney-Bohnen (**rot/Dose**)	▸	Dose öffnen, Bohnen unter fließendem Wasser abbrausen, abtropfen lassen und zum Gulasch geben. Gulasch nochmals kurz aufkochen.
4 El	Wasser	▸	zugeben, einmal aufkochen lassen.
3 El	Speisestärke (**gestr.**)		
	Salz, Pfeffer, Paprika, Tabascosoße	▸	Gulasch abschmecken, anrichten.
2 El	Petersilie	▸	waschen, fein zerkleinern, Gulaschpfanne garnieren.

Cayennepfeffer: Hauptanbaugebiet: Mexiko, Indien. Getrocknete, gemahlene Chilischote. Aroma: Sehr scharf, sparsam verwenden.

Tipp: Bitte nur soviel angerührte Speisestärke zugeben bis die Gulaschpfanne eine sämige Konsistenz aufweist.

Anrichten: Schüssel (warm) **Garnieren:** Petersilie (fein, 2 El)

Fleisch

4.5.5 Geschnetzeltes mit Champignons

500 g	Schweinefleisch	▶ waschen, mit einem Küchenpapier abtupfen und in feine □ schneiden.
3 El	Öl	▶ erhitzen. Das Fleisch in das heiße Fett geben, anbraten.
1	Zwiebel	▶ schälen, in □ schneiden, zugeben.
250 g	Champignons	▶ säubern, evtl. häuten, feinblättrig schneiden, zugeben.
2 El	Mehl (gestr.)	▶ Masse bestäuben, wenden.
750 ml	Wasser	▶ ablöschen.
1 Tl	Brühpulver	▶ zugeben, garen.

> **Topf: ca. 20–30 Min.**

~6–7 El	Sahne	▶ mischen, zugeben, einmal aufkochen lassen.
~3–4 El	Speisestärke (gestr.)	
	Salz, Pfeffer, Paprika	▶ Masse abschmecken.

Anrichten: Schüssel (warm)   **Garnieren:** Petersilie (fein, 2 El)

4.5.6 Rahmgulasch

500 g	Schweinefleisch	▶ mit Küchenpapier abtupfen, in **1,5 cm** große □ schneiden.
3 El	Öl	▶ erhitzen, Fleischwürfel von allen Seiten gut anbraten.
1	Zwiebel	▶ schälen, in feine □ schneiden, zugeben.
1 Tl	Salz, Paprika	
1 Tl	Worcestersoße	▶ zugeben, mischen.
1 Pr	Pfeffer, Zucker	
~400 ml	Wasser	▶ Fleisch ablöschen, garen.

> **Topf: ca. 25–30 Min.**
> **DDT: ca. 12–15 Min.**
> **2. Ring/ohne Einsatz**

Tipp: Gulasch/Geschnetzeltes muss individuell gebunden werden. Dies ist von der Flüssigkeitszugabe bzw. -verdunstung abhängig. Nur so viel Bindemittel verwenden, wie tatsächlich nötig ist. Speisestärkeangaben und Garzeiten entsprechen ca.-Angaben.

Evtl. am Ende der Garzeit noch etwas Flüssigkeit zugeben.

50 ml	Sahne	▶ mischen, unter das Gulasch rühren, dieses noch einmal kurz aufkochen lassen, abschmecken.
~2 El	Speisestärke (gestr.)	

Anrichten: Schüssel (warm)   **Garnieren:** Petersilie (fein, 2 El)

Tipp: Eine tiefe Pfanne mit Deckel ist für Gulaschgerichte sehr gut geeignet. Es sollte nur soviel angerührte Speisestärke verwendet werden bis die Soße eine sämige Konsistenz aufweist.

4.5.7 Szegediner Gulasch

500 g	Schweinefleisch	▶ mit Küchenpapier abtupfen, in **1,5 cm** große □ schneiden.
3 El	Öl	▶ erhitzen, Fleischwürfel anbraten.
2	Zwiebeln	▶ schälen, in □ schneiden, zugeben.
½	Knoblauchzehe	▶ häuten, durch die Knoblauchpresse drücken, zugeben.
3 El	Tomatenmark	
1 Tl	Paprika, Salz, …	▶ zugeben, mischen.
150 g	Sauerkraut	▶ locker auf das Fleisch legen, mischen.
~450 ml	Wasser	▶ Masse ablöschen, garen.

> **Topf ca. 30 Min./DDT: ca. 12–15 Min.**
> **2. Ring/ohne Einsatz**

2 El	Rotwein	
~1 El	Speisestärke	▶ verrühren, Gulasch damit binden, aufkochen lassen.
1 El	Sahne	Gulasch vor dem Anrichten nochmals abschmecken.

Anrichten: Schüssel (warm)   **Garnieren:** Petersilie (fein, 1 El)

Fleisch

4.5.8 Jägerschnitzel mit Pfifferlingen

4	Schweine- **oder** Kalbsschnitzel	mit Küchenpapier abtupfen und leicht klopfen. (**Klopfen:** Die Fleischfasern werden zerstört, das Fleisch wird zart.)
5 El	Öl	in der Stielpfanne erhitzen, Schnitzel von beiden Seiten gut anbraten und aus der Pfanne nehmen.
	Paprika, Salz, Pfeffer	Schnitzel würzen.

Merke: Würzt man das Fleisch nach dem Anbraten, bleibt der Fleischsaft erhalten, da das Salz **hygroskopische = wasserbindende** Eigenschaften hat und dem Fleisch Wasser entziehen würde.

1	große Zwiebel	schälen, in feine □ schneiden, in der Pfanne andünsten.
250 g	Pfifferlinge	putzen, waschen, evtl. zerkleinern, zugeben, kurz mitdünsten.
~550 ml	Wasser	Pfifferlinge ablöschen, Schnitzel in die Soße geben. Garzeit je nach Fleischsorte **10–15 Min.** Das Fleisch sollte weich sein. Garprobe regelmäßig durchführen.
~2 El	Speisestärke **(gestr.)**	
2 El	Weißwein	
2 El	Wasser	mischen, Soße binden bis sie sämig ist.
	Pfeffer, Paprika	Soße nochmals abschmecken.
2 El	Sahne	zugeben, Soße nicht mehr kochen lassen. Fleisch schuppenförmig auf der Fleischplatte anrichten, mit etwas Soße übergießen. Restliche Soße in den Soßengießer geben.

Tipp: Anstelle von frischen Pfifferlingen können 250 g Champignons o. Ä. verwendet werden. Das Öl kann durch Plattenfett ersetzt werden.

Anrichten: Fleischplatte, Soßengießer (warm), Untersetzer   **Garnieren:** Petersiliensträußchen, Tomatenachtel

4.6 Kalb

4.6.1 Kalbsschnitzel Julienne

100 g	Karotten	waschen, schälen, in sehr feine □ (**2 mm × 3 cm**) schneiden.
60 g	Sellerie	waschen, schälen, in sehr feine □ (**2 mm × 3 cm**) schneiden.
100 g	Lauch	putzen, der Länge nach halbieren, waschen, in feine □ (**2 mm × 3 cm**) schneiden.
2	Champignons	säubern, evtl. häuten, feinblättrig schneiden.
30 g	Butter **oder** Margarine	erhitzen, gesamtes Gemüse glasig dünsten.
	Salz, Pfeffer, Paprika	Gemüse würzen, abschmecken.
6 El	Wasser	zugeben, Gemüse **bissfest** dünsten.
4	Kalbsschnitzel **(je 180 g)**	mit Küchenpapier abtupfen, klopfen.
3 El	Öl	erhitzen, die Schnitzel von beiden Seiten anbraten.
	Salz, Pfeffer, Paprika	Kalbsschnitzel aus der Pfanne nehmen, beidseitig würzen. Auf ein mit Backfolie ausgelegtes Backblech legen. Gemüse gleichmäßig auf den Fleischstücken verteilen.
20 g	Butter	in feine □ schneiden. Butterflöckchen auf das Gemüse geben und im Backofen garen.

**Garzeit: ca. 15–20 Min./Gartemperatur: ca. 180 °C
mittlere Schiene/Ober- und Unterhitze**

40 g	gerieb. Gouda	**5 Min.** vor Ende der Garzeit über das Gemüse streuen. Gemüse gratinieren.

Anrichten: Fleischplatte (warm)   **Garnieren:** Kräuter (fein, 2 El)

Fleisch

4.6.2 Wiener Schnitzel

4		Kalbsschnitzel
		Salz, Paprika
		Pfeffer
2–3	El	Mehl
1–2		Eier
~9	El	Semmelbrösel
6	El	Öl

▶ mit einem Küchenpapier abtupfen und mit dem Plattiereisen **(siehe 1.6.4)** flach klopfen.

▶ Schnitzel beidseitig würzen.

▶ Schnitzel **panieren (siehe 1.9)**.

▶ in einer Pfanne erhitzen, Schnitzel von beiden Seiten **ca. 10 Min.** braten. **Garprobe** durchführen. Schuppenförmig auf einer Platte anordnen.

Wiener Schnitzel:
Es wird grundsätzlich Kalbfleisch verwendet.
Schnitzel „Wiener Art": Es wird in der Regel Fleisch vom Schwein verwendet.
Tipp: Anstelle von Semmelbrösel können auch fein zerkleinerte ungesüßte Cornflakes verwendet werden.

Anrichten: Platte (warm)   **Garnieren:** 4 Zitronenscheiben, kleine Petersilienträußchen

4.6.3 Cordon bleu

Cordon bleu (frz.): blauer Orden. Der französische König Heinrich III. (1017–1056) verlieh bestimmten Persönlichkeiten für anerkennenswerte Leistungen und Taten den blauen Orden. Selbst namhafte französische Spitzenköche wurden für ihre ideenreichen Kreationen mit dem Cordon bleu ausgezeichnet.

4		Kalbsschnitzel
		(1 Schnitzel
		ca. 180 g)
4	Tl	Tomatenketchup
2	Sch	gek. Schinken
2	Sch	Gouda
8		Zahnstocher
4–5	El	Öl
4	Sch	Zitronen

▶ mit Küchenpapier abtupfen und mit einem spitzen Fleischmesser, z. B. Spickmesser, seitlich aufschneiden. Es soll eine Tasche entstehen.

▶ Innenseite der Kalbsschnitzel ausstreichen.

▶ halbieren.

▶ halbieren, jeweils ½ Scheibe Schinken und Gouda in die Innenseite des Kalbsschnitzel legen.

▶ Öffnung damit schließen. Kalbsschnitzel panieren **(Mengenangabe s. o./Panieren 1.9)**.

▶ in der Pfanne erhitzen, Cordon bleu beidseitig braten. **Bratzeit: ca. 10–15 Min.**

▶ Cordon bleu garnieren **(siehe 4.8.6)**.

Anrichten: Platte (warm)   **Garnieren:** Zitronenscheiben, Petersilienträußchen

4.6.4 Kalbsgeschnetzeltes in Sahnesoße

400	g	Kalbfleisch
1		Knoblauchzehe
3	El	Sojasoße
		Pfeffer, Paprika
3	El	Öl
2		Zwiebeln
200	ml	Sahne
180	ml	Wasser
~2	El	Speisestärke **(gestr.)**
4	El	Wasser
		Salz, Pfeffer, Paprika
2	El	Petersilie

▶ mit Küchenpapier abtupfen, in feine ☐ schneiden.
▶ durch die Knoblauchpresse drücken, zum Kalbfleisch geben.

▶ Kalbfleisch **ca. 10 Min.** marinieren.

▶ erhitzen, Geschnetzeltes anbraten.
▶ schälen, in feine ☐ schneiden, zugeben.
▶ Fleisch ablöschen, garen. **Garzeit: ca. 5–10 Min.** Je nach Bedarf kann nach dem Garprozess etwas Flüssigkeit zugegeben werden.

▶ mischen, zu dem Geschnetzelten geben, einmal aufkochen lassen.
▶ abschmecken.
▶ waschen, sehr fein schneiden. Geschnetzeltes überstreuen.

Tipp: Kalbsgeschnetzeltes ist sehr schnell gar. Es muss regelmäßig eine Garprobe durchgeführt werden. Wird das Fleisch zu lange gegart, wird es zäh und hart.

Anrichten: Schüssel (warm)   **Garnieren:** Petersilie (fein, 2 El)

4.7 Geflügel

Geflügel ist reich an:
- Biologisch hochwertigem Eiweiß (ca. 18–24 %).
- Fettgehalt ist von der Geflügelart abhängig.
- Vitaminen (B-Gruppe).
- Mineralstoffen (Kalium, Eisen).
- Keine Kohlenhydrate.

Geflügelarten	Gewicht	Alter
Brathähnchen	ca. 0,7 kg–1,25 kg	ca. 6–7 Wochen
Poularde (schwere Brathühner)	ca. 1,5 kg–2,0 kg	ca. 7–8 Wochen
Jungmasthahn (Kapaun)	ca. 2,5 kg–2,8 kg	ca. 8–9 Wochen
Suppenhuhn	ca. 1,0 kg–2,0 kg	ca. 1–1,5 Jahre
Junge Ente (Pekingente)	ca. 2,0 kg–3,0 kg	ca. 12 Wochen
Frühmastgänse	ca. 2,0 kg–3,4 kg	ca. 10–12 Wochen
Junger Truthahn (junges Masttier)	ca. 3,0 kg–4,0 kg	ca. 8 Wochen

Lagerung:
- Frisches Geflügel nicht länger als **2 Tage** in einem geeigneten Gefäß im Kühlschrank bei **ca. 0–2 °C** aufbewahren.
- Tiefgefrorenes Geflügel gut verpackt bei **mindestens –18 °C** aufbewahren. Tiefkühlzeit siehe Packungsangaben.

Einkauf: Handelsklassen
Die Handelsklassen geben über das äußere Erscheinungsbild der Tiere Aufschluss.

Handelsklasse A: Hohe Qualität. Es handelt sich um vollfleischige bis fleischige Tiere mit einem geringen Fettansatz. Die Tiere dürfen nur einen geringen Federansatz aufweisen und müssen frei von Verletzungen sein.

Handelsklasse B: Geringere Qualität. Es liegen geringe Abweichungen von den oben genannten Qualitätsmerkmalen vor. Im Handel ist diese Ware nicht zu finden.

Vorbereitungsarbeiten:
- **Auftauen von Geflügel:**
  Geflügel aus der luftdichten Plastikhülle nehmen und in einer Schüssel (mit Siebeinsatz) zugedeckt über Nacht im Kühlschrank auftauen lassen.
- Um das Wachstum der Mikroorganismen zu verhindern, sollte das aufgetaute Geflügel rasch verwendet werden.
- Das Auftauwasser ist **salmonellenhaltig**, deshalb weggießen. Packung wegwerfen.
- Beutel mit Innereien aus dem Geflügel nehmen. Geflügel gut waschen, mit Küchenpapier abtupfen.
- Geflügel würzen. Verarbeitung siehe Rezepturen.
- Alle verwendeten Arbeitsgeräte und Flächen gründlich mit heißem Spülwasser reinigen. Hände desinfizieren.

Mögliche Garverfahren bei Geflügel sind:
Braten, Grillen, Foliengaren, Kochen, Schmoren o. Ä.
- Geflügel kann Salmonellen enthalten und sollte deshalb vollständig gegart werden. **Kerntemperatur: ca. 80 °C**.
- **Garprobe:** Tritt beim Einstechen klarer Saft aus, ist das Geflügel gar. Das Fleisch löst sich leicht vom Knochen.

Geflügel

Tranchieren (zerlegen):
→ Das Geflügel wird mit einem sehr scharfen Messer **oder** einer Geflügelschere **(siehe 1.6.1)** tranchiert.
→ Große Geflügelstücke vor dem Tranchieren **ca. 10 Min.** ruhen lassen (gleichmäßige Verteilung des Fleischsaftes).
→ Kleine Geflügelstücke können **sofort** tranchiert werden.

Das Tranchieren von großen und kleinen Geflügelteilen:

Kleine Geflügelstücke
z. B. Hähnchen

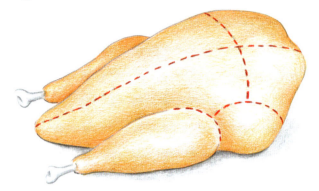

Große Geflügelstücke
z. B. Ente, Gans oder Pute

4.7.1 Hühnerfrikassee

1 GR	Hühnerbrühe	herstellen **(siehe 3.1.3)**. Hühnerfleisch von den Knochen befreien. Die großen Stücke nicht teilen, da das Frikassee appetitlich aussehen soll. **Die Hühnerbrühe zum Teil für die Soße verwenden!**
60 g	Butter **oder** Margarine	in einem Topf erhitzen.
60 g	Mehl	zugeben, anschwitzen **(siehe GR helle Mehlschwitze 3.6.1)**.
½ l	Hühnerbrühe	mischen, Mehlgemisch ablöschen, rühren
¼ l	Milch	(Schneebesen), einmal aufkochen lassen.
2–3 Tl	Zitronensaft	Soße würzen, abschmecken.
2–3 Tl	Weißwein	Je nach Bedarf kann noch etwas Flüssigkeit zugegeben werden.
1 Pr	Salz, Pfeffer ...	
140 g	Erbsen (1 kl. Ds)	Saft abtropfen lassen, zur Soße geben. Hühnerfleisch zugeben und nochmals abschmecken, heiß servieren.

Tipp: Zum Ablöschen wird zu der Hühnerbrühe ¼ l Milch verwendet, damit die Soße nicht trübe wirkt. Ist die Soße zu dickflüssig, kann zur Verfeinerung noch etwas Sahne zugefügt werden.

Anrichten: Schüssel (warm)   **Garnieren:** Petersilie (fein, 1 El)

4.7.2 Hähnchenschenkel vom Grill

→ In ein Grillblech das Grillgitter einsetzen. Backofeneinstellung: Grillen.

4	Hähnchenschenkel	trocken tupfen (wegen der Salmonellengefahr kein Holzbrett, sondern Kunststoffbrett verwenden). Arbeitsgegenstände nach Gebrauch gründlich reinigen.
4 El	Öl	in einer Tasse mischen, die Hähnchenschenkel damit bestreichen. Hähnchenschenkel auf das Grillgitter legen und mit dem Grillblech in den Backofen schieben.
4 Tl	Paprikapulver	
1 Tl	Pfeffer	
2 Tl	Salz	

Backofeneinstellung: Grillen/Bratzeit: ca. 30–40 Min. mittlere Schiene/Garprobe machen!

Arbeitsgeräte und Flächen sehr gut reinigen!

Anrichten: Platte (warm)   **Garnieren:** Petersiliensträußchen, Tomatenachtel

Tipp: Grundsätzlich sollten frische oder vollständig aufgetaute Hähnchenschenkel verwendet werden.

Geflügel

4.7.3 Geschmorte Hähnchenschenkel in Tomate

4		Hähnchenschenkel	putzen, mit dem Küchenpapier trocken tupfen.
		Öl	Hähnchenschenkel von allen Seiten mit Öl bestreichen.
		Salz, Pfeffer, Rosmarin, Thymian, Paprika	Hähnchenschenkel damit bestreuen.
3–4	El	Öl	erhitzen, Schenkel von allen Seiten anbraten, aus der Pfanne nehmen, zugedeckt warm stellen.
2		Zwiebeln	schälen, in feine ☐ schneiden, im Bratenfett glasig dünsten.
4		Tomaten	waschen, Strunk entfernen, häuten **(siehe 1.9)**, in ☐ schneiden, mitdünsten.
1		Lorbeerblatt	zugeben, Masse unter ständigem Rühren kochen, bis die Flüssigkeit verdampft ist.
1	El	Tomatenmark	
		Salz, Pfeffer, Paprika	zugeben, Tomatenmasse abschmecken.
300	ml	Wasser **(heiß)**	Tomatenmasse ablöschen, Hähnchenschenkel einlegen, **Garzeit: ca. 40–50 Min.** Je nach Bedarf kann beim Garvorgang noch etwas Wasser zugefügt werden.
1–2	El	Speisestärke **(gestr.)**	glatt rühren, Soße sämig binden.
3	El	Wasser	
		Rosmarin, Thymian, …	Soße abschmecken.
1	El	Crème fraîche	Soße verfeinern, Lorbeerblatt herausnehmen.

Anrichten: Hähnchenschenkel auf Platte, Soße in Soßengießer (warm), Unterteller
Garnieren: frischer Thymian (fein, 1 El)

Tipp:
Alle Arbeitsgegenstände nach Gebrauch gründlich reinigen, da Geflügel Salmonellen enthalten kann.

Pute(r)/Truthahn/Turkey

Turkey (engl., Truthahn) wird in den USA hauptsächlich am „Thanksgiving Day" (Erntedankfest) serviert. Truthähne können bis zu 20 kg schwer werden. Das Fleisch ist sehr fettarm und deshalb sehr bekömmlich. Ein(e) Pute(r) besteht aus ca. 7 unterschiedlichen Fleischsorten, z. B. Brust: weißes Fleisch, Keule: dunkles Fleisch.

4.7.4 Picatta auf Pute

4		große Putenschnitzel	mit einem Küchenpapier abtupfen, flach klopfen.
3	El	Öl	in einer Pfanne erhitzen, Schnitzel von beiden Seiten anbraten.
		Salz, Pfeffer, Paprika	Schnitzel würzen.
250	ml	Milch	in einem kleinen Topf zum Kochen bringen.
3	El	Dinkel	sehr fein mahlen, in die kochende Flüssigkeit rühren. Masse einmal kräftig aufkochen lassen.
10	El	grieb. Parmesan	
60	g	Crème fraîche	unter die Masse rühren.
2		Eigelb	
2	Pr	Pfeffer, Koriander, Salz	zugeben. Masse in einen Spritzbeutel mit **(Lochtülle ⌀ 10 mm)** füllen. Diese wellenförmig auf die Schnitzel spritzen (siehe Abbildung). Putenschnitzel auf ein mit Backfolie vorbereitetes Backblech legen. Schnitzel gratinieren. Es sollte eine goldbraune Kruste entstehen.

**Garzeit: ca. 15 Min./Gartemperatur: ca. 180 °C
mittlere Schiene/Ober- und Unterhitze**

Anrichten: Platte (warm)   **Garnieren:** Tomatenachtel mit Petersilie

Geflügel

4.7.5 Putentöpfchen

→ Feuerfeste Auflaufform mit Margarine einfetten.

500 g	Zwiebeln	▶ schälen, in feine ○ schneiden.
4–5 El	Öl	Zwiebelringe goldbraun anrösten. **Garzeit: ca. 5–10 Min.** Zwiebeln erkalten lassen.
200 g	Crème fraîche	verrühren, erkaltete Zwiebeln zugeben,
200 ml	Sahne	mischen.
	Salz, Paprika, Pfeffer	Masse kräftig abschmecken.
4	Putenschnitzel	mit einem Küchenpapier abtupfen, klopfen.
3–4 El	Öl	erhitzen, Schnitzel von beiden Seiten kurz anbraten.
	Salz, Pfeffer, Paprika	Schnitzel würzen, schuppenförmig in einer feuerfesten Auflaufform anordnen.
250 g	Champignons **(Ds)**	öffnen, Saft abtropfen lassen. Champignons gleichmäßig auf den Putenschnitzeln verteilen. Zwiebelmasse auf die Champignons gießen, in Backofen geben.

**Garzeit: ca. 30–40 Min./Gartemperatur: ca. 180 °C
mittlere Schiene/Ober- und Unterhitze**

| 2 El | Petersilie | waschen, fein zerkleinern, kurz vor dem Anrichten darüberstreuen. |

Anrichten: Auflaufform, Holzbrett **Garnieren:** Petersilie (fein, 2 El)

Tipp: Gedünsteter Reis oder Spätzle sind geeignete Sättigungsbeilagen für das Putentöpfchen.

4.7.6 Putenschnitzel Engadin

4	Putenschnitzel	mit einem Küchenpapier abtupfen, flach klopfen.
	Pfeffer, Paprika	Schnitzel würzen.
40 g	Schmelzkäse	Schnitzeloberfläche gleichmäßig bestreichen.
4 Sch	gek. Schinken	Auf jedes Schnitzel **1 Sch.** Schinken legen. Ränder dürfen nicht überstehen. Schnitzel zur Hälfte klappen.
	Rouladennadeln **oder** Zahnstocher	Schnitzel sorgfältig zusammenstecken.
3–4 El	Öl	Schnitzel von beiden Seiten braten. **Bratzeit pro Seite: ca. 3 Min.**
1	Zwiebel	schälen, in □ schneiden, kurz anbraten.
~600 ml	Brühe (z. B. 3.1.5 oder 600 ml Wasser und ½ Tl Brühpulver verwenden.)	Fleisch ablöschen, Deckel auflegen. **Garzeit: ca. 10 Min.** Die Schnitzel herausnehmen. Die Zahnstocher **oder** Rouladennadeln entfernen. Fleisch schuppenförmig auf einer Platte anrichten. Fleischplatte abgedeckt warm stellen.
2–3 El	Speisestärke **(gestr.)**	verrühren, Fleischfond damit binden.
2 El	Weißwein	Evtl. noch etwas Brühe zugeben. Soße pürieren (Handrührgerät/Pürierstab).
5 El	Sahne	
	Salz, Pfeffer, Paprika	Soße abschmecken, etwas über das Fleisch gießen.
2 El	Petersilie	waschen, fein zerkleinern und über das Fleisch streuen.

Engadin: Hochtal des Schweizer Kantons Graubünden. Der Inn fließt durch das Hochtal. Bekannte Ferienorte sind St. Moritz, Pontresina und Sils.

Anrichten: Fleischplatte und Soßengießer (warm) mit Unterteller **Garnieren:** Petersilie (fein, 2 El)

Geflügel

4.7.7 Putengeschnetzeltes Asia

350 g	Pute	▶	mit Küchenpapier abtupfen, in feine ☐ schneiden.
1	Zwiebel	▶	schälen, in ☐ schneiden.
3 El	Öl	▶	erhitzen, Fleisch anbraten, Zwiebeln zugeben, dünsten.
1 Tl	Currypulver		
½ Tl	Salz		darüber geben, mischen.
1 El	Sojasoße		
~350 ml	Wasser	▶	mischen, Fleisch ablöschen, **Garzeit ca. 10 Min.** Fleisch probieren.
2 El	Weißwein		
100 ml	Sahne		mischen, Soße damit binden. Soße nochmals aufkochen lassen. Je nach Bedarf noch etwas Flüssigkeit zugeben.
~4 El	Speisestärke (**gestr.**)		
2 Sch	Ananas	▶	in feine △ schneiden, zugeben.
160 g	Sojakeimlinge	▶	zugeben.
½	Banane	▶	in **0,5 cm** dünne ○ schneiden, zugeben.

Merke: Geschnetzeltes **kurz** erhitzen, dabei **starkes Rühren** vermeiden (Früchte dürfen nicht zerfallen). Putengeschnetzeltes abschmecken, anrichten.

Tipp: Es können je nach Saison andere Früchte ausgewählt werden. Früchte mit lockerer Zellstruktur sollten ganz zum Schluss zugegeben werden, dabei starkes Erhitzen vermeiden. Das appetitliche Aussehen sollte erhalten bleiben.

1 El	gehobelte Mandeln	▶	anrösten, über das Geschnetzelte streuen.
2 El	Mandarinenstücke		auf das Putengeschnetzelte legen. **Beachte:** Mandarinenstücke nicht mit erhitzen, da sie sofort zerfallen.

Anrichten: Schüssel (warm) **Garnieren:** gehobelte Mandeln (1 El), Mandarinenstücke (2 El), Minzeblatt

Fisch

4.8 Fisch

Fisch ist reich an:
→ Biologisch hochwertigem Eiweiß **(15 % – 20 %)**.
→ Mineralstoffen (Jod, Kalium, Phosphor).
→ Vitaminen (A, D, B-Gruppe).

Klassifizierung der Fischangebote:

Süßwasserfische	Seefische	Schalen- und Krustentiere
Karpfen, **Forelle**, **Hecht**, **Barsch**, **Aal**, **Zander**	**Thunfisch**, **Hering**, **Scholle**, **Kabeljau**, **Schellfisch**	Muscheln, Krabben, Austern, Garnelen, Hummer, Krebse

* Magerfisch   * Fettfisch

Qualitätsmerkmale von frischem Fisch:

→ Frischen Fisch möglichst am Tag des Einkaufs zubereiten und verwerten. Fisch kann höchstens **1 Tag** in gut gekühltem Zustand aufbewahrt werden.

→ Fettreiche Fischfilets sind **max. 4 Monate** tiefzukühlen, fettarme Fische hingegen bis zu **8 Monaten**.

→ **Frischemerkmale:** klare, glänzende Augen; kein schlechter Geruch; fest sitzende Schuppen; festes, elastisches Fleisch; leuchtend rote Kiemen.

Zubereitung von Fisch: 3-S-System

S ÄUBERN
1

Fisch schuppen und ausnehmen. Kurz unter fließendem kaltem Wasser waschen. Fisch nie im Wasser liegen lassen, da die wasserlöslichen Vitamine ausgeschwemmt werden. Das Fischfilet kurz unter fließendes Wasser heben, sofort mit Küchenpapier abtupfen.

S ÄUERN
2

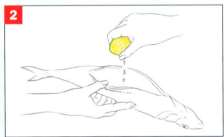

Fisch mit Essig **oder** Zitronensaft **(ca. 2 El für 200 g Fisch)** beträufeln und **ca. 10 Min.** einziehen lassen. Durch die Säure wird der Fischgeruch gebunden. Das Fischgewebe fällt nicht auseinander. Die Farbe des Fisches bleibt erhalten.

S ALZEN
3

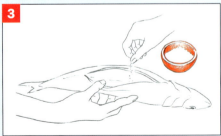

Kurz vor dem Garen sollte der Fisch gesalzen werden, da Salz dem Fisch sonst zu viel Wasser entzieht **(hygroskopische Wirkung)**.
Für ein Fischfilet (200 g) wird ca. $^1/_2$ Tl Salz = 2 große Pr. verwendet.
Salzzugabe kann nach Belieben variiert werden.

Merke: Das **3-S-System** sollte eingehalten werden, ansonsten kommt es zu Form-, Vitamin- und Mineralstoffverlusten.

Fisch

Mögliche Garverfahren für Fisch:
Garen in der Folie, Braten, Grillen, Dünsten, Dämpfen, Garziehen, Frittieren etc.

Küchenpraktischer Tipp: Der Fischgeruch in der Küche kann vermindert werden. Nach der Vorbereitung sollten alle Arbeitsgeräte und Gegenstände sofort unter heißem Wasser, mit Spülmittel oder Zugabe von Essig, gesäubert werden.

4.8.1 Fisch Weidmannsart

3	Tomaten	waschen, Strunk entfernen, häuten, in ○ schneiden **(siehe 1.9)**. Gleichmäßig auf dem Boden einer feuerfesten Auflaufform verteilen.
	Salz, Pfeffer, Paprika	Tomaten würzen.
5	Champignons	säubern, evtl. häuten, feinblättrig schneiden.
1	Zwiebel	schälen, in feine □ schneiden.
3 El	Petersilie	waschen, fein zerkleinern.
20 g	Butter **oder** Margarine	in einer Pfanne erhitzen. Champignons, Zwiebeln und Petersilie andünsten.
140 g	Mais **(1 kl. Ds)**	zugeben, kurz mitdünsten.
	Salz, Pfeffer, Paprika	Masse abschmecken. Champignonmasse auf die Tomaten geben.
400 g	Fischfilet **(Tk oder frischer Fisch)**	Fisch **(Tk)** völlig auftauen lassen, nicht gefroren verwenden. Nach dem **3-S-System** vorbereiten (**s**äubern, **s**äuern, **s**alzen). Fischfilet auf die Champignonmasse setzen.
½	Zitrone **(Saft)**	
	Salz	
100 g	Crème fraîche	mischen, abschmecken.
100 ml	Sahne	Masse über den Fisch geben, im Backofen garen.
1 Pr	Salz, Pfeffer, Paprika	**Garzeit: ca. 20–30 Min./Gartemperatur: 200 °C mittlere Schiene/Ober- und Unterhitze**
100 g	gerieb. Gouda	**5 Min.** vor dem Ende der Garzeit über den Fisch streuen, **überbacken = gratinieren**.
2 El	Petersilie	waschen, fein zerkleinern, über den fertigen Fisch streuen.

Anrichten: Auflaufform, hitzebeständige Unterlage   **Garnieren:** Petersilie (fein, 2 El)

4.8.2 Lachsschnitten mit Meerrettichhaube

→ Backofen auf **Grilleinstellung (Stufe 2)** einstellen. Backblech mit Backfolie auslegen.

4 Sch	Toastbrot	Rinde entfernen und mit dem Mixer sehr fein zerbröseln.
100 g	weiche Butter	untermixen.
2 El	Meerrettich	
	Salz, Pfeffer, …	Masse **vorsichtig** würzen. Diese zwischen Gefrierbeutel zu einer **2 mm dünnen 24 cm x 18 cm** dünnen Platte auswellen, diese **ca. 10 Min.** tiefkühlen.
1	Zitrone	Saft auspressen.
800 g	Lachsfilets **(Größe pro Stk. 6 x 18 cm)**	evtl. Gräten entfernen, in Zitronensaft wenden.
	Salz, Pfeffer, …	Lachsfilets würzen.
4–5 El	Öl	erhitzen, Lachs beidseitig anbraten und auf ein mit Backfolie ausgelegtes Backblech legen. Die Meerrettichplatte in **vier Stücke (á 6 cm x 18 cm)** teilen und Fischfilets belegen. Fischfilets im Backofen **ca. 5 Min. goldbraun** überbacken **(Grilleinstellung Stufe 2)**.

Anrichten: Platte (warm)   **Garnieren:** Zitronenscheiben (dünn), Dill

Fisch

4.8.3 Heilbutt im Lauchmantel

1 Stg	Lauch (ca. 200 g)	▶ putzen, anschneiden und **ca. 9 Lauchblätter (à 8 cm x 17 cm)** daraus gewinnen. Lauchblätter waschen und **ca. 3 Min.** blanchieren **(siehe 1.8)**.
600 g	Heilbuttfilet	▶ in **ca. 9 Stücke (à 6 cm x 7 cm)** teilen. Nach **3-S-System** behandeln. Jedes Fischstück mit einem Lauchblatt umwickeln, Enden evtl. mit Zahnstocher sichern.
4-5 El	Öl	▶ erhitzen, Heilbutt im Lauchmantel von beiden Seiten anbraten.

Remouladensoße

1	Ei Wasser	▶ mit dem Eierpicker oben und unten einstechen. Ei **10 Min.** hart kochen, kalt abschrecken, abkühlen lassen, schälen. Ei mit dem Eierschneider in Längs- und Querrichtung teilen.
3 El	Mayonnaise	▶ mischen.
3 El	Joghurt **(Natur)**	
2 El	Petersilie	▶ waschen, sehr fein schneiden, zugeben. Eierwürfel zugeben.
1	Essiggurke	▶ in sehr feine □ schneiden, zugeben. Masse **vorsichtig** mischen.
	Salz, Pfeffer, Paprika	▶ Joghurtmasse abschmecken.

Anrichten: Remouladensoße/Dessertglas mit Unterteller, Heilbutt/Platte (warm)　　**Garnieren:** Petersilie (fein, 1 El)

4.8.4 Garnelen im Teigmantel

Ausbackmasse

200 g	Mehl	
2	Eigelb	
½ Tl	Salz, Paprika	▶ alle Zutaten verrühren. Masse **ca. 10–15 Min.** zugedeckt quellen lassen.
1 Pr	Pfeffer	
100 ml	Mineralwasser **oder** Bier	
2	Eiweiß	▶ steif schlagen (Handrührgerät/Schneebesen) und locker unter die gequollene Masse heben.

Joghurtdip

100 g	Joghurt **(Natur)**	
50 g	Sauerrahm	
1 El	Zitronensaft	▶ alle Zutaten mischen.
1 El	Tomatenketchup	
25 g	Sahne	▶ steif schlagen, locker unterheben.
2 El	Kräuter	▶ waschen, sehr fein zerkleinern, zur Joghurtmasse geben.
	Salz, Pfeffer ...	▶ Joghurtmasse abschmecken, in ein kleines Dessertglas füllen.
~300 g	frische Garnelen **oder** Garnelen **(Tk)**	▶ unter fließendem Wasser abbrausen und mit einem Küchenpapier abtupfen (bzw. auftauen, waschen, abtupfen). Garnelen einzeln in die Ausbackmasse geben. Sie müssen vollständig mit Masse umschlossen sein.
300 ml	Öl	▶ in einer hohen Pfanne erhitzen. Garnelen mit einer Gabel **vorsichtig** aus der Masse nehmen, goldbraun frittieren und auf ein Küchenpapier legen. Das überschüssige Fett wird aufgenommen.
4	Kopfsalatblätter	▶ putzen, waschen, auf einem Teller dekorativ anordnen, Garnelen bergförmig auf Salatblättern anrichten, heiß servieren.

Anrichten: Garnelen/Teller (warm), Dip/Dessertglas mit Unterteller　　**Garnieren:** Zitronenringe **(4.8.6)**

Fisch

4.8.5 Garnelen continental

12	frische Garnelen	▸ waschen, mit Küchenpapier abtupfen.
2 El	Sojasoße	mischen, Garnelen marinieren und
2 El	Cognac	**ca. 15 Min.** zugedeckt stehen lassen.
3 El	Öl	▸ erhitzen, Garnelen von beiden Seiten anbraten.
1	Knoblauchzehe	▸ durch Knoblauchpresse drücken, zu den Garnelen geben.
½	Zwiebel	in feine ☐ schneiden, zugeben, andünsten.
8 Sch	Tomaten **(in Öl gelegt)**	in feine ☐ schneiden, zugeben, andünsten.
8	schwarze Oliven	Kerne entfernen, in feine ☐ schneiden, mitdünsten.
¼ Bd	Schnittlauch **(3 El)**	waschen, fein schneiden, zugeben. Masse **ca. 5 Min.** dünsten lassen.
	Salz, Pfeffer, Tabascosoße, Paprika	würzen, Garnelen anrichten, dabei Tomatenmasse dekorativ anordnen.

Anrichten: Platte (warm) **Garnieren:** Schnittlauch (fein), Kerbelsträußchen

Garnelen: Die kleinen Krustentiere können bis zu 10 cm lang werden und sind frisch oder tiefgekühlt im Handel erhältlich.

Tomaten: Es handelt sich um getrocknete Tomatenscheiben, die in einer Kräuter-Öl-Soße im Handel erhältlich sind.

4.8.6 Paniertes Schollenfilet

800 g	frische Schollenfilet **(pro Filet ca. 200 g)**	▸ je nach Verschmutzungsgrad säubern, waschen, mit Küchenpapier abtupfen.
1	Zitrone	auspressen und Fischfilet darin wenden.
	Salz	Fischfilet beidseitig salzen.
3–4 El	Mehl	
2	Eier	Fischfilet panieren, siehe Paniervorgang
~9 El	Semmelbrösel	**(siehe 1.9)**.
5–6 El	Öl	in einer Pfanne erhitzen, Fischfilet von beiden Seiten goldbraun anbraten. **Bratzeit ca. 5–10 Min.** Wird der Fisch zu lange erhitzt, kann er zerfallen.
4 Sch	Zitrone	die panierten Schollenfilets dekorativ belegen. Je nach Wunsch kann eine Remouladensoße **(siehe 4.8.3)** dazu gereicht werden.

Anrichten: Platte (warm) **Garnieren:** Zitronenscheiben, Petersiliensträußchen

Fisch

4.8.7 Gefüllter Blätterteigfisch

→ Backblech mit Backfolie **oder** Backtrennpapier auslegen.
→ Fisch auf diesem Rezeptblatt abzeichnen, Schablone herstellen.

400 g	Blätterteig **(TK)**	zu einer **2 mm** dünnen Platte auswellen. Fischschablone **2-mal** auflegen, Fisch aus dem Teig schneiden.
	Blätterteigreste	**ca. 3 cm** große Ringe als Fischschuppen ausstechen.
100 g	Blattspinat	putzen, waschen, blanchieren **(siehe 1.8)**. Wasser ausdrücken.
½ Tl	Salz	Spinat würzen.
70 g	Champignons	säubern, evtl. häuten, feinblättrig schneiden.
1 El	Zitronensaft	Champignons beträufeln, mischen.
100 g	Karotten	waschen, schälen, fein reiben.
½	Zwiebel	schälen, in feine □ schneiden.
20 g	Butter	in einer Pfanne erhitzen, Champignons, Zwiebeln, Karotten und Spinat andünsten.
	Salz, Pfeffer, ...	Masse abschmecken, erkalten lassen.
200 g	Schollen- **oder** Rotbarschfilet **(Tk oder frisch)**	nach **3-S-System** (**S**äubern, **S**äuern, **S**alzen) vorbereiten. Einen ausgeschnittenen Blätterteigfisch auf das Backblech legen.
1	Eiweiß	Blätterteig bestreichen. Die Champignonmasse auf den Blätterteig legen und einen **1 cm** breiten Rand stehen lassen. Fischfilet auf die Champignonmasse legen. **2. Blätterteigfisch** auflegen und Ränder mit einer Gabel festdrücken.

> **Merke:** Die Füllung darf nicht am Rand ausdringen.

	Eiweiß	gesamten Blätterteigfisch bestreichen und die Kreise schuppenförmig als Fischschuppen anordnen, festdrücken. Einen Ring für das Auge verwenden. Restliches Eiweiß mit dem Eigelb verquirlen und den Fisch **sorgfältig** bestreichen und backen.

Backzeit: ca. 1 Std./Backtemperatur: ca. 180 °C mittlere Schiene/ Ober- und Unterhitze

Anrichten: Platte (warm)   **Garnieren:** —

5. Kapitel

5 Teigwaren, Pfannkuchen- und Semmelgerichte

Teigwaren, Pfannkuchen- und Semmelgerichte können als Beilagen, aber auch als Hauptkomponenten eines Mittagessens angeboten werden. Sie sind sehr kohlenhydratreich und dienen somit als Ergänzung von besonders eiweiß- und vitaminreicher Nahrung. Sie können durch unterschiedliche Geschmacks- und Verfeinerungszutaten vielseitig abgewandelt werden.

	2. PROJEKT	142
5.1	Einführung Teigwaren	143
5.1.1	GR Nudelteig mit Abwandlungen	144
5.1.2	Bandnudeln	145
5.1.3	Rote Farfalle	145
5.1.4	Lasagne	146
5.1.5	Fusilli al pesto	146
5.1.6	Gnocchi alla napoletana	147
5.1.7	Penne in Kräuterrahmsoße	148
5.1.8	Spaghettinester	148
5.1.9	Nudelauflauf	149
5.1.10	Tortellini mit Schinkensoße	149
5.1.11	Gefüllte Maultaschen	150
5.1.12	Geröstete Maultaschen	150
5.2	GR Spätzleteig mit Abwandlungen	151
5.2.1	Schinkenspätzle	152
5.2.2	Kräuterspätzle	153
5.2.3	Käsespätzle	153
5.2.4	Geröstete Spätzle	153
5.3	GR Pfannkuchenmasse mit Abwandlungen	154
5.3.1	Pfannkuchen mit Hackfleischfüllung	155
5.3.2	Gefüllte Pfannkuchen mit Mais und Champignons	155
5.3.3	Kräuterpfannkuchen mit Füllungen	156
5.3.4	Gefüllte Pfannkuchensäckchen	157
5.3.5	Pfannkuchenauflauf	158
5.3.6	Apfelküchlein	158
5.3.7	Süße Pfannkuchen mit diversen Füllungen	159
5.4	Semmelteig	160
5.4.1	GR Semmelteig	160
5.4.2	Semmelknödel	160
5.4.3	Semmelschmarren	161
5.4.4	Serviettenkloß	161
5.4.5	Semmel-Spinat-Scheiben	162

Eigene Rezepte

2. PROJEKT

Schwerpunkt: Erstellung eines 4-Gang-Menüs

Sie laden Ihre Freunde bei sich zu Hause zu einem italienischen Abend ein. Zum Essen möchten Sie ein italienisches 4-Gang-Menü mit passenden Getränken anbieten.

Diese Fragen und Aufgaben sollen Ihnen bei der Durchführung des Projekts als Anregung und Hilfestellung dienen.

Planungshilfen/Vorbereitungen

- Welche landestypischen Speisen und Getränke werden in Italien angeboten? ... usw.

Aufgabe: Sammeln Sie Informationen über italienische Speisen und Getränke. Nutzen Sie dafür Kochbücher, Reiseführer, das Internet etc.

Zusammenstellung der Gänge

- Welche Gänge können bei einem 4-Gang-Menü angeboten werden (z. B. kalte Vorspeise, Suppe, Hauptgericht, Dessert etc.)?
- Welche Kombinationsvariationen der einzelnen Gänge sind möglich? ... usw.

Aufgabe: Informieren Sie sich, welche Gänge und welche Kombinationsvariationen der Gänge bei einem 4-Gang-Menü passend sind. Entscheiden Sie sich für eine 4-gängige Kombination.

Menüauswahl

- Welche Besonderheiten müssen bei der Zusammenstellung der einzelnen Speisen beachtet werden?
- Welche allgemeinen Regeln müssen Sie bei der Auswahl der Getränke beachten? ... usw.

Aufgabe: Informieren Sie sich, wie die einzelnen Speisen und Getränke fachlich richtig zusammengestellt werden. Stellen Sie ein italienisches 4-Gang-Menü mit den geeigneten Getränken zusammen. Verwenden Sie hierfür die eingeholten Informationen. Die unten aufgeführten Regeln dienen Ihnen ebenso als Hilfestellung.

Einige Regeln für die Speisenauswahl für ein mehrgängiges Menü

- Die Auswahl der Speisen müssen dem Anlass und den Preisvorstellungen der Gastgeber entsprechen.
- Die jahreszeitlichen und regionalen Angebote sollten genutzt werden.
- Die Speisenauswahl sollte auf die Ernährungsbedürfnisse der Gäste abgestimmt sein.
- Die einzelnen Gänge müssen farblich zusammen passen (nach einer hellen Speise folgt eine farblich sich abhebende Speise).
- Es sollten nicht dieselben Rohstoffe (z. B. Kartoffeln) und dieselben Garverfahren (z. B. Frittieren) hintereinander gewählt werden (z. B. eine Kartoffelsuppe sollte nicht vor Salzkartoffeln gereicht werden).
- Die Bindungen der Soßen bzw. der Suppen sollten aufeinander abgestimmt sein (nach einer gebundenen Suppe/Soße folgt eine ungebundene Suppe/Soße).
- Bei der Speisenauswahl sollten die personellen u. küchentechnischen Gegebenheiten berücksichtigt werden.
- Legen Sie zuerst die Speisen des Hauptgangs fest. Wählen Sie dann entsprechend der oben aufgeführten Regeln die einzelnen Speisen der übrigen Gänge aus.

Teigwaren

Teigwaren: Teigwaren (Nudeln und Spätzle) sind sehr kohlenhydratreich, da sie aus verschiedenen Getreidesorten hergestellt werden. Die Qualität der Teigwaren ist vom Ausmahlungsgrad des Getreides abhängig (hoher Ausmahlungsgrad = hoher Mineralstoffgehalt). Entsprechend dem Vollkornanteil muss die Flüssigkeitsmenge in Form von Wasser und Eiern angepasst werden. Die im Handel erhältlichen Teigwaren werden hauptsächlich aus Hartweizengrieß, Weizenmehl oder Sojamehl (Glasnudeln/Reisnudeln) hergestellt. Ihr Fettanteil ist verschwindend gering.

Lagerung

Teigwaren grundsätzlich trocken lagern. Das Haltbarkeitsdatum muss beachtet werden. Angebrochene Packungen müssen baldmöglichst verbraucht werden.

Garen von Teigwaren

→ Teigwaren **quellen** sehr stark, d. h., sie nehmen Flüssigkeit auf. Wird eine größere Menge an Teigwaren gegart, sollte ein großer, hoher Topf verwendet werden.

→ Um das Kleben der Teigwaren zu verhindern,
   a) müssen sie in sprudelndes Wasser gegeben werden.
   b) fügt man dem Kochwasser etwas Öl zu (das Öl verhindert auch die starke Schaumbildung beim Garen).
   c) sollten sie nach dem Absieden kurz mit kaltem Salzwasser **übergossen = abgeschreckt** werden.

→ Teigwaren schmecken **bissfest = „al dente"** gegart am besten.

→ Teigwaren, die nach dem Garen **sofort** heiß serviert werden, muss man nicht abschrecken.

Möglichkeiten, Teigwaren zu erwärmen:

→ **Mikrowellengerät:** Die gegarten Nudeln werden kurz im Mikrowellengerät erwärmt.

→ **Wasserdampf:** Einen Teil des heißen Teigwarenwassers (Bodendecke) in einem Topf auffangen. Sieb mit Nudeln in den Topf hängen. Deckel auflegen. Die Teigwaren werden durch den Wasserdampf erwärmt.
   Merke: Die Teigwaren dürfen nicht im Wasser liegen, da sie sonst klebrig werden.

→ **Pfanne:** Etwas Butter in der Pfanne schmelzen, Teigwaren zugeben und in Butter schwenken.

→ **Topf:** Teigwaren nochmals in das kochende Wasser geben, abschütten und heiß servieren.

Verfeinerungsmöglichkeiten (für 1 GR Nudeln oder Spätzle):

Geröstete Semmelbrösel: 30 g Butter erhitzen, ca. 3–4 El Semmelbrösel zugeben und goldbraun anrösten. Brösel über die Teigwaren streuen.

5.1 Nudeln

Geschichtlicher Hintergrund: Aus archäologischen Funden weiß man, dass bereits die Etrusker (Bewohner von Etrurien, italienische Landschaft zwischen Tiber und Apennin → heute die Toskana) Nudeln aus Weizenmehl, Wasser, Honig und Mandeln kannten. Nudeln kommen ursprünglich aus China und wurden aus Sojamehl hergestellt. Marco Polo (1254–1323) brachte sie auf dem Schiffsweg nach Europa. Bis heute werden unterschiedlichste Nudelsorten entwickelt und in vielen Ländern der Erde gerne gegessen. In Italien bezeichnet man Nudelgerichte als Pasta.

Bunte Nudeln: Durch die Zugabe von natürlichen Zusätzen können verschiedenfarbige Nudeln hergestellt werden.

Farben	Zusätze
Grüne Nudeln	Gewonnener Saft aus Spinat
Rote Nudeln	Tomatenmark/Rote-Bete-Saft
Braune Nudeln	Gemahlenes Getreide (Vollkornmehl)

Teigwaren

Nudelsorten

Im Handel sind Teigwaren in verschiedenen Formen erhältlich. Unterschieden werden **Langwaren**, **Kurzwaren** und **Suppennudeln**.

Langwaren sind **lange, draht-** und **röhrenförmige** Teigwaren, die in Kombination mit verschiedensten Soßen, Gemüse- und Fleischspeisen als Hauptgericht oder Beilage angerichtet werden.

Bandnudeln

Makkaroni

Spaghetti

Glasnudeln

Kurzwaren sind **kurze, gut teilbare** aber auch **flache** Teigwaren, die hauptsächlich als Beilage oder für Aufläufe verwendet werden.

Farfalle

Fusilli

Gnocchi

Räder (Rotelle)

Suppennudeln sind **sehr kleine kurze** Teigwaren, die in diversen Formen gefertigt und ausschließlich in Suppen und Eintöpfen angeboten werden.

Buchstaben

Fadennudeln

Muscheln

Acini di Pepe

5.1.1 Nudelgerichte

GR Nudelteig

Menge ½ GR	Menge 1 GR	Zutaten	Zubereitung
1 1½–2 El 1 Tl ¼ Tl	2 3–4 EL 1 El ½ Tl	Ei/Eier Wasser Öl Salz	Alle Zutaten in eine Rührschüssel geben und mit dem Schneebesen gleichmäßig verrühren.
125 g	250 g	Mehl	sieben und nach und nach unter die Eiermasse kneten. Dabei kann das Handrührgerät (Knethaken) **oder** der Rührlöffel verwendet werden. Teig auf eine saubere Arbeitsfläche **oder** auf ein Backbrett geben und restliches Mehl unterkneten. Bis der Teig im Innern kleine Luftbläschen bildet, muss er **ca. 10 Min.** richtig durchgeknetet werden. **Teigbeschaffenheit: glatte Oberfläche, leichter Glanz.**
1 Tl	1 El	Öl	Teigoberfläche damit bestreichen. Den Teig zugedeckt **ca. 10 Min.** an einen warmen Ort stellen. Arbeitsfläche leicht mit Mehl bestäuben. Den Teig zu einer **1–2 mm** dünnen Teigplatte auswellen. Weiterverarbeitung des Nudelteiges siehe Nudelrezepte.

Teigwaren

Abwandlungen GR Nudelteig

Abwandlungen	Zutaten für 1 GR		Zubereitung
Vollkornnudeln	125 g	Weizenmehl (Type 405)	Zubereitung siehe **GR** Nudelteig. Je nach Bedarf kann noch etwas Wasser **oder** Mehl zugegeben werden.
	125 g	gem. Weizen	
	1	Ei	
	1 Tl	Salz	
	~85 ml	Wasser	
Rote Nudeln	4 El	Tomatenmark	Das Tomatenmark wird mit der Eimasse verrührt.
Mohnnudeln	30 g	Mohn	in einer Pfanne ohne Fett anrösten und zum Mehl geben.

5.1.2 Bandnudeln

| 1 GR | Nudelteig |

herstellen **(siehe GR)**. Leicht getrocknete Teigplatten **vorsichtig** aufrollen und in **ca. 1 cm** dünne Streifen schneiden. Streifen auseinander rollen und auf einem Brett **oder** einer Arbeitsfläche vollständig trocknen lassen **oder** sofort garen. Ist eine Nudelmaschine vorhanden, können die Nudelplatten entsprechend der Größe der Nudelwalze zurechtgeschnitten und durchgelassen werden. Anweisung des Herstellers grundsätzlich beachten!

Garen von Nudeln:

2 l	Wasser
1 El	Salz
2 El	Öl

in einen großen, breiten Topf geben und zum Kochen bringen.

| ~250 g | Nudeln |

in das **kochende** Wasser geben, umrühren. Nudeln **bissfest = al dente** garen. **Garzeit ca. 10–12 Min.** Nudeln in ein großes Sieb gießen und sofort heiß servieren. **Werden die Nudeln nicht sofort angerichtet, gilt:**

2 l	kaltes Wasser
1 Tl	Salz
40 g	Butter

Nudeln **übergießen = abschrecken**. Die Nudeln kleben dann nicht aneinander.
in einer Pfanne erhitzen, Nudeln darin erwärmen. Weitere Möglichkeiten, die Teigwaren zu erwärmen: **siehe Seite 143**.

| 30 g | Butter |
| 3–4 El | Semmelbrösel |

in einer Pfanne schmelzen lassen.
zugeben, goldbraun anrösten, über die fertigen Nudeln geben.

Anrichten: Schüssel **oder** Platte (warm)   **Garnieren:** geröstete Semmelbrösel

5.1.3 Rote Farfalle (schleifenartige Nudeln)

250 g	Mehl
2	Ei
2 El	Wasser
2 El	Öl
4 El	Tomatenmark
½ Tl	Salz

Nudelteig herstellen **(siehe GR)**.
Teig **halbieren** und auf einer leicht bemehlten Arbeitsfläche zu **1–2 mm** dünnen Teigplatten auswellen. Platten auf einem leicht bemehlten Geschirrtuch etwas antrocknen lassen. Teigplatten von dem Geschirrtuch nehmen, mit dem Teigrädchen in **5 cm × 4 cm** große Rechtecke teilen und zu kleinen Schlaufen formen. Farfalle garen (siehe Garen von Nudeln).

Anrichten: Schüssel **oder** Platte (warm)   **Garnieren:** geröstete Semmelbrösel s. o.

Teigwaren

5.1.4 Lasagne (italienische Nudelspezialität)

→ Feuerfeste Auflaufform (groß) mit Margarine **oder** Butter einfetten.

Herstellung von Lasagneplatten:

1	**GR**	Nudelteig	herstellen **(siehe GR)**. Nudelteig **1–2 mm** dünn auswellen, etwas trocknen lassen. Rechtecke **8 cm × 15 cm** ausschneiden.
2	l	Wasser	zum Kochen bringen. Lasagneplatten **ca. 3–4 Min. bissfest** garen.
1	El	Salz	
2	El	Öl	

Merke: Um das Aneinanderkleben zu verhindern, sollten nicht zu viele Lasagneplatten auf einmal gegart werden.

Platten aus dem Wasser nehmen und auf einem sauberen Geschirrtuch **oder** einem Kuchengitter abtropfen lassen.

oder

200	g	Lasagneplatten **(gekauft)**	Verarbeitung siehe Packungsrückseite.

Hackfleischsoße:

50	g	geräucherter Speck	in feine □ schneiden, anbraten.
400	g	gem. Hackfleisch	zugeben, anbraten.
1		Zwiebel	schälen, in feine □ schneiden, zugeben, kurz mitbraten.
240	g	geschälte Tomaten **(Ds)**	in □ schneiden (Saft mit verwenden), zugeben.
3	El	Tomatenmark	zugeben.
50	ml	Wasser	Masse ablöschen und so lange garen, bis **kein** Wasser mehr vorhanden ist.
		Pfeffer, Paprika, Salz, Oregano, Thymian ...	Masse kräftig abschmecken.
1 1/2	**GR**	Béchamelsoße **(ohne Schinken)**	herstellen **(siehe 3.6.2)**. Lasagne einschichten. **1. Schicht:** Lasagnescheiben, **2. Schicht:** Hackfleischsoße, **3. Schicht:** Béchamelsoße. Entsprechend dieser Reihenfolge fortfahren, mit Béchamelsoße enden. Form in den Backofen geben.

Garzeit: ca. 40–45 Min./Gartemperatur: ca. 190 °C mittlere Schiene/Ober- und Unterhitze

70	g	gerieb. Gouda	**5 Min.** vor Ende der Garzeit über die Lasagne streuen, Lasagne gratinieren.

Anrichten: Auflaufform/Untersetzer   **Garnieren:** Petersilie (fein, 1 El)

5.1.5 Fusilli al pesto

300	g	Fusillinudeln	**ca. 10 Min. bissfest** garen **(siehe Rezept Bandnudeln 5.1.2)**.

Pesto

1		große Zwiebel	schälen, in feine □ schneiden.
3	El	Olivenöl	erhitzen, Zwiebeln glasig dünsten.
1		Knoblauchzehe	häuten, durch die Knoblauchpresse drücken, zugeben, mitdünsten.
1	Bd	Basilikum **(ca. 6 El)**	waschen, sehr fein schneiden, zu den Zwiebeln geben, mitdünsten.
300	g	Schafskäse	in feine □ schneiden, zugeben.
1	Pr	Pfeffer, Paprika	Masse abschmecken.
1	Tl	Zucker	
~50	ml	Wasser	Masse ablöschen und **ca. 5 Min.** garen. Soße pürieren (Handrührgerät/Pürierstab), evtl. noch etwas Flüssigkeit zugeben. Das Pesto sollte jedoch dickflüssig sein. Heiße Nudeln in eine Schüssel (warm) geben und die Soße darüber gießen.
1	El	Weißwein	

Anrichten: Schüssel (warm)   **Garnieren:** Basilikumblättchen

Teigwaren

5.1.6 Gnocchi alla napoletana

Soße:

1		große Zwiebel	▶ schälen, in feine ☐ schneiden.
3	EL	Olivenöl	▶ erhitzen, Zwiebeln glasig dünsten.
1		Knoblauchzehe	▶ häuten, durch die Knoblauchpresse drücken, zugeben.
700	g	reife Tomaten	▶ häuten **(1.9)**, in ☐ schneiden, zugeben, Tomaten **ca. 10 Min.** dünsten. Soße pürieren. Je nach Bedarf noch etwas Flüssigkeit zugeben.
		Salz, Pfeffer, Paprika, Zucker etc.	▶ Soße würzen.
1	EL	frisches Basilikum	▶ waschen, fein schneiden, zugeben.
2	EL	Petersilie	

Gnocchi garen:

2	l	Wasser	
1	EL	Salz	▶ zum Kochen bringen.
2	EL	Öl	
300	g	Gnocchi	▶ in das kochende Wasser geben, **ca. 10 Min. bissfest** garen. In ein Sieb gießen. Das Wasser abtropfen lassen. Gnocchi in eine Schüssel (warm) **oder** auf einen großen Teller geben. Die **fertige, heiße** Soße darüber gießen.
2	EL	grieb. Parmesan	▶ über die Soße streuen.

Anrichten: Schüssel **oder** Teller (warm) **Garnieren:** Parmesan (2 EL), Basilikumblättchen

Teigwaren

5.1.7 Penne in Kräuterrahmsoße

1		Zwiebel	▶ schälen, in feine ☐ schneiden.
3	El	Olivenöl	▶ erhitzen, Zwiebeln glasig dünsten.
1		Knoblauchzehe	▶ häuten, durch die Knoblauchpresse drücken, zugeben.
200	g	Karotten	▶ waschen, schälen, sehr fein reiben, mitdünsten.
¼	Bd	Kräuter **(3 El)**, z. B. **Basilikum, Thymian**	▶ waschen, sehr fein schneiden, zugeben.
200	ml	Sahne	▶ zugeben, Masse **ca. 10–15 Min.** garen.
150	ml	Wasser	
3	El	Haselnüsse	▶ fein hacken und kurz vor Ende der Garzeit zugeben.
2	El	Weißwein	▶ verrühren, Soße einmal aufkochen lassen. Die Soße sollte dickflüssig sein. Je nach Bedarf kann noch Flüssigkeit oder angerührte Speisestärke zugegeben werden.
~1	El	Speisestärke **(gestr.)**	
		Salz, Pfeffer, Paprika	▶ Soße abschmecken.
350	g	Penne	▶ garen **(siehe Rezept Bandnudeln 5.1.2)**, in ein Sieb gießen, das Wasser abtropfen lassen und in eine Schüssel (warm) **oder** einen großen Teller (warm) geben. Die Soße darüber gießen.

Anrichten: Schüssel **oder** Teller (warm)   **Garnieren:** Schnittlauch (fein, 2 El)

5.1.8 Spaghettinester (ca. 12–13 Stück)

➔ Backblech mit Backfolie **oder** Backtrennpapier auslegen.

2½	l	Wasser	
1	El	Salz	▶ zum Kochen bringen.
2	El	Öl	
200	g	Spaghetti	▶ in das kochende Wasser geben, **bissfest** garen. **Garzeit: ca. 10 Min.** Nudeln in ein Sieb schütten, mit kaltem Wasser **übergießen = abschrecken**.
1		Zwiebel	▶ schälen, in sehr feine ☐ schneiden.
20	g	Margarine	▶ erhitzen, Zwiebel andünsten und zu den Spaghetti geben, mischen.
1½		Eier	▶ zugeben, mischen. Spaghetti um eine Gabel wickeln (El und Gabel verwenden). Aufgewickelte Spaghetti als kleine Nestchen auf das Backblech setzen. Die restliche Eiermasse in die Nester gießen. **½ Ei** erhält man, indem man **1 Ei** verquirlt und die Hälfte davon entnimmt.
2	Pr	Knoblauchpulver	
1	Pr	Pfeffer, Paprika	
½	Tl	Salz	
2		Tomaten	▶ waschen, Strunk entfernen, in ○ schneiden. Je eine Tomatenscheibe auf ein Nest legen.
125	g	Mozzarella **(1 P)**	▶ in feine ☐ schneiden, Würfel gleichmäßig auf den Tomaten verteilen, backen.

Backzeit: ca. 20–25 Min./Backtemperatur: ca. 180 °C mittlere Schiene/Ober- und Unterhitze

3	El	Petersilie	▶ waschen, fein zerkleinern, über den Mozzarella streuen.

Anrichten: Platte (warm)   **Garnieren:** Petersilie (fein, 3 El)

Mozzarella: Der italienische Frischkäse wurde früher aus Büffelmilch hergestellt. Heute wird er ausschließlich aus Kuhmilch gewonnen. Durch seinen sahnigen und milden Geschmack ist er vielseitig einsetzbar, z. B. als Belag auf Pizza oder in Verbindung mit Tomaten.

Teigwaren

5.1.9 Nudelauflauf

→ Feuerfeste Auflaufform mit Margarine einfetten.

2	l	Wasser	
1	El	Salz	zum Kochen bringen.
2	El	Öl	
250	g	Nudeln, **z. B. Spiralen, Hörnchen**	in das kochende Wasser geben, **bissfest = al dente** garen. **Garzeit: ca. 10 Min.** Nudeln in ein Sieb gießen, mit kaltem Wasser **übergießen = abschrecken**.
150	g	gek. Schinken	in feine □ schneiden, mit den Nudeln mischen. Bodendecke der Auflaufform damit bedecken.
250	g	gerieb. Käse	Nudeln/Schinken mit einer Schicht Käse bedecken. Darauf eine Schicht Nudel/Schinken geben usw. Nudelauflauf mit Käse überstreuen.
3		Eier	
200	ml	Sahne	gesamte Zutaten mischen, über die Nudeln geben, garen.
100	ml	Sauerrahm	
1	Tl	Salz	
1	Pr	Pfeffer, Paprika	

Garzeit: ca. 50–60 Min./Gartemperatur: ca. 180 °C mittlere Schiene/Ober- und Unterhitze

Tipp:
Anstelle von Schinken kann ca. 250 g bissfest gegartes Gemüse unter die Nudeln gemischt werden.

Anrichten: Auflaufform/Untersetzer   **Garnieren:** Petersilie (fein, 2 El)

5.1.10 Tortellini mit Schinkensoße (2–3 Portionen)

½	GR	Nudelteig	herstellen **(siehe GR Nudelteig)**.
¼		Zwiebel	in sehr feine □ schneiden.
1	El	Petersilie	waschen, fein zerkleinern.
20	g	Butter	Zwiebeln und Petersilie andünsten, erkalten lassen. In eine kleine Schüssel geben.
70	g	gem. Hackfleisch	zu der Zwiebelmasse geben.
¼		Brötchen	in kaltem Wasser einweichen, ausdrücken, fein zerpflücken, zugeben.
1	El	Eigelb	zugeben. Zutaten mischen.
1	Pr	Salz, Pfeffer, Paprika	würzen.

Arbeitsschritte:

❶ Den Teig auf einer leicht bemehlten Arbeitsfläche zu einer **1–2 mm** dünnen, rechteckigen Teigplatte auswellen.

❷ Aus Teig **6 cm × 6 cm** große □ schneiden. Ränder mit Eiweiß bestreichen. **½ Tl** Hackmasse auf jedes □ geben.

❸ Quadrate diagonal zu Dreiecken legen. Die Enden sollten etwas gezogen, mit Eiweiß bestrichen und ineinander geschoben werden. Enden fest andrücken. Tortellini **bissfest** garen **(siehe 5.1.9)**. **Garzeit: ca. 6–7 Min.** (Fortsetzung folgende Seite).

Teigwaren

5.1.10 Schinkensoße (Fortsetzung Tortellini)

1½	GR	Béchamelsoße	herstellen (siehe 3.6.2).
2	El	Petersilie	waschen, fein zerkleinern, zugeben, Soße abschmecken und über die Tortellini gießen, anrichten.

Anrichten: Schüssel **oder** Platte (warm)   **Garnieren:** Petersilie (fein, 2 El)

5.1.11 Gefüllte Maultaschen (für ca. 5 Personen)

Früher war während der Fastenzeit das Essen von Fleisch strengstens untersagt. Eine Legende besagt, dass gerade Mönche, die diesen religiösen Brauch sehr ernst nahmen, die Maultaschen erfunden haben. Sie mischten Hackfleisch unter den Spinat und umhüllten die Masse mit Nudelteig. Keiner sollte merken, dass trotz der Fastenzeit Fleisch gegessen wurde. In Württemberg gelten Maultaschen heute noch als typisches Essen am Gründonnerstag. Sie schmecken in Brühe oder geröstet besonders gut.

1	GR	Nudelteig	herstellen (siehe **GR** Nudelteig). Teig **halbieren** und **1–2 mm** dünne, rechteckige Teigplatten auswellen. Diese **ca. 5 Min.** auf sauberen Geschirrtüchern ausbreiten (die Nudelplatten lassen sich dadurch besser verarbeiten).
75	g	Spinat	putzen, waschen, kurz ins kochende Wasser geben, danach kalt abschrecken = **blanchieren** (siehe 1.8). Den Spinat ausdrücken und sehr fein zerkleinern.
½		Brötchen	in kaltem Wasser einweichen, Wasser ausdrücken, zerpflücken, zum Spinat geben.
½		Zwiebel	schälen, in feine □ schneiden.
3	El	Petersilie	waschen, fein zerkleinern.
15	g	Butter **oder** Margarine	erhitzen, Zwiebeln und Petersilie andünsten, zum Spinat geben.
100	g	Brät	gesamte Zutaten zum Spinat geben. Masse mischen (Handrührgerät/Knethaken). Mit dem Teigrädchen werden die Nudelplatten in **12 cm × 6 cm** große Rechtecke gerädelt. Ränder der Rechtecke bestreichen und **1 gehäuften El** Fleischmasse auf jeweils **ein** Rechteck geben. Masse bis **ca. 1 cm** vom Rand entfernt glatt streichen. Rechtecke halbieren. Es entstehen **6 cm × 6 cm** große Quadrate. Die Ränder müssen sehr gut festgedrückt werden.
75	g	gem. Hackfleisch	
½	Tl	Salz	
1	Pr	Pfeffer, Paprika	
1		Eigelb	
1		Eiweiß	
2	GR	klare Brühe (3.1)	herstellen. Brühe in **2** Töpfen erhitzen und die Maultaschen in die siedende Brühe geben. **Garzeit: ca. 15–20 Min.**

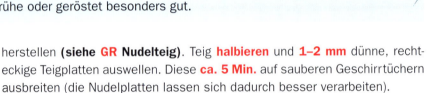

Merke: Nicht zu viele Maultaschen auf einmal garen, da sie sonst zusammenkleben. Maultaschen heiß servieren.

Anrichten: Suppenschüssel (warm)   **Garnieren:** Petersilie (fein, 2 El)

Tipp: Je nach Wunsch kann die Größe der Maultaschen verändert werden.

5.1.12 Geröstete Maultaschen

~12		Maultaschen	in □ schneiden.
2		Zwiebel	schälen, in feine □ schneiden.
4–5	El	Öl	in einer Pfanne erhitzen, Maultaschen anbraten und Zwiebeln zugeben.
4		Eier	verquirlen, über die Maultaschen geben, stocken lassen. **Garzeit: ca. 10 Min.**
		Salz, Pfeffer, Paprika	Maultaschen würzen.

Anrichten: Schüssel **oder** Platte (warm)   **Garnieren:** Petersilie (fein, 1 El)

Teigwaren

5.2 Spätzle

Legende: Beim Bau des Ulmer Münsters (Baden-Württemberg) versuchten die Handwerker, einen großen, breiten Balken quer durch die Kirchentür zu transportieren, jedoch ohne Erfolg. Nach langen Überlegungen entdeckte einer der Bauleute, wie ein kleiner Spatz einen Strohhalm in Längsrichtung durch einen schmalen Spalt schaffte. Ihr Problem war gelöst. Sie transportierten den Balken längs durch die Kirchentür. Zum Gedenken an diese gelungene Tat wurden die Spätzle erfunden.

Der Spätzleteig ist ein mehl- und eierreicher Teig. Aus dem dickflüssigen Teig können durch Schaben, Hobeln oder Pressen Spätzle oder Knöpfle hergestellt werden. Sie können als Hauptgericht, z. B. Käsespätzle, als Beilage **oder** als Suppeneinlage, z. B. Gaisburger Marsch, verwendet werden.

GR Spätzleteig

Menge ½ GR	Menge 1 GR	Zutaten	Zubereitung
125 g ½ Tl	250 g 1 Tl	Mehl **(Typ 405)** Salz	in eine Rührschüssel geben, in die Mitte eine Mulde drücken. Das Salz auf den Mehlrand streuen. **Tipp:** Will man kernige Spätzle, so können 3 El Mehl durch 3 El Hartweizengrieß ersetzt werden.
1	2	Ei/Eier	einzeln in einer Tasse aufschlagen, mit einer Gabel verquirlen und in die Mehlmulde geben. Mit dem Lochlöffel **oder** dem Handrührgerät (Knethaken) die gesamten Zutaten verrühren.
~50 ml	~100 ml	Wasser **oder** Mineralwasser	nach und nach zum Mehlgemisch geben. So lange rühren, bis ein glatter, dickflüssiger Teig entsteht. Ist der Teig zu weich, kann noch etwas Mehl zugegeben werden. **(Die Mehlmenge ist von der entsprechenden Eigröße abhängig.)** **Merke:** Der Teig ist fertig, wenn er Blasen wirft. Damit das Mehl quellen kann, sollte der Spätzleteig **ca. 15 Min.** abgedeckt stehen bleiben. Den Teig vor der Weiterverarbeitung nochmals durchrühren.

Abwandlungen GR Spätzleteig

Abwandlungen	Zutaten für **1 GR**		Zubereitung
Vollkornspätzle	125 g 125 g 1 Tl 2 ~120 ml	Mehl **(Typ 405)** Weizen Salz Eier Wasser **oder** Mineralwasser	Der Weizen sollte sehr fein gemahlen werden. Da das Weizenmehl mehr Flüssigkeit aufnimmt, muss die Flüssigkeitsmenge etwas erhöht werden. Die Zubereitung entspricht dem **GR**. **Tipp:** Weizen kann z. B. durch Dinkel ersetzt werden.
Eierspätzle	Die Wassermenge wird **komplett** durch Eier ersetzt. Es werden für 250 g Mehl 3–4 Eier verwendet.		Eier einzeln aufschlagen, verquirlen und Zutaten zu einem dickflüssigen Teig verrühren. Kein Wasser zufügen. Die Menge der Eier ist von ihrer Größe abhängig. Je nach Bedarf noch etwas Mehl zugeben.

Zu erledigende Vorbereitungsarbeiten, während der Teig 15 Min. steht:

❶ Einen breiten, hohen Topf ¾ mit heißem Wasser füllen. **3 Tl** Salz und **2 El** Öl zugeben. Das Wasser zum Kochen bringen. Deckel dabei auflegen.

❷ **Schwenkwasser zum Abschrecken der Spätzle:**
Große Schüssel ½ voll mit kaltem Wasser füllen. **1 El** Salz zugeben. Passendes Salatsieb einsetzen. Für die fertigen Spätzle eine weitere Schüssel mit passendem Sieb bereitstellen (Spätzle können darin abtropfen).

❸ Weitere Arbeitsgeräte bereitstellen, z. B. Spätzleschaber und Brett **oder** Spätzlepresse, Gummischaber, El.

Teigwaren

Drei verschiedene Möglichkeiten, Spätzle herzustellen

Spätzlehobel ³/₄ füllen und den Spätzleteig in das **kochende** Wasser hobeln. Je nach Lochgröße des Hobels erhält man unterschiedlich große **„Knöpfchen bzw. Knöpfle"**.

Das Spätzlebrett mit etwas Wasser benetzen. **4 El Teig** gleichmäßig darauf glatt streichen. Spätzle mit einer großen Palette oder dem Spätzleschaber in das **kochende** Wasser schaben.

Spätzlepresse ³/₄ füllen. Den Teig in das **kochende** Wasser drücken. Die Enden der Spätzle mit einem Messer abschneiden.

Folgende Arbeitsschritte:

→ Spätzle im Topf einmal aufkochen lassen, bis sie an der Oberfläche schwimmen und sich ein weißer Schaum bildet. Spätzle mit dem Schaumlöffel wenden, nochmals aufkochen lassen und in das vorbereitete Schwenkwasser geben.

→ Die abgekühlten Spätzle **sofort** mit dem Salatsieb aus dem Wasser nehmen. Das Wasser abtropfen lassen. Die Spätzle in das zweite Sieb geben. Spätzle vollständig abtropfen lassen.

❶ Spätzle in siedendes Wasser drücken.
❷ Spätzle aufkochen lassen.
❸ Spätzle in kaltes Schwenkwasser geben.
❹ Spätzle im Sieb abtropfen lassen.

Merke: Bleiben die Spätzle zu lange im Schwenkwasser liegen, beginnen sie zu kleben und schmecken sehr fade.

→ Spätzle heiß servieren **(siehe S. 143: Möglichkeiten, Teigwaren zu erwärmen)**.

5.2.1 Schinkenspätzle

1	**GR**	Spätzleteig	herstellen **(siehe GR)**.
100	g	geräuch. Schinkenwurst	in sehr kleine ☐ schneiden und unter den Spätzleteig mischen.
3	l	Wasser	zum Kochen bringen, Spätzle in das Wasser **schaben** und einmal aufkochen lassen. Spätzle mit dem Schaumlöffel herausnehmen und in das kalte Wasser geben = **abschrecken**. In einem weiteren Sieb abtropfen lassen. Spätzle kurz vor dem Essen nochmals erwärmen **(siehe S. 143 Einleitung)**.
1	El	Salz	
2	El	Schnittlauch	waschen, sehr fein zerkleinern und über die fertigen Spätzle streuen.

Anrichten: Platte (warm) **Garnieren:** Schnittlauch (fein, 2 El)

Teigwaren

5.2.2 Kräuterspätzle

1	GR	Spätzleteig
3	El	Petersilie
¼	Bd	Schnittlauch (3 El)
30	g	Butter
3–4	El	Semmelbrösel

▶ herstellen (siehe **GR Spätzleteig**). Vorbereitungsarbeiten **S. 151** tätigen. waschen, sehr fein zerkleinern und unter den Spätzleteig mischen. Spätzle in das kochende Wasser schaben und einmal aufkochen lassen. Diese mit dem Schaumlöffel herausnehmen und in das kalte Wasser geben. Spätzle anschließend in einem Sieb abtropfen lassen und kurz vor dem Anrichten nochmals erwärmen **(siehe S. 143: Einleitung)**.

▶ erhitzen.

▶ zugeben, in der Pfanne goldbraun anrösten und über die heißen Spätzle geben.

Anrichten: Platte (warm)   **Garnieren:** geröstete Semmelbrösel

5.2.3 Käsespätzle (oberschwäbische Spezialität)

→ Feuerfeste Auflaufform mit Margarine einfetten.

2		Zwiebeln
40	g	Butter
		Salz, Pfeffer, Kümmel
375	g	Mehl
1½	Tl	Salz
3		Eier
~150	ml	Wasser
~200	g	gerieb. Käse
50	ml	Spätzlewasser **oder** klare Brühe **oder** Sahne

▶ schälen, in sehr feine □ schneiden.
▶ in einer Pfanne erhitzen, Zwiebeln glasig dünsten.
▶ Zwiebeln würzen, abschmecken.
▶ Spätzleteig herstellen **(siehe Zubereitung GR Spätzleteig)**. Teig zu Spätzle verarbeiten **(siehe S. 151–152)**.

▶ Bodendecke der Auflaufform mit Spätzle bedecken. Eine Schicht Zwiebeln auf die Spätzle geben. Zwiebeln mit Käse überstreuen. Entsprechend dieser Reihenfolge fortfahren, bis alle Zutaten verbraucht sind. Alles mit Käse überstreuen.

▶ über die Spätzle gießen. Dies ist wichtig, damit die Spätzle während des Garprozesses nicht zu trocken werden. Deckel auf die Auflaufform legen.

Backzeit: ca. 25–30 Min./Backtemperatur: ca. 200 °C mittlere Schiene/Ober- und Unterhitze

Anrichten: Auflaufform/Untersetzer   **Garnieren:** Schnittlauch (fein, 2 El)

Tipp: Je nach Geschmack kann die Käsemenge verändert werden.

5.2.4 Geröstete Spätzle (für ca. 2 Personen)

→ Sind vom Vortag noch Spätzle übrig, können sie am nächsten Tag angeröstet werden.

30	g	Butter
~250	g	Spätzle
2		Eier
		Muskat, Pfeffer, Salz

▶ in einer Pfanne erhitzen.
▶ in die Pfanne geben, anrösten.
▶ verquirlen, über die Spätzle geben und stocken lassen.
▶ Fertige Spätzle probieren, evtl. nochmals würzen, anrichten.

Anrichten: Platte (warm)   **Garnieren:** Petersilie (fein, 2 El)

Tipp: Die selbst hergestellten Spätzle können in einem Gefrierbeutel vakuumiert oder in einer geeigneten Gefrierbox eingefroren werden. Sie sind bis zu 3 Monaten haltbar.

Pfannkuchen

5.3 Pfannkuchenmasse

Die Pfannkuchenmasse ist eine mehl- und eierreiche Masse. Pfannkuchen sollten so dünn wie möglich ausgebacken werden. Sie können als Suppeneinlage, als Hauptgericht **oder** als Nachtisch gereicht werden. Sie schmecken in kaltem und in warmem Zustand sehr gut. Vielseitige Füllungen werten Pfannkuchen auf.

GR Pfannkuchenmasse (1 GR ergibt ca. 8–9 Pfannkuchen)

Menge ½ GR	Menge 1 GR	Zutaten	Zubereitung
125 g 2 Pr	250 g ½ Tl	Mehl (Typ 405) Salz	Mehl in eine Rührschüssel sieben. Salz auf das Mehl streuen.
1 200 ml	2 400 ml	Ei/Eier Milch	Eier einzeln aufschlagen und mit etwas Milch verrühren (Schneebesen). Eiermasse zum Mehl geben. Restliche Milch unterrühren, bis eine glatte dünnflüssige Pfannkuchenmasse entsteht. Pfannkuchenmasse **ca. 15–20 Min.** zugedeckt quellen lassen.
		Öl	Pfanne leicht mit Öl auspinseln. Mit einem Schöpflöffel wird die Masse in die **heiße** Pfannenmitte gegossen. Pfanne so bewegen, dass sich die Masse gleichmäßig verteilt (Drehbewegungen). Pfannkuchen auf der Unterseite goldbraun backen. Fehlt evtl. etwas Fett, so kann der in Öl getränkte Pinsel am Pfannenrand leicht abgestreift werden. Pfannkuchen mit zwei Bratenwendern wenden und Oberseite goldbraun backen. Diesen Vorgang so lange wiederholen, bis keine Masse mehr vorhanden ist. Pfannkuchen **sofort** heiß servieren **oder** je nach Rezeptur weiterverarbeiten.

Tipp: Besonders geübte Personen können die Pfannkuchen in der Luft wenden! Für das Auspinseln der Pfanne eignet sich ein hitzebeständiger (ca. 240 °C) Silikonpinsel. Er ist spülmaschinenfest und verbrennt und verklebt nicht.

Allgemeine Hinweise:

→ Die Flüssigkeitsmenge kann aus ⅓ Mineralwasser und ⅔ Milch bestehen (**1 GR** = 125 ml Mineralwasser und 250 ml Milch). Ebenso können die Eier getrennt werden. Das Eiweiß wird steif geschlagen und am Ende locker unter die Masse gehoben. **Folge:** Die Pfannkuchen werden dadurch etwas lockerer und knuspriger.
→ Wird die Eimenge erhöht, sollte die Flüssigkeitsmenge reduziert werden.
→ Zum Ausbacken eignen sich am besten antihaftbeschichtete Pfannen **(siehe 1.13)**.
→ Damit sich der Pfannkuchen nicht mit Fett vollsaugt, sollte zum Ausbacken sehr wenig Fett verwendet werden.

Abwandlungen Vollwertpfannkuchen:

Abwandlungen	Menge	Zutaten	Zubereitung
Dinkel- pfannkuchen	200 g ~320 ml 3 ½ Tl	Dinkelmehl Milch Eier Salz	Zubereitung siehe **GR** Pfannkuchenmasse. **Ca. 8** dünne Pfannkuchen herstellen. Sie reichen für **ein** Rezept Mais-Champignon-Füllung **oder** **ein** Rezept Hackfleischfüllung.
Hirse- pfannkuchen	100 g 100 g 320 ml 3 ½ Tl	Hirsemehl Mehl (Typ 405) Milch Eier Salz	Zubereitung siehe **GR** Pfannkuchenmasse. **Ca. 8** dünne Pfannkuchen herstellen. Sie reichen für **ein** Rezept Mais-Champignon-Füllung **oder** **ein** Rezept Hackfleischfüllung.

Pfannkuchen

5.3.1 Pfannkuchen mit Hackfleischfüllung (für ca. 6 Personen)

→ Feuerfeste Auflaufform mit Margarine einfetten.

1	**GR**	Pfannkuchenmasse **(oder Abwandlungen)**	herstellen, siehe **GR**. **Ca. 8–9** Pfannkuchen herstellen. Pfannkuchen erkalten lassen.

Hackfleischfüllung:

3	El	Öl	in einer Pfanne erhitzen.
400	g	gem. Hackfleisch	zugeben, anbraten.
1		Zwiebel	schälen, in feine □ schneiden, zugeben, garen.
2		Tomaten	waschen, Strunk entfernen, häuten **(siehe 1.9)**, in feine □ schneiden, zugeben, mitdünsten.
		Salz, Pfeffer, Paprika	Masse kräftig würzen.
100	ml	Sahne	**vorsichtig** ablöschen, Hackfleischmasse so lange garen, bis die Sahne vollständig reduziert ist, d. h., es darf keine Flüssigkeit mehr vorhanden sein. Masse nochmals abschmecken. Hackfleischmasse gleichmäßig auf den Pfannkuchen verteilen. Diese aufrollen und nebeneinander in die vorbereitete Auflaufform legen.
100	ml	Sahne	
1		Ei	mischen, über die Pfannkuchen gießen.
½	Tl	Salz	
70	g	gerieb. Emmentaler	über die Pfannkuchen streuen, im Backofen garen.

> **Garzeit: ca. 25–30 Min./Gartemperatur: ca. 180 °C**
> **mittlere Schiene/Ober- und Unterhitze**

2	El	Petersilie	waschen, fein zerkleinern, über die fertigen Pfannkuchen streuen.

Anrichten: Auflaufform/Untersetzer **Garnieren:** Petersilie (fein, 2 El)

5.3.2 Gefüllte Pfannkuchen mit Mais und Champignons

→ Feuerfeste Auflaufform mit Margarine einfetten.

1	**GR**	Pfannkuchenmasse	herstellen, siehe **GR**. **Ca. 8** dünne Pfannkuchen herstellen.

Füllung:

1		Zwiebel	schälen, in feine □ schneiden.
200	g	Champignons	säubern, evtl. häuten, feinblättrig schneiden.
4	El	Petersilie	waschen, sehr fein zerkleinern.
~285	g	Mais **(1 Ds)**	Saft abtropfen lassen.
30	g	Butter **oder** Margarine	erhitzen, Zwiebeln, Champignons, Petersilie und Mais dünsten.
		Salz, Pfeffer, Paprika	Mais-Champignon-Masse kräftig abschmecken und gleichmäßig auf den Pfannkuchen verteilen. Seitenränder einschlagen, Pfannkuchen aufrollen und in die Auflaufform legen.
70	g	gerieb. Emmentaler	Pfannkuchen überstreuen, gratinieren.

> **Garzeit: ca. 10–15 Min./Gartemperatur: ca. 180 °C**
> **mittlere Schiene/Ober- und Unterhitze**

Anrichten: Auflaufform/Untersetzer **Garnieren:** Petersilie (fein, 2 El)

Tipp: Zu den Pfannkuchen mit Mais-Champignon-Füllung passt sehr gut eine Soße (siehe 3.6).

Pfannkuchen

5.3.3 Kräuterpfannkuchen

→ Feuerfeste Auflaufform mit Margarine einfetten.

Abwandlung Pfannkuchenmasse:

130 g	Dinkelmehl	
30 g	flüssige Butter	
½ Tl	Salz	
100 ml	Mineralwasser	
100 ml	Milch	
1	Ei	
3 El	Kräuter (**fein**)	

▶ **Zubereitung** der Pfannkuchen siehe **GR**.
Ca. 5 dünne Pfannkuchen herstellen.

Tipp: Anstelle von Mineralwasser können auch andere Flüssigkeiten (z. B. Tomatensaft, Rote-Bete-Saft) verwendet werden.

Füllung:

100 g	Crème fraîche	
2 El	Dinkelmehl	

▶ mischen.

1	Tomate	

▶ waschen, Strunk entfernen, kreuzweise einschneiden, kurz in das kochende Wasser geben, häuten (**siehe 1.9**). Tomate in ☐ schneiden. Würfel untermischen.

100 g	gek. Schinken	

▶ in feine ☐ schneiden, zugeben.

| 1 | Ei |

▶ verquirlen, zur Masse geben, mischen.

| 100 g | Gouda |

▶ in feine ☐ schneiden, zugeben.

| ¼ Bd | Schnittlauch (**3 El**) |

▶ waschen, sehr fein schneiden, zugeben.

| ½ Tl | Salz, Thymian |

▶ zugeben.

| 1 Pr | Pfeffer, Paprika |

▶ zugeben, gesamte Masse mischen und gleichmäßig auf den Pfannkuchen verteilen. Pfannkuchen aufrollen und in die vorgefettete, feuerfeste Auflaufform geben.

Sahnemasse:

200 ml	Sahne **oder** Milch	
2	Eier	
½ Tl	Salz	
1 Pr	Muskat, Pfeffer	

▶ mischen, über die Pfannkuchen gießen. Auflaufform in den Backofen geben.

Garzeit: ca. 25–30 Min./Gartemperatur: ca. 180 °C
mittlere Schiene/Ober- und Unterhitze

Anrichten: Auflaufform/Untersetzer   **Garnieren:** Kräuter (fein, 1 El)

Weitere Füllung für ca. 5–6 Pfannkuchen

Karotten-Zucchini-Füllung:

1	Zwiebel	

▶ schälen, in feine ☐ schneiden.

| 200 g | Karotten |

▶ waschen, schälen, raspeln.

| 250 g | Zucchini |

▶ waschen, evtl. schälen, raspeln.

| 2–3 El | Öl |

▶ in einer Pfanne erhitzen. Zwiebeln, Karotten und Zucchini dünsten.

| 2 El | Dinkelmehl |

▶ Gemüse überstäuben.

| 100 ml | Gemüsebrühe |
| 50 ml | Sahne |

▶ Gemüse ablöschen und so lange garen, bis keine Flüssigkeit mehr vorhanden ist.

Tipp: Anstelle von Karotten und Zucchini können andere Gemüsesorten, entsprechend dem saisonalen und regionalen Marktangebot, verwendet werden. Das Gemüse fachgerecht vorbereiten (siehe 7.7).

| | Pfeffer, Salz, Muskat |

▶ Masse würzen und Pfannkuchen füllen. Sahnemasse sowie Backofeneinstellung siehe Kräuterpfannkuchen.

Anrichten: Auflaufform/Untersetzer   **Garnieren:** Kräuter (fein, 1 El)

Pfannkuchen

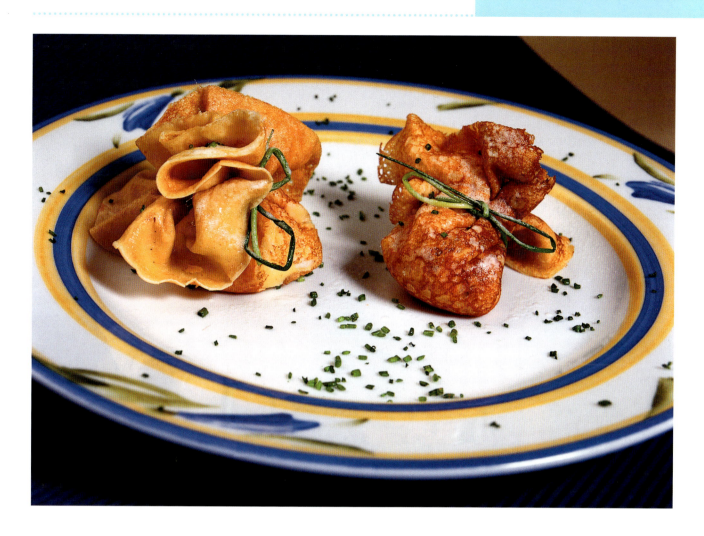

5.3.4 Gefüllte Pfannkuchensäckchen (ca. 6 Stk.)

→ Feuerfeste Auflaufform mit Margarine einfetten.

½ GR	Pfannkuchenmasse	herstellen (siehe GR Pfannkuchenmasse).
	Öl	in einer Stielpfanne erhitzen und **6** sehr dünne Pfannkuchen ⌀ **ca. 17 cm** herstellen (Pfannendurchmesser = **ca. 17 cm**).
80 g	Karotten	waschen, schälen, grob raspeln.
¼	Zwiebel	schälen, in feine □ schneiden.
¼ Stg	Lauch	putzen, halbieren, waschen, in sehr feine ❱ schneiden.
20 g	Butter **oder** Margarine	erhitzen, Zwiebeln, Karotten, Lauch **ca. 10 Min.** andünsten.
	Salz, Pfeffer, Paprika	Masse kräftig abschmecken, leicht erkalten lassen.
30 g	gerieb. Emmentaler	zur Masse geben. Masse in **6** gleich große Teile teilen und jeweils ein Teil in die Pfannkuchenmitte geben, diese zu einem Säckchen klappen.
6	**Stängel** Schnittlauch	Säckchen zusammenbinden **(siehe Foto)** und in die Auflaufform setzen.
40 g	gerieb. Emmentaler	Säckchen bestreuen, gratinieren. Käse sollte leicht schmelzen und nicht bräunen.

Garzeit: ca. 10 Min./Gartemperatur: 180 °C mittlere Schiene/Ober- und Unterhitze

Tipp: Je nach Wunsch kann auf das Gratinieren verzichtet werden.

Anrichten: Teller (warm)   **Garnieren:** Schnittlauch (fein, 2 El)

Pfannkuchen

5.3.5 Pfannkuchenauflauf

→ Feuerfeste Auflaufform mit Margarine einfetten.

1	GR	Pfannkuchenmasse	herstellen, siehe **GR**. **8–9** Pfannkuchen herstellen.
300	g	Blattspinat	putzen, waschen, Stiele entfernen.
2	l	Wasser	zum Kochen bringen, Spinat zugeben.
1	El	Salz	Spinat nach **1–2 Min.** mit dem Schaumlöffel entnehmen.
2	l	eiskaltes Wasser	Spinat kurz darin liegen lassen und in ein Salatsieb geben. Wasser abtrop-
1	El	Salz	fen lassen **(= blanchieren** siehe 1.8**)**.
1		Zwiebel	schälen, in feine □ schneiden.
20	g	Butter **oder** Margarine	erhitzen, Zwiebeln glasig dünsten.
285	g	Mais **(1 Ds)**	Saft abtropfen lassen, zugeben.
2		große Karotten	waschen, schälen, fein reiben, mitdünsten. Spinat zugeben, Masse **ca. 5 Min.** dünsten.
		Salz, Pfeffer, Paprika	Masse kräftig abschmecken.
250	g	gerieb. Gouda	abwechselnd die Pfannkuchen, die Spinatfüllung und den gerieb. Käse in die Auflaufform schichten (mit den Pfannkuchen beginnen und der Käseschicht enden). Auflaufform in den Backofen geben, garen.

Garzeit: ca. 20–25 Min./Gartemperatur: ca. 180 °C mittlere Schiene/Ober- u. Unterhitze

Anrichten: Auflaufform/Untersetzer   **Garnieren:** Petersilie (fein, 1 El)

5.3.6 Apfelküchlein

1		Zitrone	auspressen.	
1	El	Zucker	mit dem Zitronensaft mischen.	
2	El	Rum		
2		große, säuerliche Äpfel, **z. B. Boskop**	waschen, mit Apfelentkerner Kernhaus entfernen, schälen, in **1 cm** dünne Ringe schneiden. Apfelringe im Zitronensaft wenden (die Bräunung der Ringe wird verhindert). Diese zugedeckt durchziehen lassen.	

Das Leben ist wie ein Apfelküchlein. Es ist köstlich, wenn es frisch und warm ist, aber manchmal ist es einfach nur hart. Das Loch in der Mitte ist sein großes Geheimnis, doch ohne dieses wäre es kein Apfelküchlein.

(Roger von Oech)

Pfannkuchenmasse

100	g	Mehl	alle Zutaten mit dem Handrührgerät (Schneebesen) **oder** dem Schneebesen zu einer einheitlichen Masse verrühren und **ca. 10–15 Min.** zugedeckt quellen lassen.
1	Pr	Salz und Zimt	
1		Eigelb	
125	ml	Milch	
2	P	Vz.	
1		Eiweiß	steif schlagen, locker unterheben. Apfelringe in der Masse wenden.
4	El	Öl	in einer Pfanne erhitzen, Apfelringe **vorsichtig** aus der Masse nehmen und beidseitig **ca. 2–3 Min.** goldbraun ausbacken. Die fertigen Apfelringe auf ein Küchenpapier legen. Das überschüssige Fett wird aufgesaugt. Bis alle Apfelringe hergestellt sind, sollten die fertigen Ringe bei **50 °C** abgedeckt warm gehalten werden.
		Puderzucker Zimt	Apfelringe mit Puderzucker und Zimt bestäuben, schuppenförmig anrichten.

Anrichten: Platte (warm)   **Garnieren:** Puderzucker (fein), Zimt

Pfannkuchen

5.3.7 Süße Pfannkuchen mit diversen Füllungen

125 g	Mehl
1 TL	Zucker
190 ml	Milch
1	Ei

▶ Pfannkuchenmasse herstellen. Aus der Masse **4** dünne Pfannkuchen herstellen (siehe Zubereitung **GR**). Pfannkuchen auf einem Kuchengitter vollständig auskühlen lassen.

Pfirsichfüllung (für 4 Pfannkuchen):

1	Zitrone	▶ waschen, halbieren, Saft auspressen, in einen breiten Topf geben.
2	Orangen (unbehandelt)	▶ heiß abwaschen, trocknen, ½ Schale abreiben, Saft auspressen und zum Zitronensaft geben.
1	Vanilleschote	▶ mit dem Messerrücken klopfen, aufschneiden, Mark auskratzen, zugeben.
2–3 El	Zucker	▶ zugeben. Flüssigkeit aufkochen lassen.
1 El	Grand Marnier	
4	Pfirsiche (je 120 g)	▶ waschen, halbieren, Kerne entfernen in **⅛ Stücke** schneiden, in den Sud geben.

Kurz aufkochen lassen, von der Herdplatte nehmen und **ca. 20 Min.** zugedeckt durchziehen lassen. Pfirsichmasse nochmals abschmecken, Pfannkuchen füllen.

Anrichten: Dessertteller   **Garnieren:** Puderzucker (fein), geröstete Mandelplättchen (2 El)

Sauerkirsch-Sahne-Füllung (für **4** Pfannkuchen):

200 ml	Sahne	▶ steif schlagen (Handrührgerät/Schneebesen). Etwas Sahne für die Garnierung zurückbehalten.
4 TL	Vz.	
2 TL	Sahnesteif	
350 g	Schattenmorellen	▶ unter die Sahne mischen (**4** Kirschen für die Garnierung zurückbehalten).
3 El	fein geh. Pistazien	

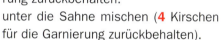

Pfannkuchen gleichmäßig mit Kirschmasse bestreichen. Pfannkuchen zu einem Kegel zusammenlegen **(siehe Abb.)**. Jeweils **1** Pfannkuchen auf einem Dessertteller anrichten. Sahnetupfen neben den Pfannkuchen spritzen. Auf die Sahne eine Kirsche legen.

½ TL	geh. Pistazien	▶ über die Sahne streuen.
	Puderzucker	▶ Tellerrand leicht bestäuben.

Anrichten: Dessertteller   **Garnieren:** Sahnetupfen, Kirschen, Pistazien (½ TL), Puderzucker (fein)

Apfel-Zimt-Füllung (für **2** Pfannkuchen):

80 ml	Sahne	
½ TL	Zimt	▶ steif schlagen.
½ TL	Vz.	
½ P	Sahnesteif	
½	Apfel	▶ waschen, schälen, das Kerngehäuse entfernen, grob raspeln und unter die Sahne heben.
2 El	Apfelmus	▶ unter die Sahne heben.
	evtl. Zucker	▶ Masse abschmecken. **2** Pfannkuchen gleichmäßig bestreichen und aufrollen. Rolle halbieren und auf einen Dessertteller legen.
½ El	Puderzucker u. Zimt	▶ mischen, Pfannkuchen bestäuben.

Anrichten: Dessertteller   **Garnieren:** Puderzucker-Zimt-Mischung, Sahne, Apfelspalten, Mandeln

Semmelspeisen

5.4 Semmelteig

Serviettenklöße, Semmelschmarren und Semmelklöße bestehen aus Semmelteig. Der Semmelteig kann durch die Zugabe von verschiedenen Zutaten wie z. B. Kräuter und Speckwürfel vielseitig abgewandelt werden. Die Bindemittel sind vor allem die Semmeln **oder** Weißbrotreste sowie Eier. In Österreich und in Bayern sind die Semmeln in Form von Semmelbrot im Handel erhältlich.

Allgemeine Grundregeln für die Zubereitung von Semmelteig

→ Die Semmeln **oder** das Semmelbrot sollte nicht mehr frisch, sondern **ca. 1–2 Tage** alt sein, damit die Flüssigkeit gut aufgenommen werden kann.

→ Je trockener die Semmeln sind, desto mehr Flüssigkeit kann aufgenommen werden.

→ Bevor die gesamte Masse geformt wird, sollte **immer** ein Probekloß hergestellt und gegart werden. Fällt dieser auseinander, können noch Semmelbrösel, Mehl **oder** Semmelbrot zugegeben werden.

5.4.1 GR Semmelteig

Menge ½ GR	Menge 1 GR	Zutaten	Zubereitung
2 100 g	4 200 g	alte Brötchen **oder** Semmelbrot	in feine ☐ schneiden und in eine Rührschüssel geben.
¾ TL 1 Pr	1½ TL 2 Pr	Salz Pfeffer, Muskat	Gewürze über die Semmelwürfel streuen.
80 ml	160 ml	lauwarme Milch	über die Semmelwürfel gießen und **ca. 20–30 Min.** zugedeckt einziehen lassen.
½ 2 El 10 g	1 4 El 20 g	Zwiebel Petersilie Butter **oder** Margarine	schälen, in feine ☐ schneiden. Petersilie waschen, fein zerkleinern. Butter **oder** Margarine in der Pfanne erhitzen. Zwiebeln und Petersilie andünsten. Zwiebelmasse erkalten lassen und zum Semmelteig geben.
½–1	1–2	Ei/Eier	in einer Tasse aufschlagen. Zunächst einen Teil der Eimasse in den Semmelteig geben. Die Zutaten mit dem Handgerät (Knethaken) zu einem einheitlichen Semmelteig verarbeiten. Je nach Bedarf die restliche Eimasse zugeben. **Merke:** Der Semmelteig sollte nicht zu weich und nicht zu fest sein. Die Eizugabe ist vom Feuchtigkeitszustand der Brötchen abhängig. **Probekloß** (ca. 1 gehäufter El) formen, in Mehl wenden und garen. Fällt der Kloß nicht auseinander, kann der Semmelteig je nach Wunsch weiterverarbeitet werden. Kloß probieren und Teig evtl. nachwürzen.

5.4.2 Semmelknödel

1 GR	Semmelteig	▷	herstellen **(siehe GR)**. Probekloß herstellen s. o.
3 l	Wasser	▷	erhitzen, Probekloß gar ziehen lassen. Fällt er nicht auseinander, können weitere **4–5** Klöße geformt werden.
1½ El	Salz		
	Mehl	▷	fertige Klöße in etwas Mehl wenden. Klöße so lange gar ziehen lassen **(1.16)**, bis sie an der Oberfläche schwimmen. **Garzeit: ca. 15 Min.** Die gegarten Klöße mit dem Schaumlöffel aus dem Wasser nehmen. Klöße abtropfen lassen und in eine vorgewärmte Schüssel geben.
30 g	Butter	▷	schmelzen.
3–4 El	Semmelbrösel	▷	zugeben, goldbraun anrösten und über die Knödel geben.

Anrichten: Schüssel (warm) **Garnieren:** geröstete Semmelbrösel

Semmelspeisen

5.4.3 Semmelschmarren

2		trockene Semmeln
2		Eiweiß
2		Eigelb
3–4	El	Zucker
1½	Tl	Rum **und** Zimt
100	ml	Milch
130	g	Mehl **(Typ 405)**
3–4	El	Öl

▸ in **ca. 1 cm** dicke Scheiben schneiden.
▸ steif schlagen.

▸ mischen, so lange rühren, bis sich der Zucker aufgelöst hat. Eischnee locker unterheben. Die Semmelscheiben einzeln zugeben und wenden. Sie müssen vollständig mit Masse bedeckt sein.

▸ in der Pfanne erhitzen, Semmelscheiben mit einer Gabel aus der Masse nehmen und von beiden Seiten goldbraun ausbacken, **sofort** heiß servieren.

Anrichten: Platte (warm) **Garnieren:** Puderzucker (1 El) und Zimt (½ Tl) überstäuben

5.4.4 Serviettenkloß

270	g	Toastbrot
225	ml	lauwarme Milch
60	g	geräucherten Speck
1		Zwiebel
4	El	Petersilie
3		Eier
45	g	geschmolzene Butter
50	g	Mehl
1	Tl	Aromat **oder** Fondor
2	Pr	Pfeffer, Paprika
2	Pr	Muskat, Salz

▸ in feine ☐ schneiden.
▸ über die Toastwürfel gießen, mischen.
▸ in feine ☐ schneiden, in der Pfanne anbraten.
▸ schälen, in feine ☐ schneiden, zum Speck geben, glasig dünsten.
▸ waschen, fein zerkleinern, zugeben, mitdünsten, zum Toastbrot geben.

▸ alle Zutaten zu den Toastbrotwürfeln geben, mit dem Handrührgerät (Knethaken) gut mischen. Semmelteig **ca. 15 Min.** durchziehen lassen, nochmals verrühren.

Arbeitsschritte:

❶ Sauberes, frisches Geschirrtuch ausbreiten. Toastmasse schlauchförmig auf das Tuch geben. Rand von **ca. 10 cm** stehen lassen.

❷ Masse in das Geschirrtuch einrollen. Enden mit einer Schnur verknoten. Breiten Topf (am besten Kasserolle) ¾ mit Wasser füllen, **ca. 1 El** Salz zugeben, Wasser erhitzen.

❸ Serviettenkloß in **siedendes** Wasser geben, er muss **ca. 50–60 Min.** gar ziehen. Das Wasser darf nicht kochen, da der Kloß sonst aufspringt.

❹ Fertigen Kloß aus dem Wasser nehmen, auf ein Kuchengitter legen. Vom Geschirrtuch lösen. Kloß auf einem Brett in **ca. 1,5 cm** dicke Scheiben schneiden, schuppenförmig anrichten.

Anrichten: Längliche Platte (warm) **Garnieren:** Petersilie (fein, 1 El)

Semmelspeisen

5.4.5 Semmel-Spinat-Scheiben

→ Alufolie **50 cm x 30 cm** zuschneiden und mit geschmolzener Butter gleichmäßig bepinseln.
→ Breiten, hohen Topf bis zur Hälfte mit Wasser füllen. Topfdeckel auflegen. Das Wasser zum Sieden bringen.

1		Zwiebel **(klein)**	häuten, in feine ☐ schneiden.
200	g	Blattspinat **(TK)**	in der Mikrowelle auftauen. Spinat zwischen zwei Brettern **oder** Tellern gut ausdrücken. Es sollte kein Wasser mehr vorhanden sein.
30	g	Butter	in einer Pfanne erhitzen. Die Zwiebeln und den Blattspinat glasig dünsten. Die Masse etwas abkühlen lassen.
150	g	Toastbrot	in feine ☐ schneiden und in eine Schüssel geben.
20	g	durchw. Speck	in sehr feine ☐ schneiden und zu den Toastbrotwürfeln geben.
1/8	l	lauwarme Milch	auf die Toastbrotwürfel gießen.
1	El	Mehl	zugeben. Die abgekühlte Spinatmasse ebenfalls zugeben. Die gesamte Masse mischen und **ca. 10 Min.** zugedeckt stehen lassen.
25	g	Semmelbrösel	
1		Ei	Die Masse auf der Alufolienmitte zu einer ⌀ **6 cm** dicken und **23 cm** langen Rolle formen. Die Rolle straff mit der Alufolie umwickeln, dabei müssen die Ränder ebenfalls fest eingeschlagen und angedrückt werden.
~1/2	Tl	Salz	
2	Pr	Pfeffer, Paprika	

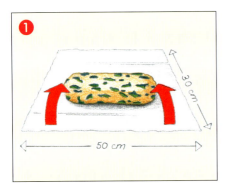 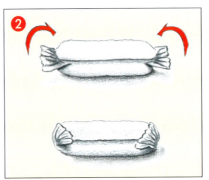 

1	El	Salz	in das siedende Wasser geben. Die Semmel-Spinat-Rolle **vorsichtig** in das siedende Wasser legen und **ca. 30 Min. garziehen** lassen. Die Rolle sollte vollständig mit Wasser bedeckt sein.

Merke: Das Wasser darf nicht kochen, sondern sollte nur sieden.

Die fertige Rolle aus dem Wasser nehmen. Die Alufolie **vorsichtig** abziehen. Die Rolle kurz ruhen lassen. Mit einem scharfen Messer **ca. 1,5 cm** breite Scheiben schneiden. Die Scheiben schuppenförmig auf einer vorgewärmten Platte anordnen.

2		Cocktailtomaten	waschen, in feine ○ schneiden. Semmel-Spinat-Scheiben garnieren.

Anrichten: Platte (warm)   **Garnieren:** Tomatenscheiben, Petersiliensträußchen

Tipp: Je nach Wunsch kann auf die Zugabe von Speck verzichtet werden (vegetarisch). Anstelle von Speck könnte ca. 15 g geriebener Parmesan zugefügt werden.

6 Kartoffel- und Getreidespeisen

In den letzten Jahren haben Kartoffel- und Getreidespeisen zunehmend an Ansehen gewonnen. Die Speisen lassen sich interessant und vielseitig zubereiten. Sie können als Beilagen und als Hauptgericht gereicht werden. Besonders in der vollwertigen Ernährung greift man auf Kartoffel- und Getreideerzeugnisse zurück, da sie sehr ballaststoff-, vitamin- und mineralstoffreich sind.

3. PROJEKT	164
6.1 Einführung Kartoffeln	165
6.1.1 Salzkartoffeln	166
6.1.2 Pellkartoffeln	166
6.1.3 Bratkartoffeln	167
6.1.4 Kartoffelpuffer	167
6.1.5 Niedernauer Kartoffeln	167
6.1.6 Béchamelkartoffeln	168
6.1.7 Kartoffelpüree (Kartoffelbrei)	168
6.1.8 Ofenguck	168
6.1.9 Herzoginnenkartoffeln	169
6.1.10 Kartoffelnestchen	170
6.1.11 Kartoffelgratin	170
6.1.12 Hack-Kartoffel-Gratin	170
6.1.13 Einführung GR Kartoffelteig	171
6.1.14 Formgebungsmöglichkeiten	171
6.1.15 Abwandlungen GR Kartoffelteig	172
6.1.16 Kartoffel-Mandel-Bällchen	172
6.1.17 Schupfnudeln (Fingernudeln)	173
6.1.18 Kartoffeltaler	173
6.1.19 Kartoffelpizzen auf Rucola	174
6.1.20 Kartoffeltürmchen	174
6.2 Einführung Getreide	175
6.2.1 Quark-Grieß-Auflauf	176
6.2.2 Hirsefrikadellen	177
6.2.3 Hirsebällchen	177
6.2.4 Dinkelnockerln im Gemüsebeet	178
6.2.5 Dinkelquadrate mit Haube	178
6.2.6 Grünkerntaler	179
6.2.7 Couscous-Variationen	179
6.2.8 Maisschnitten/Polentaschnitten	180
6.2.9 Grießklöße mit Abwandlungen	180
6.2.10 Buchweizenklöße auf Gemüse	181
6.2.11 Haferflockenbratlinge	182
6.2.12 Tofu-Gemüse-Pfanne	182
6.2.13 Einführung Reis	183
6.2.14 Das Garen von Reis	184
6.2.15 Quellreis	184
6.2.16 Gedünsteter Reis	184
6.2.17 Mengenverhältnisse Reis	185
6.2.18 Abwandlungen Reis gedünstet	185
6.2.19 Formgebungsmöglichkeiten	185
6.2.20 Risotto	186
6.2.21 Reisküchle	186
6.2.22 Asiatischer Reis	187
6.2.23 Kräuterreisring	187
6.2.24 Reisring-Variationen	187
6.2.25 Reisköpfchen	188

Eigene Rezepte

_____
_____
_____
_____
_____
_____
_____
_____
_____
_____
_____
_____

3. PROJEKT

Schwerpunkt: Präsentation

Im Unterricht wurde das Thema „Vollwert-Ernährung" besprochen. Ihre Gruppe ist dafür zuständig, dieses Thema in einer ansprechenden Art und Weise den anderen Schülern/Schülerinnen in der Schule zu präsentieren.

Diese Fragen und Aufgaben sollen Ihnen bei der Durchführung des Projekts als Anregung und Hilfestellung dienen.

Planungshilfen/Vorbereitungen

- Welcher Platz eignet sich für die Darstellung des Projekts in der Schule?
- Welche Medien eignen sich für die Präsentation des Themas (z. B. Stellwände, Plakate ... etc.)?
- Wie viele Personen werden für die Präsentation benötigt? ... usw.

Aufgabe: Welche Medien stehen Ihnen für die Präsentation in der Schule zur Verfügung? Wählen Sie die Möglichkeit aus, bei der Sie das Projektthema am besten entfalten können. Beachten Sie dabei u. a. die oben aufgeführten Punkte. Halten Sie Ihre Entscheidungen in einem Protokoll fest.

Auswahlprozess

- Welche wichtigen Inhalte möchten Sie an Ihre Mitschüler weitergeben?
- Welche Denkanstöße wollen Sie bei Ihren Mitschülern auslösen? ... usw.

Aufgabe: Versuchen Sie die wesentlichen Inhalte Ihres Themas in kurzen, einprägsamen Sätzen festzuhalten. Die Texte sollen Ihre Mitschüler so motivieren, dass Sie sich gerne mit dem Thema auseinander setzen.

Darstellung

- Wie können die formulierten Texte übersichtlich, klar und leserlich dargestellt werden?
- Wie können die Texte, z. B. durch Diagramme, Cartoons etc., ansprechend hervorgehoben werden? ... usw.

Aufgabe: Machen Sie sich durch Fachbücher und durch das Internet sachkundig, wie Sie kurze Texte übersichtlich und leicht verständlich darstellen können. Überlegen Sie die Lage der Diagramme, Bilder o. Ä.

Präsentation

- Welche Materialien (z. B. breite Farbstifte, große Papiere etc.) benötigen Sie für die Präsentation?
- Wann wird die Präsentation vorbereitet und ausgeführt?

Aufgabe: Erstellen Sie gemeinsam, entsprechend Ihrer Vorarbeiten, die Präsentation für Ihre Mitschüler.

Reflexion

- Welche positiven und negativen Ereignisse sind bei der Durchführung des Projekts vorgefallen?

Aufgabe: Reflektieren Sie gemeinsam das Projektgeschehen (als Hilfestellung dient Ihnen S. 18).

Kartoffelspeisen

6.1 Theorie: Kartoffeln
(Erdäpfel, Grundbirnen, Grombiera, Herdäpfel, Knollen)

Die Kartoffel ist reich an:
- Kohlenhydraten: hoher Anteil an Stärke (ca. 16–20 %)
- Mineralstoffen: Kalium, Calcium, Phosphor
- Vitaminen: C, B-Gruppe, A

Wissenswertes:
- Fett: nur in Spuren vorhanden
- Hoher Wasseranteil, energiearm (kalorienarm),
- Geringer Anteil an biologisch hochwertigem Eiweiß (ca. 2 %)

Kartoffelsorten
Das reichhaltige Angebot an Kartoffelsorten unterscheidet man nach Geschmack, Aussehen, der Schale, dem Reifezustand und den Kocheigenschaften.

Kocheigenschaften/Sorten

fest kochend	vorwiegend fest kochend	mehlig kochend
→ Stärkegehalt: niedrig → bleibt beim Garen fest → Kartoffelsalat, Salzkartoffeln	→ Stärkegehalt: mittel → springen beim Garen gering auf → alle Kartoffelgerichte	→ Stärkegehalt: sehr hoch → springen beim Garen auf, mehlig → Kartoffelteig, Klöße, Püree
Sehr frühe Sorten (Juni), z. B. Sieglinde / **Frühe Sorten** (Juli), z. B. Hela, Grata	**Mittelfrühe Sorten** (Aug./Sept.), z. B. Granola	**Mittelspäte bis späte Sorten** (Sept./Okt.), z. B. Aula

Einkauf und Lagerung
- Nur Kartoffeln von hoher Qualität kaufen. Darüber geben die Handelsklassen (Klasse Extra/Klasse I) Auskunft.
- Kartoffeln sollten keine Krankheiten haben, unbeschädigt, sortenrein, sauber und trocken sein.
- Wenn große Mengen an Kartoffeln für den Vorrat gekauft werden, muss eine Qualitätsprüfung vorgenommen werden.
- Kartoffeln nicht in der Verpackung lagern. Lagerraum muss kühl **(Temperatur: ca. + 4 °C)**, trocken und dunkel sein.
- Lichteinwirkung fördert die Grünfärbung der Kartoffel. Es kommt zur Bildung von **Solanin**. Solanin ist ein gesundheitsschädlicher Stoff.

Küchenpraktische Tipps:
1. Kartoffeln erst **kurz** vor dem Garprozess verarbeiten, z. B. schälen und zerkleinern.
2. Kartoffeln **gründlich** mit der Gemüsebürste unter fließendem Wasser waschen. Wasser abtropfen lassen.
3. Damit die bereits geschälten Kartoffeln nicht **braun** werden, legt man sie **kurz** in kaltes Wasser, jedoch nur so lange, bis alle weiteren Kartoffeln geschält sind.
4. Lässt man die Kartoffeln zu lange im Wasser liegen, treten starke Stärke-, Vitamin- und Mineralstoffverluste ein.
5. **Nährstoffschonende** Garmethoden verwenden, z. B. Dämpfen, Dünsten.
6. Die angegebenen Garzeiten müssen eingehalten werden (keine Nährstoff- und Formverluste).
7. Die Kocheigenschaften der Kartoffeln sollten entsprechend dem gewünschten Gericht berücksichtigt werden.
8. Die Kartoffeln werden **direkt** nach dem Garen serviert. Lange Wartezeiten verhindern.

Kartoffelspeisen

Kartoffel (Erdapfel, Pomme de terre) Das sehr begehrte Nachtschattengewächs kam ursprünglich aus dem Reich der Inka. Die Spanier brachten um **1565** die Kartoffel nach Europa. Ebenso wurde die Knolle, deren Aussehen der Trüffel sehr ähnlich ist, in Italien kultiviert. Das deutsche Wort „**Kartoffel**" entwickelte sich im Laufe der Jahre aus dem italienischen Wort „**Tartufo**", was so viel wie „**Trüffel**" heißt. In Deutschland wurden die ersten Kartoffeln um **ca. 1621** angepflanzt. Friedrich der Große förderte in Preußen in der zweiten Hälfte des **18. Jhd.** den Anbau der Kartoffel. Der hohe Anteil an wertvollen Nährstoffen wie Kohlenhydraten, Vitaminen und Mineralstoffen macht die Kartoffel in den internationalen Küchen heute unverzichtbar.

6.1.1 Salzkartoffeln

Arbeitsschritte:

❶
❷
❸
❹

5–6 (= ca. 750 g) Kartoffeln **gründlich** unter fließendem Wasser mit der Gemüsebürste waschen. Den Schmutz dabei vollständig entfernen.

Kartoffeln schälen. Die bereits geschälten Kartoffeln kurz ins kalte Wasser legen, jedoch nur so lange, bis alle Kartoffeln geschält sind.

Kartoffeln aus dem Wasser nehmen, das Wasser abtropfen lassen, **längs** vierteln und mit **~1 Tl** Salz gleichmäßig überstreuen, mischen.

Topfboden mit Wasser bedecken **(~1/4 l)**. Kartoffeln in den gelochten Einsatz **oder** das Garkörbchen geben. Deckel schließen, garen. **Garzeiten: DDT: ca. 7–9 Min./2. Ring Topf: ca. 17–20 Min.**

Grundsätzlich gilt:
→ Wird ein Topf mit Garkörbchen verwendet, muss der Wasserstand regelmäßig kontrolliert werden.
→ **Garprobe:** Kartoffeln sind gar, wenn sich die Pellkartoffelgabel **(1.6.4)** o. Ä. leicht aus der Kartoffel ziehen lässt.

6.1.2 Pellkartoffeln (Kartoffeln werden in der Pelle [Schale] gegart)

~1/4 l	Wasser	
1 Tl	Gemüsebrühpulver	
1/2 Tl	Kümmel (ganz)	
3	Nelken	

in einen **Topf** oder **DDT** gießen.
in das Wasser geben. Das Garkörbchen **oder** den gelochten Einsatz des DDT in den Topf setzen.

> **Merke:** Das Wasser reicht etwa bis zum Boden des Dampfeinsatzes. Je nach Topfgröße kann noch Wasser zugegossen werden.

750 g Kartoffeln

gründlich unter fließendem Wasser waschen und in das Garkörbchen bzw. den gelochten Einsatz geben. Deckel schließen, garen.
Im **Topf** muss der **Wasserstand regelmäßig kontrolliert** werden. Je nach Bedarf wird noch etwas Wasser zugegeben. Die Kartoffeln sind gar, wenn sich die Pellkartoffelgabel leicht aus den Kartoffeln ziehen lässt.

> **Topf: ca. 40–45 Min.** (je nach Kartoffelgröße unterschiedlich)
> **DDT: ca. 12–15 Min.** (je nach Kartoffelgröße unterschiedlich)
> **2. Ring/gelochter Einsatz**

Anrichten: Schüssel (warm)   **Garnieren:** —

Kartoffelspeisen

6.1.3 Bratkartoffeln

750 g	Kartoffeln	▸	in der Schale (Pelle) garen **(siehe Pellkartoffeln 6.1.2)**. Kartoffeln auskühlen lassen. Schale entfernen. Kartoffeln in **ca. 0,5 cm** dicke ○ schneiden.
4 El	Öl	▸	in der Pfanne erhitzen, Kartoffeln **vorsichtig** von beiden Seiten goldbraun braten. Die ○ sollten erhalten bleiben.
1	Zwiebel	▸	in feine □ schneiden, zu den Kartoffeln geben, garen.
	Salz, Pfeffer, Paprika	▸	Kartoffeln kräftig würzen, abschmecken.

Tipp: Es kann mit den Zwiebeln noch 100 g in Würfel geschnittener Schinken zugegeben werden.

Anrichten: Platte (warm)   **Garnieren:** Schnittlauch (fein, 2 El)

6.1.4 Kartoffelpuffer (Reibekuchen, Reibedatschi)

1	Ei		
1 El	Mehl	▸	alle Zutaten mit dem Schneebesen zu einer einheitlichen Masse verrühren.
1 Tl	Salz		
1 Pr	Pfeffer, Muskat, ...		
400 g	Kartoffeln	▸	waschen, schälen, sehr fein reiben, **sofort** unter die Eimasse mischen.
3 El	Öl	▸	in einer Pfanne erhitzen. Jeweils **2 El** Kartoffelmasse (mit Eiflüssigkeit) in die Pfanne geben und zu runden, flachen Fladen ∅ **ca. 8 cm** formen. Kartoffelpuffer auf beiden Seiten knusprig braten. **Bratzeit pro Seite: ca. 3–4 Min.** Fertige Puffer schuppenförmig auf einer Platte (warm) anrichten.

Tipp: Für die Zubereitung von Kartoffelpuffern sind beschichtete Pfannen (siehe 1.13) besonders geeignet. Sie werden besonders knusprig, wenn anstelle der Mehlmenge Haferflocken oder Schmelzflocken zugegeben werden.

Verfeinerungsmöglichkeiten:

70 g	gek. Schinken	▸	in sehr feine □ schneiden, zur Kartoffelmasse geben.
¼ Bd	Schnittlauch **(3 El)**	▸	waschen, sehr fein schneiden, zur Kartoffelmasse geben. Puffer braten.

Anrichten: Platte (warm)   **Garnieren:** Schnittlauch (1 El)

6.1.5 Niedernauer Kartoffeln

700 g	Kartoffeln	▸	in der Schale garen **(siehe Pellkartoffeln 6.1.2)**. Fertige Kartoffeln auskühlen lassen. Schale entfernen und in **2 cm × 2 cm** dicke □ schneiden.
1	Zwiebel	▸	in feine □ schneiden.
3 El	Petersilie	▸	waschen, sehr fein schneiden.
30 g	Butter	▸	in einer Pfanne schmelzen lassen, Zwiebeln und Petersilie andünsten. Kartoffeln zugeben. Hitze reduzieren.
100 ml	Sahne	▸	verrühren, über die Kartoffeln gießen und bei geringer Hitze **langsam stocken** lassen. Kartoffeln nicht wenden. Fertige Kartoffeln nochmals abschmecken, Kartoffeln in eine Auflaufform geben.
2	Eier		
1 Tl	Salz		
1 Pr	Pfeffer, Muskat, ...		
70 g	gerieb. Emmentaler	▸	über die Kartoffeln streuen, gratinieren.

Backzeit: 10 Min./Backtemperatur: 180 °C mittlere Schiene/Ober- und Unterhitze

Anrichten: Auflaufform/Untersetzer   **Garnieren:** Petersilie (fein, 1 El)

Kartoffelspeisen

6.1.6 Béchamelkartoffeln

→ Feuerfeste Auflaufform mit Margarine einfetten.

750 g		Kartoffeln	in der Schale (Pelle) garen **(siehe Pellkartoffeln 6.1.2)**. Fertige Kartoffeln auskühlen lassen. Schale entfernen und in **1,5 cm × 1,5 cm** dicke ☐ schneiden. Kartoffeln in der Auflaufform gleichmäßig verteilen.
1	GR	Béchamelsoße	herstellen **(siehe Abwandlungen helle Mehlschwitze 3.6.2)**.
3	El	Petersilie	waschen, fein zerkleinern, zur Soße geben. Soße über die Kartoffeln gießen.
3–4	El	gerieb. Parmesan	darüber streuen.
20 g		Butter	in kleinen Flöckchen auf den Parmesan setzen. Auflaufform in den Backofen geben.

> **Backzeit: ca. 20–30 Min./Backtemperatur: 180 °C**
> **mittlere Schiene/Ober- und Unterhitze**

Anrichten: Auflaufform/Untersetzer   **Garnieren:** Petersilie (fein, 1 El)

6.1.7 Kartoffelpüree (Kartoffelbrei)

500 g		Kartoffeln	Salzkartoffeln herstellen **(siehe 6.1.1)**.
⅛ l		Milch **(125 ml)**	zum Kochen bringen.
20 g		Butter	Die heißen Salzkartoffeln durch die Kartoffel- **oder** Spätzlepresse in eine Rührschüssel drücken. Milch nach und nach unter ständigem Rühren zugeben, dabei den Schneebesen **oder** das Handrührgerät (Schneebesen) verwenden. Das Kartoffelgemisch zu einer einheitlichen, lockeren Püreemasse rühren.
		Salz, Muskat, Pfeffer	Püree abschmecken.
½		Zwiebel	in feine ▶ schneiden.
2	El	Öl	erhitzen, Zwiebeln goldbraun anrösten und über das fertige Püree geben.

Anrichten: Schüssel (warm)   **Garnieren:** geröstete Zwiebelhälften

6.1.8 Ofenguck

→ Feuerfeste Auflaufform mit Margarine einfetten.

600 g		Kartoffeln	Salzkartoffeln herstellen **(siehe 6.1.1)**.
3		Eiweiß	steif schlagen.
4	El	Milch	in einem Topf erhitzen. Die noch heißen Salzkartoffeln durch die Kartoffel-
4	El	Sahne	**oder** Spätzlepresse drücken. Unter ständigem Rühren die heiße Flüssigkeit
50 g		Butter	nach und nach zugeben. Dabei das Handrührgerät (Schneebesen) benutzen. Den Eischnee **vorsichtig** unter die Kartoffelmasse heben. Masse in die Auflaufform geben, Oberfläche glatt streichen.
¾	Tl	Salz	
1	Pr	Pfeffer, Muskat	
70 g		gerieb. Gouda	darüber streuen. Deckel auflegen, Ofenguck garen.

> **Backzeit: ca. 30–40 Min./Backtemperatur: 180 °C**
> **mittlere Schiene/Ober- und Unterhitze**
> **5 Min. vor Ende der Backzeit Deckel von der Form nehmen.**

Anrichten: Auflaufform/Untersetzer   **Garnieren:** Petersilie (fein, 1 El)

Kartoffelspeisen

6.1.9 Herzoginnenkartoffeln (Pommes duchesse)

→ Backblech mit Backfolie **oder** Backtrennpapier auslegen.

500 g	Kartoffeln
50 ml	Milch
40 g	Butter
1 El	Mehl
1	Ei
1	Eigelb
1 Pr	Pfeffer, Muskat
1	Eigelb

Salzkartoffeln herstellen **(siehe 6.1.1)**. Die fertigen Kartoffeln in noch heißem Zustand durch die Kartoffel- **oder** Spätzlepresse drücken.

erhitzen, unter ständigem Rühren zu den Kartoffeln geben, dabei das Handrührgerät (Schneebesen) verwenden.

die Zutaten unter die Kartoffelmasse rühren. Kartoffelmasse in einen Spritzbeutel **(Sterntülle ⌀ 10 mm)** füllen und kleine Rosetten/Tupfen ⌀ **4 cm** auf das Backblech spritzen **(siehe Foto)**.

Herzoginnenkartoffeln **vorsichtig** bestreichen **oder** betupfen. Backblech in den vorgewärmten Backofen schieben, backen.

Backzeit: ca. 15–20 Min./Backtemperatur: 180 °C
mittlere Schiene/Ober- und Unterhitze

Anrichten: Platte (warm)   **Garnieren:** —

Tipp: Herzoginnenkartoffeln können 2–3 Min. vor dem Ende der Backzeit mit 2 El gerieb. Emmentaler bestreut werden. Sie sind fertig, wenn der Käse zu schmelzen beginnt.

Kartoffelspeisen

6.1.10 Kartoffelnestchen (12 Nestchen)

→ Backblech mit Backfolie **oder** Backtrennpapier auslegen.

2		Eier
1		Rezept Herzoginnen-kartoffeln
3	El	Petersilie
70	g	gerieb. Gouda

2 Eier: mit Eierpieker oben und unten einstechen und in kaltes Wasser legen. Sie müssen mit Wasser bedeckt sein. Eier **10 Min.** hart kochen und mit kaltem Wasser abschrecken, erkalten lassen und die Schale entfernen.

1 Rezept Herzoginnenkartoffeln: herstellen **(siehe 6.1.9)**. Mit einem Spritzbeutel **(Sterntülle ⌀ 10 mm) 7 cm** große Tupfen auf das Backblech spritzen (**= 12** Nestchen). Die Eier in **ca. 0,5 cm** dicke ○ schneiden. Aus einem Ei sollten **6** ○ gewonnen werden. Jeweils eine ○ in die Mitte des Nestchens legen, leicht andrücken.

3 El Petersilie: waschen, fein zerkleinern, auf die Eierscheiben streuen.
70 g gerieb. Gouda: über die Petersilie streuen. Das Blech in den vorgeheizten Backofen schieben, Kartoffelnestchen überbacken.

> **Backzeit: ca. 15–20 Min.**
> **Backtemperatur: 180 °C**
> mittlere Schiene/Ober- und Unterhitze

Anrichten: Platte (warm)   **Garnieren:** Petersilie (fein, 2 El) **oder** Rosmarinzweig

6.1.11 Kartoffelgratin

→ Feuerfeste Auflaufform mit Margarine einfetten.

2		Eier
125	ml	Milch
125	ml	Sahne
100	g	gerieb. Gouda
1½	Tl	Salz
2	Pr	Pfeffer, Muskat
800	g	Kartoffeln

Eier, Milch, Sahne, Gouda, Salz, Pfeffer, Muskat: alle Zutaten mit dem Schneebesen zu einer einheitlichen Masse verrühren.

800 g Kartoffeln: waschen, schälen, in feine ○ schneiden (Küchenmaschine verwenden). Damit die Kartoffeln nicht bräunen, werden sie **sofort** mit der Sahnemasse gemischt. Kartoffelmasse in die vorbereitete Auflaufform geben. Deckel auflegen.

> **Backzeit: ca. 70–80 Min./Backtemperatur: 180 °C**
> mittlere Schiene/Ober- und Unterhitze

50 g gerieb. Gouda: **5 Min.** vor Ende der Backzeit über das Gratin streuen. Deckel nicht mehr auflegen.

Gratin: (frz. Kruste) ist ein mit Käse überbackenes Gericht. Es entsteht dabei eine knusprige goldbraune Kruste.

Anrichten: Auflaufform/Untersetzer   **Garnieren:** Petersilie **oder** Rosmarinzweig

6.1.12 Hack-Kartoffel-Gratin

→ Feuerfeste Auflaufform mit Margarine einfetten.

1	**GR**	Fleischteig
1		Rezept Kartoffelgratin

1 GR Fleischteig: herstellen **(siehe GR Fleischteig 4.4)**. Fleischteig gleichmäßig auf dem Boden der Auflaufform verteilen. Die Masse glatt streichen.

1 Rezept Kartoffelgratin: herstellen **(siehe oben)**. Gratin auf den Fleischteig geben. Oberfläche glatt streichen. Deckel auflegen, garen.

> **Backzeit: ca. 70–80 Min./Backtemperatur: 180 °C**
> mittlere Schiene/Ober- und Unterhitze

Anrichten: s. o.   **Garnieren:** Petersilie (fein, 1 El)

Kartoffelspeisen

6.1.13 Kartoffelteig

Der Kartoffelteig findet in der vegetarischen Küche großen Anklang. Er kann als Beilage, aber auch als Hauptgericht verarbeitet werden. Es gibt viele Möglichkeiten, Kartoffelteig zu formen und zu garen, z. B. Garziehen, Backen oder Braten. Eier und Mehl dienen als Bindemittel. Damit der Teig zusammenhält, bietet es sich an, mehlig kochende Kartoffeln zu verwenden.

Allgemeine Grundregeln für die Zubereitung von Kartoffelteig:

→ Die Kartoffeln können einen Tag vor der Zubereitung gegart werden. **Vorteil:** Der Kartoffelteig wird nicht zu feucht.
→ Die Mehlmenge ist vom Feuchtigkeitsgrad der Kartoffeln abhängig. Je mehr Restfeuchtigkeit in den Kartoffeln enthalten ist, umso mehr Mehl muss zur Bindung des Teiges zugegeben werden.
→ Der Teig sollte **kurz vor** der Weiterverarbeitung zubereitet werden. Je länger der Teig steht, umso weicher wird er.
→ Den Teig nicht zu lange kneten, da er sonst sehr weich wird. Die Mehlmenge müsste erhöht werden.
→ Bevor der ganze Teig ausgeformt wird, sollte immer ein Probestück, z. B. ein kleiner Probekloß, geformt und gegart werden. Fällt er auseinander, muss noch etwas Mehl zugefügt werden.

GR Kartoffelteig

Menge ½ GR	Menge 1 GR	Zutaten	Zubereitung
250 g	500 g	mehlig kochende Kartoffeln	**Kartoffeln werden am Vortag gegart:** Kartoffeln waschen und in der Schale (Pelle) garen. **Topf: ca. 40–45 Min./DDT: ca. 12–15 Min./2. Ring/gelochter Einsatz.** Die Garzeit ist von der jeweiligen Kartoffelgröße abhängig. Kartoffeln am folgenden Tag schälen und sehr fein reiben. **Kartoffeln werden am Tag des Verbrauches gegart:** Kartoffeln waschen, in der Schale garen, Schale entfernen. Heiße Kartoffeln durch die Kartoffel- **oder** Spätzlepresse drücken. Kartoffelmasse ausbreiten und sehr gut auskühlen lassen (nicht am Fenster – Kondensierung – Teig wird feucht!).
½	1	Ei	in einer Tasse aufschlagen, verquirlen, zugeben.
20 g 20 g ¾ Tl 1 Pr	40 g 40 g 1½ Tl 2 Pr	Mehl **(Typ 405)** Speisestärke Salz Muskat	Alle Zutaten zur Kartoffelmasse geben. Diese sofort mit dem Handrührgerät (Knethaken) zu einer einheitlichen Kartoffelmasse kneten. Den Teig nicht zu lange kneten, da er sonst zu weich wird. **Merke:** Es muss eine einheitliche Kartoffelmasse entstehen. Je nach Bedarf kann noch etwas Bindemittel (Ei oder Mehl) zugefügt werden.

6.1.14 Formgebungsmöglichkeiten

Kartoffelklöße

→ Großen, breiten Topf ¾ mit Wasser füllen. **1 El** Salz zufügen. Deckel auflegen. Wasser zum Sieden bringen.
→ Probekloß **(1 gehäufter El)** formen, gar ziehen lassen. Probekloß probieren und je nach Bedarf nachwürzen. Fällt der Kloß nicht auseinander, können weitere Klöße geformt werden.
→ **1 GR Kartoffelteig = 6–8 Klöße.** Zum Formen werden die Klöße leicht in Mehl gewendet.
→ Klöße vorsichtig mit dem Schaumlöffel in das siedende Salzwasser geben. Die Klöße sind fertig, wenn sie an der Oberfläche schwimmen. **Garzeit: 12–15 Min.**

> **Merke:** Das Wasser darf nicht sprudeln, da die Klöße sonst auseinander fallen.

Anrichten: Schüssel (warm) **Garnieren:** geröstete Semmelbrösel **(siehe Kapitel 5).**

Kartoffelspeisen

6.1.14 Weitere Formgebungsmöglichkeiten

Kartoffelringe

Masse in einen Spritzbeutel **(Sterntülle ⌀ 10 mm)** füllen. Ringe **⌀ 10 cm** auf eine leicht bemehlte Arbeitsfläche spritzen und in einer Fritteuse oder einem Topf frittieren bzw. ausbacken.

Kroketten

Eine **⌀ 2 cm** dicke Rolle herstellen (z. B. Spritzbeutel ohne Tülle verwenden). **4 cm lange Stücke** abschneiden. Stücke panieren und nachformen. In der Fritteuse oder einem Topf frittieren.

Kartoffelnockerln

Mit **2 El** kleine Nockerln formen. Nockerln in der Fritteuse oder einem Topf frittieren. Sie können ebenso in Salzwasser gegart werden (siehe Kartoffelklöße).

6.1.15 Abwandlungen für 1 GR Kartoffelteig

Abwandlungen	Menge/Zutaten	Zubereitung
Kartoffel-Kräuterteig	~ ½ Bd Petersilie **(6 El)**	waschen, fein zerkleinern, unter den Teig mischen.
Kartoffel-Schinkenteig	50 g geräuch. Speck 2 El Petersilie **(fein)**	in sehr feine □ schneiden. Kurz in der Pfanne anbraten. Speck auf ein Küchenpapier geben, das überschüssige Fett tropft ab. Die Speckwürfel erkalten lassen und mit der Petersilie unter den Kartoffelteig mischen.
Kartoffelklöße mit Weißbrotwürfeln	~ 1 Sch Toastbrot	in sehr feine □ schneiden. In **ca. 20 g** Butter anrösten. In die Klöße eine Mulde drücken. **Ca. 5** Brotwürfel hineinlegen. Klöße formen. Die Würfel dürfen nicht mehr sichtbar sein. Klöße im Mehl wenden und im siedenden Wasser gar ziehen lassen.

6.1.16 Kartoffel-Mandel-Bällchen

½ GR	Kartoffelteig	▸ herstellen **(siehe GR Kartoffelteig 6.1.13)**. Mit **2 Tl** ein kleines Häufchen auf ein Brett setzen.
	Mehl	▸ Hände bestäuben und Häufchen zu einem Probebällchen formen.
1	Eiweiß	▸ Bällchen darin wenden.
~70 g	gehobelte Mandeln	▸ zwischen den Händen etwas zerkleinern. Das Probebällchen darin wenden. Mandeln leicht andrücken.
	Öl in Fritteuse **oder** Topf	▸ erhitzen, Probebällchen von allen Seiten goldbraun frittieren. Fertiges Bällchen auf ein Küchenpapier legen. Das überschüssige Fett abtropfen lassen. Fällt das Probebällchen nicht auseinander, können die restlichen Bällchen hergestellt und heiß serviert werden.

Anrichten: Platte (warm) **Garnieren:** Petersiliensträußchen, Tomatenachtel

Kartoffelspeisen

6.1.17 Schupfnudeln (Fingernudeln)

250 g	mehlig kochende Kartoffeln	waschen, wenn möglich einen Tag vor der Zubereitung garen.

Topf mit Garkörbchen: ca. 40–45 Min.
DDT: ca. 12–15 Min./2. Ring/gelochter Einsatz

Kartoffeln schälen, sehr fein reiben. Kartoffeln, die am Tag des Verbrauchs gegart werden, sollten geschält und durch eine Kartoffel- **oder** Spätzlepresse gedrückt werden. Kartoffelmasse sehr gut auskühlen lassen.

1	Ei	in einer Tasse aufschlagen, verquirlen, zugeben.
250 g	Mehl	zugeben, zu einer einheitlichen Kartoffelmasse mischen. Mit **2 Tl** kleine Häufchen auf ein Brett setzen. Den Teig auf einer leicht bemehlten Arbeitsfläche zu **ca. 8–10 cm** langen, ringfingerdicken Schupfnudeln formen.
¾ Tl	Salz	
2½ l	Wasser	Schupfnudeln im siedenden Wasser gar ziehen lassen. **Garzeit: ca. 7–10 Min. Garprobe** machen. Fertige Schupfnudeln mit dem Schaumlöffel herausnehmen, abtropfen lassen, heiß servieren.
1 El	Salz	

Anrichten: Schüssel (warm)   **Garnieren:** Petersilie (fein, 2 El)

Tipp: Die gegarten Schupfnudeln können in der Pfanne mit 5–6 El Öl angebraten werden. Zu Schupfnudeln passt sehr gut Sauerkraut.

6.1.18 Kartoffeltaler (ca. 14 Taler)

370 g	mehlig kochende Kartoffeln	waschen, in der Schale garen.

Topf mit Garkörbchen: ca. 40–45 Min.
DDT: ca. 12–15 Min./2. Ring/gelochter Einsatz

Kartoffeln gut auskühlen lassen, schälen, sehr fein reiben.

1	Ei	zu den Kartoffeln geben. Alle Zutaten mit dem Handrührgerät (Knethaken) zu einem einheitlichen Kartoffelteig mischen. Teig zu einer **5 cm** dicken Rolle formen. Diese in **2 cm** dicke Scheiben schneiden, Taler formen.
1 El	Semmelbrösel	
1 Tl	Speisestärke	
60 g	Mehl	
½ Tl	Salz	
2 Pr	Pfeffer, Muskat	

Je nach Wunsch: Panierung

1	Ei	verquirlen, Taler darin wenden. Die Form der Taler sollte erhalten bleiben.
~50 g	Semmelbrösel	Taler darin wenden. Semmelbrösel sehr gut festdrücken = **panieren.**
6 El	Öl	in einer beschichteten Pfanne erhitzen, Taler braten. **Bratzeit: pro Seite ca. 4–5 Min.** Fertige Taler auf ein Küchenpapier legen und das überschüssige Fett abtropfen lassen. Taler schuppenförmig auf einer Platte anrichten.

Anrichten: Platte (warm)   **Garnieren:** Petersiliensträußchen, Tomatenachtel

Tipp: Je nach Wunsch kann auf das Panieren verzichtet werden. Käsetaler erhält man, indem man dem Rezept 20 g geriebenen Parmesan oder anderen geriebenen Käse zugibt. Zu den Kartoffeltalern passt sehr gut ein Joghurtdip, S. 138.

Kartoffelspeisen

6.1.19 Kartoffelpizzen auf Rucola (4 Stück)

→ Backofen rechtzeitig auf **200 °C** vorheizen. Backblech mit Backfolie auslegen.

1	**GR**	Kartoffelteig	herstellen **(siehe GR)**. Teig in **4** gleich große Portionen teilen. Aus jeder Portion einen **ca. 12 cm** ⌀ großen Kreis formen.
		Semmelbrösel	Kreise gleichmäßig darin wenden.
3–4	El	Öl	in der Pfanne erhitzen, Kreise beidseitig goldbraun anbraten. Fertige Kreise auf das vorbereitete Backblech legen.
80	g	durchw. Speck	in feine □ schneiden. Mit wenig Öl in der Pfanne anbraten und gleichmäßig auf den Kartoffelkreisen verteilen.
2		Tomaten **(12 Sch.)**	waschen, Strunk entfernen, häuten **(siehe 1.9)**, in **12** ○ schneiden. Jeweils **3** Tomatenscheiben auf einem Kartoffelkreis verteilen.
		Basilikum, Salz ...	Tomaten kräftig würzen.
50	g	gerieb. Gouda	gleichmäßig auf den Tomaten verteilen. Kartoffelpizzen überbacken = **gratinieren**.

> **Backzeit: ca. 10–15 Min./Backtemperatur: ca. 200 °C**
> **mittlere Schiene/Ober- und Unterhitze**

~50	g	Rucola	putzen, waschen, abtropfen lassen und gleichmäßig auf **4** Esstellern verteilen.
		Öl, Balsamico-Essig	Rucola beträufeln.
		Salz, Pfeffer, Paprika	Rucola würzen. Die fertigen Kartoffelpizzen auf den Rucalo setzen und heiß servieren.

Anrichten: Essteller   **Garnieren:** Rucola, Schnittlauch (fein, 1 El)

Rucola (Rauke):
Es handelt sich um eine kultivierte oder wild wachsende Würz- und Salatpflanze. Der leicht scharfe Geschmack gleicht dem Aroma der Kresse.

6.1.20 Kartoffeltürmchen (6 Stück)

1	**GR**	Kartoffelteig	herstellen **(siehe GR)**. 6 Kartoffelklöße herstellen **(siehe Kartoffelklöße)**. Damit die Klöße gut aufzuschneiden sind, müssen sie kalt sein. Klöße halbieren, Hälften der Länge nach nochmals halbieren. Pro Kloß entstehen insgesamt **4** Scheiben.
3	Sch	durchw. Speck	halbieren.
1	El	Öl	erhitzen, Speck beidseitig anbraten. Fett abtropfen lassen.
1		Tomate	waschen, Strunk entfernen, in **6** ○ schneiden.
		Salz, Pfeffer, Paprika	Tomatenscheiben würzen.
1,5	Sch	Gouda	in **6** gleich große Stücke schneiden. Kartoffelknödel füllen. **Pro Kloß 1 Tomatenscheibe, 1 Speckstück, 1 Käsestück** entsprechend der Abbildung einschichten. Es sollten keine Ränder überstehen.
3		Schaschlikspieße	halbieren. Die fertigen Türme mit je einer Spießhälfte in der Mitte befestigen, auf einen Teller setzen und in der Mikrowelle kurz erwärmen, bis der Käse geschmolzen ist. Einstellung: **800 Watt/ca. 2 Min.**

Anrichten: Essteller   **Garnieren:** Salatblätter, Tomatenachtel

Getreidespeisen

6.2 Theorie: Getreide

Getreideprodukte sind reich an:
→ Kohlenhydraten: hoher Anteil an Ballaststoffen
→ Vitaminen: B-Gruppe
→ Mineralstoffen: Kalium, Phosphor
→ Fett: je nach Getreideart unterschiedlich

– Mehlkörper
– Randschichten
– Keimling

Getreidesorten

Weizen

Es gibt viele verschiedene Arten. Das Mehl kann sehr gut zum Backen verwendet werden.
Anbau: Europa, USA.

Mais

Bis zu 2 m hohe Pflanze. Wichtiger Stärke- und Speiseöllieferant.
Anbau: USA, Südamerika, Europa.

Hirse

Hirse ist eine Getreideart, die in trockenen Zonen sehr schnell wächst.
Anbau: Afrika, Asien.

Dinkel

Weizenart. Beim Dreschen bleibt das Korn in der Hülse.
Anbau: Süddeutschland, Rheinland, Schweiz.

Grünkern

Unreif geernteter Dinkel. Erhält durch das Trocknen einen besonderen Geschmack.
Anbau: Europa.

Hafer

Haferflocken und Hafermehl werden daraus gewonnen.
Anbau: Mitteleuropa.

Gerste

Ist bei der Bierherstellung von großer Bedeutung.
Anbau: Vorderasien und Europa.

Buchweizen

Keine Getreidesorte, sondern ein Knöterichgewächs (Kraut). Kann geschrotet u. gemahlen werden.
Anbau: Europa, China.

Getreidekörner
Sie werden ganz, geschrotet, gequetscht **oder** gemahlen im Handel angeboten.

Der Ausmahlungsgrad von Getreide
Das Getreidekorn wird zu Mehl gemahlen. Je nach Mahlverfahren werden die Außenschichten der Körner mitverwendet. Sie sind sehr vitamin- und mineralstoffreich. Der Ausmahlungsgrad von Mehl, auf der Packung durch eine Typenzahl ausgewiesen, gibt an, wie viel **mg** Mineralstoffe in **100 g** Mehl enthalten sind.

Beispiel: Weizenmehl Typ 405 = in 100 g Mehl sind 405 mg Mineralstoffe enthalten.

Getreidespeisen

Faustregel für die Bestimmung von Typenzahlen

Je **höher** die Typenzahl (Typ 1050, 1150),	Je **niedriger** die Typenzahl (Typ 405, 550),
desto **mehr** Außenschichten des Korns sind enthalten, umso **höher** ist der Vitamin-, Mineralstoff- und Cellulosegehalt des Mehls.	desto **weniger** Außenschichten des Korns sind enthalten, umso **niedriger** ist der Vitamin-, Mineralstoff- und Cellulosegehalt des Mehls.
Fazit: Mehlsorten mit hoher Typenzahl sind ernährungsphysiologisch hochwertig!	

Lagerung von Getreide

→ In trockenen, gut gelüfteten Räumen. In verschlossenen Behältnissen **oder** in verschlossenen Verpackungen.
→ Je nach Verarbeitungsgrad können Getreideprodukte unterschiedlich lange gelagert werden:
   Grobe Erzeugnisse: Graupen, Flocken, Schrot … ➡ **ca. 5–6 Monate** (Ausnahme: Vollkornschrot).
   Mehl: ca. 2–3 Monate (Ausnahme: Vollkornmehl, da der etwas höhere Fettanteil die Lagerfähigkeit verringert).
→ Beim Einkauf von Getreideprodukten muss grundsätzlich auf das Mindesthaltbarkeitsdatum geachtet werden.

Küchentechnische Tipps:

→ Getreideprodukte sind sehr stärkehaltig, deshalb binden sie einen hohen Anteil an Flüssigkeit.
→ Stärkeprodukte quellen und verkleistern durch Hitzeeinwirkung **(Stärke verkleistert bei ca. 70 °C)**.
→ **Grobe** und **mittelfeine Bindemittel**, z. B. Grieß, Hirse, Graupen, werden in die kochende Flüssigkeit eingestreut.
→ Damit **feine Bindemittel**, z. B. Mehl, Speisestärke, nicht verklumpen, müssen sie kalt angerührt und in die kochende Flüssigkeit eingerührt werden **(siehe 8.3)**.

6.2.1 Quark-Grieß-Auflauf (süßes Mittagessen)

→ Feuerfeste Auflaufform (mittlere Größe) mit Margarine einfetten.
→ Backofen auf **180 °C** vorheizen.

5		Eiweiß	steif schlagen.
135	g	Butter	schaumig schlagen.
170	g	Zucker	
2	P	Vz.	zugeben, so lange rühren, bis die Zuckerkristalle aufgelöst sind.
5		Eigelb	
1	El	Zitronensaft	
500	g	Speisequark	löffelweise zugeben, Masse schaumig rühren.
80	g	Hartweizengrieß	einrieseln lassen, rühren.
1	Tl	Backpulver **(gestr.)**	Eischnee locker unterheben. Masse in die Auflaufform füllen. Rand säubern, backen.

Backzeit: ca. 60–70 Min./Backtemperatur: ca. 180 °C mittlere Schiene/Ober- und Unterhitze

Merke: Die Backofentür darf während des Garprozesses nicht geöffnet werden, da sonst der Grießauflauf zusammenfällt.

	Puderzucker	Auflauf bestäuben, sofort heiß servieren.

Anrichten: Auflaufform/Untersetzer **Garnieren:** Puderzucker (fein)

Tipp: Aprikosen (1 Ds) oder Schattenmorellen (1 Gl) werten den Auflauf auf. Quarkmasse auf den Boden der Auflaufform geben, Früchte gleichmäßig verteilen und mit Masse enden.

Getreidespeisen

6.2.2 Hirsefrikadellen (8 Stück)

½	l	Wasser	
1	El	Gemüsebrühpulver	alle Zutaten in einem Topf erhitzen.
½	Tl	Salz	
125	g	Hirse	in die kochende Flüssigkeit streuen, einmal aufkochen lassen. Hitze reduzieren. Hirse **ca. 30–40 Min.** zugedeckt quellen lassen.

Merke: Am Ende der Garzeit ist keine Flüssigkeit mehr im Topf vorhanden.

1		Ei	unter die **völlig abgekühlte** Hirse mischen. Das Handrührgerät (Knethaken) verwenden. Je nach Bedarf können noch Semmelbrösel zugegeben werden. Den Hirsebrei in **8** gleich große Teile aufteilen. Mit leicht bemehlten Händen Frikadellen (Küchle) formen.
~70	g	Semmelbrösel	
25	g	Mehl	
1		Ei	verquirlen, Frikadellen darin wenden.
		Semmelbrösel	Frikadellen wenden. Brösel fest andrücken.
3–4	El	Öl	in einer Pfanne erhitzen. Frikadellen von beiden Seiten braten. **Bratzeit pro Seite ca. 5 Min.** Fertige Frikadellen auf ein Küchenpapier legen, Fett abtropfen lassen.
1		Tomate **(groß)**	waschen, Strunk entfernen, in **8** ○ schneiden. Es wird jeweils eine Tomatenscheibe auf eine Frikadelle gelegt.
2	Sch	Gouda	in **8** □ teilen. Auf jede Tomatenscheibe je einen □ legen. Die Hirsefrikadellen in eine feuerfeste Auflaufform setzen, überbacken.

Backzeit: ca. 10 Min./Backtemperatur: ca 180 °C mittlere Schiene/ Ober- und Unterhitze

Anrichten: Platte (warm)   **Garnieren:** Petersilie (fein, 1 El)

Tipp: Je nach Wunsch kann auf das Panieren von Hirsefrikadellen verzichtet werden (reduzierter Energiegehalt). Anstelle von Frikadellen können 5 cm große Hirsetupfen gespritzt werden (Spritzbeutel und Sterntülle ⌀ 10 mm).
Backzeit: ca. 15–20 Min./Backtemperatur: 190 °C/mittlere Schiene/Ober- und Unterhitze.

6.2.3 Hirsebällchen

½		Rezept Hirsefrikadellen	herstellen **(siehe Rezept oben)**. Mit **2 Tl** walnussgroße Häufchen bilden. Die Hände leicht mit Mehl bestäuben und die Bällchen formen.
1		Ei	verquirlen, Bällchen darin wenden.
50	g	Mohn **oder** Sesam	Bällchen darin wenden, Mohn **oder** Sesam leicht festdrücken.
2–3	El	Öl	erhitzen, Bällchen von allen Seiten braten. **Bratzeit ca. 8–10 Min.**

Dip:

50	g	Mayonnaise	mit dem Schneebesen verrühren.
50	g	Crème fraîche	
¼	Bd	Schnittlauch **(3 El)**	waschen, fein schneiden, zugeben.
		Salz, Pfeffer, Paprika	Masse abschmecken.
3		Salatblätter	waschen, in mundgerechte Stk. teilen.
1		Tomate	waschen, Strunk entfernen, in ⅛ Stücke schneiden.

Anrichtevorschlag: siehe Abbildung   **Garnieren:** Tomatenstücke, Rosmarinsträußchen, Salatblätter

Getreidespeisen

6.2.4 Dinkelnockerln im Gemüsebeet

→ Feuerfeste Auflaufform mit Margarine einfetten.

1		Zwiebel	schälen, in sehr feine ☐ schneiden.
3	El	Petersilie	waschen, sehr fein zerkleinern.
20	g	Butter **oder** Margarine	erhitzen, Zwiebeln und Petersilie andünsten.
150	g	Dinkel	fein mahlen, zur Zwiebelmasse geben.
200	ml	Wasser	Dinkel ablöschen.
1	Tl	Gemüsebrühpulver	zugeben, so lange rühren (Schneebesen), bis ein fester Kloß entsteht. Diesen zugedeckt **ca. 10 Min.** quellen lassen. Masse nochmals herzhaft abschmecken.
1	Pr	Salz, Pfeffer, Paprika	
1		Zwiebel	schälen, in ☐ schneiden.
30	g	Butter **oder** Margarine	erhitzen, Zwiebeln glasig dünsten.
1		mittelgroße Zucchini	waschen, evtl. Schale entfernen, in feine ○ schneiden, mitdünsten.
1		Paprika **(gelb)**	waschen, halbieren, Strunk und Kernhaus entfernen, in ☐ schneiden, zugeben.
1		Paprika **(rot)**	
5		Champignons	säubern, evtl. häuten, feinblättrig schneiden, zugeben, mitdünsten. Das gesamte Gemüse **ca. 3–4 Min.** bei schwacher Hitze dünsten.
		Pfeffer, Paprika, Oregano, Thymian ...	Gemüse **kräftig** abschmecken und gleichmäßig auf dem Boden der Auflaufform verteilen. Von der Dinkelmasse mit **2 El** Nockerln formen.
4–5	El	Öl	in einer Pfanne erhitzen, Nockerln von allen Seiten goldbraun braten und auf einem Küchenpapier abtropfen lassen. Nockerln auf das Gemüse setzen.
100	g	gerieb. Emmentaler	über die Nockerln streuen. Form in den vorgeheizten Backofen geben.

Backzeit: ca. 15–20 Min./Backtemperatur: 180 °C
mittlere Schiene/Ober- und Unterhitze

Anrichten: Auflaufform/Untersetzer **Garnieren:** Petersilie (fein, 2 El)

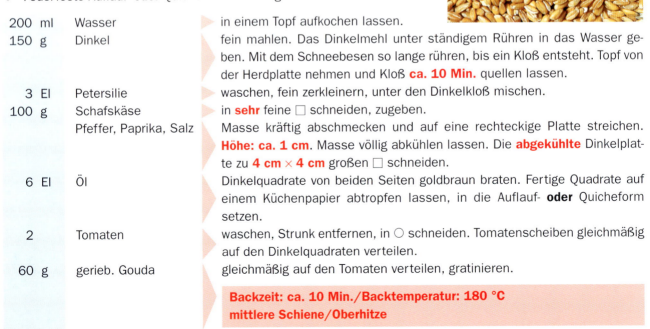

6.2.5 Dinkelquadrate mit Haube

→ Feuerfeste Auflauf- **oder** Quicheform mit Margarine einfetten.

200	ml	Wasser	in einem Topf aufkochen lassen.
150	g	Dinkel	fein mahlen. Das Dinkelmehl unter ständigem Rühren in das Wasser geben. Mit dem Schneebesen so lange rühren, bis ein Kloß entsteht. Topf von der Herdplatte nehmen und Kloß **ca. 10 Min.** quellen lassen.
3	El	Petersilie	waschen, fein zerkleinern, unter den Dinkelkloß mischen.
100	g	Schafskäse	in **sehr** feine ☐ schneiden, zugeben.
		Pfeffer, Paprika, Salz	Masse kräftig abschmecken und auf eine rechteckige Platte streichen. **Höhe: ca. 1 cm**. Masse völlig abkühlen lassen. Die **abgekühlte** Dinkelplatte zu **4 cm × 4 cm** großen ☐ schneiden.
6	El	Öl	Dinkelquadrate von beiden Seiten goldbraun braten. Fertige Quadrate auf einem Küchenpapier abtropfen lassen, in die Auflauf- **oder** Quicheform setzen.
2		Tomaten	waschen, Strunk entfernen, in ○ schneiden. Tomatenscheiben gleichmäßig auf den Dinkelquadraten verteilen.
60	g	gerieb. Gouda	gleichmäßig auf den Tomaten verteilen, gratinieren.

Backzeit: ca. 10 Min./Backtemperatur: 180 °C
mittlere Schiene/Oberhitze

Anrichten: Auflaufform/Untersetzer **Garnieren:** Petersilie (fein, 2 El)

Getreidespeisen

6.2.6 Grünkerntaler (Grünkernküchle) (8 Stück)

1	Zwiebel	schälen, in **sehr feine** ☐ schneiden.
20 g	Butter **oder** Margarine	erhitzen, Zwiebeln glasig dünsten.
3 El	Petersilie	waschen, fein zerkleinern, zugeben, mitdünsten.
70 g	Karotten	waschen, schälen, **sehr fein** reiben, mitdünsten.
220 g	Lauch (Porree)	putzen, der Länge nach halbieren, waschen, in **sehr feine** ▶ schneiden, mitdünsten.
	Salz, Pfeffer, Paprika	Gemüse kräftig abschmecken und abkühlen lassen.
200 g	Grünkern	sehr fein mahlen, zum Gemüse geben.
50 g	grieb. Gouda	zur Gemüsemasse geben. Alle Zutaten mit dem Handrührgerät (Knethaken) zu einer einheitlichen Masse mischen. Je nach Bedarf können noch Semmelbrösel zugegeben werden. Rolle ⌀ **ca. 5 cm** formen, in **8** Scheiben schneiden und Taler bzw. Küchle formen.
3	kleine Eier	
2 El	Semmelbrösel	
1 Tl	Salz	
1 Pr	Pfeffer, Paprika	

Merke: Damit die Taler appetitlich aussehen, sollten sie nicht zu flach gedrückt werden.

1	Ei	verquirlen, Taler beidseitig darin wenden.
~5 El	Semmelbrösel	Taler darin wenden. Semmelbrösel **vorsichtig** festdrücken.
6 El	Öl	in einer großen Pfanne erhitzen. Grünkerntaler von beiden Seiten goldbraun braten. **Bratzeit pro Seite: ca. 5 Min.** Fertige Taler auf ein Küchenpapier legen. Das überschüssige Fett wird aufgesaugt. Taler schuppenförmig anrichten.

Tipp: Anstelle von 3 kleinen Eiern können für die Herstellung von Grünkerntalern auch 2 große Eier verwendet werden.

Anrichten: Platte (warm)   **Garnieren:** Tomatenachtel, Petersiliensträußchen

6.2.7 Couscous-Variationen

Granatapfel-Couscous

150 ml	Wasser	zum Kochen bringen und Topf von der Herdplatte nehmen.
½ Tl	Salz, Safranpulver, Ingwer (frisch)	
150 g	Couscous	zugeben, umrühren. Topfdeckel auflegen. Couscous **4 Min. quellen** lassen, mit der Gabel lockern.
1	Granatapfel	halbieren, Kerne entfernen, **vorsichtig** unterheben.
6 Bl	frische Minze	in feine Streifen schneiden, **vorsichtig** unterheben.
	Zucker, Pfeffer	abschmecken.

Anrichten: Schüssel   **Garnieren:** Granatapfelkerne, Minzeblättchen

Couscous: gilt in der nordafrikanischen Küche als Grundnahrungsmittel. Es ist befeuchteter, zu kleinen Kügelchen zerriebener Grieß von Hirse, Weizen oder Gerste. Es passt sehr gut zu gebratenem Geflügel.

Dattel-Zimt-Couscous

30 g	Cashewnüsse	fein hacken, in der Pfanne leicht anrösten.
40 g	Datteln	halbieren, Kerne entfernen, in sehr feine Streifen schneiden.
150 ml	Wasser	
½ Tl	Zimt	aufkochen lassen. Topf von der Herdplatte nehmen.
1 El	Sonnenblumenöl	
150 g	Couscous	einrühren. Topfdeckel auflegen und **4 Min. quellen** lassen.
1 El	Butter	zugeben, Couscous mit der Gabel lockern,
2 El	Orangensaft	Datteln, Cashewnüsse locker unterheben.
	Pfeffer, Zucker, Salz, Kreuzkümmel	Dattel-Zimt-Couscous abschmecken.

Anrichten: Schüssel   **Garnieren:** Dattelstücke, gehackte angeröstete Cashewnüsse

Getreidespeisen

6.2.8 Maisschnitten/Polentaschnitten

1 l	Wasser	
1 El	Gemüsebrühpulver	alle Zutaten in einem Topf
1 Tl	Salz	zum Kochen bringen.
1 Pr	Pfeffer, Muskat, …	
250 g	Maisgrieß (Polenta)	in das kochende Wasser rieseln lassen. So lange rühren, bis sich ein Kloß gebildet hat. Polentamasse auf einer Platte zu einem Rechteck **(Höhe ca. 2 cm)** streichen. Masse vollständig abkühlen lassen und zu **5 cm × 3 cm** großen Rechtecken schneiden.
1	Ei	verquirlen, Rechtecke darin wenden.
3 El	Öl	erhitzen, die Schnitten von beiden Seiten goldbraun braten. Bevor die Schnitten gewendet werden, sollte sich auf der Unterseite eine goldbraune Kruste gebildet haben (Form bleibt erhalten). **Bratzeit pro Seite: 4–5 Min.** Maisschnitten schuppenförmig auf der Platte (warm) anrichten.

Anrichten: Platte (warm)   **Garnieren:** Petersiliensträußchen, Tomatenachtel

6.2.9 Grießklöße (ca. 7 Klöße)

500 ml	Milch	
1 Tl	Salz	erhitzen, aufkochen lassen.
1 Pr	Muskat	
150 g	Hartweizengrieß	in die kochende Milch streuen, so lange rühren, bis sich ein fester Kloß gebildet hat. Kloß muss sich vollständig vom Topfboden lösen.
2	Eier	verquirlen, unter die leicht abgekühlte Masse rühren.
	Mehl	Arbeitsfläche leicht mit Mehl bestäuben. Probekloß **(1 geh. El)** formen und in etwas Mehl wenden. Masse handwarm abkühlen lassen.
3 l	Wasser	erhitzen, Wasser muss sieden. Den Probekloß **ca. 10 Min.** gar ziehen lassen. Der Kloß ist fertig, wenn er an der Oberfläche schwimmt. Probekloß probieren, Masse evtl. nachwürzen. Weitere Klöße formen **(Kloß = 1 stark geh. El)**. Klöße mit dem Schaumlöffel herausnehmen. Wasser abtropfen lassen, anrichten.
1½ El	Salz	
30 g	Butter	erhitzen.
3–4 El	Semmelbrösel	leicht in der Butter anrösten, über die Klöße geben.

Mais: Corn, Kukuru, Grasgewächs, das 2–5 m hoch wird. Frühere Heimat des Maises waren die peruanischen Anden. Heute wird er hauptsächlich in den USA, Südamerika und Europa kultiviert.

Anrichten: Schüssel (warm)   **Garnieren:** geröstete Semmelbrösel

Abwandlungsmöglichkeiten:

❶ Kräutergrießklöße:
6 El fein zerkleinerte Kräuter, z. B. Schnittlauch, Petersilie, unter die Grießmasse mischen.

❷ Grießklöße mit Toastwürfeln gefüllt:
1 Sch. Toastbrot in sehr feine □ schneiden, □ in **20 g** Butter anrösten. In die Mitte der Klöße eine Mulde drücken und **ca. 4–5** Brotwürfel hineinlegen. Klöße formen und garen.

❸ Gratinierte Grießklöße:
Fertige Klöße in eine feuerfeste Auflaufform geben, mit **ca. 50 g** gerieb. Gouda überstreuen und gratinieren.

Backzeit: ca. 10–15 Min./Backtemperatur: 200 °C/mittlere Schiene/Oberhitze

Getreidespeisen

6.2.10 Buchweizenklöße auf Gemüse (7 Klöße)

300 ml	Wasser		
1 Tl	Gemüsebrühpulver	▶	zum Kochen bringen.
1 Pr	Pfeffer, Paprika		

150 g	Buchweizen	▶	**sehr fein schroten**, in das Wasser rieseln lassen. Masse zu einem festen Kloß verrühren. Kloß **ca. 10 Min.** zugedeckt quellen lassen.

50 g	grieb. Emmentaler		unter die leicht abgekühlte Buchweizenmasse mischen. Dabei das Handrührgerät (Knethaken) verwenden.
2	Eier	▶	Einen Probekloß, **ca. 1 gehäufter El**, formen.
5–6 El	Semmelbrösel		In die Kugelmitte mit dem Daumen eine Mulde drücken.
½ Tl	Salz		
1 Pr	Pfeffer, Paprika		

60 g	Mozzarella	▶	in **ca. 1 cm × 1 cm** dicke ☐ schneiden. In die Mulde des Probekloßes einen Mozzarellawürfel legen und Kloß formen. Der Mozzarellawürfel sollte nicht mehr zu sehen sein. Kloß in wenig Mehl wenden.

3 l	Wasser	▶	erhitzen, Probekloß in das siedende Wasser geben und **ca. 10–15 Min.** gar ziehen lassen. Der Kloß ist fertig, wenn er an der Wasseroberfläche schwimmt. **Garprobe** machen, d. h. den Kloß aufschneiden und probieren. Kloßmasse evtl. nachwürzen und wie beschrieben weitere **6** Klöße formen, garen. Fertige Klöße mit dem Schaumlöffel herausnehmen. Wasser abtropfen lassen.
1½ El	Salz		

Gemüse

→ Feuerfeste Auflaufform mit Margarine einfetten.

100 g	Zucchini	▶	waschen, schälen, in feine ☐ schneiden.
2	Tomaten	▶	waschen, Strunk entfernen, häuten, in ☐ schneiden **(siehe 1.9)**.
100 g	Karotten	▶	waschen, schälen, grob raspeln.
140 g	Mais **(1 Ds)**	▶	Saft abtropfen lassen.
30 g	Butter **oder** Margarine	▶	erhitzen, gesamtes Gemüse **ca. 5–7 Min.** andünsten.
	Pfeffer, Oregano, Salz, Basilikum, Thymian	▶	Gemüse kräftig abschmecken, in Auflaufform geben. Klöße auf das Gemüse setzen.
190 g	Mozzarella	▶	sehr fein ☐, über die Klöße streuen, gratinieren.

> **Backzeit: ca. 15 Min./Backtemperatur: 200 °C**
> **mittlere Schiene/Oberhitze**

2 El	Petersilie	▶	waschen, fein schneiden, über die gratinierten Klöße streuen, anrichten.

Anrichten: Auflaufform/Untersetzer   **Garnieren:** Petersilie (fein, 2 El)

> **Tipp:** Fällt der Probekloß auseinander, kann noch etwas Buchweizenschrot oder Semmelbrösel zugegeben werden. Grundsätzlich sollte das Gemüse entsprechend dem saisonalen Angebot ausgewählt werden. Zur Hilfestellung dient der Saisonkalender (siehe 1.19).

Getreidespeisen

6.2.11 Haferflockenbratlinge (ca. 6 Stk.)

150 ml		Milch	erhitzen.
70 g		Haferflocken (fein)	mischen, heiße Milch über die Haferflocken gießen, verrühren. Die Milch einziehen lassen.
70 g		Haferflocken (kernig)	
40 g		Lauch (Porree)	putzen, halbieren, waschen, in feine ▶ schneiden.
½		Zwiebel	schälen, in feine ☐ schneiden.
1	El	Petersilie	waschen, sehr fein zerkleinern.
60 g		Karotten	waschen, schälen, sehr fein reiben.
20 g		Butter oder Margarine	erhitzen, Lauch, Zwiebeln, Petersilie und Karotten ca. 10 Min. andünsten und zu den Haferflocken geben.
50 g		Dinkelmehl	mischen, unter die Haferflockenmasse geben.
30 g		Semmelbrösel	
		Salz, Pfeffer, Paprika	Masse würzen und kräftig abschmecken.
1		Ei	verquirlen, zugeben. Masse mischen, nicht mehr probieren (**Salmonellengefahr**). Aus ca. **2 El großen** Häufchen runde Bratlinge formen (ergibt **ca. 6 Stück**).
		Semmelbrösel	Bratlinge darin wenden.
3–4	El	Öl	in einer Pfanne erhitzen. Bratlinge auf beiden Seiten goldbraun braten. **Bratzeit pro Seite: ca. 5 Min.** Die Bratlinge werden erst gewendet, wenn sich auf der Unterseite eine goldbraune Kruste gebildet hat. Bratlinge heiß servieren.

Anrichten: Platte (warm) **Garnieren:** Petersiliensträußchen

Tipp: Bevor alle Bratlinge ausgeformt werden, sollte ein kleiner Probebratling hergestellt und gebraten werden. Fällt er auseinander, kann noch Semmelbrösel, Dinkelmehl oder Eier zugegeben werden.

6.2.12 Tofu-Gemüse-Pfanne

Eine asiatische Weisheit sagt: „Kluge Männer ernähren sich von Luft, Morgentau und Tofu." Tofu ist ein „weißer Quark", der aus der Sojabohne gewonnen wird. Deshalb gehört Tofu nicht zu den Getreide-, sondern zu den Hülsenfruchtprodukten. Die Sojabohnen werden eingeweicht, püriert und aufgekocht. Das Sojapüree wird ausgepresst. Die daraus gewonnene Sojamilch wird mit einem Gerinnungsmittel versetzt, es entsteht der Sojaquark. Er wird in Blöcke zusammengepresst vermarktet.

250 g		Tofu	in **2 cm × 2 cm** große ☐ schneiden.
3	El	Sojasoße	Tofuwürfel **vorsichtig** und gleichmäßig **ca. 10 Min.** marinieren.
½	Tl	Paprika, Majoran, Salz	
2		Zwiebeln	schälen, in feine ☐ schneiden.
1		Knoblauchzehe	schälen, durch die Knoblauchpresse drücken.
2		Karotten	waschen, schälen, grob raspeln.
1		Paprika (gelb)	waschen, Strunk und Kerne entfernen und in feine **ca. 3 cm** lange ☐ schneiden.
1		Paprika (rot)	
½	Stg	Lauch	putzen, der Länge nach halbieren, waschen, in feine ▶ schneiden.
30 g		Butter oder Margarine	in einer großen Pfanne erhitzen, das gesamte Gemüse **ca. 10 Min.** dünsten.
2	El	Öl	in einer separaten Pfanne erhitzen. Tofuwürfel von allen Seiten anbraten.
		Salz, Pfeffer, ...	Tofu kräftig abschmecken, zum fertigen Gemüse geben und **vorsichtig** wenden. Tofu-Gemüsepfanne nochmals abschmecken.
2	El	Majoran	waschen, fein schneiden, über die Tofupfanne streuen.

Anrichten: Schüssel (warm) **Garnieren:** Majoran (fein, 2 El)

Getreidespeisen

6.2.13 Theorie: Reis

Reis ist reich an:
- Kohlenhydraten (ca. 80 %)
- Mineralstoffen (je nach Reissorte verschieden)
- Vitaminen (je nach Reissorte verschieden)

verschiedene Schichten (Aleuronschicht und Silberhaut)
Kern
Hülse
Keim
Halm

Klassifizierung der Reissorten

Reissorten	Größe	Kocheigenschaften	Garzeiten im Topf (~Angaben)	Gerichte
Langkornreis	6–8 mm	körnig	Naturreis: ca. 40–50 Min. Weißer Reis: ca. 20 Min.	Reispfanne, Tomatenreis, Asiatischer Reis, Reisküchle etc.
Rundkornreis	4–6 mm	breiartig, weich	Naturreis: ca. 60 Min. Weißer Reis: ca. 40–50 Min.	Milchreis, Reisflammeri, Reis Trauttmansdorff etc.

Bearbeitungsunterschiede:

Naturreis	Weißer Reis	Parboiled Reis	Schnellkochender Reis
Der Reis wird enthülst, jedoch nicht geschält. Sehr vitamin- und mineralstoffreich. Ist wegen des fettreichen Keimlings nicht sehr lange lagerfähig.	Enthülster, geschälter, polierter Reis ohne Silberhäutchen, Keimling und Aleuronschicht. Geringer Vitamin- und Mineralstoffanteil. Wird der Reis trocken gelagert, ist er sehr lange haltbar.	Der Reis wird unter Dampf und Druck behandelt und später geschliffen. Die Vitamine und Mineralstoffe wandern von der Schale in den Kern. Der Wirkstoffanteil ist somit höher als bei weißem Reis. Es wird eine hohe Kochfestigkeit erreicht.	Bearbeiteter vorgegarter und wieder getrockneter weißer Reis. Die Restgarzeit ist stark reduziert.

Langkornreis:

Patnareis, Karolinareis

Körner kleben nach dem Garen nicht aneinander.

Brauner Naturreis

Schale ist noch vorhanden, längere Garzeit.

Basmati-Reis

Polierter Reis mit besonderem Aroma, Herkunft: Asien.

Wildreis (kein Reis)

Samen einer Graspflanze. Wildreis schmeckt nussartig und ist sehr teuer. Herkunft: Kanada, Kalifornien, Minnesota.

Rundkornreis:

Weißer Rundkornreis

Man benötigt zum Garen viel Flüssigkeit. Die Reiskörner kleben dabei aneinander.

Brauner Rundkornreis

Da der Reis in der Schale ist, müssen die Garzeit und die Flüssigkeitsmenge erhöht werden.

Lagerung:

Reis muss **trocken** gelagert werden, da er leicht Feuchtigkeit aufnimmt.

Brauner Reis: enthält einen Keimling und ist deshalb nicht sehr lange lagerfähig.

Weißer Reis: enthält keinen Keimling und ist deshalb länger lagerfähig.

Getreidespeisen

6.2.14 Das Garen von Reis

Grundsätzlich gilt:

→ Reis **vor dem Garen** kurz waschen und in einem Sieb abtropfen lassen.

→ Der Flüssigkeitsbedarf und die Garzeit sind von der ausgewählten Reissorte abhängig **(siehe Tabelle Mengenverhältnisse S. 185)**.

→ Reis vergrößert sein Volumen um das **3fache**.

6.2.15 Quellreis

½	Zwiebel	schälen.
	Nelken (nach Wahl)	Zwiebel spicken **(siehe Abbildung)**.
1	Lorbeerblatt	
250 g	Langkornreis	waschen, abtropfen lassen und in einen Topf geben.
500 ml	**kaltes** Wasser **oder kalte** Brühe	mit gespickter Zwiebelhälfte gleichermaßen zugeben.
½ TI	Salz	zugeben. Reis einmal aufkochen lassen, danach die Hitze stark reduzieren. Der Reis muss so lange quellen, bis kein Wasser mehr vorhanden ist.
½ TI	Brühpulver	

Topf: ca. 20 Min.
DDT: ca. 5–7 Min./1. Ring/ohne Einsatz

	Salz, Pfeffer, ...	fertigen Reis nochmals abschmecken, Zwiebelhälften entnehmen.

Anrichten: Schüssel (warm)   **Garnieren:** Petersilie (fein, 1 El)

Tipp: Der Reis sollte während des Quellvorganges nicht umgerührt werden, da er sich sonst am Topfboden festsetzt. Zum Quellen kann die Hitze fast vollständig reduziert werden. Die Nelkenmenge, für die gespickte Zwiebel, kann je nach Geschmack individuell festgelegt werden.

6.2.16 Gedünsteter Reis

1	Zwiebel	schälen, in sehr feine ☐ schneiden.
20 g	Butter **oder** Margarine	erhitzen, Zwiebeln glasig dünsten.
250 g	Langkornreis	waschen, mitdünsten.
500 ml	Wasser	Reis ablöschen.
1 TI	Gemüsebrühpulver	zugeben. Reis einmal aufkochen lassen. Deckel auflegen und bei schwacher Hitze quellen lassen.

Topf: ca. 20 Min.
DDT: ca. 6–7 Min.
1. Ring/ohne Einsatz

Merke: Das **Reis**-**Wasser**-Verhältnis = **1 : 2**, für **1 Teil Reis** benötigt man **2 Teile Wasser**

Während des Garvorgangs sollte nicht umgerührt werden. Der Reis ist fertig, wenn keine Flüssigkeit mehr im Topf ist.

	Salz, Pfeffer	Reis abschmecken.

Anrichten: Schüssel (warm)   **Garnieren:** Petersilie (fein, 1 El)

Getreidespeisen

6.2.17 Mengenverhältnisse (Reis gedünstet)

Reissorten	(~) Reis-Flüssigkeits-Verhältnisse	(~) Garzeit
Patnareis, Karolinareis	1 : 2	ca. 20 Min.
Langkornreis (brauner Naturreis)	1 : 3 (4)	ca. 40–50 Min.
Basmati-Reis	1 : 2	ca. 15–20 Min.
Brauner Rundkornreis	1 : 4	ca. 45–55 Min.
Weißer Rundkornreis	1 : 4	ca. 40–50 Min.
Wildreis	siehe Packungsrückseite	siehe Packungsrückseite

(~) Die Angaben sind ca. Angaben. Bitte grundsätzlich Packungsrückseite beachten. Garzeit: DDT siehe Betriebsanleitung DDT

Kleine Faustregel für den Langkornreis (Patna- und Karolinareis):

1 Teil Reis : 2 Teile Flüssigkeit

6.2.18 Abwandlungen Reis gedünstet

Abwandlungen	Butter oder Margarine	Zwiebel	Verfeinerungs- und Geschmackszutaten	Reismenge, z. B. Patnareis	Flüssigkeitsmenge
Tomatenreis	20–30 g	1	4 geh. El Tomatenmark	250 g	500 ml
Curryreis	20–30 g	1	1–2 El Curry (gestr.), 1 Pr Ingwer und Zucker	250 g	500 ml
Pilawreis	20–30 g	1	je nach gewünschter Geschmacksrichtung	250 g	500 ml (Brühe)
Risi Bisi (Risipisi) (ital. riso con piselli) (Reis mit Erbsen)	20–30 g	1	ca. 200 g Erbsen (Ds), kurz vor Ende der Garzeit zugeben.	250 g	500 ml

Tipp: Damit das Reisgericht sein Aroma entwickelt, werden die Gewürze mit dem Reis angedünstet. Bereits gegarte Zutaten werden kurz vor dem Ende der Garzeit zugegeben.

6.2.19 Formgebungsmöglichkeiten/Anrichtemöglichkeiten

| Tasse oder Souffléförmchen (leicht einfetten) | Eisportionierer | Ringform oder Savarinform (leicht einfetten) | Schüssel (den Reis bergförmig einfüllen) |

Getreidespeisen

6.2.20 Risotto

550	ml	Gemüsebrühe	erhitzen.
1		Schalotte	putzen, **sehr feine** Würfel schneiden.
1	El	Butter	Schalotten glasig dünsten.
200	g	Risottoreis	zugeben, mit dünsten.
75	ml	Weißwein	ablöschen.
		Salz, Pfeffer, …	kräftig würzen und unter ständigem Rühren den Weißwein reduzieren lassen. Nach und nach heiße Gemüsebrühe zugeben, der Risotto sollte immer knapp bedeckt sein. Diesen wieder unter **ständigem Rühren reduzieren** lassen. Den Vorgang so lange wiederholen bis der Risotto eine **sämige Beschaffenheit** aufweist, jedoch im **Innern** noch „**Biss**" hat. **Garzeit: ca. 12 Min.–15 Min.**
40	g	Pinienkerne	Öl erhitzen, Pinienkerne
2	El	Olivenöl	**leicht** anrösten.
4		Oliven (schwarz)	in feine Scheiben schneiden und
4		Oliven (grün)	mit den gerösteten Pinienkernen
50	g	Tomaten getrocknet u. in Öl eingelegt	**vorsichtig** unterheben.
40	g	Parmesan	reiben und locker unterheben.
		Salz, Pfeffer,…	Risotto herzhaft abschmecken.

Tipp: Je nach Rezeptur können Gemüse (z. B. Spargelspitzen, Pilze), Meeresfrüchte und diverse Gewürze zugefügt werden (siehe Foto unten).

Anrichten: Schüssel (warm) **Garnieren:** Olivenringe, Streifen von in Öl eingelegten Tomaten, Basilikumblätter

6.2.21 Reisküchle (Reispflanzerl, Reisfrikadelle) (ca. 8 Stück)

1		Zwiebel	schälen, in feine □ schneiden.
20	g	Butter **oder** Margarine	Zwiebel glasig dünsten.
125	**g**	Naturreis (Langkorn)	waschen, mitdünsten.
3	El	Petersilie	waschen, fein zerkleinern, mitdünsten.
~375	**ml**	Gemüsebrühe (= 375 ml Wasser und ½ Tl Gemüsebrühpulver)	Reis ablöschen und einmal aufkochen lassen. Reis **ca. 40–50 Min.** quellen lassen (wenn nötig, noch etwas Flüssigkeit zugeben).

DDT: ca. 15–20 Min./2. Ring/ohne Einsatz

180	g	Karotten	waschen, schälen, sehr fein reiben und zum abgekühlten Reis geben.
50	g	Dinkelmehl	
100	g	Semmelbrösel	zugeben und Reismasse mischen.
		Salz, Pfeffer, Paprika	Masse kräftig abschmecken.
1		Ei	untermischen. Mit **2 El** ein Häufchen auf ein Brett setzen. **Probeküchle** formen.
		Semmelbrösel	**Probeküchle** vorsichtig darin wenden.
3–4	El	Öl	in einer Pfanne erhitzen. Küchle von beiden Seiten goldbraun braten. **Bratzeit pro Seite: ca. 5 Min.** Fällt das **Probeküchle** nicht auseinander, können die weiteren Küchle hergestellt, in Semmelbrösel gewendet und ausgebraten werden. Masse ergibt **ca. 8** Stück. Diese schuppenförmig auf einer vorgewärmten Platte anordnen.

Tipp: Der Reis darf während des Quellvorgangs nicht umgerührt werden, da er sonst am Topfboden kleben bleibt.

Anrichten: Platte (warm) **Garnieren:** Petersiliensträußchen, Tomatenachtel

Getreidespeisen

6.2.22 Asiatischer Reis

½		Zwiebel
20 g		Butter **oder** Margarine
1 Ta		Basmati-Reis
2 Ta		lauwarmes Wasser
1 Tr		Sojasoße
1 Pr		Ingwer, Curry
½ Tl		Salz

▶ schälen, in feine □ schneiden.
▶ erhitzen, Zwiebeln glasig dünsten.
▶ waschen, abtropfen lassen, kurz mitdünsten.
▶ Reis ablöschen.
▶ Reis würzen, einmal aufkochen lassen.
  Hitze reduzieren und Reis **quellen** lassen.

> Topf: ca. 15–20 Min.
> DDT: ca. 6–7 Min./1. Ring/ohne Einsatz

70 g		Bambussprossen
2 Sch		Ananas
½ Ds		Mandarinen (ca. 80 g)
1 El		Pinienkerne

▶ in sehr feine, **3 cm × 0,3 cm** dünne Rechtecke schneiden, zugeben.
▶ in feine △ schneiden, zugeben. Reisgemisch nochmals abschmecken.
▶ Saft abtropfen. Mandarinenstücke **vorsichtig** unter den Reis heben. Damit die Mandarinen nicht zerfallen, sollte nur **einmal** umgerührt werden.
▶ fein hacken, leicht anrösten, über den Reis streuen.

Anrichten: Schüssel (warm) **Garnieren:** geröstete, geh. Pinienkerne (1 El)

> **Bambussprossen**
> Herkunft: Asien. Inneres, weiches Fleisch der Bambuspflanze. Geschmack: leicht säuerlich.

6.2.23 Kräuterreisring

➔ Ringform bzw. Savarinform ⌀ **ca. 23 cm** mit Margarine ausfetten.

1		Zwiebel □
20 g		Butter **oder** Margarine
2 Ta		Langkornreis
4 Ta		Wasser
1 Tl		Salz
2 El		Schnittlauch **(fein)**
3 El		Petersilie **(fein)**
100 g		grieb. Gouda
		Kräutersalz, Pfeffer

▶ Reis garen **(siehe oben)**.

▶ waschen, sehr fein zerkleinern, zum Reis geben. **1 El** Kräuter für die Garnitur zurückbehalten.

▶ untermischen.
▶ Reis abschmecken, Reis in Ringform bzw. Savarinform füllen, mit einem **El** gut festdrücken. Reis auf vorgewärmten Teller stürzen.

Anrichten: Teller (warm) **Garnieren:** Kräuter (fein, 1 El)

6.2.24 Reisring-Variationen (Abwandlung Kräuterreisring)

Reisring (für 2 Ta. Reis)	Gemüse und besondere Gewürze	Käse
Curryreis-Ring (Basmati-Reis)	1–2 El Currypulver (keine Kräuter) Currypulver mit dem Reis andünsten	100 g grieb. Emmentaler
Erbsen-Champignonreis-Ring	ca. 70 g Erbsen, ca. 70 g Champignons	100 g grieb. Gouda
Mais-Kräuterreis-Ring	ca. 140 g Mais (1 kl. Ds)	100 g grieb. Emmentaler

Tipp: Gemüse aus der Dose sollte ca. 2–3 Min. vor Ende der Garzeit zum Reis gegeben werden. Wird frisches Gemüse verwendet, muss es vorgegart werden. Die Gewürze können von Beginn an mitgegart werden. Sie entfalten dadurch besser ihr Aroma.

Getreidespeisen

6.2.25 Reisköpfchen

→ Tasse **oder** Souffléförmchen **oder** geeignetes dekoratives Förmchen **(siehe Foto)** mit Margarine ausfetten.

1	Zwiebel	▶	schälen, in sehr feine □ schneiden.
20 g	Butter **oder** Margarine	▶	in einem Topf erhitzen, Zwiebeln glasig dünsten.
2 Ta	Langkornreis	▶	waschen, im Sieb abtropfen lassen, zugeben, kurz mitdünsten.
4 Ta	lauwarmes Wasser		zugeben, Reis einmal aufkochen lassen. Hitze reduzieren und den Reis zu-
1 Tl	Gemüsebrühpulver		gedeckt **quellen** lassen.

> Topf: ca. 20 Min.
> DDT: ca. 6–7 Min./1. Ring/ohne Einsatz

	Salz, Pfeffer, . . .	▶	Reis abschmecken.
1	Tasse **oder** ein Souffléförmchen o. Ä.		Reis einfüllen und mit einem El festdrücken. Reis auf eine Platte oder einen Teller (warm) stürzen. Diesen Vorgang wiederholen, bis der Reis aufgebraucht ist.
2	Cocktailtomaten		waschen, Strunk entfernen, in kleine Stücke schneiden, Reis garnieren.

Anrichten: Platte oder Teller (warm)   **Garnieren:** Tomatenstücke, Petersiliensträußchen, Petersilie (fein, 1 El)

> **Tipp:** Eine geschmackliche Verbesserung und ein einfaches Stürzen ist gewährleistet, indem man unter den gegarten Reis 2 El geriebenen Parmesan mischt.

7. Kapitel

7 Salate und Gemüse

Salate und Gemüse bereichern durch ihren hohen Vitamin- und Mineralstoffgehalt ein Menü. Das reichhaltige Marktangebot an einheimischen und südländischen Produkten ermöglicht es, abwechslungsreiche und vielseitige Gerichte zuzubereiten und auszuprobieren. Es ist empfehlenswert, die Gemüse- und Salatsorten entsprechend den saisonalen Gegebenheiten auszuwählen. Hilfestellungen erhalten Sie durch einen Saisonkalender (siehe 1.20).

	4. PROJEKT	190
7.1	**Einführung Salate**	191
7.2	**Salatmarinaden**	193
7.2.1	GR Essig-Öl-Marinade	193
7.2.2	GR Joghurtmarinade	193
7.2.3	GR Sahne-/Sauerrahmmarinade	194
7.2.4	GR Cocktailsoße	194
7.2.5	GR Toskanisches Dressing	194
7.3	**Blattsalate**	195
7.3.1	Kopfsalat oder Lollo-rosso-Salat	195
7.3.2	Feldsalat	195
7.3.3	Endiviensalat	195
7.3.4	Chicoréesalat	195
7.4	**Gegarte Gemüsesalate**	196
7.4.1	Schwäbischer Kartoffelsalat	196
7.4.2	Spargelsalat (toskanische Art)	196
7.4.3	Bohnensalat	197
7.4.4	Blumenkohlsalat	197
7.4.5	Rote-Bete-Salat	197
7.4.6	Karottensalat	197
7.5	**Rohe Gemüsesalate**	198
7.5.1	Karotten-Apfel-Rohkost	198
7.5.2	Krautsalat	198
7.5.3	Rote-Bete-Salat	198
7.5.4	Rettichsalat	198
7.5.5	Gurkensalat	198
7.6	**Gemischte Salate**	199
7.6.1	Tomaten-Mozzarella-Salat	199
7.6.2	Toskanischer Brokkolisalat	199
7.6.3	Italienischer Salat	200
7.6.4	Spaghetti-Salat	200
7.6.5	Griechischer Salat	200
7.6.6	Straßburger Wurstsalat	201
7.6.7	Käse-Gurken-Salat	201
7.6.8	Glasnudel-Salat	201
7.7	**Einführung Gemüse**	202
7.7.1	Blumenkohl	203
7.7.2	Rosenkohl	204
7.7.3	Karotten	204
7.7.4	Karotten-Erbsen-Gemüse	204
7.7.5	Brokkoli mit Frischkäsedip	205
7.7.6	Brokkoliauflauf	205
7.7.7	Tomaten-Zucchini-Auflauf	206
7.7.8	Lauch im Schinkenmantel	206
7.7.9	Spargel	207
7.7.10	Spargel im Blätterteig	207
7.7.11	Rotkohl (Rotkraut, Blaukraut)	208
7.7.12	Bayrisches Kraut	208
7.7.13	Sauerkraut	209
7.7.14	Linsen	209
7.7.15	Bohnen (gedünstet)	210
7.7.16	Bohnen mit Speck	210
7.7.17	Blattspinat	210
7.7.18	Antipasti	210
7.7.19	Fenchelgemüse	211
7.7.20	Ratatouille	211
7.7.21	Frittiertes Gemüse	211
7.7.22	Gefüllte Auberginen	212
7.7.23	Gratinierter Chicorée	212
7.8	**Einführung Kürbis**	213
7.8.1	Kürbispuffer	214
7.8.2	Kürbisgratin	214

Eigene Rezepte

4. PROJEKT

Schwerpunkt: Zeit- und Arbeitsplan

Ihre Klasse bietet am Schulfest eine Salatbar mit 6 verschiedenen Salaten, 3 Salatsoßen und 4 unterschiedlichen Brotsorten an. Ihre Salatbar hat von 11 Uhr – 14 Uhr geöffnet. Damit das Projekt reibungslos ablaufen kann, muss ein sinnvoller Zeit- und Arbeitsplan für die gesamte Projektphase erstellt werden.

Diese Fragen und Aufgaben sollen Ihnen bei der Durchführung des Projekts als Anregung und Hilfestellung dienen.

Zeit- und Arbeitsplan vor dem Schulfest

- Welche Aufgaben fallen bei der Vorbereitung der Salatbar an (z. B. Materialbeschaffung, Tische bereitstellen, Geschirr organisieren, Preise festlegen etc.)?
- Wie viele Personen können bei der Vorbereitung der Salatbar helfen?
- Welche Personen teilen Sie für welche Arbeiten ein? ... usw.

Aufgabe: Erstellen Sie einen Zeit- und Arbeitsplan, bei dem Sie festlegen, wie viele Personen welche Arbeiten bis zur Eröffnung Ihrer Salatbar so verrichten, dass alle angefallenen Tätigkeiten erledigt werden können.

Zeit- und Arbeitsplan während und nach dem Verkauf

- Welche Aufgaben müssen während und nach dem Verkauf getätigt werden?
- Wie viele Personen müssen beim Verkauf und danach helfen?
- Welche Personen teilen Sie für welche Arbeiten ein? ... usw.

Aufgabe: Erstellen Sie einen Zeit- und Arbeitsplan für den Verkauf und alle anfallenden Arbeiten danach. Es soll genau ausgewiesen werden, welche Personen in welchem Zeitraum welche Arbeiten verrichten.

Anregungen für die Erstellung eines sinnvollen Zeit- und Arbeitsplans

- Erstellen Sie eine To-do-Liste (= „Was ist zu tun"-Liste), bei der alle zu erledigenden Aufgaben während eines bestimmten Zeitraums aufgelistet werden.
- Kennzeichnen Sie durch Zahlen, welche Arbeiten der Reihenfolge nach erledigt werden müssen.
- Notieren Sie sich hinter jeder Aufgabe, wie viel Zeit diese voraussichtlich in Anspruch nehmen wird.
- Überlegen Sie, welche Aufgaben zu welchen Personen passen. Beachten Sie dabei deren besondere Fähigkeiten, Begabungen und Interessen.
- Ordnen Sie die Personen den entsprechenden Aufgaben zu. Überlegen Sie, welche Aufgaben besser im Team bzw. einzeln verrichtet werden sollten.
- Entwerfen Sie nun einen Ihren Gegebenheiten entsprechenden tabellarischen Zeit- und Arbeitsplan. Bedenken Sie, dass Aufgaben zeitlich parallel erledigt werden können. Planen Sie Pausen ein.

Tipp: Nutzen Sie Farbstifte, um besondere Zeiten, wichtige Arbeiten und Personen besonders hervorzuheben.

Salate, Gemüse

7.1 Theorie: Salate

Salate sind reich an:

→ Kohlenhydraten: je nach Salatart sehr ballaststoffreich

→ Vitaminen: besonders C, A, D etc.

→ Mineralstoffen: besonders Kalium, Calcium etc.

Salate eignen sich als Beilagen zum Mittagessen, als festliche Vorspeise, als erfrischender, leichter Imbiss, als vitaminreiche Komponente eines kalten Buffets. Sie sind die passende Ergänzung zu sehr vielen Gerichten.

Übersicht der Salate mit Beispielen:

Blattsalate	Rohe Gemüsesalate (Rohkostsalate)	Gegarte Gemüsesalate	Gemischte Salate
Kopfsalat, Eissalat, Feldsalat, Chicorée	Krautsalat, Karottensalat, Rote-Bete-Salat, Selleriesalat	Kartoffelsalat, Spargelsalat, Bohnensalat	Italienischer Salat, Reissalat, Griechischer Salat

Einkauf und Lagerung:

→ Beim Einkauf von Salaten sollte grundsätzlich das **saisonale** und **regionale Angebot** beachtet werden.

→ Nur so viel Blattsalat einkaufen, wie tatsächlich gebraucht wird. Bei langer Lagerung treten Vitamin- und Mineralstoffverlust ein. Salat kühl und dunkel lagern.

→ Wurzel- und Knollengemüse können im Keller **oder** im Kühlfach gut mehrere Tage gelagert werden.

Küchenpraktische Tipps bei der Salatzubereitung:

Für alle Salate gilt:

Die Salatmarinade zuerst zubereiten, dann die Zutaten für den Salat vorbereiten
(es treten dann nur sehr geringe Vitaminverluste ein).

Blattsalate:

1. Salate **kurz** vor dem Essen vorbereiten und anmachen.
2. Ganze Blätter in stehendem kaltem Wasser waschen und nicht zu lange im Wasser liegen lassen.
3. Salatblätter im Salatsieb abtropfen lassen und entsprechend der Rezeptur weiterverarbeiten. Wenn vorhanden, den Salat kurz in der Salatschleuder von überschüssigem Wasser trennen (die Salatmarinade wird nicht wässrig).
4. Salate grundsätzlich in einer ausreichend großen Schüssel anmachen, abschmecken und in eine geeignete Schale, z. B. Glasschale, umfüllen. Salate garnieren und servieren.

Rohe Gemüsesalate, gegarte Salate, Mischsalate:

1. Gemüse fachgerecht putzen. In der Regel unter fließendem Wasser waschen.

   Dabei das geeignete Werkzeug verwenden, z. B. Gemüsebürste, Sparschäler, Gemüsemesser.

2. Wird das Gemüse gegart, sollte ein nährstoffschonendes Garverfahren ausgewählt werden.

3. Gemüsesalate und Mischsalate sollten, damit sie ihr Aroma entwickeln, einige Stunden vor dem Verzehr angemacht werden.

4. Gegartes Gemüse mit der Salatmarinade mischen. Das Öl erst **kurz vor** dem Anrichten zugeben, da es sich an der Oberfläche des Salates absetzt. Es würden Aromaverluste eintreten.

Salate, Gemüse

Anrichten und Garnieren von Salaten:

→ Auf eine gute **farbliche** und **geschmackliche** Zusammenstellung der Salate achten.

→ Der Rand der Salatplatte muss frei bleiben und sauber sein.

→ Große Farbflächen legen. Keine gleichen Farben nebeneinander setzen, z. B. Kopfsalat nicht neben Gurkensalat.

→ Gegarte und rohe Salate können zusammen angerichtet werden.

→ Die Salatplatten und -schüsseln nicht überfüllen.

→ Die Garnitur muss der Zusammensetzung der Salate entsprechen, ausgenommen Kräuter.

→ Angerichtete Salate sollten grundsätzlich ein **„Augenschmaus"** sein.

Aufwertung von Salaten:

→ **Frische Kräuter**, z. B. Petersilie, Schnittlauch, Dill, Basilikum, Thymian, Kerbel.

→ **Nüsse**, z. B. Walnüsse, Haselnüsse, Mandeln, Pekannüsse, Erdnüsse, Pistazien.

→ **Keimlinge/Samenkörner**, z. B. Weizen, Alfalfa, Gartenkresse, Mungobohnen.

Weizen	**Alfalfa (Luzerne)**	**Radieschen**	**Mungobohnen**

Einweichzeit: **ca. 12 Std.** Danach **1 ×** täglich wässern. Temperatur: 18–22 °C **Keimzeit: ca. 2** Tage. Geschmack: süßlich, nussig.	**1 ×** täglich wässern. Temperatur: 18–22 °C **Keimzeit: ca. 6–7** Tage. Geschmack: mild-herb.	**2 ×** täglich wässern. Temperatur: 18–22 °C **Keimzeit: ca. 2–3** Tage. Geschmack: herb-pikant.	**2 ×** täglich wässern. Temperatur: 18–22 °C **Keimzeit: ca. 4–5** Tage. Geschmack: mild-gemüseartig.

Einkauf von Samen:

> **Merke:** Die Samen dürfen nicht chemisch behandelt, bestrahlt, radioaktiv belastet **oder** gegen Bodenschädlinge gebeizt sein.

Herstellung von Keimlingen:

→ Samen haben unterschiedliche Einweich- und Keimzeiten. Deshalb grundsätzlich Packungsrückseite beachten.

→ Altes, sauberes Konfitürenglas verwenden. In den Deckel viele kleine Löcher stechen. Samen hineingeben (anstelle eines Konfitürenglases kann ebenso ein Biokeimturm verwendet werden).

→ Je nach Samen muss eine Einweichzeit beachtet werden. Samen vollständig mit kaltem Wasser bedecken.

→ Nach der Einweichzeit Samen gründlich waschen, abtropfen lassen und zurück ins Glas geben.

→ Samen leicht mit Wasser besprengen (Universalsprüher benutzen). Glas schließen. Samen keimen lassen.

→ Keime einmal **oder** zweimal täglich kurz in stehendem kaltem Wasser wässern. Wasser abgießen.

→ Die Keime sollten nach der Keimphase sofort verwendet werden, da sie sonst zu stark auskeimen und gesundheitsschädliche Stoffe entwickeln.

Salate, Gemüse

7.2 Salatmarinaden (Dressings)

Allgemein gilt:

→ Die Salatmarinade sollte passend zu dem jeweiligen Salat ausgewählt werden.
→ Die Salatmarinaden grundsätzlich vor der Salatvorbereitung herstellen (keine Vitaminverluste).
→ Die Grundrezepte sind Richtwerte, die jederzeit durch unterschiedliche Zutaten variiert werden können.
→ Für Salatmarinaden sollten qualitativ hochwertige Öl- und Essigsorten ausgewählt werden.
→ Nüsse, durchgepresste Knoblauchzehen, Kokosflocken, Gomasio (gepresster Sesamsamen), Kräuter, Keimlinge, verschiedenste Gewürze werten die Salatmarinaden auf. Man erhält ein besonderes Aroma.
→ Die Salatmarinaden können mit dem Schneebesen glatt gerührt werden. Marinaden werden besonders sämig und locker, wenn sie kurz im Mixer **oder** mit dem Pürierstab (Handrührgerät) zubereitet werden.

7.2.1 GR Essig-Öl-Marinade

Menge 1/2 GR	Menge 1 GR	Zutaten	Zubereitung
1–2 EL 1/2 TL 4 EL	~3 EL 1 TL 8 EL	Essig **oder** Zitronensaft Senf (**mittelscharf**) Wasser **oder** Gemüsebrühe	alle Zutaten mit einem Schneebesen in einer Schüssel glatt rühren.
2 EL	4 EL	kaltgepresstes Öl (**wertvoller**)	langsam einrühren.
1 EL	2 EL	Kräuter nach Geschmack, **z. B. Petersilie, Schnittlauch, Thymian, Kerbel, Zitronenmelisse**	sorgfältig waschen, abtropfen lassen und fein zerkleinern, zugeben.
1/4	1/2	Zwiebel	schälen, in sehr feine ☐ schneiden (**S. 32**), zugeben. **(Die Zwiebel kann nach Wunsch weggelassen werden.)**
		Salz (z. B. Kräutersalz), Pfeffer, Zucker etc.	Essig-Öl-Marinade abschmecken.

7.2.2 GR Joghurtmarinade

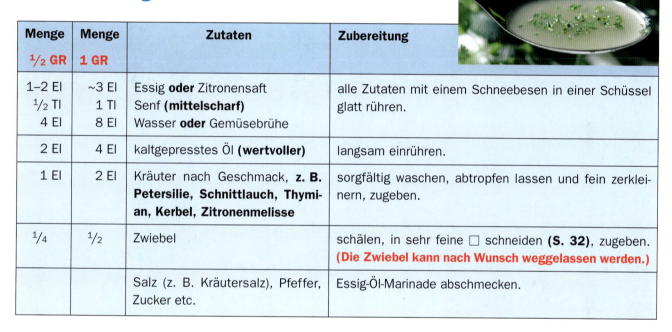

Menge 1/2 GR	Menge 1 GR	Zutaten	Zubereitung
10 g 1 TL	20 g 1 EL	Banane **oder** Apfeldicksaft	Banane mit einer Gabel sehr fein zerdrücken. **Merke:** Je nach Wunsch kann auf die Zugabe von Banane bzw. Apfeldicksaft verzichtet werden.
100 g 4 EL 1 EL	200 g 8 EL 2 EL	Joghurt (**Natur**) Kefir Essig **oder** Zitronensaft	zur Banane **oder** dem Apfeldicksaft geben.
		Salz (Kräutersalz), Pfeffer, …	Joghurtmasse kräftig abschmecken.
		Kräuter nach Geschmack, **z. B. Petersilie, Schnittlauch**	sorgfältig waschen, abtropfen lassen und sehr fein zerkleinern, zur Marinade geben.
1/4	1/2	Zwiebel	schälen, in sehr feine ☐ schneiden (**S. 32**), zugeben. **(Die Zwiebel kann nach Wunsch weggelassen werden.)** Die Marinade mischen und abschmecken.

Salate, Gemüse

7.2.3 GR Sahne- oder Sauerrahmmarinade

Menge ½ GR	Menge 1 GR	Zutaten	Zubereitung
100 g 1 El 2 El	200 g 2 El 4 El	Sahne **oder** Sauerrahm Essig **oder** Zitronensaft Joghurt **oder** Kondensmilch	alle Zutaten mischen.
		Salz (z. B. Kräutersalz), Pfeffer etc.	Marinade kräftig abschmecken.
		Kräuter nach Geschmack, z. B. **Petersilie, Schnittlauch**	sorgfältig waschen, abtropfen lassen und sehr fein zerkleinern, zugeben. Marinade mischen, abschmecken.

Tipp: Je nach Wunsch kann zu einem GR eine halbe, fein gewürfelte Zwiebel zugegeben werden.

7.2.4 GR Cocktailsoße (rot oder weiß)

Menge ½ GR	Menge 1 GR	Zutaten	Zubereitung
1½ El 4 El 2 El	3 El 8 El 4 El	Wasser **oder** Gemüsebrühe Mayonnaise Sahne oder Orangensaft	mit dem Schneebesen glatt rühren.
		Salz, Pfeffer, Paprika, Zucker, Tabasco, Worcestersoße	Soße kräftig abschmecken.
		Kräuter, **z. B. Petersilie, Kerbel**	waschen, abtropfen lassen, fein zerkleinern und zugeben, abschmecken.
2 El	4 El	**rote Cocktailsoße:** Tomatenketchup	untermischen, abschmecken. Je nach Wunsch können noch ☐ Tomatenstücke zugegeben werden.

7.2.5 GR Toskanisches Dressing

Menge ½ GR	Menge 1 GR	Zutaten	Zubereitung
100 g	200 g	Cocktailtomaten **(kleine Partytomaten)**	waschen, halbieren, Strunk entfernen, vierteln.
1–2 El 1–2 El ½ ½ 2–3 El	2–3 El 2–4 El 1 1 4–6 El	Essig, **z. B.** **Obstessig, Balsamico-Essig** Wasser durchgepresste Knoblauchzehe Zwiebel ☐ kaltgepresstes Olivenöl	unter die Tomatenwürfel mischen.
1 Tl 1 Tl	1 El 1 El	frisches Basilikum frischer Thymian	sorgfältig waschen, fein zerkleinern, zugeben.
		Salz, Pfeffer, Paprika etc.	Dressing abschmecken.

Tipp: Anstelle von Tomaten können eine grob geraspelte Karotte und die passenden Kräuter verwendet werden.

Salate, Gemüse

7.3 Blattsalate

7.3.1 Kopfsalat oder Lollo-rosso-Salat

1 **GR**	Essig-Öl-Marinade	herstellen **(siehe GR Salatmarinaden 7.2.1)**.
1	Kopfsalat **oder** Lollo-rosso-Salat	putzen, die ganzen Blätter in stehendem kaltem Wasser waschen. Diesen Vorgang so lange wiederholen, bis das Wasser keinen Schmutz mehr enthält. Wenn vorhanden, Salat kurz in der Salatschleuder vom überschüssigen Wasser trennen. Den Salat kurz vor dem Anrichten in mundgerechte Stücke teilen, anmachen, abschmecken, anrichten.

Anrichten: Schüssel   **Garnieren:** frische Kräuter (fein, 2 El)

Tipp: Anstelle von Kopfsalat kann je nach Saison Eisbergsalat, Radicciosalat oder Friséesalat verwendet werden.

7.3.2 Feldsalat (Ackersalat, Rapunzelsalat, Nüsslisalat)

½ **GR**	Essig-Öl-Marinade	herstellen **(siehe GR Salatmarinaden 7.2.1)**.
100 g	Feldsalat	putzen, waschen, Wasser abtropfen lassen (evtl. in der Salatschleuder das restliche Wasser entfernen).
1 Sch	Toastbrot	in feine □ schneiden.
20 g	Butter **oder** Margarine	erhitzen, Toastwürfel anrösten, Salat anmachen. Toastwürfel über den Salat streuen.

Anrichten: Schüssel   **Garnieren:** Petersilie (fein, 2 El), geröstete Toastwürfel

7.3.3 Endiviensalat

1 **GR**	Essig-Öl-Marinade	herstellen **(siehe GR Salatmarinaden 7.2.1)**.
1	Endiviensalat	Salat putzen, ganze Blätter waschen. Endiviensalat schmeckt oft bitter, deshalb sollten die Blätter kurz in lauwarmem Wasser liegen bleiben. Die Bitterstoffe gehen dabei verloren. Blätter bündeln und in feine, **ca. 0,5 cm** lange Streifen schneiden. Salat **kurz vor** dem Anrichten mit der Essig-Öl-Marinade mischen, abschmecken und anrichten.

Anrichten: Schüssel   **Garnieren:** Petersilie (fein, 1 El), Tomatenachtel

7.3.4 Chicoréesalat

1 **GR**	Sahnemarinade	herstellen **(siehe GR Salatmarinaden 7.2.3)**.
4	Chicorée	äußere Blätter entfernen, halbieren, Strunk entfernen, in feine, **0,5 cm** dünne Streifen schneiden. Kurz in lauwarmes Wasser legen (Bitterstoffe gehen verloren). Wasser abtropfen lassen.
2 Sch	Ananas	in feine △ schneiden, zum Chicorée geben.
1 El	geh. Mandeln	in einer Pfanne goldbraun anrösten und abkühlen lassen. Chicorée **kurz vor** dem Anrichten anmachen, abschmecken und in eine Schüssel füllen.
2 El	Mandarinenstücke	über den Salat geben, Mandeln darüber streuen.

Anrichten: Schüssel   **Garnieren:** geröstete Mandeln (1 El), Mandarinenstücke (2 El)

Salate, Gemüse

7.4 Gegarte Gemüsesalate

7.4.1 Schwäbischer Kartoffelsalat

1 kg	Kartoffeln (festkochend)	
1	Zwiebel (klein)	
250 g	Wasser	
1 Tl	Salz	
2 Tl	Senf	
1 Tl	Brühpulver	
2 Pr	Pfeffer	
2 El	Obstessig	
6 El	Sonnenblumenöl	
	Salz, Pfeffer, Zucker, Senf, ...	

waschen, in der Schale (Pelle) garen **(siehe Pellkartoffeln 6.1.2)**.

Topf ca. 40 Min.–45 Min./DDT: ca. 12 Min. 2. Ring/gelochter Einsatz.

Kartoffeln in lauwarmem Zustand schälen und **vollständig abkühlen** lassen. Diese in feine ○ hobeln **oder** in feine ○ schneiden.

schälen, in **sehr feine** □ schneiden.
einmal aufkochen lassen.
Kleine Zwiebelwürfel zugeben
und kurz blanchieren.
Lauwarme Instant-Brühe über die Kartoffelscheiben geben.
zugeben, alle Zutaten **vorsichtig** mischen, die Kartoffelscheiben sollten nicht zerfallen. Kartoffelsalat **ca. 30–45 Min.** durchziehen lassen.
untermischen.
Salat **nochmals** abschmecken.

Merke: Ist der Kartoffelsalat zu trocken, muss noch etwas Brühe oder Öl zugegeben werden. Dies ist von der jeweiligen Kartoffelsorte abhängig.

Anrichten: Schüssel **Garnieren:** Petersiliensträußchen oder etwas Kresse und Tomatenachtel

Tipp: Anstelle von Brühpulver kann auch selbst hergestellte Brühe (250 ml) verwendet werden. Gleichermaßen kann anstelle von Öl auch Mayonnaise und 2 Essiggurken (feine □) untergemischt werden.

7.4.2 Spargelsalat (toskanische Art)

1 GR	Toskanisches Dressing	
500 g	frischer Spargel	
	großer Topf oder DDT mit gelochtem Einsatz	
2 Tl	Salz	
1 Tl	Zucker	

herstellen **(siehe GR Salatmarinaden 7.2.5)**.

waschen, Schale mit dem Spargel- **oder** Sparschäler entfernen.

Merke: Den Schäler unterhalb des Spargelkopfes ansetzen. Gesamte Schale sowie alle holzigen und harten Stellen entfernen. Spargel bündeln, dabei die Spargelköpfchen auf eine Seite legen.

Wasser (**~1/4 l**) bis zum Boden des gelochten Einsatzes (Garkörbchen) füllen.

ins Wasser geben, vorbereiteten Spargel in den gelochten Einsatz legen. Topfdeckel auflegen und Spargel **bissfest** dämpfen.

Garzeit Topf: ca. 15–20 Min.
DDT: ca. 5–7 Min./1. Ring/gelochter Einsatz

Fertigen Spargel herausnehmen, abkühlen lassen und in **ca. 3 cm** lange Stücke schneiden. Spargelstücke mit dem Dressing mischen, etwas durchziehen lassen. Salat nochmals abschmecken, anrichten.

Anrichten: Platte oder Schüssel **Garnieren:** kleine Basilikumblättchen

Tipp: Zum Garen des Spargels sind alle Töpfe (mit gelochtem Einsatz) geeignet, bei denen der Spargel nicht geteilt werden muss, z. B. Spargeltopf, Kasserolle. Die Spargelschalen können für eine Suppe weiterverwendet werden.

Salate, Gemüse

7.4.3 Bohnensalat

250 g	Buschbohnen	▶ putzen, waschen, in **ca. 4 cm** lange Stücke schneiden.
	Topf oder DDT und gelochter Einsatz	▶ Wasser **(~¼ l)** bis zum Boden des gelochten Einsatzes (Garkörbchen) füllen.
1 Tl	Salz	▶ ins Wasser geben. Bohnen in den gelochten Einsatz (Garkörbchen) geben.
1	Zweig Bohnenkraut	auf die Bohnen legen. Deckel auflegen. Die Bohnen **bissfest** dämpfen.

Topf: ca. 15–20 Min./DDT: ca. 7–10 Min./2. Ring/gelochter Einsatz

½ GR	Essig-Öl-Marinade	▶ herstellen **(siehe GR Salatmarinaden 7.2.1)**. Die lauwarmen Bohnen mit der Marinade mischen. Salat durchziehen lassen, nochmals abschmecken und anrichten.

Anrichten: Schüssel   **Garnieren:** Tomatenachtel, Petersilie (fein, 1 El)

7.4.4 Blumenkohlsalat

½	Blumenkohl	▶ putzen, in kleine Röschen teilen.
	Topf oder DDT und gelochter Einsatz	▶ Wasser **(~¼ l)** bis zum Boden des gelochten Einsatzes (Garkörbchen) füllen.

Topf: ca. 10–15 Min./DDT ca. 5–7 Min./2. Ring/gelochter Einsatz

½ GR	Sauerrahmmarinade	▶ herstellen **(siehe GR Salatmarinaden 7.2.3)**. Blumenkohlröschen **vorsichtig** mit der Marinade mischen. Salat durchziehen lassen, abschmecken, anrichten.

Anrichten: Schüssel   **Garnieren:** geröstete Sonnenblumenkerne (1 El), Petersilie (fein, 2 El)

7.4.5 Rote-Bete-Salat (Rote Rüben)

400 g	Rote Bete	▶ Blätter und Wurzelansatz entfernen, dabei die Knolle nicht beschädigen. Rote Bete mit der Gemüsebürste unter fließendem Wasser abbürsten.
	DDT mit gelochtem Einsatz	▶ Wasser **(~¼ l)** bis zum Boden des gelochten Einsatzes füllen.
½ Tl	Salz	▶ in das Wasser geben. Rote Bete in den gelochten Einsatz geben, garen.
1 Pr	Kümmel	
1 Pr	Anis	

Garzeit: DDT je nach Größe ca. 30–35 Min./2. Ring/gelochter Einsatz

Gegarte Rote Bete abkühlen lassen. Schale entfernen, in dünne ▶ schneiden.

½ GR	Essig-Öl-Marinade	▶ herstellen und mit Rote Bete mischen.
1 Pr	Kümmel-, Nelkenpulver	zugeben, Salat gut durchziehen lassen und nochmals abschmecken, anrichten.

Anrichten: Schüssel   **Garnieren:** Petersiliensträußchen

Tipp: Bei den angegebenen Garzeiten handelt es sich um Zirka-Angaben. Die Garzeiten sind von der Größe und Menge des Gemüses abhängig. Es sollte grundsätzlich eine Garprobe durchgeführt werden.

7.4.6 Karottensalat

400 g	Karotten	▶ waschen.
	Topf oder DDT und gelochter Einsatz	▶ Wasser **(~¼ l)** bis zum Boden des gelochten Einsatzes (Garkörbchen) füllen.
1 Tl	Salz	▶ ins Wasser geben. Karotten in den Einsatz legen. Deckel auflegen, **bissfest** dämpfen.

Topf: ca. 17–25 Min./DDT: ca. 8–12 Min./2. Ring/gelochter Einsatz

Fertige Karotten leicht abkühlen lassen, die Schale abziehen.

½ GR	Essig-Öl-Marinade	▶ herstellen **(siehe GR Salatmarinaden 7.2.1)**.
	Buntschneidemesser	Karotten in feine ○ schneiden. Salat anmachen, gut durchziehen lassen und nochmals abschmecken.

Anrichten: Schüssel   **Garnieren:** Petersilie (fein, 1 El)

Tipp: Um ein rationelles Arbeiten zu gewährleisten, empfiehlt es sich, bei gegarten Salaten die Salatmarinade herzustellen, während das Gemüse gart. Das **Öl** wird erst **nach** dem **Durchziehen** zugegeben.

Salate, Gemüse

7.5 Rohe Gemüsesalate

7.5.1 Karotten-Apfel-Rohkost

1	GR	Joghurtmarinade	▶ herstellen **(siehe GR Salatmarinaden 7.2.2)**.
250 g		Karotten	▶ waschen, schälen, reiben **oder** raspeln.
200 g		Äpfel	▶ waschen, schälen, vierteln, das Kernhaus entfernen, reiben **oder** raspeln. Zerkleinerte Äpfel und Karotten sofort mit der Joghurtmarinade mischen und abschmecken.
5		Kopfsalatblätter	▶ waschen, Platte damit auslegen, Salat bergförmig anrichten.

Anrichten: Salatplatte   **Garnieren:** kleines Petersiliensträußchen, fein gehackte Walnüsse (1 El)

7.5.2 Krautsalat

1	GR	Essig-Öl-Marinade	▶ herstellen **(siehe GR Salatmarinaden 7.2.1)**.
300 g		Weißkohl	▶ putzen, Strunk entfernen, in feine Streifen hobeln **oder** schneiden.
50 g		Karotten	▶ putzen, waschen, schälen, sehr fein reiben, zum Weißkohl geben.
2 Pr		Kümmelpulver	▶ zum Kraut geben. Salat kann sofort angemacht werden, da er durchziehen sollte. Salat nochmals abschmecken und anrichten.

Anrichten: Schüssel   **Garnieren:** Petersilie (fein, 1 El)

7.5.3 Rote-Bete-Salat (Rote Rüben)

1	GR	Essig-Öl-Marinade	▶ herstellen **(siehe GR Salatmarinaden 7.2.1)**.
500 g		Rote Bete	▶ putzen, waschen, Schale mit Sparschäler entfernen, nochmals kurz unter das Wasser heben, fein reiben.
2 Pr		Kümmel, Nelken	▶ über die Rote Bete streuen, Salat anmachen, durchziehen lassen und abschmecken.

Anrichten: Schüssel   **Garnieren:** Petersilie (fein, 1 El)

7.5.4 Rettichsalat

½	GR	Sahnemarinade	▶ herstellen **(siehe GR Salatmarinaden 7.2.3)**.
2		Rettiche (mittlere Größe)	▶ putzen, waschen, schälen oder schaben, grob raspeln **oder** in feine ○ hobeln.
3 El		Schnittlauch	▶ waschen, sehr fein schneiden, zum Rettich geben. Da der Rettich Wasser zieht, erst **kurz** vor dem Anrichten anmachen und abschmecken.

Anrichten: Schüssel   **Garnieren:** Schnittlauch (fein, 1 El)

7.5.5 Gurkensalat

½	GR	Rahmmarinade **oder** Essig-Öl-Marinade	▶ herstellen **(siehe GR Salatmarinaden 7.2.1 oder 7.2.3)**.
1		Salatgurke	▶ Enden abschneiden, Gurke waschen, nur dann schälen, wenn die Schale starke Schäden aufweist. Gurke in feine ○ hobeln. **Kurz** vor dem Anrichten anmachen und abschmecken.

Anrichten: Schüssel   **Garnieren:** Dill (fein, 1 El), kleine Tomatenachtel

Salate, Gemüse

7.6 Gemischte Salate

7.6.1 Tomaten-Mozzarella-Salat

½ GR	Essig-Öl-Marinade	herstellen **(siehe GR Salatmarinaden 7.2.1)**.
4	Tomaten **(groß)**	waschen, Strunk entfernen, in feine ○ schneiden (Tomatenmesser).
3 P	Mozzarella **(375 g)**	in feine ○ schneiden. Tomaten und Mozzarella abwechselnd schuppenförmig auf einem runden Teller anordnen. Marinade **kurz** vor dem Anrichten über den Salat gießen.
	Basilikumblättchen	waschen, auf dem Salat anordnen.

Anrichten: Teller (rund)   **Garnieren:** Basilikumblättchen

7.6.2 Toskanischer Brokkolisalat

1 GR	Toskanisches Dressing	herstellen **(7.2.5)**.
1	Brokkoli **(500 g)**	putzen, waschen, grob raspeln (Küchenmaschine mit Raspeleinsatz). Brokkoli anmachen und **ca. 10 Min.** durchziehen lassen.
	Salz, Pfeffer, Paprika	Salat nochmals abschmecken.
80 g	Schafskäse	in feine □ schneiden. Schafskäse über den Salat streuen.

Anrichten: Platte (rund)   **Garnieren:** Schafskäse, Kräuter (fein, 1 El)

Salate, Gemüse

7.6.3 Italienischer Salat

1	GR	**rote** Cocktailsoße	herstellen **(siehe GR Salatmarinaden 7.2.4)**.
1		Ei	**10 Min.** hart kochen, kalt abschrecken, erkalten lassen, in **¹/₈** Stücke teilen, für die Garnitur zurückbehalten.
100 g		gek. Schinken	in **ca. 3 cm × 0,5 cm** große □ schneiden.
100 g		Artischocken-herzen **(Ds)**	vierteln **oder** je nach Größe achteln.
100 g		Karotten	waschen, schälen, grob raspeln.
¼		Salatgurke	waschen, evtl. schälen, in ▶ schneiden.
¼		Kopfsalat	putzen, ganze Blätter waschen, in mundgerechte Stücke teilen.
½		Radicchio	putzen, ganze Blätter waschen, in mundgerechte Stücke teilen.
4		Cocktailtomaten	waschen, halbieren, Strunk entfernen, in **¼** Stücke schneiden. Alle Zutaten **kurz** vor dem Anrichten mischen, Salat abschmecken.

Anrichten: Schüssel   **Garnieren:** Tomatenstücke, Eiachtel, Schnittlauch (fein, 1 El)

7.6.4 Spaghetti-Salat

½	GR	**rote** Cocktailsoße	herstellen **(siehe GR Salatmarinaden 7.2.4)**.
1	l	Wasser	
2	El	Öl	zum Kochen bringen.
1	Tl	Salz	
125 g		Spaghetti	in das kochende Wasser geben, **ca. 10 Min. bissfest = al dente** garen.
80 g		Erbsen **(Tk)**	**5 Min.** vor Ende der Garzeit zu den Spaghetti geben, mitgaren. Fertige Spaghetti mit den Erbsen mit kaltem Wasser abschrecken.
80 g		gek. Schinken	in **ca. 2 cm × 0,5 cm** große □ schneiden, zu den Spaghetti geben.
80 g		Edamer	
2	El	Petersilie	waschen, fein zerkleinern, zugeben.
80 g		Mais **(Ds)**	zu den Spaghetti geben. Salatmarinade zufügen und alle Zutaten mischen. Salat **ca. 20–25 Min.** durchziehen lassen.
		Salz, Pfeffer, Paprika	Salat nochmals abschmecken, anrichten.

Tipp: Anstelle von Spaghetti können andere Nudelsorten, z. B. Penne, Farfalle, verwendet werden.

Anrichten: Schüssel   **Garnieren:** Petersiliensträußchen

7.6.5 Griechischer Salat

1	GR	Essig-Öl-Marinade	herstellen **(siehe 7.2.1)**. **Beachte:** Grundsätzlich kaltgepresstes Olivenöl und Weißweinessig verwenden. Zwiebel durch eine Knoblauchzehe ersetzen, frischen Thymian verwenden.
1		Salatgurke	waschen, Enden abschneiden, in grobe Stücke schneiden (siehe Foto).
10		Cocktailtomaten	waschen, halbieren.
200 g		Schafskäse	in **1,5 cm x 1,5 cm** dicke □ schneiden.
1		Schalotte	putzen, halbieren, in dünne ○ schneiden.
10		Oliven **(schwarz)**	alles **vorsichtig** mit der Marinade mischen, Zutaten dürfen nicht zerfallen.

Anrichten: Platte oder Schüssel   **Garnieren:** glatte Petersilie oder Thymian

Salate, Gemüse

7.6.6 Straßburger Wurstsalat

1	GR	Essig-Öl-Marinade	▶	herstellen (siehe GR Salatmarinaden 7.2.1).
200	g	Lyoner		
200	g	Edamer	▶	in **5 cm × 0,5 cm** dünne ☐ schneiden.
2		Gewürzgurken		
½		Zwiebel	▶	schälen, in sehr feine ☐ schneiden. Alle Zutaten mit der Marinade mischen. Salat durchziehen lassen, nochmals abschmecken.
5		Kopfsalatblätter	▶	waschen, Salatplatte damit auslegen und Wurstsalat bergförmig anordnen.

Anrichten: Platte   **Garnieren:** Petersiliensträußchen

7.6.7 Käse-Gurken-Salat

1	GR	Sauerrahmmarinade	▶	herstellen (siehe GR Salatmarinaden 7.2.3).
300	g	Edamer	▶	in **3 cm × 0,5 cm** dünne ☐ schneiden.
300	g	Salatgurke		
3	El	Dill	▶	waschen, sehr fein schneiden.
3	Sch	Ananas	▶	in feine △ schneiden.
2	El	geh. Mandeln	▶	in einer Pfanne (ohne Fett) anrösten. Alle Zutaten mit der Sauerrahmmarinade mischen. Den Salat nicht durchziehen lassen, da die Gurke Wasser zieht und der Salat das appetitliche Aussehen verliert. Salat abschmecken und anrichten.

Anrichten: Platte   **Garnieren:** Ananasstücke, Dillsträußchen, geh. Mandeln (1 Tl)

7.6.8 Glasnudel-Salat

Salatmarinade:

4	El	Sesamöl **oder** Distelöl	
50	ml	Wasser	
3	Tl	Sojasoße	Zutaten mischen.
2–3	El	Obstessig	
1	Pr	Pfeffer, Ingwer	
1	El	Sesamsamen	
2	l	Wasser	
2	El	Öl	zum Kochen bringen.
1	El	Salz	
100	g	Glasnudeln	▶ zugeben **ca. 10–12 Min. bissfest** garen. Sie müssen glasig werden. Glasnudeln kalt abschrecken und abtropfen lassen.
100	g	Champignons	▶ säubern, evtl. häuten, feinblättrig schneiden.
20	g	Butter **oder** Margarine	▶ erhitzen, Champignons andünsten und erkalten lassen, zu den Glasnudeln geben.
180	g	Bambussprossen	▶ in sehr feine ☐ schneiden, zu den Glasnudeln geben.
½		Paprika (**rot**)	▶ waschen, Kerne und Strunk vollständig entfernen, in kleine ☐ schneiden, zugeben.
140	g	Erbsen (**1 kl Ds**)	▶ zu den Glasnudeln geben. Salat anmachen, kurz durchziehen lassen und nochmals mit den angegebenen Zutaten abschmecken, anrichten.

> **Glasnudeln** stammen aus dem asiatischen Raum. Sie werden aus Reismehl, Mungobohnenstärke etc. gewonnen. Da die Teigwaren beim Garprozess glasig werden, nennt man sie Glasnudeln (Foto: siehe S. 144).

Anrichten: Glasschüssel   **Garnieren:** Bambussprossen, rote Paprikastreifen (jeweils 1 Tl)

Salate, Gemüse

7.7 Gemüse

Theorie: Gemüse

Gemüse ist reich an:
- Kohlenhydraten: sehr ballaststoffreich
- Vitaminen: C, A, B-Gruppe etc.
- Mineralstoffen: Kalium, Eisen, Phosphor, Magnesium etc.

Gemüse ist kalorienarm, meist leicht verdaulich und die optimale Ergänzung zu Fleisch, Fisch und stärkehaltigen Produkten.

Gemüsearten:

Blattgemüse	Kohlgemüse	Samen- und Fruchtgemüse	Stängelgemüse	Wurzelgemüse	Zwiebelgemüse
Spinat, Chicorée	Weiß- und Rotkohl, Wirsing	Zucchini, Gurken, Auberginen, Paprika	Stangensellerie, Rhabarber	Sellerie, Rote Bete, Karotten	Lauch/Porree, Zwiebeln

Einkauf und Lagerung:
- Auf das **saisonale Marktangebot** sollte geachtet werden. Gemüse so frisch wie möglich einkaufen, z. B. vom Markt.
- Frisches Gemüse am besten am Tag des Verbrauchs einkaufen und verarbeiten.
- Frisches Gemüse, das **nicht sofort** verbraucht wird, sollte kühl, trocken und dunkel gelagert werden.
  Frischgemüse wird in Güteklassen eingeteilt:
  Güteklasse extra: frische Ware mit hoher Qualität **Güteklasse II:** marktfähige Qualität mit Mängeln
  Güteklasse I: frische Ware mit kleinen Mängeln **Güteklasse III:** marktfähige Qualität mit erhöhten Mängeln
- Bei Konserven **oder** tiefgefrorenem Gemüse sind der Mineralstoff- und Vitamingehalt vermindert.

Vorbereitung von Gemüse:

❶ Putzen:

Merke: Den Abfall so gering wie möglich halten, aber so viel wie nötig entfernen.

- Schlechte, schadhafte, holzige Stellen entfernen.
- Wurzelwerk, Stiele und Kerngehäuse entfernen.
- Welke Blätter abschneiden.
- Geeignetes Werkzeug verwenden: Gemüsemesser etc.

❷ Waschen und Schälen:
- Gemüse gründlich waschen (Pflanzenbehandlungsmittel werden entfernt).
- Gemüse sorgfältig waschen (große Nährwertverluste werden verhindert).
- Kaltes Wasser verwenden. Gemüse nie im Wasser liegen lassen
  (Ausnahmen möglich: siehe 1.8 Wässern).
- Nicht essbare Teile und Schalen, wenn nötig, entfernen. Sparschäler benutzen.

❸ Zerkleinern:
- Grundsätzlich das Gemüse erst kurz vor der Zubereitung zerkleinern.
- Fachgerechte Arbeitsgeräte verwenden, z. B. Gemüsemesser **(1.6.1)**.

Merke: Je nach Gemüsesorte kann die Reihenfolge der Vorbereitungsarbeiten verändert werden.

Salate, Gemüse

Küchentechnische Tipps:
→ Geeignetes Garverfahren auswählen. Das Garverfahren „**Dämpfen**" ist nährstoffschonender als „**Kochen**".
→ Gemüse grundsätzlich **bissfest = al dente** garen. Gardauer einhalten (die Vitaminverluste werden verringert).
→ Tiefgefrorenes Gemüse nicht lange auftauen lassen, sondern tiefgefroren verwenden. Die Garzeit bei TK-Produkten ist deutlich reduziert.
→ Konserven sind schon gegarte Produkte, d. h., sie werden oftmals nur noch kurz erhitzt.
→ Gegartes Gemüse sofort anrichten, lange Wartezeiten erhöhen die Vitamin- und Mineralstoffverluste.

Blumenkohl (weiß)

Blumenkohl (grün) = Romanesco

7.7.1 Blumenkohl

1	Blumenkohl	putzen, d. h. alle Blätter entfernen, Strunk kreuzweise einschneiden.
2 l	Wasser	Blumenkohl **ca. 10 Min.** in das Salzwasser geben. Dadurch werden alle Kleintiere wie z. B. Raupen ausgeschwemmt.
2 El	Salz	
2–3 l	**Wasser**	zum Kochen bringen. Blumenkohl mit dem Strunk nach **oben ca. 7 Min.** garen, anschließend wenden und weitere **ca. 7 Min.** garen. Blumenkohl sollte **bissfest** sein. **Garprobe** mit der Gabel machen. Fertigen Blumenkohl mit dem Schaumlöffel aus dem **Wasser** nehmen, abtropfen lassen. Blumenkohl mit dem Strunk nach unten in die feuerfeste, ausgefettete Auflaufform setzen.
1 El	Salz u. Zitronensaft	

Merke: Beim Garen im DDT wird das Wasser (~$\frac{1}{4}$ l) bis zum Boden des gelochten Einsatzes gefüllt. 1 Tl Salz ins Wasser geben.

Garzeit: ca. 4–5 Min./2. Ring/gelochter Einsatz

1 **GR**	helle Mehlschwitze	herstellen **(siehe GR 3.6)**. Anstelle von Wasser wird der **Blumenkohlsud** verwendet. Soße über den Blumenkohl gießen.
100 g	gerieb. Emmentaler	über den Kohl streuen. Blumenkohl gratinieren.

Backzeit: ca. 10–15 Min./Backtemperatur: 200 °C
mittlere Schiene/Ober- und Unterhitze

1 El	Petersilie	waschen, fein zerkleinern, über den fertigen Blumenkohl streuen.

Anrichten: Auflaufform/Untersetzer   **Garnieren:** Petersilie (fein, 1 El)

Tipp: Blumenkohl kann ebenso ohne Soße mit angerösteten Semmelbröseln angerichtet werden. Grüner Blumenkohl (Romanesco) wird auf die gleiche Art und Weise zubereitet. Es treten weniger Vitamin- und Mineralstoffverluste ein, wenn der gesamte Blumenkohl gegart wird.

Salate, Gemüse

7.7.2 Rosenkohl

500 g	Rosenkohl	putzen, d. h. welke Blätter entfernen, Strunk kreuzweise einschneiden (dies ermöglicht gleichmäßiges Garen). Rosenkohl kurz in stehendem Wasser waschen.
	Topf oder DDT und gelochter Einsatz	Wasser (~$^1/_4$ l) bis zum Boden des gelochten Einsatzes (Garkörbchen) füllen.
1 Tl	Salz	in das Wasser geben. Rosenkohl in den Einsatz geben und **bissfest** dämpfen.

Garzeit: ca. 15–20 Min./DDT ca. 5–6 Min./2. Ring/gelochter Einsatz

Wasserstand im Topf regelmäßig kontrollieren. Topfdeckel muss aufgelegt werden.

20 g	Butter	schmelzen, Rosenkohl **vorsichtig** darin schwenken. Rosenkohl kann zusammen mit anderem Gemüse auf einer Gemüseplatte angerichtet werden.
1 Pr	Pfeffer, Salz, Paprika	
2 El	Petersilie	waschen, fein zerkleinern, über den Rosenkohl streuen.

Anrichten: Platte   **Garnieren:** Petersilie (fein, 2 El)

7.7.3 Karotten

500 g	Karotten	putzen, waschen und garen **(siehe gegarte Gemüsesalate 7.4.6)**. Fertige Karotten leicht abkühlen lassen, Schale **vorsichtig** abziehen.
	Buntschneidemesser	Karotten in dünne ○ schneiden.
30 g	Butter	schmelzen lassen, Karotten darin wenden, anrichten.
2 El	Petersilie	waschen, fein zerkleinern, über die Karotten streuen.

Anrichten: Platte (warm)   **Garnieren:** Petersilie (fein, 2 El)

7.7.4 Karotten-Erbsen-Gemüse

500 g	Karotten	putzen, waschen, schälen, in feine ○ schneiden (Buntmesser).
1	Zwiebel	schälen, in sehr feine □ schneiden.
20 g	Butter **oder** Margarine	Zwiebeln andünsten, Karotten zugeben, mitdünsten. Karotten im Topf etwas beiseite schieben.
1–2 El	Zucker	auf den Topfboden streuen. Die Zuckerkristalle sollten sich auflösen, jedoch nicht bräunen. Die Karotten werden durch schwenkende Bewegungen mit der entstandenen Zuckerlösung **überzogen = glasieren**.
200 g	Erbsen **(Tk)**	zugeben, mitdünsten.
~100 ml	Wasser	über das Gemüse gießen.
	Salz, Pfeffer	Karotten-Erbsen-Gemüse würzen und bei reduzierter Hitze **bissfest** dünsten.
1 El	Petersilie	waschen, sehr fein zerkleinern und über das abgeschmeckte Gemüse geben.

Merke: Es können anstelle von Tiefkühlerbsen auch Erbsen aus der Dose verwendet werden. Dosenerbsen sind bereits gegart. Diese am Ende der Garzeit zugeben. Frische Erbsen haben im Topf eine Garzeit von ca. 15–20 Min. und im DDT von ca. 6–8 Min./2. Ring/Einsatz mit Loch.

Garzeit: ca. 7–10 Min./DDT: ca. 3–4 Min./2. Ring/ohne Einsatz

Den Wasserstand im Topf regelmäßig kontrollieren.

Anrichten: Schüssel (warm)   **Garnieren:** Petersilie (fein, 1 El)

Salate, Gemüse

7.7.5 Brokkoli mit Frischkäsedip

500 g	Brokkoli	putzen, in kleine Röschen teilen. Den Strunk schälen und in kleine Stücke schneiden (sie sollten der Größe der Brokkoliröschen entsprechen). Brokkoli waschen.
	Topf oder DDT und gelochter Einsatz	Wasser (~¼ l) bis zum Boden des gelochten Einsatzes (Garkörbchen) füllen.
½ Tl	Gemüsebrühpulver	
½ Tl	Salz	ins Wasser geben. Brokkoliröschen in den gelochten Einsatz geben, **bissfest** garen.

Topf: ca. 7–10 Min./DDT: ca. 3–4 Min. 1. Ring/gelochter Einsatz

Frischkäsedip:

100 g	Frischkäse	
50 ml	Sahne	mischen.
2 El	Tomatenketchup	
1 Pr	Pfeffer, Paprika	Masse abschmecken.
2 El	Petersilie	waschen, fein zerkleinern, zugeben.
20 g	Butter	schmelzen lassen.
2 El	gehobelte Mandeln	zur Butter geben, goldbraun anrösten und für die Garnitur verwenden. Brokkoli und Frischkäsedip anrichten (siehe Serviervorschlag).

Anrichten: Dessertteller **Garnieren:** gehobelte Mandeln (2 El)

7.7.6 Brokkoliauflauf

→ Feuerfeste Auflaufform mit Margarine einfetten.

600 g	Kartoffeln	waschen, in der Schale garen (**siehe Pellkartoffeln 6.1.2**).

Topf: ca. 40–45 Min./DDT: ca. 12–15 Min./2. Ring gelochter Einsatz

600 g	Brokkoli	putzen, in kleine Röschen teilen. Strunk schälen und in röschengroße Stücke schneiden.
	Topf oder DDT und gelochter Einsatz	Wasser (~¼ l) bis zum Boden des gelochten Einsatzes (Garkörbchen) füllen.
½ Tl	Gemüsebrühpulver	ins Wasser geben. Brokkoliröschen in den gelochten Einsatz geben, **bissfest** garen.
½ Tl	Salz	

Topf: ca. 7–10 Min. DDT: ca. 3–4 Min./1. Ring/gelochter Einsatz

Da Brokkoli und Kartoffeln unterschiedliche Garzeiten haben, können sie nicht miteinander im selben Topf gegart werden.

1 **GR**	Béchamelsoße	herstellen (**siehe GR Béchamelsoße 3.6.2**). Kartoffeln etwas abkühlen lassen. Schale entfernen und in **0,5 cm** dicke ○ schneiden. Brokkoli und Kartoffeln abwechselnd, schuppenförmig in die Auflaufform einschichten. Béchamelsoße darüber gießen.
100 g	gerieb. Gouda	über das Gemüse streuen, gratinieren.

Backzeit: ca. 20–25 Min./Backtemperatur: ca. 180 °C mittlere Schiene/Ober- und Unterhitze

2 El	Petersilie	waschen, fein zerkleinern, am Ende der Garzeit darüber streuen.

Anrichten: Auflaufform/Untersetzer **Garnieren:** Petersilie (fein, 2 El)

Salate, Gemüse

7.7.7 Tomaten-Zucchini-Auflauf

→ Backofen auf 180 °C vorheizen.
→ Feuerfeste Auflaufform mit Margarine einfetten.

2	mittelgroße Zucchini	waschen, Enden abschneiden, in **ca. 0,7 cm** dicke ○ schneiden.
	Salz, Pfeffer, Thymian, Oregano, Majoran	Zucchinischeiben gleichmäßig würzen.
3–4	Tomaten	waschen, Strunk ausschneiden, Tomaten in **ca. 0,5 cm** dicke ○ schneiden.
	Salz, Pfeffer ...	Tomaten würzen.
2 Pk	Mozzarella	Flüssigkeit abtropfen lassen. Mozzarella in sehr dünne ○ schneiden. Zucchini-, Tomaten- und Mozzarellascheiben abwechselnd schuppenförmig in die Auflaufform legen. Auflaufform in den Backofen schieben.

Backzeit: ca. 20–25 Min./Backtemperatur: ca. 180 °C mittlere Schiene/Ober- und Unterhitze

Anrichten: Auflaufform/Untersetzer   **Garnieren:** Oregano, Thymian (fein, 1 El)

7.7.8 Lauch im Schinkenmantel

→ Feuerfeste Auflaufform mit Margarine einfetten.

1	kleine Zwiebel	schälen, in feine □ schneiden.
1	Karotte	putzen, waschen, schälen, sehr fein reiben.
3 El	Petersilie	waschen, fein zerkleinern.
20 g	Butter **oder** Margarine	erhitzen, Zwiebeln, Karotten und die Petersilie andünsten.
2 Pr	Pfeffer, Salz	Masse würzen, abschmecken und auf dem Boden der Auflaufform verteilen.
2 Stg	Lauch (Porree)	putzen.

❶ Jede Stange Lauch in **2** gleich lange Stücke schneiden. Harte Lauchenden nicht mitverwenden.

❷ Die Lauchstücke der Länge nach halbieren.

❸ Die **8** Lauchstücke werden unter fließendem Wasser gewaschen.

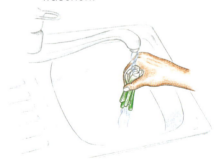

Merke: Harte Lauchenden können für ein **GR** Gemüsebrühe verwendet werden.

8 Sch	Schinken	je ½ Stück Lauch mit **1** Sch. Schinken und **1** Sch. Gouda umwickeln, nebeneinander in die Auflaufform legen.
8 Sch	Gouda	
3	Eier	
100 g	Crème fraîche	sehr gut verquirlen, über den Lauch gießen. Form in den Backofen geben.
½ Tl	Salz	
2 Pr	Pfeffer, Paprika	
125 ml	Milch **(⅛ l)**	

Backzeit: ca. 40–45 Min./Backtemperatur: ca. 180 °C mittlere Schiene/Ober- und Unterhitze

70 g	gerieb. Gouda	**5 Min.** vor Ende der Garzeit über den Lauchauflauf streuen. Auflauf gratinieren.

Anrichten: Auflaufform/Untersetzer   **Garnieren:** Petersilie (fein, 1 El)

Salate, Gemüse

7.7.9 Spargel

500 g	Spargel	

waschen, Schale mit dem Spargel- **oder** Sparschäler entfernen.

> **Merke:** Schäler unterhalb des Spargelkopfes ansetzen. Alle holzigen und harten Stellen werden dabei entfernt. Spargel bündeln, dabei alle Spargelköpfchen auf eine Seite legen.

Spargel: ist ein Sprossengewächs. Frischer Spargel sollte zeigefingerdick, fest und zart sein. Die regionale Haupternte ist von Mai bis Ende Juni.

Großer Topf oder DDT und gelochter Einsatz

2 Tl	Salz	
1 Tl	Zucker	

Wasser (~$\frac{1}{4}$ l) bis zum Boden des gelochten Einsatzes (Garkörbchen) füllen.

ins Wasser geben. Spargel in den gelochten Einsatz (Garkörbchen) legen. Topfdeckel auflegen. Spargel **bissfest** dämpfen.

> **Topf: ca. 15–20 Min.**
> **DDT: ca. 7–9 Min./1. Ring/gelochter Einsatz.**

Garprobe mit einer Gabel machen. Spargel darf nicht zu weich, sondern sollte elastisch sein.

Fertigen Spargel mit dem Schaumlöffel oder einer Zange aus dem Topf nehmen, gut abtropfen lassen und auf die vorgewärmte Platte legen, evtl. zugedeckt warm stellen.

1 GR	Béchamelsoße	

herstellen **(3.6.2)**. Soße über den Spargel gießen, heiß servieren.

Anrichten: Platte (warm)   **Garnieren:** Petersilie (fein, 1 El)

7.7.10 Spargel im Blätterteig

→ Backblech vorbereiten und mit Backfolie auslegen.

16 Stg	Spargel	
400 g	Blätterteig **(Tk)**	

bissfest garen **(siehe oben)**. Spargel gut abtropfen lassen.
Blätterteig auftauen lassen. Arbeitsfläche leicht mit Mehl bestäuben.
Blätterteig zu **4** Rechtecken (Größe = DIN-A4-Blatt) **ca. 1–2 mm** dünn auswellen. Spargel in **4** gleich große Portionen teilen.

8 Sch	Gouda	
8 Sch	gek. Schinken	

Jeweils **eine** Spargelportion mit je **2** Sch. Schinken und **2** Sch. Gouda einwickeln. Spargelhäufchen auf die Blätterteigrechtecke legen, Seitenränder einschlagen, Spargel einwickeln. **Schöne Seite = Oberseite**.
Spargel auf ein mit Backfolie ausgelegtes Backblech legen.

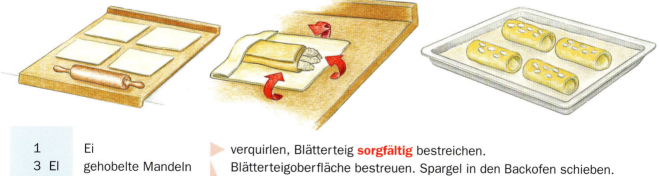

1	Ei	
3 El	gehobelte Mandeln	

verquirlen, Blätterteig **sorgfältig** bestreichen.
Blätterteigoberfläche bestreuen. Spargel in den Backofen schieben.

> **Backzeit: ca. 30–40 Min./Backtemperatur: ca. 180 °C**
> **mittlere Schiene/Ober- und Unterhitze**

Anrichten: Platte (warm)   **Garnieren:** Petersiliensträußchen, Tomatenstücke

Vor 4500 Jahren wurde Spargel erstmals in Ägypten verzehrt. Römern und Griechen ist die Königin des Gemüses seit dem 2. Jh. v. Chr. bekannt. 1568 wurde Spargel erstmals in Deutschland in der Nähe von Stuttgart angebaut.

Salate, Gemüse

7.7.11 Rotkohl (Rotkraut, Blaukraut)

500 g	Rotkohl	▸ äußere Blätter entfernen, Kohl halbieren, Strunk entfernen und in feine Streifen hobeln (wenn möglich Küchenmaschine mit Hobeleinsatz verwenden).
1	Zwiebel	▸ schälen, in feine □ schneiden.
1	säuerlicher Apfel	▸ waschen, schälen, vierteln, Kernhaus entfernen, fein reiben.
3–4 El	Öl **oder** Schweineschmalz	▸ im **DDT** erhitzen, die Zwiebeln und den geriebenen Apfel andünsten, das Kraut nach und nach zugeben, unter ständigem Wenden mitdünsten.
300 ml	Wasser **oder** Gemüsebrühe	▸ zugeben.
50 ml	Rotwein	▸ zugeben. Den Rotkohl garen.
2 El	Essig	
1	Lorbeerblatt	
½ Tl	Nelkenpulver	
1 Tl	Salz	

Garzeit im DDT: ca. 8–10 Min. 2. Ring/ohne Einsatz

▸ Evtl. muss am Ende der Garzeit noch etwas Flüssigkeit zugegeben werden.

~2 El	Speisestärke	▸ verrühren, in das kochende Kraut rühren, binden. Je nach Wunsch kann auf das Binden von Kraut verzichtet werden.
4 El	Wasser	
	Salz, Nelkenpulver	▸ Kraut abschmecken.

Anrichten: Schüssel (warm)   **Garnieren:** —

Tipp: Zu Rotkohl können sehr gut Braten oder Rindsrouladen mit Knödel serviert werden.

7.7.12 Bayrisches Kraut (Weißkraut gedünstet)

500 g	Weißkraut	▸ äußere Blätter entfernen, halbieren, Strunk entfernen, in Streifen hobeln bzw. schneiden.
1	Zwiebel	▸ schälen, in feine □ schneiden.
70 g	geräucherter Speck	▸ in feine □ schneiden, im **DDT** erhitzen, Zwiebeln zugeben und glasig dünsten.
1 El	Zucker	▸ zugeben, **bräunen = karamellisieren**. Kraut nach und nach zugeben, unter ständigem Wenden mitdünsten.
¼ l	Wasser	▸ Kraut ablöschen.
2 El	Essig	▸ zugeben, garen.
100 ml	Apfelsaft	
	Salz, Kümmel	

Garzeit DDT: ca. 8–10 Min. 2. Ring/ohne Einsatz

▸ Evtl. muss am Ende der Garzeit noch etwas Flüssigkeit zugegeben werden.

	Salz, Kümmel	▸ Kraut herzhaft abschmecken.

Anrichten: Schüssel (warm)   **Garnieren:** —

Merke: Die Zugabe von Salz ist vom Salzgehalt des Specks abhängig.

Tipp: Bayrisches Kraut kann sehr gut zu Schupfnudeln gereicht werden.

Bei der Zubereitung von Kraut im normalen Topf ist Folgendes zu beachten:

➔ Der Flüssigkeitsstand muss regelmäßig kontrolliert werden. Bei Bedarf wird noch etwas Flüssigkeit zugegeben.

➔ Beim Garen von Kraut grundsätzlich den Dampfdrucktopf verwenden, da die Garzeit stark reduziert wird.

Salate, Gemüse

7.7.13 Sauerkraut

½	Zwiebel	▷ schälen, in feine ☐ schneiden.
2 El	Öl	▷ erhitzen, Zwiebeln glasig dünsten.
400 ml	Wasser	▷ zu den Zwiebeln geben. Wasser aufkochen lassen.
370 g	Sauerkraut (Ds)	Kraut auseinander pflücken und nach und nach in die kochende Flüssigkeit geben.

Merke: Gibt man das Kraut in die kochende Flüssigkeit, bleibt es weiß.

1	Lorbeerblatt	▷ zugeben.
1 Tl	Wacholderbeeren	
100 g	durchwachsener Speck	▷ zugeben, mitgaren. Regelmäßig Wasserstand kontrollieren, evtl. noch Wasser zugeben.

Tipp: Anstelle von geräuchertem Speck kann eine kleine Schweinshaxe oder ein Eisbein zugegeben werden.

Topf: ca. 30 Min.
DDT: ca. 8–10 Min./2. Ring/ohne Einsatz

Nach dem Ende der Garzeit sollten Lorbeerblatt und Wacholderbeeren dem Kraut entnommen werden, evtl. noch etwas Wasser zugeben.

60 g	Kartoffeln (ca. 1 kleine)	▷ waschen, schälen, sehr fein reiben, zum Kraut geben, dieses nochmals aufkochen lassen. Durch die Stärke der Kartoffel wird das Kraut gebunden.
	Salz, Kümmel	Kraut abschmecken, anrichten.

Anrichten: Schüssel (warm) **Garnieren:** —

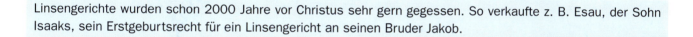

Linsengerichte wurden schon 2000 Jahre vor Christus sehr gern gegessen. So verkaufte z. B. Esau, der Sohn Isaaks, sein Erstgeburtsrecht für ein Linsengericht an seinen Bruder Jakob.

7.7.14 Linsen

100 g	Linsen (grün)	▷ schadhafte Linsen aussortieren.
1	kleine Zwiebel	▷ schälen, in feine ☐ schneiden.
60 g	Karotten	
60 g	Kartoffeln	▷ waschen, schälen, in **sehr feine** ☐ schneiden.
2–3 El	Öl	▷ erhitzen, Zwiebeln, Karotten und Kartoffeln andünsten. Linsen zugeben und kurz mitdünsten.
400 ml	Wasser	Linsen ablöschen, d. h. sie müssen knapp mit Wasser bedeckt sein.
1	Lorbeerblatt	
3	Nelken	▷ zugeben.
100 g	durchwachsener Speck	▷ zugeben.

Tipp: Linsen werden hauptsächlich in Vorderasien und Spanien kultiviert. Sie gehören zu der Gattung der Schmetterlingsblütler. Linsen sind sehr kohlenhydrat- und eiweißhaltig. Je nach Linsensorte sind die Einweich- und Garzeiten sehr verschieden.

Topf: ca. 20–25 Min. regelmäßig Wasserstand kontrollieren und auffüllen
DDT: ca. 10–12 Min./2. Ring/ohne Einsatz

2 El	Wasser	▷ mischen und in die kochende Linsenmasse geben. Das ist nur dann notwendig, wenn die Linsenmasse zu flüssig ist.
1–2 El	Speisestärke	
1–2 El	Essig	▷ Linsen abschmecken, das Lorbeerblatt und die Nelken entnehmen.
	Salz	Den Speck in kleine Streifen schneiden und dazu reichen.

Tipp: Ist die Linsenmasse zu flüssig, kann sie mit Speisestärke gebunden werden.

Anrichten: Schüssel (warm) **Garnieren:** —

Salate, Gemüse

7.7.15 Bohnen (gedünstet)

500 g	Buschbohnen	▸ putzen, d. h. Enden abschneiden, waschen, je nach Länge evtl. vierteln **oder** halbieren.
1	Zwiebel	▸ schälen, in feine □ schneiden.
2 El	Petersilie	▸ waschen, sehr fein zerkleinern.
30 g	Butter **oder** Margarine	▸ Zwiebeln und Petersilie andünsten, Buschbohnen zugeben, kurz mitdünsten.
~400 ml	Gemüsebrühe	▸ Bohnen ablöschen.
1	Zweig Bohnenkraut	▸ zugeben.
	Salz, Pfeffer	▸ Bohnen würzen, dünsten.

Topf: ca. 15–20 Min. (je nach Größe verschieden)
DDT: ca. 7–9 Min./2. Ring/ohne Einsatz

Bohnenkraut herausnehmen, Bohnen abschmecken.

Anrichten: Schüssel (warm)   **Garnieren:** Petersilie (fein, 1 El)

Tipp: Buschbohnen können ebenso im gelochten Einsatz gedämpft und in einer Tomatensoße serviert werden.

7.7.16 Bohnen mit Speck

Anstelle der Butter **oder** Margarine kann **ca. 70 g** durchwachsener Speck □ verwendet werden.

7.7.17 Blattspinat (2 Portionen)

500 g	Spinat	▸ schadhafte Stellen und Stiele entfernen, in stehendem Wasser waschen, bis kein Schmutz mehr vorhanden ist.
1	Zwiebel	▸ schälen, in feine  schneiden.
~30 g	Öl **oder** Butter	▸ erhitzen, Zwiebeln glasig dünsten. Spinat nach und nach zugeben, **ca. 5–10 Min.** dünsten.
	Salz, Pfeffer	▸ Spinat abschmecken, anrichten.

Anrichten: Platte mit anderem Gemüse   **Garnieren:** —

7.7.18 Antipasti

➔ Backblech mit Backfolie auslegen, Backofen auf **180 °C** vorheizen.

1	Paprika **(rot)**	▸ waschen, halbieren, Strunk und Kerne entfernen. Hälften in **ca. 1,5 cm** breite Streifen schneiden.
1	Paprika **(gelb)**	
300 g	Zucchini	▸ waschen, putzen, der Breite nach halbieren und in **ca. 0,5 cm** breite Streifen schneiden.
	Öl	▸ Zucchini- und Paprikastreifen **vorsichtig** mit Öl beträufeln.
	Pizzagewürz, Pfeffer, Salz, Paprika ...	▸ Gemüse würzen und auf einem **vorbereiteten** Backblech ausbreiten und im Backofen **bissfest** garen.

Tipp: Die gebratenen Zucchini- und Paprikastreifen schmecken am besten mit Oliven, in Öl eingelegten getrockneten Tomaten und frisch gebackenem Ciabatta.

Garzeit: ca. 20–25 Min./Gartemperatur: ca. 180 °C
mittlere Schiene/Ober- und Unterhitze

Anrichten: Platte (warm)   **Garnieren:** —

Salate, Gemüse

7.7.19 Fenchelgemüse

4		Fenchelknollen	▸ putzen (Stiel- und Wurzelansatz entfernen). Fenchel halbieren, den Strunk entfernen. Die Fenchelblätter müssen noch zusammenhalten.
		Topf oder DDT und gelochter Einsatz	▸ Wasser (~$^1/_4$ l) bis zum Boden des gelochten Einsatzes (Garkörbchen) füllen.
1	Tl	Salz	▸ ins Wasser geben. Fenchel in den Siebeinsatz legen. Deckel aufsetzen.
1	Tl	Gemüsebrühpulver	Fenchelhälften dämpfen. **Wasserstand im Topf regelmäßig kontrollieren.**

Topf: ca. 20–25 Min./DDT: ca. 6–8 Min./1. Ring/gelochter Einsatz

| 1 | **GR** | Béchamelsoße | ▸ herstellen **(siehe 3.6.2)**. Fenchel in eine Schüssel geben, Soße über den heißen Fenchel gießen. |
| 2 | El | Petersilie | ▸ waschen, zerkleinern, über den Fenchel streuen. |

Anrichten: Schüssel (warm)   **Garnieren:** Petersilie (fein, 2 El)

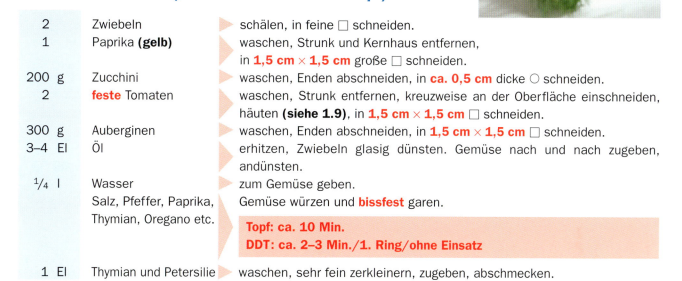

7.7.20 Ratatouille (berühmter frz. Gemüsetopf)

2		Zwiebeln	▸ schälen, in feine ☐ schneiden.
1		Paprika **(gelb)**	▸ waschen, Strunk und Kernhaus entfernen, in **1,5 cm × 1,5 cm** große ☐ schneiden.
200	g	Zucchini	▸ waschen, Enden abschneiden, in ca. **0,5 cm** dicke ○ schneiden.
2		**feste** Tomaten	▸ waschen, Strunk entfernen, kreuzweise an der Oberfläche einschneiden, häuten **(siehe 1.9)**, in **1,5 cm × 1,5 cm** ☐ schneiden.
300	g	Auberginen	▸ waschen, Enden abschneiden, in **1,5 cm × 1,5 cm** ☐ schneiden.
3–4	El	Öl	▸ erhitzen, Zwiebeln glasig dünsten. Gemüse nach und nach zugeben, andünsten.
$^1/_4$	l	Wasser	▸ zum Gemüse geben.
		Salz, Pfeffer, Paprika, Thymian, Oregano etc.	Gemüse würzen und **bissfest** garen.

Topf: ca. 10 Min.
DDT: ca. 2–3 Min./1. Ring/ohne Einsatz

| 1 | El | Thymian und Petersilie | ▸ waschen, sehr fein zerkleinern, zugeben, abschmecken. |

Anrichten: Schüssel (warm)   **Garnieren:** Thymian/Petersilie (fein, 1 El)

7.7.21 Frittiertes Gemüse

Bierteig:

1		Eiweiß	▸ steif schlagen.
1		Eigelb	
$^1/_2$	Tl	Salz	
1	Pr	Pfeffer, Paprika	alle Zutaten mit dem Schneebesen verrühren.
125	ml	Bier **oder** Mineralwasser	
100	g	Mehl	▸ sieben, löffelweise zugeben, mischen. Eischnee locker unterheben.
400	g	Gemüse, z. B. **Blumenkohlröschen, Karotten, Champignons**	▸ fachgerecht vorbereiten **(siehe 7.7)**. Gesamtes Gemüse in grobe Stücke teilen und im Garkörbchen **bissfest** dämpfen. Wasserstand kontrollieren. Gemüse mit einer Gabel in den Bierteig tauchen, herausnehmen und kurz abtropfen lassen.
		Fritteuse oder Topf mit heißem Fett	Das Gemüse in das **ca. 180 °C** heiße Fett geben und goldbraun frittieren. Auf einem Küchenpapier abtropfen lassen. **Sofort heiß servieren.**

Anrichten: Platte (warm)   **Garnieren:** —

Salate, Gemüse

7.7.22 Gefüllte Auberginen

→ Feuerfeste Auflaufform mit Margarine einfetten.

1	Zitrone	auspressen.
2	Auberginen	waschen, Stielansatz entfernen, der Länge nach halbieren. Fruchtfleisch aushöhlen, dabei einen **0,5 cm** breiten Rand stehen lassen. Fruchtfleisch in feine □ schneiden. Auberginenhälften mit Zitronensaft beträufeln. Das Fruchtfleisch im Zitronensaft wenden, um Verfärbungen zu vermeiden.
1	kleine Zwiebel	schälen, in feine □ schneiden.
20 g	Butter **oder** Margarine	erhitzen, Zwiebeln glasig dünsten.
1 Ta	Langkornreis	waschen, mitdünsten.
2 Ta	Wasser	Reis ablöschen.
	Salz, Pfeffer	Reis würzen und **ca. 20 Min.** quellen lassen.
1	Tomate	waschen, häuten, in feine □ schneiden und mit den Auberginenwürfeln ebenfalls zum fertigen Reis geben.
50 g	gerieb. Emmentaler	zugeben.
	Sojasoße, Salz, Paprika	Masse abschmecken und in die Auberginenhälften füllen. Diese in die Auflaufform setzen.
100 ml	Gemüsebrühe	auf den Auflaufformboden gießen. Form in den Backofen schieben.

Garzeit: ca. 30–40 Min./Gartemperatur: ca. 180 °C
mittlere Schiene/Ober- und Unterhitze

50 g	gerieb. Emmentaler	**5 Min.** vor dem Ende der Garzeit über die fertigen Auberginen streuen, gratinieren. Auberginen auf eine Platte geben und anrichten.

Anrichten: Platte (warm)   **Garnieren:** Petersilie (fein, 2 El)

7.7.23 Gratinierter Chicorée

→ Feuerfeste Auflaufform mit Margarine einfetten.

4	mittelgroße Chicorée	putzen, halbieren, Strunk keilförmig herausschneiden (er ist bitter). Chicorée waschen.
	Topf oder DDT und gelochter Einsatz	Wasser ($^1/_4$ l) bis zum Boden des gelochten Einsatzes (Garkörbchen) füllen.
1 Tl	Gemüsebrühpulver	in das Wasser geben, die Chicoréehälften in den gelochten Einsatz legen. Deckel auflegen, Chicorée **bissfest** dämpfen.

Topf: 4–5 Min/DDT: 2–3 Min./1. Ring/gelochter Einsatz

3 El	Zitronensaft	Chicorée beträufeln.
8 Sch	gek. Schinken	Chicoréehälften einwickeln und nebeneinander in der feuerfesten Auflaufform anordnen.
100 g	Crème fraîche	mischen, über den Chicorée gießen, im Backofen garen.
100 ml	Sahne	
3	Eier	
1 Tl	Salz	
1 Pr	Pfeffer, Muskat ...	

Garzeit: ca. 30–40 Min.
Gartemperatur: ca. 200 °C
mittlere Schiene
Ober- und Unterhitze

80 g	gerieb. Gouda	**10 Min.** vor Ende der Garzeit über den Chicorée streuen.

Anrichten: Auflaufform/Untersetzer   **Garnieren:** Petersilie (fein, 2 El)

Salate, Gemüse

7.8 Kürbis

Der Kürbis wurde vor tausenden von Jahren erstmals in Mittel- und Südamerika kultiviert. Vermutlich haben texanische Indianer das Fruchtfleisch als Erste verspeist. Spanische Konquistadoren brachten im 16. Jahrhundert die Pflanze nach Europa. Bislang war dort nur der aus Afrika stammende Flaschenkürbis bekannt. Botanisch gesehen handelt es sich beim Kürbis um eine Beere, die zur Familie der Kürbisgewächse gehört. Heute sind ca. 800 verschiedene Arten im Handel erhältlich.

Der Kürbis ist reichhaltig an:
- Vitaminen: Provitamin A, B, C, E
- Mineralstoffen: Kalium, Calcium, Phosphor, Eisen

Sie sind kalorienarm, sehr wasserhaltig (ca. 90 %), fett- und eiweißarm, deshalb eignen sie sich hervorragend für diätetische Zwecke.

Kürbisarten

Arten	Speisekürbis		Zierkürbis
	Sommerkürbis	Winterkürbis	
Erntezeit	Frühsommer bis Herbst. Sie werden in der Regel unreif geerntet und sind deshalb nur begrenzt haltbar.	beginnt Ende August und muss vor Frosteintritt beendet sein. Sie werden in der Regel ausgereift geerntet. Reif klingen sie hohl.	Ein Zierkürbis eignet sich aufgrund seiner Formen und Farben speziell für dekorative Zwecke. Er ist zum Verzehr nicht geeignet. Der Bitterstoff Cucurbitacin kann Magenkrämpfe und starke Übelkeit verursachen. Speisekürbis kann ebenso zur Dekoration verwendet werden.
Lagerung	kühl und trocken mehrere Tage, manche Sorten sogar einige Wochen.	kühl und trocken, mehrere Wochen bzw. Monate.	
Schale	ist weich und wird in der Regel mitgegessen.	ist hart und wird häufig entfernt.	

Sommerkürbis

Ölkürbis (Ölgewinnung)　**Pâtisson**　**Zucchini/Zucchetti**　**Rondini**

Winterkürbis

Acorn　**Hokkaido**　**Moschuskürbis**　**Butternuss**

Salate, Gemüse

Halloween (der Abend vor Allerheiligen) wird jedes Jahr am 31. Oktober gefeiert. Die keltischen Druiden feierten das „Samhain-Fest", zu Ehren des keltischen Gottes. Dieser erlaubte angeblich den Seelen der im Vorjahr Verstorbenen, in dieser Nacht zurückzukehren. Um von den Geistern nicht erkannt zu werden, verkleidete man sich. **„Halloweens"** oder **„Pumpkins"** bezeichnet man im englischen Sprachraum alle Kürbissorten, die sich zum Schnitzen von Jack O'Laternen eignen. Aus Irland stammt der Brauch, aus Kürbis, Rüben und Kartoffeln Laternen herzustellen. Eine Legende von Jack dem Schmied besagt, dass er ruhelos mit seiner geschnitzten Laterne über die Erde wandeln muss, da ihm der Zugang zur Hölle und zum Himmel nach seinem Tod verwehrt wurde. Heute ist Halloween die Nacht der Kinderstreiche. Sie wandern von Tür zu Tür und drohen „trick or treat" (Streich oder Leckerbissen).

Herstellung einer Jack O'Laterne:

1)
2)
3)
4)

Einkauf
→ Die Schalen müssen glatt, sauber und ohne Risse und Flecken sein. Die abgebrochenen Stielansätze faulen rasch.
→ Der Kürbis sollte fest und entsprechend seiner Größe schwer sein. Ein reifer Kürbis klingt hohl.
→ Angeschnittene Exemplare müssen frisches und saftiges Fruchtfleisch aufweisen und rasch verarbeitet werden.

7.8.1 Kürbispuffer

200 g	Speisekürbis	▷ waschen, Kerne entfernen, evtl. schälen und **grob raspeln**.
100 g	Zucchini	▷ waschen, evtl. putzen, **grob raspeln**, zum geraspelten Kürbis geben.
2	Eier	▷ verquirlen, zugeben.
~40 g	Mehl	▷ zugeben, gesamte Zutaten mischen.
	Salz, Pfeffer, Paprika	▷ Masse kräftig würzen.
~3 El	Öl (pro Pfannenfüllung)	▷ in einer Pfanne erhitzen. Probepuffer herstellen. **1 gehäufter El** Kürbismasse in die Pfanne geben und runden, flachen Fladen ⌀ **6 cm** formen. Puffer von beiden Seiten goldbraun anbraten. **Bratzeit pro Seite ca. 4–5 Min.** Fertigen Puffer probieren, evtl. Masse nachwürzen. Fällt der Puffer auseinander, muss noch etwas Mehl zugegeben werden. Weitere Puffer herstellen und auf einer vorgewärmten Platte **sofort** anrichten.

Tipp: Die Puffer sollten erst gewendet werden, wenn sich auf der Unterseite eine goldbraune Kruste gebildet hat.

Anrichten: Platte (warm)   **Garnieren:** Petersilie (fein, 2 El)

7.8.2 Kürbisgratin

300 g	Speisekürbis	▷ waschen, Kerne entfernen, evtl. schälen und **grob raspeln**.
100 g	Zucchini	▷ waschen, evtl. putzen, grob raspeln, zur Kürbismasse geben.
50 g	gerieb. Käse	▷ zugeben.
50 g	durchw. Speck	▷ in feine □ schneiden, zugeben.
200 g	Crème fraîche	▷ verrühren, gesamte Zutaten mischen und in eine **vorgefettete** Auflaufform geben, in den **vorgeheizten** Backofen schieben.
4	Eier	
~1¼ Tl	Salz	
2 Pr	Pfeffer, Paprika, Curry	

Backzeit: ca. 45–50 Min./Backtemperatur: 180 °C mittlere Schiene/Ober- und Unterhitze

Anrichten: Auflaufform/Untersetzer   **Garnieren:** Schnittlauch (fein, 2 El)

8. Kapitel

8 Desserts

Desserts erfreuen sich großer Beliebtheit und runden ein gutes Essen ab. Eine Nachspeise sollte grundsätzlich mit viel Bedacht ausgewählt werden. Zu einem üppigen Hauptgang empfiehlt sich ein leichtes Dessert. Zu einer eher kleineren Hauptspeise kann ruhig eine etwas gehaltvollere Nachspeise ausgewählt werden. Beachten Sie bei Ihrer Auswahl immer die saisonalen und regionalen Gegebenheiten.

	5. PROJEKT	216
8.1	**Wichtige Regeln für das Anrichten und Garnieren von Desserts**	217
8.1.1	Anordnungsmöglichkeiten von Garnierungen	217
8.2	**Quark- und Joghurtspeisen**	218
8.2.1	Quarkspeise/Abwandlungen	218
8.2.2	Schwarzwaldbecher	218
8.2.3	Erdbeer-Mascarpone-Crème	219
8.2.4	Melonen-Quark-Crème mit Vanillefritter und Fruchtspießen	220
8.2.5	Joghurt-Dessert/Himbeerspiegel	220
8.2.6	Falsche Spiegeleier	220
8.2.7	Heidelbeer-Cashewnuss-Crème	221
8.2.8	Amaranth-Nockerln	221
8.3	**Bindemittel**	222
8.3.1	**GR** abgeschlagene Crème mit Abwandlungen	223
8.3.2	**GR** Flammeri mit Abwandlungen	224
8.3.3	Süße Soßen	225
8.3.3.1	**GR** Crèmesoße (gegart) mit Abwandlungen	225
8.3.3.2	**GR** Fruchtsoßen (gegart)	225
8.3.3.3	**GR** Fruchtsoßen (nicht gegart)	226
8.3.4	Tuttifrutti	226
8.3.5	Rote Grütze/Exotische Grütze	226
8.4	**Gelatine**	227
8.4.1	Joghurt-Sanddorn-Crème	228
8.4.2	Ambrosiacrème	229
8.4.3	Orangencrème	229
8.4.4	Joghurtcrème mit Trauben	229
8.4.5	Buttermilchspeise	230
8.4.6	Erdbeeren mit Sahnehaube	230
8.4.7	Heidelbeercrème	230
8.4.8	Kleine Orangenscheiben	231
8.4.9	Früchtegelee	232
8.4.10	Bayrische Crème	232
8.4.11	Schokoladencrème	232
8.4.12	Panna cotta (Rosmarin-Vanille)	233
8.4.13	Panna cotta (Schoko-Rum)	233
8.5	**Das Karamellisieren mit GR**	233
8.5.1	Crème Karamell mit Beeren der Saison	234
8.5.2	Crème brûlée	234
8.6	**Obstspeisen**	235
8.6.1	Obstsalat Sommerwind/ Herbstlicher Obstsalat	235
8.6.2	Exotischer Fruchtsalat	236
8.6.3	Weizenmüsli	236
8.6.4	Bratäpfel	237
8.6.5	Apfelschaum (Apfelmus)	237
8.6.6	Apfelsalat	237
8.6.7	Mangoschiffchen	238
8.6.8	Honigbananen	238
8.7	**Sonstige Desserts**	239
8.7.1	Erdbeersorbet	239
8.7.2	Kokossorbet	239
8.7.3	Tiramisu	239
8.7.4	Reis Trauttmansdorff	240
8.7.5	Beeren-Soufflé	240
8.7.6	Schokoladen-Soufflé	240

Eigene Rezepte Desserts

_____
_____
_____
_____
_____
_____

5. PROJEKT

Schwerpunkte: Aufbau eines Dessert-Büfetts/Materiallisten

Die Schule erhält über einen Schüleraustausch 25 Gäste. Ihre Gruppe ist für den Aufbau eines sommerlichen Dessert-Büfetts und für die Erstellung von Materiallisten für das Büfett verantwortlich.

Diese Fragen und Aufgaben sollen Ihnen bei der Durchführung des Projekts als Anregung und Hilfestellung dienen.

Planungshilfen/Vorbereitungen

- Welche räumlichen Möglichkeiten stehen Ihnen bei der oben genannten Gästezahl zur Verfügung?
- Welche Tafelform eignet sich besonders gut für das geplante Dessert-Büfett? ... usw.

Aufgabe: Zeichnen Sie eine Skizze, entsprechend der räumlichen Gegebenheiten. Wählen Sie eine geeignete Tafelform aus und zeichnen Sie diese ebenfalls in den Raumplan ein.

Materialliste

- Welche Besteck- und Geschirrteile benötigen Sie für die entsprechende Personenzahl?
- Welche Materialien (z. B. Tischdecken etc.) benötigen Sie für den äußeren Rahmen des Büfetts?
- Welche Desserts und welche Dessertmengen werden Sie anbieten?
- Wie möchten Sie die Desserts anrichten und garnieren? ... usw.

Aufgabe: Erstellen Sie eine Besteck- und Geschirrliste für die angegebene Personenzahl. Stellen Sie eine Liste für alle Materialien, die Sie für den äußeren Rahmen des Büfetts benötigen, zusammen. Listen Sie alle Lebensmittel (inkl. Garnituren) auf, die Sie für die Desserts benötigen.

Kennzeichnung der Desserts

- Wie kennzeichnen Sie die unterschiedlichen Desserts? ... usw.

Aufgabe: Überlegen Sie, welche Möglichkeiten Ihnen zur Verfügung stehen, die Desserts mit den entsprechenden Namen zu kennzeichnen. Entwerfen Sie verschiedene attraktive Ideen (z. B. Kärtchen etc.).

Aufbau des Dessert-Büfetts

- Wie ordnen Sie die Desserts auf dem Tisch an?
- Wohin legen Sie das Besteck und Geschirr?
- Wo platzieren Sie die Dekorationen? ... usw.

Aufgabe: Zeichnen Sie die Lage der Besteck- und Geschirrteile, der Desserts sowie aller Dekorationsartikel auf dem Tisch ein.

Reflexion

- Welche positiven und negativen Ereignisse sind bei der Durchführung des Projekts vorgefallen?

Aufgabe: Reflektieren Sie gemeinsam das Projektgeschehen (als Hilfestellung dient Ihnen S. 18).

Desserts

Nachspeisen sind in der Regel sehr beliebt. Sie stellen eine harmonische Ergänzung der Mahlzeit dar und müssen deshalb mit Bedacht ausgewählt werden. Der damit verbundene Zeit- und Arbeitsaufwand sollte im Verhältnis zu den anderen Menüteilen stehen. Das regionale und saisonale Marktangebot spielt bei der Dessertauswahl eine wichtige Rolle. Menschen, die an Übergewicht leiden, sollten kalorienreduzierte Desserts auswählen. Desserts sind eine Gaumenfreude und Augenweide. Damit dies gewährleistet ist, müssen beim Anrichten und Garnieren einige wichtige Regeln beachtet werden.

8.1 Wichtige Regeln für das Anrichten und Garnieren von Desserts

- Zu einer Süßspeise sollten die passenden Dessertteller **oder** -gläser ausgewählt werden.
- Dessertgläser **oder** -teller immer **vor** der Dessertherstellung auf einem Tablett bereitstellen.
- Bei besonders festlichen Anlässen, z. B. Hochzeiten, Geburtstagsfeiern, sollte unter das Dessertglas ein Unterteller mit Papierspitze o. Ä. gestellt werden.
- Bei warmen **oder** heißen Süßspeisen sind Glasgefäße ungeeignet, da sie beschlagen und evtl. platzen können.
- Zum Anrichten von Desserts grundsätzlich geeignete Arbeitsgeräte, z. B. Soßenlöffel, El, Eisportionierer, benutzen.
- Dessertgläser und -teller nicht überfüllen. Gläser maximal $^3/_4$ füllen. Bei Tellern müssen die Ränder frei bleiben. **Motto: „Weniger ist mehr."**
- Die Glas- und Tellerränder müssen sauber sein. Zum Einfüllen in die Gläser kann ein Einfüllring oder der Spritzschutz des Handrührgerätes verwendet werden. Die Dessertspritzer mit einem Küchenpapier abwischen.
- Wenn nötig, Vorlegebesteck bereitlegen, z. B. bei Aufläufen.
- Die Garnierung sollte den Geschmack der Speise unterstreichen. Möglichst mit Zutaten garnieren, die in der Süßspeise enthalten sind. **Beispiel:** Schokoladencrème; **mögliche Garnitur:** Sahnetupfen und Schokoraspel.
- Süßspeisen mit Augenmaß garnieren. Zu viel schadet der Optik.

8.1.1 Anordnungsmöglichkeiten von Garnierungen

seitlich **in der Mitte** **am Rand** **als Linie**

Garnierung selbst herstellen:

Schokoladenmotive **Marzipanformen** **Schokoraspel** **Orangenstreifen**

Gewünschte Motive auf Pergamentpapier zeichnen und mit Schokoglasur ausmalen, abkühlen lassen und abziehen.

Aus Marzipan kleine Figuren herstellen.

Schokoglasur dünn auf eine Marmorplatte o. Ä. streichen, abkühlen lassen und mit dem Spachtel oder der Teigkarte ablösen.

Mit dem Kannelierer z. B. Orangen- oder Zitronenstreifen abziehen.

Desserts

8.2 Quark- und Joghurtspeisen

8.2.1 Quarkspeise

→ Dessertgläser, **ca. 4** Stück (je nach Größe verschieden), auf einem Tablett mit Unterteller bereitstellen.

125 g	Speisequark	mit dem Schneebesen verrühren.
½ Be	Joghurt **(Natur)**	(Je nach Süße der Früchte kann die Zuckermenge erhöht **oder** reduziert werden.)
1–2 El	Zucker	
1 P	Vz.	
100 ml	Sahne	steif schlagen und locker unter die Quarkmasse heben.
175 g	Früchte der Saison, z. B. Brombeeren, Erdbeeren ...	vorschriftsmäßig verarbeiten, evtl. zerkleinern, **vorsichtig** unterheben (einen Löffel anstelle eines Schneebesens verwenden). Quarkmasse abschmecken.

Anrichten: Dessertgläser mit Unterteller   **Garnieren:** Sahnetupfen, entsprechende Fruchtstücke

Merke: Quarkspeisen nicht zu lange stehen lassen. Das im Quark enthaltene Wasser setzt sich an der Oberfläche ab. Je nach Wunsch kann die Sahnemenge reduziert und je nach Fruchtart etwas Zitronensaft zugefügt werden.

Abwandlungen
(Rezept von oben verwenden, die Früchte entsprechend der Angaben verwenden)

Quarkspeisen	Abwandlungen/Verfeinerungen	Garnituren
Erdbeerquark	1 El fein gehackte Pistazien, 250 g Erdbeeren □ oder △	Sahnetupfen, kleine Erdbeerstücke, fein gehackte Pistazien
Heidelbeer-/ Bananenquark	1 El geröstete, gehackte Mandeln 5 gehäufte El Heidelbeeren, 1 Banane □	Sahnetupfen, Heidelbeeren, gehackte und geröstete Mandeln
Mandarinen-quark	1 El fein gehackte Pistazien 175 g Mandarinen (~1 kleine Ds)	Sahnetupfen, Mandarinenstücke, fein gehackte Pistazien
Himbeerquark	175 g frische Himbeeren	Sahnetupfen, Himbeeren, gehobelte Mandeln

8.2.2 Schwarzwaldbecher

→ Dessertgläser **(ca. 5 Stk.)** und Unterteller auf einem Tablett bereitstellen.

250 g	Schattenmorellen	Kirschsaft abtropfen lassen.
2 El	Kirschwasser	Kirschen marinieren. **10 Min.** durchziehen lassen.
20 g	Zartbitterschokolade	Schokoraspel mit einem Messer herstellen.
250 g	Speisequark	
1–2 El	Milch	mit dem Schneebesen verrühren.
2–3 El	Zucker	
1 P	Vz.	
200 ml	Sahne	steif schlagen, locker unter die Quarkmasse heben. In Dessertgläser abwechselnd die Kirschen und die Quarkmasse einfüllen (mit Kirschen beginnen, mit Quarkmasse enden).

Merke: Verschmutzte Glasränder säubern. Je nach Wunsch kann die Sahnemenge reduziert werden.

Anrichten: Dessertglas mit Unterteller. Bei festlichen Anlässen sollte eine kleine Papierspitze mitverwendet werden.

Garnieren: Sahnetupfen mit Kirsche und Schokoraspel

Desserts

8.2.3 Erdbeer-Mascarpone-Crème

→ Dessertgläser, **ca. 4–5** Stück (je nach Größe verschieden), auf einem Tablett mit Unterteller bereitstellen.

70 g	Mascarpone	
120 g	Speisequark	alle Zutaten mit dem Schneebesen glatt
100 g	Joghurt **(Natur)**	rühren.
1–2 EL	Zucker	Auf den Boden der Dessertgläser jeweils **1 EL**
1 TL	Vanillemark	Mascarponecrème geben.
40 g	Löffelbiskuits	Ränder der Dessertgläser damit auslegen. Biskuits auf die Mascarponemasse legen. Sie können dabei halbiert **oder** geviertelt werden.
2 EL	lauwarmes Wasser	
½ TL	Instant-Kaffeepulver	mischen, Löffelbiskuits damit beträufeln.
1 TL	Amaretto	
200 g	Erdbeeren	waschen, putzen, in kleine △ schneiden, auf den Löffelbiskuits verteilen. Mascarponemasse gleichmäßig auf die Erdbeerstücke geben. Oberfläche glatt streichen. Dessertgläser sollten nur ³/₄ gefüllt werden.

Anrichten: Dessertgläser/Unterteller   **Garnieren:** Sahnetupfen, Erdbeerstücke, Pistazien (fein gehackt), Minzeblatt

Mascarpone
Italienischer Frischkäse, der aus Sahne gewonnen wird und somit einen sehr hohen Fettanteil aufweist. Die Früchte können entsprechend dem saisonalen und regionalen Marktangebot ausgewählt werden (siehe 1.19).

Desserts

8.2.4 Melonen-Quark-Crème mit Vanillefritter und Fruchtspießen

→ **½ Liter** Sonnenblumenöl nach der Herstellung der Melonen-Quark-Crème auf **170 °C** erhitzen.

½		Charentais–Melone **(reif)**	Kerne entfernen, **3** dünne Scheiben für die Dekoration abschneiden. Melonenhälfte schälen. Melonenhälfte **vierteln.** Das **erste Viertel** in **grobe** Stücke schneiden, pürieren. Das **zweite Viertel** in feine □ schneiden.
2–3	El	Mangosirup	verrühren, Quarkmasse unter das Püree rühren und die Melonenwürfel zugeben.
2–3	El	Zucker	
250	g	Speisequark	
250	g	Himbeeren **(Tk)**	Tk-Beeren im gefrorenen Zustand unter die Masse mischen. Masse abschmecken und je nach Bedarf evtl. noch etwas Zucker zugeben, anrichten.
3		Melonenscheiben	s. o., vierteln und auf einen Bambusspieß o. Ä. stecken.

Vanillefritter

30	g	Puderzucker	alle Zutaten zu einer einheitlichen Masse rühren und in einen Gefrierbeutel **(3 l)** füllen, eine Spitze des Gefrierbeutelbodens leicht abschneiden, sodass eine **kleine Öffnung** entsteht. Masse in kleinen Portionen in das heiße Fett spritzen. Fritterformen **goldbraun** frittieren, mit der Schaumkelle herausnehmen und auf dem Küchenpapier abtropfen lassen, anrichten.
30	g	Mehl	
40	g	Speisestärke	
2		Eiweiß	
1	Msp	Vanillemark	

Anrichten: Dessertgläser   **Garnieren:** Melonen-Spieß, Vanillefritter

8.2.5 Joghurt-Dessert mit Himbeerspiegel

→ Dessertgläser, **ca. 4–5** Stück (je nach Größe verschieden), auf einem Tablett mit Unterteller bereitstellen.

150	g	Joghurt **(Natur)**	alle Zutaten mit dem Schneebesen mischen.
200	g	Sauerrahm	
2–3	El	Zucker	
50	ml	Sahne	steif schlagen, locker unter die Joghurtmasse heben. Dessertgläser ¾ mit Joghurtmasse füllen und glatt streichen. Ränder säubern.
100	g	Himbeeren **(Tk oder frisch)**	mit dem Handrührgerät (Pürierstab) pürieren. Um die Kerne zu entfernen, wird die Masse durch ein feines Haarsieb gestrichen.
1	El	Zucker	zugeben, Himbeersoße abschmecken und jeweils einen Himbeerspiegel **vorsichtig** auf das Dessert gießen (El dabei verwenden).
1	Tl	Himbeergeist	

Anrichten: Dessertgläser/Unterteller   **Garnieren:** Sahnetupfen, Himbeeren

8.2.6 Falsche Spiegeleier

→ Dessertgläser, **ca. 5–6** Stück (je nach Größe verschieden), auf einem Tablett mit Unterteller bereitstellen.

1	El	Haferflocken **(fein)**	in einer kleinen Pfanne erhitzen, bis es anfängt zu karamellisieren. Masse erkalten lassen, grob hacken.
1	Tl	Butter	
1	El	Zucker	
250	g	Speisequark	alle Zutaten mit dem Schneebesen verrühren.
2–3	El	Zucker	
1	El	Zitronensaft	
2	P	Vz.	
200	ml	Sahne	steif schlagen, locker unter den Quark heben.
5–6		Aprikosenhälften (~ 100 g = ~ ¼ kleine Ds)	Saft abtropfen lassen. Dessertgläser ¾ mit Quarkmasse füllen. Oberfläche glatt streichen, mit Aprikosenhälften und karamellisierten Haferflocken garnieren **(siehe Foto)**.

Anrichten: Dessertgläser/Unterteller   **Garnieren:** karamellisierte Haferflocken

Desserts

8.2.7 Heidelbeer-Cashewnuss-Crème

→ Backofen auf **170 °C** vorheizen. Backblech mit Backfolie auslegen.

Tipp: Brösel auf Vorrat produzieren. Sie halten gut gekühlt im geschlossenen Plastikgefäß ca. 14 Tage.

Cashewnussbrösel

30	g	Mehl
30	g	Zucker **(braun)**
15	g	Butter
30	g	Cashewnüsse

▶ alle Zutaten in einem Cutter **oder** Mixer zu feinen Bröseln hacken und auf ein mit Backfolie ausgelegtes Backblech legen. Brösel sollten fein nebeneinander liegen **(keine Berge).** Brösel im Ofen goldbraun backen, abkühlen lassen.

**Backzeit: ca. 15 Min./Backtempratur: 170°C
mittlere Schiene/Ober- und Unterhitze**

Mascarponecrème

200	g	Mascarpone
150	g	Sahne
100	g	Heidelbeerkonfitüre

▶ gesamte Masse mit der Küchenmaschine zu einer spritzfähigen Crème aufschlagen, in den Spritzbeutel **(Sterntülle ⌀ 10 mm)** füllen.

Heidelbeermasse

70	ml	Johannisbeersaft
1	El	Zitronensaft
1	Tl	Speisestärke **(~5 g)**
25	g	Zucker
125	g	Heidelbeeren **(Tk)**

▶ kalt anrühren, aufkochen lassen, bis der Saft leicht zu gelieren beginnt.

▶ zugeben, abschmecken. Masse in Dessertgläser füllen (**Boden:** Heidelbeermasse **dann** Cashewnussmasse, **dann** Mascarponecrème aufspritzen **(siehe Foto).**

Anrichten: Dessertgläser (klein)   **Garnieren:** Heidelbeeren, fein gehackte Pistazien (1 El)

8.2.8 Amaranth-Nockerln mit Mandarinen-Mohn-Butter

		Puderzucker
50	g	gepuffter Amaranth
2	El	Zucker **oder**
2	El	Apfeldicksaft
250	g	Magerquark **(10 %)**
1	Pr	Zimt, Salz
1	Tl	Zitronensaft
1		Apfel
50	ml	Sahne

▶ Tellerränder von **4–5** Desserttellern leicht bestäuben.

▶ alle Zutaten mischen.

Amaranth ist als chinesischer Spinat bekannt und wird hauptsächlich in Südostasien, Süd- und Mittelamerika kultiviert. Amaranth enthält einen hohen Anteil an Vitamin C, Eisen und Lysin. Er kann in gepuffter Form im Reformhaus erworben werden.

▶ waschen, schälen, sehr fein reiben, **sofort** unter die Masse mischen. Diese **ca. 30 Min.** zugedeckt **quellen** lassen.

▶ steif schlagen und locker unter die Amaranthmasse ziehen. Masse nochmals abschmecken und evtl. nachsüßen. Mit **2 El** Nockerln formen. Jeweils **3** Nockerln auf einen Dessertteller setzen.

Mandarinen-Mohn-Butter

1	El	Butter
1	El	Mohn
½	Tl	Ahornsirup
100	g	Mandarinenstücke

▶ in einem kleinen Topf oder einer kleinen Pfanne schmelzen.

▶ zugeben, mischen.

▶ zugeben, **vorsichtig** wenden. Jeweils **2 El** Mandarinen-Mohn-Butter neben die Nockerln setzen.

Anrichten: Dessertteller   **Garnieren:** Puderzucker, Minzeblättchen

Desserts

8.3 Bindemittel

Bindemittel dienen zur Festigung **oder** Bindung von z. B. Suppen, Soßen, Süßspeisen, Mehlspeisen

Man unterscheidet:

tierische Bindemittel, z. B.	pflanzliche Bindemittel, z. B.
→ **Gelatine** (Knochen, Knorpel von Schlachttieren) → **Eigelb** 	→ **feine Bindemittel:** Speisestärke, Mehl **etc.** → **mittelfeine Bindemittel:** Grieß, Haferflocken → **grobe Bindemittel:** Sago, Graupen, Reis **etc.** → **Agar-Agar:** (gelierendes Produkt aus Algen) 

Küchentechnische Eigenschaften von *tierischen* Bindemitteln

→ **6** Blatt Gelatine binden **ca. ½ l** Flüssigkeit (**Verarbeitung siehe 8.4**).

→ Suppen **oder** Soßen können durch Legieren gebunden werden. Man mischt das Eigelb mit etwas Flüssigkeit und gibt es unter ständigem Rühren in die entsprechende Masse. Die Flüssigkeit darf nicht mehr kochen, da das Eigelb sonst ausflockt. **1** Eigelb ersetzt **ca. 5 g** Bindemittel (**beim Legieren besteht Salmonellengefahr**).

Küchentechnische Eigenschaften von *pflanzlichen* Bindemitteln

→ Der Stärkegehalt von Getreideprodukten und die daraus folgende Bindefähigkeit sind unterschiedlich.

→ Je **feiner** das Bindemittel, desto **stärker** ist die Bindefähigkeit und desto **kleiner** die benötigte Menge.

→ Um Klümpchenbildung zu vermeiden, werden feine Bindemittel in **kalter** Flüssigkeit angerührt und in die heiße Flüssigkeit eingerührt **oder** es werden alle Zutaten kalt angerührt und aufgekocht.

→ **Mittelfeine** Bindemittel werden in die **kochende** Flüssigkeit eingestreut.

→ **Grobe** Bindemittel können **eingestreut**, aber auch **kalt** zugesetzt werden.

→ Bindemittel quellen in warmer Flüssigkeit, d. h., sie nehmen Flüssigkeit auf.

→ Je nach Bindemittel müssen unterschiedliche Garzeiten beachtet und eingehalten werden.

→ Speisen grundsätzlich erst **kurz vor** Ende der Garzeit binden, da langes Erhitzen die Stärke abbaut.

→ Säuren, z. B. Zitronensaft, bauen Stärke ab. Deshalb sollten Speisen nach der Zugabe von Säuren nicht mehr lange kochen.

→ Agar-Agar ist ein pflanzliches Produkt aus Rotalgen. Es kann anstelle von Gelatine verwendet werden. **³/₄ gestr. Tl Agar-Agar binden ca. 500 ml Flüssigkeit oder Fruchtbrei. Das ersetzt somit 6 Blatt Gelatine.**

Beachte: Das Eiweiß ist die äußere flüssige Schicht, die das Eigelb umhüllt. Ebenso kann die Bezeichnung Eiklar oder Weißei verwendet werden.

Bindemittel sind in **kalter** Flüssigkeit **nicht löslich**.

Bindemittel **quellen** in **warmer** Flüssigkeit.

Bindemittel **verkleistern** in **heißer** Flüssigkeit.

Desserts

8.3.1 GR abgeschlagene Crème (1 GR ca. 6 Portionen)

Menge ½ GR	Menge 1 GR	Zutaten	Zubereitung
¼ l ½ 10 g 1 El ~1 Pr	½ l 1 20 g 2 El ~1 Pr	Milch Ei Speisestärke Zucker Salz	Alle Zutaten in **kaltem** Zustand in einem Topf glatt rühren. Unter ständigem Rühren die Masse abschlagen und einmal aufkochen lassen. Topf von der Herdplatte nehmen und die Crème hin und wieder rühren, bis sie erkaltet ist. Der Vorgang kann beschleunigt werden, indem man den Topf in ein eisgekühltes Wasserbad stellt. **Merke: Die Klümpchenbildung wird vermieden, indem** → alle Zutaten kalt angerührt und dann erhitzt werden, → beim Kühlvorgang die Crème immer mal wieder gerührt wird.
50 ml	100 ml	**Verfeinerung:** Sahne	steif schlagen und locker unter die leicht abgekühlte Crème heben.
150 g	300 g	**Je nach Wunsch:** Früchte **(der Saison)**	fachgerecht vorbereiten, zerkleinern und evtl. zuckern. Gleichmäßig in Dessertgläser füllen. Crème gleichmäßig darauf verteilen. **Anrichten:** Dessertgläser/Unterteller **Garnieren:** Sahnetupfen

Abwandlungen GR abgeschlagene Crème

Crème	½ GR	1 GR	Zubereitung/Garnierung
Vanille-crème	Mark von ½ Vanilleschote **oder** 1 P Vz.	Mark von 1 Vanilleschote **oder** 2 P Vz.	Vanillemark und Schote **oder** Vz. in die kalte Milch geben. **Vanillemark erhält man, indem man Folgendes beachtet:** ❶ Schote klopfen ❷ Schote halbieren ❸ Schote auskratzen **Garnierung:** Sahnetupfen, angeröstete, gehobelte Mandeln (2 El)
Schoko-crème	35 g gehackte Schokolade **oder** 1 El Kakaopulver **(gestr.)**	70 g gehackte Schokolade **oder** 2 El Kakaopulver **(gestr.)**	Bei der Zugabe von Schokolade kann die Zuckermenge um **1 El bzw. 1 Tl** reduziert werden. Bei der Verwendung von Kakao bleibt die Zuckermenge unverändert. Die Zutaten werden in die kalte Milch gegeben. Fertige Crème abschmecken. **Garnierung:** Sahnetupfen, Schokoraspel (1 Tl)
Mokka-crème	1 gehäufter Tl Instant-Kaffee	1 gehäufter El Instant-Kaffee	in die heiße Masse geben. **Garnierung:** Sahnetupfen, Schokobohnen
Haselnuss-crème	25 g gem. u. angeröstete Haselnüsse	50 g gem. u. angeröstete Haselnüsse	Die gem. gerösteten Haselnüsse werden kurz vor Ende des Garprozesses zugegeben, also nicht mitgegart. Crème abschmecken. **Garnierung:** Sahnetupfen, geröstete, gehackte Haselnüsse (1 Tl)
Quark-crème	125 g Speisequark	250 g Speisequark	Quark mit der steif geschlagenen Sahne mischen und **vorsichtig** unter die abgekühlte Masse heben. Crème abschmecken. **Garnierung:** Sahnetupfen

Desserts

8.3.2 Flammeri (frz.: flammer = flammern)

In Norddeutschland wird Flammeri als Pudding bezeichnet. Damit der Flammeri gestürzt werden kann, verwendet man zur Herstellung meist feine, mittelfeine und grobe Bindemittel, z. B. Speisestärke, Grieß, Reis, Sago. Die Masse wird in kleine Förmchen, die zuvor mit kaltem Wasser ausgespült werden, eingefüllt. Geeignete Förmchen sind z. B. Puddingförmchen, Kaffeetassen, Souffléförmchen. Nach dem Kühlvorgang wird der Flammeri auf einen Dessertteller gestürzt.

GR Flammeri (1 GR reicht für 4 Flammeri- oder Puddingförmchen oder Kaffeetassen)

Menge ½ GR	Menge 1 GR	Zutaten	Zubereitung
¼ l	½ l	Milch	Davon **ca. 80 ml** kalte Milch zum Mischen der folgenden Zutaten entnehmen. Restliche Milch in einem Topf zum Kochen bringen.
20 g 15 g ½ ~1 Pr ½ P	40 g 30 g 1 1 Pr 1 P	**Feine Bindemittel:** Speisestärke Zucker Ei Salz Vz.	**80 ml** kalte Milch mit allen Zutaten verrühren. Es dürfen keine Klümpchen entstehen. Die kalten Zutaten unter ständigem Rühren in die kochende Milch gießen. Flammeri aufkochen lassen, abschmecken und evtl. nachsüßen. Den fertigen Flammeri in die **vorbereiteten** Förmchen füllen, kühl stellen. Den sehr gut gekühlten Flammeri auf die Dessertteller stürzen. **Garnierung:** Sahnetupfen **Merke: Mittelfeine** und **grobe** Bindemittel, z. B. Grieß, Reis, werden in die kochende Flüssigkeit eingerührt und haben eine verlängerte Garzeit. Die Garzeiten sind in den Rezepten ausgewiesen.

Abwandlungen GR Flammeri

Flammeri	½ GR	1 GR	Zubereitung/Garnierung
Schokoflammeri	35 g Schokolade in groben Stücken **oder** 1 El Kakao	70 g Schokolade in groben Stücken **oder** 2 El Kakao	Schokoladenstücke **oder** Kakao in der warmen Milch auflösen. **Garnierung:** Sahnetupfen, Schokoraspel **oder** **1 GR** Vanillesoße
Vanilleflammeri	Mark von ¼ Vanilleschote	Mark von ½ Vanilleschote	Vanilleschote und Mark mit der Milch aufkochen. Flammeri herstellen (Schote entfernen), in Förmchen füllen, kühlen, stürzen. **Garnierung: 1 GR** Schokoladensoße
Grießflammeri	30 g Hartweizengrieß **(anstelle von Speisestärke verwenden)**	60 g Hartweizengrieß **(anstelle von Speisestärke verwenden)**	Ei, Zucker, Salz, Vz. mit der gesamten Milch **kalt** anrühren und unter ständigem Rühren zum Kochen bringen. Den Grieß einrieseln lassen, rühren. **Garzeit: ca. 3–5 Min.** Weitere Zubereitung siehe oben. **Garnierung:** Fruchtsoße
Reisflammeri	40 g Rundkornreis **(anstelle von Speisestärke verwenden)** Mark von ¼ Vanilleschote, 20 ml steif geschlagene Sahne	80 g Rundkornreis **(anstelle von Speisestärke verwenden)** Mark von ½ Vanilleschote, 40 ml steif geschlagene Sahne	Gesamte Milch und Vanillemark aufkochen lassen. Rundkornreis zugeben und bei schwacher Hitze **35–45 Min.** quellen lassen. Hin und wieder umrühren. Zucker und Salz kurz vor Ende der Garzeit zugeben. Reisflammeri abschmecken und leicht abkühlen lassen, die Sahne locker unterheben. Flammeri in die Förmchen füllen, kühlen, stürzen. **Garnierung:** Fruchtsoße **Merke:** Ei, Stärke u. Vz. werden nicht verwendet.

Desserts

8.3.3 Süße Soßen

Süße Soßen stellen die passende Ergänzung zu Flammeri, Fruchtspeisen, Eis, Kuchen etc. dar. Man unterscheidet zwischen Crèmesoßen und Fruchtsoßen. Süße Soßen können kalt oder warm gereicht werden. Aufgrund der verschiedenen Geschmackszutaten erhalten Soßen ihren typischen Charakter und Geschmack.

8.3.3.1 GR Crèmesoße (gegart)

Menge ½ GR	Menge 1 GR	Zutaten	Zubereitung
25 ml ~8 g	50 ml ~16 g	Milch Speisestärke	Speisestärke mit der **kalten** Milch in einer kleinen Schüssel glatt rühren.
225 ml ½ 1–2 El	450 ml 1 2–3 El	Milch Ei Zucker	Alle Zutaten in kaltem Zustand in einem kleinen Topf verrühren. Die Milch **einmal** aufkochen lassen und die angerührte Speisestärke einrühren. Die Soße unter ständigem Rühren einmal aufkochen lassen und abschmecken.
50 ml	100 ml	**Verfeinerung:** Sahne	Kann je nach Belieben verwendet **oder** weggelassen werden. steif schlagen und unter die leicht abgekühlte Soße heben. **Anrichten:** Soßengießer/Untersetzer

Abwandlungen GR Crèmesoße

Soßen	½ GR	1 GR	Zutaten	Zubereitung
Schokosoße	25 g 1½ El	50 g 3 El	Schokoraspel **oder** Schokopulver	Schokoladenraspel **oder** Schokopulver mit der Milch und den restl. Zutaten erhitzen. Angerührte Speisestärke zugeben, einmal aufkochen lassen. Soße abschmecken, anrichten.
Vanillesoße	¼ 1 EL	½ 2 EL	Vanilleschote **oder** Vanillinzucker	Vanilleschote aufschlitzen und auskratzen **(siehe 8.3.1)**. Das Mark und die Schote in die Milch geben **oder** den Vz. zugeben. Herstellung siehe oben. Schote aus der fertigen Soße nehmen. Soße abschmecken, anrichten.
Kaffeesoße	½ El	1 El	Instant-Kaffeepulver	Kaffeepulver zur Milch geben, Soße herstellen (s. o.).

8.3.3.2 GR Fruchtsoßen (gegart)

Menge ½ GR	Menge 1 GR	Zutaten	Zubereitung
150 g	300 g	Früchte der Saison, **z. B. Erdbeeren**	Frische Früchte fachgerecht vorbereiten, d. h. putzen, waschen, zerkleinern. Tk-Früchte kurz in der Mikrowelle auftauen. Saft von Früchten aus der Dose **oder** dem Glas abtropfen lassen.
50 ml 1½ Tl 1–2 El ½ P ½ Tl	100 ml 3 Tl 2–4 El 1 P 1 Tl	Flüssigkeit, **z. B. Fruchtsaft** Speisestärke **(gestr.)** Zucker Vz. **Geschmackszutaten:** z. B. Rum, Likör, Himbeergeist	Alle Zutaten mit der Flüssigkeit mischen und einmal aufkochen lassen. Früchte können je nach Wunsch am Ende des Garprozesses püriert werden. Bei kernreichen Früchten empfiehlt es sich, die Soße durch ein Sieb zu passieren **(siehe 1.7)**. Die Geschmackszutaten sollten auf die Früchte abgestimmt sein. **Beispiel:** Himbeergeist für Himbeersoße verwenden. **Anrichten:** Soßengießer/Untersetzer **oder** direkt zur Süßspeise reichen.

Desserts

8.3.3.3 Fruchtsoße

GR Fruchtsoße (nicht gegart)

Menge ½ GR	Menge 1 GR	Zutaten	Zubereitung
150 g	300 g	Früchte der Saison, **z. B. Himbeeren, Erdbeeren**	Frische Früchte fachgerecht vorbereiten, d. h. putzen, waschen, zerkleinern. TK-Früchte kurz in der Mikrowelle auftauen. Saft von Früchten aus der Dose **oder** dem Glas abtropfen lassen. Früchte pürieren (Handrührgerät/Pürierstab). Sind die Fruchtkerne unerwünscht, kann die Soße durch ein Sieb passiert werden.
1–2 El ½ Tl	3–4 El 1 Tl	Puderzucker Geschmackszutaten, **z. B. Himbeergeist, Rum**	zugeben, abschmecken. Die Zugabe von Puderzucker ist vom jeweiligen Fruchtzuckergehalt der Früchte abhängig. Nur Geschmackszutaten verwenden, die tatsächlich zu den Früchten passen. Soße abschmecken.
30 ml	60 ml	**Verfeinerung:** Sahne	steif schlagen, locker unterheben. Wird auf den Kaloriengehalt geachtet, kann auf Sahne verzichtet werden.

8.3.4 Tuttifrutti (ital. = alle Früchte)

300 g		Früchte der Saison, **z. B. Erdbeeren, Himbeeren**	fachgerecht vorbereiten und zerkleinern.
150 g		Löffelbiskuits	Boden einer Glasschale auslegen.
3 El		Rum	Biskuits beträufeln. Eine Schicht Früchte auf die Biskuits geben.
1		Rezept Quarkcrème **(siehe 8.3.1 Abwandlungen)**	herstellen. Eine Schicht Quarkcrème auf die Früchte geben, glatt streichen. Auf die Quarkcrème wiederum die Löffelbiskuits schichten, mit Früchten fortfahren und mit der Quarkcrème enden.
50 ml		Sahne	steif schlagen. Oberfläche mit Rosetten verzieren **(Rosettentülle ⌀ 10 mm)**.

Anrichten: mittelgroße Glasschale **Garnieren:** Sahnetupfen, Früchte, Pistazien (fein gehackt, 1 El)

Tipp: Tuttifrutti kann ebenso in kleine Dessertgläser geschichtet werden.

8.3.5 Rote Grütze

100 g	frische Himbeeren	Strunk abziehen (Himbeeren werden in der Regel nicht gewaschen).
50 g	rote Johannisbeeren	waschen, von den Stielen entfernen, Wasser abtropfen lassen.
100 g	Schattenmorellen	Glas öffnen, Saft abtropfen lassen und auffangen.
150 ml	Kirschsaft	alle Zutaten in kaltem Zustand anrühren und in einem Topf aufkochen lassen. Beeren **vorsichtig** zugeben und erhitzen. Beerenmasse abschmecken. Je nach Reifegrad der Beeren kann der Zuckergehalt erhöht **oder** reduziert werden.
1 El	Speisestärke	
~30 g	Zucker	
1 P	Vz.	
1 Tl	Kirschwasser	
1 **GR**	Vanillesoße	herstellen **(siehe 8.3.3.1)**. Rote Grütze in Dessertgläser füllen und die lauwarme Vanillesoße darüber gießen.

Anrichten: Dessertgläser/Unterteller **Garnieren:** —

Tipp: Für eine exotische Grütze wird der Kirschsaft durch Maracujasaft ersetzt und 250 g zerkleinerte exotische Früchte (z. B. Mango, Papaya, Kiwi) verwendet.

Desserts

8.4 Gelatine

→ Gelatine enthält 84 %–90 % tierisches Eiweiß (Kollagene).
→ Sie wird durch Erhitzen von Knochen und Knorpel gesunder Schlachttiere gewonnen.
→ Gelatine ist geruchs- und geschmacksneutral und deshalb für süße und pikante Speisen geeignet.
→ Gelatine wird in der Industrie bei der Herstellung von Medikamenten, Aromen, Kaubonbons etc. eingesetzt.
→ Gelatine bindet Flüssigkeit und dient deshalb zur Stabilisierung und Festigung von Speisen.

Arbeitsschritte für die Verarbeitung von Blattgelatine

❶ Gelatine **ca. 3–5 Min.** in kaltem Wasser einweichen. Die Gelatineblätter sollten nicht zu einem Klumpen zusammenkleben (Blätter nicht aufeinander legen).

❷ Gequollene Gelatine mit den Händen sehr gut ausdrücken.
Tipp: Stattdessen kann die Gelatine in ein kleines Sieb gegeben und mit dem Löffel ausgedrückt werden.

❸ Möglichkeit: bei kalten Flüssigkeiten u. Massen

1. Gelatine auflösen

Gelatine in einer Schüssel im heißen Wasserbad **oder** in der Mikrowelle **(250 Watt/~30 Sek.)** auflösen.

2. Temperaturausgleich

2–3 El der **kalten Masse**, z. B. Joghurtmasse, in die aufgelöste Gelatine rühren = **Temperaturausgleich**.

3. Gelatine in die (z. B.) Joghurtmasse rühren.

Die gemischte Gelatine in die restliche kalte Masse einrühren. Der Temperaturausgleich verhindert die Klümpchenbildung der Speise.

Möglichkeit: bei warmen Flüssigkeiten u. Massen

Ausgedrückte Gelatine in die warme Flüssigkeit geben. So lange rühren, bis sie völlig aufgelöst ist.
Merke: Die warme Flüssigkeit darf nicht kochen, da sonst die Gelatine an Bindefähigkeit verliert und einen leimartigen Geschmack entwickelt.

Gelatine in die erwärmte Flüssigkeit rühren

❹ Verfeinerung:
Masse kühl stellen, bis sie leicht zu gelieren beginnt. Die Verfeinerungszutaten, z. B. steif geschlagene Sahne, **vorsichtig** unterheben. Masse in Dessertgläser o. Ä. füllen, kühl stellen, kurz vor dem Anrichten garnieren.

Desserts

Pulvergelatine
Im Vergleich zu Blattgelatine kann Pulvergelatine etwas schlechter dosiert werden. Pulvergelatine ist jedoch wesentlich einfacher zu verarbeiten. Bitte Verarbeitungshinweise auf der Packung beachten.

Sofort-Gelatine
Die Sofort-Gelatine kann ohne vorheriges Einweichen und Erwärmen direkt in die zu bindende Masse bzw. Flüssigkeit eingerührt werden. Die Zutaten sollten Zimmertemperatur haben. Die Bindung erfolgt sofort nach dem Einrühren, somit entfällt der Kühlprozess. Sofort-Gelatine ist im Vergleich zu Blattgelatine teuer.

Bei der Verarbeitung von Blatt- und Pulvergelatine muss Folgendes beachtet werden:
→ Gelatine niemals über **60 °C** erhitzen, da sie sonst an Bindefähigkeit verliert.
→ Gelatinespeisen müssen, um fest zu werden, gekühlt werden.
→ **Die Gelatinemenge kann reduziert werden, wenn**
  • säurehaltige Produkte **oder** etwas Säure, z. B. Zitronensaft, mitverwendet werden, da Gelatine in saurer Umgebung schneller reagiert.
  • genügend Zeit zum Kühlstellen der Speisen vorhanden ist.
→ Durch Wärmeeinwirkung werden gelatinegesteifte Speisen wieder flüssig. Haben sich Klümpchen gebildet **oder** ist die Speise zu fest geworden, um z. B. die Verfeinerungszutaten unterzuheben, so kann die Gelatinespeise im Wasserbad nochmals **vorsichtig** erwärmt werden.
→ Eiweißspaltende Enzyme, die vor allem in frischen Ananas, Kiwis, Mangos und Papayas enthalten sind, bauen die Gelatine ab. Es tritt keine Bindung ein. Deshalb diese Früchte nur in konservierter Form verwenden.

Einkauf und Lagerung
→ Gelatine ist in Blattform, Pulverform **oder** in bereits flüssiger Form im Handel erhältlich.
→ Damit sie nicht an Bindefähigkeit verliert, muss sie trocken und luftdicht gelagert werden.

Allgemeine Mengenangabe

6 Blatt Gelatine (= 10 g)
1 Packung Pulvergelatine (= 9 g)   binden   **½ l Flüssigkeit**
1 Packung Instant-Gelatine (= 30 g)

Gelatineverarbeitung:

Möglichkeit: bei kalten Flüssigkeiten und Massen

8.4.1 Joghurt-Sanddorn-Crème

Sanddornbeeren: sind die Beeren eines Ölweidegewächses, das vor allem an Küsten und Gebirgsflüssen gedeiht. Sanddornbeeren haben einen besonders hohen Vitamin-C-Gehalt.

→ Dessertgläser, **ca. 5–6** (je nach Größe verschieden), auf einem Tablett mit Unterteller bereitstellen.

4 Bl	Gelatine (**weiß**)	**ca. 10 Min.** in kaltem Wasser einweichen.
300 g	Joghurt (**Natur**)	mischen, Gelatine im Wasserbad **vorschriftsmäßig** auflösen.
4 El	Sanddornsaft (gesüßt)	**2–3 El** der Joghurtmasse unter die aufgelöste Gelatine rühren = **Temperaturausgleich**. Gelatinemasse in die kalte Joghurtmasse rühren.
2 P	Vz.	
200 ml	Sahne	steif schlagen.
175 g	Mandarinenstücke (**1 Ds**)	Saft abtropfen lassen. Steif geschlagene Sahne und die Mandarinen **vorsichtig** unter die leicht gestreifte Joghurtmasse heben. Masse in Dessertgläser füllen, kühl stellen.

Anrichten: Dessertgläser/Untersetzer **Garnieren:** Sahnetupfen, Mandarinenstücke

Desserts

8.4.2 Ambrosiacrème (errötetes Mädchen)

→ **4–5** Dessertgläser (je nach Glasgröße unterschiedlich) und Unterteller bereitstellen.

1	Bl	Gelatine **(weiß)**	ca. **3–5 Min.** in kaltem Wasser einweichen.
3	Bl	Gelatine **(rot)**	
200	g	Sauerrahm	gesamte Masse mit dem Schneebesen mischen. Ausgedrückte Gelatine im Wasserbad auflösen und unter **Temperaturausgleich** unter die Rahmmasse rühren. Masse abschmecken, kühl stellen.
150	g	Joghurt **(Natur)**	
2	El	Zucker	
1	Tl	Rum und Vz.	
200	ml	Sahne	steif schlagen und locker unter die leicht gesteifte Crème heben. Masse abschmecken und in Dessertgläser füllen, kalt stellen.
1	P	Vz.	

Ambrosia (griech.): Die griech. Götter erlangten durch diese Speise ihre Unsterblichkeit.

Anrichten: Dessertgläser/Unterteller   **Garnieren:** Sahnetupfen, gehobelte, geröstete Mandeln (1 El)

8.4.3 Orangencrème

→ ~**5** Dessertgläser und Unterteller **oder** Dessertteller bereitstellen.

3	Bl	Gelatine **(weiß)**	ca. **3–5 Min.** in kaltem Wasser einweichen.
150	g	Joghurt **(Natur)**	mit dem Schneebesen verrühren.
1	El	Zucker	
125	ml	Orangensaft	Wird der Saft aus frischen Orangen gewonnen, sollten die Orangenhälften aufbewahrt werden. Orangensaft unter die Joghurtmasse mischen. Ausgedrückte Gelatine im Wasserbad auflösen und unter **Temperaturausgleich** unter die Joghurtmasse rühren, kühl stellen.
200	ml	Sahne	steif schlagen, locker unter die leicht gesteifte Orangencrème heben, abschmecken.
1	P	Vz.	Wenn vorhanden, die Orangenhälften mit der Masse füllen **oder** Masse in Dessertgläser geben.
1	Tl	Pistazien	fein hacken (Garnitur).

Tipp: Damit die Orangenhälften gut stehen, wird die runde Seite der Orange flach abgeschnitten.

Anrichten: Dessertgläser **oder** für Orangenhälften Dessertteller   **Garnieren:** Sahnetupfen, geh. Pistazien (1 Tl)

8.4.4 Joghurtcrème mit Trauben

→ ~**5** Dessertgläser (je nach Glasgröße unterschiedlich) und Unterteller bereitstellen.

4	Bl	Gelatine **(weiß)**	ca. **3–5 Min.** in kaltem Wasser einweichen.
100	g	blaue Trauben	waschen, halbieren, entkernen, vierteln. Früchte gleichmäßig auf dem Boden der Dessertgläser verteilen.
300	g	Joghurt **(Natur)**	mit dem Schneebesen mischen. Ausgedrückte Gelatine im Wasserbad auflösen und unter **Temperaturausgleich** unter die Joghurtmasse rühren, kühl stellen.
3	El	Zucker	
1	Tl	Zitronensaft	
1	P	Vz.	
200	ml	Sahne	steif schlagen und locker unter die leicht gesteifte Joghurtcrème heben. Masse abschmecken und auf den Früchten gleichmäßig verteilen.
1	Tl	Pistazien	sehr fein hacken (Garnitur).

Anrichten: Dessertgläser/Unterteller   **Garnieren:** geh. Pistazien (1 Tl)

Tipp: Anstelle von Trauben können ebenso 100 g Früchte entsprechend dem saisonalen Angebot verwendet werden. Je nach Wunsch kann die Sahnemenge reduziert werden.

Desserts

8.4.5 Buttermilchspeise

→ **4–5** Dessertgläser (je nach Größe unterschiedlich) und Unterteller bereitstellen.

3	Bl	Gelatine **(weiß)**	▶ ca. 3–5 Min. in kaltem Wasser einweichen.
200	g	Früchte der Saison	▶ vorbereiten, fachgerecht zerkleinern und auf dem Boden der Dessertgläser gleichmäßig verteilen.
100	ml	Buttermilch	▶ mischen. Die ausgedrückte Gelatine im Wasserbad auflösen und unter **Temperaturausgleich** unter die Buttermilch rühren, kühl stellen.
40	g	Zucker	
½	P	Vz.	
150	ml	Sahne	▶ steif schlagen und locker unter die leicht gesteifte Buttermilchmasse heben. Masse abschmecken und in die Dessertgläser füllen, kalt stellen.
1	P	Vz.	

Anrichten: Dessertgläser/Unterteller   **Garnieren:** Sahnetupfen, Früchte der Saison

Erdbeeren: Die Haupterntezeit der Erdbeere ist von Anfang Juni bis Ende Juli. Die antiken Dichter Ovid und Vergil besangen schon im 1. Jahrhundert v. Chr. den köstlichen Geschmack der Erdbeere. Die erste Kultivierung der Pflanze begann in Südfrankreich und später in den Hofgärten Georgs II. (1683–1760). Danach breitete sich die schmackhafte Beere in ganz Europa aus.

8.4.6 Erdbeeren mit Sahnehaube

→ **5–6** Dessertgläser (je nach Größe unterschiedlich) und Unterteller bereitstellen.

5	Bl	Gelatine **(weiß)**	▶ ca. 3–5 Min. in kaltem Wasser einweichen.
200	g	Erdbeeren	▶ waschen, Stiel entfernen und in feine ☐ schneiden. Erdbeerstücke gleichmäßig in die Dessertgläser füllen.
2	El	Zitronensaft	▶ mischen. Ausgedrückte Gelatine im Wasserbad auflösen und unter **Temperaturausgleich** unter die Joghurtmasse mischen, kühl stellen.
1	El	Cointreau	
75	g	Zucker	
2	Be	Joghurt **(Natur)**	
200	ml	Sahne	▶ steif schlagen und locker unter die am Rand gesteifte Joghurtmasse heben. Masse abschmecken, in die Dessertgläser füllen, kühlen.
1	Tl	Pistazien	▶ sehr fein hacken und für die Garnitur verwenden.

Anrichten: Dessertgläser/Unterteller   **Garnieren:** Sahnetupfen, kleine Erdbeerstücke, Pistazien (fein, 1 Tl)

Cointreau: frz. Likör, der aus reifen Apfelsinen und Zitronen hergestellt wird.

Tipp: Je nach Wunsch kann die Sahnemenge reduziert werden!

8.4.7 Heidelbeercrème

→ **4–5** Dessertgläser (je nach Größe unterschiedlich) und Unterteller bereitstellen.

2	Bl	Gelatine **(weiß)**	▶ ca. 3–5 Min. in kaltem Wasser einweichen.
2	Bl	Gelatine **(rot)**	
200	g	Heidelbeeren	▶ waschen, mit dem Pürierstab (Handrührgerät) pürieren.
3–4	El	Zucker	▶ unter das Heidelbeerpüree mischen. Ausgedrückte Gelatine im Wasserbad auflösen und unter **Temperaturausgleich** unter die Heidelbeermasse rühren, kühl stellen.
1	El	Weißwein	
100	g	Joghurt **(Natur)**	
200	ml	Sahne	▶ steif schlagen, locker unter die leicht gesteifte Beerenmasse mischen. Masse abschmecken und in Dessertgläser füllen.

Anrichten: Dessertgläser/Unterteller   **Garnieren:** Sahnetupfen, Heidelbeeren

Desserts

8.4.8 Kleine Orangenscheiben (ca. 8 Portionen)

8 Bl	Gelatine **(weiß)**		**ca. 3–5 Min.** in kaltem Wasser einweichen.
2	Orangen **(unbehandelt)**		sehr gut waschen, halbieren, Saft auspressen. **Fruchtfleisch** und die weiße Haut **vollständig** von der Schale lösen. Das **Fruchtfleisch** wird weiterverwendet.
50 g	Zucker		unter den Saft und das **Fruchtfleisch** mischen. Ausgedrückte Gelatine im Wasserbad auflösen und unter **Temperaturausgleich** unter die Orangenmasse rühren, kühl stellen.
200 ml	Sahne		steif schlagen und locker unter die leicht gestreifte Orangenmasse heben. Masse abschmecken. Damit die Orangenhälften gefüllt werden können, sollten sie in passende Plastikförmchen o. Ä. gesetzt werden. Orangenhälften füllen, **vorsichtig** mit Frischhaltefolie abdecken und in den Tiefkühlschrank stellen **(Kühlzeit ca. 1 Std.)**. Restliche Masse in Dessertgläser füllen, kühl stellen. Die schnittfesten Orangenhälften aus dem TK-Schrank nehmen und mit einem elektrischen Messer in kleine Scheiben schneiden. Jeweils **2 oder 3** Scheiben auf einem Dessertteller platzieren.
2 P	Vz.		

> **Merke:** Die Anzahl der dekorierten Schnitze hängt von der jeweiligen Tellergröße ab.

	Zitronenmelissenblätter		waschen, abtropfen lassen und dekorativ anordnen **(siehe Foto)**.
1 Tl	Pistazien		fein hacken.
	Orange		mit dem Kannelierer kleine Streifen herstellen, zur Garnitur verwenden.

Anrichten: Dessertteller   **Garnieren:** Pistazien gehackt (1 Tl), Orangenstreifen, Zitronenmelisseblätter, Puderzucker (fein)

Desserts

Gelatineverarbeitung:
Möglichkeit: bei warmen Flüssigkeiten und Massen

8.4.9 Früchtegelee

→ ~5 Dessertgläser mit Unterteller bereitstellen.

5	Bl	Gelatine (weiß)	ca. 3–5 Min. in kaltem Wasser einweichen.
60	g	Weintrauben (blau)	waschen, halbieren, Kerne entfernen, vierteln.
1		Orange	schälen, filetieren (siehe 1.9), in feine △ schneiden, zu den Trauben geben.
½		Zitrone	auspressen.
1		Apfel	waschen, schälen, entkernen, in △ schneiden. Apfelstücke im Saft wenden. Die gesamten Früchte gleichmäßig in die Dessertgläser füllen. Den Zitronensaft nicht mitverwenden, da das Gelee sonst zu sauer wird.
300	ml	Apfelsaft	erwärmen. Die ausgedrückte Gelatine in der Flüssigkeit auflösen.
1	Tl	Vz.	Die Flüssigkeit darf nicht zu heiß sein, da die Gelatine sonst die Bindefähigkeit verliert und es sehr lange dauert, bis das Gelee fest wird.
40	g	Zucker	
1	El	Zitronensaft	Flüssigkeit abschmecken und in die Dessertgläser füllen, kalt stellen.
½	GR	Vanillesoße	herstellen (siehe 8.3.3.1). Einen Spiegel auf das feste Früchtegelee gießen.

Anrichten: Dessertteller/Unterteller **Garnieren:** Fruchtstücke

8.4.10 Bayrische Crème

→ 4–5 Dessertgläser mit Unterteller bereitstellen.

4	Bl	Gelatine (weiß)	ca. 3–5 Min. in kaltem Wasser einweichen.
2		Eigelb	mischen, in einem Kochtopf schaumig schlagen, einmal aufwallen lassen. Ausgedrückte Gelatine in der warmen Eimasse auflösen. Die Masse sollte nicht zu heiß sein, da sonst die Gelatine an Bindefähigkeit verliert. Masse kühl stellen, bis sie zu gelieren beginnt.
50	g	Puderzucker	
125	ml	Milch	
2	El	Zitronensaft	
½		Vanilleschote (Mark)	
200	ml	Sahne	steif schlagen. Abgekühlte Eimasse mit dem Schneebesen nochmals durchrühren. Die Sahne locker unterheben. Crème in Dessertgläser füllen. So lange kühlen, bis sie fest ist.
1	P	Vz.	
1	El	gehobelte Mandeln	in einer Pfanne rösten, erkalten lassen und als Garnitur verwenden.

Anrichten: Dessertgläser/Unterteller **Garnieren:** Sahnetupfen, gehobelte, geröstete Mandeln (1 El)

8.4.11 Schokoladencrème

→ 4–5 Dessertgläser mit Unterteller bereitstellen.

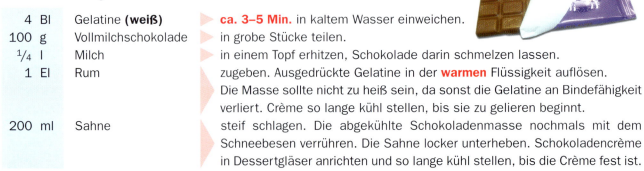

4	Bl	Gelatine (weiß)	ca. 3–5 Min. in kaltem Wasser einweichen.
100	g	Vollmilchschokolade	in grobe Stücke teilen.
¼	l	Milch	in einem Topf erhitzen, Schokolade darin schmelzen lassen.
1	El	Rum	zugeben. Ausgedrückte Gelatine in der warmen Flüssigkeit auflösen. Die Masse sollte nicht zu heiß sein, da sonst die Gelatine an Bindefähigkeit verliert. Crème so lange kühl stellen, bis sie zu gelieren beginnt.
200	ml	Sahne	steif schlagen. Die abgekühlte Schokoladenmasse nochmals mit dem Schneebesen verrühren. Die Sahne locker unterheben. Schokoladencrème in Dessertgläser anrichten und so lange kühl stellen, bis die Crème fest ist.

Anrichten: Dessertgläser/Unterteller **Garnieren:** Sahnetupfen, Schokoraspel (1 El)

Hinweis: Die Sahne darf nicht zu früh unter die abgekühlte Masse gehoben werden, da sie sich sonst an der Oberfläche absetzt. Die Sahnemenge kann je nach Wunsch reduziert werden.

Desserts

8.4.12 Panna cotta (Rosmarin-Vanille)

Menge	Zutaten	Zubereitung
3 Bl	Gelatine **(weiß)**	**ca. 3–5 Min.** in kaltem Wasser einweichen.
400 ml	Sahne	
100 g	Zucker	alle Zutaten in einen Topf geben.
1	Rosmarinzweig	
1	Vanilleschote	klopfen, halbieren, Schote auskratzen **(siehe S. 223)** zugeben. Sahnemasse **ca. 3 Min.** leicht köcheln lassen, von der Herdplatte nehmen, leicht abkühlen lassen. Rosmarin entnehmen. Gelatine unterrühren und auflösen.
250 g	Joghurt **(Natur)**	untermischen, Masse abschmecken evtl. nachsüßen. Dessertgläser zur **Hälfte** füllen und **ca. 2 Std.** kühl stellen.
1 x	Rote Grütze	herstellen **(siehe S. 226)** und auf feste Panna cotta geben. Restliche Grütze in einem separaten Gefäß dazu reichen.

Anrichten: Dessertgläser **Garnieren:** Kleine Rosmarinzweige

8.4.13 Panna cotta (Schoko-Rum)

Menge	Zutaten	Zubereitung
3 Bl	Gelatine **(weiß)**	**ca. 3–5 Min.** in kaltem Wasser einweichen.
300 ml	Sahne	
100 ml	Milch	in einen Topf geben.
~30 g	Zucker	
1	Vanilleschote	auskratzen **(siehe S. 223)**, zugeben. Sahnemasse **ca. 3 Min.** leicht köcheln lassen, von der Herdplatte nehmen.
1–2 El	Rum	zugeben, rühren.
100 g	Schokolade **(70 % Kakaoanteil)**	in kleine Stücke teilen, in der Sahnemasse schmelzen. Gelatine ausdrücken, zugeben, auflösen. Dessertgläser zur **Hälfte** füllen und **ca. 2 Std.** kühl stellen.
1 x	Exotische Grütze	zubereiten **(siehe Tipp, 8.3.5, S. 226)** und auf feste Panna cotta geben.

Anrichten: Dessertgläser **Garnieren:** Schokoraspel

Tipp: Panna cotta kann auch gestürzt werden. Hierbei müssen die Förmchen vollständig gefüllt werden. Feste Panna cotta mit dem Messer vom Förmchenrand lösen und auf Dessertteller stürzen.

8.5 Das Karamellisieren (= Bräunen von Zucker durch Hitze)

Karamell wird verwendet:
→ Zum Färben von Speisen = Zuckercouleur.
→ Als Geschmackszutat für Süßspeisen (siehe folgende Rezepturen).

Karamellherstellung
→ Zucker wird auf **ca. 150 °C** erhitzt, die zunächst glasige Flüssigkeit beginnt zu bräunen.
→ Die Süßkraft von Zucker nimmt bei der Karamellbildung ab.
→ Wird der Zucker zu **stark gebräunt**, entwickeln sich **Bitterstoffe**.
→ Karamell grundsätzlich nicht mit kalter Milch ablöschen, da sonst eine Gerinnung eintritt.

Tipp: Kühlt man Karamell ab, können z. B. zur Dekoration feine Zuckerfäden gezogen werden. Die Zuckerfäden beginnen beim vollständigen Abkühlen fest zu werden.

GR Karamell

Menge	Zutaten	Zubereitung
75 g	Zucker	in einem Topf schmelzen lassen bis eine goldbraune Flüssigkeit entstanden ist. Topf von der Herdplatte nehmen.
125 ml	heißes Wasser	zugießen. **Achtung: Es kann spritzen!** Zuckerflüssigkeit leicht köcheln lassen bis sich die Zuckermasse **vollständig** aufgelöst hat.

233

Desserts

8.5.1 Crème Karamell mit Beeren der Saison

→ 4 Souffléförmchen **(Volumen: 125 ml)** mit kaltem Wasser füllen.
→ Grillblech des Backofens bereitstellen. Backofen auf **170 °C** vorheizen.

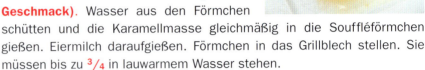

2	El	Zucker
3		Eier
250	ml	Milch
1		Vanilleschote **(Mark)**
3	El	Sahne
80	g	Zucker
2	El	Wasser

im kleinen Topf langsam erhitzen, so lange rühren, bis sich der Zucker aufgelöst hat. Mark der Vanilleschote auskratzen, alle Zutaten erwärmen und unter ständigem Rühren zur Eiermasse geben.

in einem kleinen Topf aufkochen. Zucker löst sich auf und beginnt zu karamellisieren. Der Zucker darf nicht zu braun werden **(bitterer Geschmack)**. Wasser aus den Förmchen schütten und die Karamellmasse gleichmäßig in die Souffléförmchen gießen. Eiermilch daraufgießen. Förmchen in das Grillblech stellen. Sie müssen bis zu $^3/_4$ in lauwarmem Wasser stehen.

Alufolie — sparsam verwenden, Souffléförmchen abdecken. Die matte Seite der Folie zeigt nach außen (keine Reflexion im Backofen). Crème **indirekt pochieren**.

**Garzeit: ca. 30–40 Min./Garzeit: 170 °C
mittlere Schiene/Ober- und Unterhitze/Grillpfanne mit Wasser gefüllt**

Die Crème ist fertig, wenn die Masse fest ist. Die Förmchen aus dem Wasserbad nehmen und kurz abkühlen lassen. Crème Karamell mit dem Messer **vorsichtig** vom Rand lösen und auf einen Dessertteller stürzen.

Beeren der Saison — waschen, dekorativ auf dem Dessertteller anordnen.

Anrichten: Dessertteller   **Garnieren:** Karamellgitter

8.5.2 Crème brûlée

→ Kurz vor Ablauf des Kühlvorgangs Backofen auf **150 °C** vorheizen und Grillpfanne für das Wasserbad bereitstellen.

80	ml	Milch
145	ml	Sahne
30	g	Zucker
1		Eigelb
1		Ei
1	Pr	Salz
½		Vanilleschote
2	El	Orangenschalen **(fein gerieben)**

in eine Schüssel geben, mit dem Schneebesen verrühren.

klopfen, halbieren, Mark auskratzen, in die Masse geben.

zugeben. Masse **30 Min.** kühl stellen und in **4–5** feuerfeste Förmchen gießen und im Wasserbad pochieren (= **indirekt pochieren**). Die Förmchen sollten $^3/_4$ im Wasserbad stehen.

**Garzeit: ca. 40–45 Min./Gartemperatur: 150 °C
mittlere Schiene/Heißluft/Grillpfanne mit Wasser gefüllt**

~3–4 El Zucker **(braun)** — auf die Crème streuen und mit dem Bunsenbrenner leicht karamellisieren.

Anrichten: Förmchen (feuerfest)   **Garnieren:** Karamell an der Oberfläche

Tipp: Zu Crème brûlée passt sehr gut eine rote oder exotische Grütze (8.3.5) oder eine Fruchtsoße (8.3.3.3).

Desserts

8.6 Obstspeisen

8.6.1 Obstsalat Sommerwind/Herbstlicher Obstsalat

1	Ogen-Melone	waschen, halbieren, dabei mit einem Messer kleine Zacken ausschneiden **(siehe Foto)**. Kerne entfernen. Mit dem Ausbohrer **(1.6.4)** kleine Kugeln aus dem Fruchtfleisch lösen. Einen **0,5 cm** dicken Rand stehen lassen.
1	Zitrone	auspressen (Verfärbung bestimmter Obstsorten wird verhindert).
1	reifer Pfirsich	waschen, evtl. schälen, halbieren, Kern entfernen, in feine △ schneiden, zum Zitronensaft geben.
50 g	Trauben **(blau)**	waschen, halbieren, Kerne entfernen, zugeben.
4	Erdbeeren	waschen, Strunk entfernen, in △ schneiden, zugeben.
1	Banane	Schale entfernen, in ○ schneiden, zu den Pfirsichstücken geben. Die **gesamten** Früchte **vorsichtig** mischen.
2 El	geh. Mandeln	in Stielpfanne anrösten, erkalten lassen, zugeben.
	Zucker **oder** Honig	je nach Bedarf zugeben. Die Zuckerzugabe ist vom Zuckergehalt der Früchte abhängig. Obstsalat abschmecken. Obstsalat kurz vor dem Anrichten in die Melonenhälften füllen (evtl. Reste in Dessertgläser füllen).
	Puderzucker	Rand von 2 großen Tellern bestäuben. Melonenhälften auf je einen Teller setzen.

Anrichten: Teller   **Garnieren:** Puderzuckerrand, Minzeblätter

Merke: Stark färbende Früchte, z. B. Kirschen, erst kurz vor dem Anrichten vorsichtig untermischen. Es kann zu Farbveränderungen des Obstsalates kommen. Bleibt der Salat zu lange stehen, ziehen die Früchte Wasser. Es treten starke Vitamin- und Mineralstoffverluste ein.

Tipp: Für einen **herbstlichen Obstsalat** können **1** ausgepresste Zitrone, **1** Birne △, **1** Apfel △, 100 g Trauben (blau) ▶ **oder** Zwetschen ▶ und **1** Banane ▶ fachgerecht verarbeitet werden. Obstsalat mit Zucker **oder** Honig süßen. Nach Belieben können gehackte Nüsse untergemischt werden.

Desserts

8.6.2 Exotischer Fruchtsalat

1	kleine Ananas	Blattansatz und Schale entfernen. Wenn vorhanden, mit Ananasteiler Mittelstück entfernen **oder** Ananas halbieren, vierteln und holziges Mittelstück mit dem Messer ausschneiden. Ananas in feine △ schneiden.
1	Orange	schälen, filetieren **(siehe 1.9)**, in feine △ schneiden, zugeben.
1	Grapefruit	schälen, filetieren **(siehe 1.9)**, in feine △ schneiden, zugeben.
1–2 El	Zucker	zu den Früchten geben, mischen, Früchte durchziehen lassen.
100 g	Joghurt	
2 El	Zucker	mischen.
1 Tl	Zitronensaft	
80 ml	Sahne	steif schlagen, locker unter die Joghurtmasse heben, abschmecken.

Garnierung:

2	Karambolen	waschen, Sternfrucht in feine Scheiben schneiden, man erhält dünne Sterne.
2	Kiwis	Schale entfernen, in feine ○ schneiden. Abwechselnd eine Karambole- und Kiwischeibe auf einem großen Teller kreisförmig anrichten.
	Kirschwasser	Früchte leicht beträufeln. Joghurtmasse in die Mitte des Tellers geben. Den Fruchtsalat auf die Joghurtmasse setzen.
1 El	Erdnüsse	grob hacken, in einer Pfanne anrösten, über den Fruchtsalat streuen.

Anrichten: großer runder Teller   **Garnieren:** geröstete Erdnüsse (1 El), Cocktailkirschenhälften (5 Stk.)

Karambole (Carambola): sternförmige Beerenfrucht des tropischen Gurkenbaumes. Anbaugebiete: hauptsächlich in Indien, Nord- und Südamerika und der Karibik.

Tipp: Je nach Wunsch können für den Fruchtsalat andere exotische Früchte verwendet werden. Beim Einkauf sollte dabei auf den Preis geachtet werden.

8.6.3 Weizenmüsli

100 g	Weizen	waschen. **2** Tage vor dem Verzehr in kaltem Wasser einweichen. Dabei **1 ×** täglich das Wasser wechseln. Der Weizen quillt auf und wird weich. Den Weizen absieben, nochmals unter fließendem Wasser waschen und im Sieb abtropfen lassen.
1	Zitrone	auspressen.
1	Apfel	waschen, evtl. schälen, halbieren, vierteln, Kernhaus entfernen und in feine △ schneiden, sofort unter den Zitronensaft mischen **(keine Verfärbung)**.
1	Banane	Schale entfernen. Enden abschneiden. Banane in △ schneiden und zu Apfelstücken geben, mischen.
1	Kiwi	Schale entfernen, in △ schneiden, zu den Früchten geben.
1	Mandarine	schälen, weiße Haut sorgfältig entfernen, Mandarinenstücke halbieren, zugeben.
100 g	Ananas	in △ schneiden, zugeben.
1–2 El	Honig **oder** Zucker	zugeben. Früchte mit dem Weizen **vorsichtig** mischen.
120 ml	Sahne	steif schlagen, locker unter die Früchte heben. Weizenmüsli abschmecken.

Anrichten: Glasschale   **Garnieren:** Sahnetupfen, Kiwiviertel, Mandarinenstücke

Desserts

8.6.4 Bratäpfel

1	Zitrone	▸ Saft auspressen.
4	Äpfel	▸ waschen, Kerngehäuse ausstechen. Äpfel in Zitronensaft wenden.
40 g	Marzipan	▸ in feine Stücke schneiden, in eine Schüssel geben.
20 g	Orangeat	▸ in **sehr kleine** Würfelchen schneiden, zugeben.
1 El	Calvados	Alle Zutaten zugeben und zu einer
½ Tl	Zimt	einheitlichen Masse kneten. Marzipan-
40 g	Butter	masse in die Äpfel füllen, diese in eine
40 g	Zucker	Auflaufform setzen.
20 g	gem. Mandeln	
2 Tl	Mandelblättchen	▸ über die Äpfel streuen.
100 ml	Apfelsaft	auf den Boden der Auflaufform gießen, backen.

Backzeit: ca. 30–35 Min. Backtemperatur: 180 °C mittlere Schiene/Ober- und Unterhitze

Tipp: Zu diesem Rezept passt sehr gut Vanilleeis **oder** 1 **GR** Vanillesoße.

Die Äpfel immer mal wieder mit Apfelsaft übergießen.

Anrichten: Dessertteller   **Garnieren:** —

8.6.5 Apfelschaum (Apfelmus)

1	Zitrone	▸ auspressen.
750 g	Äpfel	▸ waschen, schälen, vierteln, Kernhaus entfernen, achteln. Apfelstücke im Zitronensaft wenden.
	Topf oder DDT und gelochter Einsatz	Wasser **(~¼ l)** bis zum Boden des gelochten Einsatzes (Garkörbchen) füllen. Apfelachtel in den gelochten Einsatz legen, dämpfen. Wird ein normaler Topf verwendet, muss der Wasserstand regelmäßig kontrolliert werden.

Topf: ca. 10–15 Min./DDT: ca. 5–7 Min./2. Ring/gelochter Einsatz

Gegarte Äpfel durch ein Haarsieb passieren **oder** mit einem Pürierstab pürieren (zum Passieren kann ebenso eine Flotte Lotte verwendet werden).

| | Zucker und Zimt | ▸ Apfelschaum abschmecken. |
| 100 ml | Sahne | ▸ steif schlagen und locker unterheben. Möchte man einen kalorienreduzierten Nachtisch, sollte keine Sahne verwendet werden. |

Anrichten: Dessertgläser/Unterteller   **Garnieren:** Sahnetupfen, Zimt

8.6.6 Apfelsalat

➔ **4–5** Dessertgläser mit Unterteller auf einem Tablett bereitstellen.

150 ml	Dickmilch	
1 Tl	Zitronensaft	
1 El	geh. Haselnüsse	
1 El	Rosinen **(fein gehackt)**	▸ mit dem Schneebesen verrühren.
25 g	Zucker	
1 P	Vz.	
2	säuerliche Äpfel, **z. B. Boskop**	▸ waschen, evtl. schälen, vierteln, Kernhaus entfernen, grob raspeln und **sofort** unter die Dickmilchmasse heben **(keine Verfärbung)**. Apfelsalat abschmecken, evtl. nachsüßen.
70 ml	Sahne	▸ steif schlagen (2 El für die Garnitur zurückbehalten). Restl. Sahne unterheben. Apfelsalat in Dessertgläser füllen.

Anrichten: Dessertgläser/Unterteller   **Garnieren:** Sahnetupfen, geh. Haselnüsse

Desserts

8.6.7 Mangoschiffchen (8 Schiffchen)

8	Segel	▸ aus buntem Papier herstellen **(siehe Foto)**.
1	**reife** Mango	▸ waschen, halbieren, Kern entfernen, Hälften in jeweils **4** Stücke teilen.
150 ml	Sahne	▸ **Kurz vor dem Anrichten** steif schlagen.
½ Tl	Mangolikör	▸ Sahne wellenförmig auf die Mangostücke spritzen **(Sterntülle ⌀ 10 mm)**.
1 P	Vz.	
	Smarties	▸ auf die Sahne setzen, Segel darauf stecken.

Anrichten: Dessertteller   **Garnieren:** Segel, Smarties

Tipp: Ebenso kann eine Papaya (in feinen Stücken) oder 2 Bananen (der Länge nach halbiert) verwendet werden.

8.6.8 Honigbananen (ca. 4 Portionen)

→ Feuerfeste Auflaufform leicht mit Margarine einfetten. Backofen auf **200 °C** vorheizen.

½	Zitrone	▸ auspressen.
2	Bananen	▸ schälen, der Länge nach halbieren, dritteln, in Zitronensaft wenden, abtropfen lassen.
2–3 El	Honig	▸ Bananen sorgfältig von allen Seiten mit dem Honig bepinseln.
~60 g	gehobelte Mandeln	▸ Bananen darin wenden und in die Auflaufform geben, backen.

Backzeit: ca. 10 Min./Backtemperatur: ca. 200 °C mittlere Schiene/Ober- und Unterhitze

50 ml	Sahne	▸ steif schlagen.
100 g	Crème fraîche	▸ verrühren, Sahne locker unterheben. Crème wellenförmig auf die Dessertteller spritzen **(Sterntülle ⌀ 10 mm)**. Je **3** Bananenviertel auf einem Dessertteller anrichten. Die Bananen sollten heiß serviert werden.
1 P	Vz.	
1½ El	Schokoladenpulver	

Anrichten: Dessertteller   **Garnieren:** Crème, Schokopulver (fein gesiebt, 1 Tl)

Desserts

8.7 Sonstige Desserts

8.7.1 Erdbeersorbet

1	Bl	Gelatine (weiß)
550	g	Erdbeeren
100	g	Puderzucker
1–2	El	Zitronensaft
1	El	Erdbeerlikör
1	Tl	Amaretto
		heißes Wasser
		Esslöffel

▶ **5 Min.** in kaltem Wasser einweichen. Eine **sehr gute Eismaschine** bereitstellen. waschen, Stiele entfernen, abtropfen lassen, pürieren, durch ein feines Haarsieb passieren. Am Ende sollten **400 g** Erdbeermark vorhanden sein. Gelatine im Wasserbad auflösen und unter **Temperaturausgleich** unter die Erdbeermasse mischen.

▶ sieben, zum Erdbeermark geben.

▶ zugeben. Die gesamten Zutaten mischen, abschmecken und in der Eismaschine gefrieren.

▶ in einen hohen Rührbecher geben. Esslöffel kurz in **heißes** Wasser tauchen, Nocken abstechen und zu einem Dessert servieren **oder** einzeln reichen.

Anrichten: Dessertteller **Garnieren:** Zitronenmelisse (fein, 1–2 El)

Tipp: Werden Zucker und Wasser zu gleichen Teilen aufgekocht und abgekühlt, entsteht Invertzucker.

8.7.2 Kokossorbet

1	Bl	Gelatine (weiß)
240	ml	Invertzucker
200	ml	Kokosmilch
2	El	Limettensaft
1	El	Limettenabrieb
100	g	Joghurt

▶ **5 Min.** in kaltem Wasser einweichen. Eine **sehr gute Eismaschine** bereitstellen.

▶ mischen. Gelatine im Wasserbad auflösen und **unter Temperaturausgleich** unter das Invertzuckergemisch rühren.

▶ zugeben, Masse abschmecken, gefrieren (Eismaschine). Nocken abstechen.

Anrichten: Dessertteller **Garnieren:** schuppenförmig aufgeschnittene Erdbeeren, Minzeblätter

8.7.3 Tiramisu (ital. = zieh mich hoch)

Amaretto: ital. Bittermandellikör
Mascarpone: ital. Frischkäse

80	g	Löffelbiskuits
30	ml	heißes Wasser
1	Tl	Instant-Kaffee
½	Tl	Rum
125	g	Mascarpone
150	g	Sauerrahm
50	g	Zucker
1	Pr	Salz
1	Tl	Amaretto
100	ml	Sahne
1	P	Vz.
1–2	Tl	Kakao

▶ Boden einer Glasschale **oder** einer Auflaufform **(1½ l)** mit Löffelbiskuits auslegen.

▶ mischen, Löffelbiskuits damit beträufeln. Übrigen Kaffee zum Beträufeln der restlichen Löffelbiskuits verwenden.

▶ Gesamte Zutaten in eine Rührschüssel geben und mit dem Schneebesen verrühren.

Tipp: Legt man auf einen reduzierten Kaloriengehalt Wert, kann anstelle von Sauerrahm 150 g Speisequark und 150 g Mascarpone verwendet werden.
Rezeptoptimierung: 1. Schicht Löffelbiskuit, 2. Schicht Grütze (S. 226) **oder** ½ Rezept Apfelschaum, 3. Schicht Mascarponecrème, Abschluss Kakao.

▶ steif schlagen und locker unter die Sauerrahmmasse heben, abschmecken. Eine Schicht Sauerrahmmasse auf die Löffelbiskuits geben. Zweite Schicht Löffelbiskuits darauf verteilen und mit Kaffee beträufeln. Restliche Sauerrahmmasse gleichmäßig auf den Biskuits verteilen. Tiramisu kühl stellen.

▶ Tiramisu **kurz** vor dem Anrichten bestäuben.

Anrichten: Glasschale o. Ä. **Garnieren:** Kakao (fein, 1–2 Tl)

Desserts

8.7.4 Reis Trauttmansdorff

Die Speise wurde nach dem österreichischen Staatsmann Ferdinand Graf von Trauttmansdorff (1825–1870) benannt. Schloss Trauttmansdorff (Meran, Italien) war häufig Winterresidenz der Kaiserin Elisabeth (Sissi) von Österreich.

300 ml	Milch	▶	in einem Topf erhitzen.
1 El	Butter		
50 g	Rundkornreis	▶	waschen, in die kochende Milch streuen, Hitze reduzieren. Milchreis **quellen** lassen, ab und zu umrühren. **Garzeit: ca. 40–45 Min.**
1 El	Zucker	▶	in den fertigen heißen Milchreis rühren.
1 Tl	Zitronenschale		
	Wasserbad	▶	Reis abkühlen lassen und hin und wieder umrühren (El verwenden).
150 g	Erdbeeren	▶	putzen, d. h. Strunk entfernen, waschen und in feine △ Stücke schneiden. **4–5** Erdbeerstücke für die Garnitur zurückbehalten. Erdbeeren auf dem Boden der Dessertgläser **(4–5 Stk.)** gleichmäßig verteilen.
100 ml	Sahne	▶	steif schlagen und locker unter den abgekühlten Milchreis heben, abschmecken. Diesen auf den Edbeeren gleichmäßig verteilen, glatt streichen.
1 P	Vz.		
1 Tl	Pistazien	▶	sehr fein hacken, für die Garnitur verwenden.

Anrichten: Dessertgläser/Unterteller   **Garnieren:** Sahnetupfen, Erdbeerstücke, Pistazien (1 Tl)

8.7.5 Beeren-Soufflé (souffler (frz.): aufblasen)

➔ **4** Souffléförmchen **(Volumen: 100 ml)** oder **4** feuerfeste Förmchen bereitstellen.

4 El	Beeren **(je nach Saison)**	▶	vorbereiten, in jedes Förmchen **1 gehäuften El** Beeren geben.
	Zucker	▶	Beeren leicht zuckern.
2	Eiweiß	▶	steif schlagen.
2	Eigelb	▶	Zutaten schaumig schlagen. Den Eischnee locker unterheben.
1 P	Vz.		Die Masse gleichmäßig auf die Förmchen verteilen, backen.
2 El	Zucker		
¼ Tl	Rum		**Backzeit: ca. 20–25 Min./Backtemperatur: ca. 180 °C mittlere Schiene/Ober- und Unterhitze**
½ Tl	Speisestärke		
	Puderzucker	▶	Soufflés fein bestäuben.

Anrichten: Souffléförmchen/Unterteller   **Garnieren:** Puderzucker (fein)

8.7.6 Schokoladen-Soufflé

➔ **4** Souffléförmchen **(Volumen: 100 ml)** oder **4** feuerfeste Förmchen bereitstellen.

2	Eiweiß	▶	steif schlagen.
100 g	Vollmilchschokolade	▶	im Wasserbad in einer Schüssel schmelzen lassen **(siehe 1.9)**.
2	Eigelb	▶	zugeben, Masse mit dem Schneebesen schaumig schlagen. Eischnee locker unter die Masse heben. Masse gleichmäßig in die Souffléförmchen füllen und in den vorgeheizten Backofen geben.
1 P	Vz.		
1 Pr	Salz		
			Backzeit: ca. 20–25 Min./Backtemperatur: ca. 180 °C mittlere Schiene/Ober- und Unterhitze
	Puderzucker	▶	Soufflés fein bestäuben.

Anrichten: Souffléförmchen/Unterteller   **Garnieren:** Puderzucker (fein)

Merke: Die Backofentür darf während des Backprozesses nicht geöffnet werden. Wird das fertige Soufflé nicht sofort angerichtet, fällt es in sich zusammen. Den Backofen grundsätzlich vorheizen.

9. Kapitel

9 Rührmasse, Mürbeteig und Brandmasse

Süße Kuchen und süßes Kleingebäck werden zum Nachmittagskaffee oder als kleiner Imbiss sehr gerne gegessen. Pikantes Kleingebäck aus Mürbeteig eignet sich sehr gut für ein Buffet, als Häppchen oder Imbiss zwischendurch. Gebäck aus Rührmasse, Brandmasse oder Mürbeteig lässt sich sehr gut vorbereiten und kann zum Teil eingefroren und bei Bedarf aufgetaut werden.

9.1	Regeln zur Herstellung von Rührmasse, GR Rührmasse	243
9.1.1	Marmorkuchen	244
9.1.2	Zebrakuchen	244
9.1.3	Kleines Geburtstagsschiffchen	245
9.1.4	Kleiner Geburtstagskuchen	246
9.1.5	Kinderuhr	246
9.1.6	Rotweinkuchen	247
9.1.7	Sprudelkuchen mit Mandarinencrème	247
9.1.8	Eierlikörtorte	248
9.1.9	Flammende Herzen	248
9.1.10	Versunkener Apfelkuchen	249
9.1.11	Kirschkuchen	249
9.1.12	Cupcakes	250
9.1.12.1	Kokos-Cupcakes	250
9.1.12.2	Himbeer-Amarettini-Cupcakes	250
9.1.13	Kaffee-Zimt-Kuchen	251
9.1.14	Bananen-Schoko-Gugelhupf	251
9.2	Einführung GR Mürbeteig	252
	GR Mürbeteig süß/salzig	253
9.2.1	Abwandlungen GR Mürbeteig	253
9.2.2	Quiche Lorraine	254
9.2.3	Brokkolitorte	255
9.2.4	Gemüsetorte	255
9.2.5	Gefüllte Herzen	256
9.2.6	Gefüllte Lachshäppchen	256
9.2.7	Zucchini-Törtchen	257
9.2.8	Käse-Dreispitzchen	257
9.2.9	Käsegebäck	258
	Rezepte Mürbeteig süß	259
9.2.10	Feiner Kirschkuchen	259
9.2.11	Mini-Früchtekuchen	259
9.2.12	Apfelkuchen	260
9.2.13	Birnenkuchen mit Baiserhaube	261
9.2.14	Johannisbeerkuchen	262
9.2.15	Schmand-Nektarinen-Tarte	262
9.2.16	Streuselkäsekuchen	263
9.2.17	Zucker-Mandel-Gesichter	263
9.2.18	Haselnussecken	264
9.2.19	Kleine Mürbebrezeln	265
9.2.20	Mohnrechtecke	265
9.3	Einführung GR Brandmasse	266
	GR Brandmasse	267
9.3.1	Abwandlung GR Brandmasse	267
9.3.2	Verschiedene Formgebungsmöglichkeiten von Brandmasse	268
9.3.3	Grundregeln beim Füllen von Gebäck aus Brandmasse	269
9.3.4	Süße Füllungen	269
9.3.5	Pikante Füllungen	270

Eigene Rezepte Rührmasse

Eigene Rezepte Mürbeteig

Eigene Rezepte Brandmasse

Rührmasse

Rührmasse

9.1 Regeln zur Herstellung von Rührmasse

Vor dem Backvorgang:

❶ Backblech **oder** Kuchenform vorbereiten, z. B.:
- Form mit **Pergamentpapier** auslegen, z. B. Kastenform.
- Form **einfetten**, mit Semmelbrösel **ausstreuen**, z. B. Kranzform.
- Backblech mit **Backfolie** auslegen.

❷ Alle Zutaten **exakt** abwiegen. Damit die Rührmasse nicht **gerinnt**, sollten Fett und Eier Zimmertemperatur haben.

❸ **Alle** Arbeitsgeräte bereitstellen, z. B.

Handrührgerät oder Küchenmaschine   Sieb und Pinsel   Teigschaber/Rührschüssel   Kuchenform   Kuchengitter

❹ Backofen vorheizen ⟹ siehe Rezept. Herstellung der Rührmasse ⟹ siehe **GR**.

Während und nach dem Backvorgang:

❶ Auf Einschubhöhe des Kuchens achten (siehe Rezept). Kurzzeitwecker (Küchentimer) für die Backzeit stellen.

❷ Backofen während der ersten Hälfte des Backvorganges nicht öffnen.
Begründung: Gebäck fällt sonst zusammen.

❸ **Garprobe:** Mit einem Holzstäbchen in das Gebäck stechen. Gebäck ist gar, wenn am Stäbchen keine Rührmasse mehr hängen bleibt.

❹ Nach dem Backen Kuchen **ca. 3–5 Min.** in der Form auskühlen lassen. Kuchen vom Rand lösen und auf dem Kuchengitter auskühlen lassen.

GR Rührmasse

Die Lockerung der Rührmasse wird durch **eingerührte Luft, Backpulver** oder **Alkohol** erreicht.

Menge ½ GR	Menge 1 GR	Zutaten	Zubereitung
125 g	250 g	Butter **oder** Margarine	mit dem Handrührgerät (Schneebesen) schaumig rühren. Es müssen sich am Schüsselrand Fettspitzen bilden.
125 g ½ P 1 Pr	250 g 1 P 1 Pr	Zucker Vz. Salz	mischen, zugeben, rühren.
2	4	Eier (**mittlere Größe**)	einzeln in einer Tasse aufschlagen, zur Masse geben. So lange rühren, bis der Zucker sich gelöst hat.
250 g ½ P ~100ml	500 g 1 P ~200ml	Mehl (¼ **des Mehls kann durch Speisestärke ersetzt werden**) Backpulver Milch **Geschmackszutaten:** Zitronenschale, Rum, Vanille …	Mehl sieben, mit Backpulver mischen, löffelweise abwechselnd mit der Milch unterrühren, dabei den Motor des Rührgerätes zurückschalten. Masse nicht zu lange rühren. **Begründung: Sie wird sonst zäh.** Masse (**1 GR**) in eine Kastenform (**Länge 30 cm**) oder in **2** Kastenformen (**Länge je 18 cm**) geben, backen. **Backzeit: ca. 60–70 Min./Backtemperatur: 180 °C mittlere Schiene/Ober- und Unterhitze** können je nach Rezept zugegeben werden.

243

Rührmasse

9.1.1 Marmorkuchen

→ Gugelhupfform ⌀ **24 cm** mit Margarine einfetten und mit Semmelbröseln ausstreuen.
→ Backofen auf **180 °C** vorheizen.

1	GR	Rührmasse		herstellen **(siehe GR Rührmasse)**. Hälfte der Rührmasse gleichmäßig in der Gugelhupfform verteilen.
2–3	El	Kakao		mischen und unter die restliche Rührmasse rühren. Die dunkle Masse gleichmäßig auf der hellen Masse verteilen. Eine Gabel spiralförmig durch die Masse ziehen. Kuchen **sofort** backen.
4	El	Milch		
2	El	Zucker		
1	El	Rum		

**Backzeit: ca. 1 Std./Backtemperatur: ca. 180 °C
unterste Schiene/Ober- und Unterhitze/Garprobe**

		Puderzucker		Fertigen Kuchen kurz auskühlen lassen, auf Kuchengitter stürzen und mit Puderzucker bestäuben, anrichten.

Anrichten: Tortenplatte, Tortenspitze **Garnieren:** Puderzucker (fein)

Tipp: Statt einer großen Gugelhupfform können 2 kleine Gugelhupfformen (⌀ 18 cm) verwendet werden.

9.1.2 Zebrakuchen

→ Springform ⌀ **26 cm** mit Margarine einfetten.
→ Backofen auf **180 °C** vorheizen.

6		Eiweiß		steif schlagen.
6		Eigelb		mit dem Handrührgerät (Schneebesen) schaumig rühren. So lange rühren, bis der Zucker sich gelöst hat.
300	g	Zucker		
2	P	Vz.		
150	ml	Milch **oder** Wasser		
270	ml	Öl		unter ständigem Rühren zugeben.
350	g	Mehl		sieben und unter die Schaummasse rühren, dabei den Motor des Handrührgerätes zurückschalten. Eischnee locker unterheben. Die Hälfte der Masse in eine andere Schüssel geben.
75	g	Speisestärke		
1	P	Backpulver		
4	El	Schokoladenpulver		sieben und unter eine Hälfte der Rührmasse mischen. 1 Suppenlöffel **weiße** Masse in die Mitte der Springform geben. Auf die weiße Masse 1 Suppenlöffel **braune** Masse setzen. So fortfahren, bis die gesamte Rührmasse aufgebraucht ist. Es entsteht ein „**Ringmuster**". Kuchen **sofort** backen.

Tipp: Zum Zebrakuchen kann sehr gut steif geschlagene Sahne oder ein Obstsalat gereicht werden.

**Backzeit: ca. 1 Std./Backtemperatur: ca. 180 °C
mittlere Schiene/Ober- und Unterhitze/Garprobe**

Fertigen Kuchen etwas abkühlen lassen und aus der Form lösen.
Kuchen auf Kuchengitter völlig auskühlen lassen.

200	ml	Sahne		steif schlagen und zum Zebrakuchen reichen.
2	P	Vz.		

Anrichten: Tortenplatte, Tortenspitze/Glasschale für die Sahne **Garnieren:** s. o.

Rührmasse

9.1.3 Kleines Geburtstagsschiffchen

→ Mit Pergamentpapier **oder** Backfolie Kastenform **(Länge: 20 cm)** auslegen.
→ Backofen auf **180 °C** vorheizen.

½ GR	Rührmasse	herstellen **(siehe GR)**. Masse in die vorbereitete Kastenform füllen, backen.

**Backzeit: ca. 40–45 Min./Backtemperatur: ca. 180 °C
mittlere Schiene/Ober- und Unterhitze/Garprobe**

Pergamentpapier abziehen. Den Kuchen **kurz** auf einem Kuchengitter auskühlen lassen.

80 g	Schokoladenglasur	im Wasserbad **oder** der Mikrowelle schmelzen lassen. Kuchen bestreichen.
	Smarties, Gummibären etc.	Kuchen verzieren.
	Zahnstocher, Tonpapier, Schaschlikspieß, Schnur, Klebestift	Girlanden herstellen **(siehe Foto)** und auf dem Schiffchen anordnen.

Anrichten: Tortenplatte (länglich), Tortenspitze **Garnieren:** Gummibären, Smarties, Glasur, Girlanden etc.

Rührmasse

9.1.4 Kleiner Geburtstagskuchen

→ Kleine Gugelhupfform ⌀ **18 cm** einfetten und mit Semmelbröseln ausstreuen.
→ Backofen auf **180 °C** vorheizen.

125	g	Butter **oder** Margarine	▶ schaumig rühren, bis sich Fettspitzen bilden.
90	g	Zucker	
1	P	Vz.	▶ Zutaten zugeben, Masse schaumig schlagen.
2		Eier	
80	ml	Eierlikör	
125	g	Mehl	▶ sieben, löffelweise zugeben.
3	Tl	Backpulver **(gestr.)**	
50	g	Schokostreusel	▶ zugeben, Masse in die Form geben und **sofort** backen.

> **Backzeit: ca. 40–50 Min./Backtemperatur: ca. 180 °C**
> **mittlere Schiene/Ober- und Unterhitze/Garprobe**

▶ Fertigen Kuchen **kurz** auskühlen lassen, auf ein Kuchengitter stürzen.

100	g	Puderzucker	▶ glatt rühren und über den fertigen Kuchen geben.
2	El	Zitronensaft	
		bunte Streusel	▶ Kuchen bestreuen.
		bunte Kerzchen	▶ auf dem Kuchen verteilen.

Anrichten: Tortenplatte, Tortenspitze **Garnieren:** Glasur, Kerzen, bunte Streusel

Tipp: Anstelle von bunten Streuseln können Pistazien oder Schokostreusel verwendet werden. Wird die Masse verdoppelt, muss eine große Gugelhupfform (⌀ 22 oder ⌀ 24 cm) verwendet werden. Der Kuchen kann auch mit Schokoladenglasur überzogen werden (siehe Foto).

9.1.5 Kinderuhr

→ Kleine Springform ⌀ **18 cm** einfetten und mit Semmelbröseln ausstreuen. Backofen auf **180 °C** vorheizen.

| ½ | GR | Rührmasse | ▶ herstellen **(siehe GR). Beachte: 100 g Mehl werden durch ersetzt.** Haselnüsse unter die Masse mischen. |
| 100 | g | **gem. Haselnüsse** | Masse in die Form füllen, glatt streichen, backen. |

> **Backzeit: ca. 40–50 Min./Backtemperatur: ca. 180 °C**
> **mittlere Schiene/Ober- und Unterhitze/Garprobe**

▶ Kuchen auf ein Kuchengitter stürzen, abkühlen lassen.

150	g	Puderzucker	▶ glatt rühren, den Kuchen vollständig bestreichen.
~3	El	Zitronensaft	Glasur muss richtig trocken sein.
		Pergamenttütchen	▶ herstellen, siehe Abbildungen.

| 50 | g | Puderzucker | ▶ glatt rühren, in das Pergamenttütchen füllen. Zeiger und Ziffern der Uhr spritzen. Damit die Form der Ziffern erhalten bleibt, muss die Glasur dickflüssig sein. |
| ~2 | Tl | Kirschsaft | |

Anrichten: Tortenplatte, Tortenspitze **Garnieren:** diverse Glasuren

Tipp: Anstelle von einem Pergamenttütchen kann ein kleiner Gefrierbeutel verwendet werden. Den Beutel mit der Glasur füllen. Die Glasur in eine Ecke des Beutels drücken und eine Ecke abschneiden.

Rührmasse

9.1.6 Rotweinkuchen

→ Kastenform **(Länge: 24 cm)** mit Pergamentpapier auslegen. Backofen auf **180 °C** vorheizen.

250 g	Butter **oder** Margarine	→	schaumig rühren.
250 g	Zucker	→	Zutaten nach und nach zugeben. So lange rühren, bis die Zuckerkristalle sich gelöst haben.
2 P	Vz.		
4	Eier		
2 Tl	Zimt	→	zugeben, unterrühren.
2 Tl	Kakao		
80 g	Blockschokolade	→	mit dem Messer Raspel herstellen, zugeben.
250 g	Mehl	→	sieben, unter die Eiermasse mischen.
1 P	Backpulver		
125 ml	Rotwein (⅛ l)	→	zugeben, alle Zutaten sollten gleichmäßig verrührt sein. Masse in Kastenform füllen, backen.

> **Backzeit: ca. 60 Min./Backtemperatur: ca. 180 °C**
> **mittlere Schiene/Ober- und Unterhitze/Garprobe**

Fertigen Kuchen etwas abkühlen lassen und auf ein Kuchengitter stürzen, auskühlen lassen.

100 g	Schokoladenglasur	→	im Wasserbad **oder** der Mikrowelle schmelzen. Kuchen **sorgfältig** bestreichen.

Anrichten: Tortenplatte, Tortenspitze   **Garnieren:** Schokoladenglasur, gehobelte Mandeln (2 El)

9.1.7 Sprudelkuchen mit Mandarinencrème

→ Springform ⌀ **26 cm** mit Margarine einfetten. Backofen auf **180 °C** vorheizen.

3	Eier	→	**ca. 5 Min.** schaumig rühren, bis die Zuckerkristalle sich gelöst haben.
250 g	Zucker		
1 P	Vz.		
60 ml	Sonnenblumenöl	→	nach und nach unter die Eiermasse geben, rühren. Masse in die Springform geben, glatt streichen, backen.
250 g	Mehl **(gesiebt)**		
2 Tl	Backpulver **(gestr.)**		
135 ml	Mineralwasser		

> **Backzeit: ca. 60 Min./Backtemperatur: ca. 180 °C**
> **mittlere Schiene/Ober- und Unterhitze/Garprobe**

Kuchen aus der Form lösen, auskühlen lassen. Metallring **(Höhe: 7 cm)** um den Kuchen legen.

Mandarinencrème:

480 g	Mandarinen (~1 gr Ds)	→	Saft abtropfen lassen. Mandarinen kreisförmig auf der Kuchenoberfläche anordnen.
1 P	Tortenguss **(klar)**	→	herstellen, siehe Packungsrückseite. Mandarinen gleichmäßig bedecken. Der Tortenguss muss fest sein, bevor der Metallring entfernt wird.
400 ml	Sahne	→	steif schlagen.
3 P	Sahnesteif		
3 P	Vz.		
200 g	Schmand	→	unter die Sahne mischen. Seitenränder mit der Sahnecrème einstreichen. Restliche Masse gleichmäßig auf dem Tortenguss glatt streichen.
3 El	Semmelbrösel	→	mischen, Kuchen **kurz vor** dem Anrichten bestreuen.
1 Tl	Zimt		
1 El	Zucker		

Anrichten: Tortenplatte, Tortenspitze   **Garnieren:** Semmelbrösel mit Zimt und Zucker

Rührmasse

9.1.8 Eierlikörtorte

→ Springform ⌀ **26 cm** mit Margarine einfetten und mit Semmelbröseln ausstreuen. Backofen auf **180 °C** vorheizen.

6	Eier	ca. **10 Min.** schaumig rühren.
250 g	Puderzucker **(gesiebt)**	
200 ml	Sonnenblumenöl	zugeben, weitere **4 Min.**
200 ml	Eierlikör	schaumig schlagen.
125 g	Mehl	sieben, unter die Schaummasse geben.
125 g	Speisestärke	Masse in die Springform füllen, glatt streichen,
4 Tl	Backpulver **(gestr.)**	backen.

**Backzeit: ca. 50–60 Min./Backtemperatur: ca. 180 °C
mittlere Schiene/Ober- und Unterhitze/Garprobe**

Fertigen Kuchen mit dem Messer vom Springformrand lösen, auf einem Kuchengitter auskühlen lassen. Kuchen mit einem großen Messer in der Mitte einmal durchschneiden.

600 ml	Sahne	steif schlagen, $^1/_3$ der Sahne auf dem Tortenboden glatt streichen.
3 P	Sahnesteif	Deckplatte auflegen. Kuchenrand und Deckplatte mit restlicher Sahne
3 P	Vz.	bestreichen.
80 g	Schokoraspel	Tortenrand verzieren.
	Eierlikör	Deckplatte verzieren (siehe Verzierungsmöglichkeiten).

Verzierungsmöglichkeiten:

❶    ❷

❶ **Eierlikörgitter:** mit der Gabel in waagrechten und senkrechten Bewegungen Gitter herstellen.

❷ **Gesamte** Deckplatte **vorsichtig** mit Eierlikör bestreichen. Rand **1 cm** mit Schokoraspeln bestreuen.

Anrichten: Tortenplatte, Tortenspitze   **Garnieren:** Eierlikör, Schokoraspel

9.1.9 Flammende Herzen (ca. 18–20 Stk.)

→ Backblech mit Backfolie auslegen, Backofen auf **180 °C** vorheizen.

100 g	Butter	schaumig rühren.
50 g	Puderzucker **(gesiebt)**	
2 P	Vz.	zugeben, Masse schaumig rühren.
2 Tr	Rumaroma	
1	kleines Ei	
150 g	Mehl	sieben, zugeben. Fertige Masse in Spritzbeutel, **(Sterntülle ⌀ 10 mm)** füllen und auf Blech **S-Linien** spritzen **(Länge: ca. 3,5 cm)**. **Merke:** Die Masse ist relativ fest. Keine Milch zugeben, da die Herzen sonst zerfließen.

**Backzeit: ca. 15–20 Min./Backtemperatur: 180 °C
mittlere Schiene/Ober- und Unterhitze/Garprobe**

150 g	Schokoladenglasur	im Wasserbad **oder** der Mikrowelle schmelzen. Breite Seite der flammenden Herzen in die Schokolade tauchen und trocknen lassen.

Anrichten: Tortenplatte, Tortenspitze   **Garnieren:** Schokoladenglasur

Rührmasse

9.1.10 Versunkener Apfelkuchen

→ Springform ⌀ **28 cm** mit Margarine einfetten. Backofen auf **180 °C** vorheizen.

1	Zitrone	auspressen.
750 g	säuerliche Äpfel z. B. **Boskop**	waschen, Kernhaus mit Apfelentkerner entfernen, schälen, Äpfel halbieren. **Beachte: Das Kernhaus muss vollständig entfernt sein.** Apfelhälften in Zitronensaft wenden. Damit die Apfelhälften gar werden, muss die Oberfläche mehrere Male mit dem Messer eingeschnitten werden (siehe Abb.).
200 g	Butter	schaumig rühren.
200 g	Zucker	nach und nach zugeben, so lange rühren, bis sich die Zuckerkristalle vollständig gelöst haben.
3 P	Vz.	
5	Eier	
250 g	Mehl	sieben.
80 g	Speisestärke	
3 TL	Backpulver (**gestr.**)	
5 El	Milch	mit dem Mehlgemisch nach und nach unter die Masse rühren. Fertige Masse in die Springform füllen, glatt streichen. Die Apfelhälften strahlenförmig auf der Masse verteilen, backen.

Backzeit: ca. 45–50 Min./Backtemperatur: ca. 180 °C mittlere Schiene/Ober- und Unterhitze/Garprobe

Kuchen **kurz** in der Form abkühlen lassen. Rand lösen und auf dem Kuchengitter auskühlen lassen.

Anrichten: Tortenplatte, Tortenspitze **Garnieren:** Puderzucker (fein)

Tipp: Zu Rührkuchen kann sehr gut steif geschlagene Sahne gereicht werden.

9.1.11 Kirschkuchen

→ Springform ⌀ **26 cm** einfetten, Backofen **180 °C** vorheizen.

~350 g	Schattenmorellen	Saft abtropfen lassen (frische Schattenmorellen müssen gewaschen und entkernt werden).
200 g	Butter **oder** Margarine	schaumig rühren.
200 g	Zucker	zugeben, so lange rühren, bis die Zuckerkristalle gelöst sind.
2 P	Vz.	
2 TL	Zimt	
4	Eier	
100 g	Schokostreusel	unterrühren.
2 El	Kirschwasser	
125 g	Mehl	unter die Masse rühren.
1½ TL	Backpulver (**gestr.**)	Masse in die Springform füllen und die Schattenmorellen gleichmäßig auf der
150 g	gem. Mandeln	Masse verteilen.
20 g	gehobelte Mandeln	über die Kirschen streuen. Kuchen backen.

Backzeit: ca. 50–60 Min./Backtemperatur: ca. 180 °C mittlere Schiene/Ober- und Unterhitze/Garprobe

Fertigen Kuchen kurz abkühlen lassen, vom Rand lösen und auf dem Kuchengitter auskühlen lassen.

Anrichten: Tortenplatte, Tortenspitze **Garnieren:** Puderzucker (fein)

Rührmasse

9.1.12 Cupcakes

9.1.12.1 Kokos-Cupcakes (ergibt 12 Stück)

→ Backofen auf **200 °C** vorheizen, Muffinform **(12er-Form)** mit Butter ausfetten.

50	g	Kokosraspeln
150	g	Puderzucker **(gesiebt)**
1	P	Orangenschalenaroma
4		Eier
300	g	Mehl
3	Tl	Backpulver **(gestr.)**
160	ml	Sonnenblumenöl
250	ml	Orangenlimonade

alle Zutaten **ca. 1 Min.** rühren und die Masse auf **12** Muffinförmchen verteilen, backen.

Backzeit: ca. 25–30 Min./Backtemperatur: 200 °C
mittlere Schiene/Ober- und Unterhitze

Förmchen in lauwarmem Zustand aus dem Muffinblech nehmen, auf einem Gitter abkühlen lassen, zum Füllen in der Mitte waagerecht durchschneiden.

Guss

1	P	Soßenpulver **(ohne kochen = 39 g Pulver)**
~200	ml	Orangenlimonade

mischen. Es sollte eine dickflüssige Masse entstehen. Oberflächen der Cupcakes bestreichen, mit Kokosraspeln bestreuen. Restliche Soße für die Füllung verwenden **(60 ml)**.

Füllung

300	ml	Sahne
2	P	Sahnesteif
4	El	Vanillezucker

steif schlagen. Restliche Limonadensoße **(60 ml)** von oben verwenden, **vorsichtig** untermischen, abschmecken. Füllung in einen Spritzbeutel **(Lochtülle ⌀ 10 mm)** füllen und auf die Cupcakeböden spritzen, Deckel **vorsichtig** auflegen.

Anrichten: Tortenplatte   **Garnieren:** Kokosraspeln

9.1.12.2 Himbeer-Amarettini-Cupcakes (ergibt 12 Stück)

→ Backofen auf **200 °C** vorheizen, Muffinform **(12er-Form)** mit Pergamentförmchen auslegen.

150	g	Butter **(weich)**
110	g	Amarettini
190	g	Zucker
1	P	Vanillinzucker
3		Eier
230	g	Mehl
3	Tl	Backpulver **(gestr.)**
150	ml	Buttermilch

▸ in einer Küchenmaschine **(Schneebesen)** schaumig schlagen.
▸ in einen Plastikbeutel geben, mit dem Wellholz fein zerbröseln, zugeben.
alle Zutaten unter die Butter rühren, die Masse mit **2 El** auf **12** Muffinförmchen verteilen.

Backzeit: ca. 25–30 Min./Backtemperatur: 200 °C
mittlere Schiene/Ober- und Unterhitze

Förmchen in lauwarmem Zustand aus dem Muffinblech nehmen, auf einem Kuchengitter abkühlen lassen.

Topping

100	g	Himbeermark
250	g	Mascarpone
100	g	Sahne
~50	g	Puderzucker **(gesiebt)**
2	P	Sahnesteif

erhält man, indem man **ca. 300 g** Himbeeren püriert und passiert.
alle Zutaten mit der Küchenmaschine **(Schneebesen)** zu einer crèmigen Masse schlagen, das Himbeermark **vorsichtig** zugeben, Masse steif schlagen, abschmecken, evtl. nachsüßen. Masse in einen Spritzbeutel **(Sterntülle ⌀ 10 mm)** füllen und auf die Törtchen spritzen, garnieren.

Anrichten: Tortenplatte   **Garnieren:** Amarettinibrösel, Himbeeren, Pistazien (gehackt), Zitronenmelisse

Rührmasse

9.1.13 Kaffee-Zimt-Kuchen

→ Gugelhupfform ⌀ **20 cm** sehr gut einfetten und mit Semmelbröseln ausstreuen.
→ Backofen auf **180 °C** vorheizen.

250	g	Butter **oder** Margarine	schaumig rühren.
250	g	Zucker	nach und nach zugeben, Masse schaumig rühren.
1	P	Vz.	
4		Eier	
1	El	Zimt **(gestr.)**	zugeben, untermischen.
200	ml	handwarmes Wasser	verrühren, unter die Eimasse rühren.
2	Tl	Instant-Kaffeepulver	
500	g	Mehl	sieben, nach und nach untermischen.
4½	Tl	Backpulver **(gestr.)**	Fertige Masse **sofort** in die Form geben, glatt streichen, backen.

Backzeit: ca. 60 Min./Backtemperatur: ca. 180 °C
unterste Schiene/Ober- und Unterhitze/Garprobe

Fertigen Kuchen etwas abkühlen lassen und aus der Form nehmen. Kuchen auf einem Kuchengitter abkühlen lassen.

| 150 | g | Puderzucker | glatt rühren und Kuchen überziehen, erkalten lassen. |
| 3 | El | kalter Kaffee | |

Tipp: Anstelle einer Gugelhupfform kann eine 24 cm lange Kastenform verwendet werden. Anstelle von Instantkaffee kann abgekühlter Bohnenkaffee verwendet werden.

Anrichten: Tortenplatte, Tortenspitze   **Garnieren:** Kaffeeglasur, Schokobohnen

9.1.14 Bananen-Schoko-Gugelhupf

→ Gugelhupfform ⌀ **20 cm** mit Margarine einfetten und mit Semmelbröseln ausstreuen.
→ Backofen auf **180 °C** vorheizen.

200	g	Butter	schaumig rühren.
200	g	Zucker	zugeben. Mit dem Handrührgerät (Schneebesen) so lange rühren, bis der Zucker sich gelöst hat.
2	P	Vz.	
1	Tl	Weinbrand	
4		Eier	
1		Banane	mit der Gabel fein zerdrücken, zugeben, mischen.
100	g	Schokostreusel	zugeben, untermischen.
70	g	Kokosraspel	
1	El	Milch	
200	g	Mehl	fein sieben und locker unterheben. Rührmasse in die vorbereitete Gugelhupfform geben. Masse glatt streichen, backen.
3½	Tl	Backpulver **(gestr.)**	

Backzeit: ca. 60 Min./Backtemperatur: ca. 180 °C
mittlere Schiene/Ober- und Unterhitze/Garprobe

Fertigen Kuchen etwas in der Form abkühlen lassen und auf ein Kuchengitter stürzen. Kuchen auskühlen lassen.

| 100 | g | Schokoladenglasur | im Wasserbad **oder** der Mikrowelle schmelzen, Kuchen überziehen. |
| 3 | El | Kokosraspel | auf die Glasur streuen. Glasur trocknen lassen. |

Anrichten: Tortenplatte, Tortenspitze   **Garnieren:** Schokoladenglasur, Kokosraspel

Mürbeteig

9.2 Mürbeteig (Knetteig/gehackter Teig)

Mürbeteiggebäck kann süß **oder** salzig hergestellt werden und ist deshalb vielseitig einsetzbar. Die mürbe Konsistenz erhält das Gebäck durch den hohen Fettanteil. Die Zutaten stehen in einem bestimmten Mengenverhältnis zueinander. Der Mürbeteig wird bevorzugt für flaches Gebäck wie Plätzchen, Tortenböden, Kleingebäck usw. verwendet.

Mengenverhältnisse:

Verhältnisse/Zutaten	Mehl	Butter/Margarine	Zucker
Einfacher Mürbeteig	4	2	1
Feiner Mürbeteig	3	2	1

Backregeln zur Herstellung von Mürbeteig:

Vor dem Backvorgang

1. Backblech **oder** Kuchenform vorbereiten.
2. Backofen **rechtzeitig vorheizen**.
3. **Alle** Zutaten abwiegen bzw. vorbereiten. Die Arbeitsgeräte bereitstellen.

Zubereitungsmethoden:

→ **Methode I:** (Handrührgerät oder Küchenmaschine mit Knethaken)
Alle Zutaten werden in der Rührschüssel mit dem Knethaken (Handrührgerät **oder** der Küchenmaschine) rasch verarbeitet. Fett und Eier sollten nicht zu kalt sein.

→ **Methode II:** (Backbrett oder Arbeitsfläche mit Palette oder Teigkarten)
Zutaten werden bergförmig auf einem Backbrett **oder** einer sauberen Arbeitsfläche angeordnet. Mit zwei Teigkarten **oder** einer Palette werden die Zutaten **fein gehackt** und mit beiden Händen **rasch** zu einem Teig geknetet.

Arbeitsregeln:

→ Teig **rasch** zusammenkneten, damit er nicht klebt. Das Fett sollte **kalt** sein.
→ Ist der Teig zu trocken, kann etwas Flüssigkeit, z. B. Milch **oder** Fett, zugegeben werden.
→ Ist der Teig zu weich und zu klebrig, kann noch etwas Mehl zugefügt werden.
→ Teig leicht flach drücken und zugedeckt **ca. ½ Stunde** kühl stellen. Gekühlten Teig auf leicht bemehlter Arbeitsfläche o. Ä. auswellen.
→ Wird der Teig für flaches Gebäck **oder** Tortenböden verwendet, kann er zwischen **2** Plastikfolien **sofort** ausgewellt werden. Beim Auswellen wird kein Mehl verwendet, der Teig erleidet keine Qualitätsverluste (**Auswellen zwischen Folie siehe 1.9**).
→ Ist die Teigplatte zu weich, kann sie **ca. 4–5 Min.** ins Gefrierfach gelegt und anschließend **sofort** weiterverarbeitet werden.
→ **Beachte:** Damit die Teigplatten an allen Stellen dieselbe Höhe haben, empfiehlt es sich, Teighölzchen zu verwenden.

Tipp: Die Teighölzchen kann man selbst herstellen (siehe S. 313) oder im Handel erwerben.

252

Mürbeteig

GR Mürbeteig (süß)

Menge ½ GR	Menge 1 GR	Zutaten	Zubereitung (am Beispiel der Methode I)
125 g	250 g	Mehl (Typ 405)	Mehl in eine Rührschüssel sieben. Mit dem Ei in die Mehlmitte eine Mulde drücken.
~62 g	~125 g	Butter oder Margarine	in kleinen Flöckchen auf den Mehlrand setzen.
30 g ~1 Pr	60 g 2 Pr	Zucker Salz	auf den Mehlrand streuen.
½	1	Ei	in einer Tasse verquirlen und in die Mehlmulde geben (½ Ei: von dem verquirlten Ei die Hälfte entnehmen).

Alle Zutaten mit dem Handrührgerät (Knethaken) oder der Rührmaschine (Knethaken) rasch kneten (je nach Bedarf muss der Teig von Hand noch etwas nachgeknetet werden).
Da der Teig sehr schnell klebrig wird, sollte er so schnell wie möglich hergestellt werden. Die Weiterverarbeitung erfolgt nach den jeweiligen Rezepturen.
Hinweis: Das GR Mürbeteig süß kann ebenso entsprechend der Methode II hergestellt werden.

GR Mürbeteig (salzig)

Menge ½ GR	Menge 1 GR	Zutaten	Zubereitung (am Beispiel der Methode II)
125 g	250 g	Mehl (Typ 405)	Mehl auf ein Backbrett oder auf die saubere Arbeitsfläche sieben. In die Mehlmitte eine Mulde drücken.
~62 g	~125 g	Butter oder Margarine	in kleinen Flöckchen auf den Mehlrand setzen.
½ Tl ~1 Pr	1 Tl 1 Pr	Salz Zucker	auf den Mehlrand streuen.
½	1	Ei	in einer Tasse verquirlen und in die Mehlmulde geben (½ Ei: von dem verquirlten Ei die Hälfte entnehmen).

Die Zutaten werden mit einer Palette oder zwei Teigkarten fein gehackt. Diese mit der Hand rasch zu einem einheitlichen Teig zusammenkneten und je nach Rezept weiterverarbeiten.

Hinweis: Das GR Mürbeteig salzig kann ebenso entsprechend der Methode I hergestellt werden.

9.2.1 Abwandlungen GR Mürbeteig

Abwandlungen	Zutaten/Menge	Zubereitung
Vollkornmürbeteig	70 g Mehl (Typ 405) werden durch 70 g fein gem. Dinkel o. Ä. ersetzt.	Den Teig wie oben beschrieben zubereiten. Ist der Teig zu fest, kann noch etwas Milch zugefügt werden.
Mandel- oder Haselnussmürbeteig (süß)	80 g Mehl werden durch 80 g gem. Nüsse oder gem. Mandeln ersetzt.	Gem. Nüsse oder Mandeln an den Mehlrand geben. Weiterverarbeitung siehe GR Mürbeteig süß.

Mürbeteig

9.2.2   Quiche Lorraine (Lothringer Speckkuchen)

→ Springform ⌀ **26 cm oder** 2 kleine ⌀ **18 cm** große Springformen mit Margarine einfetten.

1	**GR**	Mürbeteig **(salzig)**

herstellen **(siehe GR)**. Teig zwischen Folien **(aufgeschnittene Plastikfolien 6 l, siehe S. 34)** zu einer **3 mm** dünnen Teigplatte auswellen. Mürbeteig in die vorbereitete Springform geben. **3 cm** hohen Rand stehen lassen. In den Teigboden mehrmals mit einer Gabel einstechen. **Begründung:** Der Boden bleibt flach. Luftblasenbildung wird vermieden. Die Springform mit einer Folie abdecken, kühl stellen. Den Backofen auf **180 °C** vorheizen und den Belag vorbereiten.

Belag:

1		Zwiebel
20	g	Butter **oder** Margarine
4	El	Petersilie
200	g	gek. Schinken
100	g	roher Schinken
200	g	gerieb. Emmentaler
200	ml	Sauerrahm
200	ml	Sahne
4		Eier
1	Pr	Pfeffer, Paprika, Muskat

▸ schälen, in feine ☐ schneiden.
▸ Zwiebeln glasig dünsten.
▸ waschen, fein zerkleinern, mitdünsten, Masse abkühlen lassen.
▸ in sehr feine ☐ schneiden.

▸ mit der abgekühlten Zwiebelmasse und dem Schinken mischen. Masse gleichmäßig auf dem Springformboden verteilen, glatt streichen.

▸ verrühren und auf der Schinkenmasse gleichmäßig verteilen. Evtl. den überstehenden Teigrand mit dem Teigrädchen an den Belag angleichen, backen.

Backzeit: 50–60 Min./Backtemperatur: ca. 180 °C mittlere Schiene/Ober- und Unterhitze/Garprobe

Fertige Quiche Lorraine vom Rand lösen, anrichten.

Anrichten: Tortenplatte   **Garnieren:** —

Mürbeteig

9.2.3 Brokkolitorte

→ Springform ⌀ **26 cm oder 2** kleine ⌀ **18 cm** große Springformen mit Margarine einfetten. Backofen auf **180 °C** vorheizen.

1	GR	Mürbeteig **(salzig)**	herstellen **(siehe GR)**. Teig zwischen Folien **(aufgeschnittene Plastikfolien 6 l)** zu einer **3 mm** dünnen Teigplatte auswellen. Mürbeteig in die vorbereitete Springform geben. **3 cm** hohen Rand stehen lassen. In den Teigboden mehrmals mit einer Gabel einstechen. Luftblasenbildung wird vermieden. Die Springform mit einer Folie abdecken, kühl stellen.
250 g		Blumenkohl	putzen, in Röschen teilen, waschen.
500 g		Brokkoli	
		Topf oder DDT und gelochter Einsatz	Wasser **(~1/4 l)** bis zum Boden des gelochten Einsatzes (Garkörbchen) füllen.
1	TI	Salz	ins Wasser geben. Den Einsatz (Garkörbchen) mit den Blumenkohl- und den Brokkoliröschen in den Topf setzen, **bissfest** garen.

Topf: ca. 6–8 Min./DDT ca. 3–4 Min./1. Ring/gelochter Einsatz

Gemüse erkalten lassen. Röschen abwechselnd auf den Teigboden setzen.

4		Eier	mit dem Handrührgerät (Schneebesen) verrühren.
200 ml		Sahne	unter die Eier rühren. Eiermasse gleichmäßig über das Gemüse gießen. Teigrand anpassen, Brokkolitorte backen.
200 ml		Crème fraîche	
1½	TI	Salz	
½	TI	Paprika	
1	Pr	Pfeffer, Muskat	

**Backzeit: ca. 60–70 Min./Backtemperatur: 180 °C
mittlere Schiene/Ober- und Unterhitze/Garprobe**

70 g		gerieb. Gouda	**10 Min.** vor Ende der Garzeit über die Torte streuen, gratinieren. Torte vom Springformrand lösen, anrichten.

Anrichten: Tortenplatte   **Garnieren:** —

9.2.4 Gemüsetorte

1	GR	Mürbeteig **(salzig)**	herstellen **(siehe GR)** und verarbeiten **(siehe 9.2.3)**.
1		Zwiebel	schälen, in feine □ schneiden.
20 g		Butter **oder** Margarine	schmelzen lassen, Zwiebeln glasig dünsten.
3–4	El	Petersilie	waschen, fein schneiden, mitdünsten.
300 g		Zucchini	waschen, Schale entfernen, in feine □ schneiden, mitdünsten.
½	Stg	Lauch	putzen, halbieren, waschen, in feine ❱ schneiden, mitdünsten.
2		Karotten	waschen, schälen, grob raspeln, mitdünsten.
		Salz, Pfeffer, Paprika	Masse würzen.
50 g		roher Schinken	in sehr feine □ schneiden, zum Gemüse geben.
50 g		gek. Schinken	
100 g		gerieb. Emmentaler	zugeben. Masse gleichmäßig auf dem Teigboden verteilen, glatt streichen.
200 ml		Sahne	mischen. Eiermasse über das Gemüse gießen. Teigrand an den Belag anpassen. Gemüsetorte backen.
100 ml		Sauerrahm	
3		Eier	
1	Pr	Pfeffer, Paprika	
½	TI	Salz	

**Backzeit: 60–70 Min./Backtemperatur: ca. 180 °C
mittlere Schiene/Ober- und Unterhitze/Garprobe**

Fertige Torte vom Rand lösen und auf eine Tortenplatte geben, anrichten.

Anrichten: Tortenplatte   **Garnieren:** —

Mürbeteig

9.2.5 Gefüllte Herzen

→ Backblech mit Backfolie auslegen. Backofen auf **180 °C** vorheizen.

125 g	Mehl	
100 g	Butter	
1 El	Sauerrahm	
1 Pr	Salz, Pfeffer, Paprika	
1	Ei	
	Mohn, Sesam o. Ä.	

Mürbeteig **(salzig)** herstellen **(siehe GR)**. Teig zwischen Folie zu einer **2 mm** dünnen Teigplatte auswellen. Teigplatte **ca. 2–3 Min.** in den Gefrierschrank legen. Ist der Mürbeteig sehr gut gekühlt, können die Folien gelöst und kleine Herzen ausgestochen werden.

verquirlen, Plätzchen bestreichen.
Plätzchen bestreuen, backen.

**Backzeit: ca. 10–15 Min./Backtemperatur: ca. 180 °C
mittlere Schiene/Ober- und Unterhitze**

100 g	Frischkäse	
2 El	Kräuter **(fein)**	
1 El	Crème fraîche	
1 Pr	Salz, Pfeffer, Paprika	

mischen. Die **Hälfte** der Herzen mit der Oberseite auf die Tortenplatte legen. Frischkäse in Spritzbeutel **(Sterntülle ⌀ 10 mm)** geben und Herzchenformen nachspritzen. Restliche Herzen mit der Unterseite auf den Frischkäse legen, anrichten.

Anrichten: Teller   **Garnieren:** Salatblätter, Schnittlauch, Peperoni

9.2.6 Gefüllte Lachshäppchen

Teig von gefüllten Herzen verwenden, anstelle von Herzen kleine ⌀ **3,5 cm** große Ringe ausstechen und auf ein mit Backfolie ausgelegtes Backblech setzen.

1	Ei	
	Mohn	

verquirlen, Plätzchen bestreichen.
Plätzchen bestreuen, backen.

Backzeit und Backtemperatur: s. o.

100 g	Lachs **oder** Lachsersatz	
125 g	Frischkäse	
2 Tr	Zitronensaft	
1 Pr	Pfeffer, Paprika	

sehr fein pürieren.

zugeben. So lange pürieren, bis eine einheitliche Masse entstanden ist. Masse in einen Spritzbeutel **(Sterntülle ⌀ 10 mm)** geben. Die Hälfte des Mürbeteiggebäcks auf der Unterseite mit der Lachsmasse bespritzen. Die Unterseite des restlichen Gebäcks auf die Crème geben, anrichten.

Anrichten: Teller   **Garnieren:** Salatblätter, Kräuter

Mürbeteig

9.2.7 Zucchini-Törtchen (7 Stk.)

→ 7 feuerfeste Souffléförmchen o. Ä. **(Volumen: 125 ml)** mit Margarine einfetten. Backofen auf **180 °C** vorheizen.

½ GR	Mürbeteig (salzig)	herstellen **(siehe GR)**. Teig zwischen Folien zu einer **2 mm** dünnen Teigplatte auswellen, **ca. 10 Min.** kühl stellen. Aus Teig **7** Kreise ⌀ **11 cm** ausstechen. Souffléförmchen damit auslegen. Rand **2 cm** stehen lassen.
150 g	Zucchini	waschen, Schale entfernen, in sehr feine ☐ schneiden.
½	Zwiebel	schälen, in feine ☐ schneiden.
2–3 El	Petersilie	waschen, sehr fein zerkleinern.
20 g	Butter **oder** Margarine	Zwiebeln, Zucchini und Petersilie andünsten.
1	große Tomate	waschen, Strunk entfernen, häuten **(siehe 1.9)**, in feine ☐ schneiden, zugeben.
	Salz, Pfeffer, Oregano	Masse abschmecken, Souffléförmchen ½ voll füllen.
70 g	Crème fraîche	Masse mischen und gleichmäßig auf der Tomatenmasse verteilen.
40 ml	Sahne	Die Förmchen sollten nur ¾ voll sein. Teigränder sollten nicht überstehen.
1½	Eier	Wenn nötig mit dem Teigrädchen an den Belag anpassen.
1 Tl	Speisestärke **(gestr.)**	Zucchini-Törtchen backen.
70 g	gerieb. Gouda	
½ Tl	Salz, Paprika	

Backzeit: ca. 35–40 Min./Backtemperatur: ca. 180 °C mittlere Schiene/Ober- und Unterhitze/Garprobe

Fertige Zucchini-Törtchen aus der Form nehmen, anrichten.

Anrichten: Teller   **Garnieren:** —

9.2.8 Käse-Dreispitzchen (ca. 35 Stk.)

→ Backblech mit Backfolie auslegen. Backofen auf **180 °C** vorheizen.

1 GR	Mürbeteig (salzig)	herstellen **(siehe GR)**. Teig zwischen Folien zu einer **3 mm** dünnen Teigplatte auswellen (wenn möglich Holzstäbchen verwenden).
20 g	gek. Schinken	in sehr feine ☐ schneiden.
20 g	Gouda	
1 El	Crème fraîche	mit Schinken und Käse mischen, Masse abschmecken.
¼ Tl	Kräutersalz	Gleiche Anzahl von Kreisen ⌀ **6 cm** und ⌀ **1 cm** ausstechen. **1 Msp.** Schinkenmasse in die Mitte der **6 cm** großen Kreise setzen. Nicht zu viel Masse verwenden, da sie sonst herausquillt.
1	Eiweiß	Plätzchenränder bestreichen. Plätzchen zu einem Dreispitz formen. Die Mitte mit Eiweiß bestreichen. Das kleine Plätzchen in die Mitte setzen.
1	Eigelb	verquirlen. Plätzchen damit bestreichen.
1 Tl	Milch	
2 Tl	Sesam	Plätzchen damit bestreuen, backen.

Backzeit: ca. 15–20 Min./Backtemperatur: ca. 200 °C mittlere Schiene/Ober- und Unterhitze

Anrichten: in einem mit Serviette ausgelegten Körbchen   **Garnieren:** Sesam (fein)

Mürbeteig

9.2.9 Käsegebäck

150 g	weiche Butter	
180 g	gerieb. Emmentaler	mit dem Knethaken (Handrührgerät) gut verkneten.
100 ml	Sahne	
½ Tl	Salz	langsam unterkneten.
1 Pr	Muskat	
½ Tl	Backpulver	mischen, sieben, unterkneten. Teig auf einer leicht
250 g	Mehl	bemehlten Arbeitsfläche rasch zusammenkneten.

Tipp: Die Teigplatten dürfen nicht zu lange im Gefrierschrank liegen, da sich sonst aus dem Teig sehr schlecht Formen ausstechen lassen.

Arbeitsschritte bei der Weiterverarbeitung:

❶

Mürbeteig in **2** Portionen teilen. Eine Portion kühl stellen.
Die andere Portion zwischen Folien **(Plastikfolien 6 l)** zu einer **4 mm** dünnen Teigplatte auswellen (wenn möglich Teighölzer verwenden). Teigplatte mit der Folie **ca. 3–4 Min.** tiefkühlen. Die nächste Portion auswellen und ebenfalls kurz tiefkühlen (Formen können besser ausgestochen werden). Den Backofen auf **180 °C** vorheizen.

❷

Die zuerst eingefrorene Teigplatte herausnehmen. Folien beidseitig lösen und je nach Wunsch Plätzchen ausstechen.

Merke: Damit die Plätzchen beim Backen nicht verbrennen, sollten nur Plätzchen mit derselben Größe gemeinsam gebacken werden.

❸

Ein Ei verquirlen und Plätzchen sorgfältig bestreichen.
Garnieren: Mohn, Sesam, Kümmel, Paprikapulver etc.
Plätzchen backen.

**Backzeit: ca. 10–15 Min./Backtemperatur: ca. 180 °C
mittlere Schiene/Ober- und Unterhitze, bei mehreren Blechen Umluft**

Anrichten: kleines Körbchen mit Serviette
Garnieren: Mohn, Sesam, Kümmel, Paprikapulver etc.

Mürbeteig

Rezepte für Mürbeteig (süß)

9.2.10 Feiner Kirschkuchen

→ Springform ⌀ **28 cm** mit Margarine einfetten. Backofen auf **180 °C** vorheizen.

1 **GR**	Mürbeteig **(süß)**	herstellen **(siehe GR)**. Teig zwischen Folien zu einer **3 mm** dünnen Teigplatte auswellen. Springform mit Teig auslegen und einen **ca. 3 cm** hohen Rand stehen lassen. In den Teigboden mehrmals mit der Gabel einstechen (Blasenbildung wird verhindert).

Tipp: Statt einer ⌀ 28 cm großen Springform können zwei Springformen (⌀ 18 cm) verwendet werden.

Belag:

~750 g	entsteinte Kirschen **(Glas)**	Saft abtropfen lassen und für den Guss verwenden.
¾ l	Kirschsaft **(750 ml)**	alle Zutaten in **kaltem** Zustand mischen, es dürfen keine Klümpchen entstehen. Gesamte Flüssigkeit unter ständigem Rühren einmal aufkochen lassen. Masse von der Herdplatte nehmen. Kirschen mit der Masse mischen, gleichmäßig auf dem Springformboden verteilen, glatt streichen, Mürbeteigrand anpassen, backen.
150 g	Zucker	
110 g	Speisestärke	
2 P	Vz.	

**Backzeit: ca. 50 Min./Backtemperatur: 175 °C
mittlere Schiene/Ober- und Unterhitze**

Kuchen **vollständig** in der Form erkalten lassen. Vom Rand lösen und auf eine Tortenplatte geben.

400 ml	Sahne	steif schlagen, auf dem Kirschbelag gleichmäßig glatt streichen. Die Sahne kann ebenso auf den Kirschbelag gespritzt werden **(Stern- oder Rosettentülle ⌀ 10 mm)** verwenden.
2 P	Sahnesteif	
2 P	Vz.	

Anrichten: Tortenplatte, Tortenspitze **Garnieren:** Sahne, Schokoraspel oder Zimt

9.2.11 Mini-Früchtekuchen

→ Springform ⌀ **18 cm** mit Margarine einfetten. Backofen auf **180 °C** vorheizen.

½ **GR**	Mürbeteig **(süß)**	herstellen. Teig zwischen Folien zu einer **3 mm** dünnen Teigplatte auswellen. Springform damit auslegen. Dabei einen **3 cm** hohen Rand stehen lassen. Teigränder rundum mit Alufolie befestigen, somit bleibt der Rand beim „**Blindbacken**" erhalten. Springform in den Backofen schieben.
	Alufolie	

**Backzeit: ca. 20–25 Min./Backtemperatur: ca. 180 °C
mittlere Schiene/Ober- und Unterhitze/Garprobe**

Den Mürbeteigboden aus der Form lösen und auf einem Kuchengitter auskühlen lassen.

500 g	Erdbeeren	waschen, Strunk entfernen, halbieren und vierteln. Die Erdbeerviertel werden bis zum Rand in den Mürbeteigboden geschichtet. **Die Schnittflächen der Erdbeeren = Unterseite.**
1 P	Tortenguss **(rot)**	herstellen, siehe Packungsrückseite. Die Früchte **sorgfältig** mit dem Guss überziehen. Erdbeertorte erkalten lassen.
100 ml	Sahne	steif schlagen und in einen Spritzbeutel **(Rosettentülle ⌀ 10 mm)** füllen. Sahnerosetten werden in Bandform am Kuchenrand entlang gespritzt.
1 P	Vz.	

Anrichten: Tortenplatte, Tortenspitze **Garnieren:** Sahnerosetten

Tipp: Früchte entsprechend dem saisonalen Angebot auswählen. Die kleine Springform kann durch eine ⌀ 26 cm große Form ausgetauscht werden, dabei muss man die Mengenangaben verdoppeln.

Mürbeteig

9.2.12 Apfelkuchen

→ Springform ⌀ **26 cm** mit Margarine einfetten. Backofen auf **180 °C** vorheizen.

1	**GR**	Mürbeteig **(süß)**	herstellen **(siehe GR)**. Teig zwischen Folien **3 mm** dünn auswellen und Springform auslegen. Einen **3 cm** hohen Rand stehen lassen. Mit der Gabel mehrmals in den Boden stechen. Die Luftblasenbildung wird dadurch vermieden.
		Semmelbrösel	Mürbeteigboden gleichmäßig bestreuen.
1		Zitrone	auspressen.
4–5		Äpfel	waschen, schälen, vierteln, Kerngehäuse entfernen, achteln. Apfelstücke in Zitronensaft wenden, schuppenförmig auf dem Springformboden anordnen. Kuchen vorbacken.

> **Backzeit: ca. 20 Min.**
> **Backtemperatur: ca. 180 °C mittlere Schiene/Ober- und Unterhitze**

Belag I: Mandelbelag

40 g		Butter	
50 g		Zucker	
2	P	Vz.	
2	El	Tannenhonig	
2	El	Milch	in einem Topf erhitzen.
200 g		gehobelte Mandeln	zugeben, umrühren. Masse etwas abkühlen lassen und gleichmäßig auf dem Apfelbelag verteilen, glatt streichen, backen.

> **Backzeit: ca. 20–25 Min./Backtemperatur: ca. 180 °C**
> **mittlere Schiene/Ober- und Unterhitze/Garprobe**

1	El	Aprikosenkonfitüre	mischen und den noch heißen Mandelbelag mit Konfitüre überziehen = **aprikotieren**.
½	Tl	Aprikosenlikör	

Anrichten: Tortenplatte, Tortenspitze   **Garnieren:** —

Belag II: Quarkguss

Springform mit Mürbeteig und Äpfeln (wie oben beschrieben) auslegen. Kuchen wird jedoch nicht vorgebacken.

3		Eiweiß	steif schlagen, dabei den Zucker langsam einrieseln lassen. Die Eiweißmasse sollte schnittfest sein. Masse kühl stellen.
25 g		Zucker	
40 g		weiche Butter	gesamte Zutaten **10 Min.** in der Rührmaschine (Schneebesen) rühren. Den steif geschlagenen Eischnee locker unterheben. Masse über die Äpfel gießen, Teigrand evtl. nochmals angleichen, backen.
3		Eigelb	
62 g		Zucker	
375 g		Speisequark	
50 g		Mehl	
¼	l	Milch **(250 ml)**	
½		Zitrone **(Schale)**	

> **Backzeit: ca. 60–70 Min./Backtemperatur: 180 °C**
> **mittlere Schiene/Ober- und Unterhitze/Garprobe**

Nach **35 Min.** den Kuchen herausnehmen, zwischen dem Mürbeteigrand und dem Quarkbelag rundherum einschneiden, weitere **ca. 35 Min.** backen (durch das Einschneiden bleibt der Kuchen in der Höhe erhalten).
Fertigen Kuchen bei ausgeschaltetem Backofen (Nachwärme) weiter **10 Min.** im Ofen lassen. Kuchen entnehmen, in der Form vollständig abkühlen lassen.

Tipp: Nimmt man den Kuchen zu früh aus der Form, kann er auseinander fallen.

Anrichten: Tortenplatte, Tortenspitze   **Garnieren:** Puderzucker (fein)

Mürbeteig

9.2.13 Birnenkuchen mit Baiserhaube

→ Springform ⌀ **26 cm** mit Margarine einfetten. Backofen rechtzeitig auf **180 °C** vorheizen. Alle Zutaten abwiegen.

250 g	Mehl **(Typ 405)**	auf das Backbrett sieben. In die Mitte eine Mulde drücken.
2 Tl	Backpulver **(gestr.)**	auf den Mehlrand geben.
100 g	Zucker	
75 g	Butter	in kleinen Flöckchen auf den Mehlrand setzen.
1	Ei	verquirlen, in die Mehlmitte geben. Mürbeteig herstellen **(siehe GR)**. Teig zwischen Folien zu einer **3 mm** dünnen Teigplatte auswellen. Springform mit Teig auslegen und einen **ca. 3 cm** hohen Rand stehen lassen. In den Teigboden mehrmals mit der Gabel einstechen (Blasenbildung wird verhindert).
2–3 El	Milch	
2 Pr	Salz	
~4	Williams-Christ-Birnen	waschen, schälen, halbieren, vierteln, das Kernhaus entfernen, achteln.
3	Eigelb	mit dem Handrührgerät (Schneebesen) schaumig schlagen. Der Zucker muss vollständig vergangen sein.
100 g	Zucker	
2 P	Vz.	
500 g	Speisequark	die Zutaten entsprechend der Reihenfolge mit dem Schneebesen nach und nach unter die Eigelbmasse rühren. Die Birnen kreisförmig auf dem Springformboden anordnen und die Masse gleichmäßig auf den Birnen verteilen, glatt streichen. Kuchen in den Backofen schieben, backen.
8 El	Speisestärke **(gestr.)**	
¼ l	Milch	
¼ l	Sahne	

**Backzeit: ca. 60 Min./Backtemperatur: 180 °C
mittlere Schiene/Ober- und Unterhitze**

Baiserhaube

3	Eiweiß	in eine Rührschüssel geben. Mit dem Handrührgerät (Schneebesen) sehr steif schlagen.
150 g	Puderzucker	sieben und löffelweise nach und nach unter den Eischnee rühren. Es muss eine schnittfeste, glänzende Masse entstehen. Kuchen aus dem Ofen nehmen. Die Baisermasse mit einer Teigkarte gleichmäßig auf der Kuchenoberfläche auftragen, sodass sich Eiweißspitzen bilden **(siehe Foto)**. Den Kuchen nochmals in den Backofen geben.

**Backzeit: ca. 15–20 Min./Backtemperatur: 100 °C
mittlere Schiene/Ober- und Unterhitze**

Anrichten: Tortenplatte, Tortenspitze **Garnieren:** Baiserhaube

Mürbeteig

9.2.14 Johannisbeerkuchen

→ Springform ⌀ **28 cm** mit Margarine einfetten **oder 2** kleine Springformen ⌀ **18 cm** verwenden.

1	**GR**	Mürbeteig **(süß)**

herstellen **(siehe GR)**. Teig zwischen Folien zu einer **2 mm** dünnen Teigplatte auswellen. Form auslegen und einen **3 cm** hohen Rand stehen lassen.

700	g	Johannisbeeren

waschen, entstielen.

6		Eiweiß

steif schlagen.

200	g	Zucker
2	P	Vz.

zugeben, **ca. 10 Min.** weiterrühren.

200	g	gem. Haselnüsse

mit dem Schneebesen locker unterheben. $^1/_3$ der Haselnussmasse entnehmen und aufbewahren. Beeren unter die restliche Haselnussmasse heben und auf dem Kuchenboden verteilen, glatt streichen. Restl. $^1/_3$ der Haselnussmasse auf die Beerenmasse streichen und in den **vorgeheizten** Backofen geben, backen.

> Backzeit: ca. 50–60 Min./Backtemperatur: ca. 180 °C
> mittlere Schiene/Ober- und Unterhitze/Garprobe

Fertigen Kuchen in der Form abkühlen lassen, auf Kuchengitter auskühlen.

Anrichten: Tortenplatte, Tortenspitze   **Garnieren:** Puderzucker (fein)

9.2.15 Schmand-Nektarinen-Tarte

→ Backofen auf **170 °C** vorheizen. Springform ⌀ **28 cm** einfetten.

175	g	Mehl
40	g	Zucker
2	P	Vanillezucker
80	g	Butter
1		Ei
2	Tr	Zitronenaroma
1	Pr	Salz

Mürbeteig herstellen und zwischen Folien **(Gefrierbeutel 6 l, aufgeschnitten, siehe 1.9)** auswellen und in die Springform geben. Einen **2–3 cm** hohen Rand stehen lassen.

700	g	Schmand
100	g	Zucker
3		Eier
1		Vanilleschote **(Mark)**
$^1/_2$		Zitrone **(Abrieb)**
2	Tr	Butter-Vanille-Aroma
15	g	Puddingpulver

in einer Schüssel mit dem Schneebesen verrühren. Masse auf den Mürbeteigboden geben, glatt streichen und backen.

> Backzeit ca. 45–55 Min./Backtemperatur: 170 °C
> mittlere Schiene/Ober- und Unterhitze

Tarte vom Springformrand lösen und auf dem Kuchengitter auskühlen lassen.

Nektarinenmasse

3		Nektarinen **(reif)**

waschen, schälen, entkernen, pürieren.

3	El	Zucker

karamellisieren.

120	ml	Orangensaft

Karamell ablöschen, aufkochen lassen, bis eine einheitliche Masse entstanden ist. Nektarinenmasse zugeben.

		etwas Zitronenabrieb

zugeben.

4		Nektarinen **(fest)**

waschen, entkernen, in $^1/_8$ Stücke schneiden und in die **heiße** Nektarinen-Karamell-Masse geben, nicht mehr kochen, sondern **ziehen** lassen.

		etwas Zimt, Nelken, Zucker
$^1/_2$	Tl	Nektarinenlikör o. Ä.

gesamte Masse abschmecken.

		Zucker **(braun)**
		Bunsenbrenner bzw. Flammbier-Brenner

Tarte in gleichmäßige Stücke teilen, mit braunem Zucker überstreuen. Bunsenbrenner/Flammbierbrenner anzünden. Zucker **goldbraun** karamellisieren, dazu die Nektarinenmasse reichen.

Anrichten: Dessertteller   **Garnieren:** Zitronenmelisse **oder** Minze

Mürbeteig

9.2.16 Streuselkäsekuchen

→ Springform ⌀ **26 cm** mit Margarine einfetten. Backofen auf **180 °C** vorheizen.

250 g	Mehl	
100 g	Zucker	
125 g	Butter	Mürbeteig nach **Methode II** herstellen (gehackte Methode). **¹/₃** des Teiges auf den Springformboden bröseln. Restlichen Teig kühl stellen.
1	Eigelb	
1 P	Vz.	
1 Tl	Backpulver	
½	Zitrone **(Saft)**	
6	Eiweiß	▶ steif schlagen, kühl stellen.
125 g	Butter	▶ schaumig schlagen.
250 g	Zucker	
5	Eigelb	▶ zugeben und so lange rühren, bis der Zucker sich gelöst hat.
2 P	Vz.	
2 El	Grieß	▶ zugeben.
750 g	Speisequark	▶ löffelweise zugeben, rühren, bis eine einheitliche Masse entstanden ist. Eischnee locker unterheben. Masse auf die Streusel gießen. Aus dem restl. Mürbeteig weitere Streusel herstellen und gleichmäßig auf der Quarkmasse verteilen. Kuchen backen.

Backzeit: ca. 60 Min./Backtemperatur: ca. 180 °C
mittlere Schiene/Ober- und Unterhitze/Garprobe

Fertigen Kuchen vollständig in der Form auskühlen lassen, vom Rand lösen und aus der Form nehmen (Kuchenretter verwenden), anrichten.

Anrichten: Tortenplatte, Tortenspitze **Garnieren:** —

9.2.17 Zucker-Mandel-Gesichter (ca. 9 Stk.)

→ Backblech mit Backfolie auslegen. Backofen auf **180 °C** vorheizen.

1 **GR**	Mürbeteig **(süß)**	herstellen **(siehe GR)**. Teig zwischen Folien zu einer **2 mm** dünnen Teigplatte auswellen. Platte **3–4 Min.** in den Tiefkühlschrank legen. Aus Teig gezackte Ringe ⌀ **8 cm** ausstechen. Hälfte der Ringe auf das Backblech legen. Aus der zweiten Hälfte der Ringe ein Gesicht ausstechen. Für die Augen einen ⌀ **1 cm** großen Ring und für den Mund einen Halbmondausstecher verwenden.

1	Ei	▶ verquirlen, gesamte Ringe bestreichen.
	Hagelzucker gehackte Mandeln	▶ nur die Ringe mit dem Gesicht bestreuen, backen.

Backzeit: ca. 15–20 Min./Backtemperatur: ca. 180 °C
mittlere Schiene/Ober- und Unterhitze/Garprobe

100 g	Johannisbeergelee o. Ä. **oder** Schokocrème	**1–2 Tl** Gelee auf die Unterseite der Ringe (ohne Gesicht), glatt streichen und Unterseite der Ringe (mit Gesicht) auf das Gelee geben, **vorsichtig** andrücken.

Anrichten: Tortenplatte, Tortenspitze **Garnieren:** Hagelzucker und gehackte Mandeln

Mürbeteig

9.2.18 Haselnussecken

→ Backblech mit Margarine einfetten. Den Backofen auf **180 °C** vorheizen.

300 g	Mehl	
75 g	gem. Haselnüsse	
100 g	Zucker	
2 Pr	Salz	
190 g	Butter **oder** Margarine	
1	Ei	

Mürbeteig herstellen **(siehe GR)**. Teig auf dem vorbereiteten Backblech **3 mm** dünn auswellen, dabei sollte das Wellholz leicht bemehlt werden. Um die Luftblasenbildung zu vermeiden, muss in den Teigboden mehrmals mit der Gabel eingestochen werden. Blech abgedeckt kühl stellen.

Belag:

130 g	Butter	Zutaten unter ständigem Erhitzen zu einer einheitlichen Masse rühren.
130 g	Zucker	
2 El	Honig	zugeben, schmelzen lassen.
250 g	gem. Haselnüsse	zugeben, Masse mischen.
2 El	Sahne	Teigplatte bestreichen und den Haselnussbelag gleichmäßig auf der Teigplatte verteilen, backen.

Tipp: Anstelle von Dreiecken können Rechtecke, Rauten o. Ä. hergestellt werden.
Die gem. Haselnüsse können durch gehobelte Mandeln ersetzt werden.

**Backzeit: ca. 25–30 Min./Backtemperatur: ca. 180 °C
mittlere Schiene/Ober- und Unterhitze/Garprobe**

Fertige Haselnussplatte vor dem Schneiden etwas abkühlen lassen. Platte in **4 cm × 4 cm** große Quadrate schneiden. Diese diagonal zu Dreiecken teilen.

150 g	Schokoladenglasur	im Wasserbad **oder** der Mikrowelle erhitzen. Enden der Dreiecke **vorsichtig** in die Schokoladenglasur tauchen. Auf einem Kuchengitter abkühlen lassen.

Anrichten: Tortenplatte, Tortenspitze   **Garnieren:** Schokoladenglasur

Mürbeteig

> **Sage: Die Entstehung der Brezel**
> Der Bad Uracher Graf verurteilte seinen Hofbäcker zum Tode, weil dieser begann, Unwahrheiten über ihn zu erzählen. Das stetige Bitten des Bäckers Frieder veranlasste den Grafen, ihm eine letzte Chance einzuräumen. Er forderte von ihm, ein neues Gebäck zu erfinden, bei dem 3-mal die Sonne durchscheinen konnte. Nach mehreren Backversuchen sah Frieder seine Frau mit verschränkten Armen vor sich stehen. Plötzlich kam ihm die entscheidende Idee. Er kreierte ein Gebäck, das den verschränkten Armen glich. In der Tat konnte die Sonne 3-mal durch die Gebäckzwischenräume scheinen. Bäcker Frieder brachte dem Grafen seine Kreation. Dieser war davon so begeistert, dass er das Gebäck künftig „bracchium" (lat., Arm) nannte. Im Verlaufe der Jahre entwickelte sich das Wort „Brezel" daraus. Der Graf hob das Todesurteil auf.

9.2.19 Kleine Mürbebrezeln

➔ Backblech mit Backfolie auslegen. Backofen auf **180 °C** vorheizen.

200 g	Mehl
50 g	Speisestärke
1	Ei
75 g	Zucker
75 g	Butter
1 Tl	Anis
1 Tl	Backpulver (**gestr.**)
50 ml	Sahne

Mürbeteig herstellen (**siehe GR**). Teig zwischen Folien zu einer **2 mm** dünnen Teigplatte auswellen und ca. **3–4 Min.** ins Gefrierfach legen.
Aus dem Teig kleine Brezeln (Brezelausstecher) ausstechen.
Brezeln auf ein mit Backfolie ausgelegtes Backblech legen, backen.

> **Backzeit: ca. 15–20 Min./Backtemperatur: ca. 180 °C**
> **mittlere Schiene/Ober- und Unterhitze**

| 100 g | Puderzucker |
| 3–4 Tl | Kirschsaft |

glatt rühren, fertige Brezeln damit bestreichen.

| 1 El | Pistazien |

fein hacken und über die Brezeln streuen.

Anrichten: Teller, Tortenspitze   **Garnieren:** Pistazien (fein, 1 El)

> **Tipp:** Anstelle von Kirschglasur kann Schokoladenglasur verwendet werden.

9.2.20 Mohnrechtecke

➔ Backblech mit Margarine einfetten. Backofen auf **180 °C** vorheizen.

| 1 GR | Mürbeteig (**süß**) |

herstellen (**siehe GR**). Teig halbieren. Eine Hälfte auf einem **halben** Backblech auswellen **= Boden**. Zweite Hälfte zwischen Folien zu einer **ca. 2 mm** dünnen rechteckigen Teigplatte auswellen **= Deckel**. **Beachte:** Beide Teigplatten sollten gleich groß sein.

| 2 | Eiweiß |

steif schlagen.

| 50 g | Rosinen |

waschen, sehr fein zerkleinern.

| 100 g | Marzipan |

in feine □ schneiden.

| 500 g | Mohnfix (**Mohnback**) |

mit Rosinen und Marzipan mischen.

| 5 El | gem. Haselnüsse |

zugeben, mischen. Den Eischnee locker unter die Masse heben. Mohnmasse auf dem Teigboden gleichmäßig verteilen. Mürbeteigdeckel auf die Mohnmasse legen, leicht andrücken, backen.

> **Backzeit: ca. 30 Min./Backtemperatur: ca. 180 °C**
> **mittlere Schiene/Ober- und Unterhitze/Garprobe**

Mohnplatten auskühlen lassen.

| 100 g | Puderzucker |
| 2 El | Zitronensaft |

glatt rühren, gleichmäßig auf Mürbeteigdeckel streichen. Glasur halb fest werden lassen. Kleine Mohnrechtecke (**2 cm × 4 cm**) schneiden.

Anrichten: Platte, Tortenspitze   **Garnieren:** Zitronenglasur

Brandmasse

9.3 Brandmasse

Die Brandmasse ist eine mehl-, wasser- und eierreiche Masse, die **zweimal** gegart wird. Die Zutaten werden im **Kochtopf** auf der **Kochstelle** zu einem Kloß verrührt, bis sich am Topfboden ein weißer Belag gebildet hat. Dieser Vorgang wird als **„abbrennen"** bezeichnet, woher die Brandmasse ihren charakteristischen Namen erhält. Das Gebäck wird während des **Garprozesses (backen, frittieren o. Ä.)** durch Wasserdampf gelockert. Das Volumen verdoppelt sich. Da das Gebäck hohl und weitgehend geschmacksneutral ist (**Ausnahme: GR** Abwandlungen), eignet es sich hervorragend zum Füllen von süßen und pikanten Massen.

Backregeln zur Herstellung der Brandmasse

Vor dem Backvorgang:

❶ Backblech mit Backfolie auslegen. Hinweis: Früher wurde das Blech eingefettet und mit Mehl bestäubt. Diese Vorgehensweise ist heute durch den Einsatz von Backfolien hinfällig.

❷ Den Backofen **rechtzeitig vorheizen**. Kurz bevor das Backblech in den Backofen kommt, kann zur Dampfbildung etwas Wasser auf den Backofenboden gegossen werden. Das Gebäck geht besser auf.

❸ **Alle** Zutaten abwiegen und vorbereiten. Die Arbeitsgeräte vor der Zubereitung bereitstellen.

Zubereitungsmethoden:

→ **Methode I: (Lochlöffel)**
Wasser, Salz und Fett im geschlossenen Topf aufkochen lassen. Das Mehl auf einmal zugeben und mit dem Lochlöffel zu einem Kloß verrühren und abbrennen. Die Eier einzeln mit dem Lochlöffel unterrühren.

→ **Methode II: (Lochlöffel und Handrührgerät mit Knethaken)**
Wasser, Salz und Fett im geschlossenen Topf aufkochen lassen. Das Mehl auf einmal zugeben und mit dem Lochlöffel zu einem Kloß verrühren und abbrennen. Die Eier einzeln mit dem Handrührgerät (Knethaken) unterrühren.

Arbeitsregeln:

→ Die Flüssigkeit, das Fett und das Salz werden in einem **geschlossenen** Topf erhitzt, die Mengenverhältnisse bleiben somit erhalten. Die Brandmasse erhält die richtige Beschaffenheit.

→ Das Mehl **auf einmal** in die kochende Flüssigkeit geben = keine Klümpchenbildung.

→ Der Kloß wird **abgebrannt**, d. h. am Topfboden ist ein **weißer Belag** sichtbar. Durch das Abbrennen verkleistert die Stärke des Mehls, wobei gleichzeitig das Klebereiweiß gerinnt. Es werden Gase eingeschlossen.

→ Rasches Abkühlen wird erreicht, indem man die Masse aus dem heißen Topf in eine Rührschüssel gibt.

→ Das **erste Ei** wird **sofort** unter die Brandmasse gerührt, dabei darf das Ei nicht **gerinnen**. Alle weiteren Eier werden **einzeln** und **nacheinander** untergerührt.

→ Bevor das **letzte Ei** zugegeben wird, muss die **Konsistenz** der Brandmasse **geprüft** werden.

→ Die Masse hat die richtige Beschaffenheit, wenn sie **glatt** ist, **glänzt** und sich **Teigspitzen** bilden.

→ Damit der Backtrieb erhalten bleibt, wird das Backpulver mit dem letzten Ei zugefügt.

→ Die Brandmasse muss frisch verarbeitet werden, da sie sonst **fest** und **zäh** wird.

→ Der beim Backen entstandene **Wasserdampf** verleiht dem Gebäck ungefähr das **doppelte Volumen**. Die Abstände zwischen den Gebäckteilen müssen deshalb **groß genug** sein.

→ Den Backofen erst **kurz vor Ende der Backzeit** öffnen, da das Gebäck sonst zusammenfällt.

Brandmasse

GR Brandmasse

Menge ½ GR	Menge 1 GR	Zutaten	Zubereitung (am Beispiel der Methode II)
⅛ l 25 g 1 Pr	¼ l 50 g 2 Pr	Wasser Butter **oder** Margarine Salz	Zutaten in einem geschlossenen Topf zum Kochen bringen. Den Topf von der Herdplatte nehmen.
75 g 	150 g	Mehl **(Typ 405)**	sieben und auf einmal in den Topf schütten. Alle Zutaten mit dem Lochlöffel zu einem einheitlichen Kloß rühren. Den Topf wieder auf die Kochstelle stellen und so lange rühren, bis sich am Topfboden ein **weißer Belag** gebildet hat. Dieser Vorgang wird als **„abbrennen"** bezeichnet. Den Kloß in eine Rührschüssel geben.
1–2 ½ Tl	3–4 1 Tl	Eier **(mittlere Größe)** Backpulver **(gestr.)**	Das **erste** Ei wird **sofort** unter die Brandmasse gerührt (die Masse geht besser auf und verbindet sich **optimal** mit den restlichen Eiern). Alle weiteren Eier werden **einzeln** in einer Tasse aufgeschlagen und nacheinander mit dem Handrührgerät (Knethaken) unter die **abgekühlte** Masse gerührt. **Merke:** Bevor das letzte Ei zugegeben wird, muss die Beschaffenheit der Masse kontrolliert werden. Sie sollte glatt sein, glänzen und am Löffel sollten sich Teigspitzen bilden. Deshalb wird das letzte Ei in der Tasse verquirlt und löffelweise mit dem Backpulver zugegeben, bis die Masse die richtige Beschaffenheit hat. Die Brandmasse wird entsprechend der Rezeptur **sofort** weiterverarbeitet.

9.3.1 Abwandlungen GR Brandmasse

Abwandlungen	Mengen/Zutaten für **1 GR**	Zubereitung
Käse-Brandmasse für pikante Füllungen	40 g geriebener Emmentaler	Der geriebene Käse wird, bevor das letzte Ei zugefügt wird, unter die abgekühlte Brandmasse gerührt.
Zimt-Brandmasse für süße Füllungen	1 Tl Zimt	wird mit dem Mehl in die Flüssigkeit gegeben.

Tipp:
- Damit das fertige Gebäck nicht zu sehr durchweicht, sollte es erst kurz vor dem Verzehr gefüllt werden **(siehe Grundregeln beim Füllen von Gebäck aus Brandmasse)**.
- Frisches Gebäck schmeckt am besten.
- Gut ausgekühltes, ungefülltes Gebäck kann man fachgerecht **ca. 3 Monate** eingefrieren. Es kann kurz vor dem Verzehr aufgetaut und im vorgeheizten Backofen bei **ca. 200 °C/ca. 3–4 Min./Ober- und Unterhitze** aufgebacken werden.

Brandmasse

9.3.2 Verschiedene Formgebungsmöglichkeiten von Brandmassen
(Die Angaben beziehen sich auf ½ GR)

1. Windbeutel (8 Stk.)

Brandmasse in einen Spritzbeutel (**Sterntülle ⌀ 10 mm**) füllen. Spiralförmig **8** gleich große Tupfen von außen nach innen (**⌀ ~6 cm**) im Abstand von **3 cm** auf das vorbereitete Backblech spritzen und goldbraun backen.

Backzeit: ca. 27–30 Min.
Backtemperatur: 180 °C
mittlere Schiene
Ober- und Unterhitze

2. Kranz (1 Stk.)

Brandmasse in einen Spritzbeutel (**Sterntülle ⌀ 10 mm**) füllen und **7** gleich große Tupfen (**⌀ ~6 cm**) in **geringem** Abstand kranzförmig auf das vorbereitete Backblech spritzen und goldbraun backen.

Backzeit: ca. 27–30 Min.
Backtemperatur: 180 °C
mittlere Schiene
Ober- und Unterhitze

3. Herz (1 Stk.)

Brandmasse in einen Spritzbeutel (**Sterntülle ⌀ 10 mm**) füllen und **1** Herz (**Höhe: ca. 17 cm**) mit gerader Linienführung auf das vorbereitete Backblech spritzen = **Boden**. Auf dem Gespritzten die Herzform wellenförmig nachspritzen = **Deckel**. Herz goldbraun backen.

Backzeit: ca. 27–30 Min.
Backtemperatur: 180 °C
mittlere Schiene
Ober- und Unterhitze

4. Eclairs (~8 Stk.)

Brandmasse in den Spritzbeutel (**Sterntülle ⌀ 10 mm**) füllen und **~8 lange** Streifen (**Länge: 7 cm**) im Abstand von **3 cm** auf das vorbereitete Backblech spritzen und goldbraun backen.

Backzeit: ca. 27–30 Min.
Backtemperatur: 180 °C
mittlere Schiene
Ober- und Unterhitze

5. Ringe (~7 Stk.)

Brandmasse in den Spritzbeutel (**Sterntülle ⌀ 10 mm**) füllen und ca. **7** gleich große Ringe (**⌀ ~6 cm**) im Abstand von **3 cm** auf ein vorbereitetes Backblech spritzen, goldbraun backen.

Backzeit: ca. 27–30 Min.
Backtemperatur: 180 °C
mittlere Schiene
Ober- und Unterhitze

6. Profiteroles (~ 65 Stk.) (Suppeneinlage)

Brandmasse in einen Spritzbeutel (**Sterntülle ⌀ 10 mm**) füllen und kleine Tupfen (**⌀ ~1–2 cm**) im Abstand von **1 cm** auf das vorbereitete Backblech spritzen, goldbraun backen.

Backzeit: ca. 25–30 Min.
Backtemperatur: 180 °C
mittlere Schiene
Ober- und Unterhitze

Brandmasse

9.3.3 Grundregeln beim Füllen von Gebäck aus Brandmasse

❶ Mit einer Haushaltsschere **oder** einem scharfen, gezackten Messer wird das Gebäck in **lauwarmem** Zustand quer halbiert. Ausnahme: Profiteroles **(Nr. 6)** werden als Suppeneinlage verwendet.

❷ Das Gebäck muss vor dem Füllen **vollständig** ausgekühlt sein, da die Füllung evtl. schmelzen könnte.

❸ Um das Aufweichen des Gebäcks zu verhindern, sollte es **kurz** vor dem Anrichten gefüllt werden.

❹ Die **Unterseite** (**Boden**) der Gebäckstücke gleichmäßig mit der Masse füllen und die **Oberseite** (**Deckel**) des Gebäcks auflegen.

9.3.4 Süße Füllungen

Früchte-Sahne-Füllung: (für ½ GR)

~200 ml	Sahne	
2 P	Vz.	steif schlagen.
1 P	Sahnesteif	
125 g	frische Früchte (der Saison)	entsprechend vorbereiten, evtl. zerkleinern. Früchte locker unter die Sahne heben und das Gebäck füllen.

Anrichten: Tortenplatte, Tortenspitze **Garnieren:** Puderzucker (fein), Melissenblätter

Erdbeer-Quark-Füllung: (für ½ GR)

~8	Erdbeeren	putzen, waschen, in feine Scheiben schneiden.
50 ml	Sahne	steif schlagen.
200 g	Speisequark	verrühren, Sahne locker unterheben. Quarkmasse abschmecken.
2–3 El	Zucker	Diese gleichmäßig auf der Gebäckunterseite (**Böden**) verteilen. Die Erdbeerscheiben schuppenförmig auf der Quarkmasse anordnen. Oberseite des Gebäcks (**Deckel**) **vorsichtig** auflegen.
1 Tl	Pistazien	sehr fein hacken und auf die Erdbeerscheiben streuen.

Anrichten: Tortenplatte, Tortenspitze **Garnieren:** Puderzucker (fein), Pistazien (1 Tl fein), Melissenblätter

Mandarinen-Vanilleflammeri-Füllung: (für ½ GR)

½ GR	Vanilleflammeri	herstellen (siehe 8.3.2) und abkühlen lassen. Den Spritzbeutel (**Sterntülle ⌀ 10 mm**) mit der Masse füllen. Diese gleichmäßig auf die Gebäckunterseite (**Boden**) spritzen.
~100 g	Mandarinen	öffnen, abtropfen lassen, dritteln und gleichmäßig auf der Flammerimasse verteilen. Gebäckoberseite (**Deckel**) vorsichtig auflegen. Ist noch etwas Masse übrig, kann diese in einem Schälchen dazugereicht werden.
1 Tl	Pistazien	sehr fein hacken und auf die Masse streuen.

Anrichten: Tortenplatte, Tortenspitze **Garnieren:** Puderzucker (fein), Pistazien (1 Tl fein), Melissenblätter

Tipp: Kommen unerwartet Gäste, können die Windbeutel, der Kranz und das Herz mit kleinen Eiskugeln gefüllt und sofort zum Verzehr angeboten werden. Je nach Eissorte kann eine Fertigsoße (z. B. Schokoladensoße, Himbeersoße, etc.) über die Eiskugeln gegeben werden.

Brandmasse

9.3.5 Pikante Füllungen

Frischkäse-Oliven-Füllung: (für ½ GR)

125 g	Frischkäse	
125 g	Speisequark	mischen.
1 El	Milch	
1 Pr	Salz, Pfeffer, Paprika	zugeben, Masse kräftig abschmecken und das Gebäck gleichmäßig füllen **(Spritzbeutel/Lochtülle ⌀ 10 mm oder Esslöffel)**.
2–3	gefüllte Oliven	in feine ○ schneiden. Scheiben dekorativ auf der Masse anordnen **(siehe Foto)**. Die Oberseite des Gebäcks **(Deckel)** auflegen.

Anrichten: Tortenplatte, Tortenspitze **Garnieren:** Olivenscheiben, Petersiliensträußchen

Käse-Wurst-Füllung: (für ½ GR)

100 g	Speisequark	mischen.
50 g	Sauerrahm	
50 g	Gouda	in feine □ schneiden und zur Quarkmasse geben.
50 g	Salami	
½ Bd	Schnittlauch	waschen, fein schneiden und untermischen.
	Salz, Pfeffer, Paprika	Masse kräftig abschmecken und das Gebäck gleichmäßig füllen.

Anrichten: Tortenplatte, Tortenspitze **Garnieren:** ——

Tomaten-Frischkäse-Füllung: (für ½ GR)

100 g	Speisequark	mischen.
150 g	Frischkäse **(kernig)**	
	Salz, Pfeffer, Paprika	Masse abschmecken und in den Spritzbeutel **(Lochtülle ⌀ 12 mm)** füllen, kalt stellen.
~6–7	Cocktailtomaten	waschen, Strunk entfernen, in feine ○ schneiden. Frischkäse-Füllung gleichmäßig auf die Gebäckunterseite **(Böden)** spritzen. Tomatenscheiben schuppenförmig auf der Masse anordnen.
	Salz, Pfeffer	Tomatenscheiben würzen.
~¼ Bd	Schnittlauch **(3 El)**	waschen, fein schneiden und gleichmäßig auf den Tomaten verteilen. Die Oberseite des Gebäcks **(Deckel) vorsichtig** auflegen.

Anrichten: Tortenplatte, Tortenspitze **Garnieren:** Schnittlauch (fein, 3 El)

Frischkäse-Krabben-Füllung: (für ½ GR)

½	Zwiebel	putzen, schälen, in sehr feine □ schneiden.
½ Bd	Petersilie	waschen, sehr fein schneiden.
1–2 El	Öl	erhitzen, Petersilie und Zwiebelwürfel glasig andünsten, erkalten lassen.
100 g	Kräuterfrischkäse	mischen und das abgekühlte Petersiliengemisch zugeben.
~50 g	Schmand	
4	Cocktailtomaten	waschen, Strunk entfernen, in feine □ schneiden, zugeben.
100 g	Krabben **(frisch)**	**vorsichtig** unter die Frischkäsemasse rühren.
	Salz, Pfeffer, Paprika	Masse herzhaft abschmecken und das Gebäck gleichmäßig füllen.

Anrichten: Tortenplatte, Tortenspitze **Garnieren:** Petersilie (fein, 1 El)

10. Kapitel

10 Hefeteig, Biskuitmasse, Quark-Öl-Teig, Quarkblätterteig, Strudelteig

Die vielfältigen Gebäckarten und Kuchensorten bereichern durch ihre zahlreichen Abwandlungsmöglichkeiten die Kaffeetafel. Diese Variationsvielfalt ermöglicht dem Gastgeber, zu jedem Anlass das passende Backwerk auszuwählen und die Gäste zu verwöhnen. Durch die Auswahl der verschiedenen Mehlsorten, der Geschmacks- und Verfeinerungszutaten sind der Fantasie keine Grenzen gesetzt. Selbstgebackenes liegt nach wie vor im Trend.

	6. PROJEKT	272
10.1	**Einführung GR Hefeteig**	273
	Hefeteig GR süß	274
	Hefeteig GR salzig	275
10.1.1	Pikantes Hefekleingebäck	276
10.1.2	Pikante Füllungen für Hefekleingebäck	277
10.1.3	Pizza mit verschiedenen Belägen	278
10.1.4	Griechische Fladen	279
10.1.5	Ciabatta (italienisches Weißbrot)	279
10.1.6	Baguette	280
10.1.7	Kräuterbrot im Blumentopf	280
10.1.8	Zwiebelkuchen	281
10.1.9	Würstchen im Brotteig	281
10.1.10	Laugenbrötchen	282
10.1.11	Grissini	282
10.1.12	Hefekleingebäck Hefeteig (süß)	283
10.1.13	Süße Füllungen für Hefekleingebäck	284
10.1.14	Flachswickel	284
10.1.15	Glücksschweinchen	285
10.1.16	Hefezopf	286
10.1.17	Schwäbischer Zopf	286
10.1.18	Zwetschenkuchen	287
10.1.19	Neujahrsbrezeln	287
10.2	**Einführung GR Biskuitmasse**	288
	Wasserbiskuit GR	289
10.2.1	Abwandlungen GR Wasserbiskuit	289
10.2.2	Kleine Obsttorte	290
10.2.3	Kleine Schwarzwälder Kirschtorte	291
10.2.4	Sahnetaschen mit Früchten	291
10.2.5	Biskuitrouladen mit verschiedenen Füllungen	292
10.2.6	Fruchttörtchen	293
10.3	**Einführung GR Quark-Öl-Teig**	294
	Quark-Öl-Teig GR	294
10.3.1	Fleischtaschen	295
10.3.2	Schinkenhörnchen	295
10.3.3	Marzipanschnecken	296
10.3.4	Rhomben	296
10.4	**Einführung GR Quarkblätterteig**	297
	Quarkblätterteig GR	298
10.4.1	Käsestangen	298
10.4.2	Spinatpitta	299
10.4.3	Schweineohren	299
10.4.4	Nussschlaufen	300
10.5	**Einführung GR Strudelteig**	301
	Strudelteig GR	302
10.5.1	Hackfleisch-Kraut-Strudel	302
10.5.2	Apfelstrudel	303
10.5.3	Gefüllte Strudelkreise	303
10.5.4	Birnentaschen	304

Eigene Rezepte Hefeteig

Eigene Rezepte Biskuitmasse

Eigene Rezepte Quark-Öl-Teig

Eigene Rezepte Quarkblätterteig

Eigene Rezepte Strudelteig

6. PROJEKT

Schwerpunkt: Kostenrechnung

An Ihrer Schule findet nachmittags ein Internetkurs für Senioren statt. In der Kaffeepause werden für die 12 Senioren 2 Kuchen sowie Tee und Kaffee zum Kauf angeboten. Ihre Gruppe ist für die Festlegung und Berechnung der Kuchen- und Getränkepreise verantwortlich.

Diese Fragen und Aufgaben sollen Ihnen bei der Durchführung des Projekts als Anregung und Hilfestellung dienen.

Planungshilfen/Vorbereitungen

- Welche beiden Kuchen möchten Sie anbieten?
- Welche Kaffee- und Teesorten stellen Sie zum Verkauf bereit?
- Welche zusätzlichen Lebensmittel benötigen Sie für den Kaffee- und Kuchenverkauf (z. B. Milch)? ... usw.

Aufgabe: Erstellen Sie eine Lebensmittelliste, auf der Sie alle Mengen und Zutaten der beiden Kuchen getrennt auflisten. Erstellen Sie zusätzlich eine Liste, auf der alle Mengen und Zutaten ausgewiesen sind, die Sie für die Herstellung der Getränke (inkl. Milch, Zucker, etc.) benötigen. Beachte: Aus einem Kuchen erhält man 12 Stk., 6 g Kaffeepulver ergeben 1 Tasse Kaffee, 1 Teebeutel wird für 1 Tasse Tee verwendet.

Beispiel für die Mengen- und Zutatenliste

Kuchen A		Kuchen B		Kaffee		Tee	
Menge	Zutaten	Menge	Zutaten	Menge	Zutaten	Menge	Zutaten
3	Eier	4	Eier	500 ml	Milch	4 Beutel	Schwarztee
							usw.

Erstellen Sie die Tabellen untereinander, da Sie für die Berechnungen auf der rechten Seite Platz benötigen.

Berechnung der reinen Materialkosten für Kuchen und Getränke

- Wie teuer sind die Lebensmittel, die Sie für die Herstellung der beiden Kuchen benötigen?
- Welche Kosten fallen beim Einkauf von Kaffeepulver, Tee (inkl. Milch, Zucker, Süßstoff) an?

Aufgabe: Ermitteln Sie die reinen Materialkosten für die Getränke und die Kuchen. Beachten Sie dabei, dass die Einkaufsmengen bzw. Preise in der Regel nicht den Mengen entsprechen, die Sie verbrauchen.

Berechnungsbeispiel der Mengen- und Zutatenliste

			Kuchen A	
Menge	Zutaten	Preis pro Einkaufsmenge	Verbrauchspreis	Berechnungsformel
4	Eier	10 Stk = 1,99 Euro	0,76 Euro	$\dfrac{\text{Einkaufspreis} \times \text{benötigte Menge}}{\text{Einkaufsmenge}} = \text{Verbrauchspreis}$
200 g	Butter	250 g = 1,14 Euro	0,91 Euro	

Festlegung der Verkaufspreise für Kuchen und Getränke

- Wie berücksichtigen Sie die Energiekosten (Strom- und Wasserverbrauch)?
- Wie berücksichtigen Sie die entstandenen Kosten für die nicht verkauften Kuchenstücke und Getränke?
- Wie gehen Sie damit um, dass der Preis der Einkaufsmengen in der Regel höher ist als der Verbrauchspreis?
- Wollen Sie die Kuchen und Getränke zum Selbstkostenpreis oder mit etwas Gewinn verkaufen?

Beachte: Es fallen keine Personalkosten an, da Sie das Projekt in Rahmen des Unterrichts durchführen.

Aufgabe: Ermitteln Sie nun die endgültigen Verkaufspreise der Kuchen und Getränke, indem Sie die restlichen Kosten addieren und durch die entsprechenden Mengen (z. B. 1 Kuchen = 12 Stücke s.o.) teilen.

Hefeteig

10.1 Hefeteig

Hefeteig kann von weich bis fest, süß **oder** salzig zubereitet werden. Die Grundzutaten sind hauptsächlich Mehl, Flüssigkeit und Hefe. Kleberreiches Mehl dient zur Bildung des Klebergerüstes, das dem Gebäck die Stabilität verleiht. Die Flüssigkeit steigert das Quellvermögen des Klebers im Mehl. Das Gebäck erhält die Lockerung durch Hefe (Germ, österreichische Bezeichnung). Hefen sind Pilzkulturen, die sich unter bestimmten Bedingungen vermehren.

Einkauf von Hefe:

Handelsformen:	Hefegewicht	Hefemenge für 500 g Mehl	Lagerdauer	Preis
Frische Hefe (Backhefe)	1 Würfel = 42 g	~½ Würfel für ~500 g Mehl	2–3 Wochen	Würfelhefe ist preiswerter als Trockenhefe, jedoch begrenzt lagerfähig.
Trockenbackhefe	7 g Trockenbackhefe = 25 g Backhefe	1 Päckchen für ~500 g Mehl	1–2 Jahre	

Lebensbedingungen der Hefe: Damit sich die Hefekulturen **optimal** vermehren können, müssen wichtige **Lebensbedingungen** eingehalten werden.

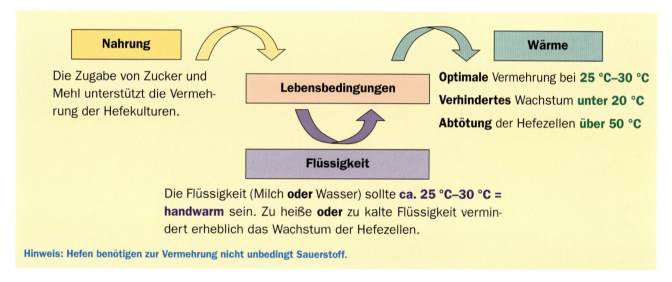

Hinweis: Hefen benötigen zur Vermehrung nicht unbedingt Sauerstoff.

Wirkung der Hefe:

Die **Hefe** spaltet **Traubenzucker** (Glucose) in **Kohlenstoffdioxid** und **Alkohol** = **Alkoholische Gärung.** Diese Gase versuchen beim Backprozess zu entweichen. Das Gebäck wird gelockert und geht auf.

Zubereitungsmethoden:

I. Maschinelle Methode:
➔ Küchenmaschine mit Knethaken
➔ Handrührgerät mit Knethaken

II. Manuelle Methode:
➔ Mit dem Rührlöffel (Lochlöffel) werden alle Zutaten gemischt und von Hand zu einem Hefeteig geknetet.

Direkte Führung (Anwendung vor allem bei leichten, fettarmen Teigen)
Backhefe wird mit etwas lauwarmer Flüssigkeit aufgeschwemmt, alle Zutaten werden in eine Rührschüssel gegeben und zu einem Teig geknetet. Es kann die manuelle **oder** maschinelle Methode angewendet werden.

Hefeteig

Indirekte Führung (Anwendung vor allem bei schweren, fettreichen Teigen)
Vorteig herstellen: In das Mehl eine Mulde drücken und die in der Flüssigkeit aufgelöste Hefe in die Mulde geben. Etwas Zucker (Nahrung) zugeben und **Vorteig ca. 10–15 Min.** an einem warmen Ort abgedeckt gehen lassen. Restliche Zutaten zugeben und zu einem Hefeteig kneten. **Vorteil:** Die Hefezellen können sich sehr gut vermehren.

Ruhezeit:

Damit die Hefezellen sich **optimal** vermehren können, sollte der Hefeteig abgedeckt an einen warmen Ort gestellt werden. Die Ruhezeit ist vom entsprechenden Teig abhängig. **Faustregel: Der Teig sollte sich verdoppeln.** Ruheort: z. B. **Backofen: 30 °C**, in der Nähe der **Heizung** oder des **warmen Herds**. Steht wenig Zeit zur Verfügung, kann der Hefeteig **sofort** weiterverarbeitet werden. Qualitätsverluste müssen dabei in Kauf genommen werden.

GR Hefeteig (süß)

Menge ½ GR	Menge 1 GR	Zutaten	Zubereitung (am Beispiel der Methode I durch indirekte Führung)
250 g	500 g	Mehl (**Typ 405/550**)	Mehl in eine Rührschüssel sieben. Mit dem **El** in die Mehlmitte eine Mulde drücken.
~140 ml	~280 ml	Milch **oder** Wasser	in der Mikrowelle **oder** in einem kleinen Topf **handwarm = 25 °C–30 °C** erwärmen.
~10 g 1 Pr	~20 g 2 Pr	Hefe (**Backhefe**) Zucker	Hefe in die Mulde bröckeln. Den Zucker zur Hefe geben. Die Hefe mit **etwas** lauwarmer Flüssigkeit zu einem dickflüssigen Teig rühren = **Vorteig**. **Vorteig** abgedeckt **ca. 10–15 Min.** an einem warmen Ort gehen lassen.
35 g 1 Pr 25 g	70 g 2 Pr 50 g	Zucker Salz Butter **oder** Margarine	Zucker und Salz an den Mehlrand geben. Fett in kleinen Flöckchen an den Mehlrand setzen. **Merke: Das Fett nie direkt zum Vorteig geben, da die Hefezellen umschlossen werden und somit die Vermehrung der Hefe verhindert wird.** Etwas Mehl (Mehlrand) über den Vorteig geben. Die restliche Flüssigkeit nach und nach zugeben. Die Zutaten werden mit der Küchenmaschine bzw. dem Handrührgerät (Knethaken) gemischt. Dabei wird die restliche Flüssigkeit nach und nach zugegeben. Beim Kneten muss sich der Teig vom Schüsselrand lösen. Der fertige Hefeteig sollte im Inneren kleine Bläschen aufweisen, glatt, weich und elastisch sein.
			Fertigen Teig mit einem Geschirrtuch abdecken und an einem **warmen** Ort gehen lassen, bis er sich **verdoppelt** hat. Teig weiterverarbeiten (siehe Rezepturen). Das **GR** Hefeteig (süß) kann ebenso mit der **direkten Führung** sowie der **Methode II** hergestellt werden (**siehe GR Hefeteig salzig**).

Hefeteig

GR Hefeteig (salzig)

Menge ½ GR	Menge 1 GR	Zutaten	Zubereitung (am Beispiel der Methode II durch direkte Führung)
250 g	500 g	Mehl **(Typ 405/550)**	Mehl in eine Rührschüssel sieben. Mit dem **Ei** in die Mehlmitte eine Mulde drücken.
~140 ml	~280 ml	Milch **oder** Wasser	in der Mikrowelle **oder** in einem kleinen Topf **handwarm = 25 °C–30 °C** erwärmen.
~10 g 1 Pr	~20 g 2 Pr	Hefe **(Backhefe)** Zucker	Hefe in die Mulde bröckeln. Den Zucker zur Hefe geben. Die Hefe mit **etwas** lauwarmer Flüssigkeit zu einem dickflüssigen Teig rühren. Angerührte Hefe mit etwas Mehl bedecken. **Merke: Bei der direkten Führung wird kein Vorteig hergestellt. Die anderen Zutaten werden „direkt" zu einem Teig verarbeitet**
½ TL 25 g	1 TL 50 g	Salz Butter **oder** Margarine	Das Salz und das Fett in kleinen Flöckchen ins Mehl geben. Restliche Flüssigkeit zugeben. Die Zutaten werden mit dem Lochlöffel/Rührlöffel und anschließend von Hand gemischt und geknetet. Beim Kneten muss sich der Teig vom Schüsselrand bzw. Backbrett lösen. Ist der Teig zu weich, kann noch etwas Mehl zugegeben werden. Ist der Teig zu fest, wird noch etwas Flüssigkeit zugegeben. Der Hefeteig sollte im Inneren kleine Bläschen aufweisen, glatt, weich und elastisch sein.
			Fertigen Teig abgedeckt an einem **warmen** Ort gehen lassen, bis er sich **verdoppelt** hat. Teig weiterverarbeiten (siehe Rezepturen). Das **GR** Hefeteig (salzig) kann ebenso mit der **indirekten Führung** sowie der **Methode I** hergestellt werden **(siehe GR Hefeteig süß)**.

Tipp: Wird Trockenhefe verwendet, kann sie direkt zum Mehl gegeben werden. Packungsrückseite beachten. Zu **1 GR** Hefeteig kann **1 Ei** gegeben werden. Die Flüssigkeitsmenge muss dann jedoch auf ¼ reduziert werden.

Vollkorn-Hefeteig:

Man kann das Mehl **(Typ 405/550)** je nach Wunsch durch Vollkornmehl ersetzen. Die Flüssigkeitsmenge muss dann jedoch erhöht werden.

Verfeinerungs- und Geschmackszutaten,

wie z. B. Nüsse, Mandeln, Rosinen, gerieb. Käse, Zitronenschale, werden nach dem Kneten unter den Teig gemischt, damit die Zutaten den Teig nicht verfärben.

Tiefgefrieren:

Nach der Herstellung kann der Teig portionsweise, **ca. 3 Monate**, eingefroren werden. Gefrierbeutel verwenden. Nach der Auftauphase muss der Hefeteig nochmals gehen. Erst dann sollte er weiterverarbeitet werden.

Hefeteig

10.1.1 Pikantes Hefekleingebäck

Formgebungsmöglichkeiten: ½ GR Hefeteig (salzig) (Füllungen siehe 10.1.2)

Schnecken

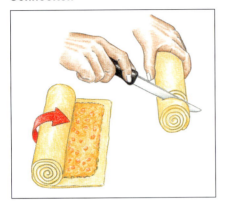

Teig zu einer **3 mm** dünnen, rechteckigen Teigplatte auswellen. **1** Rezept Füllungen (**10.1.2**) gleichmäßig darauf verteilen. Einen **0,5 cm** breiten Rand stehen lassen und mit Eiweiß bestreichen. Platte der Länge nach aufrollen. **Ca. 1,5 cm** dünne Scheiben abschneiden und auf ein vorbereitetes Backblech legen **oder** in Pergamentförmchen **oder** in Muffin-Förmchen setzen. 1 Ei verquirlen. Schnecken bestreichen, backen. Je nach Wunsch können die Schnecken **5 Min.** vor Ende der Backzeit mit gerieb. Käse überstreut werden.

Backzeit: ca. 20–30 Min./Backtemperatur: ca. 180 °C mittlere Schiene/Ober- und Unterhitze

Anrichten: Teller, Papierspitze   **Garnieren:** —

Verschiedene Formen

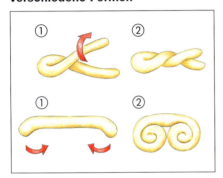

Hefeteig zu **50 g** schweren Teigportionen abwiegen, **ca. 30 cm** lange Stangen rollen und entsprechend der Abbildung formen.
Gebäck auf ein vorbereitetes Backblech setzen und **10 Min.** abgedeckt gehen lassen. **1 Ei** verquirlen, das Gebäck bestreichen und je nach Wunsch mit Mohn, Sesam o. Ä. bestreuen, backen.

Backzeit: ca. 20–30 Min./Backtemperatur: ca. 180 °C mittlere Schiene/Ober- und Unterhitze

Anrichten: Teller, Papierspitze   **Garnieren:** Mohn, Sesam

Hörnchen

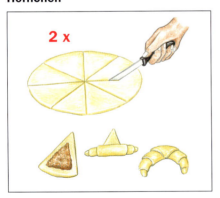

1 Rezept Füllungen (**10.1.2**) herstellen. Teig **halbieren**. Die **Hälften** zu **3 mm** dünnen Kreisen auswellen. Kreise in **8** gleich große Stücke teilen und die Füllung gleichmäßig darauf verteilen, dabei einen **0,5 cm** breiten Rand stehen lassen. Den Rand mit Eiweiß bestreichen und Dreiecke zur Spitze hin aufrollen. **16** Hörnchen formen und mit **einem verquirlten Ei** bestreichen, backen.

Backzeiten: ca. 20–30 Min./Backtemperatur: ca. 180 °C mittlere Schiene/Ober- und Unterhitze

Anrichten: Brotkörbchen, Serviette   **Garnieren:** —

Hefeschlangen

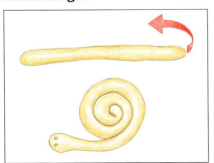

Hefeteig zu **40 g** schweren Teigportionen abwiegen, **ca. 20 cm** lange Stangen formen und zu Schlangen einrollen. Schlangen mit **einem verquirlten Ei** bestreichen. **Pro** Schlange **2** Gewürznelken als Augen eindrücken, backen.

Backzeit: ca. 20–25 Min./Backtemperatur: ca. 180 °C mittlere Schiene/Ober- und Unterhitze

Anrichten: Brotkörbchen, Serviette   **Garnieren:** —

Hefeteig

10.1.2 Pikante Füllungen für das Hefekleingebäck

Die Füllungen sind für **pikante** Schnecken und **pikante** Hörnchen geeignet.

Schinken-Käse-Füllung (für ½ GR Hefeteig, salzig)

1		Zwiebel	schälen, in feine ☐ schneiden.
1	El	Petersilie	waschen, fein zerkleinern.
2	El	Öl	erhitzen, Zwiebeln und Petersilie andünsten, erkalten lassen.
70	g	gekochter Schinken	in feine ☐ schneiden, zu der Zwiebelmasse geben.
80	g	grieb. Gouda	zugeben, mischen.
1	Pr	Pfeffer, Paprika, Salz	Masse kräftig abschmecken.
1		Eigelb	untermischen.

Hackfleischfüllung (für ½ GR Hefeteig, salzig)

½	GR	Fleischteig	herstellen (**siehe GR Fleischteig 4.4**).
70	g	grieb. Emmentaler	untermischen.

Gemüsefüllung (für ½ GR Hefeteig, salzig)

½	Stg	Lauch	putzen, halbieren, waschen, in feine ☐ schneiden.
50	g	Karotten	waschen, schälen, fein reiben.
2		Champignons	waschen, evtl. häuten, in sehr feine ☐ schneiden.
3	El	Öl	gesamtes Gemüse **ca. 5 Min.** andünsten.
		Salz, Pfeffer, Paprika	Gemüse abschmecken.
50	g	geräucherter Schinken	in feine ☐ schneiden, zum **abgekühlten** Gemüse geben.
50	g	grieb. Gouda	zugeben, abschmecken.
1		Eigelb	untermischen.

Zwiebel-Käse-Füllung (für ½ GR Hefeteig, salzig)

2		Zwiebeln	schälen, in sehr feine ☐ schneiden.
2	El	Petersilie	waschen, fein zerkleinern.
2	El	Öl	erhitzen, Zwiebeln und Petersilie andünsten.
100	g	grieb. Gouda	unter die **abgekühlten** Zwiebeln mischen.
		Salz, Pfeffer, Kümmel	Masse kräftig abschmecken.
1		Eigelb	unter die Käsemasse mischen.

Frischkäse-Füllung (für ½ GR Hefeteig, salzig)

1		Essiggurke (**groß**)	in sehr feine ☐ schneiden.
1		Paprika (**rot**)	putzen, waschen, in sehr feine ☐ schneiden und zu den Essiggurken geben.
1	El	Petersilie	waschen, fein zerkleinern,
1	El	Schnittlauch	zugeben.
200	g	Frischkäse	
2–3	El	Sahne	zugeben, alle Zutaten mischen.
		Salz, Pfeffer, Paprika	Masse **kräftig** abschmecken.

Hefeteig

10.1.3 Pizza mit verschiedenen Belägen

Teigreste, die in Bäckereien beim Brotbacken anfielen, wurden zu einer Art Fladen verarbeitet. Die Pizza stammt ursprünglich aus den ärmsten Teilen Süditaliens um Neapel. Der Belag einer gewöhnlichen Pizza bestand in der Regel aus Tomaten und frischem Käse = Pizza Napoletana. Die Neapolitaner waren es, die die Pizza in aller Welt bekannt machten, indem sie rund um den Globus die ersten Pizza-Restaurants eröffneten.

Pizzaboden

1/2 GR	Hefeteig (salzig)	herstellen (siehe GR). Den Teig zu 2 runden Teigplatten ⌀ 20 cm auswellen und auf ein vorbereitetes Backblech legen. Damit die Blasenbildung verhindert wird, sollte mit der Gabel mehrmals in den Teig gestochen werden. Pizzen belegen. Backofen auf 180 °C vorheizen.

Tomatenmasse (für 2 Hefeböden)

300 ml	passierte Tomaten Salz, Pfeffer, Kräuter der Provence	alle Zutaten verrühren, kräftig abschmecken und mit einem El oder Gummischaber gleichmäßig auf den Hefeböden glatt streichen.

Verschiedene Beläge (für 1/2 GR Hefeteig, salzig)

Pizza Margherita (2 Stk.)

1	Zwiebel	schälen, in sehr feine ☐ schneiden.
20 g	Butter oder Margarine	Zwiebeln glasig dünsten und auf den Böden verteilen.
3	Tomaten	waschen, Strunk entfernen, häuten (siehe 1.9), in feine ○ schneiden. Böden gleichmäßig damit belegen.
	Salz, Pfeffer, Paprika, Thymian, Majoran	Tomaten kräftig würzen.
200 g	Mozzarella	in feine ☐ schneiden und auf dem Belag verteilen. Pizzen backen.

Backzeit: ca. 30 Min. (20 Min. Ober- und Unterhitze, mittlere Schiene, Restzeit Unterhitze), Backtemperatur: 180 °C

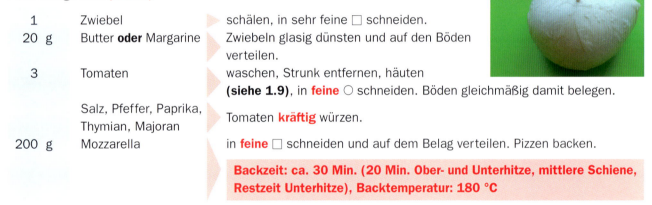

Anrichten: Platte (warm)   **Garnieren:** Basilikumblättchen

Pizza Margherita: 1889 besuchte das italienische Königspaar Umberto I. und Margherita von Savoyen Neapel. Zu diesem Anlass kreierte der damals berühmte Pizzabäcker Raffaele Esposito eine neue Pizza in den Farben der ital. Tricolore. Er verwendete Mozzarella (weiß), Tomaten (rot) und Basilikum (grün). Dem Königspaar schmeckte die Pizza so gut, dass sie den Namen der Königin erhielt.

Pizza Konfetti: (2 Stk.)

1	kleine Zwiebel	in feine ☐ schneiden.
2 El	Olivenöl	erhitzen, Zwiebel glasig dünsten, abkühlen lassen.
150 g	gek. Schinken	in feine ☐ schneiden, zugeben.
70 g	Mais (Ds)	Saft abtropfen lassen, untermischen.
1/2	Paprika (rot)	in feine ☐ schneiden, zugeben.
100 g	gerieb. Käse	zugeben, die gesamten Zutaten gleichmäßig mischen.
	Salz, Pfeffer, Paprika, Thymian, Majoran, Basilikum	Masse würzen, abschmecken und gleichmäßig auf den Böden verteilen.

Backzeit/Backtemperatur und Einstellung: s. o.

Anrichten: Platte (warm)   **Garnieren:** —

Hefeteig

10.1.4 Griechische Fladen (ca. 22 Stk.)

250 g	Mehl **(Typ 405/550)**	
25 g	Hefe	Hefeteig salzig herstellen **(siehe GR)**.
~120 ml	lauwarme Milch	Teig auf leicht bemehlter Arbeitsfläche **ca. 2–3 mm**
40 g	Butter **oder** Margarine	dünn auswellen. Ringe ⌀ **7 cm** ausstechen und auf
1 Tl	Salz	ein mit Backfolie ausgelegtes Backblech legen.
1 Pr	Zucker	
150 g	Schafskäse	in sehr feine ☐ schneiden.
½	Paprika **(rot)**	waschen, Kernhaus entfernen, in sehr feine ☐ schneiden, zum Käse geben.
1	Ei	verquirlen und mit dem Schafskäse und den Paprikawürfeln mischen.
3 El	frischer Basilikum	waschen, sehr fein zerkleinern, zur Eiermasse geben.
1 Pr	Pfeffer, Paprika, Salz	zugeben, Masse verrühren, nicht abschmecken **(Salmonellengefahr!)**. **Ca. 1 geh. El** Masse auf einen Teigring geben, griech. Fladen backen.

Backzeit: ca. 25–30 Min./Backtemperatur: ca. 180 °C mittlere Schiene/Ober- und Unterhitze

Tipp: Bleibt noch etwas Eiflüssigkeit von der Käsemasse übrig, sollte sie ebenfalls auf den Fladen verteilt werden.

Anrichten: Platte oder Teller   **Garnieren:** Basilikumblätter, Cocktailtomate

10.1.5 Ciabatta (italienisches Weißbrot)

250 g	Weizenmehl **(Typ 550)**	Hefeteig salzig herstellen **(siehe GR)**. **Beachte:** Der Teig ist weich, deshalb
¼ Tl	Salz	sollte er **ca. 4–5 Min.** auf der Arbeitsfläche geknetet werden.
1 Pr	Zucker	Wenn möglich, kein Mehl mehr zufügen. Teig zu einem länglichen Rechteck
10 g	Butter **oder** Margarine	formen. Ciabatta auf ein mit Backfolie ausgelegtes Backblech legen, zuge-
10 g	Hefe	deckt weitere **15 Min.** gehen lassen. Backofen auf **180 °C** vorheizen.
~150 ml	lauwarmes Wasser	
1	Ei	verquirlen und das Brot damit bestreichen, backen.

Backzeit: ca. 30–40 Min./Backtemperatur: ca. 180 °C mittlere Schiene/Ober- und Unterhitze

Anrichten: Brotkörbchen/Serviette   **Garnieren:** —

Hefeteig

10.1.6 Baguette (3 Stück)

→ Backblech mit Backfolie auslegen. Backofen auf **180 °C** vorheizen.

550 g	Mehl **(Typ 405 oder 550)**	
50 g	Vollkornmehl **(Typ 1050)**	Hefeteig salzig herstellen **(siehe GR)**. Teig so lange gehen lassen, bis er sich **verdoppelt** hat, und in **3** Teile teilen. Jedes Teil zu einem länglichen Baguette formen und auf ein vorbereitetes Blech setzen. Baguettes **3–5-mal** diagonal einschneiden.
30 g	Hefe	
1 Tl	Zucker	
~375 ml	Wasser **oder** Milch (3/8 l)	
1½ Tl	Salz	
2 El	Öl	
1	Eiweiß	Baguettes bestreichen. Teig nochmals **10 Min.** gehen lassen.
6 El	Wasser	jedes Brot mit **2 El** Wasser einpinseln, Brote backen. Etwas Wasser in eine kleine feuerfeste Form füllen und diese in den Backofen stellen. **Begründung:** Dampfbildung!

❶ **Backzeit: ca. 10 Min./Backtemperatur: ca. 220 °C**
❷ **Backzeit: ca. 10 Min./Backtemperatur: ca. 180 °C**
❸ **Backzeit: ca. 10 Min./Backtemperatur: ca. 200 °C**
  mittlere Schiene/Ober- und Unterhitze

Tipp: Die Baguettes schmecken sehr gut mit Kräuterbutter. In das noch heiße Brot ca. 10-mal diagonal einschneiden. Die Kräuterbutter in dünne ○ schneiden und in die Ritzen setzen. Backzeit: 2–3 Min. bei 180 °C.

10.1.7 Kräuterbrot im Blumentopf

→ Für **500 g** Mehl sollten **2** neue Tontöpfe **(oberer Rand ⌀ 12 cm)** verwendet werden.
→ Tontöpfe feucht ausreiben und sehr gut mit Margarine einfetten. Backofen auf **190 °C** vorheizen.

500 g	Mehl **(Typ 405/550)**	
~270 ml	lauwarme Milch	
20 g	Hefe	Hefeteig salzig herstellen **(siehe GR)**.
1 Pr	Zucker	Teig **ca. 20 Min.** gehen lassen.
1 Tl	Salz	
50 g	Butter **oder** Margarine	
1 Bd	Kräuter, **z. B. Petersilie, Schnittlauch**	waschen, sehr fein zerkleinern, unter den Teig kneten. Teig halbieren, zu **2** Kugeln formen und in die Tontöpfe setzen. Teig nochmals **20 Min.** gehen lassen.
1	Ei	verquirlen, Brote bestreichen, backen.

Backzeit: ca. 40–50 Min./Backtemperatur: ca. 190 °C
unterste Schiene/Ober- und Unterhitze

Gebackenes Brot etwas abkühlen lassen. Das Brot mit dem Messer vorsichtig vom Blumentopfrand lösen, herausnehmen und vollständig abkühlen lassen.

Buttermischungen ▶ herstellen **(siehe 2.14)** und dazu reichen.

Anrichten: Brotkörbchen/Serviette   **Garnieren:** —

Dekotipp: Der Tontopf kann in eine Manschette gewickelt und als Tischdekoration verwendet werden. Statt große Blumentöpfe kann man viele kleine Tontöpfchen nehmen.

Hefeteig

Zwiebel: Die Zwiebel ist ein Lauchgewächs, das reich an Vitamin C und ätherischen Ölen ist. Schon vor 5000 Jahren wurde die Zwiebel in Westasien kultiviert. Dem Lauchgewächs wird heilende Wirkung zugesprochen. So wirkt die Zwiebel positiv auf den Magen und die Herztätigkeit. Blutzuckersenkende und infarktreduzierende Wirkungen werden der Zwiebel ebenfalls zugesprochen. Der griech. Philosoph Sokrates (399–469) war fest davon überzeugt, dass der Kampfgeist der griechischen Krieger durch den Verzehr von Zwiebeln deutlicher gesteigert wurde. Karl der Große (742–814) förderte den Anbau der Zwiebel in Mitteleuropa.

10.1.8 Zwiebelkuchen (schwäbische Spezialität)

375 g	Mehl **(Typ 405 oder 550)**	
20 g	Hefe	
1 Pr	Zucker	
¾ Tl	Salz	
30 g	Butter **oder** Margarine	
~210 ml	Milch	
1 kg	Zwiebeln	
70 g	Räucherspeck	
5–6 El	Öl	
4	Eier	
200 ml	Sahne	
1 Tl	Speisestärke	
1½ Tl	Salz	
1 Tl	Kümmel	
1 Pr	Muskat, Pfeffer	

Hefeteig salzig herstellen **(siehe GR)**. Teig **ca. 20 Min.** gehen lassen und auf einem gefetteten Backblech auswellen. Um die Luftblasenbildung zu vermeiden, sollte mit einer Gabel mehrere Male in den Teig gestochen werden.

▸ schälen, in dünne □ schneiden.
▸ in feine □ schneiden, anbraten.
▸ zugeben, Zwiebeln zugeben, glasig dünsten. Masse abkühlen lassen.
Zwiebelmasse gleichmäßig auf dem Hefeteig verteilen, glatt streichen.

▸ mit dem Schneebesen zu einer einheitlichen Masse verrühren.

▸ zur Eiermasse geben, mischen. Eiermasse gleichmäßig auf der Zwiebelmasse verteilen und im **vorgeheizten** Backofen backen.

Backzeit: ca. 40–50 Min./Backtemperatur: ca. 200 °C mittlere Schiene/Ober- und Unterhitze/Garprobe

Zwiebelkuchen in **ca. 16** Quadrate schneiden, anrichten.

Anrichten: Platte (warm) **Garnieren:** —

Tipp: Je nach Geschmackswunsch kann auf die Zugabe von Kümmel verzichtet werden.

10.1.9 Würstchen im Brotteig

250 g	Mehl **(Typ 405 oder 550)**	
½ Tl	Salz	
10 g	Hefe	
~140 ml	lauwarmes Wasser	
2 El	Öl	
6	Wiener Würstchen o. Ä.	
1	Ei	
	Mohn, Sesam	

Hefeteig salzig herstellen **(siehe GR)**.
Teig **ca. 30 Min.** gehen lassen. Gesamten Teig wiegen und in **6** gleich schwere Stücke teilen. Teigstücke zu **ca. 60 cm** langen Rollen (Stangen) formen.

▸ **ca. 2–3-mal** diagonal einschneiden, damit sie während des Backprozesses nicht platzen. Teigrollen um die Würstchen wickeln. Fertige Würstchen auf ein mit Backfolie ausgelegtes Backblech legen und nochmals **5 Min.** gehen lassen.

▸ verquirlen, Teig bestreichen.
▸ darüber streuen und im **vorgeheizten** Backofen backen.

**Backzeit: ca. 30–35 Min.
Backtemperatur: ca. 180 °C
mittlere Schiene/Ober- und Unterhitze**

Anrichten: Platte (warm) **Garnieren:** Mohn, Sesam

Tipp: Der Brotteig ist sehr weich. Durch ausreichendes Kneten erhält er die richtige Beschaffenheit. Es empfiehlt sich, kein weiteres Mehl zuzufügen.

Hefeteig

10.1.10 Laugenbrötchen (ca. 16 Stk.)

→ Backblech mit Alufolie auslegen (matte Seite = Oberseite), diese mit Butter bepinseln. Backofen auf **200 °C** vorheizen.

500 g	Mehl **(Typ 405 oder 550)**	
20 g	Hefe	
1 Tl	Salz	
~300 ml	lauwarme Milch	
4 El	Sonnenblumenöl	
	Brezellauge/Wasser	

Sehr weichen Hefeteig (salzig) herstellen **(siehe GR)**. Teig gehen lassen, bis er das **doppelte** Volumen erreicht hat und Teig in **ca. 50 g** schwere Portionen teilen. Brötchen formen und auf ein leicht bemehltes Backbrett legen. Brötchen nochmals **20 Min.** zugedeckt gehen lassen.

Merke: Das exakte Mischverhältnis bitte beim Kauf der Lauge erfragen. Lauge kann ätzen, deshalb Einweghandschuhe benutzen.

Holzlöffel mit Loch

Tipp: Brezellauge kann im Reformhaus, beim Bäcker oder in der Apotheke erworben werden.

Brötchen mit der flachen Seite auf den Holzlöffel legen und in der Lauge wenden. Brötchen mit dem Holzlöffel herausnehmen und die Lauge abtropfen lassen. Die Brötchen auf das vorbereitete Blech setzen und mit der Haushaltsschere kreuzweise an der Oberfläche einschneiden.

grobes Salz

Fertige Brötchen bestreuen, backen.

Backzeit: ca. 20–25 Min./Backtemperatur: ca. 200 °C mittlere Schiene/Ober- und Unterhitze

Anrichten: Brotkörbchen mit Serviette **Garnieren:** grobes Salz

Tipp: Aus dem Hefeteig können ebenso Laugenbrezeln hergestellt werden. Herstellung siehe Neujahrsbrezeln (10.1.19). Teig jedoch in 4 Portionen teilen und kleinere Brezeln formen.

10.1.11 Grissini (ca. 23 Stk.)

500 g	Mehl **(Typ 405 oder 550)**	
12 g	Hefe	
1½ Tl	Salz	
3 El	Sonnenblumenöl	
~170 ml	lauwarme Milch	
~90 ml	lauwarmes Wasser	

Hefeteig (salzig) zubereiten **(siehe GR)**. Teig zugedeckt stehen lassen, bis er das **doppelte** Volumen erreicht hat. Teig in **je 35 g** schwere Portionen teilen und zu **ca. 30 cm** langen Stangen rollen. An jeweils einem Ende können die unten dargestellten Formgebungsmöglichkeiten als Verzierung ausgewählt werden (Herz, Stern und Hase: 1 Grissiniende flach drücken, entsprechend der Form mit dem Messer einschneiden und ausformen).

Formgebungsmöglichkeiten an einem Grissiniende:

Herz Knoten Schlaufe Hase Stern Bällchen

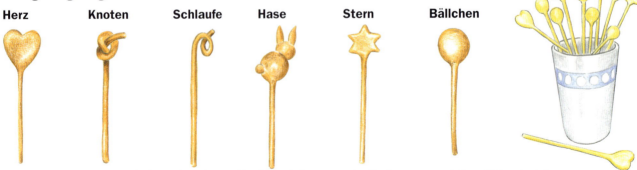

Die fertigen Grissini auf ein vorbereitetes Backblech legen und mit einem verquirlten Ei bestreichen, mit Mohn, Sesam bestreuen und im **vorgeheizten** Backofen backen.

Backzeit: ca. 20 Min./Backtemperatur: ca. 180 °C/mittlere Schiene/Ober- und Unterhitze

Anrichten: in einem Becherglas **Garnieren:** Sesam, Mohn

Hefeteig

10.1.12 Hefekleingebäck

Formgebungsmöglichkeiten: ½ GR Hefeteig (süß) (Füllungen siehe 10.1.13)

Hefeschnecken

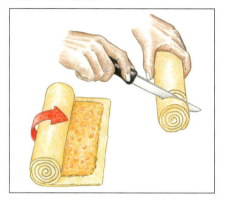

Teig zu einer **3 mm** dünnen rechteckigen Teigplatte auswellen. **1** Rezept Füllungen **(10.1.13)** gleichmäßig darauf verteilen. Einen **0,5 cm** breiten Rand stehen lassen und mit Eiweiß bestreichen. Platte der Länge nach aufrollen und in **ca. 1,5 cm** dicke Scheiben schneiden, diese auf ein mit Backfolie ausgelegtes Backblech **oder** in Pergamentförmchen **oder** mit Margarine ausgefettete Muffin-Förmchen setzen.

Backzeit: ca. 20–30 Min./Backtemperatur: ca. 180 °C mittlere Schiene/Ober- und Unterhitze

Zitronenglasur siehe **(10.1.17)** herstellen. Schnecken damit bestreichen.

Anrichten: Tortenplatte mit Papierspitze **Garnieren:** Zitronenglasur

Hörnchen

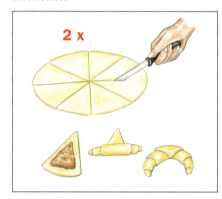

1 Rezept Füllungen (süß) herstellen. Teig halbieren. Die **Hälften** zu **3 mm** dünnen Kreisen auswellen. Kreise in **8** gleich große Stücke teilen und die Füllung gleichmäßig darauf verteilen, dabei einen **0,5 cm** breiten Rand stehen lassen. Den Rand mit Eiweiß bestreichen und Dreiecke zur Spitze hin aufrollen. **16** Hörnchen formen und mit **einem verquirlten Ei** bestreichen, backen.

Backzeit: ca. 20–30 Min./Backtemperatur: ca. 180 °C mittlere Schiene/Ober- und Unterhitze

Zitronenglasur siehe **(10.1.17)** herstellen. Hörnchen damit bestreichen.

Anrichten: Tortenplatte mit Papierspitze **Garnieren:** Zitronenglasur

Robben

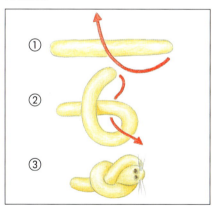

Aus **½ GR** Hefeteig **ca. 40 g** Portionen abwiegen. Teigstücke zu **ca. 20 cm** langen Rollen formen. Rollen zu Knoten binden. Ein Ende leicht flach drücken und **3-mal** einschneiden = **Flosse**. Das andere Ende = **Kopf**. Robben mit **einem verquirlten Ei** bestreichen. Pro Kopf **2** Nelken als Augen in den Teig drücken. Robben backen.

Backzeit: ca. 30 Min./Backtemperatur: ca. 180 °C mittlere Schiene/Ober- und Unterhitze

Nach dem Backen können dünne Lakritzestücke als Barthaare in das Gebäck gesteckt werden.

Anrichten: Platte mit Papierspitze **Garnieren:** —

Zöpfchen

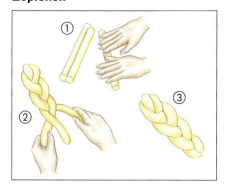

Aus Teig eine **ca. 2 cm** dicke Rolle formen diese in **24 Stk.** teilen. Teigstücke zu **ca. 20 cm** langen Rollen formen. Je **3** Rollen zu einem Zöpfchen flechten. Zöpfchen auf ein vorbereitetes Backblech setzen und mit **einem verquirlten Ei** bestreichen, mit gehobelten Mandeln **oder** geh. Pistazien bestreuen, backen.

Backzeit/Backtemperatur siehe Robben

Anrichten: Brotkörbchen/Serviette **Garnieren:** Pistazien etc.

Hefeteig

10.1.13 Süße Füllungen für Hefekleingebäck

Nougat-Füllung (für ½ GR Hefeteig, süß)

75 g	Nougat	▶ im Wasserbad auflösen.
50 g	gem. Mandeln	
1 Tl	Rum	▶ zum Nougat geben, mischen.
1 El	Sahne	

Nuss-Füllung (für ½ GR Hefeteig, süß)

5 El	Sahne	
70 g	gem. Haselnüsse	▶ in eine Schüssel geben, alle Zutaten mit dem Löffel mischen.
30 g	Zucker	
1 P	Vz.	
1 Tl	Zimt	

Apfel-Füllung (für ½ GR Hefeteig, süß)

1 Tl	Zitronensaft	
1 Tl	Sahne	▶ in eine Schüssel geben, alle Zutaten mit dem Löffel mischen.
~70 g	gem. Mandeln	
2 P	Vz.	
½ Tl	Zimt	
1	kleiner Apfel	▶ waschen, schälen, fein raspeln, untermischen. Evtl. noch gem. Mandeln zugeben.

Kokos-Füllung (für ½ GR Hefeteig, süß)

60 g	Sauerrahm	
½	Ei	
40 g	Zucker	▶ alle Zutaten mischen.
1 P	Vz.	
~75 g	Kokosraspel	

10.1.14 Kleine Flachswickel (ca. 33 Stück)

➔ Backofen auf **180 °C** vorheizen, **zwei** Backbleche mit Backfolie auslegen.

250 g	Mehl	▶ in eine Schüssel sieben. Mulde machen.
30 g	Zucker	▶ auf dem Mehlrand verteilen.
2 P	Vanillezucker	
1	Ei	▶ verquirlen, um den Mehlrand gießen.
125 g	Butter (weich)	▶ kleine Flöckchen auf den Mehlrand setzen.
30 ml	lauwarme Milch	▶ vollständig verrühren, sodass keine Hefe mehr ersichtlich ist. In die Mulde geben. Zutaten mit der Küchenmaschine oder dem Handrührgerät (Knethaken) zu einem einheitlichen Hefeteig kneten. Teig in **15 g Stücke** abwiegen und **sofort** zu **18 cm** langen Stangen rollen.
15 g	Hefe	
	Gelierzucker (1:1)	Teigstangen vollständig darin wenden und zu Flachswickel formen (siehe Abb.).

Backzeit: ca. 15–20 Min./Backtemperatur: ca. 200 °C mittlere Schiene/Ober- und Unterhitze

Anrichten: Tortenplatte
Garnieren: —

Tipp: Bleche mit Flachswickel nacheinander backen, da das Gebäck bei der Einstellung (Umluft) austrocknen würde.

Hefeteig

10.1.15 Glücksschweinchen

300 g	Mehl **(Typ 405 oder 550)**	
20 g	Hefe	
~130 ml	lauwarme Milch	
40 g	Butter **oder** Margarine	
50 g	Zucker	
1 Pr	Salz	
2 P	Vz.	

GR Hefeteig süß herstellen **(siehe GR)**.
Teig gehen lassen, bis er sich **verdoppelt** hat, und auf einer leicht bemehlten Arbeitsfläche zu einer **3 mm** dünnen Teigplatte auswellen.

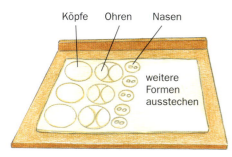

Aus dem Teig mit einem runden Ausstecher oder Glas

Köpfe: ⌀ **8 cm** ausstechen.
Nasen: ⌀ **3,5 cm** ausstechen, aus jeder Nase werden
2 Nasenlöcher: ⌀ **0,5 cm** ausgestochen.
Ohren: ⌀ **8 cm** große Kreise ausstechen. Aus Kreisen entsprechend der Abbildung die Ohren ausstechen (die Teigzwischenräume entfernen).

Merke: Es müssen gleich viele Köpfe wie Nasen vorliegen und doppelt so viele Ohren ausgestochen werden.

Köpfe auf ein vorbereitetes Backblech legen und mit Eiweiß bestreichen. Nase und Ohren entsprechend der Vorlage auflegen und andrücken. **1 Ei** verquirlen, Schweinchen damit bestreichen. Jeweils **2** Korinthen als Augen in den Teig drücken. Schweinchen im **vorgeheizten** Backofen backen.

Backzeit: ca. 20–25 Min./Backtemperatur: ca. 180 °C mittlere Schiene/Ober- und Unterhitze

Anrichten: Platte oder Teller   **Garnieren:** siehe Foto

Hefeteig

10.1.16 Hefezopf

→ Backblech mit Backfolie auslegen. Backofen auf **180 °C** vorheizen.

500	g	Mehl **(Typ 405)**
75	g	Butter
100	g	Zucker
35	g	Hefe
~180	ml	lauwarme Milch
1		Ei
1	El	Zitronensaft
2	P	Vz.
1	Pr	Salz

Hefeteig süß herstellen **(siehe GR)**. Teig gehen lassen, bis er sich **verdoppelt** hat, und in **3** gleich große Stücke teilen. Diese zu **45 cm** langen Stangen rollen. Zopf flechten, Enden etwas flach drücken und unter dem Zopf verwahren. Nochmals **ca. 30 Min.** abgedeckt gehen lassen.

① ② ③ ④

1		Ei
3	El	gehobelte Mandeln
2	El	Hagelzucker

verquirlen, Hefezopf bestreichen.
Hefezopf bestreuen, backen.

Backzeit: ca. 35–40 Min.
Backtemperatur: ca. 180 °C
mittlere Schiene/Ober- und Unterhitze

Tipp: Ein Hefezopf kann sehr gut eingefroren und bei Bedarf aufgebacken werden.

Anrichten: Brotkörbchen/Serviette   **Garnieren:** gehobelte Mandeln (3 El)

10.1.17 Schwäbischer Zopf

→ Backblech mit Backfolie auslegen. Backofen auf **180 °C** vorheizen.

½	GR	Hefeteig **(süß)**

herstellen **(siehe 10.1)**.

Füllung:

50	g	Rosinen
70	ml	Sahne
150	g	gem. Haselnüsse
50	g	Zucker
1	P	Vz.
1	Tl	Zimt

waschen, sehr fein zerkleinern.
Zutaten mit den Rosinen mischen. Teig zu einer **3 mm** dünnen rechteckigen Teigplatte auswellen. Füllung gleichmäßig auf der Teigplatte verteilen. Längsseite der Teigplatte aufrollen. Die Rolle in der Mitte bis **2 cm** vor dem Rollenende aufschneiden. Beide Teile mit der Schnittfläche nach oben zu einem Strang verschlingen. Enden unter dem Zopf verwahren.
Schwäbischen Zopf auf ein vorbereitetes Backblech setzen, backen.

Backzeit: ca. 35–40 Min.
Backtemperatur: ca. 180 °C
mittlere Schiene
Ober- und Unterhitze

Rosenkuchen

100	g	Puderzucker
2	El	Zitronensaft

mischen und fertigen Zopf bestreichen (glasieren). Glasur trocknen lassen.

Anrichten: Tortenplatte, Tortenspitze   **Garnieren:** Puderzuckerglasur

Tipp: Wird die aufgerollte Teigplatte in ca. 5 cm dicke Scheiben geschnitten und in eine vorgefettete Springform (Ø 26 cm) gesetzt, erhält man einen Rosenkuchen. Backzeit und Temperatur: siehe Schwäbischer Zopf.

Hefeteig

10.1.18 Zwetschenkuchen (Zwetschgenkuchen)

→ Backblech **(Größe: ca. 40 cm × 30 cm)** mit Margarine einfetten. Backofen auf **180 °C** vorheizen.

1 **GR**	Hefeteig **(süß)**	herstellen **(siehe GR Hefeteig 10.1)** und auf dem Blech auswellen.
~1,75 kg	Zwetschen	Stiel entfernen, waschen, an einer Seite aufschneiden, entkernen. Zwetschen schuppenförmig auf den Hefeteig legen und dabei **dicht** aneinander reihen.
40 g	Zucker	mischen, über die Zwetschen streuen.
2 Tl	Zimt	
100 g	gehobelte Mandeln	ebenfalls gleichmäßig verteilen.
40 g	Butter	Butterflöckchen auf die Zwetschen setzen, Kuchen backen.

Backzeit: ca. 40–45 Min./Backtemperatur: ca. 180 °C mittlere Schiene/Ober- und Unterhitze

Fertigen Kuchen etwas abkühlen lassen und in **6 cm × 4 cm** große Stücke schneiden.

200 ml	Sahne	steif schlagen, zum Kuchen reichen oder kleine Rosetten **(Rosettentülle ⌀ 10 mm)** auf jedes Kuchenstück spritzen.
2 P	Vz.	

Anrichten: Tortenplatte, Tortenspitze   **Garnieren:** Sahnetupfen

2012 Brezel *2013* Brezel *2014* Brezel *2015* Brezel *2016* Brezel *2017* Brezel

10.1.19 Neujahrsbrezeln

→ Backblech mit Backfolie auslegen. Backofen auf **180 °C** vorheizen.

500 g	Mehl **(Typ 405)**	Hefeteig süß herstellen **(siehe GR 10.1)**. Teig in **2** gleich große Portionen teilen, zu ca. **80 cm** langen Stangen rollen und **2** Brezeln formen. Brezeln auf das Backblech setzen, etwas flach drücken, abgedeckt weitere **20 Min.** gehen lassen.
25 g	Hefe	
1 Pr	Salz	
60 g	Zucker	
1 Tl	Öl	
100 g	Butter	
~250 ml	lauwarme Milch	
½	Ei	verquirlen, Brezeln bestreichen, backen.

Backzeit: ca. 35–40 Min./Backtemperatur: ca. 180 °C mittlere Schiene/Ober- und Unterhitze

Anrichten: Brotkörbchen   **Garnieren:** —

Tipp: Es können anstelle von 2 großen auch 5 kleine Brezeln (je 50 cm lange Stangen) hergestellt werden. Wünscht man salzige Brezeln, so wird der Zucker auf 1 Pr reduziert und die Salzmenge auf 1 Tl erhöht.

Gestaltungshinweis:
Aus Teigresten kann die Jahreszahl geformt und mit Eiweiß auf den Brezeln befestigt werden.

Biskuitmasse

10.2 Biskuitmasse

Eine Biskuitmasse ist besonders locker, da beim Rühren sehr viel Luft eingeschlagen wird. Die Masse hat einen hohen Eianteil. Die beim Schlagen entstandene Schaummasse dehnt sich beim Backprozess aus. Das Gebäck ist sehr feinporig. Es erhält seine Stabilität, indem während des Backens die Stärke verkleistert und das Eiweiß gerinnt. Tortenböden, Löffelbiskuits, Biskuitrouladen, Biskuittörtchen etc. werden aus Biskuitmasse hergestellt.

Mengenverhältnis der Grundzutaten für 1 Ei

Arten/Zutaten	Ei	Zucker	Mehl/Speisestärke	Wasser	Backpulver
Echter/Feiner Biskuit	1	30 g	30 g Mehl **(Typ 405)** oder: 20 g Mehl/10 g Speisestärke	kein	kein
Wasserbiskuit	1	50 g	50 g Mehl **(Typ 405)** oder: 30 g Mehl/20 g Speisestärke	1 El	½ gestr. Tl

Backregeln zur Herstellung von Biskuitmassen:

Vor dem Backvorgang:

1. Backblech **oder** Kuchenform vorbereiten, z. B.:
   - In den Springformboden das Pergamentpapier einspannen. Den Rand nicht auslegen und nicht einfetten.
     Begründung: Die Biskuitmasse würde nicht **optimal** aufgehen.
   - Backblech mit Pergamentpapier auslegen, dabei einen **2 cm** hohen Rand falzen.
2. Backofen **vorheizen**, damit die Schaummasse beim Backen nicht zusammenfällt.
3. **Alle** Zutaten und Arbeitsgeräte bereitstellen.

Zubereitungsmethoden:

→ **Methode I: (Handrührgerät mit Schneebesen)**
Das Eiweiß mit dem Handrührgerät (Schneebesen) steif schlagen. Eigelb, Zucker und evtl. Wasser schaumig schlagen. Das gesiebte Mehlgemisch und den Eischnee locker unterheben.

→ **Methode II: (Küchenmaschine mit Schneebesen)**
Die ganzen Eier mit dem Zucker und evtl. Wasser in der Küchenmaschine (Schneebesen) schaumig schlagen. Das gesiebte Mehlgemisch locker unterheben.

Arbeitsregeln:

→ Damit das Gebäck locker wird, sollten Mehl, Speisestärke sowie Eischnee **immer von Hand** (Schneebesen) unter die Eigelbmasse gezogen werden.

→ Das Gebäck erhält eine **glatte** Oberfläche, wenn die Masse mit einem Teigschaber **oder** der Teigkarte von der Mitte aus leicht nach außen gestrichen wird. Backofen grundsätzlich **vorheizen**.

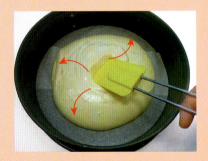 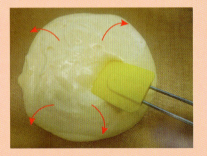 

→ Fertige Biskuitmasse **sofort** backen. Erst **kurz vor Ende** der Garzeit mit einem Holzstäbchen **Garprobe** machen. Grundsätzlich den Backofen **während** des Backprozesses nicht öffnen, da das Gebäck sonst zusammenfällt.

Biskuitmasse

GR Wasserbiskuit

Menge 3 Eier	Menge 4 Eier	Zutaten	Zubereitung (am Beispiel der Methode II)
3	4	Eier	Eier einzeln aufschlagen und in die Rührschüssel der Rührmaschine geben.
150 g 3 El	200 g 4 El	Zucker Wasser (lauwarm)	Zucker und Wasser zugeben. Schneebesen einsetzen. Gesamte Zutaten zu einer cremig, fast weißen Masse rühren. **Merke: Bei einer echten Biskuitmasse wird kein Wasser zugefügt! Die Biskuitmasse muss grundsätzlich sehr cremig gerührt werden.**
125 g 25 g 1¼ gestr. Tl	150 g 50 g 1½ gestr. Tl	Mehl Speisestärke Backpulver	Mehl, Speisestärke und das Backpulver auf die Eiermasse sieben. Gesamte Zutaten **locker** mit dem Schneebesen unterheben und in die gewünschte, vorbereitete Form füllen, backen. **Backofeneinstellung siehe Rezepturen.** **Merke: Der Backofen darf während des Backprozesses nicht geöffnet werden. Garprobe erst kurz vor Ende des Backvorgangs durchführen. Begründung: Biskuit fällt sonst zusammen.**
Biskuitmasse mit dem Handrührgerät herstellen (am Beispiel der Methode I)			Das Eiweiß mit dem Handrührgerät (Schneebesen) steif schlagen. Eigelb, Zucker und Wasser zu einer cremig, weißen Masse rühren. Das gesiebte Mehlgemisch und den Eischnee locker unterheben, backen (siehe Rezepturen).

Teigmenge für Biskuitböden und Biskuitrouladen:

1 Obstkuchen (⌀ 26 cm): Masse aus **3** Eiern, **Backzeit: 35–45 Min./Backtemperatur: ca. 180 °C Ober- und Unterhitze**

1 Biskuitroulade: Masse aus **4** Eiern, **Backzeit: ca. 10–12 Min./Backtemperatur: ca. 200 °C Ober- und Unterhitze**

1 Tortenboden (⌀ 26 cm): Masse aus **6** Eiern, **Backzeit: ca. 35–45 Min./Backtemperatur: ca. 180 °C Ober- und Unterhitze**

10.2.1 Abwandlungen GR Wasserbiskuit

Abwandlungen	Zutaten/Menge	Zubereitung
Schokoladenbiskuit	**pro Ei** werden **10 g** Kakao verwendet, das Mehl wird entsprechend reduziert.	Vorgehensweise siehe **GR**. Der Kakao wird mit dem Mehl gesiebt und untergehoben.
Nuss- oder Mandelbiskuit	⅓ der Mehlmenge wird durch gem. Haselnüsse **oder** gem. Mandeln ersetzt.	Vorgehensweise siehe **GR**. Die gem. Haselnüsse **oder** Mandeln werden mit dem Mehl untergehoben.

Lagerung:
→ Biskuitböden sind zum Einfrieren gut geeignet. Lagerdauer: **ca. 4–5 Monate**.

Biskuitmasse

Kleine Mini-Torten

10.2.2 Kleine Obsttorte

→ Springform ⌀ **18 cm oder** ⌀ **20 cm** mit Pergamentpapier auslegen. Backofen auf **180 °C** vorheizen.
→ Wasserbiskuit von **2** Eiern herstellen, backen.

> **Backzeit: ca. 35–45 Min./Backtemperatur: ca. 180 °C/mittlere Schiene/Ober- und Unterhitze**

→ Biskuitboden auskühlen lassen und **2-mal** durchschneiden. Den Tortenboden mit Pergamentstreifen unterlegen. Die Pergamentstreifen erleichtern es, die fertige Torte auf die Tortenplatte zu setzen.

1	El	Aprikosenlikör	▸ mischen, Biskuitboden bestreichen und **2.** Biskuitplatte auflegen.
4	El	Aprikosenkonfitüre	▸ Diese ebenfalls mit Aprikosenkonfitüre bestreichen. Deckel auflegen.
40	g	gehobelte Mandeln	▸ in der Pfanne anrösten.
50	g	Haselnussglasur	▸ in der Mikrowelle **oder** im Wasserbad **(1.9)** schmelzen lassen. Rand damit bestreichen. Geröstete Mandeln am Tortenrand befestigen.
4		Erdbeeren **(klein)**	▸ waschen, putzen, in $^1/_2$ **Stk.** schneiden.
1	Sch	Ananas **(Ds)**	▸ in △ schneiden.
3		blaue Weintrauben	▸ waschen, halbieren, entkernen.
2		Pfirsichhälften **(Ds)**	▸ in △ schneiden. Das Obst dekorativ auf der Biskuitoberfläche anordnen.
$^1/_2$	P	Tortenguss **(klar)**	▸ in kaltem Zustand anrühren und Masse einmal aufkochen lassen. Obst sorgfältig mit Tortenguss bedecken.
125	ml	Wasser	
1	El	Zucker	

Anrichten: Tortenplatte, Tortenspitze **Garnieren:** —

> **Tipp:** Bei der Obstauswahl grundsätzlich das saisonale Angebot berücksichtigen. Bei der Herstellung von großen Torten (⌀ 26 cm) wird die Rezeptur verdoppelt.

Biskuitmasse

10.2.3 Kleine Schwarzwälder Kirschtorte (8 Stk.)

→ Springform ⌀ **18 cm** mit Pergamentpapier auslegen. Backofen auf **180 °C** vorheizen.
→ Wasserbiskuit von **3** Eiern herstellen. **30 g** Mehl wird durch **30 g** Kakaopulver ersetzt.

Backzeit: ca. 35–45 Min./Backtemperatur: ca. 180 °C/mittlere Schiene/Ober- und Unterhitze

→ Erkalteten Biskuitboden **2-mal** durchschneiden **(siehe 10.2.2)**. Den Tortenboden mit Pergamentstreifen unterlegen.

Füllung:

250	g	Schattenmorellen
100	ml	Kirschsaft
2	El	Kirschwasser
2	El	Speisestärke
2	El	Zucker
600	ml	Sahne
3	P	Sahnesteif
3	P	Vz.
2	El	Kirschwasser

▶ Saft abtropfen lassen. **8** Kirschen für die Garnierung entnehmen. in einem Topf in noch kaltem Zustand verrühren und einmal aufkochen lassen. Schattenmorellen zugeben. Masse leicht abkühlen lassen und gleichmäßig auf dem Biskuitboden verteilen.

Tipp: Pergamentstreifen erleichtern den Transport der Torte auf die Tortenplatte.

▶ steif schlagen und **5 gehäufte El** auf der Kirschmasse verteilen, Biskuitmittelteil auflegen.

Biskuitplatte beträufeln. Biskuitteil mit **6 gehäuften El** Sahne bestreichen. Biskuitdeckel auflegen. **5 El** Sahne für die Garnierung in einen Spritzbeutel **(Rosettentülle ⌀ 8 mm)** füllen, kühl stellen. Tortenrand und Deckel mit der restl. Sahne bestreichen. Torte glätten. Das wird vereinfacht, wenn die Palette zuvor in sehr heißes Wasser getaucht wird. Wasser kurz abtropfen lassen und die Tortenoberfläche glatt streichen.

Schokoraspel ▶ Torte gleichmäßig bestreuen. Auf der Tortenoberfläche **8** gleich große Stücke markieren. Sahnetupfen am Rand entlang auf jedes Tortenstück spritzen. Kirschen auf die Sahnetupfen setzen.

Anrichten: Tortenplatte, Tortenspitze **Garnieren:** Sahnetupfen, Kirschen, Schokoraspel

Tipp: Für eine ⌀ 26 cm große Torte muss das Rezept verdoppelt werden.

10.2.4 Sahnetaschen mit Früchten

→ Backblech mit Backfolie auslegen. Backofen auf **225 °C** vorheizen.
→ Edelstahlring **(⌀ 10 cm)** in das Mehl tauchen und **6-mal** auf der Backfolie abschlagen. Mehlkreise sind ersichtlich.

2		Eiweiß
2		Eigelb
40	g	Zucker
1	P	Vz.
40	g	Mehl
1	Msp	Backpulver

▶ steif schlagen, kalt stellen.

▶ Zutaten schaumig schlagen, bis eine cremige Masse entsteht.

▶ sieben, Eischnee und das Mehl locker unter die Eigelbmasse heben. Biskuitmasse gleichmäßig mit einem El auf den markierten Mehlringen verteilen, glatt streichen, backen.

Backzeit: ca. 8–10 Min./Backtemperatur: ca. 180 °C mittlere Schiene/Ober- und Unterhitze

Biskuitkreise dürfen nicht zu dunkel werden, da sie beim Formen leicht brechen. Fertige Kreise **vorsichtig** zu einem Halbkreis formen und zwischen die Drähte eines Kuchen- oder Backofengitters setzen, abkühlen lassen.

150	ml	Sahne
2	P	Vz.
6	El	Früchte **(der Saison)**

▶ steif schlagen.

▶ fachgerecht vorbereiten und unter die Sahne mischen. Taschen füllen.

Anrichten: Tortenplatte, Tortenspitze **Garnieren:** Puderzucker (fein)

Biskuitmasse

10.2.5 Biskuitroulade

→ Backofen auf **200 °C** vorheizen, Backblech mit Pergamentpapier auslegen, Ränder stehen lassen, falzen.
→ Wasserbiskuit von **4** Eiern herstellen **(siehe GR Wasserbiskuit)**.
→ Biskuitmasse gleichmäßig auf das Backblech streichen, backen.

Backzeit: ca. 10–12 Min./Backtemperatur: 200 °C/mittlere Schiene/Ober- und Unterhitze

Arbeitsschritte nach dem Backen:

Biskuitplatte auf ein sauberes Geschirrtuch stürzen. Damit sich das Pergamentpapier gut abziehen lässt, sollte es mit kaltem Wasser bepinselt werden. Papier **vorsichtig** abziehen. Biskuit der Länge nach in das Geschirrtuch einrollen und auf einem Kuchengitter vollständig auskühlen lassen.

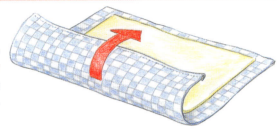

Merke: Das Geschirrtuch, in das die Biskuitroulade eingewickelt wird, muss **nicht** mit Puderzucker o. Ä. bestreut werden. Die Biskuitplatte lässt sich problemlos auf- und abrollen, wenn sie die richtige Beschaffenheit hat. Sie sollte nicht zu lange und auch nicht zu kurz gebacken werden.

Himbeerfüllung (für **1** Roulade)

250	ml	Sahne
2	P	Sahnesteif
2	P	Vz.
200	g	frische Himbeeren
		Puderzucker

▶ Sahne steif schlagen.

▶ fachgerecht vorbereiten und unter die Sahne mischen. Rolle **vorsichtig** abrollen, füllen und nochmals zusammenrollen.

▶ Rolle bestäuben, Seitenränder entsprechend der Tortenplattengröße abschrägen.

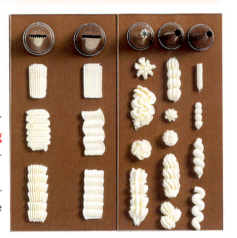

Anrichten: Tortenplatte, Tortenspitze   **Garnieren:** Sahnetupfen mit Himbeeren (siehe Garniturvorschläge Foto)

Konfitürenfüllung (für **1** Roulade)

250	g	Konfitüre, **z. B. aus Himbeeren, Erdbeeren**
		Puderzucker

▶ Biskuitplatte nicht aufrollen, sondern in noch heißem Zustand mit Konfitüre bestreichen und ohne ein Geschirrtuch aufrollen. Ränder leicht abschrägen. Rolle auf einem Kuchengitter abkühlen lassen.

▶ Rolle bestäuben.

Anrichten: Tortenplatte, Tortenspitze   **Garnieren:** Puderzucker

Schokofüllung mit Bananen (für **1** Roulade)

300	ml	Sahne
3–4	El	Schokoladenpulver
2	P	Vz.
2	P	Sahnesteif
2		Bananen
50	g	Schokoladenglasur

▶ Sahne steif schlagen.

▶ Schale entfernen. Biskuitplatte mit Schokoladensahne bestreichen, dabei einen **1 cm** breiten Rand stehen lassen. Bananen **2 cm** vom Rand entfernt, der Länge nach, auf die Sahne legen. Platte aufrollen. Ränder abschrägen.

▶ in der Mikrowelle **oder** dem Wasserbad erhitzen. Gabel in die Glasur tauchen und Schokogitter herstellen (siehe Abbildung).

Anrichten: Tortenplatte, Tortenspitze   **Garnieren:** Schokoladenglasur

Biskuitmasse

10.2.6 Fruchttörtchen (ca. 15 Stück)

→ **Ca. 15** Pergamentförmchen auf ein Backblech setzen, Backofen auf **180 °C** vorheizen.
→ Bodendecke der Pergamentförmchen mit gem. Haselnüssen leicht ausstreuen.

120 g	Früchte **(der Saison)**	vorbereiten und in die Pergamentförmchen füllen. Einige Früchte für die Garnitur zurückbehalten.
2	Eiweiß	steif schlagen.
2	Eigelb	
2 El	Wasser	zu einer cremigen Masse rühren. Zucker muss sich **vollständig** aufgelöst haben.
100 g	Zucker	
2 P	Vz.	
50 g	Mehl	sieben, Eischnee und gesiebtes Mehlgemisch locker unter die Eigelbmasse heben.
25 g	Speisestärke	
20 g	gem. Haselnüsse	locker unterheben. Jeweils **1 gehäuften El** Biskuitmasse auf die Früchte geben, backen.
		Backzeit: ca. 20–25 Min./Backtemperatur: ca. 180 °C mittlere Schiene/Ober- und Unterhitze
200 ml	Sahne	steif schlagen. In den Spritzbeutel, **(Rosettentülle ⌀ 10 mm)**, füllen. Rosetten auf die **ausgekühlten** Törtchen spritzen, mit Früchten garnieren.
1 P	Vz.	

Anrichten: Tortenplatte, Tortenspitze   **Garnieren:** Fruchtstücke, Sahnetupfen, evtl. geh. Pistazien

Quark-Öl-Teig

10.3 Quark-Öl-Teig

Der Quark-Öl-Teig ist vielseitig einsetzbar und sehr schnell herzustellen. Backpulver lockert das Gebäck. Durch die Zugabe von Quark erhält es seine relative Feuchtigkeit. Grundsätzlich sollte nur Öl verwendet werden, das macht den Teig elastisch und er lässt sich gut weiterverarbeiten. Quark-Öl-Teig kann anstelle von Hefe- **oder** Mürbeteig verwendet werden. Aus Quark-Öl-Teig können Kleingebäck, Blechkuchen, Pizzen etc. hergestellt werden.

Backregeln zur Herstellung von Quark-Öl-Teig:

Vor dem Backvorgang:

1. Backblech **oder** Kuchenform vorbereiten.
2. Den Backofen **rechtzeitig vorheizen**.
3. **Alle** Zutaten abwiegen bzw. vorbereiten. Die Arbeitsgeräte vor der Zubereitung bereitstellen.

Zubereitungsmethoden:

→ **Methode I:** (Handrührgerät mit Knethaken und Backbrett)
Alle Zutaten, Ausnahme Mehl und Backpulver, werden zu einer einheitlichen Masse gerührt. Das Mehlgemisch wird mit dem Handrührgerät (Knethaken) untergeknetet. Den Teig kurz auf dem Backbrett zusammenkneten, **sofort** weiterverarbeiten.

→ **Methode II:** (Küchenmaschine mit Knethaken)
Alle Zutaten werden mit der Küchenmaschine (Knethaken) rasch zu einem Teig geknetet = **All-in-Methode**.

GR Quark-Öl-Teig (süß und salzig)

Menge $\frac{1}{2}$ GR	Menge 1 GR	Zutaten	Zubereitung (am Beispiel der Methode I)
75 g 2 El 3 El $\frac{1}{2}$ ~37 g $\frac{1}{2}$ P 1 Pr	150 g 4 El 6 El 1 ~75 g 1 P 2 Pr	Speisequark Milch Sonnenblumenöl Ei Zucker Vanillinzucker Salz	Enthält der Speisequark zu viel Flüssigkeit, kann er in einem sauberen Geschirrtuch ausgedrückt werden. Alle Zutaten in eine Rührschüssel geben und mit dem Schneebesen zu einer einheitlichen Masse rühren. **Merke: Bei der Herstellung eines salzigen Teigs wird kein Zucker verwendet. Die Salzmenge wird bei 1 GR auf $\frac{1}{2}$ Tl erhöht.**
150 g $\frac{1}{2}$ P	300 g 1 P	Mehl Backpulver	Mehl und Backpulver sieben. Das Mehlgemisch nach und nach unter die Quarkmasse kneten, dabei sollten Knethaken (Handrührgerät **oder** Küchenmaschine) verwendet werden. Teig aus der Schüssel nehmen und auf einer **leicht bemehlten** Arbeitsfläche bzw. auf einem Backbrett rasch zu einem einheitlichen Teig kneten. Je nach Bedarf kann noch etwas Mehl zugegeben werden. Teig muss **glatt** und **feinporig** sein. Diesen **sofort** weiterverarbeiten, da sonst die Triebkraft verloren geht.
Quark-Öl-Teig mit der Küchenmaschine (All-in-Methode):			Alle Zutaten werden in die Küchenmaschine gegeben und rasch zu einem einheitlichen Teig geknetet. Teig **sofort** weiterverarbeiten.

Geschmackszutaten:

Quark-Öl-Teig (süß), z. B. Zitronenschale, Zitronensaft, Rum, Vanille, Bittermandelöl, Kirschwasser.

Quark-Öl-Teig (salzig), z. B. Kräuter, Gewürze, geriebener Käse.

Quark-Öl-Teig

Rezepte für Quark-Öl-Teig (salzig)

10.3.1 Fleischtaschen (ca. 30 Stk.)

→ Backblech mit Backfolie auslegen. Backofen auf **180 °C** vorheizen.

½ GR	Fleischteig	herstellen **(siehe GR Fleischteig 4.4)**.
1 GR	Quark-Öl-Teig **(salzig)**	herstellen **(siehe GR Quark-Öl-Teig)**.

Tipp: Die pikanten Füllungen (10.1.2) können für **1 GR** Quark-Öl-Teig (salzig) verwendet werden.

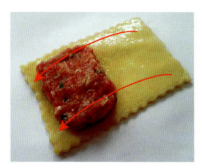

Teig auf einer leicht bemehlten Arbeitsfläche zu einer **3 mm** dünnen rechteckigen Teigplatte auswellen. Mit einem Teigrädchen **10 cm × 5 cm** große Rechtecke ausrädeln (Schablone herstellen).

1	Eiweiß	Ränder bestreichen. Jeweils **1 Tl** Fleischteig auf die Rechtecke setzen. Fleischteig glatt streichen und Rechtecke zur Hälfte zusammenlegen (Endgröße **= 5 cm^2**). Ränder mit einer Gabel gut festdrücken. Taschen auf ein mit Backfolie ausgelegtes Backblech setzen.
1	Eigelb	verquirlen und Taschen bestreichen, backen.
1 El	Milch	

Backzeit: ca. 25–30 Min./Backtemperatur: ca. 180 °C mittlere Schiene/Ober- und Unterhitze

Anrichten: Körbchen mit Serviette   **Garnieren:** —

10.3.2 Schinkenhörnchen (16 kleine Hörnchen)

→ Backblech mit Backfolie auslegen. Backofen auf **180 °C** vorheizen.

½	Zwiebel	schälen, in feine ☐ schneiden.
1 El	Petersilie	waschen, sehr fein zerkleinern.
1 El	Öl	erhitzen, Zwiebeln und Petersilie andünsten. Masse erkalten lassen.
45 g	gek. Schinken	in sehr feine ☐ schneiden,
45 g	Schafskäse	zu den Zwiebeln geben.
1 El	Sauerrahm	mit der Zwiebelmasse mischen.
	Salz, Pfeffer, Paprika	Masse abschmecken, abgedeckt kühl stellen.
½ GR	Quark-Öl-Teig **(salzig)**	herstellen **(siehe GR Quark-Öl-Teig)**. Quark-Öl-Teig **halbieren**. Hälften zu **3 mm** dünnen Kreisen auswellen. Kreise jeweils in **8** Stücke teilen **(siehe Abb.)**.
1	Eiweiß	Ränder bestreichen. Jeweils **1 Tl** Masse auf einem Dreieck verteilen, dabei einen **0,5 cm** breiten Rand stehen lassen. Die Masse etwas flach drücken. Dreiecke zu Hörnchen formen (= **16** Hörnchen). Fertige Hörnchen auf ein mit Backfolie ausgelegtes Backblech legen.
1	Eigelb	verquirlen, Hörnchen bestreichen, backen.
1 El	Milch	

2 x

Backzeit: ca. 25–30 Min./Backtemperatur: ca. 180 °C mittlere Schiene/Ober- und Unterhitze

Anrichten: s. o.   **Garnieren:** —

Quark-Öl-Teig

Rezepte für Quark-Öl-Teig (süß)

10.3.3 Marzipanschnecken (ca. 15 Stk.)

→ Backblech mit Backfolie auslegen. Backofen auf **180 °C** vorheizen.

25 g	weiche Butter	mit dem Handrührgerät (Schneebesen) schaumig schlagen.
50 g	Marzipanrohmasse	in feine ☐ schneiden, unter die schaumig geschlagene Butter mischen.
2 El	Sahne	
70 g	gem. Mandeln	zur Buttermasse geben, mischen.
1 El	Zucker	
1 El	Rum	
½ GR	Quark-Öl-Teig (süß)	herstellen (siehe **GR** Quark-Öl-Teig). Teig auf einer leicht bemehlten Arbeitsfläche zu einer **3 mm** dünnen, rechteckigen Teigplatte auswellen. Die Marzipanfüllung gleichmäßig darauf verteilen, glatt streichen. Teigplatte der Länge nach aufrollen, in **ca. 1,5 cm** dünne Scheiben schneiden und auf das vorbereitete Backblech setzen, backen.

Tipp: Ebenso können die Schnecken aus Quark-Öl-Teig mit anderen Füllungen (siehe S. 284) hergestellt werden.

Backzeit: ca. 25–30 Min./Backtemperatur: ca. 180 °C
mittlere Schiene/Ober- und Unterhitze

Zitronenglasur:

70 g	Puderzucker	mischen, fertige Schnecken damit bestreichen, trocknen lassen.
3 Tl	Zitronensaft	

Anrichten: Tortenplatte, Tortenspitze **Garnieren:** Zitronenglasur

10.3.4 Rhomben (ca. 8–9 Stk.)

→ Backblech mit Backfolie auslegen. Backofen **vorheizen** (s. u.).

Haselnussmasse

70 g	gem. Haselnüsse	
2 El	Sahne	mischen.
2 El	Zucker	
½ GR	Quark-Öl-Teig (süß)	herstellen (siehe **GR** Quark-Öl-Teig). Teig auf einer leicht bemehlten Arbeitsfläche zu einer **3 mm** dünnen, rechteckigen Teigplatte auswellen. Mit dem Messer **11 cm × 11 cm** große Quadrate ausschneiden. Dies ergibt **8–9** Quadrate. In die Quadrate **~7 cm** lange Schlitze schneiden (siehe Abbildung).

1	Eiweiß	Quadrate bestreichen. Je **1 El** Haselnussmasse in die Mitte eines Quadrates setzen.
8–9	Aprikosenhälften (1 kl Ds)	Saft abtropfen lassen. Je **1** Aprikosenhälfte auf die Haselnussmasse setzen. **Rechte** Quadratecke durch den **linken** Schlitz ziehen und die **linke** Quadratecke über den **rechten** Schlitz ziehen. Ecken jeweils fest andrücken. Rhomben auf das vorbereitete Backblech legen, backen.

Backzeit: ca. 25–30 Min./Backtemperatur: ca. 180 °C
mittlere Schiene/Ober- und Unterhitze

Anrichten: Tortenplatte, Tortenspitze **Garnieren:** Puderzucker **oder** Zitronenglasur

Tipp: Die Rhomben können ebenfalls mit der Zitronenglasur (s. o.) bestrichen werden.

Quarkblätterteig

10.4 Quarkblätterteig (Blitzblätterteig)

Quarkblätterteig ist ein sehr **fettreicher** Teig, der eine blätterteigähnliche Beschaffenheit aufweist und im Vergleich zum echten Blätterteig wesentlich **einfacher** und **schneller** herzustellen ist. Quarkblätterteig besteht aus **Mehl**, **Quark (Topfen)** und **Butter oder Margarine** in den Verhältnissen **1:1:1**. Das Gebäck wird maximal „**splittrig**" und nicht wie beim echten Blätterteig „**blättrig**", denn das Fett wird nicht im Ganzen, sondern in Flöckchen zugegeben. Da es sich um einen zuckerfreien Teig handelt und Salz nur in sehr geringem Anteil enthalten ist, kann süßes und salziges Gebäck hergestellt werden.

Backregeln zur Herstellung von Quarkblätterteig

Vor dem Backvorgang:

1. Backblech mit Backfolie auslegen.
2. Backofen **rechtzeitig vorheizen**.
3. **Alle** Zutaten abwiegen bzw. vorbereiten. Die Arbeitsgeräte vor der Zubereitung bereitstellen.

Zubereitungsmethoden:

→ **Methode I:** (Handrührgerät oder Küchenmaschine mit Knethaken)
Alle Zutaten werden in der Rührschüssel mit dem Handrührgerät (Knethaken) oder der Küchenmaschine (Knethaken) rasch zu einem einheitlichen Teig verarbeitet.

→ **Methode II:** (Backbrett oder Arbeitsfläche mit Teigkarten oder Palette)
Die Zutaten werden bergförmig auf einem Backbrett oder einer sauberen Arbeitsfläche angeordnet und mit zwei Teigkarten oder einer Palette fein gehackt. Den Teig anschließend rasch mit beiden Händen zusammenkneten.

Arbeitsregeln:

→ Um eine gleichmäßige Verteilung des Fettes im Teig zu erreichen, sollte die Butter bzw. Margarine in **kleinen Flöckchen** zum Mehl gegeben werden.

→ Die Butter/Margarine muss **kalt** sein und **rasch** verarbeitet werden, um ein starkes Kleben des Teiges zu verhindern.

→ Der Speisequark (Topfen) sollte **gut abtropfen**, da zu viel Feuchtigkeit eine höhere Mehlzugabe erfordert (Qualitätsminderung). Enthält der Speisequark nach dem Abtropfen zu viel Flüssigkeit, wird dieser in einem sauberen dünnen Geschirrtuch ausgedrückt.

→ Das im Fett enthaltene Wasser wird während des Backprozesses gasförmig und treibt den Teig in die Höhe.

→ Wird der fertige Teig **ca. 10–15 Min.** gekühlt, lässt er sich wesentlich besser verarbeiten.

→ Beim Quarkblätterteig (Blitzblätterteig) wird aus Zeitgründen auf das Tourieren (Einschlagen der Teigseiten) verzichtet. Deshalb wird das Gebäck nicht „**blättrig**", sondern „**splittig**".

→ Ist genügend Zeit vorhanden, kann der Quarkblätterteig in Touren geschlagen werden. Der Teig wird dadurch „blättriger". In der Regel wird eine einfache Tour und sofort danach eine Doppeltour geschlagen.

Einfache Tour (3 Lagen Teig)

Einfache Tour = 3 Lagen

Doppeltour (4 Lagen Teig)

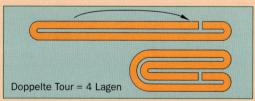

Doppelte Tour = 4 Lagen

→ Teig nach dem Touren **10 Min.** kühl stellen und den obigen Vorgang wiederholen. Der Teig entspannt sich während des Kühlens und das Fett wird wieder fest.

→ Backofen erst kurz vor Ende der Backzeit öffnen, da das Gebäck sonst nicht aufgeht.

Quarkblätterteig

GR Quarkblätterteig (Blitzblätterteig)

Menge ½ GR	Menge 1 GR	Zutaten	Zubereitung (am Beispiel der Methode II)
100 g	200 g	Mehl (Typ 405)	auf ein Backbrett oder auf die saubere Arbeitsfläche sieben. In die Mehlmitte eine Mulde drücken.
100 g	200 g	Butter oder Margarine	in kleinen Flöckchen auf den Mehlrand geben.
1 Pr	2 Pr	Salz	auf den Mehlrand streuen.
100 g	200 g	Speisequark	in einem Sieb abtropfen lassen und in die Mehlmulde geben. **Merke:** Ist der Speisequark zu wässrig, sollte er zwischen einem dünnen Geschirrtuch ausgedrückt werden. Die Zutaten werden mit einer Palette oder zwei Teigkarten fein gehackt und anschließend mit den Händen **rasch** zu einem einheitlichen Teig zusammengeknetet. Ist der Teig zu klebrig, muss etwas Mehl zugefügt werden. Teig abdecken und **ca. 10–15 Min.** kühl stellen. Teig entsprechend der Rezepte weiterverarbeiten. Ist noch Zeit vorhanden, kann der Quarkblätterteig in Touren geschlagen werden (siehe Arbeitsregeln). **Hinweis:** Das GR Quarkblätterteig kann ebenso entsprechend der Methode I hergestellt werden.

Merke: Die Formgebungsmöglichkeiten für pikantes u. süßes Hefekleingebäck (10.1.1/10.1.12) sowie die pikanten und süßen Füllungen (10.1.2/10.1.13) können auch für die Verarbeitung von ½ GR Quarkblätterteig verwendet werden.

Tipp: Fertiges Quarkblätterteiggebäck kann sehr gut 2–3 Monate eingefroren und kurz vor Verzehr aufgebacken werden. Der fertige Quarkblätterteig kann problemlos mehrere Monate tiefgefroren werden.

10.4.1 Käsestangen (ca. 24 Stk.)

→ Backblech mit Backfolie auslegen und Backofen auf **180 °C** vorheizen.

½ GR	Quarkblätterteig	herstellen **(siehe GR)**. Teig auf einer leicht bemehlten Arbeitsfläche bzw. einem Backbrett zu einem Rechteck **36 cm x 30 cm** auswellen.
1	Eiweiß	gesamtes Rechteck damit bestreichen.
~70 g	gerieb. Emmentaler	gleichmäßig auf der Hälfte des Rechtecks verteilen.
	grobes Salz, Paprika, gemahlener Kümmel	gleichmäßig über den Käse streuen. Zutaten leicht andrücken. Nicht bestreute Teigplatte darüber schlagen, leicht festdrücken. Die Platten sollten **deckungsgleich** sein. Mit dem Teigrädchen **ca. 1,5 cm** breite Streifen schneiden, korkenzieherähnlich eindrehen und auf das Backblech legen.
1	Eigelb + restl. Eiweiß	verquirlen, das Gebäck sorgfältig bestreichen, goldbraun backen.

Backzeit: ca. 25–30 Min./Backtemperatur: 180 °C mittlere Schiene/Ober- und Unterhitze

Anrichten: Platte oder Körbchen   **Garnieren:** ––

Quarkblätterteig

10.4.2 Spinatpitta (12 Stk.)

→ Backblech mit Backfolie auslegen. Backofen rechtzeitig auf **180 °C** vorheizen.

1 GR	Quarkblätterteig	▶	herstellen **(siehe GR)**.
500 g	Blattspinat **(TK)**	▶	vollständig auftauen lassen. Die Spinatblätter zwischen zwei Brettern ausdrücken, sodass kein Tauwasser mehr vorhanden ist. Es sollten am Ende 400 g aufgetauter Blattspinat vorhanden sein.

> **Merke:** Der Optik wegen sollte kein pürierter Spinat verwendet werden.

100 g	durchw. Speck	▶	in feine □ schneiden.
1	Zwiebel	▶	putzen, schälen in feine □ schneiden.
200 g	Champignons	▶	säubern, evtl. häuten, feinblättrig schneiden.
2 El	Öl	▶	erhitzen, Speck anbraten, Zwiebeln und Champignons zugeben, glasig dünsten, zum Schluss die Spinatblätter zugeben und **kurz** mitdünsten. Masse in eine große Schüssel geben, abkühlen lassen.
285 g	Mais **(Ds)**	▶	abtropfen lassen und zum Spinatgemisch geben.
	Salz, Pfeffer, Paprika	▶	Masse **kräftig** würzen und abschmecken. Die Salzzugabe sollte vom jeweiligen Salzgeschmack des Specks abhängig gemacht werden.
1	Eigelb	▶	unter die Spinatmasse mischen. Das Wellholz leicht mit Mehl bestäuben. Den Quarkblätterteig auf dem vorbereiteten **Backblech** zu einer **30 cm x 40 cm** großen rechteckigen Teigplatte auswellen.
125 g	Crème fraîche		
1	Eiweiß	▶	gesamte Platte bestreichen. Die Füllung auf die Hälfte der Platte geben, dabei einen **1 cm** breiten Rand stehen lassen. Andere Hälfte über die Füllung klappen, bis alle Seitenränder bündig sind. Seitenränder mit der Gabel festdrücken, sodass die Gabelkonturen im Teig sichtbar sind.

Tipp: Die Pitta kann ebenso mit anderem Gemüse gefüllt werden (ca. 800 g vorbereitetes Gemüse).
Will man eine vegetarische Pitta herstellen, so kann anstelle des Specks evtl. Schafskäse verwendet werden.

❶ ❷ ❸

1	Ei	▶	verquirlen, Pitta sorgfältig bestreichen und goldbraun backen.

> **Backzeit: ca. 60–70 Min./Backtemperatur: ca. 180 °C
> mittlere Schiene/Ober- und Unterhitze**

Fertige Pitta in **12** gleich große Stücke schneiden und **sofort** heiß servieren.

Anrichten: Platte (warm) **Garnieren:** —

10.4.3 Schweineohren (ca. 33–35 Stk.)

→ Backblech mit Backfolie auslegen. Backofen rechtzeitig auf **180 °C** vorheizen.

½ GR	Quarkblätterteig	▶	herstellen **(siehe GR)**. Teig in **2** gleich große Teile schneiden. Teigstücke auf einer leicht bemehlten Arbeitsfläche zu **15 cm x 35 cm** großen Rechtecken auswellen.
~20 g	Butter	▶	schmelzen, Teigplatten damit bestreichen.
~60 g	Hagelzucker	▶	Teigplatten gleichmäßig damit bestreuen und **vorsichtig** andrücken.

Quarkblätterteig

Fortsetzung Schweineohren

Jeweils die beiden langen Seiten zur Mitte hin einrollen. Die Rollenmitte mit geschmolzener Butter bestreichen und **vorsichtig** aneinander drücken. Rollen in **ca. 1,5 cm** dünne Scheiben schneiden, auf das Backblech legen, etwas flach drücken und nachformen.

1	Ei	▸ verquirlen, Schweineohren **sorgfältig** bestreichen und goldbraun backen.

Backzeit: ca. 15–20 Min./Backtemperatur: ca. 180 °C mittlere Schiene/Ober- und Unterhitze

50 g	Schokoladenglasur	▸ Fertige Schweineohren auf den Kuchengittern auskühlen lassen. im Wasserbad **(siehe 1.9)** **oder** der Mikrowelle **(400 Watt/ca. 90 Sek.)** schmelzen. Seiten jeweils in Glasur tauchen, abtropfen u. trocknen lassen.

Anrichten: Tortenplatte (länglich), Tortenspitze   **Garnieren:** Schokoladenglasur

10.4.4 Nussschlaufen (ca. 18 Stk.)

→ Zwei Backbleche mit Backfolie auslegen. Backofen rechtzeitig auf **180 °C** vorheizen.

½ GR	Quarkblätterteig	▸ herstellen **(siehe GR)**. Teig in **2** gleich große Teile schneiden. Teigstücke auf einer leicht bemehlten Arbeitsfläche zu **16 cm x 36 cm** großen Rechtecken auswellen.
1	Rezept Nuss-Füllung	▸ herstellen **(siehe 10.1.13)**.
1	Eiweiß	Platten bestreichen, die Hälfte der Platten dünn mit Nuss-Füllung bestreichen. Platten zur Hälfte klappen **(siehe Abbildung)**. Seitenränder müssen richtig aufeinander liegen, leicht festdrücken und Rechtecke in **4 cm** breite Stücke schneiden. Jedes Stück in der Mitte mit einem **ca. 7 cm langen** Schlitz versehen. Die **rechte** und **linke** Ecke der **Bruchkante** (= keine Schnittkante) durch den Schlitz auf die **Unterseite** ziehen. Ecken in die Ursprungsposition legen. Die Seitenstücke drehen sich dabei **automatisch**.

Tipp: Wird auf die Zitronenglasur verzichtet, müssen die Stücke vor dem Backen mit verquirltem Ei bestrichen werden.

▸ Fertige Teile auf das Backblech legen, goldbraun backen. Auf dem Kuchengitter auskühlen lassen.

Backzeit: ca. 25–30 Min./Backtemperatur: ca. 180 °C bei zwei Blechen/Umluft

1	Rezept Zitronenglasur	▸ herstellen **(9.1.5)**, Nussschlaufen **sorgfältig** damit bestreichen.

Anrichten: Tortenplatte (länglich), Tortenspitze   **Garnieren:** Zitronenglasur

10.5 Strudelteig

Die Türken, Spanier und Österreicher streiten sich über die Herkunft des Strudelteigs. Angeblich sollen die Türken den Strudelteig nach Österreich gebracht haben, wo er zu Beginn als „spanischer Teig" bezeichnet wurde. Die Strudelbäcker ziehen den Teig so dünn aus, dass man durch ihn eine Zeitung lesen kann. Der Strudelteig ist ein mehlreicher Teig, der kein Triebmittel enthält. Er eignet sich durch seine elastische und geschmacksneutrale Art besonders zum Umhüllen von Fleisch-, Fisch-, Gemüse-, Quark- und Obstmassen.

Backregeln zur Herstellung von Strudelteig

Vor dem Backvorgang:

❶ Backblech mit Backfolie auslegen **oder** Auflaufform mit Margarine einfetten (bei flüssigen Strudelfüllungen).
❷ Backofen **rechtzeitig vorheizen**.
❸ **Alle** Zutaten abwiegen bzw. vorbereiten. Die Arbeitsgeräte vor der Zubereitung bereitstellen.

Zubereitungsmethoden:

→ **Methode I:** (Handrührgerät oder Küchenmaschine mit Knethaken)
Mehl in die Rührschüssel sieben. In die Mitte eine Mulde drücken. Restliche Zutaten miteinander verrühren und in die Mulde geben. Zutaten mit dem Handrührgerät (Knethaken) oder der Küchenmaschine (Knethaken) zu einem einheitlichen Teig kneten. Teig anschließend auf der Arbeitsfläche abschlagen.

→ **Methode II:** (Schüssel mit Rührlöffel oder Backbrett bzw. Arbeitsfläche mit 2 Teigkarten oder einer Palette)
Mehl in eine Schüssel bzw. auf ein Backbrett sieben. In die Mehlmitte eine Mulde drücken. Restliche Zutaten miteinander verrühren und in die Mulde geben. Die Flüssigkeit vorsichtig mit dem Rührlöffel oder den Teigkarten bzw. der Palette mit dem Mehl mischen. Den Teig mit den Händen kneten und auf der Arbeitsfläche abschlagen.

Arbeitsregeln:

→ Strudelteig gelingt sehr gut, wenn man sich für die Herstellung **ausreichend Zeit** nimmt.

→ Lauwarmes Wasser und Salz unterstützen die Quellfähigkeit des Mehls.

→ Fügt man dem Teig etwas Obstessig zu, **reisst** er **weniger**.

→ Der Teig wird durch langes Abschlagen und Kneten sehr **elastisch**. Bei der Schnittprobe sollten **kleine Bläschen** sichtbar sein.

→ Die Teigoberfläche muss nach dem Abschlagen **glatt** sein und **glänzen**.

→ Der Teig wird **vor** der Ruhezeit mit Öl bestrichen und währenddessen mit einer **vorgewärmten** Schüssel bedeckt. Die Wärme unterstützt das Quellvermögen des Teiges. Das Öl schützt den Teig vor dem Austrocknen. Er kann dadurch leichter ausgezogen werden. Die Ruhezeit beträgt **ca. 30 Min**.

→ Der Strudelteig wird zunächst auf einem bemehlten Geschirrtuch oder der bemehlten Arbeitsfläche ausgewellt. Dies erleichtert das Ausziehen des Teiges mit beiden Handrücken.

→ Damit die Füllungen beim Backprozess nicht austreten, muss die Bildung von Löchern vermieden werden.

→ Bestreicht man das Strudelgebäck **vor** und **während** des Backens mit geschmolzener Butter, **trocknet** es **nicht aus** und erhält eine **knusprige** Oberfläche.

→ Der Strudelteig wird weniger brüchig, wenn man auf die Zugabe von Eiern verzichtet.

Strudelteig

GR Strudelteig

Menge ½ GR	Menge 1 GR	Zutaten	Zubereitung (am Beispiel der Methode II)
125 g	250 g	Mehl (Typ 405)	auf eine saubere Arbeitsfläche **oder** auf das Backbrett sieben. In die Mehlmitte eine Mulde drücken.
65 ml 1 El ½ Tl 1 Pr	~130 ml 2 El 1 Tl 2 Pr	Wasser (lauwarm) Öl Obstessig Salz	alle Zutaten in eine kleine Schüssel geben und verrühren. Diese in die Mehlmulde geben. Alle Zutaten mit einer Palette oder zwei Teigkarten fein hacken und mit den Händen zu einem einheitlichen, glatten Teig kneten. Anschließend den Teig so lange auf der Arbeitsfläche abschlagen, bis dieser im Innern **kleine Luftbläschen** aufweist und eine **glänzende** Oberfläche besitzt (**Dauer ca. 5 Min.**).
1 Tl	1 El	Öl	Teigkugel **sorgfältig** mit Öl bestreichen und unter einer angewärmten Edelstahlschüssel **ca. 30 Min.** ruhen lassen.
~10 g	~20 g	geschmolzene Butter	Das Wellholz leicht mit Mehl bestäuben. Den Teig auf einem sauberen, leicht bemehlten Geschirrtuch (Strudeltuch) **oder** der leicht bemehlten Arbeitsfläche **ca. 2 mm** dünn auswellen. Die Teigplatte **gleichmäßig** damit bestreichen. Handrücken bemehlen und den Strudelteig von der Mitte aus **hauchdünn** zu einem Rechteck nach außen ziehen. Teigränder ebenso mit den Fingerspitzen ausziehen. **Merke:** Das Geschirrtuch bzw. die Arbeitsfläche sollte unter dem Strudelteig sichtbar sein. Es sollten keine Löcher entstehen. Weiterverarbeitung des Teiges siehe Rezepte.

10.5.1 Hackfleisch-Kraut-Strudel

→ Backofen rechtzeitig auf **180 °C** vorheizen. Backblech mit Backfolie auslegen **oder** große Auflaufform bereitstellen.

½ GR	Strudelteig	herstellen (siehe **GR**).
1 GR	Fleischteig	herstellen (siehe **4.4**).
50 g	durchw. Speck	würfeln, in einer Pfanne anrösten, abkühlen lassen, zum Fleischteig geben.
~285 g	Sauerkraut (1 kl Ds)	unter den Fleischteig mischen. Strudelteig zu einem Rechteck ausziehen.
70 g	gerieb. Gouda	Masse gleichmäßig darauf verteilen, dabei einen **1,5 cm** breiten Rand stehen lassen. Seitenränder nach innen schlagen und Strudel von der langen Seite mit Hilfe des Tuches aufrollen. Diesen mit den Teigenden nach unten auf das vorbereitete Backblech **oder** in die Auflaufform legen. Strudel damit bestreichen und in den vorgeheizten Backofen geben, diesen während des Backens mehrmals mit geschmolzener Butter bestreichen.

Backzeit: ca. 60 Min./Backtemperatur: 180 °C
mittlere Schiene/Ober- und Unterhitze/Garprobe

Anrichten: Längliche Platte **Garnieren:** Petersilie (fein, 1 El)

Strudelteig

10.5.2 Apfelstrudel

→ Backofen rechtzeitig auf **180 °C** vorheizen. Backblech mit Backfolie auslegen **oder** große Auflaufform bereitstellen.

½ GR	Strudelteig	▶	herstellen **(siehe GR)**.
30 g	Rosinen	▶	waschen, abtropfen lassen.
2 El	Rum	▶	zugeben, Rosinen **ca. 5 Min.** zugedeckt liegen lassen.
~50 g	Zucker		
2 P	Vz.	▶	gesamte Zutaten mischen. Rosinen ebenfalls untermischen.
2 Tl	Zimt		
35 g	gem. Haselnüsse		
750 g	säuerliche Äpfel	▶	waschen, schälen, halbieren, vierteln, das Kernhaus entfernen und achteln. Äpfelstücke mit der Küchenmaschine (Scheibeneinsatz) zerkleinern und **sofort** mit der Haselmasse mischen. Füllung auf dem ausgezogenen Strudelteig verteilen. Weiterverarbeitung **(siehe Hackfleisch-Kraut-Strudel)**.

Tipp: Zum Apfelstrudel passt sehr gut eine Vanillesoße **(siehe 8.3.3.1 Abwandlungen)** oder Vanilleeis.

10.5.3 Gefüllte Strudelkreise (ca. 18 Kreise = 9 gefüllte Kreise)

→ Backofen auf **180 °C** vorheizen, Backblech mit Backfolie auslegen.

½ GR	Strudelteig	▶	herstellen. Teig **2 mm** dünn auswellen und **nicht ausziehen**, da die Kreise nicht zu dünn werden sollen. Aus Teig platzsparend Kreise ⌀ **8 cm** ausstechen und auf ein vorbereitetes Backblech legen.
	geschmolzene Butter	▶	Kreise bestreichen, mit der Gabel mehrmals in die Kreise stechen, damit eine zu starke Luftblasenbildung vermieden wird. Strudelkreise backen.

> **Backzeit: ca. 20–25 Min./Backtemperatur: 180 °C**
> **mittlere Schiene/Ober- und Unterhitze**

Fertige Strudelkreise auf einem Kuchengitter auskühlen lassen.

Strudelteig

Fortsetzung gefüllte Strudelkreise
Kräuter-Frischkäse-Füllung: (für ½ GR Strudelteig)

200 g	körniger Frischkäse	
200 g	Speisequark	verrühren.
1–2 El	Milch	
1 Bd	frische Kräuter	waschen, fein schneiden, untermischen.
	Kräutersalz, Paprika, Pfeffer, …	Masse würzen, abschmecken. Strudelkreise füllen, dabei die Hälfte der Kreise mit der Oberseite auf eine Platte legen. **1 gehäufter El** Füllung darauf verteilen. Die Unterseite der restlichen Strudelkreise auf die Füllung legen.

Anrichten: Platte **Garnieren:** Petersilie (fein, 2 El)

Früchte-Füllung: (für ½ GR Strudelteig)

150 g	Früchte (**der Saison**)	vorbereiten, waschen, die Früchte entsprechend fein zerkleinern.
80 ml	Sahne	steif schlagen.
200 g	Speisequark	verrühren, Sahne locker unterheben, Früchte **vorsichtig** unterheben.
~2–3 El	Zucker	Strudelkreise füllen (**siehe Kräuter-Frischkäse-Füllung**).

Anrichten: Platte **Garnieren:** Puderzucker (fein)

10.5.4 Birnentaschen (ca. 9 Stück)

→ Backofen auf **180 °C** vorheizen. Backblech mit Backfolie auslegen.

½ GR	Strudelteig	herstellen (**siehe GR**).
40 g	Joghurt	
3 El	brauner Zucker	Alle Zutaten mischen. Teig zu einer rechteckigen Teigplatte **30 cm x 30 cm** auswellen und nicht ausziehen. Diese in **9** gleich große Quadrate teilen. Quadratgröße **= ca. 10 cm²**.
20 g	Kokosraspel	
1 Tl	Zimt	
1 Tl	Birnenlikör	
1	Birne (**140 g**)	waschen, schälen, halbieren, vierteln, das Kernhaus entfernen, in feine △ schneiden und unter die Masse mischen, abschmecken. Je **1 geh. El** Masse auf jedem Quadrat verteilen, dabei einen **1 cm** breiten Rand stehen lassen. Die Seitenränder einschlagen und der Länge nach aufrollen. Birnentaschen mit den **offenen Kanten** nach unten auf das Backblech legen.
	geschmolzene Butter	Taschen bestreichen, goldbraun backen.

Backzeit: ca. 45–50 Min./Backtemperatur: 180 °C
mittlere Schiene/Ober- und Unterhitze/Garprobe

| 9 | Kugeln Vanilleeis | je **1** Kugel mit einer lauwarmen Birnentasche anrichten. |
| ~9 El | fertige Schokosoße | dekorativ über die Eiskugeln **oder** die Birnentaschen geben. |

Anrichten: Dessertteller **Garnieren:** Fertige Schokosoße

11 Weihnachtsgebäck, Getränke und Haltbarmachung (Praxis)

Weihnachten ohne Weihnachtsbäckerei kann man sich kaum vorstellen. Viele gute Zutaten werden verwendet, um ein leckeres Gebäck bei einem schönen heißen Getränk zu verzehren. Die stichwortartigen Backregeln erleichtern wesentlich die Herstellung des Gebäcks. Getränke sind nicht nur zur Weihnachtszeit, sondern auch eisgekühlt während der Sommermonate allseits sehr beliebt. Konfitüren, Gelees und Chutneys eignen sich hervorragend als kleines Mitbringsel.

	7. PROJEKT	306
11.1	Grundregeln der Weihnachtsbäckerei	307
11.1.1	Rumkugeln	308
11.1.2	Mandelsplitter	308
11.1.3	Schokocrossis	309
11.1.4	Kleine Florentiner	309
11.1.5	Butterplätzchen	309
11.1.6	Terrassenplätzchen	310
11.1.7	Strohhütchen	311
11.1.8	Kokosmakronen	311
11.1.9	Nusstaler	312
11.1.10	Hefemänner	312
11.1.11	Muster Hefemann und freies Formen von Hefemännern	313
11.1.12	Aprikosen-Stangen	314
11.1.13	Orangen-Bögen	314
11.1.14	Toffeequadrate	315
11.2	Getränke	316
11.2.1	Dekorationen und Gläser für Getränke	316
11.2.2	Orangen-Joghurt-Traum	316
11.2.3	Jamaika Sunshine	316
11.2.4	Smoothies	317
11.2.5	Erdbeersahnemix	317
11.2.6	Eistee	318
11.2.7	Eisschokolade, Eiskaffee	318
11.2.8	Zaubertrank	318
11.3	Methoden der Haltbarmachung (Praxis)	319
11.3.1	Konfitüren, Marmeladen, Gelees, Chutneys	319
11.3.2	Konfitüre nach Wahl	321
11.3.3	Gelee nach Wahl	321
11.3.4	Zucchini-Papaya-Chutney	321
11.3.5	Das kleine 1 x 1 des Tiefgefrierens	322

Eigene Rezepte Weihnachtsgebäck

Eigene Rezepte Getränke

Eigene Rezepte Konfitüren, Gelees etc.

7. PROJEKT

Schwerpunkt: Eigenständige Projektdurchführung

Sie stellen Weihnachtsgebäck und Konfitüren bzw. Gelees etc. her und vermarkten diese auf einem Weihnachtsmarkt oder Basar.

Diese Fragen und Aufgaben sollen Ihnen bei der Durchführung des Projekts als Anregung und Hilfestellung dienen.

Planungshilfen/Vorbereitungen

- Welches Gebäck/Konfitüren etc. sollen zum Verkauf hergestellt und angeboten werden?
- Wie soll das Selbsthergestellte angeboten werden?
- Wie viel Geld steht Ihnen dabei zur Verfügung?
- Welche Mengen werden produziert? ... usw.

Aufgabe: Schreiben Sie die Ideen auf Kärtchen und befestigen Sie diese an einer Steckwand. Finden Sie gemeinsam Lösungswege und halten Sie die Ergebnisse in einem Protokoll fest.

Präsentation/Verkauf

- Wie soll das Gebäck bzw. die Konfitüren verpackt und verkauft werden?
- Welche Preise werden festgesetzt und wie wird das Selbsthergestellte ausgezeichnet (Preisschilder/Plakat)?
- Wer sorgt für das Wechselgeld bzw. wer ermittelt den Verkaufsumsatz?
- Wer hilft beim Aufbau und beim Aufräumen? ... usw.

Aufgabe: Tätigen Sie alle Überlegungen und Vorarbeiten, die zum Gelingen der Präsentation bzw. des Verkaufs notwendig sind. Halten Sie Ihre Ergebnisse in einem Protokoll fest.

Materialbeschaffung/Einkauf

- Welche Materialien und Mengen werden für die Herstellung und die Präsentation Ihres Gebäcks bzw. der Konfitüren etc. benötigt? ... usw.

Aufgabe: Erstellen Sie eine Einkaufsliste und überschlagen Sie die anfallenden Kosten. Reicht Ihnen das zur Verfügung stehende Geld aus oder müssen Sie Einsparungen treffen? Kaufen Sie das gelistete Material ein.

Zeit- und Arbeitsplan

- Welche Arbeiten müssen wann und von wem getätigt werden? ... usw.

Aufgabe: Erstellen Sie gemeinsam einen Zeit- und Arbeitsplan. Halten Sie dabei genau fest wer, wann, in welchem Zeitraum, welche Aufgaben verrichtet. Führen Sie die Arbeiten aus und kontrollieren Sie dabei regelmäßig, ob Sie den erarbeiteten Plan einhalten können. Fügen Sie evtl. notwendige Änderungen ein.

Reflexion

- Welche positiven und negativen Dinge sind bei der Planung, Vorbereitung und Durchführung vorgefallen?

Aufgabe: Reflektieren Sie gemeinsam das Projektgeschehen (als Hilfestellung dient Ihnen S. 18).

Weihnachtsgebäck

11.1 Grundregeln der Weihnachtsbäckerei

* Die Arbeiten so **rationell** wie möglich erledigen und dabei arbeitserleichternde Geräte verwenden.
* **Alle** Zutaten vor der Zubereitung bereitstellen und **sorgfältig** abwiegen.
* Die Grundregeln bei der Herstellung der einzelnen Teigarten sollten berücksichtigt werden.
* Das Backblech wird mit Backfolie ausgelegt. Der Backofen wird vorgeheizt. Die Backbleche müssen kalt sein, wenn sie mit Plätzchen belegt werden (keine Formverluste). Beim Backen Küchentimer verwenden.
* Werden mehrere Backbleche in den Backofen geschoben, sollte er auf Umluft eingestellt werden.
* Für Teig, der ausgewellt wird, Teighölzer verwenden. **Begründung:** Plätzchen erhalten dieselbe Höhe.

* **Teig zwischen Plastikfolien portionsweise auswellen** (siehe 1.9).
  Begründung: Dem Teig wird kein Mehl zugefügt, er erleidet somit keine Qualitätsverluste.
* Bei sehr fettreichem Teig empfiehlt es sich, ihn auf einer leicht bemehlten Arbeitsfläche auszuwellen.
* Die Form des Gebäcks muss erhalten bleiben. Kleine Plätzchen sehen ansprechender aus als große.
* Plätzchen **teigsparend** ausstechen und **platzsparend** auf dem Backblech anordnen.

* Gebäck gleicher Größe und Backtemperatur sollte auf ein Blech gelegt und gebacken werden.
* Ist man nicht sicher, ob das Plätzchen die Form behält, kann zuerst ein **Probeplätzchen** hergestellt werden. Verliert es seine Form, muss noch etwas Bindemittel, z. B. Mehl, zugefügt werden.
* Das **gleichmäßige** Bestreichen der Plätzchen mit einem verquirlten Ei **oder** nach dem Backen mit Glasur ist notwendig. **Begründung:** Die Plätzchen sehen schöner aus und sind länger haltbar.
* Damit das Gebäck nach dem Backen richtig auskühlen kann, sollte es mit einer Backpalette auf ein Kuchengitter gelegt werden.
* Einzelne Gebäcksorten in Gebäckdosen (keine Geschmacksübertragung) aufbewahren. Zwischen jede Gebäckschicht sollte Pergamentpapier gelegt werden. Die Plätzchen erhalten keine Formverluste.
* Dosen an einem trockenen, kühlen Ort aufbewahren.

Weihnachtsgebäck

11.1.1 Rumkugeln (ca. 25–30 Stk.)

→ Ca. 25–30 Pralinenförmchen auf ein Tablett setzen.

100 g	Butter	in einer Rührschüssel mit dem Handrührgerät (Schneebesen) schaumig rühren.
50 g	Puderzucker	sieben, unter die schaumige Butter rühren.
1½ El	Kakao	
100 g	Zartbitterschokolade	sehr fein hacken, unter die Buttermasse mischen.
4 El	Rum	zugeben. Mit **2 Tl** kleine Häufchen auf ein Brett setzen.
100 g	gem. Mandeln	Häufchen mit den Händen zu Kugeln formen.
100 g	Kokosraspel **oder** Schokostreusel	Die Bällchen darin wenden und in Pralinenförmchen setzen. Rumkugeln im Kühlschrank kühl stellen. **Kühldauer: 3–4 Std.**

Anrichten: Teller mit anderem Weihnachtsgebäck   **Garnieren:** Schokostreusel **oder** Kokosraspel

11.1.2 Mandelsplitter (ca. 25 Stk.)

→ Ca. 25 Pergament- oder Pralinenförmchen auf ein Tablett setzen.

75 g	Rosinen	waschen, abtropfen lassen, sehr fein hacken.
2 El	Rum	zu den Rosinen geben und durchziehen lassen.
75 g	Mandelstifte	in einer Pfanne ohne Fett anrösten.
200 g	weiße Kuvertüre	im Wasserbad in einer Schüssel schmelzen lassen **(siehe 1.9)**. Mandeln und Rosinen zugeben. Mit **2 Tl** kleine Häufchen in die Pergamentförmchen setzen. Mandelsplitter kühl stellen. **Kühlzeit: ca. 1 Std.**
15 g	Kokosfett	

Anrichten: Teller mit anderem Weihnachtsgebäck   **Garnieren:** —

Schmelzen und Temperieren von Kuvertüre
Damit Kuvertüre ihre Qualität behält, darf sie nur auf ca. 30–32 °C erwärmt werden. Man löst $2/3$ der Kuvertüre in einer Schüssel im Wasserbad oder dem Mikrowellengerät auf und nimmt die Schüssel heraus. Anschließend gibt man das restliche $1/3$ zu und rührt so lange, bis die Kuvertüre vollständig geschmolzen ist. Eine Kuvertüre, die zu stark erhitzt ist, erhält an der Oberfläche graue Punkte.

Weihnachtsgebäck

11.1.3 Schokocrossis (ca. 35–40 Stk.)

→ Tablett mit Pergamentpapier auslegen.

Tipp: Es kann ebenso weiße Schokolade verwendet werden.

125 g	Zartbitterschokolade	in einer großen Schüssel im Wasserbad
25 g	Kokosfett	schmelzen lassen **(siehe 1.9)**.
80 g	Cornflakes	grob zerkleinern und in die Schokoladenmasse geben. Schokolade und Cornflakes gut mischen. Mit **2 Tl** kleine Häufchen auf das Tablett setzen und **ca. 30–40 Min.** kühl stellen, bis sie fest sind.

Anrichten: Teller mit andrem Weihnachtsgebäck **Garnieren:** —

11.1.4 Kleine Florentiner (ca. 35 Stk.)

→ Backblech mit Backfolie auslegen. Backofen auf **180 °C** vorheizen.

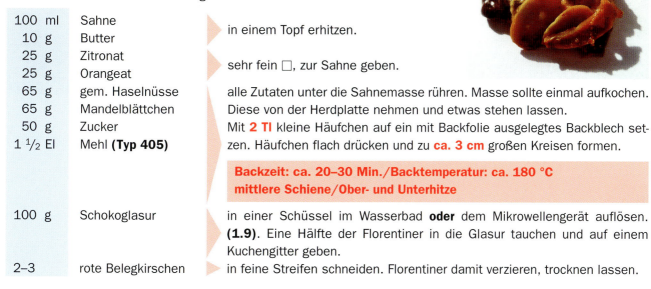

100 ml	Sahne	in einem Topf erhitzen.
10 g	Butter	
25 g	Zitronat	sehr fein ☐, zur Sahne geben.
25 g	Orangeat	
65 g	gem. Haselnüsse	alle Zutaten unter die Sahnemasse rühren. Masse sollte einmal aufkochen. Diese von der Herdplatte nehmen und etwas stehen lassen. Mit **2 Tl** kleine Häufchen auf ein mit Backfolie ausgelegtes Backblech setzen. Häufchen flach drücken und zu **ca. 3 cm** großen Kreisen formen.
65 g	Mandelblättchen	
50 g	Zucker	
1 ½ El	Mehl **(Typ 405)**	

> **Backzeit: ca. 20–30 Min./Backtemperatur: ca. 180 °C**
> **mittlere Schiene/Ober- und Unterhitze**

100 g	Schokoglasur	in einer Schüssel im Wasserbad **oder** dem Mikrowellengerät auflösen. **(1.9)**. Eine Hälfte der Florentiner in die Glasur tauchen und auf einem Kuchengitter geben.
2–3	rote Belegkirschen	in feine Streifen schneiden. Florentiner damit verzieren, trocknen lassen.

Anrichten: Teller mit anderem Weihnachtsgebäck **Garnieren:** Kirschenstücke

11.1.5 Butterplätzchen (Ausstecherle) (ca. 30–40 Stk.)

→ Backblech mit Backfolie auslegen. Backofen auf **180 °C** vorheizen.

125 g	Mehl **(Typ 405)**	Mürbeteig herstellen **(siehe GR)**. Teig zwischen Folien zu einer **3 mm** dünnen Teigplatte auswellen. Wenn möglich Teighölzer verwenden. Teig **ca. 4 Min.** in den Gefrierschrank geben. Folien beidseitig lösen und Plätzchen ausstechen. Nur gleich große Plätzchen auf das Backblech setzen.
60 g	Butter	
30 g	Zucker	
½	Ei	
1 P	Vz.	
½ Tl	Backpulver	
½	Ei	verquirlen, Plätzchen bestreichen.
	Hagelzucker, geh. Mandeln, bunte Streusel	Plätzchen **sorgfältig** bestreuen und backen.

> **Backzeit: ca. 20–25 Min.**
> **Backtemperatur: ca. 180 °C**
> **Werden mehrere Schienen mit Blechen bestückt: Umluft**

Anrichten: Teller mit anderem Weihnachtsgebäck **Garnieren:** Hagelzucker, bunte Streusel, geh. Mandeln

Weihnachtsgebäck

11.1.6 Terrassenplätzchen (ca. 30 Stk.)

→ Backbleche mit Backfolien auslegen. Backofen auf **180 °C** vorheizen.

200 g	Mehl **(Typ 405)**
100 g	Butter
75 g	Zucker
1 P	Vz.
1	Ei (klein)
1	Eigelb
½ Tl	Rumaroma
etwas	Zitronenabrieb
	Hagebutten-konfitüre o. Ä.
	Puderzucker

Mürbeteig herstellen **(siehe GR)**. Teig zwischen Folien zu einer **2 mm** dünnen Teigplatte auswellen. Teig flach **ca. 4–5 Min.** in den Gefrierschrank legen. Gut gekühlten Teig herausnehmen, Plätzchen ausstechen (siehe Abb.) und auf die Backbleche legen. Die kleinen Plätzchen auf einem separaten Blech backen, damit sie nicht verbrennen.

Große Plätzchen: Backzeit: ca. 8–10 Min./Backtemperatur: ca. 180 °C
Kleine Plätzchen: Backzeit ca. 4–5 Min./bei mehreren Blechen: Umluft

Jeweils eine Messerspitze Konfitüre auf die Oberseite der großen und mittleren Plätzchen geben. Diese vorsichtig aufeinander setzen (siehe Abb.). Plätzchen bestäuben.

Anrichten: Teller mit anderem Weihnachtsgebäck   **Garnieren:** Puderzucker (fein)

Advent

Wenn in den dunklen Dezembertagen das milde Licht der Adventskerzen aufleuchtet, ein geheimnisvolles Licht in einem geheimnisvollen Dunkel, dann erweckt es in uns den tröstlichen Gedanken, dass das göttliche Licht, der Heilige Geist, niemals aufgehört hat, in die Finsternis der Welt hineinzuleuchten. Er ist seiner Schöpfung treu geblieben, ungeachtet aller Untreue der Geschöpfe. Wenn die Finsternis sich nicht von dem himmlischen Licht durchdringen lassen wollte, so fanden sich doch darin auch immer einige empfängliche Stellen, wo es aufleuchten konnte.

(Edith Stein)

Weihnachtsgebäck

11.1.7 Strohhütchen (ca. 35 Stk.)

→ Backblech mit Backfolie auslegen. Backofen auf **180 °C** vorheizen.

190 g	Mehl **(Typ 405)**	
125 g	Butter	
65 g	gem. Haselnüsse	
65 g	Zucker	
1 P	Vz.	
½	Eiweiß	
65 g	Puderzucker	
1–2 Tr	Zitronensaft	
~35	**kleine** Haselnüsse	

Mürbeteig herstellen **(siehe GR)**. Teig zwischen Folien zu einer **3 mm** dünnen Teigplatte auswellen. Teig **ca. 4–5 Min.** im Gefrierschrank kühlen. Folien beidseitig abziehen und Plätzchen ⌀ **3 cm** ausstechen. Plätzchen auf ein mit Backfolie ausgelegtes Backblech setzen.

Merke: Ein ganzes Ei trennen und die Hälfte des Eiweißes entnehmen.

Eiweiß mit dem Handrührgerät (Schneebesen) steif schlagen.

fein sieben, zu dem Eischnee geben. Masse sehr steif schlagen.

zugeben, mischen. Mit dem Teelöffelrücken jeweils einen kleinen Tupfen Eiweißmasse auf die Plätzchenmitte setzen.

Jeweils eine Haselnuss auf den Eiweißguss setzen, backen.

Backzeit: ca. 15–20 Min./Backtemperatur: ca. 150 °C mittlere Schiene/Ober- und Unterhitze

Anrichten: Teller mit anderem Weihnachtsgebäck   **Garnieren:** Glasur/Haselnüsse

11.1.8 Kokosmakronen (ca. 35–40 Stk.)

→ Backblech mit Backfolie auslegen. Backofen auf **120 °C** vorheizen.

2	Eiweiß	
1 Pr	Salz	
1 Tl	Zitronensaft	
125 g	Zucker	
~140 g	Kokosraspel	

mit der Rührmaschine **oder** dem Handrührgerät (Schneebesen) sehr steif schlagen.

zugeben.

nach und nach einrieseln lassen, weiterschlagen, bis sich der Zucker aufgelöst hat **(Rührzeit ca. 10 Min.)**. Die Masse sollte glänzen und es müssen sich Eiweißspitzen bilden.

Schnittrille im Eischnee

Messerprobe: Masse sollte schnittfest sein. Die Schnittrille des Messers bleibt im Eischnee sichtbar.

locker unterheben. Mit **2 Tl** kleine Nockerln formen **oder** mit dem Spritzbeutel **(Sterntülle ⌀ 10 mm)** kleine Tupfen auf das Backblech spritzen.

Backzeit: ca. 40–50 Min./Backtemperatur: ca. 100 °C mittlere Schiene/Ober- und Unterhitze

Anrichten: Teller mit anderem Weihnachtsgebäck   **Garnieren:** —

Tipp: Anstelle von Kokosraspeln können gem. Mandeln oder gem. Haselnüsse verwendet werden.

Merke: Bei Makronengebäck darf das Eiweiß keine Eigelbreste enthalten, da es sonst nicht mehr steif wird. Grundsätzlich sollte eine fettfreie Schüssel verwendet werden. Die Menge der Kokosraspel ist von der entsprechenden Eigröße abhängig. Je nach Bedarf können noch Raspel zugegeben werden. Die Makronenmasse sollte in der Rührschüssel nicht laufen, da sonst die Makronen auseinander fließen.

Weihnachtsgebäck

11.1.9 Nusstaler (ca. 28 Stk.)

→ Backblech mit Backfolie auslegen. Backofen auf **180 °C** vorheizen.

80 g	Mehl **(Typ 405)**
60 g	gem. Haselnüsse
50 g	Butter
40 g	Zucker
½	Ei

Mürbeteig herstellen **(siehe GR)**. Teig zwischen Folien zu einer **2 mm** dünnen Teigplatte auswellen. Kreise ⌀ **4 cm** ausstechen, auf ein vorbereitetes Backblech legen, backen.

Tipp: ½ Ei erhält man, indem 1 Ei in einer Tasse o. Ä. verquirlt und die Hälfte davon abgenommen wird.

Backzeit: ca. 15 Min./Backtemperatur: ca. 180 °C
Bei mehreren Blechen: Umluft/Kreise gut auskühlen lassen

~70 g	Aprikosenkonfitüre
1 Tl	Aprikosenlikör

mischen, die Hälfte der Plätzchen **sorgfältig** auf der **Unterseite** mit Konfitüre bestreichen. Restliche Plätzchen mit der **Unterseite** auf die Konfitüre legen, leicht andrücken.

~50 g	Haselnussglasur

in einer Schüssel im Wasserbad **oder** in der Mikrowelle schmelzen **(1.9)**. Kreisränder **sorgfältig** mit Glasur bestreichen.

Merke: Es darf keine Glasur auf die Plätzchenoberseiten gelangen.

	gem. Haselnüsse

Schokoränder in den Haselnüssen wälzen, trocknen lassen.

Anrichten: Teller mit anderem Weihnachtsgebäck   **Garnieren:** gem. Haselnüsse

11.1.10 Hefemänner (ca. 4–5 Din-A4-große Figuren)

	Schablone **(S. 313)**

Auf ein **DIN-A4**-großes Blatt einen Hefemann aufzeichnen und ausschneiden. Aus hygienischen Gründen sollte die Schablone beidseitig mit klebender Klarsichtfolie versehen werden. Die beste Möglichkeit ist jedoch, die Schablone zu laminieren.

1 **GR**	Hefeteig **(süß)**

herstellen **(siehe GR)**. Teig auf einer leicht bemehlten Arbeitsfläche **ca. 1 cm** dick auswellen. Den Hefemann auflegen, mit dem Messer ausschneiden und auf ein mit Backfolie ausgelegtes Backblech legen. Auf **1** Backblech passen in der Regel **2** Hefemänner.

1	Eiweiß

Hefemänner bestreichen.

1	Eigelb
1 El	Milch

verquirlen. Die Eiermilch wird für das spätere Bestreichen benötigt.

Verzierungsmöglichkeiten:

Teigreste, geh. Mandeln, Pistazien, Schoko- **oder** bunte Streusel, Rosinen etc.

Hefemänner verzieren, nochmals kurz gehen lassen. Die nicht verzierten Stellen mit der Eigelbmilch bestreichen, backen.

Backzeit: ca. 20–25 Min./Backtemperatur: ca. 180 °C
Bei mehreren Blechen: Umluft

Tipp: Teigreste durch eine Knoblauchpresse drücken = Barthaare.

Weihnachtsgebäck

11.1.11 Muster Hefemann

Tipp:
Damit das Gebäck eine einheitliche Höhe erhält, können beim Auswellen des Teiges Holzsstäbchen verwendet werden. Diese kann man selbst herstellen.
Holzstäbchen **(3 mm)**
Höhe: 3 mm
Länge: 70 cm
Breite: 2 cm
Das Holzstück wird halbiert, sodass man zwei Hölzchen, die jeweils **35 cm** lang sind, erhält. Weitere Stäbchen können hergestellt werden, indem man Holzstücke unterschiedlicher Höhe verwendet. Die Längen- und Breitenmaße bleiben stets dieselben.

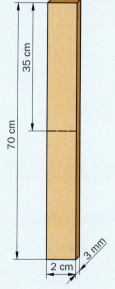

Aufgabe:
Überlegen Sie, wie und mit welchen Materialien Sie Ihren Hefemann ausgestalten möchten. Zeichnen und beschriften Sie den Hefemann entsprechend Ihrer Idee. Nehmen Sie ein Papier und pausen Sie die Schablone ab. Aus hygienischen Gründen empfiehlt es sich, Vorder- und Rückseite der Schablone mit Klebefolie einzubinden oder zu laminieren.

Freies Formen von Hefemännern:
1 GR Hefeteig (süß) ergibt
4–5 Hefemänner

❶ **1 GR** Hefeteig (süß) in **4–5** gleich große Stücke teilen. Körper formen.

❷ Aus dem Körper den **Kopf** und den **Hals** formen.

❸ In den Körper **einschneiden** und die **Arme** und die **Beine** formen.

❹ Die Schnitte für die **Schuhe** vornehmen, formen. Weiterverarbeitung siehe S. 312.

Weihnachtsgebäck

11.1.12 Aprikosen-Stangen (ca. 56 Stk.)

→ Zwei Backbleche mit Backfolie auslegen. Backofen auf **180 °C** vorheizen.

200 g	Marzipan **(Rohmasse)**	
100 g	getrocknete, ungeschwefelte Aprikosen	in **sehr feine** ☐ schneiden.
2	Eiweiß	in einer Schüssel **sehr steif** schlagen. Messerprobe durchführen **(siehe 11.1.8)**.
60 g	Zucker	einrieseln lassen. Die Eiweißmasse so lange rühren, bis keine Zuckerkristalle vorhanden sind.
165 g	gem. Haselnüsse	mit dem Handrührgerät (Schneebesen) unter den Eischnee rühren, die Aprikosen- und Marzipanwürfel unterrühren. Es sollte eine einheitliche Masse entstehen. Aus der Masse lange Stangen rollen **ca. ∅ 1 cm**, diese in **5 cm** lange Stücke teilen.
1 Tl	Amaretto	
1 Tl	Zimt	

> **Merke:** Die Masse kann ebenso in einen Spritzbeutel **(Lochtülle ∅ 10 mm)** gegeben werden. Die Stangen auf ein Backbrett spritzen und in **5 cm** lange Stücke teilen.

1–2	Eiweiß	Stangen darin wenden.
~90 g	gehobelte Mandeln	mit den Händen in **feine Stücke** bröckeln. Stangen darin wenden. Mandelstücke leicht andrücken. Fertige Stangen auf ein Backblech legen und goldbraun backen.

> **Backzeit: ca. 12–15 Min./Backtemperatur: 180 °C**
> **mittlere Schiene/Ober- und Unterhitze oder:**
> **Backzeit: ca. 12 Min./Backtemperatur: 180 °C/mehrere Bleche/Umluft**

~100 g	Vanille- **oder** Schokoladenglasur	Die gebackenen Aprikosen-Stangen auf dem Kuchengitter auskühlen lassen. in der Mikrowelle **(400 Watt/90 Sek.) oder** im Wasserbad **(siehe 1.9)** schmelzen. Enden der Stangen eintauchen und Glasur abtropfen lassen. Die Aprikosenstangen zum Trocknen auf ein Kuchengitter legen.

Anrichten: Teller mit anderem Weihnachtsgebäck   **Garnieren:** Vanille- **oder** Schokoladenglasur

Tipp: Die Aprikosenstangen entwickeln ein besonderes Aroma, wenn sie eine Woche vor dem Verzehr hergestellt werden. Es empfiehlt sich, das Gebäck in einer Dose kühl und trocken zu lagern.

11.1.13 Orangen-Bögen (ca. 25–30 Stk.)

→ Zwei Backbleche mit Backfolie auslegen. Backofen auf **180 °C** vorheizen.

125 g	weiche Butter	mit dem Handrührgerät (Schneebesen) schaumig schlagen.
80 g	Puderzucker	fein sieben, zugeben.
2 Tl	Orangenschalen-Aroma	zugeben.
175 g	Mehl **(Typ 405)**	
75 g	Speisestärke	fein sieben.
1 Tl	Backpulver	
100 ml	Orangensaft	abwechselnd mit dem Mehlgemisch unter die Buttermasse rühren.

Orangenschalen-Aroma: besteht vorwiegend aus getrockneten Orangenzellen, Zucker, Maisstärke, Fruchtzuckersirup und Karamell.

Weihnachtsgebäck

Fortsetzung Orangen-Bögen

75 g	gem. Mandeln	untermischen. Es sollte eine einheitliche Masse entstehen. Diese in einen Spritzbeutel **(Sterntülle ⌀ 7 mm)** füllen und kleine Halbkreise auf die vorbereiteten Backbleche spritzen. Alle Bögen sollten dieselbe Größe haben. Orangen-Bögen goldbraun backen.

> Backzeit: ca. 15–20 Min./Backtemperatur: 180 °C
> mittlere Schiene/Ober- und Unterhitze **oder:**
> Backzeit: ca. 15 Min./Backtemperatur: 180 °C/mehrere Bleche/Umluft

~100 g	Orangenkonfitüre	mischen. Die Hälfte der Bögen auf der Unterseite (glatte Seite) mit Konfitüre bestreichen. Die übrigen Bögen mit der Unterseite auf die Konfitüre legen und **vorsichtig** aneinander drücken. Orangen-Bögen trocknen lassen.
1 Tl	Orangenlikör	
~80 g	Schokoladenglasur	in der Mikrowelle **(400 Watt/90 Sek.)** oder im Wasserbad **(siehe 1.9)** schmelzen. Enden in die Glasur tauchen, abtropfen lassen. Orangen-Bögen zum Trocknen auf ein Kuchengitter legen.

Anrichten: Teller mit anderem Weihnachtsgebäck **Garnieren:** Schokoladenglasur

11.1.14 Toffeequadrate (ca. 35 Stk.)

→ Alufolie **22 cm x 15 cm** ausschneiden, auf ein großes Brett legen und mit geschmolzener Butter gut einpinseln.

50 g	gehackte Mandeln	in einer Pfanne goldbraun anrösten, Pfanne dabei **vorsichtig** bewegen. Die gerösteten Mandeln auf einem Brett ausbreiten und vollständig abkühlen lassen.
60 g	Butter	in einem kleinen Topf **oder** einer Pfanne erhitzen und leicht köcheln lassen, bis ein zähfließend goldbraunes Karamell entstanden ist. Die Masse gleichmäßig auf der gesamten Alufolie verteilen.
60 g	Zucker	
1 El	Zuckerrübensirup	
25 g	Reiswaffeln	mit den Händen in **reiskorngroße** Stücke brechen.
150 g	Kuvertüre **(zartbitter)**	im Wasserbad **(siehe 1.9)** schmelzen. Die Reiswaffeln und die abgekühlten Mandeln zugeben und unter die geschmolzene Kuvertüre mischen.

> **Merke:** Alle Zutaten sollten gleichmäßig mit Kuvertüre umschlossen sein.

Die Masse gleichmäßig auf der Karamellfläche verteilen und kühl stellen. Sie ist am besten schnittfähig, wenn die Kuvertüre **etwas getrocknet** ist. Mit einem Messer **2,5 cm²** große Stücke schneiden. Die Toffeequadrate so lange auf der Alufolie lassen, bis die gesamte Masse **vollständig** fest ist, danach die Folie abziehen. Quadrate bis zum Anrichten grundsätzlich kühl lagern.

Anrichten: Teller mit anderem Weihnachtsgebäck **Garnieren:** —

Reiswaffeln: bestehen aus 90 % gepufftem Reis und sind sehr kohlenhydratreich. Geringe Spuren an Salz, Mais und Sesam sind enthalten.

Getränke

11.2 Getränke

Getränke haben in kalten wie auch in warmen Jahreszeiten ihre feste Stellung auf der Speisekarte. Für jedes Getränk sollte das passende Glas und die entsprechende Dekoration ausgewählt werden.

11.2.1 Dekorationen und Gläser für Getränke

→ Die Garnierung sollte geschmacklich und optisch zu den Getränken passen.
→ **Zur Garnierung eignen sich:** Früchte, Aromen, Gewürze und Kräuter.

❶ Glasrand mit Geschmack:
Glasrand kurz in kaltes Wasser tauchen und z. B. in gem. Mandeln, Zucker, Kokosraspel eintauchen. Einen farbigen Rand erhält man, indem das Glas zuerst z. B. in Kirschsaft mit etwas Kirschlikör und anschließend in Zucker getaucht wird.

❷ Fruchtspieße oder Früchte am Glasrand befestigen:
Nur solche Früchte verwenden, die im Getränk enthalten sind. Dekorative Holz- **oder** Plastikspieße wirken ansprechend.

❸ Gläser:
Für jedes Getränk sollte das passende Glas ausgewählt werden.
Man verwendet: Longdrink- bzw. Bechergläser, Kelchgläser, Bowlengläser.

11.2.2 Orangen-Joghurt-Traum (für 2 Personen)

150 g	Joghurt **(Natur)**	Zutaten in den Mixer geben und **ca. 1–2 Min.** mixen.
50 ml	Sahne	Anstelle des Mixers kann ebenso das Handrührgerät (Pürierstab) verwendet werden.
30 ml	Orangensaft	
½	Orange	filetieren **(siehe 1.9)** und in kleine Stücke schneiden, zugeben.
	Zucker **oder** Süßstoff	Joghurtmasse abschmecken.
4	Kugeln Vanilleeis	Je **2** Kugeln Eis in **1** Longdrinkglas geben. Joghurtmasse zugeben, servieren.

Anrichten: Longdrinkglas/Trinkhalm   **Garnieren:** Orangenviertel auf dem Glasrand

11.2.3 Jamaika Sunshine (für 1 Person)

Garnierung:

1	Ananasstück	Früchte entsprechend der Abbildung auf einen Holzspieß aufspießen.
1	Cocktailkirsche	
2	Ananasblätter	
100 ml	Orangensaft	
100 ml	Multivitamin-Fruchtsaft	alle Zutaten in einem Shaker o. Ä. mixen.
1 Tl	Zitronensaft	
1 Tl	Grenadine	
2	Eiswürfel	in ein Longdrinkglas geben, Saft zugeben, den Fruchtspieß auf das Glas legen.

Anrichten: Longdrinkglas/Trinkhalm   **Garnieren:** Fruchtspieß

Grenadine
Aus Granatäpfeln gewonnener Saft, der mit verschiedenen Aromastoffen versetzt und eingedickt wird.

Getränke

Smoothies

Smoothies = engl.: smooth = fein, crèmig, sämig. Smoothies bestehen klassischerweise aus einem hohen Anteil an püriertem Fruchtfleisch von Obst oder auch Gemüse. Das Fruchtfleisch wird in der Regel mit verschiedenen hochwertigen Säften (Direktsäften) oder teilweise auch mit Milchprodukten gemischt. Gut gekühlte Smoothies gewinnen vor allem in den Sommermonaten zunehmend an Popularität. Aufgrund des Zuckeranteils sind sie kein Ersatz für frisches Obst und Gemüse.

11.2.4 Smoothies

Himbeer-Smoothie (4 Personen)

400 g	Himbeeren	vorbereiten, im Mixer pürieren, passieren **(ergibt ca. 220 g Himbeermark).**
400 ml	Vollmilch **(3,5 % Fett)**	zugeben, pürieren.
50 g	Cassis-Sirup	
	Zucker, Vanillezucker	abschmecken, evtl. nach Bedarf noch **etwas Vollmilch** zugeben.
	Himbeeren	aufspießen, dazu reichen.

Anrichten: Glas/Trinkhalm (kurz) **Garnieren:** Himbeeren am Spieß

Bananen-Orangen-Smoothie (4 Personen)

300 g	Bananen	Schale entfernen, grob zerkleinern, im Mixer pürieren.
300 ml	Orangensaft **(mit Fruchtanteil)**	zugeben, pürieren.
100 ml	Vollmilch **(3,5 %)**	
	Zucker, Vanillezucker	abschmecken, evtl. nach Bedarf noch **etwas Orangensaft** zugeben.
	Zitronensaft	

Anrichten: Glas/Trinkhalm (kurz) **Garnieren:** Orangenschnitze **oder** Bananenscheibe am Glasrand

Kiwi-Orangen-Smoothie (4 Personen)

2	Kiwi	
1	Banane	
2 El	Zitronensaft	Schale vom Obst entfernen, in kleine Stücke schneiden, alle Zutaten in den
2 El	Crushed Ice	Mixer geben und zu einem sämigen Smoothie mixen.
200 ml	Orangensaft **(mit Fruchtanteil)**	
	Zucker, Vanillezucker	abschmecken, je nach Bedarf noch **etwas Orangensaft** zugeben.

Anrichten: Glas/Trinkhalm (kurz) **Garnieren:** Kiwistücke

11.2.5 Erdbeersahnemix (4 Personen)

300 g	Erdbeeren	waschen, putzen, halbieren, im Mixer pürieren.
200 ml	Vollmilch **(3,5 %)**	zugeben, pürieren.
150 ml	Sahne	
	Zucker **oder** Süßstoff	abschmecken, evtl. noch **etwas Vollmich** zugeben.
4	Kugeln Vanilleeis	jeweils eine Kugel in ein Longdrinkglas geben. Erdbeermix darauf verteilen.

Anrichten: Longdrinkglas/Trinkhalm **Garnieren:** Erdbeere, Minzeblatt

Getränke

11.2.6 Eistee (für 4 Personen)

1	l	Wasser	▸	zum Kochen bringen.
8		Beutel Früchte- **oder** Apfeltee	▸	in die Teekanne hängen und mit kochendem Wasser übergießen. **Ziehdauer ca. 5–7 Min.** Tee **vollständig** erkalten lassen.
1	Sch	Zitrone	▸	halbieren, vierteln. Die $\frac{1}{4}$ Stücke etwas einschneiden und am Glasrand befestigen.
8	El	Eisteepulver	▸	In jedes Glas **2 El** geben.
8		Eiswürfel	▸	In jedes Glas **2** Eiswürfel geben und erkalteten Tee zugießen, umrühren, servieren.

Anrichten: Longdrinkgläser/Trinkhalm **Garnieren:** Zitronenviertel

11.2.7 Eisschokolade (für 4 Personen)

800	ml	Vollmilch	▸	mischen, das Schokoladenpulver sollte sich in der Milch lösen. Schokoladenmilch kurz kühl stellen.
4	El	Schokoladenpulver		
200	ml	Sahne	▸	steif schlagen, in den Spritzbeutel, **(Sterntülle ⌀ 10 mm)**, füllen, kühlen.
1	P	Vz.		
8		Kugeln Vanilleeis	▸	in **4** Longdrinkgläser geben. In jedes Glas werden **2** Kugeln Eis gefüllt. Die kalte Schokoladenmilch darüber gießen, Sahnehaube darauf spritzen, **sofort** anrichten.

Anrichten: Longdrinkgläser mit Untertasse und Papierspitze, Trinkhalm **Garnieren:** Schokoraspel (1 El)

Herstellung von Eiskaffee: Anstelle von Schokoladenmilch kann kalter Kaffee verwendet werden. Garnieren: Schokobohnen und $\frac{1}{2}$ Tl Kaffeepulver

11.2.8 Zaubertrank (für ca. 6 Personen)

1		kleine Ananas	▸	unter fließendem Wasser waschen. Schale entfernen. Alle harten Teile abschneiden, Ananasmitte entfernen. Ananas in △ schneiden. **12** Ananasstücke für die Fruchtspieße zurücklegen.
		Ananasschalen	▸	in einem großen Topf **ca. 10 Min.** kochen lassen. Saft absieben, Reste aus dem Topf nehmen und Saft nochmals in den Topf schütten. Ananasstücke zugeben.
$\frac{1}{2}$	l	Wasser		
1		Orange	▸	in **12** Orangenstücke schneiden (siehe Abbildung = Garnierung).
$\frac{1}{2}$	l	Orangensaft		
$\frac{1}{2}$	l	Apfelsaft	▸	zum Ananassaft geben und **ca. 10 Min.** sieden lassen.
2	Stg	Zimt		
2	El	Zitronensaft		
		Süßstoff	▸	Getränk abschmecken und in Gläser füllen.
6		Cocktailkirschen	▸	Ananas-, Orangenstücke und Cocktailkirschen auf **6** Holzspieße stecken.

Anrichten: Gläser **Garnieren:** Fruchtspieß

Haltbarmachung (Praxis)

11.3 Methoden der Haltbarmachung (Praxis)

11.3.1 Konfitüren, Marmeladen, Gelees und Chutneys

Kleine Warenkunde

Konfitüre extra: Der Fruchtgehalt oder der Fruchtmarkanteil muss **mind. 45 %** betragen.
Konfitüre einfach: Der Fruchtgehalt oder der Fruchtmarkanteil muss **mind. 35 %** betragen.
Marmelade: besteht ausschließlich aus Zitrusfrüchten. Der Fruchtanteil beträgt **mind. 20 %**.
Gelee extra: besteht aus **mind. 45 %** Fruchtsaft oder Fruchtkonzentrat.
Gelee einfach: besteht aus **mind. 35 %** Fruchtsaft oder Fruchtkonzentrat.
Fruchtaufstriche: haben einen höheren Fruchtgehalt, meist **über 50 %**.
Chutneys: sind würzig-saure ostindische Tafelsoßen, die zu Fleisch, Geflügel und Wild passen.

Gelierprodukte (Gelierhilfen)

Konfitüren, Marmeladen, Gelees und Chutneys werden durch Hitzezufuhr unter Verwendung von einem Gelierprodukt über einen längeren Zeitraum haltbar gemacht. Die vorbereiteten Gemüse- bzw. Früchtesorten und die gewonnenen Säfte werden in einem bestimmten Mengenverhältnis mit dem ausgewählten Gelierprodukt gemischt. Die Verhältnisse sind auf der jeweiligen Packung angegeben (z. B. **2:1**, **3:1**). Die **erste Zahl** bezieht sich auf den vorbereiteten **Frucht-, Gemüse- oder Saftanteil**, die **zweite Zahl** auf den Anteil des **Gelierproduktes**. Da es mittlerweile eine große Auswahl an Gelierprodukten gibt, sollten die Packungsangaben genau beachtet werden. Je nach Gelierprodukt kann das Süßungsmittel (z. B. brauner Zucker) selbst bestimmt werden bzw. ist mit dem Gelierprodukt bereits gemischt. Spezielle Geliermittel ermöglichen es Fruchtaufstriche ohne kochen herzustellen.

Gängige Gelierprodukte

Aufgabe Gruppenarbeit: Vergleichen und bewerten Sie die oben aufgeführten Gelierprodukte miteinander. Beachten Sie dabei den Verwendungszweck, den Preis, die Inhaltsstoffe, die Verpackung sowie die Handhabung. Stellen Sie Ihre Ergebnisse den anderen Gruppen mit einer geeigneten Präsentationstechnik vor.

Tipp: Aufgrund der Zunahme von Allergien sollte die Zutatenliste der jeweiligen Gelierprodukte genau gelesen werden. Bei zuckerreduzierten Gelierprodukten werden meist Konservierungsstoffe zugefügt, um die konservierende Wirkung des fehlenden Zuckeranteils zu ersetzen.

Haltbarmachung (Praxis)

Gängige Inhaltsstoffe von Gelierprodukten und ihre Wirkungen

Inhaltsstoffe	Wirkungen
Pektine	werden hauptsächlich aus Äpfeln und Zitrusschalen gewonnen und fördern den Aufbau eines Zellgerüstes während des Gelierprozesses.
Zitronensäure	fördert die Gelierung der Produkte und unterstreicht den Fruchtgeschmack.
Sorbinsäure/Kaliumsorbat	verhindern die rasche Vermehrung von Hefe- und Schimmelpilzen = Konservierungsmittel.
Zucker und Fruchtzucker	binden die Flüssigkeit der Produkte. Die Kristalle bzw. das Pulver löst sich beim Erhitzen auf. Fruchtzucker wird bei der Herstellung von Diätprodukten verwendet.
Pflanzlich gehärtete Fette	reduzieren die Schaumbildung. Die Produkte erhalten ein appetitliches Aussehen.

Spezialgeliermittel: Agar-Agar

Hiermit können Fruchtmassen zuckerfrei eingedickt werden. Zum Süßen eignen sich Birnendicksaft, Honig oder Fruchtzucker. Die Haltbarkeit ist auf **ca. 3 Monate** begrenzt, deshalb sollten nur kleine Mengen hergestellt und kühl gelagert werden. Die Hersteller bieten so genannte Geliertabellen an, da vor allem leicht säuerliche Früchte ein etwas abweichendes Gelierverhalten aufweisen.

Mengenverhältnis: $3/4$ **gestrichener Tl Agar-Agar** wird für **500 ml Flüssigkeit** oder **500 g Fruchtbrei** verwendet.

Wichtige Grundsätze für die Herstellung von Konfitüren, Marmeladen, Gelees und Chutneys

- Die sauberen Gläser und Verschlüsse müssen vor dem Füllen in einem großen Topf ausgekocht werden. Die Gläser zum Abtropfen auf ein sauberes Geschirrtuch stellen, nicht trockenreiben (Mikroorganismen). Sauber arbeiten!
- Obst und Gemüse sollten in einem einwandfreien Zustand sein (keine Schimmelflecken, keine faulen Stellen).
- Früchte mit einer lockeren Zellstruktur werden nicht gewaschen, sondern nur verlesen (z. B. Himbeeren). Früchte mit fester Zellstruktur kurz in stehendem kalten Wasser waschen, abtropfen lassen und vorbereiten, evtl. zerkleinern. Gemüse vorbereiten **(siehe Kapitel 7)**. Alle Rezeptangaben beziehen sich auf bereits vorbereitete Produkte.
- Genau abgewogene Produkte mit dem Gelierprodukt in einem großen Topf mischen. Packungsrückseite beachten. Topf nur bis zur Hälfte füllen, um das Überkochen zu vermeiden. Ein einheitliches Durchkochen der Masse ist gewährleistet, wenn kleine Portionen **(max. 2 kg Gesamtmenge)** hergestellt werden **(Ausnahme: Agar-Agar)**.
- Die Masse unter ständigem Rühren erhitzen, dabei einen geschmacksneutralen Kunststoffrührlöffel verwenden. Das Anbrennen wird verhindert, etwas Flüssigkeit verdampft.
- Bei eiweißhaltigen Produkten kann es zur Schaumbildung kommen. Dieser muss mit einem Schaumlöffel abgenommen werden. Wird es unterlassen, kann es zur Qualitätsminderung und verringerter Haltbarkeit kommen.
- Geringe Mengen an hochprozentigen Alkoholika können kurz vor der Gelierprobe zugegeben werden. Geliert die Masse nicht richtig, hilft etwas Zitronensäure. Die Masse dickt nach, der Geschmack wird etwas intensiver.
- **Gelierprobe:** Ein Esslöffel fertige Masse auf einen kleinen Teller geben. Wird die Masse rasch fest und bildet eine Haut, kann sie sofort mit einer Schöpfkelle und evtl. einem Einfüllring randvoll in die Gläser gefüllt werden.
- Gläser mit einem Schraubverschluss luftdicht verschließen, säubern und zum Abkühlen **ca. 5–10 Min.** auf den Kopf stellen (Vakuumbildung). Es kommt zur gleichmäßigen Verteilung der festen Bestandteile (z. B. Rosinen, Fruchtstücke, Gemüsestücke, Nüsse), wenn die Gläser während des Abkühlvorgangs mehrmals gewendet werden.
- Abgekühlte Gläser nochmals **sorgfältig** säubern und mit Etiketten versehen. Art des Produktes, Herstellungsdatum und das Gewicht darauf ausweisen.
- Produkte an einem kühlen, dunklen Ort aufbewahren (Farberhalt). Angebrochene Gläser grundsätzlich im Kühlschrank lagern.

Haltbarmachung (Praxis)

11.3.2 Konfitüre nach Wahl

→ Vorbereitungsarbeiten tätigen (**siehe wichtige Grundsätze**).

Menge ½ GR	Menge 1 GR	Zutaten	Zubereitung
500 g	1 kg	vorbereitete Früchte der Saison, **z. B. Erdbeeren, Himbeeren**	je nach Wunsch zerkleinern oder pürieren und in einen großen, breiten Topf geben.
500 g	1 kg	Gelierzucker (Bei der Verwendung anderer Gelierprodukte Verhältnisse bitte anpassen!)	zu den Früchten geben. Gesamte Masse unter ständigem Rühren **ca. 4–5 Min.** kochen. Den entstandenen Schaum mit dem Schaumlöffel abnehmen. Gelierprobe durchführen. Fertige Konfitüre in die vorbereiteten Gläser füllen, fest verschließen. Gläser auf den Kopf stellen **(Fortsetzung siehe wichtige Grundsätze).**

Tipp: Je nach Fruchtwahl kann **1 GR** Konfitüre 1 Tl Vanillemark, 2–3 El Likör (Likörsorte = Fruchtsorte), 1 Tl fein gehackte Pistazien zugefügt werden. Es können ebenso 2–3 zueinander passende Fruchtsorten gemischt werden. Ansprechende Etiketten werden bei einigen Herstellern von Gelierprodukten zum download im Internet angeboten.

11.3.3 Gelee nach Wahl

→ Vorbereitungsarbeiten tätigen (**siehe wichtige Grundsätze**).

Menge ½ GR	Menge 1 GR	Zutaten	Zubereitung
500 ml	1 l	Fruchtsaft, z. B. frisch gekelterter Apfelsaft, frisch gepresster Orangensaft	Saft in einen großen, breiten Topf geben.
500 g	1 kg	Gelierzucker (Bei der Verwendung anderer Gelierprodukte Verhältnisse bitte anpassen!)	zum Saft geben. Gesamte Masse unter ständigem Rühren **ca. 4–5 Min.** kochen lassen. Gelierprobe durchführen. Fertiges Gelee in die vorbereiteten Gläser füllen, fest verschließen. Gläser auf den Kopf stellen **(Fortsetzung siehe wichtige Grundsätze).**

11.3.4 Zucchini-Papaya-Chutney (Chutney = Würzsoße)

→ Vorbereitungsarbeiten tätigen (**siehe wichtige Grundsätze**). Die Obst- und Gemüseangaben beziehen sich auf bereits gewaschene und geputzte Ware. Die Schale und die Kerne der Papaya werden entfernt.

300 g	Zucchini	in feine ☐ schneiden, in einen großen Kochtopf geben.
100 g	Paprika **(rot)**	in feine ☐ schneiden, zugeben.
100 g	Paprika **(gelb)**	
300 g	feste Papaya	in feine ☐ schneiden, zugeben.
50 ml	Obstessig	
50 ml	Orangensaft	zugeben. Alle Zutaten unter ständigem Rühren **ca. 4–5 Min.** kochen lassen.
300 g	Gelierzucker **(3:1)**	
	Curry, Salz, Pfeffer	Masse abschmecken, Gelierprobe durchführen. Chutney in Gläser füllen, fest verschließen, säubern. Gläser während des Kühlvorgangs mehrmals wenden.

Tipp: Dieser Chutney passt sehr gut zu gegrilltem Schweinesteak.

Haltbarmachung (Praxis)

11.3.5 Das kleine 1x1 des Tiefgefrierens

★ Grundsätzlich gefriergeeignete Verpackungen verwenden. Sie sollten auf die Konsistenz des Gefriergutes abgestimmt sein (**festes Gefriergut:** Gefrierbeutel, Gefrierfolien; **flüssiges, weiches Gefriergut:** feste Behälter). Das Verpackungsmaterial schützt vor dem Austrocknen, vor Druck und Stoß, vor Gerüchen und Befall von Mikroorganismen. Es sollte deshalb feuchtigkeits- u. luftundurchlässig, geschmacksneutral sowie fett- u. säurebeständig sein.

★ Geeignete Verpackungen sind: Gefrierbeutel, Gefrierfolien, spezielle Kochgefrierbeutel, Gefrierdosen mit passenden Deckeln, gefriergeeignetes Mikrowellengeschirr, spezielle Aluminium-Behälter etc.

★ Flüssigkeiten dehnen sich beim Gefrieren aus, deshalb Gefäße nur $^3/_4$ füllen. Das Gefriergut muss luftdicht verpackt sein. Hierfür sind Folien-Schweißgeräte, gefriergeeignete Klebebänder, Metall- oder Kunststoffklips geeignet. Bei unsachgemäßem Verpacken kann es zur Beschädigung des Gefriergutes = Gefrierbrand kommen.

★ Die zum Eingefrieren geeigneten Lebensmittel sollten **frisch** und von **hoher Qualität** sein. Nicht gefriergeeignet sind wasserreiche Lebensmittel: Rohe Eier mit Schale, Blattsalate, Tomaten mit Schale, rohe Kartoffeln, Weintrauben etc.

★ Sorgfältiges Waschen und Putzen von Obst und Gemüse ist erforderlich. **Ausnahme:** Beeren mit lockerer Zellstruktur werden nur verlesen, z. B. Himbeeren **(= Formerhalt)**. Produkte gut abtropfen lassen, ggf. Küchenpapier verwenden.

★ Beeren und Kräuter können einzeln auf einem Gefriertablett eingefroren und anschließend portionsgerecht gelagert werden **(siehe Gefriergeräte)**.

★ Durch das Blanchieren einiger Obst- und Gemüsesorten, z. B. Spinat, Bohnen, Birnenstücke, wird die Enzymtätigkeit verringert. Gleichzeitig treten nur geringe Form-, Farb- und Geschmacksverluste ein. Die Vitamine bleiben dadurch erhalten **(Blanchieren siehe 1.9)**.

★ Backwaren können als Rohlinge oder frisch gebacken (ohne Glasur) eingefroren werden.

★ Die Haltbarkeit von Fleisch, Fisch und Geflügel ist vom jeweiligen Zerkleinerungsgrad und Fettgehalt abhängig. Magere und gering zerkleinerte Produkte sind länger haltbar **(siehe Infosystem am Gefriergerät)**.

★ Grundsätzlich dem Personenhaushalt angepasste Portionen einfrieren. Die Lebensmittelmenge, die auf einmal eingefroren werden kann, hängt vom jeweiligen Gefriervermögen des Gerätes ab **(siehe Geräteinformation bzw. Typenschild)**. Das Eingefrieren erfolgt entsprechend der Gebrauchsanweisung des Gerätes. Das bereits eingefrorene Gut darf nicht mit frischer Ware in Berührung kommen **(= Auftaurisiko der gefrorenen Ware durch Wärmeabgabe)**.

★ Auf der Verpackung sollte der Inhalt (evtl. Sorte), die Menge bzw. die Stückzahl, das Gefrier- und Verbrauchsdatum vermerkt werden. Die Lagerzeiten der jeweiligen Produkte sind dem Infosystem der Geräte zu entnehmen.

★ Eine **Lagerkartei** schafft einen Überblick über das vorhandene Gefriergut. Überlagerungen werden vermieden.

★ Das Gefriergut sollte der entsprechenden Produktgruppe zugeordnet werden, z. B. Gemüse nicht bei Fleisch lagern.

★ Beim Einkauf von TK-Produkten sollte die **Tiefkühlkette nicht unterbrochen** werden **(= Qualitätserhalt)**.

Beispiel einer Lagerkartei

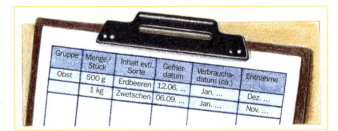

Tiefkühlkette als Schutzfunktion

12. Kapitel

12 Tischkultur, Reinigung/Textilpflege

Zu einem wohlschmeckenden Menü darf ein passendes Ambiente nicht fehlen. Ein schön gedeckter Tisch ist ein wahrer Blickfang, deshalb ist es wichtig, die grundlegenden Regeln des Tischdeckens zu kennen und diese fachgerecht anzuwenden. Einblicke in die Menü- und Getränkekunde machen ersichtlich, wie die einzelnen Gänge eines Menüs (inkl. passender Getränke) der Reihenfolge nach serviert werden. Ebenso gibt das Kapitel Aufschluss über die wichtigsten Reinigungsarbeiten, die im Haushalt anfallen, und die Textilpflege.

	8. PROJEKT	324
12.1	**Tischkultur**	325
12.1.1	Tafelformen	325
12.1.2	Tischunterlagen	325
12.1.3	Sets/Tischläufer/Deckservietten/Tischdecken/Mundservietten	325
12.1.4	Blumenschmuck/Tischaccessoires	327
12.1.5	Menükarten/Tischkarten (Platzkärtchen)	327
12.1.6	Tischgeräte	331
12.1.6.1	Grundausstattung eines Tafelservices	331
12.1.6.2	Grundausstattung eines Tee- und Kaffeeservices	331
12.1.6.3	Wichtiges Besteck und Vorlegebesteck	331
12.1.7	Gläser	332
12.1.8	Kleine Getränkekunde	333
12.1.9	Das Tischdecken	336
12.1.10	Serviceregeln	337
12.1.11	Servietten dekorativ falten	340
12.2	**Kleiner Knigge-Test**	342
12.3	**Reinigung**	343
12.3.1	Reinigungsarten	343
12.3.2	Faktoren der Reinigung	344
12.3.3	Wichtige Grundregeln, die bei der Reinigung beachtet werden sollten	344
12.3.4	Reinigungsmittel (Küchenbereich)	345
12.3.5	Reinigungsmittel (Inhaltsstoffe)	345
12.3.6	Desinfektion	346
12.3.7	Pflegemittel	346
12.3.8	Materialien im Küchenbereich	346
12.3.9	Putzartikel	348
12.3.10	Schmutzarten	350
12.3.11	Reinigung von Geräten und Maschinen im Küchenbereich	350
12.3.11.1	Backofen	350
12.3.11.2	Kochfelder und Kochmulden	351
12.3.11.3	Dunstabzugshauben	351
12.3.11.4	Kühlschrank, Gefrierschrank	352
12.3.11.5	Mikrowellengerät	353
12.3.11.6	Geschirrspülmaschine	354
12.3.11.7	Küchenmaschine/Handrührgerät	356
12.3.12	Reinigung: Fußboden (Küche)	356
12.4	**Textilpflege**	358
12.4.1	Faserarten	358
12.4.2	Welche Arten von Wäsche gibt es?	360
12.4.3	Textilausrüstung/Textilveredelung	361
12.4.4	Kennzeichnung von Textilien	362
12.4.5	Internationale Pflegesymbole	362
12.4.6	Waschfaktoren	364
12.4.7	Reinigungsverlauf von Wäsche	367

Eigene Notizen

_____
_____
_____
_____
_____
_____
_____
_____
_____

Auflösung des kleinen Knigge-Tests Seite 342

1	2	3	4	5	6	7	8	9	10	Aufgabennummern
b	c	c	b	b	a	a	b	b	b	Lösungen/Buchstaben

8. PROJEKT

Schwerpunkt: Eigenständige Projektdurchführung

Bereiten Sie ein internationales 3-gängiges-Menü Ihrer Wahl zu. Decken Sie hierfür einen landestypischen Tisch. Stellen Sie das Land und dessen Besonderheiten vor.

Diese Fragen und Aufgaben sollen Ihnen bei der Durchführung des Projekts als Anregung und Hilfestellung dienen.

Auswahlprozess

- Welches Land möchten Sie vorstellen, ein Menü zubereiten und hierfür einen landestypischen Tisch decken?

Aufgabe: Schreiben Sie alle Länder, die Sie interessieren, auf Kärtchen und befestigen Sie diese an einer Pinnwand. Wählen Sie gemeinsam ein Land Ihrer Wahl aus. Sollte Ihnen der Auswahlprozess sehr schwer fallen, überlegen Sie, welche 2–3 Länder in die engere Auswahl kommen.

Informationen

- Welche Medien können Sie nutzen, um projektgeeignetes Informationsmaterial zu sammeln?
- Welche Informationen können Sie über das Land/die Länder, die Kultur(en) u. die Menschen herausfinden?
- Welche kulinarischen Besonderheiten und Rezepte gibt es?
- Welche Esskultur und welche Tischsitten herrschen vor? ... usw.

Aufgabe: Sammeln Sie alle Informationen, die für das Projekt wichtig sind. Werten Sie diese entsprechend der Nützlichkeit aus. Entscheiden Sie sich nun für ein Land (z. B. durch Abstimmung, Losverfahren ...).

Planungshilfen/Mindmap

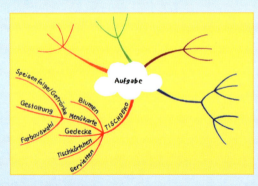

Tipps: Verwenden Sie:
- ein großes Papier in Querformat (aus Platzgründen).
- Symbole ☺ ☹, um Inhalte schnell zu erfassen.
- Zahlen ① ② ③, um Reihenfolgen festzulegen.
- Pfeile ↕ ↔, um Beziehungen herzustellen.
- Farben, um die Übersicht zu erhöhen.

- Welche Hauptaufgaben fallen an und müssen erledigt werden = Grobplanung?
- Welche Teilaufgaben müssen getätigt werden = Feinplanung?

Aufgabe: Erstellen Sie eine Mindmap (siehe Beispiel). Überlegen Sie zunächst, welche Aufgaben getätigt werden müssen, um die Projektaufgabe zu erfüllen. Teilen Sie die Aufgaben in kleine Teilschritte ein und überlegen Sie gemeinsam, wie, wann und von wem die Aufgaben erledigt werden. Führen Sie das Projekt anhand Ihrer Mindmap durch. Kontrollieren Sie währenddessen, ob Sie Ihre Tätigkeiten zum gewünschten Zeitpunkt verrichten.

Reflexion

- Welche positiven und negativen Dinge sind bei der Planung, Vorbereitung und Durchführung vorgefallen?

Aufgabe: Reflektieren Sie gemeinsam das Projektgeschehen (als Hilfestellung dient Ihnen die S. 18).

Tischkultur

12.1 Tischkultur

12.1.1 Tafelformen

Die Wahl der Tafelform ist von den **räumlichen Gegebenheiten**, aber auch von dem entsprechenden **Anlass** abhängig. Die **O-**, die **U-** sowie die **E-Form** eignen sich gut für Tagungen bzw. Konferenzen. Die **Blockform**, die **T-Form**, aber auch die **E-** und **U-Form** finden bei feierlichen Anlässen (Hochzeiten, Jubiläen, Geburtstagsfeiern) Anwendung. Ist bei der **E-Form** der Mitteltisch weit genug von der rechten und linken Tischkombination entfernt, können an die Tischinnenseiten ebenso Stühle gestellt werden. Je nach Anlass und vorhandenem Platz empfiehlt es sich, an die rechte und linke Innenseite der **U-Schenkel** ebenso Stühle zu stellen. Bei allen Tafelformen ist es besonders wichtig, dass jede Person genügend **Bewegungsfreiraum** und **Platz** zum **Aufstehen** hat. An den **Stirnseiten** der Tafelformen sitzen in der Regel **wichtige Personen** (z. B. Ehrengäste, Braut und Bräutigam, Brauteltern, Referenten).

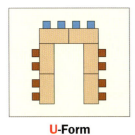 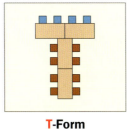 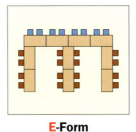 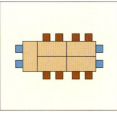 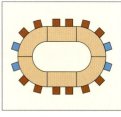

| U-Form | T-Form | E-Form | Blockform | O-Form |

12.1.2 Tischunterlagen

Damit die Tischdecken schön aufliegen, nicht rutschen und das Geschirr geräuschlos eingedeckt werden kann (= lärmdämmend), sollten **Unterlagen** (z. B. Moltons) unter die Tischdecken gelegt werden. Tischunterlagen sind in der Regel aus saugfähigem Material, damit verschüttete Flüssigkeiten sofort aufgesaugt und eine leichte Reinigung stattfinden kann.

12.1.3 Sets/Tischläufer/Deckservietten/Tischdecken/Mundservietten

Sets

Sets liegen derzeit voll im Trend. Im Handel sind sie in verschiedensten Materialien (Filz, Baumwolle, veredelter Polyester, Bambus, Rattan, Papier, Kunststoff etc.) und unterschiedlichen Farben zu erhalten. Sets tragen somit einen wesentlichen Teil zu einem schönen Ambiente bei. Runde, ovale, eckige, gezackte, aber auch gewellte Setformen verleihen dem Tisch eine besondere Note.

Tischläufer

Tischläufer können auf eine Tischdecke gelegt werden **(siehe Foto)**. Dies spart häufiges Wechseln der Tischdecken, da sie als Abdecker dienen. Die Überhanglänge der Tischläufer sollte der Tischdeckenlänge entsprechen (= bündiges Ende). Modern, aber auch stilvoll können Tischläufer wirken, wenn sie direkt auf die Tischflächen gelegt werden. Nicht nur der Tischläufer, sondern auch eine schöne Tischplatte kommt dabei zur Geltung.

Deckservietten/Mitteldecken

Deckservietten **(= Mitteldecken)** decken, wie der Name bereits sagt, Tischdecken in der Mitte ab. Sie sind hauptsächlich in den Größen **80 cm x 80 cm und 100 cm x 100 cm** im Handel erhältlich. Da es sie in verschiedensten Farben und Mustern gibt, stellen sie einen Kontrast zu den Tischdecken dar. Durch den Einsatz von Deckservietten werden die Tischdecken geschont und müssen nur im Bedarfsfall gewechselt werden.

Tischkultur

Tischdecken

Qualitativ hochwertige Tischdecken verleihen dem Tisch eine besondere Note. Tischdecken sollten grundsätzlich **fleckenlos** und auf keinen Fall **verknittert** sein. Dies erfordert eine sorgfältige Lagerung und Behandlung. Je nach Tischform erhält man im Handel Tischdecken, die sich in **Form**, **Farbe**, **Größe** und **Material** unterscheiden. Die Tischdecken sollten farblich auf das Tafelgeschirr abgestimmt sein und von der Größe her auf den Tisch passen.

Faustregel für die Größe einer Tischdecke:
Tischgröße (Länge/Breite bzw. ⌀) + **ca. 20 cm bis 30 cm** Überhang **pro Seite**.
Maximale Tischdeckengröße = **1 cm bis 2 cm** von der Stuhlkante entfernt.

Überhang der Tischdecke

© Wäschekrone

Durch sachgemäßes Falten (siehe S. 372) entstehen bei rechteckigen Tischdecken **Längs- und Querfalten (= Brüche)**.

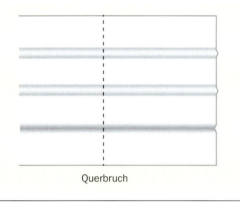

Oberbruch
Mittelbruch
Unterbruch
Querbruch

Gängige Maße von Tischwäsche

Tischwäsche	Maße
Tischdecken	110 cm x 150 cm
	110 cm x 190 cm
	130 cm x 170 cm
	130 cm x 220 cm
Tischdecken	⌀ 130 cm
	⌀ 160 cm
	⌀ 180 cm
Deckservietten	80 cm², 100 cm²

Tischdecke auflegen

Eine Tischdecke muss sorgfältig und fachlich richtig aufgelegt werden. Dabei gibt es Folgendes zu beachten:

→ Stühle ausstellen, Tisch auf Standfestigkeit prüfen und notfalls die Tischbeine mit Korkscheiben unterlegen bzw. Verstellschraube am Tischbein betätigen und Standfestigkeit sichern.
→ Tischunterlage sorgfältig auflegen. Sie darf nicht überstehen bzw. muss straff aufliegen und darf keine Falten werfen.
→ Tischdecke fachlich richtig auflegen (siehe Abbildungen). Dabei die Eingangstüre und das Tageslicht beachten.

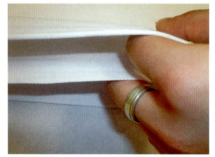

Tischdecke entfalten und der Länge nach auf den Tisch legen. Die seitlichen Überhänge müssen gleich sein. Der Mittelbruch liegt oben.

Lage der Tischdecke: Mittelbruch liegt oben, die Webkantenenden auf der Tischplatte, die offenen Seiten zeigen zur Servicekraft. Daumen- und Zeigefinger erfassen den oberen Mittelbruch. Die Mittelfinger fassen die folgende Webkante. Die unterste Webkante bleibt unberührt.

Mittelbruch loslassen. Die mittlere Webkante wird jetzt mit den Zeige- und Mittelfingern festgehalten. Die Tischdecke wird nach vorne über die Tischkante abgelassen, wobei nun nochmals die exakte Lage bestimmt wird, d. h., die Überhänge müssen überall gleich sein, der Mittelbruch muss mittig und die Seitenbrüche parallel zu den Tischkanten verlaufen. Muss die Tischdecke am Ende noch etwas in Position gebracht werden, kann sie an den äußeren Rändern angefasst und leicht gezogen werden.

Tischkultur

Überdecken durch mehrere Tischdecken bzw. Einsetzen einer Deckserviette

→ Die Schattenbildung wird verhindert, indem die Tischdecken zum Tageslicht hin übereinanderliegen.
→ Personen, die den Raum betreten, sollten die Überlappung der Tischdecken nicht sehen.
→ Deckservietten müssen mittig aufgelegt werden und dürfen auf keinen Fall über die Abschlusskante der Tischdecke ragen.

Mundservietten

Mundservietten haben **dekorative** und vor allem **funktionelle** Aufgaben. Sie sind in unterschiedlichen **Farben**, **Größen** und **Materialien** (z. B. Stoff, Papier, Zellstoff) im Handel erhältlich. Bei besonderen Anlässen werden in der Regel Stoffservietten **(Größe 50 cm x 50 cm)** sorgfältig **gebrochen (= gefaltet)** und kunstvoll auf den Platztellern drapiert. Fehlen die Platzteller, werden die Servietten direkt auf den Tisch gestellt. Eine Serviette markiert den Platz des Gastes. Die Serviette muss spätestens vor dem ersten Getränk bzw. vor dem Essen einmal gefaltet auf den Schoß gelegt werden. Der Serviettenbruch liegt zum Knie des Gastes. Im Bedarfsfall beim Essen und vor jedem Griff zum Glas müssen die Lippen abgetupft werden, sodass keine Speisereste am Glas hängen bleiben. Am Ende des Essens wird die Mundserviette wenig gefaltet auf der **linken Seite** abgelegt. Serviettenfaltungen **siehe Seite 340, 341.**

12.1.4 Blumenschmuck/Tischaccessoires

Blumen können als kleine Sträußchen, als elegante Gestecke oder auch als einzelne Blüten und Blätter fantasievoll und dekorativ auf dem Tisch angeordnet werden. Die Blumenarrangements sollten nicht **aufdringlich duften** und nicht zu **üppig** oder zu **hoch** sein. Sie unterstreichen das Gesamtbild eines festlichen Tisches und sollten dem gebotenen Anlass entsprechend ausgewählt werden. Kerzen, Schmucksteine und weitere anlassbezogene Accessoires müssen harmonisch aufeinander abgestimmt sein, damit sie einen echten Blickfang darstellen. Sie dürfen den Sichtkontakt und Bewegungsfreiraum der Gäste auf keinen Fall einschränken. **Es gilt das Motto: weniger ist mehr!**

12.1.5 Menükarten/Tischkarten (Platzkärtchen)

Bei bestimmten Festlichkeiten (z. B. Hochzeitsfeiern) möchte man die Gäste bewusst einander zuordnen. Hierfür sind anlassbezogene Tischkärtchen ratsam. Der Gast findet schnell seinen Platz, die Platzanweisung entfällt. Menükarten gibt es zu diversen Anlässen, beispielsweise zu **Festtagen** (z. B. Weihnachtsmenü), zu **besonderen Feiern** (z. B. Hochzeiten) oder um **Gäste zu überraschen** (= Überraschungsmenüs). Sie geben über die Reihenfolge der dargebotenen Speisen Aufschluss. Bei festlichen Anlässen wird das Getränkeangebot mit aufgeführt. Menükarten können je nach Anlass sehr individuell und aufwendig gestaltet werden, sodass sie als Andenken sehr gerne mitgenommen werden. Tisch- und Menükarten sind Ausdruck gehobener Gastlichkeit, deshalb sollten sie **stilsicher** zum **gesamten Tischarrangement** passen.

Tischkultur

Allgemeines zu Menükarten
Menükarten können aus unterschiedlichen **Materialien** (z. B. Papier, Karton, Textil), in unterschiedlichen **Größen, Formen** (z. B. geklappt, gerollt) und **Farben** hergestellt werden. Sie sollten zum **Anlass** und dem **gesamten Tischarrangement** passen, dabei sind die Wünsche der Gastgeber unbedingt zu berücksichtigen.

Aufbau eines modernen Menüs
Ein **modernes Menü** besteht aus verschiedenen Gängen **(max. 6 Gängen),** die in der Regel nach der unten ausgeführten Reihenfolge zusammengestellt werden. Selbstverständlich kann ein **6-Gang-Menü** je nach Wunsch und Belieben gekürzt werden. Die Stellungen der einzelnen Gänge bleiben allerdings erhalten. **Beispiel:** Wird die Suppe gestrichen, dann kommt nach der kalten Vorspeise direkt der Zwischengang. Bei der Zusammenstellung eines Menüs sollten grundsätzlich die **Menüregeln** und die **Jahreszeit (Saison)** beachtet werden. Die einzelnen Gänge müssen **geschmacklich** und **farblich** aufeinander abgestimmt sein. Fachkompetenz ist hierbei von großem Nutzen.

Menüregeln auf einen Blick
- Kalte Gerichte kommen vor warmen Gerichten.
- Der Fischgang steht vor einem Fleischgang.
- Das Sorbet kommt immer vor dem Hauptgang **(= Neutralisation des Geschmacks).**
- Wiederholungen grundsätzlich meiden (z. B. bei den Rohstoffen, in der Zubereitungsart, bei der Farbe).
- Leichte Gänge stehen vor schweren Gängen.
- Auf gebundene Speisen folgen immer ungebundene Speisen und umgekehrt.
- Auf helle Speisen folgen immer dunklere Speisen sowie umgekehrt.
- Das Auge isst mit! Nahrungsbestandteile sollten farblich aufeinander abgestimmt sein. Dies gilt für die Gangfolge und für die Speisenkomponenten in einem Gang.
- Die Menüwahl sollte ernährungsphysiologisch ausgeglichen sein und Gästewünsche berücksichtigen.
- Grundsätzlich wird der Hauptgang zuerst festgelegt und danach folgt die Auswahl der harmonisierenden Gänge.

kalte Vorspeise

***

Suppe

***

Zwischengang

***

Fischgang

***

Sorbet

***

Hauptgericht (Fleisch)

***

Käsegericht

***

Süßspeise

Hilfestellungen für die Gestaltung von aufklappbaren Menükarten
- Die äußere Form sollte originell, dem Anlass entsprechend, gewählt werden.
- Die Textanordnung muss dem **Grundraster** einer **menügerechten Nennung** entsprechen. Sie sollten **fehlerfrei** sein.
- Es sollten **max. 2 Schriftarten** ausgewählt werden. In der Regel ist der **Schriftsatz zentriert,** selten rechts- bzw. linksbündig.

Tischkultur

Was steht auf der Vorder- und der Rückseite einer Menükarte?

	Rückseite der Menükarte	Vorderseite der Menükarte
obere Hälfte	Freiraum	**Menükarte** und **Anlass** (inkl. anlassbezogenem Bild, wenn möglich bzw. gewünscht)
untere Hälfte	**Logo** des Betriebes, **Anschrift** inkl. Telefon- und Faxnummer sowie www.- und E-Mail-Adresse des Betriebes	**Betrieb** (inkl. Logo → dies ist vom Anlass bzw. der Gestaltung abhängig)

Rückseite der Menükarte

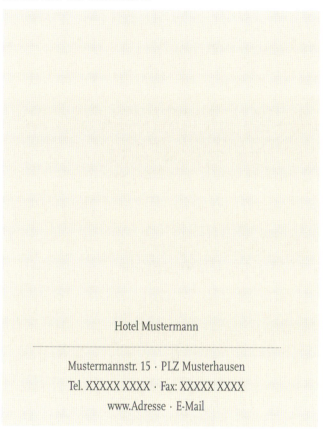

Vorderseite der Menükarte

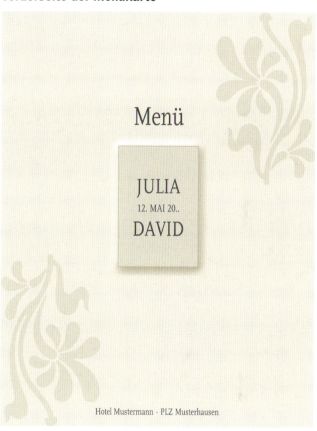

Was steht auf der Innenseite einer Menükarte?

linke Innenseite	rechte Innenseite
Zentrierte Auflistung der Getränke in Höhe des Ganges, dem sie zugeordnet werden.	Zentrierte Auflistung der Speisen entsprechend der modernen Menüfolge. Die Gänge werden durch Symbole (= Zeichen) voneinander getrennt. Zusatzstoffe müssen in einem Menü ausgewiesen werden.

Wie werden Getränke ausgewiesen?

Ausweisungen	Beispiel
Jahrgang, Bezeichnung (z. B. Rebsorte) Qualitätsstufen/-merkmale Herkunft: Weingut/Winzergenossenschaft	2011er Sauvignon blanc Qualitätswein mit Prädikat WG Bischoffingen, Kaiserstuhl (Baden)

Aufgaben: Stellen Sie mit dem PC eine klappbare Menükarte (6-Gang-Menü, inkl. begleitender Getränke) entsprechend der in diesem Kapitel angegebenen Regeln her.

Tischkultur

Beispiel für die Innenseite einer Menükarte

Aperitif

(z. B. Dessertwein, Schaumwein, Cocktail)

leichte, halbtrockene, dezente Weißweine
***
keine Getränke üblich
***
fruchtige Weißweine oder Roséweine
***
kräftige, trockene Weißweine oder Roséweine
***

Hauptgang

Wildgeflügel: klassische Rotweine
Rindfleisch, Lamm, Haarwild: schwere, kräftige Rotweine
helles Fleisch: kräftige Weißweine
***
vollmundige, trockene Rotweine
***
halbtrockene bis süße Schaumweine, Beeren-, Trockenbeerenauslese
***
Am Ende eines Menüs: Digestif
(Brände, Liköre)

Menü

kalte Vorspeise
***
Suppe
***
Zwischengang
***
Fischgericht
***
Sorbet
***

Hauptgang

(Hauptbestandteil, Soße, Vitaminbeilage, Sättigungsbeilage)

***
Käsegericht
***
Dessert
***
Kaffeespezialitäten wie Espresso, Kaffee erscheinen immer im Anschluss an die Speisenfolge.

(Zusatzstoffe müssen ausgewiesen werden!)

Hinweis: Bei den Weinangaben handelt es sich um Empfehlungen, die keinesfalls bindend sind!

Kurzer Rechtschreibcheck für Menükarten

Wortbildungen mit Personennamen

richtig	falsch
Forelle nach Müllerinart	Forelle Müllerin

Merke: Berufsbezeichnung (z. B. Gärtnerin) sind in Verbindung mit der Zubereitungsart zu sehen …art wird aus diesem Grund an die Bezeichnung gehängt.

Ist eine Zubereitungsart von Orts- und Ländernamen abgeleitet, wird auseinander geschrieben.

richtig	Besonderheiten mit der Endung -ische/ischer = klein	Endung -er, dann Großschreibung
auf **russische** Art	auf **n**orweg**ische** Art	nach **N**orweg**er** Art

Nachgestellte Beifügungen (z. B. Zubereitungsarten) werden durch Kommas getrennt.

richtig	bei fortlaufendem Text	empfehlenswerte Schreibweise
Seezunge**,** **pochiert**	Seezunge**,** pochiert**,** mit grünem Spargel	pochierte Seezunge mit Spargel

Tischkultur

12.1.6 Tischgeräte

Das Geschirr wird im Handel in verschiedenen Formen, Farben und Dekors angeboten. Beim Einkauf muss darauf geachtet werden, dass es spülmaschinenfest, stapelbar und strapazierfähig ist. Damit man das Geschirr über längere Zeit nachkaufen kann, muss eine Nachkaufgarantie gewährleistet sein. Zu besonderen Anlässen sollte festliches Geschirr ausgewählt werden.

12.1.6.1 Grundausstattung eines Tafelservices

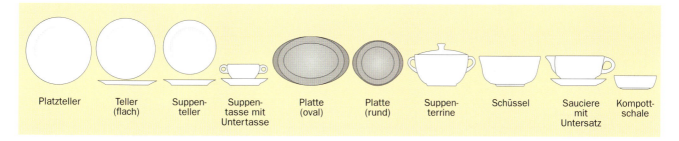

Platzteller | Teller (flach) | Suppenteller | Suppentasse mit Untertasse | Platte (oval) | Platte (rund) | Suppenterrine | Schüssel | Sauciere mit Untersatz | Kompottschale

12.1.6.2 Grundausstattung eines Tee- und Kaffeeservices

Kaffeekanne | Teekanne | Kaffeetasse | Teetasse | Mokkatasse | Dessertteller | Milchkanne | Zuckerdose | Butterdose | Eierbecher | Kuchenplatten | Vase

Tipp: Die Kannen- und Tassenhenkel müssen leicht zu halten sein. Aus den Kannen sollte die Flüssigkeit problemlos auszugießen sein.

12.1.6.3 Wichtigstes Besteck und Vorlegebesteck

Das gesamte Besteck wird vor dem Eindecken sorgfältig gereinigt. Um Kalkflecken zu vermeiden, wird es mit einem Geschirrtuch nachpoliert. Zu jeder Speise muss das passende Vorlegebesteck gereicht werden.

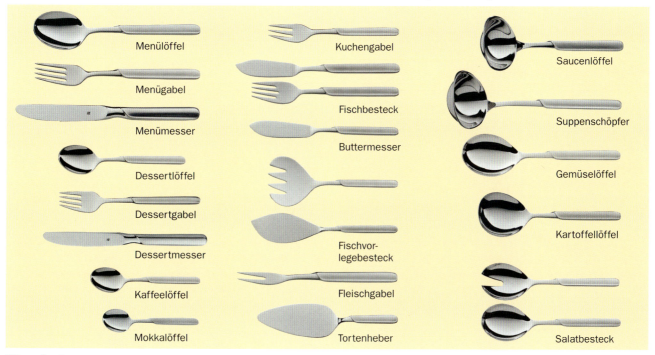

Menülöffel, Menügabel, Menümesser, Dessertlöffel, Dessertgabel, Dessertmesser, Kaffeelöffel, Mokkalöffel, Kuchengabel, Fischbesteck, Buttermesser, Fischvorlegebesteck, Fleischgabel, Tortenheber, Saucenlöffel, Suppenschöpfer, Gemüselöffel, Kartoffellöffel, Salatbesteck

Hinweis: Das Tafelbesteck ist ca. 0,5 cm größer als das Menübesteck.

Tischkultur

12.1.7 Gläser

Jedes Getränk sollte in dem dafür geeigneten Tafelglas ausgeschenkt werden. Tafelgläser sollten leicht zu reinigen und standfest sein und nicht leicht zerbrechen. Sie sollten aber auch zum jeweiligen Anlass passen.

Weingläser

| Burgunder-glas | Bordeaux-glas | Rotweinglas | Weißwein-glas | Weißherbst-glas | Dessert-weinglas | Sherryglas |

Schaumweingläser/Biergläser/Sonstige Gläser

| Champagner-glas | Sektkelch | Weizenbier-glas | Bierglas (Pilstulpe) | Bierbecher | Saftglas | Wasser-glas |

Bargläser

| Cocktail-schale | Tumbler nieder (Whisky) | Tumbler hoch (Longdrinks) | Brände | Cognacglas | Likörschale | Martiniglas |

Reinigung von Tafelgläsern

Spülmaschine mit Spülracks
Ein optimales Reinigungsergebnis von Gläsern wird gewährleistet, wenn spülmaschinenfeste Gläser (z. B. Gläser mit spezieller Oberflächenbehandlung aus Titan und Zirkon) sich durch die Spülracks nicht berühren und bei **ca. 40 °C bis 50 °C** in einer Glasspülmaschine gereinigt werden. Korrosionsschäden (milchig, grauer Glasschleier, Kratzer) werden verhindert, indem die Dosierung des Spülmittels, die Wassertemperatur und die Wasserhärte optimal aufeinander abgestimmt sind. Hochwertige Gläser (z. B. Bleikristallgläser) sind grundsätzlich von Hand zu spülen.

Spülen von Hand
Teure, empfindliche Trinkgläser (z. B. mundgeblasene Bleikristallgläser) müssen von Hand in richtig temperiertem Spülwasser und danach in klarem Nachspülwasser gereinigt und anschließend poliert werden. Für Biergläser gibt es spezielle Reiniger. Sie hinterlassen keine Reinigungsrückstände im Glas, dadurch wird die Bläschenbildung im Glas verhindert, die Schaumbildung ist gewährleistet.

Tischkultur

Glaspoliermaschine
Feine Bürsten der Glaspoliermaschine entfernen auf zeitsparende Weise Schlieren und Kalkflecken von sauberen Gläsern. Sie kommen vor allem im Gastgewerbe zum Einsatz, wo große Gläsermengen poliert werden müssen. Kleine Glasmengen können ganz klassisch mit einem saugfähigen Halbleinentuch **(= 50 % Baumwolle, 50 % Leinen)** flusenfrei auf Hochglanz poliert werden.

12.1.8 Kleine Getränkekunde

Getränke vor dem Essen

Getränke, die vor dem Essen gereicht werden, sollten den **Appetit anregen** und **Freude** am Essen **wecken.** Solche Getränke werden als **Aperitifs (frz. apéritif = appetitanregend, eröffnend)** bezeichnet. Aperitifs reduzieren auf angenehme Art und Weise die Wartezeit auf das Essen und lassen die Gäste ankommen. Die große Auswahl an Zutaten, aus denen Aperitifs hergestellt werden, verleihen den Getränken unterschiedliche Eigenschaften. Sie können bitter, fruchtig, erfrischend, trocken, alkoholfrei, alkoholhaltig etc. sein. Aperitifs können folgendermaßen eingeteilt werden:

Einteilung	Beschreibung	Beispiele	Gläser	Ausschankmaß
Likörweine (trocken)	Nach kurzem Gärvorgang wird dem Wein Weingeist zugesetzt. Durch den hohen Alkoholgehalt wird die Gärung unterbrochen, es entstehen alkoholreiche, trockene, geschmacksanregende Likörweine.	Portwein (aus Porto, Portugal)	Portweingläser	5 cl
		Sherry (aus Spanien)	Sherryglas	
		Madeira (von Madeira, Insel)	Dessertweinglas	
Schaumweine	Wein wird nach der Hauptgärung zur Weitergärung in geschlossenen Behältern gelagert. Das entstehende CO_2 und der Wein verbinden sich zu einem schäumenden Wein = **Schaumwein.**	Champagner (mit Cassis = Kir Royal)	Champagnerkelch	0,1 l
		Sekt	Sektflöte Sekttulpe Sektschale	
Bitter-Aperitifs	Bittere, säuerliche, appetitanregende Zutaten (z. B. Rhabarber, Artischocken, Blutorangen) werden mit Soda, Eis oder anderen Zutaten gemischt.	Campari, pur, mit Soda oder Orangensaft, mit oder ohne Eis	Campariglas oder Tumbler, je nach Mischung	4 cl (original)
		Cynar auf Eis	Tumbler, klein	5 cl
		Aperol auf Eis		
Wein-Aperitifs	Weine werden mit aromatisierten Kräutern und Gewürzen versetzt.	Dubonnet	Tumbler, klein	5 cl
		Cinzano in verschiedenen Geschmacksrichtungen	Cinzanoglas Tumbler, klein	5 cl, pur, mit Eis, als Basis für Cocktails
Mixgetränke	Cocktails **mit** und **ohne Alkohol**	Martini Dry	Martiniglas Cocktailschale	5 cl Gin, 1 cl Vermouth Dry, Eis, grüne Olive
		Italian Soda (alkoholfrei)	Longdrinkglas	3 cl Haselnusssirup, Eis, Soda, Limettenscheibe

Tischkultur

Getränke während des Essens

Alkoholfreie Getränke (z. B. Mineralwasser, Säfte, Limonaden) und **alkoholhaltige** Getränke (z. B. Wein und Bier) werden in der Regel während eines Essens getrunken. Vorlieben und besondere geschmackliche Gesichtspunkte, aber auch die Auswahl des Essens entscheiden über die Wahl der Getränke. Besonders Weine sind in vielfältigen Geschmacksrichtungen erhältlich. Folgend einen kleinen Überblick über gängige Weinarten.

Weinarten	Weingewinnung	ausgewählte Beispiele	Anbauländer*	Weincharakter	passende Speisen
Rotweine	Es gibt **zwei** Verfahren: **Verfahren 1:** Maische (gepresstes Beerenmus) wird **5–6 Tage** vergoren, gepresst und muss dann endvergoren werden. **Verfahren 2:** Maische wird **2 Min. auf 80 °C** erwärmt und nach einer Standzeit abgepresst, erst dann erfolgt die Gärung.	Trollinger	D	süffiger, zarter Muskatton, Wildkirsche	deftige Brotzeit, Kalbsfleisch, Hausgeflügel, Weichkäse
		Spätburgunder Pinot noir (F)	D F	vollmundig, samtig, fruchtig, Erdbeere, Kirsche, Brombeere	gegrilltes Fleisch, Wild, Käseplatte, Braten (Rind)
		Schwarzriesling	D	fruchtig, elegant, Kirsche (schwarz), Pflaume	Schwein, Lamm, Wildschwein, milde Käsesorten
Weißweine	Weiße Beeren werden gequetscht, eingemaischt und abgepresst. Es entsteht ein trüber Most. Mittels Zentrifugen wird der Most geklärt (= Entfernung von Trübstoffen), erst dann erfolgt die Gärung, d. h., dem Most wird Hefe zugesetzt (= alkoholische Gärung). Nach dem Gärprozess müssen die Trübstoffe und Hefen entfernt werden, es erfolgt die Weißweinreifung.	Gewürztraminer	D, F, I	rosig, fruchtig, würzig	asiatische Gerichte, Hühnchen, fruchtige Desserts
		Riesling	D, A, F	rassige Säure, lebendig, Pfirsich, Apfel	leichte Fischgerichte, Hausgeflügel, fruchtige Desserts, Frischkäse, Wild
		Müller-Thurgau (Rivaner)	D, A	süffiges, blumiges feinfruchtiges Muskataroma, leichte Säure	Fisch, Spargel, aber auch Schmorbraten vom Schwein und Kaninchen
		Silvaner	D, CH, F	erdige Töne mit zarten, fruchtigen Aromen, bekömmliche Säure, Birne	Spargel, Fisch, Kalb, milder Käse
Roséwein	Wein wird aus weißgekelterten Rotweintrauben gewonnen. Wein ist hellrot, blass.				
Rotling	Rote und weiße Trauben werden gemischt und wie ein Rotwein verarbeitet. Wein ist hellrot, blass.				
Schiller	Rotlingsweine (Prädikatsweine oder Qualitätsweine) aus Württemberg.				

* A = Österreich, CH = Schweiz, D = Deutschland, F = Frankreich, I = Italien

Weine werden in unterschiedlichen **Güteklassen/Qualitätsstufen** im Handel angeboten. Die Bezeichnung kann lauten: Qualitätswein bestimmter Anbaugebiete (Q. b. A.) oder Weine mit Prädikat (z. B. Kabinett, Spätlese, Auslese, Beerenauslese, Trockenbeerenauslese und Eiswein).

Aufgaben: Recherchieren Sie, was sich genau hinter den Güteklassen/Qualitätsstufen verbirgt.

Dekantieren von Rotweinen

Bei älteren Rotweinen entsteht in der Flasche ein Depot (= Stoffe, die bei der Weinbereitung ausfallen und sich absetzen, z. B. Phenole, Gerbstoffe). Das Depot wird entfernt, indem der Wein behutsam von der Weinflasche in eine Dekantierkaraffe gefüllt wird. Auch junge Rotweine können dekantiert werden. Sie erhalten durch den Dekantiervorgang Sauerstoff und entfalten somit ein optimales Bouquet (= Duft des Weines durch verschiedene Aromen).

Tischkultur

Gängige Biersorten sind:

Biersorten	Kurzbeschreibung
Altbier	dunkelbraunes, kräftiges, gehopftes Vollbier
Berliner Weiße	Mixgetränk: schwach gehopftes, obergäriges Schankbier mit etwas Waldmeister- oder Himbeersirup (siehe Foto)
Bockbier	untergäriges, dunkles, malzhaltiges Starkbier mit einer Stammwürze von 16 %
Export	untergäriges, helles Bier mit starkem Hopfengeschmack
Kölsch	goldfarbiges, obergäriges Bier, das im Großraum Köln getrunken wird
Pils	helles, untergäriges, spritziges Bier mit Hopfengeschmack
Radler	Mixgetränk: ein Teil helles Bier und ein Teil Zitronenlimonade
Weizenbier	obergäriges, erfrischendes Vollbier mit hohem Kohlensäuregehalt → hohe Schaumbildung

Getränke nach dem Essen

Getränke, die nach dem Essen gereicht werden, gelten als **verdauungsfördernd** und **runden das Essen** ab. Sie werden als **Digestifs (frz. digérer = verdauen)** bezeichnet und in einem dafür geeigneten Barglas (z. B. Cognac → Cognacschwenker, Kirschwasser → Schnapsglas) gereicht. Da sehr häufig nach einem guten Essen eine Ermüdung eintritt, wählen viele Menschen eine Kaffeespezialität aus. Nachfolgend die Einteilung verschiedener Digestifs im Überblick.

Brände/Geiste aus	Liköre/ Weine	sonstige Spirituosen
→ **Wein** (Cognac, Pisco) → **Getreide** (Whisky, Korn) → **Obst** (Stein-, Kern-, Beerenobst, z. B. Kirschwasser, Himbeergeist) → **Zuckerrohr** (Rum, Cachaça) → **Zuckerrohr/Reis** (Arrak) → **Agaven** (Tequila)	Portwein	**Aquavit:** Getreidedestillat mit Kümmelsamen
	Madeira	**Wodka:** Getreide- und Kartoffeldestillat
	Samos	**Ouzo:** Anis- und Fenchelsamendestillat (Griechenland)
	Málaga	**Enzian:** Destillat aus den gelben Enzianwurzeln

Kaffeespezialitäten
Kaffee, Milchkaffee, Espresso, doppelter Espresso, Cappuccino etc.

Allgemeine Regeln im Umgang mit Getränken

→ Apéritifs wie Sekt und Champagner serviert man bei **ca. 8 °C bis 9 °C**.

→ Bier wird in der Regel bei Temperaturen von **8 °C bis 10 °C** ausgeschenkt, dies ist von der Jahreszeit abhängig. Beim Einschenken muss sich eine Schaumkrone bilden. Reinigung von Biergläsern siehe Reinigung von Tafelgläsern.

→ Die Ausschenktemperatur von Säften oder Wässern hängt vom individuellen Wunsch des Gastes ab.

→ Damit Weine das typische Aroma entwickeln, sollten sie vor Gebrauch rechtzeitig geöffnet werden. Bei alten Rotweinen muss das Depot entfernt werden (siehe dekantieren).

→ Mittlerweile ist die Regel **„weiße Weine zu hellem Fleisch und rote Weine zu dunklem Fleisch"** etwas gelockert worden. Der individuelle Geschmack des Gastes steht mehr und mehr im Vordergrund.

→ Rotweine werden in der Regel bei **15 °C bis 19 °C** gereicht, Weißweine bei **8 °C bis 10 °C.**

→ Digestifs werden nach dem Essen serviert. In der Regel werden sie bei **Raumtemperatur** oder auch leicht gekühlt **(8 °C bis 10 °C)** angeboten.

→ Kaffeespezialitäten werden in der Regel heiß serviert.

Tischkultur

12.1.9 Das Tischdecken

Das Grundgedeck:
Mittag- oder Abendessen (Ein-Gang-Menü)

→ Den Mittelpunkt eines Gedecks stellt die Serviette **oder** der Platzteller dar.
→ Der Platzteller und das Besteck werden **1–2 cm** (daumenbreit) von der Tischkante entfernt eingedeckt.
→ Die große Gabel (Tafelgabel) liegt **links** von der Serviette/vom Platzteller.
→ Das große Messer (Tafelmesser) liegt **rechts**, mit der Schneide nach innen.
→ Zwischen die Gabel und das Messer muss ein großer Teller passen.
→ Das Besteck darf dabei nicht verdeckt werden.

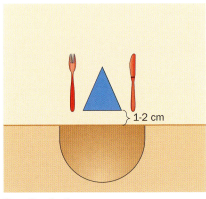

Grundgedeck

Erweitertes Grundgedeck (Drei-Gang-Menü)

→ **Rechts** neben dem Messer liegt in Messerhöhe der Suppenlöffel (Tafellöffel).
→ Die Dessertgabel liegt oberhalb des Tellers mit dem Griff nach **links**.
→ Der Dessertlöffel liegt oberhalb der Gabel mit dem Griff nach **rechts**.
→ Das Richtglas, das beim Eindecken einer Tafel zuerst eingesetzt wird, steht **ca. 1–2 cm** oberhalb des Messers.
→ Das Glas, das zur Vorspeise gereicht wird, steht vor dem Richtglas.
→ Das Glas, das zum Dessert gereicht wird, steht hinter dem Richtglas.
→ Gläser können in Blockform **oder** diagonal angeordnet werden.

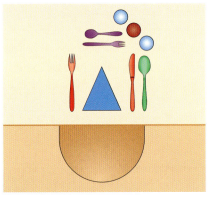

1. Suppe, 2. Grundgedeck, 3. Dessert

Vier-Gang-Menü (mit Fisch oder Vorspeise)

→ Fischmesser **oder** Menümesser liegen mit der Schneide nach innen in Messerhöhe (Höhe des großen Messers = Tafelmesser).
→ Fischgabel **oder** Menügabel liegen eine Zinkenhöhe oberhalb der großen Gabel.
→ Der Brotteller mit dem Brotmesser steht **links** neben der Fischgabel.
→ **Höhe:** eine Daumenbreite vom Tischrand entfernt.

Allgemeine Regel:
Beim Essen beginnt man mit den äußeren Besteckteilen. Der Abstand von einem Gedeck zum nächsten beträgt von Teller zu Teller **ca. 60 cm**.

1. Fischgang oder Vorspeise, 2. Suppe, 3. Grundgedeck, 4. Dessert

Grundgedeck Frühstück

→ Der Dessertteller wird **ca. 1 cm** von der Tischkante entfernt eingedeckt.
→ Die Serviette liegt in der Regel auf dem Teller.
→ Das Menümesser liegt mit der Schneide nach innen **rechts** vom Teller.
→ Der Abstand zu der Tischkante beträgt **ca. 1 cm**.
→ Die Tasse mit Untertasse steht **rechts** neben dem Messer.
→ Der Kaffeelöffel und der Tassengriff sind im **45°-Winkel** zur Tischkante angeordnet.

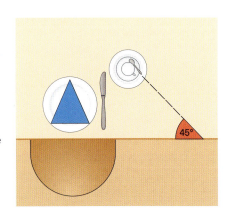

Tischkultur

12.1.10 Serviceregeln

Ein guter Service läuft ruhig und reibungslos ab. Der Gast sollte freundlich und qualifiziert beraten und bedient werden. Auftretende Hektik darf sich in der Ausdrucksweise (Mimik, Gestik, Körperhaltung) einer Fachkraft nicht bemerkbar machen. Die Gäste sollen sich wohl fühlen und gerne wiederkommen.

Allgemeine Serviceregeln

→ Der **Ehrengast** oder die **älteste Dame** wird zuerst bedient. Es gilt das Motto: „**Ladies first**". Von dort aus bedient man im Uhrzeigersinn von **rechts** nach **links**.

→ Der **Gastgeber** erhält **zuletzt** die Speise, es sei denn er ist der **Ehrengast**.

→ Eine Servicekraft geht immer **vorwärts**, niemals rückwärts und legt keinen Weg umsonst zurück.

→ Das Geschirr wird grundsätzlich von unten gehalten. Der Daumen darf nicht in die Speisen ragen.

→ Das Vorlegebesteck wird mit den Speisen gereicht.

→ Liegt das Besteck **gekreuzt** auf dem Teller, hat der Gast **noch Hunger**.

→ Liegt das Besteck mit dem **Griff nach rechts**, ist der Gast **satt**.

Gesamtüberblick über das Präsentieren und Einsetzen von Speisen und Getränken

Einsetzen von links
– Brot, Brötchen, Toast
– Kompott
– Salat
– Resteteller
– Fingerschale
– Frühstücksei
– Präsentieren und Vorlegen von Speisen

Einsetzen von rechts
– Suppen
– Teller mit Speisen
– leere Gedeckteller
– Tassen
– Gläser
– Präsentieren und Einschenken von Getränken

Das Einschenken und Einsetzen von Getränken

→ Die Gläser werden grundsätzlich am **Stiel** bzw. **unteren Drittel** angefasst und von rechts so eingesetzt, dass die Beschriftung bzw. das Dekor für den Gast ersichtlich ist. Die Gläserhenkel sind nach **rechts** gerichtet.

→ Getränke in Portionsflaschen bzw. Karaffen oder Krügen werden auf einem entsprechenden Tablett mit Deckserviette zum Tisch getragen. Das Glas wird von **rechts** bis zu $3/5$ gefüllt. Die Gefäße werden **rechts** oberhalb der Gläser mit der Etikette zum Gast zeigend eingesetzt.

→ Aufgussgetränke (Tee, Kaffee, etc.) richtet man auf einem Tablett als Einzelportionen oder im Kännchen an. Zucker bzw. Süßstoff und Milch stehen in der Regel vor dem Kännchen, der Gast kann so leicht zugreifen.

→ Schenkt man am Tisch Bier aus Portionsflaschen ein, wird das Glas **schräg** gehalten. Durch **langsames** Eingießen kommt es zur gewünschten **Schaumbildung**.

→ Die Präsentation von Weinen erfolgt von **rechts**. Das Etikett muss für den Gast **lesbar** sein. Die Lage, der Jahrgang, die Rebsorte, die Qualität und die Geschmacksnote des Weines sollten kurz vorgestellt werden. Die Weinflasche wird fachgerecht geöffnet. Dem Besteller wird zur Probe etwas Wein eingegossen. Er entscheidet, ob die Wahl seinen Vorstellungen entspricht.

→ Mit der **rechten** Hand wird der Wein von **rechts** in das entsprechende Weinglas eingegossen. Der Flaschenhals darf nicht auf dem Glasrand aufliegen. Das Glas wird nicht mehr als $3/5$ gefüllt. Am Ende des Vorgangs wird die Flasche leicht nach **rechts** gedreht, damit die Tischdecke nicht verschmutzt wird.

Tischkultur

Das Präsentieren und Vorlegen von Speisen (Plattenservice)

Beim Plattenservice werden die Speisen in der Regel am Platz des Gastes, auf einer Platte bzw. im Anrichtegeschirr, präsentiert. Es besteht die Möglichkeit, dass der Gast die Speisen selbst entnimmt oder von der Servicekraft vorgelegt bekommt. Hierbei muss Folgendes beachtet werden:

→ Präsentiert bzw. vorgelegt werden die Speisen in der Regel von der **linken** Seite.
→ Der Gast kann sich die Speisen bequem entnehmen, wenn das Anrichtegeschirr nicht zu weit vom Teller entfernt ist und so tief gehalten wird, dass der Handrücken der Servicekraft leicht den Tisch berührt.
→ Die Fachkraft legt mit der **rechten** Hand die Speisen vor, während sie mit der **linken** Hand das Geschirr hält.

Verschiedene Vorlegegriffe

Beim fachgerechten Vorlegen mit einer Tafelgabel und einem Tafellöffel sollten folgende **drei** Vorlegegriffe und deren Anwendungsmöglichkeiten beherrscht werden.

Normaler Vorlegegriff

Der Zeigefinger stellt das Verbindungsglied zwischen Gabel und Löffel dar. Der Löffel wird unter die Speisen und die Gabel auf die Speisen gelegt. Sie werden aufgenommen und vorgelegt.

Spreizgriff

Löffel und Gabel liegen gespreizt nebeneinander, dabei drückt der Daumen die Gabel rechts zur Seite. Die Besteckteile werden gleichzeitig unter die Speisen geführt, sie werden aufgenommen und vorgelegt.

Zangengriff

Die Wölbungen der Besteckteile sind gegeneinander gerichtet. Das Verbindungsglied stellt der Zeigefinger dar. Die Speisen werden wie mit einer Zange umklammert und angehoben. Die Handstellung entspricht der Abbildung. Ebenso können die Speisen seitlich gegriffen werden, indem man die Hand um 90° nach links dreht.

Anwendung: Alle Speisen, bei denen die anderen Griffe nicht angewandt werden.

Anwendung: Bei großflächigen und langen Stücken, z. B. Spargel, Fisch sowie bei garnierten Speisen und Gerichten mit Soße.

Anwendung: Bei Speisen, die aufgrund ihrer Höhe und Garnitur umklammert werden müssen, z. B. Pasteten.

Tragetechniken für das Einsetzen von Tellern (Tellerservice)

Merke: Die **linke** Hand = Tragehand. Die **rechte** Hand = Arbeitshand

Halten eines Tellers

Den Teller zwischen angewinkeltem Daumen und Zeigefinger aufnehmen = Handteller. Die übrigen Finger dienen als Stütze.

Halten von zwei Tellern mit dem Obergriff

Den Handteller aufnehmen. Den zweiten Teller auf den Handballen bzw. Unterarm stellen und mit dem kleinen Finger abstützen.

Tischkultur

Halten von zwei Tellern mit dem Untergriff

Handteller aufnehmen und zweiten Teller seitlich bis zum Zeigefinger unterschieben. Die übrigen Finger spreizen. Der Boden des Handtellers liegt teilweise auf dem Unterteller auf.

Halten von drei Tellern

Teller mit dem Untergriff halten. Das Handgelenk nach innen abwinkeln. Den dritten Teller auf dem Rand des Untertellers sowie dem Unterarm vorsichtig aufsetzen.

Regeln für das Einsetzen von Tellern am Platz des Gastes

→ Der dritte Teller (oberste Teller) wird mit der **rechten** Hand (= Arbeitshand) übernommen und von **rechts** eingesetzt. Entsprechend dieser Vorgehensweise wird der Unterteller und zuletzt der Handteller aufgetragen.

→ **Ausnahmen:** Alle Teller, die auf der **linken** Seite des Gedecks stehen, werden von **links** eingedeckt (z. B. Salatteller). Ist aus Platzgründen das fachgerechte Einsetzen der Teller nicht möglich, muss das Einsetzen **flexibel** gehandhabt werden.

Das Abtragen bzw. Ausheben von Tellern

→ Mit dem Abtragen bzw. Ausheben der Teller wird so lange gewartet, bis keiner der Essensteilnehmer mehr nachgelegt haben möchte bzw. alle gegessen haben.

→ Die Teller werden nacheinander mit der **rechten** Hand auf der **rechten** Seite des Gastes ausgehoben und an die **linke** Hand weitergegeben. Das **Stapeln** der Teller erfolgt entweder mit dem **Obergriff** oder bei besonders vielen Speiseresten mit dem **Ober- und Untergriff** (siehe Beschreibung unten). **Ausnahme:** Die Gedeckteile, die auf der **linken** Seite des Gastes stehen, wie z. B. der Salatteller, werden auf der **linken** Seite ausgehoben.

→ Es sollten nicht mehr als **3-4 Teller** auf einmal gestapelt werden.

→ Gedecke, z. B. für Suppen, Desserts, Vorspeisen, werden so wie sie eingedeckt werden ausgehoben.

Ausheben mit dem Obergriff

Die Teller werden nacheinander mit dem Obergriff ausgehoben. Das Besteck wird so auf dem Handteller angeordnet, dass die Messer im 90°-Winkel unter der Wölbung der Gabeln liegen. Der Daumen hält die Gabelgriffe fest. Geringe Mengen an Speiseresten können neben das Besteck gelegt werden. Es sollten nicht mehr als 3–4 Teller auf dem Handballen bzw. Unterarm gestapelt werden.

Ausheben mit dem Ober- und Untergriff

Die Teller werden mit dem Ober- und Untergriff aufgenommen. Das Besteck wird so auf dem Handteller angeordnet, dass die Messer im 90°-Winkel unter der Wölbung der Gabeln liegen. Der Daumen hält die Gabelgriffe fest. Auf dem obersten Teller (3. Teller) können nur weitere Teller gestapelt werden, wenn man die sich auf dem Teller befindenden Speisereste auf den darunterliegenden Teller streift. Es sollten nur 3–4 Teller aufgenommen werden.

Tischkultur

12.1.11 Servietten dekorativ falten

Fächer

1. Geöffnete Serviette in der Mitte halbieren und zu einem Rechteck falten.
2. Serviette im Abstand von **ca. 1 cm** fächerförmig nach vorn und hinten klappen, bis **etwa** über die Hälfte falten.
3. Serviette wenden (Falten liegen auf der Tischfläche). Serviette in der Mitte halbieren.
4. Ecke **a)** schräg nach unten knicken. Restlichen Serviettenteil zu einer Stütze nochmals klappen.

2.
3.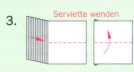
4.

Tafelspitz

1. Geöffnete Serviette halbieren. Die offene Serviettenseite zeigt nach unten.
2. Die **linke obere** Ecke zur Mitte falten. Die **rechte obere** Ecke zur Mitte falten.
3. Die **linke untere** Ecke auf die **rechte untere** Ecke legen. Tafelspitz aufstellen.

1.
2.
3.

Hut

1. Geöffnete Serviette in der Mitte halbieren und zu einem Rechteck falten. Die **offene** Kante liegt **unten**.
2. Rechte **obere** Ecke bis zur Mitte diagonal nach innen einrollen. Es sollten sich keine Falten bilden.
3. Die linke untere Ecke **a)** auf die Spitze **b)** legen. Die Spitze der Tüte nach oben klappen. Faltenbildung vermeiden.
4. Die rechte überstehende Spitze bleibt stehen. Tüte in Form bringen und aufstellen.

2.
3.
4.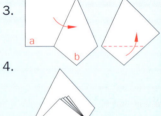

Herrenjacke

1. Geöffnete Serviette diagonal nach oben falten, sodass ein Dreieck entsteht.
2. Die Bruchkante **ca. 2 cm** nach oben falten. **Serviette wenden**.
3. Die **rechte** und **linke** Ecke des Dreiecks zur Spitze falten.
4. Schraffierte Ecken nach hinten knicken.
5. Die **unteren** Enden der Jacke nach hinten klappen, sodass die Bruchlinien verwahrt sind.
6. Die Herrenjacke mit einer Schleife als Schlips dekorieren.

1.
2.
3., 4.   5.
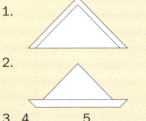
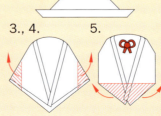

Tischkultur

Herz
1. Geöffnete Serviette in der Mitte halbieren und zu einem Rechteck falten. Die **offenen Kanten** liegen unten.
2. **Linke Seite** der Serviette zur **Serviettenmitte** schlagen **(nicht knicken)**.
3. **Rechte Seite** der Serviette ebenfalls zur **Serviettenmitte** schlagen **(nicht knicken)**.
4. Herz aufstellen **(siehe Foto)**.

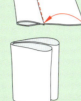

Boot
1. Serviette zu einem Quadrat falten (viele Servietten haben diese Form).
2. Serviette diagonal nach oben falten. Die **4** losen Ecken müssen auf der **Oberseite** liegen.
3. Seite **a)** und **b)** entsprechend den Markierungslinien zur Mitte klappen.
4. Die losen unteren Spitzen **a)** und **b)** nach hinten klappen und gut andrücken.
5. Dreieck in der Mitte halbieren und nach hinten falten.
6. An der Spitze die **4** losen Ecken herausziehen und zu Segeln formen.

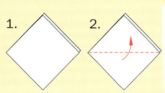

Lotosblüte
1. Serviette öffnen **(bedruckte Seite liegt auf der Tischfläche)** Ecken zur Mitte falten.
2. Die entstandenen Ecken zur Mitte falten **(= Vorgang 1 wiederholen)**. Serviette **wenden**.
3. Ecken nochmals zur Mitte falten.
4. Ecken in der Mitte des Quadrates festhalten. Mit der anderen Hand die Spitzen, die unter den **4** Ecken liegen, nach außen ziehen. Die restlichen **4** Spitzen unter der Serviette hervorziehen.
5. In die Serviettenmitte kann ein Konfektstück gelegt werden.

Weihnachtsbaum
1. Serviette öffnen, in der Mitte halbieren. Die **rechte obere** Ecke zur Mitte einschlagen. Mit der **linken** Ecke ebenso verfahren.
2. Serviette an Linie **a)** nach oben schlagen und an Linie **b)** nach unten knicken.
3. Serviette an Linie **c)** nach innen einschlagen, es bildet sich automatisch eine Ecke, diese gut festdrücken. An Linie **d)** ebenso verfahren.
4. Ecken gut festdrücken und Serviette wenden.

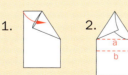
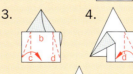

Kleiner Knigge-Test

12.2 Kleiner Knigge-Test

1 Sie decken einen Tisch. Wie decken Sie richtig ein?

a) Ich lege das Messer, die Gabel und den Suppenlöffel auf die rechte Seite, denn ich bin Rechtshänder.
b) Ich lege das Messer und den Löffel auf die rechte Seite, die Gabel auf die linke Seite.
c) Ich lege die Gabel rechts, das Messer links und den Suppenlöffel oben quer über den Teller.

2 Sie servieren ein Getränk. Wie machen Sie es richtig?

a) Ich lasse den Gast selbst einschenken.
b) Ich schenke von links ein und mache das Glas $1/5$ voll.
c) Ich schenke dem Gast von rechts ein und mache das Glas zu $3/5$ voll.

3 An Ihrem Platz steht eine Serviette. Was machen Sie mit ihr?

a) Ich lege die Serviette rechts neben den Teller und beginne zu essen.
b) Damit ich mich nicht bekleckere, binde ich sie um den Hals.
c) Ich lege sie auf meinen Schoß und benutze sie, wenn ich sie benötige.

4 Wie bieten Sie Speisen an?

a) Da gibt es keine bestimmte Regel. Wichtig ist, dass die Gäste satt werden.
b) Ich biete die Speisen in der Regel von links an.
c) Ich biete die Speisen in der Regel von rechts an.

5 Zum Essen von Fisch nimmt man ein typisches Fischbesteck. Stimmt das?

a) Schneiden von Fisch ist untersagt. Man nimmt 2 Gabeln.
b) Ja, man kann ein spezielles Fischbesteck verwenden.
c) Fisch isst man mit Löffel und Gabel.

6 Sie sind in einer fröhlichen Runde beisammen und werfen ein Glas um. Wie verhalten Sie sich?

a) Ich versuche, nicht viel Aufsehen zu erregen, nehme die Serviette und tupfe die Flüssigkeit auf. Etwas Humor ist dabei nicht schlecht.
b) Jeder soll es hören, dass ich mich vielmals entschuldige.
c) Macht nichts, das kann doch jedem mal passieren.

7 Das Besteck des Gastes liegt gekreuzt auf dem Teller. Was folgern Sie daraus?

a) Der Gast hat noch Hunger und hätte gerne noch nachgereicht.
b) Der Gast ist satt und mag nichts mehr essen.
c) Das Essen war miserabel.

8 Sie sind eingeladen und sind sehr durstig. Wie verhalten Sie sich?

a) Ich versuche, mir sofort etwas zum Trinken zu organisieren.
b) Ich warte höflich und beginne erst, wenn der Gastgeber die offizielle Rede gehalten hat.
c) Ich trinke, wann es mir passt. Man lebt nur einmal.

9 Sie sind eingeladen. Dürfen Sie bei Tisch rauchen?

a) Klar, warum denn nicht, das macht doch jeder.
b) Ich rauche nicht während des Essens und erkundige mich danach, ob ich rauchen darf.
c) Rauchen ist beim Essen grundsätzlich verboten.

10 Das Essen im Restaurant war miserabel. Wie antworten Sie auf die Frage, ob es Ihnen geschmeckt hat?

a) Das Essen war hervorragend.
b) Ich gebe taktvoll und ehrlich meine Meinung preis.
c) Ich drücke meinen Unmut mürrisch aus.

(Die Auflösung des Tests finden Sie auf Seite 323.)

1	2	3	4	5	6	7	8	9	10	Aufgabennummern
										Lösung/Buchstaben

Reinigung/Textilpflege

12.3 Reinigung

Im Küchenbereich müssen regelmäßige Reinigungsarbeiten stattfinden, damit vorhandene Mikroorganismen (Bakterien, Sporen ...) bei den Benutzern keine Krankheiten auslösen. Eine saubere Küche ist also ein Muss, sei es in der Gemeinschaftsverpflegung, im Hotel- und Schulküchenbereich oder im privaten Haushalt. Es sollten alle Arbeitsflächen, Küchengeräte und -maschinen sowie das Mücheninventar bei Benutzung bzw. in festgelegten Zeitabständen gereinigt werden. Dieses Kapitel stellt die Reinigungsarten, -faktoren, -mittel und deren Inhaltsstoffe überblicksweise dar und gibt konkrete Hilfestellungen, wie einzelne Küchengeräte und Maschinen sowie Oberflächen gereinigt werden sollten.

12.3.1 Reinigungsarten

Es gibt verschiedene Reinigungsarten, die **Grundreinigung**, auch **Intensivreinigung** genannt, die **Unterhaltsreinigung** und die **Sichtreinigung**. Bei allen drei Reinigungsarten spielen die **Art der Verschmutzung** sowie die **entsprechenden Reinigungsintervalle (= Zeitabstände der Reinigung)** eine wichtige Rolle. Die Reinigungsarten werden nachfolgend genauer beschrieben.

❶ **Grundreinigung (= Intensivreinigung)**

Definition: Es erfolgt die Entfernung von haftenden Verschmutzungen, abgenutzten Pflegefilmen und anderen Rückständen, die das Aussehen der Oberflächen beeinträchtigen.

Reinigungsintervalle: In größeren Zeitabständen

Beispiel im Küchenbereich: Entfernung von eingebranntem Schmutz im Backofen

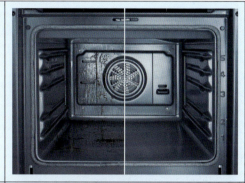

❷ **Unterhaltsreinigung**

Definition: Wiederholende Reinigungsarbeiten nach festgelegten Zeitabständen.

Reinigungsintervalle: Verschieden, je nach durchzuführender Arbeit

Beispiel im Küchenbereich: Tägliche Küchenbodenreinigung

❸ **Sichtreinigung**

Definition: Beseitigung von sichtbarem Schmutz

Reinigungsintervalle: Unmittelbar nach der Sichtung

Beispiel im Küchenbereich: Ausgelaufene Lebensmittel

Aufgabe:
❶ Erläutern Sie die Unterschiede zwischen einer Grund-, Unterhalts- und Sichtreinigung.
❷ Geben Sie zu allen drei Reinigungsarten jeweils drei weitere Beispiele aus dem Küchenbereich an.
❸ Machen Sie sich im Internet kundig, welche weiteren Reinigungsarten es noch gibt.

Reinigung/Textilpflege

12.3.2 Faktoren der Reinigung

Damit eine optimale Reinigung (z. B. waschen, putzen, spülen) stattfinden kann, müssen folgende **vier** Reinigungsfaktoren beachtet werden: **Chemie**, **Temperatur**, **Mechanik** und **Zeit**. Diese vier Faktoren stehen in unmittelbarer Abhängigkeit zueinander. Dies lässt sich anhand eines Kreisdiagramms, dem sogenannten **Sinner'schen Kreis**, verdeutlichen.

Chemie
Aus ökologischen Gründen sollte bei der Reinigung prinzipiell nur soviel Reinigungsmittel wie nötig verwendet werden. Die Reinigungsmittel sollten biologisch abbaubar sein und nicht überdosiert werden.

Zeit
Einwirk- und Bearbeitungszeiten müssen eingehalten werden. Es gilt zu beachten, dass der Zeitfaktor ein hoher Kostenfaktor (= Arbeitszeit von Personal) darstellt.

Temperatur
Bei hohen Temperaturen findet eine bessere Schmutzablösung statt als im Niedertemperatur-Bereich.

Mechanik
Für jeden Reinigungsprozess sollten die richtigen Reinigungsgeräte und -gegenstände eingesetzt werden.

Der Sinner'sche Kreis, ein Kreis, der Sinn macht!

Das Gesetz des Ausgleichs

Verringert sich ein Reinigungsfaktor des Sinner'schen Kreises, so muss sich automatisch ein anderer Faktor erhöhen (Gesetz des Ausgleichs). Erhöhen sich zwei Reinigungsfaktoren, beispielsweise die Temperatur und die Chemie, so verringern sich die Faktoren Zeit und Mechanik automatisch.

Aufgabe: Welche Konsequenzen ergeben sich für einen hauswirtschaftlichen Betrieb aus dem oben genannten Beispiel.

12.3.3 Wichtige Grundregeln, die bei der Reinigung beachtet werden sollten

❶ Durchdachte Reinigungspläne ermöglichen es, alle Bereiche in der Küche und im Haus sauber zu halten.
❷ Hilfreich sind tabellarische Reinigungspläne, die nach der **6-W-Methode**: Was?, Wann?, Wie?, Womit?, Welche Konzentration?, Wer?, aufgebaut sind:
Was? Hier muss der Reinigungsgegenstand etc. aufgeführt werden.
Wann? Zeitpunkt der Reinigung bzw. Reinigungsintervalle (z. B. täglich, wöchentlich, monatlich).
Wie? Stichwortartige Beschreibung wie der Gegenstand gereinigt werden muss.
Womit? Stichwortartige Beschreibung mit welchen Geräten und Putzartikeln die Reinigung stattfinden soll.
Welche Konzentration? Dosierung der Reinigungsmittel.
Wer? Die Reinigungskraft muss die ausgeführten Arbeiten mit ihrer Unterschrift bestätigen, die verrichtete Arbeit wird am Ende kontrolliert.

Hygieneplan						Schulküche Nr. 302, Bereich Geräte	
Was?	Wann?	Wie?	Womit?	Welche Konzentration?	Wer?	Kontrolle	
Kühlschrank	1 x wöchentlich	Grundreinigung	– Wasser mit Spülmittellösung – Essigreiniger ...	– 5 l/25 ml – 5 %ige Lösung	Mustermann	Name der Lehrkraft	

344

Reinigung/Textilpflege

3 Reinigungsmittel sollten grundsätzlich richtig angewendet werden:
 – Reinigungsmittel nicht **über- bzw. unterdosieren**, dazu die **Gebrauchsanweisung** gut durchlesen,
 – **Umweltverträgliche** Reinigungsmittel verwenden und deren **Einwirkdauer** beachten.

4 Verschmutztes Reinigungswasser regelmäßig wechseln.

5 Mechanische Reinigungsgegenstände, z. B. Stahlwolle, nur bei kratzfesten Oberflächen einsetzen.

6 Vor der Reinigung müssen alle Putzartikel und Reinigungsmittel bereitgestellt werden.

12.3.4 Wichtige Reinigungsmittel für den Küchenbereich

Die wenigsten Reinigungsmittel können im Küchenbereich universell eingesetzt werden. Die Wahl des Reinigungsmittels hängt von der Reinigungsoberfläche, der Verschmutzungsart und dem Verschmutzungsgrad ab. Folgende Tabelle gibt einen kurzen Überblick über die gängigen Reinigungsmittel für den Küchenbereich.

Reinigungsmittel	Inhaltsstoffe
Allzweckreiniger	Tenside, Wasser, Farbstoffe, Komplexbildner, Duftstoffe, teilweise Alkohol
Backofenreiniger	Tenside, Säuren, Salze, Treibgase, Komplexbildner, Farb- und Duftstoffe
Essigreiniger	Essigsäure, Wasser
Fensterreiniger	Tenside, Alkalien, Alkohol, Wasser
Glaskeramikreiniger	Tenside, Säuren, Polierstoffe, Wasser, Konservierungsstoffe, Farb- und Duftstoffe
Geschirrspülmittel	Tenside, Phosphate, Bleichmittel auf Sauerstoffbasis, Enzyme
Klarspüler	Tenside, Wasser, Duftstoffe
Scheuermittel	Tenside, Alkalien, Salze, Abrasivstoffe, Wasser, Konservierungsstoffe, Duftstoffe

12.3.5 Inhaltsstoffe von Reinigungsmitteln und deren Wirkungsweise

Um für jeden Reinigungsvorgang das richtige Reinigungsmittel auszuwählen, ist die Wirkungsweise der Inhaltsstoffe von entscheidender Bedeutung.

Inhaltsstoffe	Wirkungsweise der Inhaltsstoffe
Abrasivstoffe	Marmormehl, Kreide, Tonerde, Bimsstein sind mechanische Schleif- und Polierbestandteile. Sie tragen zu einer besseren Schmutzablösung durch Reibung bei.
Alkalien (Laugen)	Ammoniak, Soda, Natriumhydroxid sind Stoffe, die schwer zu entfernende Fette und Lacke beseitigen. Sie werden im Abwasser zu Salzen neutralisiert.
Alkohol	Kann Fette gut lösen und hat teilweise konservierende Wirkung.
Duftstoffe	Verbreiten einen wohlriechenden Geruch.
Farbstoffe	Geben dem Mittel einen besonderen farblichen Charakter. Sie sind abbaubar.
Konservierungsstoffe	Verlängern die Haltbarkeit der Reinigungsmittel, indem sie das Wachstum von Mikroorganismen hemmen. In geringer Konzentration sind sie biologisch abbaubar.
Komplexbildner	Sind Phosphate und Citrate. Sie enthärten das Wasser und unterstützen die Reinigungswirkung. Da die Phosphate die Algenbildung in Gewässern erhöhen, werden heute vermehrt die ökologisch unbedenklichen Citrate eingesetzt.
Organische Säuren	Zitronen-, Schwefel- und Ameisensäure werden in sehr geringen Mengen zugesetzt, um kalkhaltige Verschmutzungen zu beseitigen.
Tenside (Emulgatoren)	Mischen Stoffe, die sich sonst nicht mischen lassen. Sie setzen die Grenzflächenspannung des Wassers herab und fördern dadurch die Ablösung des Schmutzes.

Reinigung/Textilpflege

12.3.6 Desinfektion

Unter Desinfektion versteht man die Abtötung von Mikroorganismen, sodass von einem desinfizierten Gegenstand keine krankheitserregende Wirkung mehr ausgeht. Im Großküchenbereich muss nach verrichteter Arbeit eine tägliche Flächendesinfektion stattfinden. Im privaten Haushalt und in Schulküchen sollte eine Desinfektion nach der Verarbeitung von Fleisch, Geflügel und Eiern erfolgen. Es gibt unterschiedliche desinfizierende Behandlungsmittel, die nachfolgend stichwortartig beschrieben werden. Zu unterscheiden ist zwischen dem **Desinfektionsmittel**, dem **Desinfektionsreiniger** und dem **Desinfektionswischpflegemittel**.

Desinfizierendes Behandlungsmittel	Kurzbeschreibung
Desinfektionsmittel	Bevor das Desinfektionsmittel aufgetragen wird, muss das zu desinfizierende Objekt sauber sein. Desinfektionsmittel dienen ausschließlich der Keimreduzierung, sodass keine Infektionsgefahr mehr entstehen kann. Damit die hochkonzentrierten Produkte die richtige Wirkung entfalten, muss eine richtige Dosierung und Einwirkdauer gewährleistet sein.
Desinfektionsreiniger	Diese Produkte reinigen und desinfizieren in einem Arbeitsgang. Desinfektionsreiniger können aber nur bei schwachen Verschmutzungen angewandt werden.
Desinfektionswischpflegemittel	Diese Produkte reinigen, desinfizieren und pflegen in einem Arbeitsgang. Sie verlieren jedoch die Wirkung, wenn eine hohe Keimzahl und eine starke Verschmutzung vorliegt.

Merke: Im Schulküchen-Bereich und im privaten Haushalt kann zur Desinfektion von Flächen und Arbeitsgegenständen, insbesondere nach Verarbeitung von unreinen Produkten (z. B. Fleisch, Geflügel, Eiern), eine 5 %-ige Essiglösung verwendet werden. Die Arbeitsflächen, -gegenstände etc. müssen zuvor gesäubert werden. Bei einer Desinfektion sollten Einweghandschuhe getragen werden.

12.3.7 Pflegemittel

Pflegemittel werden im Küchenbereich nur in geringem Umfang eingesetzt. Sie werden in der Regel nach der Grundreinigung auf Flächen aufgetragen, um deren Wert, deren Strapazierfähigkeit, aber auch deren Optik zu erhalten. So können z. B. Edelstahlflächen oder bestimmte Küchenböden mit einem Pflegemittel behandelt werden. Das Pflegemittel sollte grundsätzlich dünn und gleichmäßig aufgetragen werden. Somit bildet sich kein Schmierfilm, der schwer zu entfernen ist.

Aufgabe: Tragen Sie zusammen, welche Kriterien beim Kauf von Reinigungs-, Desinfektions- und Pflegemittel beachtet werden müssen.

12.3.8 Materialien im Küchenbereich

Das Kücheninventar und sämtliche Küchengegenstände bestehen aus diversen Materialien, deren Eigenschaften sich unmittelbar auf die Reinigung auswirken. Deshalb ist darauf zu achten, wie die einzelnen Materialien zu reinigen sind, um deren Qualität so lange wie möglich zu erhalten.

Material	Verwendungsweck	Eigenschaften	Reinigung
Edelstahl	Küchenausstattung (Flächen, Schränke ...), Kochgeschirr, Besteck ...	– sehr lange haltbar, – gut zu reinigen, – geruchsneutral, – rostfrei	**Edelstahl** mit einem Schwammtuch in handwarmem Spülwasser reinigen. Bei Verkalkungen kann Essigreiniger, bei hartnäckigen Verschmutzungen verdünntes Scheuermittel verwendet werden. Flächen gründlich reinigen und mit klarem Wasser nachspülen, trocken reiben. Edelstahlgeschirr kann in der Spülmaschine gereinigt werden und muss danach sofort trockengerieben werden (Fleckenbildung).

Reinigung/Textilpflege

Material	Verwendungsweck	Eigenschaften	Reinigung
Glas	Trinkgläser, Fenster, Backofen- und Mikrowellentüren, Ablageflächen im Kühlschrank	– stoßempfindlich, – kratzempfindlich, – geruchsneutral, – lichtdurchlässig	**Fensterglas, Backofen- und Mikrowellenglas:** mit einem Fensterleder und handwarmem Wasser mit einigen Tropfen Brennspiritus reinigen. **Trinkgläser:** mit einem Schwammtuch in handwarmem Spülwasser reinigen. Danach mit klarem Wasser nachspülen und mit einem Geschirrtuch (Halbleinen) trocken reiben. **Gastronomie:** Trinkgläser werden meist in einer Gläserspülmaschine gereinigt.
Gusseisen	Pfannen, Kochgeschirr	– gute Wärmeleitung, – schweres Material, – stoßempfindlich, – nicht rostfrei	**Gusseisen** mit einem Schwammtuch in handwarmem Spülwasser reinigen. Bei starken Verschmutzungen kann ein Kunststoffkratzer oder Küchenschwamm verwendet werden. Gusseisen mit klarem Wasser nachspülen und gut abtrocknen (Rostgefahr!). Gusseisen nicht in der Spülmaschine reinigen, da das Material beschädigt wird.
Kunststoff	Schüsseln, Messbecher	– hitzeempfindlich, – nicht kratzfest, – meist bruchsicher	**Kunststoffgegenstände** mit einem Schwammtuch in handwarmem Spülwasser reinigen, dann klar nachspülen und trocken reiben. In der Spülmaschine gereinigtes Kunststoffgeschirr ist am Ende meist noch feucht und muss auf jeden Fall nachgetrocknet werden.
Porzellan	Essgeschirr	– nicht stoßfest, – nicht bruchfest, – geruchsneutral, – glatte Oberfläche	**Porzellan** mit einem Schwammtuch in handwarmem Spülwasser reinigen, anschließend mit klarem Wasser nachspülen. Um Kalkablagerungen zu vermeiden, sollte das Porzellan mit einem Baumwolltuch trockengerieben werden. Spülmaschinenfestes Porzellan kann in der Spülmaschine gereinigt werden.
Steinzeug (Bodenfliesen) Steingut (Wandfliesen)	Küchenboden, Küchenwände aus Fliesen	**Bodenfliesen:** Fliesenoberfläche muss stark aufgeraut sein, um die Unfallgefahr zu minimieren (Sicherheitsfliesen). **Wandfliesen:** sind aufgrund der Glasur glatt sowie säure- und laugenbeständig.	**Bodenfliesen Großküche:** Einscheibenmaschine mit speziellem Bodenmittel verwenden. Wasser mit dem Wassersauger aufnehmen. Kleine Flächen mit dem Schrubber und Abzieher reinigen. Beim Reinigungsmittel sollten die Angaben der Geräteehersteller und des Fliesenlegers befolgt werden. **Wandfliesen:** Fensterleder in handwarmes Spülwasser tauchen, auswringen, Fliesen reinigen. Bei hartnäckigen Verschmutzungen etwas Scheuermittel auf den Küchenschwamm geben, vorsichtig scheuern und anschließend mit klarem Wasser reinigen, trocken reiben.
Silikatisch oberflächenbeschichtete Feinbleche	Backformen, -bleche	– gute Wärmeleitung, – antihaftbeschichtet, – säurebeständig, – kratzfest, – schnittfest	Schwer zu lösende Verkrustungen einige Zeit in handwarmem Wasser einweichen und mit der Spülbürste oder dem Kunststoffkratzer bzw. Küchenschwamm (dieser darf die Fläche nicht verkratzen) reinigen, klar nachspülen, trocken reiben. Leichte Verschmutzungen können mit dem Schwammtuch und handwarmem Spülwasser entfernt werden.

Reinigung/Textilpflege

12.3.9 Putzartikel

Nachfolgend sind die Putzartikel und deren Besonderheiten aufgeführt, die vor allem bei der Reinigung im Küchenbereich notwendig sind.

	**Allzwecktücher** Wie der Name bereits sagt, können Allzwecktücher für alle Zwecke zum Einsatz kommen. Sie bestehen **bis zu 80 %** aus Viskose, sind flusenfrei, weich und angenehm im Griff, sehr saugfähig und **bis zu 95 °C** waschbar.
	**Besen** Diese können aus unterschiedlichen Materialien bestehen, wie z. B. Holz, Kunststoff. Besen mit variabler Stieleinstellung ermöglichen das Kehren an schlecht zugänglichen Stellen. Die Borsten können aus Naturhaar oder aus Kunststoff sein. Mikro-Struktur-Borsten haben innen und außen kleinste Strukturpartikel eingearbeitet, die eine Oberflächenvergrößerung der Borsten hervorrufen und somit die Schmutzaufnahme um **50 %** verbessern.
	**Bodentücher** Sie sind aus Baumwolle oder Mischgewebe und deshalb besonders saugfähig. Besonders Flüssigkeiten können von Bodentüchern leicht aufgenommen werden. Häufig werden die Bodentücher zum Feuchtwischen eingesetzt (siehe Schrubber).
	**Kehrgarnitur** Kehrgarnituren sind gleichermaßen wie Besen in unterschiedlichsten Materialien erhältlich. Mit der Kehrgarnitur wird loser Schmutz zusammengefegt. Die Kehrschaufel sollte eine Gummilippe besitzen, da diese die Schmutzaufnahme erleichtert. Riffelungen an der Kehrschaufel ermöglichen es, den Kehrbesen nach dem Auffegen zu säubern. Ansonsten erfolgt die Säuberung des Kehrbesens mit einem groben Kamm.
	**Mikrofasertücher** Fasern, deren Einzelfäden feiner als **0,9 Denier** sind, dürfen als Mikrofasern bezeichnet werden. Im Vergleich zu einer Baumwollfaser haben sie einen wesentlich kleineren Durchmesser **(ca. $\frac{1}{3}$)**. Aufgrund der Feinheit liegen sie sehr eng nebeneinander. Deshalb sind Mikrofasertücher besonders saugfähig und nehmen den Schmutz sehr gut auf. Die Reinigung erfolgt streifenfrei ohne bzw. mit sehr wenig Putzmittel. Beim Waschen niemals Weichspüler zugeben, da die Oberfläche der Tücher und somit auch deren Eigenschaften verändert werden.
	**Polier- und Trockentücher** Diese Tücher bestehen aus **100 % Baumwolle** oder **Halbleinen (= 50 % Baumwolle und 50 % Leinen)** und sind zum Trocknen und Polieren von Oberflächen, Geschirr und Besteck geeignet. Umgangssprachlich werden diese Tücher auch als Geschirrtücher bezeichnet.
	**Topfreiniger (Kunststoff)** Sie bestehen aus einem Kunststoffgeflecht und eignen sich zum Entfernen von leicht eingebranntem, grobem Schmutz. Kunststoffkratzer können bei Temperaturen bis **60 °C** in der Waschmaschine gereinigt werden.

Reinigung/Textilpflege

Topfreiniger (Metall)
Sie bestehen aus einem rostfreien Metallgeflecht und werden vorwiegend zum Entfernen von eingebranntem Schmutz benutzt. Topfreiniger aus Metall dürfen nur für kratzfeste Oberflächen verwendet werden. Sie können in der Spülmaschine gereinigt werden, dabei wird das Metallgeflecht vorsichtig auseinandergezogen. Topfreiniger dürfen nicht mit der Küchenwäsche mitgewaschen werden – dies könnte zur Lochbildung in der Wäsche führen.

Schrubber
Schrubber sind in diversen Breiten und Materialien (Kunststoff, Holz) erhältlich. Sie werden zum Schrubben von kleinen Flächen eingesetzt. Wird unter den Schrubber ein Bodentuch gelegt, kann der Schrubber zum Feuchtwischen von glatten Flächen verwendet werden.

Schwämme
Die Farben der Schwämme geben Aufschluss über deren Oberflächenbeschaffenheit. Sie haben meist zwei verschiedene Oberflächen. Die Oberseite, in der Regel die weiche und glatte Seite, wird bei leichten Verschmutzungen verwendet. Sie kratzt nicht. Die Unterseite enthält unterschiedliche Mengen an Schleifmittel, d. h. die Abrasivität (= Schleif- bzw. Reibwirkung) ist sehr verschieden. Empfindliche Oberflächen können durch die Unterseite der Schwämme verkratzt werden.

Schwammtücher
Schwammtücher bestehen aus einem Viskosevlies mit eingearbeiteter Baumwoll-Textileinlage. Deshalb sind sie besonders saugfähig und daher optimal für die Nassreinigung von Oberflächen sowie für das Geschirrspülen von Hand geeignet. Schwammtücher lassen sich problemlos in der Waschmaschine bei **95 °C** waschen.

Spülbürsten
Sie bestehen aus hygienischen Gründen hauptsächlich aus Kunststoff. Mittlerweile gibt es auch Bürsten mit befüllbaren Tanks für das Spülmittel. Durch die Borsten kann der Schmutz auch an schwer zugänglichen Stellen entfernt werden.

Wischwagen
Gute Wischwagen bestehen aus zwei Wischbehältern und einer Presse. Der blaue Behälter enthält die Reinigungsflotte, im roten Behälter wird die Schmutzflotte aufgefangen. Der Wischbezug muss in der Presse ausgedrückt werden, das restliche Wasser gelangt in die Schmutzflotte. Durch das getrennte Eimersystem ist das saubere Wasser vom Schmutzwasser getrennt, was eine gründliche Bodenreinigung gewährleistet.

Wischmopps
Wischmopps sind in diversen Größen und verschiedenen Materialien (Mikrofaser, Baumwolle, Viskose oder Mischgeweben) sowie diversen Fransenlängen erhältlich. Das Material gewährleistet eine gute Saugfähigkeit und eine optimale Schmutzaufnahme. Wischmopps haben eine hohe Gebrauchsdauer und lassen sich gut waschen.

Aufgabe: Um die Einhaltung der Hygiene zu gewährleisten, setzt die Reinigungsindustrie die Farben gelb, rot, blau und grün für bestimmte Putzartikel ein. Hierbei handelt es sich um das „Vier-Farben-System" der Reinigung. Recherchieren Sie im Internet, welche Farben für welche Reinigungsbereiche eingesetzt werden. Welche Farben werden vorzugsweise im Küchenbereich eingesetzt?

Reinigung/Textilpflege

12.3.10 Schmutzarten

Schmutz wird unter Hygieneexperten als Materie definiert, die sich zur falschen Zeit am falschen Ort absetzt. Chemisch gesehen lässt sich Schmutz in **organischen Schmutz (z. B. Fette, Kohlenhydrate, Farbstoffe)** und **anorganischen Schmutz** (z. B. Kalk, Salze, Abrieb von Metallen) unterteilen. In der Reinigungspraxis ist jedoch die Unterteilung nach der **Schmutzhaftung** und der **Schmutzlöslichkeit** relevanter.

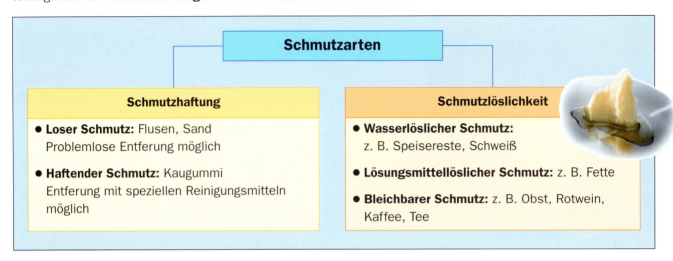

12.3.11 Reinigung von Geräten und Maschinen in der Küche

12.3.11.1 Backofen

In der heutigen Zeit sind Backöfen mit einem Selbstreinigungssystem ausgestattet, der Pyrolyse oder der Katalyse. D. h. die Reinigung des Backofeninnenraums mit einem Backofenspray o. Ä. ist nur noch bei wenigen Backofenmodellen nötig. Hierbei muss nach den Bedienungshinweisen des Backofenreinigers verfahren werden.

Pyrolyse
Bei **ca. 500 °C** werden alle organischen Verschmutzungen im Backofen zu Asche verbrannt. Durch einen Katalysator werden die bei der Verbrennung entstehenden schädlichen Stoffe unschädlich gemacht. Bei der Pyrolyse findet chemisch gesehen eine Oxidation mit Sauerstoff statt, allerdings ohne Flammbildung. Je nach Verschmutzungsgrad können drei Reinigungsstufen gewählt werden. Die Programme laufen in **75 Min., 90 Min.** und **120 Min.** ab. Während der Pyrolyse verriegelt sich der Backofen automatisch, im Backofeninnenraum darf kein Backofenzubehör oder sonstiges Geschirr sein. Die Backofentür (innen und außen) und die Dichtungen sollten am Ende mit lauwarmem Wasser und etwas Spülmittel gereinigt sowie die Rückstände entfernt werden. Die hohen Temperaturen erfordern eine spezielle Sonderausstattung (Wärmedämmung, teilweise Katalysatoren, besondere Türgriffe), aus diesem Grund sind die Anschaffungskosten höher als bei Geräten ohne automatischer Selbstreinigung.

Katalysator

Katalyse
Die Innenwände des Backofens sind mit einer speziellen Emailschicht versehen. Sie enthalten Katalysatoren (= Metalloxide), die durch Sauerstoff und Wärme **(ca. 200 °C)** Fette während der Inbetriebnahme oxidativ zersetzen. Bei starken Verunreinigungen (z. B. Säuren, karamellisiertem Zucker) ist die katalytische Reinigung nur bedingt wirksam. Es ist damit zu rechnen, dass sich auf der porösen Emailschicht Tröpfchen absetzen. Die Poren werden allmählich verschlossen, sodass die Reinigungswirkung nach einigen Jahren nachlässt. Die Erneuerung der Innenwände ist nach **ca. 4–5 Jahren** erforderlich.

Backöfen sollten nach jeder Inbetriebnahme feucht ausgewischt werden.

Reinigung/Textilpflege

12.3.11.2 Kochfelder und Kochmulden

Kochfelder und Kochmulden sollten nach jeder Benutzung gereinigt werden, damit das Eingebrannte sich nicht noch mehr festsetzt und nicht mehr lösen lässt. Zunächst sollte der grobe Schmutz und die Speisereste mit einem Schwammtuch entfernt werden.

Reinigung von Kochfeldern aus Glaskeramik

Ist das Glaskeramikfeld stark verschmutzt, muss dieses mit einem speziellen Glaskeramikmittel und der weichen Seite eines Schwammes durch kreisende Bewegungen gereinigt werden. Eingebranntes kann meist nur mit der Klinge eines Glasschabers vorsichtig entfernt werden. Das gereinigte Kochfeld mit klarem Wasser abwischen und mit einem Geschirrtuch polieren. Wasserflecken mit etwas verdünntem Essig oder Zitrone entfernen.

Handhabung eines Glasschabers

Vor Beginn und am Ende der Reinigung Klinge vorsichtig entsichern bzw. sichern.

Nur die Klinge darf mit der Glaskeramikplatte in Berührung kommen, nicht das Gehäuse. **Die Klinge ist sehr scharf = Verletzungsgefahr!**

Beschädigte Klingen können die Glaskeramikplatte zerkratzen, diese grundsätzlich durch Neue ersetzen.

Merke:
Bei der Reinigung von Glaskeramikfeldern darf kein herkömmliches Scheuermittel, Backofenspray bzw. die kratzende Seite eines Schwammes verwendet werden. Die Glasfläche wird dadurch beschädigt!

Reinigung von Kochmulden mit Kochplatten

Eingebranntes und **starke Verschmutzungen** zunächst mit Wasser und einigen Tropfen Spülmittel gut **einweichen** und **einwirken** lassen. Verschmutzungen soweit möglich mit dem Schwammtuch entfernen. Hartnäckige Verschmutzungen nun mit Scheuermittel und der Scheuerseite des Schwamms ablösen. Gleichermaßen können bei kratzfesten Oberflächen (nicht bei Email) Topfreiniger aus Kunststoff oder Metall die Verschmutzungen lösen. Am Ende sollten die Mulde, die Platten und die Schaltknöpfe mit sauberem Wasser und etwas Spülmittel feucht abgewaschen und mit einem Geschirrtuch trockengerieben werden. Um Kochplatten vor Rost zu schützen, müssen sie in regelmäßigen Abständen mit einem speziellen Pflegemittel „versiegelt" werden.

12.3.11.3 Dunstabzugshauben

In Küchen gibt es **abluftbetriebene** und **umluftbetriebene** Dunstabzugshauben.

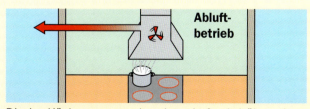

Die im Küchenraum vorhandene Luft wird über einen Fettfilter geleitet, hierbei bleiben die Küchenfette und Schmutzpartikel hängen. Danach gelangt die Luft über einen Abluftkanal oder einen Abluftschlauch ins Freie.

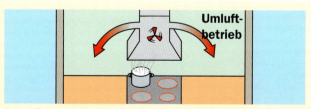

Die Küchenluft wird über einen Fettfilter und zusätzlichen Geruchsfilter (= Aktivkohlefilter) geleitet und dann wieder dem Raum zugeführt. Der Fettfilter bindet Küchenfette und Schmutzpartikel. Der Geruchsfilter bindet unangenehme Küchengerüche.

Reinigung/Textilpflege

Reinigung von Dunstabzugshauben

❶ Eine Kontrollleuchte zeigt an, wann der Fettfilter gereinigt werden muss. Spätestens alle **4 Wochen** sollte eine Reinigung stattfinden, da überfettete Filter brennen können. Fettfilter zunächst in heißer Spülmittellösung einweichen und mit einer Spülbürste abschrubben. Metallfettfilter können auch in der Spülmaschine gereinigt werden (siehe Reinigungsanweisung des Herstellers). Fettfilter nur in vollständig getrocknetem Zustand wieder montieren. Der Abluftkanal muss in regelmäßigen Abständen gewartet werden.

Achtung: Fettfilter nicht mit kalklösendem, alkalischen Reinigungsmittel und Backofenspray reinigen.

❷ Eine Kontrollleuchte zeigt an, wann der Geruchsfilter entnommen werden muss. Filter **ca. 3–4 mal im Jahr** wechseln.

❸ Das Gehäuse der Dunstabzugshaube muss je nach Material unterschiedlich gereinigt werden (siehe 12.3.8). Reinigungsmittel mit Abrasivstoffen nur für kratzfeste Oberflächen verwenden. Bei regelmäßiger Reinigung reicht das Reinigen mit Wasser und Spülmittel. Das Gehäuse trocken reiben und trockenen Fettfilter sowie frischen Geruchsfilter einsetzen.

Merke: In Großküchen gibt es ausschließlich abluftbetriebene Dunstabzugshauben. Sie bestehen in der Regel aus Edelstahl. Die Fettfilter werden häufig mit einem Fettlöser (siehe Gebrauchsanweisung) gereinigt, da es sich um hartnäckige Verschmutzungen handelt. Dunstabzugshauben müssen mit Wasser und Spülmittellösung und evtl. Fettlösemittel gereinigt und danach mit einem Edelstahlpflegemittel behandelt werden. Um Fettbrände zu vermeiden, muss der Abluftkanal in regelmäßigen Abständen gewartet werden.

12.3.11.4 Kühlschrank, Gefrierschank

Der Kühlschrank sollte **einmal in der Woche**, der Gefrierschrank **mindestens einmal im halben Jahr** gereinigt werden. Es empfiehlt sich also die Geräte vor der Beschickung, mit den neugekauften bzw. gefriergeeigneten Waren, zu reinigen.

Reinigung Kühlschrank

❶ Die noch im Kühlschrank vorhandenen Lebensmittel herausnehmen und sachgemäß zwischenlagern.
❷ Vor der Reinigung muss das Gerät ausgeschaltet und wenn möglich der Netzstecker gezogen werden.
❸ Alle Teile (Schubladen, Feuchtfilter), die herausnehmbar sind, aus dem Kühlschrank nehmen und im Spülwasser reinigen und trocken reiben. **Achtung:** Diese Teile dürfen nicht in der Geschirrspülmaschine gereinigt werden, sie können sich verformen!
❹ Geräteinnenraum und Innentür mit handwarmem Spülwasser von **oben** nach **unten** reinigen und mit dem Poliertuch trocken reiben. Die Türdichtung sollte lediglich mit klarem Wasser gereinigt und sofort trockengerieben werden.
❺ Tauwasser-Rinne und Ablaufloch mit einem kleinen Flaschenstäbchen reinigen. Das Ablaufloch muss frei bleiben und darf nicht verstopfen. **Achtung:** Es darf kein Spülwasser durch das Ablaufloch in die Verdunstungsschale gelangen.
❻ Kühlschrankfront gleichermaßen gründlich mit Wasser und Spülmittellösung reinigen.
❼ Den Kühlschrank wieder mit den entnommenen Teilen beschicken, Lebensmittel fachgerecht einsortieren, das Gerät in Betrieb nehmen.

Aufgabe: Erkundigen Sie sich, wie in Großküchen Kühlzellen und Kühlhäuser gereinigt werden.

Reinigung/Textilpflege

Reinigung Gefrierschrank/Gefriertruhe

Die Reinigung des Gefrierschrankes bzw. der Gefriertruhe muss gut vorgeplant sein, d. h. es sollten nur noch wenige Lebensmittel vorhanden sein. Diese in anderen Gefriereinrichtungen aufbewahren oder in Zeitungspapier im Kühlschrank kurzzeitig zwischenlagern.

❶ Lebensmittel ausräumen und sachgemäß lagern.
❷ Gerät vom Netzstecker befreien und ausschalten. Beim Abtauen Gerät geöffnet lassen. Moderne Geräte enthalten ein No-Frost-System, d. h. diese Geräte setzen kein Eis bzw. Reif an, da sie in regelmäßigen Abständen selbst abtauen, ohne die Lebensmittel zu schädigen.
❸ Bei alten Geräten muss das Tauwasser aufgefangen werden, Eimer und Bodenlappen bereithalten.
❹ Reinigungsvorgang läuft gleich wie bei einem Kühlschrank ab (siehe S. 352). Nach der Reinigung sollte der komplette Innenraum nochmals mit klarem, lauwarmem Wasser ausgewischt und sofort trocken gerieben werden.
❺ Deckel noch kurz geöffnet lassen, dann schließen und das Gerät mit der Super-Frost-Taste in Betrieb nehmen, d. h. das Gerät wird sehr schnell kühl. Hat das Gerät eine Temperatur von **–10 °C** erreicht, können die Lebensmittel ordnungsgemäß eingelegt werden. Sind **–18 °C** erreicht, kann die Super-Frost-Taste ausgeschaltet werden.

Merke: Beim Reinigen von Kühl- und Gefriergeräten sollten keine kalklösenden, chloridhaltigen, scheuernden und säurehaltigen Reinigungsmittel verwendet werden. Sie zerstören den Geräteinnenraum. Dichtungen nicht mit Ölen und Fetten behandeln, sie werden sonst porös und gehen kaputt.

12.3.11.5 Mikrowellengerät

Bei der Reinigung des Mikrowellengerätes muss Folgendes beachtet werden:

❶ Garraum grundsätzlich in abgekühltem Zustand reinigen. Vor der Reinigung den Netzstecker ziehen.
❷ Gerät grundsätzlich nach der Benutzung reinigen.
❸ Drehteller und Laufring herausnehmen und mit Wasser und Spülmittel reinigen. Eine Reinigung des Drehtellers in der Spülmaschine ist möglich.
❹ Folien auf der Türinnenseite und die Abdeckung auf der Mikrowellenaustrittsöffnung dürfen nicht abgenommen werden.
❺ Den Innenraum mit Wasser und etwas Spülmittel reinigen. Hierbei gilt zu beachten, dass kein Wasser in die Lüftungsschlitze der Mikrowellenaustrittsöffnung gelangt. D. h. Oberflächen sofort mit einem Geschirrtuch trocken reiben.
❻ Gerätefront und Bedienungselemente mit dem Schwammtuch, Wasser und etwas Spülmittel reinigen und anschließend trocken reiben.
❼ Laufring und Drehteller fachgerecht einsetzen. Mikrowellengerät noch etwas offen lassen, damit die Restfeuchte trocknen kann.
❽ Kalklösende, chloridhaltige, scheuernde und säurehaltige Reinigungsmittel meiden.

Tipp: Hartnäckige Verschmutzungen lösen, indem ein Glas Wasser 2–3 Min. erhitzt wird. Der gebildete Wasserdampf löst den Schmutz an. Gerüche können gebunden werden, wenn man in das Glas zusätzlich etwas Zitronensaft gibt.

Reinigung/Textilpflege

12.3.11.6 Geschirrspülmaschine

Beladung der Geschirrspülmaschine

Vor dem Beladen der Geschirrspülmaschine gilt:
→ Alle Speisereste mit einem Gummischaber entfernen.
→ Das Geschirr kann je nach Verschmutzungsgrad vorgespült werden.

Besteckschublade oder Besteckkorb (je nach Modell)	Oberkorb (je nach Modell)
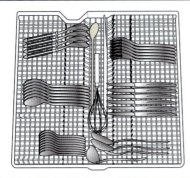 	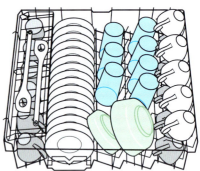
Besteckschublade Alle gleichen Besteckteile werden nebeneinander eingeordnet (siehe Abbildung). Dies ermöglicht eine rationelle Entnahme. Der obere Spülarm darf nicht durch Besteckteile blockiert werden. **Besteckkorb** Aus Sicherheitsgründen bietet es sich an, spitze Besteckteile mit den Spitzen nach unten in den Besteckkorb einzuordnen. Grundsätzlich wird das Besteck jedoch sauberer, wenn es mit den Griffen nach unten gereinigt wird. Hierbei bitte die Anordnungen der Lehrkraft befolgen.	**Oberkorb** Kleine, leichte, empfindliche Teile (Tassen, Gläser, Untertassen, Dessertschalen …) grundsätzlich in den Oberkorb einordnen. Lange Teile, beispielsweise Schöpflöffel, werden vorn quer eingelegt. Die Tassenauflage hochklappen bzw. entnehmen, wenn hohe Geschirrteile (z. B. Stielgläser) gereinigt werden sollen. Diese Teile an die Tassenauflage anlehnen.
Unterkorb	**Allgemeine Regeln für die Beladung der Maschine:**
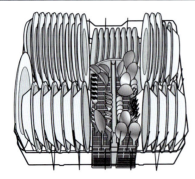	→ Geschirrteile nicht ineinander stellen. → Das Wasser muss alle Geschirrteile erreichen. → Geschirr darf nicht wackeln, fester Stand ist erforderlich. → Hohlgefäße mit der Öffnung nach unten einstellen. → Hohe Hohlgefäße nicht in die Ecken stellen (Bruchgefahr). → Geschirr darf die Spülarme nicht blockieren. Drehkontrolle vor dem Spülen durchführen! → Spülarme dürfen durch Kleinteile nicht blockiert werden. Kleinteile, wenn möglich, in den Besteckkorb oder die Besteckschublade legen.
Schwere, große Teile (Teller, Platten, Schüsseln, Töpfe) entsprechend den Halterungen rationell in den Geschirrkorb einordnen, d. h. alle Teller nacheinander usw. Die Geschirrhalterungen können je nach Bedarf umgeklappt werden (modellabhängig). Besteckkorb bei Bedarf einstellen.	

Geschirrspülmaschine starten

Spülmaschine mit Reiniger befüllen, Dosierungshilfe benutzen. Reiniger entsprechend der Herstellerangabe einfüllen, Behälterklappe schließen, Programm auswählen, Maschine starten.

Reinigung/Textilpflege

Reinigung der Geschirrspülmaschine

Eine regelmäßig gereinigte und gewartete Spülmaschine ist aus hygienischer Sicht (Betriebshygiene) unverzichtbar. Gleichermaßen wird die Haltbarkeit des Gerätes gewährleistet. Bei der Reinigung der Geschirrspülmaschine muss Folgendes beachtet werden:

→ Geschirrspüler ausschalten, wenn möglich Netzstecker ziehen.
→ Der Spülinnenraum reinigt sich in der Regel automatisch. Es bietet sich jedoch an, die Maschine in regelmäßigen Abständen mit einem Spezialreiniger (siehe Gebrauchsanleitung) ohne Geschirr auf höchster Stufe durchlaufen zu lassen. So werden die noch vorhandenen Fett- und Kalkablagerungen gelöst.
→ Die Siebe halten den groben Schmutz von der Pumpe fern. Das Siebsystem besteht aus einem Siebzylinder, einem flachen Feinsieb und evtl. einem Mikrosieb. Die Siebe müssen zur Reinigung entnommen und mit einer Bürste unter fließendem Wasser gereinigt werden. Siebe danach fachgerecht einsetzen.
→ Die Düsen der Sprüharme sollten alle **4–6 Monate** gereinigt werden, da diese leicht verstopfen können.
→ In der Regel kann der untere und obere Sprüharm herausgenommen werden. Verunreinigungen mit einem Stäbchen entfernen und wie die Siebe reinigen. Sprüharme fachgerecht einsetzen.
→ Türdichtungen müssen regelmäßig mit einem feuchten Lappen von Verunreinigungen (Fetten, Speiseresten) gereinigt werden.
→ Evtl. verbleibende Speisereste an der Innenseite des Geschirrspülers abwischen.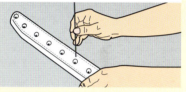
→ Geschirrspülerfront und Bedienungsblende materialgemäß reinigen.

Wartung der Geschirrspülmaschine

Einfüllen von Salz
Spezial-Salz wird zur Enthärtung des Wassers benötigt, um Kalkablagerungen zu vermeiden und ein optimales Reinigungsergebnis zu erzielen. Leuchtet die Salznachfüllanzeige auf, muss das Spezial-Salz eingefüllt werden. Einfülltrichter je nach Bedarf verwenden. Die Auffüllung sollte immer vor der Inbetriebnahme der Maschine erfolgen, damit überlaufende Salzlösungen sofort verdünnt und ausgespült werden können. Von der Verwendung von normalem Kochsalz ist abzusehen, da es Rieselzusätze und unlösliche Mineralien enthält, was zur Schädigung der Enthärtungsanlage führen könnte.

Einfüllen von Klarspüler
Wie der Name bereits sagt wird der Klarspüler eingesetzt, um fleckenloses Geschirr und klare, schlierenfreie Glasartikel zu erhalten. Leuchtet die Klarspülanzeige auf, muss der Klarspüler bis knapp unter den Rand der Einfüllöffnung eingegossen werden. Der Deckel des Vorratsbehälters muss hörbar einrasten.

Aufgabe:
1. Welche Reinigungsprodukte verwenden Sie in der Schulküche für das Geschirrspülen?
2. Vergleichen Sie handelsübliche Produkte, die bei der Geschirrreinigung und Wartung angeboten werden.
3. Welche Vor- und Nachteile haben die einzelnen Produkte? Welche Konsequenzen ergeben sich hieraus?

Reinigung/Textilpflege

12.3.11.7 Küchenmaschine/Handrührgerät

Reinigung der Geräte
Vorbereitungsarbeiten: Schwammtuch, Geschirrtuch, einen Eimer mit handwarmem Wasser und einige Tropfen Spülmittel bereitstellen. Die Geräte vom Stromnetz entfernen, d. h. Netzstecker ziehen. Der Freiarm der Küchenmaschine wird vor der Reinigung nach oben geklappt, dieser muss hörbar einrasten. Alle Zubehörteile entfernen. Das Gehäuse der Küchenmaschine und des Handrührgerätes wird nebelfeucht abgewischt und trockengerieben. Es darf kein Wasser durch die vorhandenen Schlitze ins Geräteinnere gelangen. Das Stromkabel ordnungsgemäß verwahren.

Reinigung der Zubehörteile
Alle Zubehörteile werden von Hand gespült (siehe Spülvorgang). Schlecht zugängliche Stellen sollten mit einer Spülbürste gesäubert werden. Das Anschlussstück des Pürierstabes, das Gewinde des Mixaufsatzes und des Schnitzelwerkes dürfen nicht ins Wasser gelegt werden (= Rostgefahr). Sie sollten nebelfeucht gereinigt und anschließend trockengerieben werden.

12.3.12 Reinigung des Fußbodens im Küchenbereich

In Großküchen besteht der Fußboden prinzipiell aus rutschfesten Fliesen (Steinzeug), in Schulküchen bzw. Haushaltsküchen können außer Fliesen auch noch elastische Kunststoffbeläge (z. B. Linoleum, PVC) oder Laminatböden verlegt sein. Fußböden werden grundsätzlich am Ende der Küchenarbeit gereinigt. Sie lassen sich **trocken**, **feucht** und **nass** reinigen, diese Reinigungsarten sind von der **Art** und dem **Grad des Schmutzes** abhängig.

Reinigungsarten

Trockenreinigung (nicht textiler Böden)

Arbeitsgegenstände	Besen o. Ä. (mind. 40 cm breit mit weichen oder harten Borsten, dies ist von der Art des Bodenbelages abhängig), Kehrschaufel mit -besen, Behältnis für Schmutz.
Hinweis	Grober Schmutz wird aufgekehrt, wobei der lose Staub nicht gebunden sondern aufgewirbelt wird. Dieser setzt sich nach dem Kehrvorgang wieder auf den Flächen ab.
Arbeitsweise	An dem Ende, das am weitesten von der Tür entfernt ist, wird begonnen. Das Kehren erfolgt zur Türe hin in Bahnen (siehe Skizze). Der Schmutz wird am Ende mit der Kehrschaufel und dem Kehrbesen aufgenommen und entsorgt. Am Schluss wird die gesamte Kehrgarnitur gereinigt.

Feuchtreinigung (nicht textiler Böden)

Arbeitsgegenstände	Feuchtwischgerät mit waschbarem Baumwoll- oder Mikrofaserbezug, evtl. Sprühflasche zur Befeuchtung des Bezuges, Behälter für verschmutzte Reinigungstextilien.
Hinweis	Der Boden sollte glatt sein. Der Staub wird durch das nebelfeuchte Wischgeräte gebunden und nicht aufgewirbelt. Der Bezug wird mit einem Sprüher fein bestäubt (= nebelfeucht).
Arbeitsweise	An der Tür beginnend wird entlang der Wand bis zur Raummitte eine Bahn gewischt. Anschließend wird in schlaufenförmigen Achterbewegungen der Raum bis zur Tür gereinigt. Nun muss der Reinigungsvorgang spiegelbildlich durchgeführt werden, wobei sich die Wischbahnen in der Raummitte überlappen müssen.

Reinigung/Textilpflege

Nassreinigung (nicht textiler Böden)

Arbeitsgegenstände	Für große Flächen: Wischeimer (2 Eimer) mit Presse, Wischmopp, Reinigungsmittel Für kleine Flächen: Schrubber, Bodentuch und Putzeimer Großküchen: Einscheibenmaschine und Wassersauger
Hinweis	Unterschieden wird das **einstufige** vom **zweistufigen Nassreinigungsverfahren**. Beim einstufigen Verfahren wird der Wischmopp nur einmal über den Boden geführt. Beim zweistufigen Verfahren zweimal. Wird die Schulküche von Schülern gereinigt, sollte aus hygienischen Gründen prinzipiell das zweistufige Verfahren angewandt werden, das nachfolgend beschrieben wird. Die Reinigung mit dem Schrubber und Bodenlappen ist sehr kraftintensiv und eher für den häuslichen Gebrauch, nicht zum Wischen von großen Flächen geeignet. **Grund:** Tragen des Eimers ist erforderlich, evtl. mehrmaliger Wasserwechsel erforderlich.

Merke: Bevor eine Nassreinigung erfolgt, sollte der Boden durch eine Trockenreinigung (kehren) von grobem Schmutz befreit werden.

Arbeitsweise zweistufige Nassreinigung

  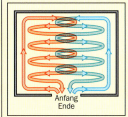  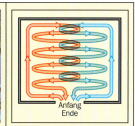

Blauen Eimer $^3/_4$ mit Reinigungsflotte füllen. Reinigungsmittel richtig dosieren (siehe Herstellerangaben). **Roten Eimer** $^1/_4$ mit klarem, handwarmem Wasser befüllen. Presse ist über dem roten Eimer angebracht.	Wischmopp in die Reinigungsflotte geben und nicht oder nur sehr gering auspressen.	**Erster Wischvorgang:** Den Boden entsprechend der Abbildung wischen (siehe Feuchtreinigung). Durch den nassen Wischmopp wird der Schmutz angelöst.	Schmutzigen Wischmopp in klarem Wasser (roten Eimer) auswaschen, auspressen und zweiten Wischvorgang durchführen.	**Zweiter Wischvorgang:** Schmutz aufnehmen, auf dem Boden ist nur noch eine geringe Restfeuchte vorhanden. Wischmopp ausspülen und auspressen. Schmutzflotte entsorgen, Eimer säubern, trocken reiben. Becken putzen.

Reinigungsablauf bei der Nassreinigung eines Küchenbodens (Schulküche)

1. Besen, Kehrbesen, Kehrschaufel, Wischwagen mit zwei Eimern und Reinigungsflotte, Wischmopp bereitstellen.
2. Alle transportablen Gegenstände (Mülleimer, Stühle, …) hoch oder zur Seite stellen.
3. Trockenreinigung durchführen (Beginn vom äußersten Ende zur Türe hin). Schmutz mit der Kehrschaufel und dem Kehrbesen aufnehmen und im Mülleimer entsorgen.
4. Besen, Kehrbesen und Schaufel vom Schmutz befreien (Kamm zum Enthaaren verwenden, mit feuchtem Allzwecktuch die Kehrschaufel reinigen und hängend im Putzschrank aufbewahren (= Borstenerhalt).
5. Nassreinigung durchführen (siehe Nassreinigung). Der Wischwagen darf die Arbeit nicht blockieren, sollte aber in der Nähe des zu wischenden Abschnittes stehen. Die zweistufige Nassreinigung kann gut von zwei Schülern bzw. Schülerinnen durchgeführt werden.
6. Wischmopp klar ausspülen, sammeln und gemeinsam waschen. Schmutz- und Reinigungsflotte entsorgen, Eimer putzen und trocken reiben. Wischmoppgestell im Putzmittelschrank aufbewahren.
7. Schmutzwasserbecken oder Waschbecken reinigen, dabei die Schmutzpartikel aus dem Abflusssieb entnehmen, trocken reiben.
8. Transportable Gegenstände nach dem Trocknen wieder in Ursprungsposition stellen.

Reinigung/Textilpflege

Durchführung einer Nassreinigung in der Großküche

Im laufenden Betrieb wird der Fußboden einer Großküche so stark verschmutzt und beansprucht, dass dieser nassgescheuert werden muss. Dies kann bei schlecht zugänglichen Stellen manuell mit dem Schrubber und bei großen Flächen maschinell mit einer Einscheibenmaschine geschehen.

Einscheibenmaschinen

Eine Einscheibenmaschine ist mit oder ohne Reinigungstank erhältlich. Erfolgt das Nassscheuern mit einer Maschine ohne Tank, muss der Boden zuvor mit der Reinigungsflotte (Wasser und Bodenmittel) benetzt werden. Maschinen mit Tanks müssen entsprechend der Herstellerangaben mit der Reinigungsflotte befüllt werden. An der Unterseite der Maschine wird entweder direkt eine Tellerbürste oder ein Triebteller mit einem Pad befestigt. Sowohl die Tellerbürsten als auch die Pads müssen optimal auf den Boden abgestimmt werden, um diesen nicht zu beschädigen. Der Triebteller bzw. die Tellerbürste wird über einen Elektromotor angetrieben. Durch das Anheben und das Senken der Deichsel wird die Arbeitsrichtung (rechts bzw. links) bestimmt. Bei Betätigung des Dosierungshebel strömt die Reinigungsflotte aus dem Tank auf den Belag. Der Reinigungsverlauf erfolgt in Bahnen, bei hartnäckigen Verschmutzungen müssen kreisende Bewegungen vorgenommen werden. Schlecht zugängliche Stellen werden manuell mit dem Schrubber vorbehandelt. Am Ende Stecker ziehen und Pads bzw. Bürsten abnehmen, Gerät feucht abwischen. Stromkabel fachgerecht aufrollen. Pads mit klarem Wasser auswaschen. Den Schmutz von den Bürsten entfernen.

Abzieher

Abzieher mit Gummilippen kommen bei schlecht zugänglichen Stellen und kleinen Bearbeitungsflächen zum Einsatz. Durch die Gummilippe wird die Schmutzflotte dem Abfluss (Küchenschacht) zugeführt.

Nasssauger

Fahrbare Nasssauger werden bei großen Bodenflächen eingesetzt um einen schnellen Trockenvorgang zu gewährleisten. Die Schmutzflotte wird über Saugdüsen durch einen Unterdruck, der vom Vakuummotor erzeugt wird, aufgesaugt und in den Schmutzflottentank geführt. Das Absaugen erfolgt bahnenweise vom entferntesten Teil des Raumes zur Türe hin. Der Schmutzflottentank muss am Ende ausgeleert und gereinigt werden.

12.4 Textilpflege

Ein Leben ohne Textilien ist nur schwer vorstellbar. Dieses Kapitel gibt einen Überblick über Faserarten, Wäschearten, Waschfaktoren, Waschmittel sowie den Wasch- und Trockenvorgang von Wäsche. Der Schwerpunkt der Textilpflege wird dabei auf den Küchenbereich gelegt.

12.4.1 Faserarten

Es werden **drei** Hauptkategorien von Fasern unterschieden: **Pflanzliche** Fasern, **tierische** Fasern und **Chemiefasern**. **Tierische** Fasern stammen aus Fasern bzw. Haaren von Tieren. **Pflanzliche** Fasern werden beispielsweise aus Baumwolle, Sisal, Leinen und Hanf gewonnen. **Chemiefasern** unterteilen sich in die aus Buchen- und Fichtenholz gewonnenen Cellulosefasern und die allermeist aus Erdöl und chemischen Zusätzen hergestellten **synthetischen Fasern**.

Reinigung/Textilpflege

Fortsetzung: Faserarten

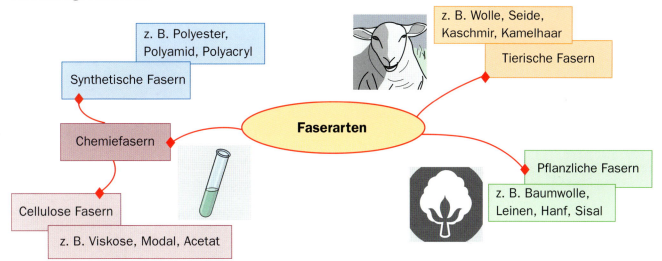

Tierische Fasern

Diese Fasern werden ausschließlich von Tieren (z. B. Schafe, Kamele, Maulbeerspinner, Ziegen) gewonnen.

Wolle

Das Haarkleid der Schafe wird je nach Woll- und Schafsart **ein- bis zweimal** im Jahr durch Scheren entfernt, durch Reinigung vom Schmutz befreit und anschließend zu Kamm- oder Streichgarn verarbeitet. Reine Schurwolle besteht ausschließlich aus Wolle und wird durch das Wollsiegel im Textil gekennzeichnet.

Eigenschaften: Gute Dehnbarkeit, bedingte Formbarkeit, geringe elektrostatische Aufladung, kann **bis zu $1/3$** des Eigengewichts an Feuchtigkeit aufnehmen.

Verwendung: Oberbekleidung, Möbelbezüge

Seide

Seide wird durch Seidenraupen (Maulbeerspinner, Tussahspinner) produziert. Die Raupen spinnen sich in einen Kokon ein, der aus einem **ca. 3 km** langen Faden besteht. Durch Heißdampf werden die Raupen im Kokon getötet. Der feine Faden wird vom Kokon abgehaspelt. Um einen stabilen Faden zu erhalten, werden **ca. 7** Rohseidenfäden zu einem Faden zusammengefasst.

Eigenschaften: Glatt und kann **ca. $1/3$** des Eigengewichtes an Feuchtigkeit (dampfförmig) aufnehmen, sehr hautfreundlich, schöner Glanz, gute Dehnbarkeit, hohe Elastizität, kaum elektrostatische Aufladung

Verwendung: Bekleidung, Dekostoffe, Bettwäsche

Pflanzliche Fasern

Baumwolle

Das Malvengewächs benötigt **ca. 200 Tage** um zu reifen. Dann springt die Baumwollkapsel auf, es kommen die Samenhaare zum Vorschein. Nach der Ernte werden die Kapseln noch einmal getrocknet, entkörnt, d. h. die Fasern von den Samen getrennt und zu Spinnfasergarnen weiterverarbeitet.

Eigenschaften: Sehr strapazierfähig, hautfreundlich, Feuchtigkeitsaufnahme **bis zu 65** % des Eigengewichtes, geringe Elastizität → knittert stark, mittelmäßige Wärmeisolation, bei **95 °C** waschbar.

Verwendung: Berufsbekleidung, Geschirrtücher, Poliertücher, Bodentücher

Leinen

Leinen wird aus der Flachspflanze gewonnen. Die Flachsstengel werden nach **ca. 120 Tagen** mit der Wurzel herausgezogen (= gerauft), gerifelt, d. h. die Stengel werden von der Fruchtschale und den Wurzeln getrennt. Um die Faserbündel zu lösen, wird der Stengel durch rösten und rotten von der Kittsubstanz befreit. Durch Schwingen und Brechen erhält man Langflachs, der ausgekämmt (= gehechelt) keine Holzteile mehr enthält. Die Langfasern werden zu Fäden gesponnen.

Halbleinen

Bei dieser Fasermischung besteht der Kettfaden des Gewebes aus Baumwolle, der Schussfaden aus Leinen.

Eigenschaften: sehr hohe Strapazier- und Scheuerfestigkeit, keine Flusenbildung, bei **95 °C** waschbar, gute Wasseraufnahme

Verwendung: Oberbekleidung, Tisch- und Bettwäsche, Berufsbekleidung, Polier- und Geschirrtücher.

Reinigung/Textilpflege

Chemiefasern

Cellulose Fasern

Viskose

Die bedeutendste Cellulosefaser ist die Viskose. Der in Natronlauge getränkte Zellstoff, aus Buchen-, Fichten- und Pinienholz, quillt auf. Durch die Zugabe von Schwefelkohlenwasserstoff entsteht eine Spinnmasse, aus der durch das Nassspinnverfahren Fasern gewonnen werden. Bei der Herstellung von Cellulose Fasern werden erhebliche Mengen an Wasser und Chemikalien benötigt, wobei neueste Forschungsergebnisse den Verbrauch drastisch reduziert haben.

Verwendung: Dekostoffe, Futterstoffe, Oberbekleidung

Eigenschaften: hohe Saugfähigkeit, hoher Glanz, werden deshalb häufig mit anderen Fasern gemischt, bei **30 °C – 40 °C** waschbar.

Modal

Modalfaser werden aus der gleichen Spinnmasse wie die Viskosefasern gewonnen, aber während des Spinnvorgangs mit anderen chemischen Zusätzen versetzt.

Verwendung: meist in Mischungen mit Baumwolle, Leinen; Wascheigenschaften siehe Etiketten.

Eigenschaften: hohe Saugfähigkeit, Festigkeit entspricht der Baumwolle.

Synthetische Fasern

Synthetische Fasern, Polyamid-, Polyester-, Polyacrylfasern, werden meist aus Rohöl gewonnen, das durch Zugabe verschiedenster Chemikalien und Anwendung diverser Verfahren zu spinnbarem Material aufbereitet wird. Die Spinnmasse kann durch verschiedene Spinnverfahren (Trocken-, Nass- und Schmelzspinnverfahren) zu Filamenten (Endlosgarnen) gesponnen werden.

Eigenschaften: je nach Faser verschieden, bei **30 °C – 40 °C** waschbar.

Verwendung: meist in der Mischung mit pflanzlichen Fasern für Bekleidung, Tischwäsche, Feinwäsche.

12.4.2 Welche Arten von Wäsche gibt es?

In der Küche und im Hausbereich gibt es verschiedene Arten von Wäsche, die aufgrund der Faserarten bei unterschiedlichen Temperaturbereichen gewaschen werden können. Küchenwäsche besteht aus hygienischen Gründen aus Baumwolle und kann daher bei hohen Temperaturen gewaschen werden. Bei Wäsche aus Mischgewebe muss auf die Pflegeeigenschaften laut Etikett geachtet werden.

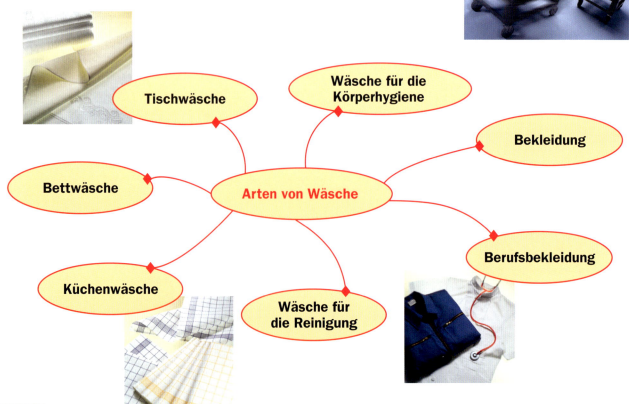

Reinigung/Textilpflege

12.4.3 Textilausrüstung/Textilveredelung

Textile Fasern bleiben nur sehr selten im Rohzustand erhalten, sie werden durch **mechanische**, **physikalische** und/oder **chemische** Verfahren verändert bzw. ausgerüstet.

Ziel der Textilausrüstung/Textilveredelung ist es:

→ Die bestehenden Materialeigenschaften zu verbessern,

→ Den Textilien besondere Eigenschaften zu verleihen,

→ Das Aussehen der Textilien zu „veredeln", d. h. Textilien optisch zu verbessern.

Durch die Textilausrüstung werden also der **Gebrauchswert**, die **Pflegeeigenschaften** und das **Aussehen** von Textilien deutlich verbessert. Folgend werden die wichtigsten Ausrüstungsverfahren stichwortartig beschrieben.

Textilausrüstung	Zweck
Antipilling-, Antipickung-, Antinagging-Ausrüstung	Die Knötchen- und Flusenbildung sowie die Bildung von Laufmaschen wird verhindert, indem die Fasern mit Acryl- und Vinylpolymeren überzogen werden.
Antistatische-Ausrüstung	Synthetische Fasern können sich elektrostatisch aufladen. Bei diesem Verfahren wird die Oberfläche mit einer tensidartigen Masse überzogen, dabei wird die elektrische Leitfähigkeit vergrößert, was die elektrostatische Aufladung verringert.
Antischmutz-Ausrüstung	Synthetische Chemiefasern werden meist mit flourhaltigen Substanzen versetzt, die für eine bessere Schmutzablösung bzw. Auswaschbarkeit von Schmutz sorgen.
Antimikrobielle Ausrüstung	Die Bildung von Schimmel, Hautpilz und schweißzersetzenden Bakterien wird durch die Beimischung von Silber-Ionen während des Schmelzspinnverfahrens deutlich reduziert. Gleichermaßen kann jedoch auch das Textil mit bakteriziden Substanzen versetzt werden.
Bleichen	Durch das Bleichen mit oxidativen Bleichmitteln wird der Weißgrad der Fasern erhöht, die Naturfarbstoffe werden farblos und wasserlöslich.
Färben	Durch ein reichhaltiges Farbangebot erhalten Fasern, Garne und textile Flächen ein ansprechendes Aussehen. Die zu färbenden Materialien werden in Färbebottichen gefärbt, danach gewaschen und getrocknet. Je länger das Material in den Bottichen verweilt, umso intensiver die Farbgebung.
Filzfreiausrüstung	Durch den Überzug einer sauren Chlorlösung und durch den anschließenden Harzüberzug wird das Verfilzen von Wollfasern verhindert.
Hochveredelung	Hierbei werden die Fasern mit formaldehydhaltigen Kunstharzen ausgerüstet, welche allergische Reaktionen hervorrufen können. Durch das Hochveredeln wird die Knitteranfälligkeit und das Einlaufen von Textilien stark reduziert.
Imprägnieren	Textilien werden mit wasserabweisenden Materialien (z. B. Silikon) besprüht oder in diese getaucht. Durch das Imprägnieren werden textile Materialien wetterfest, schmutzabstoßend, wasserabweisend und bleiben trotzdem luftdurchlässig. Dies ist besonders für Kleidung im Outdoor-Bereich, also Regenbekleidung, von großem Nutzen.
Mercerisieren	Die in 20 %-iger bis 30 %-iger Natronlauge getauchten Baumwollfasern werden in gestrecktem Zustand getrocknet. Sie erhalten einen schönen Glanz, einen weicheren Griff, eine höhere Festigkeit und eine bessere Einfärbbarkeit.
Sanforisieren	Beim Sanforisieren, auch krumpfen genannt, wird das Material durch Feuchtigkeit, Hitze und Druck bearbeitet. Es läuft also vor der Verarbeitung ein. Sanforisierte Artikel laufen beim Waschen nur noch um ungefähr +/−1 % ein, eine Maßstabilität ist also gewährleistet. Bei den Verfahren Sanfor-Plus® und Sanfor-Plus2® werden die Textilien nach dem Sanforisieren mit Kunstharz behandelt, was eine Schmutzabweisung und ein Knitterschutz gewährleistet. Die verwendeten Formaldehyde können allergische Reaktionen auslösen. Bei der Textilkennzeichnung Sanfor-Set® werden die Textilien in Ammoniak behandelt, sie sind dadurch knitterarm.

Reinigung/Textilpflege

12.4.4 Kennzeichnung von Textilien

Textilerzeugnisse sind laut **§2** des **Textilkennzeichnungsgesetzes (TKG)** Waren, Bezugsstoffe, Möbelteile, Matratzenteile, Campingartikel und der Wärmehaltung dienende Futterstoffe von Schuhen oder Handschuhen, deren Gewichtsanteile zu **mind. 80 %** aus textilen Rohstoffen bestehen. Sie unterliegen dem Textilkennzeichnungsgesetz (TKG). Die Textilkennzeichnung informiert den Verbraucher über die Art und den Gewichtsanteil der verwendeten Rohstoffe. Die Kennzeichnung kann durch einen Aufdruck, durch An- bzw. Einnähen oder Einweben erfolgen und muss bei deutscher Ware in deutsch verfasst und gut lesbar sein. Bei verpackter Ware kann die Textilkennzeichnung auf der Packung, bei Meterware auf einem Schild direkt neben der Ware oder direkt, am Stoffballen, ausgewiesen sein.

Die wichtigsten Regeln der Textilkennzeichnung sind:

1. Die textilen Rohstoffe müssen in absteigender Reihenfolge entsprechend ihrer Art und dem Anteil am Gesamtgewicht (%) ausgewiesen werden.
   Beispiel: 75 % Baumwolle, 15 % Wolle, 10 % Viskose

2. Ist in einem Textil ein Rohstoff zu 85 % enthalten, müssen die anderen Rohstoffe nicht aufgezählt werden.
   Beispiel: 90 % Baumwolle oder 85 % Baumwolle Mindestgehalt

3. Bei sonstigen Fasern handelt es sich um Fasern, deren Anteil weniger als 10 % beträgt. Werden jedoch Rohstoffe unter 10 % in Prozenten ausgedrückt, so müssen alle weiteren Anteile ebenso in Prozent ausgewiesen werden.
   Beispiel: 75 % Baumwolle, 20 % Viskose, 5 % sonstige Fasern

4. Ist kein Rohstoff mit 85 % enthalten, so müssen die prozentual am höchsten vorhandenen Rohstoffe in absteigender Reihenfolge ausgewiesen werden.
   Beispiel: 45 % Baumwolle, 30 % Viskose, 20 % Seide, Viskose

5. Die Bezeichnung „Rein" oder „ganz" wird verwendet, wenn ein textiles Material nur aus einem Rohstoff besteht.
   Beispiel: Reine Seide

6. Besteht ein Textil aus mehreren Stücken, so müssen die unterschiedlichen Rohstoffe getrennt aufgeführt werden.
   Beispiel: Mantel Oberstoff: Reine Baumwolle, Futterstoff: Polyester

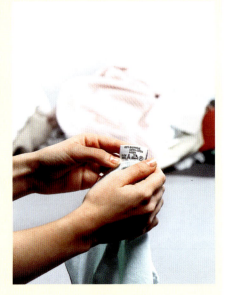

Aufgabe:
1. Welche Textilausrüstungsverfahren kennen Sie? Erläutern Sie deren Zweck.
2. Erläutern Sie kurz in eigenen Worten, welche Regeln der Textilkennzeichnung es gibt. Geben Sie dazu jeweils ein Beispiel.

12.4.5 Internationale Pflegesymbole

Häufig weisen die Hersteller von Textilien und textilen Gegenständen auf den Etiketten die international genormten Pflegesymbole aus. Pflegesymbole informieren den Verbraucher über die richtige Pflege von textilen Materialien und Textilien, d. h. sie zeigen auf, wie diese gewaschen, getrocknet und gebügelt werden müssen, um deren Qualität und das Aussehen zu erhalten. Gleichermaßen geben die Symbole Aufschluss darüber, ob ein Textil gebleicht werden kann oder ob dieses gereinigt werden muss. Der Verbraucher wird also über anfallende Folgekosten (= Reinigungskosten) in Kenntnis gesetzt. Der Aufdruck der internationalen Pflegesymbole auf Etiketten ist vom Gesetzgeber nicht vorgeschrieben, trotzdem weisen viele Hersteller die Pflegesymbole aus. Grundsätzlich sollte vor dem Kauf einer Ware das Etikett o. Ä. in den Augenschein genommen werden, um sich über die Material- und Pflegeeigenschaften des Produktes ein Bild zu machen. Im folgenden Verlauf werden die von der Arbeitsgemeinschaft Pflegekennzeichen für Textilien in der BRD herausgegebenen Pflegesymbole aufgezeigt und stichwortartig erläutert.

Reinigung/Textilpflege

INTERNATIONALE PFLEGESYMBOLE

WASCHEN (Waschbottich)

Symbol	Bedeutung
95	Normalwaschgang
60	Normalwaschgang
60 (Balken)	Schonwaschgang
40	Normalwaschgang
40 (Balken)	Schonwaschgang
40 (Doppelbalken)	Spezialschonwaschgang
30	Normalwaschgang
30 (Balken)	Schonwaschgang
30 (Doppelbalken)	Spezialschonwaschgang
Hand	Handwäsche
Durchgestrichen	nicht waschen

Die *Zahlen* im Waschbottich entsprechen den *maximalen Waschtemperaturen*, die nicht überschritten werden dürfen. -Der *Balken* unterhalb des Waschbottichs verlangt nach einer (mechanisch) *milderen Behandlung* (z.B. Schongang). -Er kennzeichnet Waschzyklen, die sich z.B. speziell für pflegeleichte und mechanisch empfindliche Artikel eignen. Der *doppelte Balken* kennzeichnet Waschzyklen mit weiter minimierter Mechanik, z.B. für Wolle.

BLEICHEN (Dreieck)

Symbol	Bedeutung
Dreieck leer	Chlor- und Sauerstoffbleiche zulässig
Dreieck mit Streifen	nur Sauerstoffbleiche zulässig / keine Chlorbleiche
Dreieck durchgestrichen	nicht bleichen

TROCKNEN IM TUMBLER (Wäschetrockner)

Symbol	Bedeutung
Kreis im Quadrat (zwei Punkte)	Trocknen im Tumbler möglich, normale Temperatur, normaler Trockenzyklus
Kreis im Quadrat (ein Punkt)	Trocknen im Tumbler möglich, niedrige Temperatur, normaler Trockenzyklus
Durchgestrichen	nicht im Tumbler Trocknen

Die *Punkte* kennzeichnen die Trocknungsstufe im Tumbler (Wäschetrockner)

BÜGELN (Bügeleisen)

Symbol	Bedeutung
Bügeleisen mit 3 Punkten	heiss bügeln (200 °C)
Bügeleisen mit 2 Punkten	mässig heiss bügeln (150 °C)
Bügeleisen mit 1 Punkt	nicht heiss bügeln (110 °C) Vorsicht beim Bügeln mit Dampf
Durchgestrichen	nicht bügeln

Die *Punkte* kennzeichnen die Temperaturbereiche der Reglerbügeleisen.

PROF. TEXTILREINIGUNG (Reinigungstrommel)

Symbol	Bedeutung
P im Kreis	professionelle Textilreinigung normales Verfahren
P im Kreis (Balken)	professionelle Textilreinigung Schonverfahren
F im Kreis	professionelle Textilreinigung normales Verfahren
F im Kreis (Balken)	professionelle Textilreinigung Schonverfahren
Durchgestrichen	nicht chemisch reinigen

Die *Buchstaben* sind für den professionellen Textilpfleger bestimmt. Sie geben einen Hinweis auf die in Frage kommenden *Lösemittel*.
Der *Balken* unterhalb des Kreises verlangt bei der Reinigung nach einer *Beschränkung* der mechanischen Beanspruchung, der Feuchtigkeitszugabe und/oder der Temperatur.

Symbol	Bedeutung
W im Kreis	Nassreinigung Normales Verfahren
W im Kreis (Balken)	Nassreinigung Schonverfahren
W im Kreis (Doppelbalken)	Nassreinigung Spezial-Schonverfahren
Schwarzer Kreis	nicht nass reinigen

Dieses Symbol bezeichnet Artikel, die im *Nassreinigungsverfahren* behandelt werden können. Es wird in der zweiten Zeile *unter dem Symbol für die Chemischreinigung* angebracht.
Die *Balken* unterhalb des Kreises verlangen bei der Nassreinigung nach einer *Beschränkung* der mechanischen Beanspruchung (siehe Waschen). Der *doppelte Balken* kennzeichnet ein noch *milderes Verfahren*.

© GINETEX Germany c/o GermanFashion • An Lyskirchen 14 • 50676 Köln
Telefon (0221) 7744-130 • Telefax (0221) 7744-6685 • E-Mail: ginetex@germanfashion.net

Reinigung/Textilpflege

12.4.6 Waschfaktoren

Beim Waschprozess wird der Schmutz aus der Wäsche gelöst, d. h. die Wäsche wird in einen hygienischen Zustand versetzt, sie riecht frisch, der Gebrauchswert der Wäsche wird erhalten. Beim Waschen von Wäsche werden außer Wasser, wie bereits noch vom Sinner'schen Kreis (12.3.2) bekannt, die vier Wasch- bzw. Reinigungsfaktoren: Chemie, Zeit, Temperatur und Mechanik benötigt.

Waschfaktor: Chemie

Waschmittel sind Stoffgemische, die beim Waschvorgang den Schmutz lösen. Sie müssen auf die Wasserhärte (s. Wasser, S. 366) und auf die Textilien abgestimmt sein. Die Dosierungsanweisungen sind auf der Waschmittelpackung ausgewiesen. Derzeit sind folgende Waschmittelkategorien auf dem Markt: Vollwaschmittel, auch Universalwaschmittel genannt, Color- bzw. Buntwaschmittel, Feinwaschmittel, Spezialwaschmittel, Waschmittel mit Zusatznutzen und Baukastenwaschmittel.

Waschmittel	Besonderheiten
Vollwaschmittel bzw. Universalwaschmittel	– Enthalten Bleichmittel und optische Aufheller. Sie sind optimal für stark verschmutzte weiße Textilien geeignet. Sie sind ungeeignet für Textilien aus Seide und Wolle. Vollwaschmittel können in allen Temperaturbereichen von **30 °C bis 95 °C** angewendet werden.
Color-Waschmittel bzw. Buntwaschmittel	– Geeignet für farbige Kleidung, da es keine Bleichmittel und optische Aufheller enthält und somit die Farbbrillanz der Kleidung erhalten bleibt. – Enthält Verfärbungsinhibitoren, die die Wäsche vor dem Verfärben schützen. – Die Waschmittel werden in Temperaturbereichen zwischen **30 °C bis 60 °C** verwendet.
Feinwaschmittel	– Enthalten keine Bleichmittel und optische Aufheller, d. h. die Farbbrillanz der Wäsche bleibt erhalten. – Reinigungsleistung ist etwas geringer als die von Color-Waschmitteln. – Für niedrige Waschtemperaturen **30 °C bis max. 60 °C** geeignet. – Schaumbildung ist sehr feinporig und schützt somit Textilien vor starker mechanischer Beanspruchung.
Spezialwaschmittel	– **Spezielle Waschmittel**: Entfalten bei **20 °C bis 30 °C** die volle Waschwirkung, schützen die Farben, da sie keine optischen Aufheller und Bleichmittel enthalten. – **Gardinenwaschmittel:** sind aufgrund der Bleichmittel und Vergrauungsinhibitoren besonders für weiße Gardinen von Vorteil, indem sie den Grauschleier auf den Gardinen verhindern. – **Wollwaschmittel:** Es kommt zur starken Schaumentwicklung, was eine starke Mechanik und somit das Verfilzen von Wolle verhindert. – **Handwaschmittel:** Werden meist bei Urlauben für eine „Zwischendurch-Wäsche" verwendet, sie haben eine besonders hohe Waschkraft.
Waschmittel mit Zusatznutzen	– Waschmittel für ganz spezielle Anwendungsgebiete (z. B. nur schwarze Textilien oder besonders duftintensive Waschmittel für besonders duftende Wäsche).
Baukastenwaschmittel	– Sie bestehen aus drei **getrennten** Komponenten, dem Enthärter (wird ab Härtebereich II eingesetzt), dem Basiswaschmittel (ohne Zusätze) und dem Bleichmittel (für starke Verschmutzungen bei weißer Wäsche). Alle drei Komponenten können auf die individuellen Verhältnisse (Wasserhärte, Verschmutzungsgrad der Wäsche …) abgestimmt werden.

Reinigung/Textilpflege

Inhaltsstoffe von Waschmitteln

Waschmittel enthalten die verschiedensten Inhaltsstoffe, deren Bedeutungen stichwortartig genannt werden.

Inhaltsstoffe	Bedeutung
Bleichaktivatoren	Sie sorgen dafür, dass die Bleichmittel bereits schon unter 60 °C wirken.
Bleichmittel	Sind im Waschmittel auf Sauerstoff- oder Chlorbasis enthalten. Sie bleichen schwer bleichbare Flecken und entfernen Geruchsschmutz.
Duftstoffe	Verleihen der Wäsche einen bestimmten Duft und Geruch.
Enzyme	Je nach Enzymtyp spalten sie hartnäckige eiweiß-, fett- und stärkehaltige Verschmutzungen und tragen somit zur Schmutzablösung bei.
Gerüststoffe (Builder/Enthärter)	Enthärten das Wasser und verringern dadurch die Kalkablagerungen auf den Heizstäben und der Wäsche. Sie unterstützen gleichermaßen die Waschleistung der Tenside.
Konservierungsstoffe	Vor allem flüssige Waschmittel benötigen Konservierungsstoffe, um ausreichend lange verwendet werden zu können.
Optische Aufheller	Geben weißen Textilien eine noch strahlenderen Weißton. Sie können aber auch Farbeindrücke verändern (z. B. pastellfarbene Textilien werden heller).
Schaumregulatoren	Verhindern das Überschäumen des Waschmittels in der Waschmaschine, z. B. bei Überdosierungen.
Schmutzbindende Stoffe	Sie verhindern die Ablagerung von Schmutz in der Waschlauge und auf den Textilien.
Stabilisatoren	Stabilisatoren, auch Komplexbildner genannt, stabilisieren die Wirkung der Enzyme und der Bleichmittel.
Tenside	Waschaktive Substanzen setzen die Oberflächenspannung des Wassers herab und lösen vor allem fett- und pigmentartige Verschmutzungen. Sie verhindern die Wiederanlagerung des Schmutzes auf den Textilien. Tenside müssen biologisch abbaubar und unempfindlich gegen hartes Wasser sein.
Verfärbungsinhibitoren	Sie verhindern die Farbübertragung bei färbenden Stoffen auf die anderen Textilien.

Waschfaktor: Zeit

Damit ein optimales Waschergebnis gewährleistet ist, muss das Waschmittel, die -temperatur und die Mechanik eine bestimmte Zeit auf die Wäsche einwirken. Die Waschdauer des Waschvorgangs ist vom Verschmutzungsgrad der Textilien abhängig. Stark verschmutzte Textilien können mit dem Vorwaschprogamm gewaschen oder eingeweicht werden. Dies ist bei modernen Maschinen über eine Programmtaste möglich, bei älteren Modellen muss dies vor dem Waschvorgang von Hand durchgeführt werden.

Waschfaktor: Temperatur

Die Temperatur, die beim Waschprozess gewählt wird, hängt vom Verschmutzungsgrad und vor allem von der Faserzusammensetzung der Textilien ab. Damit eine Schmutzablösung stattfindet, muss mindestens eine Temperatur von **20 °C – 25 °C** gewährleistet sein. Je höher die Temperaturwahl, umso besser ist die Schmutzablösung, trotzdem muss die Temperatur auf die Fasern abgestimmt werden, dabei bieten die Pflegesymbole eine gute Hilfestellung.

Faserarten	°C -Temperatur		
Baumwolle		bis	95
Baumwollmischgewebe	30	bis	60
Chemiefasern	30	bis	40
Wolle/Seide	20	bis	40

Reinigung/Textilpflege

Waschfaktor: Mechanik

Die **Beladungsmenge**, die **Fallhöhe**, die **Fallhäufigkeit** und die **Durchflutung der Wäsche** bestimmen die Intensität der Mechanik.

Beladungsmenge/Durchflutung

Bei modernen Maschinen wird die Wassermenge automatisch durch Sensoren auf die Wäschemenge angepasst, d. h. die Wäsche wird optimal durchflutet, der Schmutz kann durch die freie Flotte (ungebundener Wasseranteil) abtransportiert werden. Eine Maschine ist überladen, wenn keine Handbreit Spielraum zwischen Trommel und Wäsche mehr vorhanden ist, d. h. das Flottenverhältnis (Verhältnis zwischen Wäsche und Wasser) stimmt nicht mehr, die optimale Schmutzablösung ist nicht mehr gewährleistet. Beim Schonwaschprogramm sollte die Waschmaschine nur bis zur Hälfte, im Wollwaschprogramm mit nur ca. 1 kg Wollwäsche bestückt werden.

Fallhöhe/-häufigkeit

Durch die im Trommelinnern angebrachten Schöpfrippen wird die Wäsche nach oben transportiert und fällt in die Waschlauge (= Fallhöhe). Durch den Aufprall der Wäsche auf die Waschlauge entsteht Reibung und eine Schmutzablösung. Bei einem hohen Wasserstand ist der Fallweg der Wäsche geringer, die Wäsche wird mechanisch weniger beansprucht. Die Fallhäufigkeit der Wäsche ist von der Umdrehungszahl der Trommel abhängig, d. h. wie viel Umdrehungen eine Trommel pro Minute zurücklegt. Je höher die Umdrehungszahl, umso höher die Fallhäufigkeit, umso besser die Schmutzablösung.

Wasser

Das Wasser transportiert das Waschmittel zum Waschgut und löst die wasserlöslichen Schmutzteilchen ab. Wasser enthält aber auch Erdalkalien wie beispielsweise Calcium- und Magnesium-Ionen. Sie können sich auf den Waschprozess negativ auswirken, da sie mit Seife und anionischen Tensiden, die in Waschmitteln enthalten sind, die schwerlösliche Kalk- und Magnesiumseife bilden. Sie setzen sich in Form von Kalk auf den Heizstäben der Waschmaschine und der Wäsche nieder, was die Waschmaschine zerstört, bzw. die Schmutzablösung behindern kann. Aus diesem Grund muss die Dosierung der Waschmittel auf die Wasserhärte (= Summe aller Erdalkalien im Wasser) abgestimmt werden. Europaweit werden drei Härtebereiche unterschieden: weich, mittel und hart. Die Maßeinheit der Wasserhärte erfolgt in Millimol Calciumcarbonat ($CACo_3$) pro Liter Wasser. Die Wasserwerke geben Auskunft über die örtliche Wasserhärte. Die Dosierungsempfehlungen sind auf den Waschmittelpackungen ausgewiesen.

Wasserhärte		Dosierungsempfehlungen je nach Verschmutzung		
Härtebereich	Gesamthärte mmol/l	leicht	normal	stark
I weich	< 1,5	80 ml	115 ml	195 ml
II mittel	1,5 – 2,5	80 ml	155 ml	235 ml
III hart	> 2,5	80 ml	195 ml	270 ml

! Beispiel:
Bei mittlerer Wasserhärte (1,5 – 2,5 mmol/l) muss bei einem starken Verschmutzungsgrad der Wäsche 235 ml Waschmittel verwendet werden.

Reinigung/Textilpflege

12.4.7 Reinigungsverlauf von Wäsche (Sortieren, Fleckentfernung, Waschen, Trocknen, Glätten, Legen)

Sortieren/Fleckentfernen von Wäsche

Vor dem Waschen müssen alle Fremdkörper aus den Textilien entnommen werden (z. B. Taschentücher oder Schmuck in Taschen). Während des Sortiervorgangs sollte die Wäsche auch auf Flecken hin untersucht werden. Flecken vor dem Waschen entfernen (Tipps zur Fleckentfernung sind aus einem Waschlexikon zu entnehmen).

Sortiert wird nach:
→ **Faserarten** (z. B. Chemiefasern zu Chemiefasern),
→ **Farben** (z. B. weiße Wäsche, bunte Wäsche, dunkle Wäsche),
→ **Wäschearten** (z. B. Bodentücher nur mit Bodentüchern waschen).

Die Pflegeetiketten in Textilien geben beim Sortieren Hilfestellung. Vor allem neu gekaufte Wäsche, die zum ersten Mal gewaschen wird, blutet je nach Material gerne aus (z. B. Jeanshosen). Diese bei der ersten Wäsche separat oder mit gleich dunklen Textilien waschen. Ösen, Haken, Druckknöpfe, Verschlüsse vor dem Waschen prinzipiell schließen. Um die Textilien zu schonen, bietet es sich an, Hosen, Strickwaren von der linken Seite zu waschen (= Innenseite nach außen wenden). Bei Gardinen Haken und Röllchen vor dem Waschen entfernen.

Waschen

Es dürfen nur Textilien gewaschen werden, die auch tatsächlich waschbar sind (siehe Pflegesymbole, 12.4.5).

Beladung der Maschine

Es werden zwei Waschmaschinentypen unterschieden, Frontlader und Toplader. Bei Topladern erfolgt die Beladung von oben, bei Frontladern von der vorderen Waschmaschinenfront aus. Bei der Beladung muss Folgendes beachtet werden:
→ Wäsche auseinandergefaltet und locker in die Trommel legen,
→ Max. Beladungsmenge des gewählten Programms nutzen (siehe Betriebsanleitung der Hersteller),
→ Maschine nicht überladen. **Faustregel: Eine Handbreit Spielraum zwischen Trommelwand und Wäsche lassen.**

Frontlader

Wahl des Waschprogramms

Maschinentür schließen, Programmwähler auf das entsprechende Programm einstellen. Schleuderdrehzahl und evtl. Zusatzfunktionen auswählen.

Toplader

Zusatzfunktionen:
→ **Intensivprogramm:** Für Textilien mit normaler bis starker Verschmutzung. Die Hauptwaschzeit wird verlängert.
→ **Intensiv- und Vorwaschprogramm:** Bei stark verschmutzten Textilien.
→ **Einweichprogramm:** Die Textilien werden vor dem Waschvorgang eingeweicht. Die Einweichdauer beträgt zwischen **30 Min.** und **120 Min.**, dies ist für stark verschmutzte Textilien gedacht.
→ **Wasser (+):** Beim Waschen und Spülen wird die Wassermenge erhöht.
→ **Kurzprogramm:** Für gering verschmutzte Wäsche, die Zeit der Hauptwäsche wird stark gekürzt.
→ **Wollprogramm:** Die Trommel bewegt sich noch bis zu **30 Min.** nach dem Programmende (= Knitterschutz).

Reinigung/Textilpflege

Waschmittel zugeben

In der Regel besitzt eine Waschmaschine **drei** Kammern:
Kammer I: $1/3$ der Waschmittelmenge ist für die **Vorwäsche** nötig.
Kammer II: $2/3$ der Waschmittelmenge ist für die **Hauptwäsche** nötig.
Kammer ✿: für den **Weichspüler** bzw. **flüssige Stärke**.

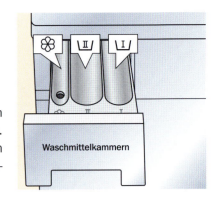
Waschmittelkammern

Grundsätzlich muss das Waschmittel entsprechend der **Wasserhärte** und dem **Verschmutzungsgrad** der Wäsche angepasst werden (siehe Tabelle S. 366). Dosierungshilfen und Dosierungsempfehlungen auf Waschmittelpackungen bieten die nötigen Hilfestellungen. Auf die Dauer schadet eine Über- und Unterdosierung der Wäsche.

Waschprozess

Bei normalen Verschmutzungen reicht es völlig aus, wenn der Hauptwaschgang ohne Vorwäsche ausgewählt wird. Nach dem Waschvorgang wird die Wäsche durchspült, d. h. die Schmutzflotte wird mehrmals durch Frischwasser ersetzt. Die gesamte Waschflotte wird abgepumpt, die Wäsche wird entsprechend der gewählten Schleuderumdrehung geschleudert.

Trocknen

Die Wäsche kann mit dem Wäschetrockner (Kondensations- oder Ablufttrockner) oder an der Luft auf einer Wäschespinne, Wäscheleine oder einem Wäscheständer getrocknet werden.

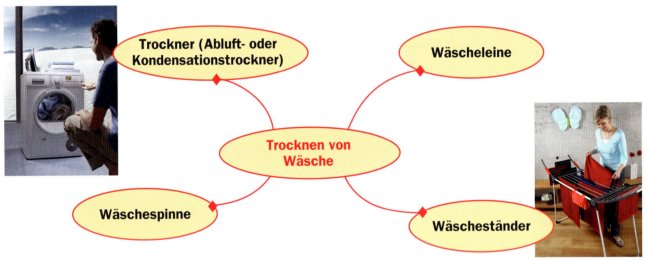

Trocknen mit dem Trockner

Die Funktionsweise sowie die **Vor- und Nachteile** eines Abluft- und Kondensationstrockners sind wie folgt beschrieben:

Ablufttrockner

Der Trockner saugt Raumluft an, die über eine Heizung erwärmt und durch ein Gebläse im Trocknerinnern verteilt wird. Die heiße Luft nimmt die Feuchtigkeit der Wäsche auf, wird über ein Flusensieb geleitet und durch einen Abluftschlauch oder -kanal ins Freie transportiert.

Vorteile: Geräte sind kostengünstig und verfügen über eine einfache Technik. Sie benötigen **ca. 20 %** weniger Strom als Kondensationstrockner.

Nachteil: Trockenraum muss eine Außenöffnung haben.

Kondensationstrockner

Die im Trockner vorhandene Luft wird durch eine Heizung erwärmt und über das Gebläse gleichmäßig im Trocknerinnenraum verteilt. Dabei nimmt die Luft Feuchtigkeit aus der Wäsche auf. Die feuchte Heißluft wird über das Flusensieb geführt und über eine gekühlte Fläche, den Kondensator, geblasen. Die feucht-heiße Luft kühlt ab und kondensiert. Das vorhandene Kondenswasser wird über einen Behälter oder über einen Abwasserschlauch entsorgt. Die abgekühlte Umwälzluft wird wieder erwärmt, der Kreislauf beginnt von Neuem.

Vorteil: In fast jedem Raum betriebsbereit.

Nachteile: Teuer in der Anschaffung und Unterhaltung.

Reinigung/Textilpflege

Trocknen mit dem Trockner (Tumbler)

① Damit die Wäsche gleichmäßig trocknet, sollte sie nach gleichen Größen, gewünschter Trocknungsstufe und Faserart sortiert werden. Nur trocknergeeignete Wäsche darf getrocknet werden (siehe Pflegesymbole).

② Trockenstufen (= Restfeuchtegehalt der Wäsche) auswählen. Je nach Maschinentyp sind die Trockenstufen auf die Faserarten (Koch- und Buntwäsche oder Feinwäsche/pflegeleichte Wäsche) abgestimmt. Hierzu einige Anmerkungen:

Trockenstufen für Koch- und Buntwäsche:
→ Extratrocken: **Restfeuchte 0 %**
→ Schranktrocken: **Restfeuchte 0 % bis max. 2 %**
→ Bügeltrocken: **Restfeuchte 12 % – 15 %**
→ Mangeltrocken: **Restfeuchte 15 % – 20 %**

Trockenstufen für pflegeleichte Wäsche:
→ Extratrocken und Schranktrocken: Daten wie oben
→ Bügeltrocken: **Restfeuchte ca. 10 %**

③ Starttaste bedienen, das Programm läuft automatisch ab, die Wäsche kann entnommen werden.

④ Nach jedem Trockenvorgang muss das Flusensieb gereinigt sowie bei Kondensationstrocknern der Kondenswasserbehälter entleert werden. Das Kondenswasser kann zum Bügeln (Dampfbügeleisen) verwendet werden.

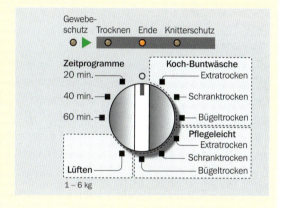

Trocknen an der Luft

Die Wäsche kann auf einer klappbaren Wäschespinne, einer Wäscheleine oder einem Wäscheständer im Freien getrocknet werden. Dies ist vom vorhandenen Platz abhängig. Bei der Entnahme der Wäsche aus der Waschmaschine sollte diese bereits schon vorsortiert werden (z. B. alle Geschirrhandtücher zusammen), da dies beim Aufhängen eine erhebliche Erleichterung darstellt.

→ Die Wäscheleine im Freien mit einem feuchten Wischtuch vom Schmutz befreien, damit die frisch gewaschene Wäsche sauber bleibt.
→ Wäscheklammern und Wäschekorb ergonomisch sinnvoll platzieren, sodass rationell gearbeitet werden kann.
→ Eine Wäschespinne bzw. ein Wäscheständer sollte gleichmäßig beschickt werden (= Kippgefahr).
→ Gleiche Wäschestücke (z. B. alle Geschirrhandtücher) nebeneinander hängen (= rationelles Arbeiten).
→ Verschlüsse schließen und Wäsche so gerade wie möglich aufhängen (= keine Verziehungsgefahr!).
→ Hosen, Strümpfe, Röcke am Bund festklammern.
→ Hemden, Blusen, Kochjacken auf einem Bügel aufhängen. Bügel mit einer Klammer befestigen.
→ Große breite Stücke so halbieren, dass die Wäschestücke nicht auf den Boden hängen.
→ Wäsche grundsätzlich vor dem Aufhängen gut ausschütteln. Ränder ausstreifen, damit die Knitterbildung verringert wird.
→ Feinwäsche und Buntwäsche nicht zu starkem UV-Licht aussetzen (= Ausbleichgefahr!).

Reinigung/Textilpflege

Glätten von Wäsche

Die bügelgeeignete Wäsche kann im Haushalt mit:

→ einem Bügeleisen,

→ der Bügelmaschine,

→ einem Hemdenfinisher (= Hemdenbügler),

geglättet werden.

Wäschereinigungsfirmen verwenden ähnliche Geräte bzw. Maschinen, jedoch im größeren Stil.

Bügeleisen/Dampfbügeleisen

Das herkömmliche Bügeleisen, ohne Dampf, wird heute nur noch in geringem Maße vertrieben. Bevorzugt werden Dampfbügeleisen mit oder ohne abnehmbare Wassertanks. Über einen Temperaturregler kann die Temperatur dem Textil angepasst werden (siehe Abb.). Durch die Hitzezufuhr verdampft das Wasser. Der Wasserdampf wird durch diverse Lochungen an der Bügeleisensohle an das Textil abgegeben. Dampf, Druck und Temperatur bewirken die Glättung der Wäsche. Damit Dampfbügeleisen nicht sofort verkalken, sollte grundsätzlich weiches Wasser, Kondenswasser oder destilliertes Wasser verwendet werden. Hauptsächlich geformte Textilien (z. B. Blusen, Hemden) werden mit dem Bügeleisen geglättet.

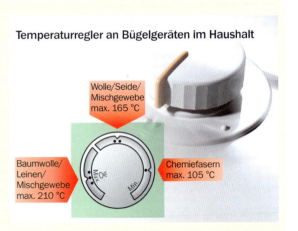

Temperaturregler an Bügelgeräten im Haushalt
- Wolle/Seide/Mischgewebe max. 165 °C
- Baumwolle/Leinen/Mischgewebe max. 210 °C
- Chemiefasern max. 105 °C

Bügelmaschine/Heißmangel

Nachdem der Startknopf der Bügelmaschine betätigt ist, muss die Temperaturwahl den Textilien angepasst werden. Die Kontrollleuchte erlischt, wenn die gewählte Temperatur erreicht ist. Das Textil muss ausgestrichen auf die Bügelwalze gelegt werden. Durch Betätigung des Fußschalters senkt sich die beheizte Bügelmulde ab. Der textile Gegenstand, der nun zwischen der Mulde und der Walze liegt, wird geglättet. Hebt man den Fuß vom Fußschalter ab, nimmt die Bügelmulde die Ausgangsstellung ein. Es gibt ebenso Dampfbügelmaschinen, die während des Glättevorgangs Dampf abgeben. Die Funktionsweise gleicht der des Dampfbügeleisens. Dampfbügelmaschinen sollten nicht mit hartem Leitungswasser befüllt werden, da sie sonst schnell verkalken. Eine industrielle Heißmangel verfügt über eine breitere Bügelwalze. Sie wird meist auf die sich im unteren Gehäuse befindende Bügelsohle gedrückt (siehe Abbildung). Hauptsächlich große, glatte Stücke wie z. B. Bettwäsche, Leintücher, Tischtücher, Geschirrtücher, Mundservietten eignen sich zum Bügeln mit der Bügelmaschine bzw. Heißmangel.

Bügelmaschine (Hausgebrauch)	Heißmangel (Industrie)	Hemdenfinisher

Hemdenfinisher

Mittlerweile werden auch für den normalen Haushalt sogenannte „Hemdenfinisher" angeboten. Das schleuderfeuchte Hemd wird über die Puppe gezogen und mittels eines Heißluftgebläses getrocknet und durch einen Heißluftstrom fixiert. Gleichermaßen verfügt der Hemdenfinisher über ein Kaltluftprogramm durch das Sakkos, Jacken etc. ausgelüftet werden können.

Reinigung/Textilpflege

Vorbereitungsarbeiten beim Bügeln

→ Um ein rationelles Arbeiten zu ermöglichen, sollte die Wäsche folgendermaßen vorsortiert werden:
– Wäscheteile, die die gleiche Bügeltemperatur vertragen, gehören zusammen,
– Wäsche gleicher Art sortieren, z. B. Geschirrhandtücher.

→ Wäsche die nicht gebügelt werden muss, gleich zusammenlegen und in den Wäschekorb geben, z. B. Socken, Spannbetttücher.

→ Textilien können, wenn nötig, mit dem Wäschesprayer befeuchtet werden.

→ Bügelfeuchte Wäsche aus dem Trockner kann sofort gebügelt werden.

→ Grundsätzlich mit der Wäsche beginnen, die die geringste Bügeltemperatur benötigt.

Arbeitsplatzgestaltung beim Bügeln

→ Arbeitsplatz **ergonomisch** einrichten, d. h. beim Rechtshänder steht die zu bügelnde Wäsche **rechts** auf einem Stuhl, sodass die Greifwege so gering wie möglich sind. Die gebügelte Wäsche wird auf einer Ablage links in Greifhöhe abgelegt. Beim Linkshänder muss der Arbeitsplatz genau spiegelbildlich eingerichtet werden.

→ Je nach Wunsch kann im **Sitzen** oder **Stehen** gebügelt werden. Das Bügeln mit der Bügelmaschine erfolgt prinzipiell im Sitzen.

→ Das Bügelbrett muss auf die jeweilige Körpergröße der Person abgestimmt werden, es sollte also höhenverstellbar sein.

→ Für geformte Kleinteile bietet es sich an, ein Ärmelbrett zu verwenden.

→ Damit eine angenehme Raumluft gewährleistet wird, sollte der Bügelraum gut belüftet werden können. Gleichermaßen ist eine gute Ausleuchtung des Raumes empfehlenswert.

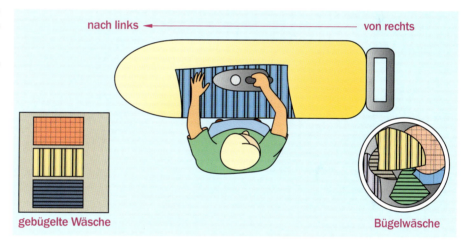

Bügelregeln

1. Grundsätzlich Wäschestücke, die niedrige Bügeltemperaturen benötigen, zuerst bügeln.

2. Größe Wäschestücke sollten mit der Bügelmaschine gebügelt werden. Ist dies nicht möglich, darf das Wäschestück beim Bügeln mit dem Bügeleisen nicht den Boden streifen. Es darf nicht wieder schmutzig werden.

3. Textilien werden in der Regel von rechts gebügelt. Textilien, die mit Perlen, Kunststoffstücken oder Aufdrucken o. Ä. besetzt sind, stellen die Ausnahme dar. Sie müssen **vorsichtig** von links gebügelt werden.

4. Alle abstehenden Teile (z. B. Kragen, Ärmel) werden zuerst gebügelt, am Schluss folgen die großen Flächen (z. B. Blusenseiten).

Reinigung/Textilpflege

Zusammenlegen von Textilien

Kochjacken, Hemden, Blusen o. Ä.

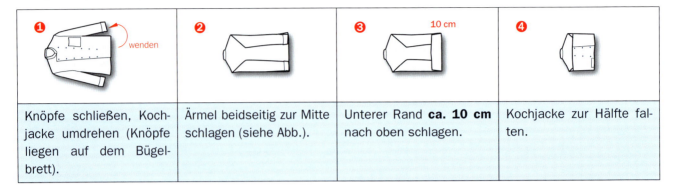

❶	❷	❸	❹
Knöpfe schließen, Kochjacke umdrehen (Knöpfe liegen auf dem Bügelbrett).	Ärmel beidseitig zur Mitte schlagen (siehe Abb.).	Unterer Rand **ca. 10 cm** nach oben schlagen.	Kochjacke zur Hälfte falten.

Tischdecken o. Ä.

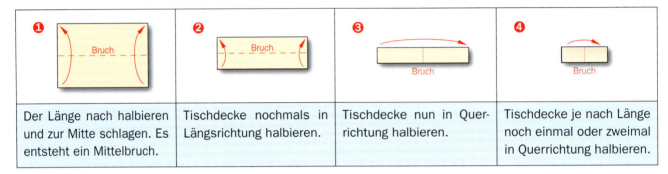

❶	❷	❸	❹
Der Länge nach halbieren und zur Mitte schlagen. Es entsteht ein Mittelbruch.	Tischdecke nochmals in Längsrichtung halbieren.	Tischdecke nun in Querrichtung halbieren.	Tischdecke je nach Länge noch einmal oder zweimal in Querrichtung halbieren.

Geschirrhandtücher o. Ä.

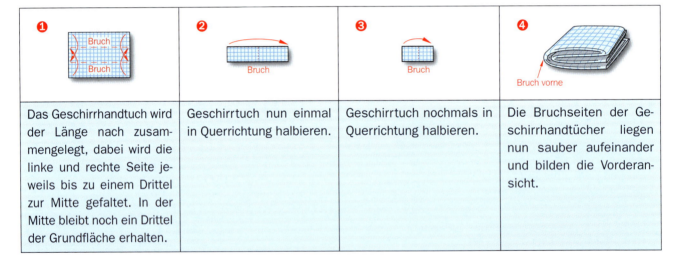

❶	❷	❸	❹
Das Geschirrhandtuch wird der Länge nach zusammengelegt, dabei wird die linke und rechte Seite jeweils bis zu einem Drittel zur Mitte gefaltet. In der Mitte bleibt noch ein Drittel der Grundfläche erhalten.	Geschirrtuch nun einmal in Querrichtung halbieren.	Geschirrtuch nochmals in Querrichtung halbieren.	Die Bruchseiten der Geschirrhandtücher liegen nun sauber aufeinander und bilden die Voderansicht.

Pullover, Strickjacken o. Ä.

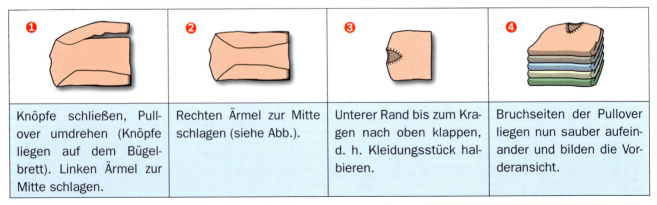

❶	❷	❸	❹
Knöpfe schließen, Pullover umdrehen (Knöpfe liegen auf dem Bügelbrett). Linken Ärmel zur Mitte schlagen.	Rechten Ärmel zur Mitte schlagen (siehe Abb.).	Unterer Rand bis zum Kragen nach oben klappen, d. h. Kleidungsstück halbieren.	Bruchseiten der Pullover liegen nun sauber aufeinander und bilden die Voderansicht.

Merke: Wie oft ein Wäschestück gefaltet wird (Quer- und Längsfalten), hängt prinzipiell von der Größe ab. Die Bruchkanten gleicher Wäschestücke werden aufeinandergelegt und bilden die Vorderansicht.

Rezeptregister

A
Abgeschlagene Crème Abwandlungen 223
Abgeschlagene Crème GR 223
Amaranth-Nockerln 221
Ambrosiacrème 229
Amerikanischer Farmereintopf 107
Antipasti 210
Apfelkuchen (Mürbeteig) 260
Apfelküchlein 158
Apfelsalat 237
Apfelschaum (Apfelmus) 237
Apfelstrudel 303
Apfel-Walnuss-Kaltschale 102
Aprikosen-Stangen 314
Asiatischer Reis 187

B
Baguette 280
Bananen-Schoko-Gugelhupf 251
Bandnudeln 145
Bayrische Crème 232
Bayrisches Kraut 208
Béchamelkartoffeln 168
Béchamelsoße mit Schinken 109
Beeren-Soufflé 240
Birnenkuchen mit Baiserhaube 261
Birnentaschen 304
Biskuitrouladen mit verschiedenen Füllungen 292
Blattspinat 210
Blumenkohl 203
Blumenkohlsalat 197
Blumenkohlsuppe 98
Bohnen (gedünstet) 210
Bohnen mit Speck 210
Bohnensalat 197
Brandmasse Abwandlung 267
Brandmasse GR 267
Brandmasse Formgebungsmöglichkeiten 268
Brandmasse (pikante Füllungen) 270
Brandmasse (süße Füllungen) 269
Bratäpfel 237
Braten (div. Fleischarten) 118
Bratkartoffeln 167
Brokkoli mit Frischkäsedip 205
Brokkoliauflauf 205
Brokkolisuppe 97
Brokkolitorte 255
Bruschetta (Tomate-Basilikum) 75
Buchweizenbällchen 105
Buchweizenklöße auf Gemüse 181
Bunte Gemüsesuppe 95
Buttermilchspeise 230
Butterplätzchen 309

C
Camembert-Toast 90
Canapés 88
Cevapcici 122
Champignoncrèmesuppe 97
Chicoréesalat 195
Ciabatta 279
Cocotten mit Schinken und Ei 84
Cocktailsoße GR 194
Cordon bleu 130
Couscous-Variationen 179
Crème brûlee 234
Crème Karamell mit Beeren der Saison 234
Crèmesoße Abwandlung 225
Crèmesoße (gegart) GR 225
Crostini 75
Croûtons 104
Curry-Schnitzel-Toast 90

D
Dinkelnockerln 102
Dinkelnockerln im Gemüsebeet 178
Dinkelquadrate mit Haube 178

E
Eierlikörtorte 248
Eieromelett 85
Eierstichkugeln 105
Eiskaffee 318
Eisschokolade 318
Eistee 318
Endiviensalat 195
Erdbeeren mit Sahnehaube 230
Erdbeer-Mascarpone-Crème 219
Erdbeersahnemix 317
Erdbeersorbet 239
Essig-Öl-Marinade GR 193
Exotische Grütze 226
Exotischer Fruchtsalat 236

F
Falsche Spiegeleier 220
Feine Pfannkuchen 104
Feiner Kirschkuchen 259
Feldsalat 195
Fenchelgemüse 211
Feurige Gulaschpfanne 127
Fisch Weidmannsart 137
Flachswickel 284
Flammende Herzen 248
Flammeri Abwandlungen 224
Flammeri GR 224
Fleischbällchen 120
Fleischbällchen (Einlage) 105
Fleischbällchen in Soße 120
Fleischbällchen mit Avocadodip 88
Fleischbrühe GR 94
Fleischtaschen 295
Fleischteig GR 119
Frikadellen 119
Frikadellen-Variationen 119, 120
Frittiertes Gemüse 211
Früchtegelee 232
Fruchtsoßen GR (gegart) 225
Fruchtsoßen GR (nicht gegart) 226
Fruchttörtchen 293
Füllungen für 1 Omelett 85
Fusilli al pesto 146

G
Gaisburger Marsch 106
Garnelen continental 139
Garnelen im Teigmantel mit Joghurtdip 138
Garnelen in Tempura mit Mango-Chili-Chutney 86
Gedünsteter Reis 184
Geflügelcocktail 77
Gefüllte Auberginen 212
Gefüllte Avocados 81
Gefüllte Cannelloni 124
Gefüllte Champignons 80
Gefüllte Herzen 256
Gefüllte Lachshäppchen 256
Gefüllte Maultaschen 150
Gefüllte Paprika 124
Gefüllte Pfannkuchensäckchen 157
Gefüllte Pfannkuchen mit Mais und Champignons 155
Gefüllte Strudelkreise 303
Gefüllte Tomaten 79
Gefüllter Blätterteigfisch 140
Gefüllter Fleischkäse 115
Gelee nach Wahl 321
Gemüsebrühe GR 95
Gemüsecocktail 76
Gemüseeintopf 107
Gemüsesoufflé 80
Gemüsetorte 255
Geröstete Maultaschen 150
Geröstete Spätzle 153
Geschmorte Hähnchenschenkel in Tomate 133
Geschnetzeltes mit Champignons 128
Glasnudel-Salat 201
Glücksschweinchen 285
Gnocchi alla napoletana 147
Gorgonzola-Birnen 78
Gratinierter Chicorèe 212
Griechische Fladen 279
Griechischer Salat 200
Grießklöße mit Abwandlung 180
Grießnockerln 102
Grissini 282
Grünkerntaler 179
Gulaschsuppe 98
Gurkenkaltschale 101
Gurkensalat 198
Gurkentürmchen 79

H
Hackbraten Abwandlung 123
Hackbraten 122
Hackfleisch-Kraut-Strudel 302
Hackfleischpastete 125
Hackfleischrolle 123
Hackfleischsoße 110
Hack-Kartoffel-Gratin 170
Haferflockenbratlinge 182
Hähnchenschenkel vom Grill 132
Haselnussecken 264
Hefekleingebäck (pikant) 276
Hefekleingebäck (süß) 283
Hefemänner 312
Hefeteig (salzig) GR 275
Hefeteig (süß) GR 274
Hefezopf 286
Heidelbeer-Cashewnuss-Crème 221
Heidelbeercrème 230
Heilbutt im Lauchmantel 138
Helle Mehlschwitze GR 108
Helle Mehlschwitze mit fettreduziertem GR 108
Herzoginnenkartoffeln 169
Himbeer-Amarettini-Cupcakes 250
Hirsebällchen 177
Hirsefrikadellen 177
Honigbananen 238
Hühnerbrühe GR 95
Hühnerfrikassee 132

I
Irish Stew 107
Italienische Tomatensuppe 100
Italienischer Salat 200

373

Rezeptregister

J

Jägerschnitzel mit Pfifferlingen 129
Jamaika Sunshine 316
Joghurtcrème mit Trauben 229
Joghurt-Dessert mit Himbeerspiegel ..220
Joghurtdip 138
Joghurtmarinade **GR** 193
Joghurt-Sanddorn-Crème 228
Johannisbeerkuchen 262

K

Kaffee-Zimt-Kuchen 251
Kalbsgeschnetzeltes in
Sahnesoße 130
Kalbsschnitzel Julienne 129
Karamell **GR** 233
Karotten 204
Karotten-Apfel-Rohkost 198
Karottencrèmesuppe 96
Karotten-Erbsen-Gemüse 204
Karotten-Frischkäse-Kaltschale 101
Karottensalat 197
Kartoffelcrèmesuppe 96
Kartoffelgratin 170
Kartoffel-Mandel-Bällchen 172
Kartoffelnestchen 170
Kartoffelpizzen auf Rucola 174
Kartoffelpuffer 167
Kartoffelpüree 168
Kartoffeltaler 173
Kartoffelteig **Abwandlung** 172
Kartoffelteig **GR** 171
Kartoffelteig
Formgebungsmöglichkeiten 171, 172
Kartoffeltürmchen 174
Käsecrèmesuppe 97
Käse-Dreispitzchen 257
Käsegebäck 258
Käse-Gurken-Salat 201
Käsesoße 109
Käsespätzle 153
Käsestangen 298
Kasseler im Blätterteig 126
Kinderuhr 246
Kirschkuchen (Rührmasse) 249
Kleine Florentiner 309
Kleine Mürbebrezeln 265
Kleine Obsttorte 290
Kleine Orangenscheiben 231
Kleine Schwarzwälder
Kirschtorte 291
Kleiner Geburtstagkuchen 246
Kleines Geburtstagsschiff 245
Knochenbrühe **GR** 95
Kohlrabi-Kartoffelsuppe
mit Kressehaube 99
Kokos-Cupcakes 250
Kokosmakronen 311
Kokossorbet 239
Konfitüre nach Wahl 321
Kopfsalat 195
Krabbencocktail 76
Kräuterbällchen 83
Kräuterbrot im Blumentopf 280
Kräuterpfannkuchen mit Füllungen 156
Kräuterreisring 187
Kräutersahnesoße 110
Kräutersoße 109
Kräuterspätzle 153
Krautsalat 198
Kürbiscrèmesuppe 99
Kürbisgratin 214
Kürbispuffer 214

L

Lachsschnitten mit Meerrettich-
haube 137
Lasagne 146
Lauch im Schinkenmantel 206
Laugenbrötchen 282
Linsen 209
Lollo-rosso-Salat 195

M

Maisschnitten 180
Mandelnockerln 103
Mandelsplitter 308
Mangoschiffchen 238
Marmorkuchen 244
Marzipanschnecken 296
Melonen-Quark-Crème mit
Vanillefritter und Fruchtspießen 220
Minestrone 93
Mini-Früchtekuchen 259
Mohnrechtecke 265
Möhren-Sonnenblumenkern-Soße 110
Mürbeteig **Abwandlung** 253
Mürbeteig **GR** (salzig) 253
Mürbeteig **GR** (süß) 253

N

Neujahrsbrezeln 287
Niedernauer Kartoffeln 167
Nudelauflauf 149
Nudelteig **Abwandlungen** 145
Nudelteig **GR** 144
Nussschlaufen 300
Nusstaler 312

O

Obstsalat Sommerwind/
herbstlicher Obstsalat 235
Ofenguck 168
Olivenbällchen 121
Orangen-Bögen 314
Orangenbutter 83
Orangencrème 229
Orangen-Joghurt-Traum 316

P

Paniertes Schollenfilet 139
Panna cotta (Vanille/Schoko) 233
Papaya-Schiffchen mit Speckdatteln 81
Paprikabutter 83
Parmaschinken auf Melone 82
Partybrötchen 87
Pasta asciutta 123
Pellkartoffeln 166
Penne in Kräuterrahmsoße 148
Pfannkuchen mit
Hackfleischfüllung 155
Pfannkuchenauflauf 158
Pfannkuchenmasse **Abwandlung** 154
Pfannkuchenmasse **GR** 154
Pfitzauf (pikant) 82
Picatta auf Pute 133
Pikante Füllungen für Hefe-
kleingebäck 277
Pikantes Hefekleingebäck 276
Pizza Konfetti 278
Pizza Margheritha 278
Pizza-Toast 89
Polentaschnitten 180
Profiteroles 103
Putengeschnetzeltes Asia 135
Putenschnitzel Engadin 134
Putentöpfchen 134

Q

Quarkblätterteig **GR** 298
Quark-Grieß-Auflauf 176
Quark-Öl-Teig **GR** (süß/salzig) 294
Quarkspeisen **Abwandlung** 218
Quarkspeisen 218
Quellreis 184
Quiche Lorraine 254

R

Radieschenmäuse auf Käsecrème 78
Rahmgulasch 128
Ratatouille 211
Reis **Abwandlungen** 185
Reis (quellen u. gedünstet) 184
Reis Trauttmansdorff 240
Reisköpfchen 188
Reisküchle 186
Reisring-Variationen 187
Rettichsalat 198
Rhomben 296
Rinderbraten 117
Rindsrouladen mit
diversen Füllungen 116, 117
Risotto 186
Rosenkohl 204
Rote-Bete-Röllchen mit Kresse 86
Rote-Bete-Salat (gegart) 197
Rote-Bete-Salat (roh) 198
Rote Farfalle 145
Rote Grütze 226
Rotkohl (Rotkraut) 208
Rotweinkuchen 247
Rührei im Körbchen 84
Rühreivariationen 84
Rührmasse **GR** 243
Rumkugeln 308

S

Sahnemarinade **GR** 194
Sahnetaschen mit Früchten 291
Salzkartoffeln 166
Sauerkraut 209
Sauerrahmmarinade **GR** 194
Schinkenhörnchen 295
Schinkenspätzle 152
Schmand-Nektarinen-Tarte 262
Schokocrossis 309
Schokoladencrème 232
Schokoladen-Soufflé 240
Schupfnudeln 173
Schwäbischer Kartoffelsalat 196
Schwäbischer Zopf 286
Schwarzwaldbecher 218
Schweinelendchen im Blätterteig 125
Schweinemedaillons
auf Blätterteig 87
Schweineohren 299
Schweizer-Toast 89
Semmelknödel 160
Semmelschmarren 161
Semmel-Spinat-Scheiben 162
Semmelteig **GR** 160
Serbisches Reisfleisch 127
Serviettenkloß 161
Smoothies 317
Spaghettinester 148
Spaghetti-Salat 200
Spargel 207
Spargel im Blätterteig 207
Spargelcocktail 77
Spargelcrèmesuppe 98

374

Rezeptregister

Spargelsalat (tosk. Art) 196
Spätzle **Abwandlung** 151
Spätzleteig **GR** 151
Spinatpitta 299
Sprudelkuchen mit
Mandarinencrème 247
Straßburger Wurstsalat 201
Streuselkäsekuchen 263
Strohhütchen 311
Strudelteig **GR** 302
Suppenbiskuit 103
Süße Füllungen für Hefekleingebäck ..284
Süße Pfannkuchen mit
diversen Füllungen 159
Szegediner Gulasch 128

T

Terrassenplätzchen 310
Thunfischsoße 109

Tiramisu 239
Toast Hawaii 89
Toffeequadrate 315
Tofu-Gemüse-Pfanne 182
Tomaten-Kerbel-Soße 109
Tomaten-Mozzarella-Salat 199
Tomaten-Zucchini-Auflauf 206
Tomatensoße 109
Tortellini mit Schinkensoße 149
Toskanischer Brokkolisalat 199
Toskanisches Dressing **GR** 194
Tuttifrutti 226

V

Versunkener Apfelkuchen 249

W

Waffelschnitten 104
Wasserbiskuit **Abwandlungen** 289

Wasserbiskuit **GR** 289
Weizenmüsli 236
Welsh Rarebit 90
Wiener Schnitzel 130
Würstchen im Brotteig 281
Wurzelbrühe **GR** 95

Z

Zaubertrank 318
Zebrakuchen 244
Zucchini-Papaya-Chutney 321
Zucchini-Törtchen 257
Zucker-Mandel-Gesichter 263
Zwetschenkuchen 287
Zwiebelkuchen 281
Zwiebeltörtchen 82

Alle GR auf einen Blick

Abgeschlagene Crème 223
Brandmasse 267
Cocktailsoße (rot und weiß) 194
Crèmesoße (gegart) 225
Essig-Öl-Marinade 193
Flammeri 224
Fleischbrühe 94
Fleischteig 119
Fruchtsoße (gegart) 225
Fruchtsoße (nicht gegart) 226
Gelatineverarbeitung 227
Gemüsebrühe/Wurzelbrühe 95
Hefeteig (salzig) 275
Hefeteig (süß) 274
Helle Mehlschwitze 108
Helle Mehlschwitze fettreduziert 108
Hühnerbrühe 95

Joghurtmarinade 193
Karamell 233
Kartoffelteig 171
Knochenbrühe 95
Mürbeteig (süß/salzig) 253
Nudelteig 144
Pfannkuchenmasse 154
Quarkblätterteig 298
Quark-Öl-Teig 294
Rührmasse 243
Sahnemarinade 194
Sauerrahmmarinade 194
Semmelteig 160
Spätzleteig 151
Strudelteig 302
Toskanisches Dressing 194
Wasserbiskuit 289

Sachwortregister

A

Abfallbeseitigung 25
Abkürzungen (Rezepte) 10
Abrasivstoffe 345
Abschätzen 28
Abwällen..33
Abzieher 358
Acron 213
Agar-Agar 54, 228, 320
Alfalfa 192
Aliginate 54
Alkalien 345
Alkohol 345
Alkoholische Gärung 273
Allzweckreiniger.............................345
Allzwecktücher 348
Amaranth.......................................221
Amaretto 239
Ambrosia 229
Ankochventil 40
Anordnungsmöglichkeiten
Garnierungen (Desserts)..................217
Anrichten und Garnieren von
Desserts 217
Antihaftbeschichtetes
Kochgeschirr 39
Antimikrobielle-Ausrüstung 361
Antipicking-Ausrüstung 361
Antipilling-Ausrüstung....................361
Antinagging-Ausrüstung 361
Antischmutz-Ausrüstung 361
Antistatische-Ausrüstung...............361
Aperitif 330, 333
Apfelentkerner 29
Aprikotieren 260
Arbeitsgrundsätze 24, 25
Arbeitsorganisation 24
Arbeitsplatzgestaltung 24, 372
Aromen 53
Arten von Wäsche 360
Aufbau Grundrezept 52
Aufgaben (Lernkontrolle) 20
Auftaustufe 45
Ausbeinmesser 27
Ausbohrer 29
Äußerer Greifraum 24
Auswellen (Mürbeteig).....................34
Automatik-Kochstellen 38

B

Backen..46
Backofen 42, 350
Backofenreiniger 345
Backpulver 53
Bambussprossen 187
Bargläser..332
Basilikum 47
Basmati-Reis..................................183
Baukastenwaschmittel 364
Baumwolle 359
Bekleidung 360
Berufsbekleidung 360
Besen 348
Besteck 331
Bettwäsche 360
Bewertungsskala mit
Bewertungsbogen.....................65, 66
Biergläser.......................................332
Biersorten 335
Bindemittel 54, 222
Biologische Lockerung 53
Biologischer Verderb 67
Bircher-Benner-Kost 58
Biskuitmasse 288, 289
Blanchieren 33

Blattsalate 191
Bleichaktivatoren 365
Bleichen 361
Bleichmittel 365
Blitz-Kochstellen 38
Blumenschmuck 327
Bodentücher 348
Brände 335
Brandmasse 266, 267
Braten im Backofen 46
Braten in der Pfanne 46
Bratensensortaste 37
Brezel 265
Brotbackstufe 42, 43
Brotmesser 27
Buchweizen 175
Bügeleisen 371
Bügelmaschine 371
Buntschneidemesser 27
Buntwaschmittel............................363
Butternuss.....................................213

C

Camembert.....................................90
Canapés 88
Cashew-Nüsse 120
Cayennepfeffer 127
Cellulose Fasern 359
Chemische Lockerung 53
Chemischer Verderb 67
Chester 90
Chilischoten 48
Chutneys 319, 321
Cocotten 84
Cointreau 230
Color-Waschmittel 364
Convenience Food 62, 63, 64
Curry 49

D

Dampfbügeleisen 371
Dampfdrucktopf 40
Dampfdrucktopf (Umgang) 41
Dampfgarsystem 43
Dämpfen (Garverfahren) 45
Datteln 81
Dekantieren 334
Desserts: Anrichten und
Garnieren 217
Desserts: Einführung.....................217
Desinfektion 346
Desinfektionsmittel 346
Desinfektionsreiniger 346
Desinfektionswischpflege-
mittel 346
Digestif 335
Dinkel 175
Duftstoffe 345, 365
Dunstabzugshauben 351
Dünsten (Garverfahren) 45
Durchdrehen 31

E

Edelstahl 346
Eier 54
Eierschneider 29
Eingeschlagene Luft 53
Einsätze (DDT) 40
Einsetzen von Getränken...............337
Einscheibenmaschine 358
Eintöpfe 93
Eiweiß 55
Elektroherd 36
Energielabel 70
Entfetten von Suppen 94

Entsaften 32
Enzyme 365
Erdbeeren 230
Ernährungskreis 55
Erweitertes Grundgedeck..............336

F

Faktoren der Reinigung 344
Fallhöhe, -häufigkeit......................367
Färben 361
Farbstoffe 345
Farfalle 144, 145
Faserarten (Textilpflege).................358
Feinblech (Reinigung)....................347
Feinwaschmittel 364
Fensterreiniger 345
Fertigprodukte................................63
Feuchtreinigung (Fußboden) 356
Fette 55
Filetieren 34
Filzausrüstung 361
Fingerhaltung (Schneiden) 31
Fisch (3-S-System) 136
Fisch (Theorie) 136
Fleisch (Theorie) 113
Fleischgabel....................................29
Foliengaren 45
Freilandtrocknung 71
Frittieren 46
Fusilli 144, 146
Fußboden (Reinigung) 356

G

Garnelen................................138, 139
Garprobe 243
Garprobe Fleisch 114
Gärstufe 43
Garstufen Fleisch 114
Garziehen (Garverfahren) 45
Gasherd 36
Gebundene Suppen 93
Geflügel..131
Geflügelschere 27
Gefriergerät 69, 352
Gefrierschränke.......................69, 352
Gefriertrocknung 71
Gefriertruhen 69, 353
Gelatine 54, 227, 228
Gelee 319, 321
Gelierprodukte 319
Gelierprodukte Inhaltsstoffe 320
Gemischte Salate 191
Gemüse (Theorie)..................202, 203
Gemüsemesser 27
Gemüsesalate (gegart) 191
Gemüsesalate (roh) 191
Genkennzeichnung 62
Genusstauglichkeits-
kennzeichnung 62
Gerste 175
Gerüststoffe 365
Geschirrspülmaschine 354, 355
Geschmackszutaten 53
Getränke (Umgang)................335, 337
Getränke Dekoration.....................316
Getreide 175, 176
Getreidesorten 175
Gewürze 48, 49
Gewürznelken 48
Glas (Reinigung) 332, 333
Gläser 332
Glaskeramikreiniger 345
Glaspoliermaschine 333
Glasnudeln 144, 201
Glasschaber (Kochfeld) 351

376

Sachwortregister

Glätten 371
Gnocchi 144, 147
Gomasio 79
Gorgonzola 78
Grillen 48
Grillfunktionen 42, 43
Großflächengrill 42, 43
Grundgedeck (Mittag- und
Abendessen, Frühstück) 336
Grundmengen für 1 Person 11
Grundreinigung 343
Grundrezept (GR) 52
Grünkern 175, 179
Guarkernmehl 54
Gummi arabicum 54
Gusseisen (Reinigung) 347

H

Haus-Automatik-System 43
Hacken 31
Hackfleisch 118
Hafer 175
Halbfertigprodukte 63
Halbleinen 359
Halloween 214
Halogenbeheizung 37
Handelsklassen Geflügel 131
Handrührgerät 35, 356
Häuten 33
Hefe 53
Hefe Lebensbedingungen 273
Hefeteig 273–275
Heißmangel 371
Heizband 36
Heizwendel 36
Hemdenfinisher 371
Herdarten 36
Herdoberflächen 36
Hirschhornsalz 53
Hirse 175
Hitzekonservierte Produkte 63
Hobeln 31
Hochveredelung 361
Hokkaido 213
Hygiene (persönlich) 23
Hygroskopische Wirkung 129

I

Imprägnieren 361
Induktionsbeheizung 36
Infrarot-Kochsensor 37
Ingwer 49
Inhaltsstoffe von
Reinigungsmittel 345
Innerer Greifraum 24
Internationale Küche 335
Internationale Pflegesymbole 362, 363

J

Jack O´Laternen 214
Johannisbrotmehl 54

K

Kaffeeservice 331
Kaffeespezialitäten 335
Kaltschalen 93
Kannelierer 29
Karambole 81, 236
Karamell (Theorie) 233
Karolinareis 183
Kartoffeln (Theorie) 96, 165
Kartoffelsorten 165
Katalyse 350
Keimlinge (Herstellung) 192
Kehrgarnitur (Reinigung) 348

Kennzeichnung (Lebensmittel) 60, 61, 62
Kennzeichnung (Textilien) 362
Kerbel 47
Klare Suppen 93
Klarspüler 345
Kleinflächengrill 42, 43
Knethaken 35
Knigge-Test 342
Knoblauchpresse 29
Koch (Reflexion) 18
Kochanzeigestift 40
Kocheigenschaften
von Kartoffeln 165
Kochen (Garverfahren) 45
Kochfelder 36, 351
Kochgeschirr 39
Kochmulden 36
Kochplatten 36, 351
Kochstellen 38
Kochventil 40
Kochzonen 36
Kohlenhydrate 55
Kohlrabi 99
Kollagene 227
Komplexbildner 345
Kompressionssystem 68
Konfitüren 319, 321
Konservierungsmittel 345, 365
Kontrollleuchtanzeige 37
Krallengriff 31
Kräuter 47
Küchenhelfer 29
Küchenmaschine 356
Küchenwäsche 360
Kugelaushöhler 29
Kühl-Gefrier-Kombination 69
Kühlschrank 68, 352
Kümmel 48
Kunststoff (Reinigung) 347
Kürbis (Theorie) 213
Kurkuma 49
Kurzbraten 46

L

Lachsmesser 28
Lacto-Vegetarier 57, 58
Langkornreis 183
Lebensmittelinformations-Verordnung ..60
Lebensmittelverderb 67
Leichte Vollkost 58, 59
Liebstöckel 47
Leinen 359
Lockerungsmittel 53
Lorbeeren 49
Los-Nummer 61

M

Mahlen 31
Mais 175, 180
Marmeladen 319
Mascarpone 219, 239
Maßeinheiten 9
Materialien (Küche) 346
Mehr-Zonen-Geräte 70
Mengenangaben 61
Mengenangaben (Bindemittel) 10
Mengenverhältnisse Reis 185
Mercerisieren 361
Messbecher 26
Messen 26
Messverfahren 26
Mett 118
Methoden der Haltbar-
machung 68–72
Menükarte 327–330

Mikrofasertücher 348
Mikrowellengerät 44, 353
Milchsäurebakterien 53
Milchsäuregärung 53
Mindesthaltbarkeitsdatum 61
Mineralstoffe 55
Mixen 31
Mixgetränke 333
Modalfasern 360
Moschuskürbis 213
Mülltrennung 25
Mundservietten 325, 327
Mungobohnen 192
Mürbeteig 252, 253
Muskatnuss 49
Muster Hefemann 313

N

Nährstoffbedarf 55
Nährwertangaben 61
Nassreinigung (Fußboden) 357
Nasssauger 358
Naturreis 183
Neuartige Lebensmittel 62
No-Frost-Einrichtung 70
Normal-Kochstellen 38
Novel-Food-Verordnung 62
Nudeln u. Sorten 143, 144

O

Obergriff (Teller) 339
Oberhitze 42, 43
Ogen-Melone 82
Oliven 121
Ölkürbis 213
Omelett 85
Optische Aufheller 365
Organische Säuren 345
Ovo-Lacto-Vegetarier 57, 58

P

Packordnung 68
Palette 30
Paniervorgang 34, 115
Papaya 81
Paprika 48
Parboiled Reis 183
Passieren 31
Passierstab 35
Pasteurisieren 71
Pâtission 213
Patnareis 183
Pektine 54
Pellen 33
Pellkartoffelgabel 30
Penne 144, 148
Pesce-Vegetarier 57
Petersilie 47
Pfefferminze 47
Pfeffersorten 48
Pflanzliche Bindemittel 54
Pflanzliche Fasern 359
Pflegemittel 346
Pflegesymbole (international) 362, 363
Physikalische Lockerung 53
Physikalischer Verderb 67
Pizza (Ursprung) 278
Plattiereisen 30
Pökeln 72
Polier- u. Trockentücher 332, 348
Porzellan 347
Präsentieren von Speisen 337
Preisangaben 61
Pressen 31
Probekochen 51

377

Sachwortregister

Protokoll 12
Pudding-Vegetarier 57
Pürierstab 35
Putzartikel 347
Putzen (Gemüse) 33
Pyrolyse 350

Q

Qualitätsmerkmale Fisch 136
Qualitätsmerkmale Fleisch 113
Quarkblätterteig 297, 298
Quark-Öl-Teig 294
Quellen 46

R

Räder (Rotelle) 144
Radieschen (Keimlinge) 192
Raspeln 32
Räuchern 72
Reiben 32
Reinigung (Kühlgeräte) 70, 352, 353
Reinigung 343
Reinigungsarten 343, 356
Reinigungsmittel 345
Reinigungsregeln 344
Reis (Theorie) 183
Reissorten 183
Reiswaffeln 315
Restwärmeanzeige 37
Rinderhack 118
Rohware 63
Romanesco 203
Rondini 213
Rotling 334
Rotweine 334
Rühren 35
Rührmasse 243
Rührständer 35
Rundkornreis 183

S

Sage Brezeln 265
Saisonkalender 50
Salate (Theorie) 191
Salzen 72
Samen 48
Sanddornbeeren 228
Sanforisieren 361
Santoku-Messer 28
Säuren 72
Schabefleisch 118
Schälen 33
Schärfen von Messern 29
Schaumregulatoren 365
Scheibenschnitt 32
Scheuermittel 345
Schinkenmesser 28
Schlagen 35
Schmelzen von Kuvertüre 308
Schmoren 46
Schmutzbindende Stoffe 365
Schmutzarten 349
Schneebesen 35
Schneidegeräte 27, 28
Schneiden 31, 32
Schnellkochender Reis 183
Schnittlauch 47
Schnitzelwerk 35
Schnitzer-Kost 58
Schrubber 349
Schwämme 349
Seide 359
Senf 49
Serviceregeln 337
Servietten falten 340, 341

Sesamöl 335
Sichtreinigung 343
Sieben 32
Sinner´sche Schema 344
Sofort-Gelatine 228
Sojabohnen 335
Sojasoße 49, 335
Sommerkürbis 213
Sortieren (Wäsche) 368
Spargel 207
Sparschäler 30
Spätzle (Theorie) 151
Spezialwaschmittel 364
Spickmesser 28
Spirituosen 335
Spreizgriff (Vorlegegriff) 338
Spritzbeutel und -tüllen 30
Sprühtrocknung 71
Spülen 25
Spülbürsten 349
Stabilisatoren 365
Staudensellerie 339
Steingut 347
Steinzeug 347
Sterilisieren 71
Stocken 45
Soufflé 240
Strahlungsbeheizung 36
Streifenschnitt 32
Strudelteig 301, 302
Suppeneinlagen 102
Suppennudeln 144
Süße Suppen 93
Synthetische Fasern 359, 360

T

Tabascosoße 49
Tafelformen 325
Tafelservice 331
Teeservice 331
Teigroller 30
Teigwaren (Theorie) 143
Teller tragen 339
Tenside 345, 365
Textilausrüstung 361
Textilpflege 358
Textilveredelung 361
Thunfisch 109
Thymian 47
Tiefgefrieren (1 x 1) 322
Tiefkühlen 68, 69
Tiefkühlprodukte 63, 64
Tierische Bindemittel 54
Tierische Fasern 359
Tischaccessoires 327
Tischdecke 326
Tischdecken 336
Tischgeräte 331
Tischkarten 327
Tischunterlage 325
Tischwäsche 325, 360
Toastbrote 89
Tofu 182
Tomatenmesser 28
Topferkennung 37
Topfreiniger 348
Tourniermesser 28
Trageechniken (Service) 338, 339
Tranchieren Fleisch 114
Tranchieren Geflügel 132
Trockenprodukte 63
Trockenreinigung (Fußboden) 356
Trocknen 71, 369, 370
Turkey 133

U

Untergriff (Teller) 339
Unterhitze 42, 43
Unterziehen/Unterheben 35
Unfallschutz 21, 22
Unterhaltsreinigung 343
Überbacken 46
Umluft 42

V

Vanilleschoten 49, 223
Veganer 57, 58
Vegetarismus 57
Verarbeitungsgrade 63
Verdampferfach 69
Verfärbungsinhibitoren 365
Verfeinerungszutaten 53
Verkehrsbezeichnung 60
Verzeichnis der Zutaten 60
Viskosefasern 359, 360
Vitamine 55
Vollwaschmittel 364
Vollwert-Ernährung 56
Vollwertige Ernährung 55
Vorlegebesteck 331
Vorlegegriffe 338
Vorlegen von Speisen 338
Vorratshaltung 67

W

Waage 26
Waerland-Kost 58
Walzentrocknung 71
Wäsche 360
Waschen (Gemüse) 33
Waschfaktoren 364, 365
Waschmittel mit
Zusatznutzen 364
Waschen (Wäsche) 368
Waschprogramme 368
Waschprozess 369
Wasser 55, 367
Wasserbad 34, 45
Wasserdampf 53
Wässern 35
Weihnachtsbäckerei 307
Weingläser 332
Weißer Reis 183
Weißweine 334
Weizen 175, 192
Wertstufen 56
Wiegemesser 32
Wiegen 26, 32
Wildreis 183
Winterkürbis 213
Wok 39, 336
Worcestersoße 49, 128
Würfelschnitt 32

Z

Zangengriff (Vorlegegriffe) 338
Zimt 49
Zitronenmelisse 47
Zucchini/Zuchetti 213
Zuckern 72
Zusammenlegen von Wäsche 373
Zwei- bzw. Dreikreis-
Kochzonen Anzeige 37
Zwiebel 32, 281
Zwiebel schneiden 32

Bildquellenverzeichnis

8 Projekte auf einen Blick

1. PROJEKT:	Informationsbeschaffung/Erstellung einer Einkaufsliste	92
2. PROJEKT:	Erstellung eines 4-Gang-Menüs	142
3. PROJEKT:	Präsentation zum Thema Vollwert-Ernährung	164
4. PROJEKT:	Erstellung von Zeit- und Arbeitsplänen	190
5. PROJEKT:	Aufbau eines Dessert-Büfetts/Materiallisten	216
6. PROJEKT:	Kostenrechnung für diverse Kuchen und Getränke	272
7. PROJEKT:	Vermarktung von Weihnachtsgebäck auf einem Basar	306
8. PROJEKT:	Herstellung eines internationalen 3-gängigen-Menüs mit Präsentation der Kultur und decken eines festlichen Tisches	324

Für das zur Verfügung gestellte Bildmaterial bedanken wir uns bei den nachfolgend aufgeführten Unternehmen recht herzlich.

Bildquellenverzeichnis

Firma	Ort	Seite/Bild-Nr.
Alto CD	Paris	S. 52/2; S. 71/3; S. 186/1; S. 213/4; S. 249
Artville CD	Madison/USA	S. 99/1; S. 129/1; S. 191/2–4; S. 210; S. 213/1, 3, 5, 8; S. 237/2; S. 251; S. 281
Bosch Robert Hausgeräte GmbH	München	S. 31/3, 5, 6; S. 37/5, 6; S. 69/1; S. 70/2; S. 144/13; S. 145/1; S. 191/1; S. 240/1; S. 321; S. 343/2, 4, 5; S. 350/1; S. 352/1, 3; S. 356/1; S. 366/2
Constructa-Neff Vertriebs-GmbH	München	S. 36/1, 3; S. 37/2, 4; S. 43/1–8; S. 45/2, 4; S. 351/5
Contacto Bander GmbH	Erkrath	S. 27/4
CORONET International GmbH & Co. KG	Sprockhövel	S. 343/1; S. 345/2; S. 348/1, 2, 3, 4, 5, 7; S. 349/1–8; S. 351/5; S. 357/6
Deutsche Gesellschaft für Ernährung e.V.	Bonn	S. 55/2
Deutscher Brauer-Bund e.V.	Berlin	S. 335/1
Dick Friedrich GmbH &. Co. KG	Deizisau	S. 27/3,5; S. 28/1; S. 29/5; S. 129/2; S. 208/2
Dr. A. Oetker Nahrungsmittel KG	Bielefeld	S. 319/4, 5, 7–9, 10
Duni GmbH & Co. KG	Bramsche	S. 327/5, 6; S. 340/3; S. 341/1, 2, 4
EMSA GmbH	Emsdetten	S. 26/3; S. 29/3; S. 347/3
Fachbuchverlag Pfanneberg Der junge Koch/Die junge Köchin	Haan-Gruiten	S. 29/1; S. 152/1–3; S. 165/2–4; S. 184/1; S. 329; S. 330/1–3; S. 338/1–3
Fachbuchverlag Pfanneberg	Haan-Gruiten	S. 32/1, 2; S. 77/1; S. 94/1; S. 114; S. 117; S. 193; S. 194; S. 195/3; S. 196/1–2; S. 200/1; S. 204/2; S. 208/1; S. 211/1; S. 212/2; S. 252/2; S. 253/2; S. 267/1, 2; S. 298/1
Famos-Westmark GmbH	Lennestadt-Elspe	S. 30/2, 5; S. 158/2; S. 199/2; S. 237/1; S. 262/3
Felmy, Kai	Oberursel	S. 57/7; S. 58/1
Fissler GmbH	Idar-Oberstein	S. 40; S. 41
Fotolia.com	New York (USA)	S. 84/1 © herculaneum79; S. 97/2 © nipaporn; S. 110/1 © Stefan Balk; S. 116/1 © Carmen Steiner; S. 120/1 © twvogel; S. 130 © Jaren Wicklund; S. 131/1 © nwf; S. 134/1 © Martina Berg; S. 180/1 © Mny-Jhee; S. 181/1 © Fotolia XXXV; S. 205/1 © nipaporn; S. 211/2 © unikat; S. 234/1-2 © Boris Ryzhkov, Monkey Business; S. 317 © Elenathwise; S. 318/1 © Hannes Eichinger; S. 332/23 © fotoexodo; S. 333/2 © fotoexodo; S. 334/1 © Markus Langer; S. 335/2 © Christian Jung

Bildquellenverzeichnis

Firma	Ort	Seite/Bild-Nr.
Fritz Karl GmbH &. Co. KG	Stuttgart	S. 30/7, 8, 9, 10; S. 292
Fuchs Gewürze GmbH	Dissen a. T. W.	S. 48; S. 49
GEFU Küchenboss GmbH & Co. KG	Eslohe	S. 29/2; S. 30/4; S. 128/1
GINETEX Germany c/o GermanFashion	Köln	S. 363
GME Gelatine Manufacturers of Europe	Bruxelles	S. 228/1, 2
Hill Metallwaren GmbH	Solingen	S. 30/1
Hotelwäsche Erwin Müller GmbH u. Co. KG	Wertingen	S. 325/2, 3, 4, 5, 6
Homefashion Carl Dietrich GmbH	Großrückerswalde	S. 340/2
Ingram Publishing	Cheshire (GB)	S. 165/1
Kaiser W. F. &. Co. GmbH	Diez/Lahn	S. 347/6
Kikkoman Trading Europe GmbH	Düsseldorf	S. 96/1
Krups GmbH	Offenbach/Main	S. 35/1–9; S. 356/2
Küchenprofi GmbH & Co. KG	Solingen	S. 30/6; S. 32/7
Le Meridien	Stuttgart	S. 328/1; S. 329/2
Liebherr-Hausgeräte GmbH	Ochsenhausen	S. 68/2; S. 70/1; S. 352/2; 353/1
MEV	Augsburg	S. 61/1; S. 93/1; S. 202/1
Miele & Cie. KG	Gütersloh	S. 36/2; S. 37/3; S. 344/1; S. 348/6; S. 350/3,4; S. 354/1; S. 355/4, 5; S. 360/1, 2, 3, 4; S. 364/2; S. 366/1; S. 367/2, 3, 4; S. 370/3, 4, 5; S. 371/1
Nilfisk- ALTO Group Deutschland	Bellenberg	S. 343/3
Pfeifer & Langen	Köln	S. 319/2, 3, 6, 11
Procter & Gamble GmbH	Worms	S. 361/1; S. 364/1
Rösle GmbH & Co. KG	Marktoberdorf	S. 29/4, 6, 7; S. 30/3; S. 31/4; S. 32/9; S. 200/2; S. 207/1; S. 231/2
Schaaf Eberhard GmbH & Cie.	Solingen	S. 28/2
Schafferer Großfachhandel für Hotel- und Gaststättenbedarf	Freiburg i. Br.	Geschirr, Besteck und Küchenwerkzeuge wurden für die Fotoarbeiten zur Verfügung gestellt.
Schott Zwiesel Kristallglas AG	Zwiesel	S. 316/2–4; S. 332/1–22, 24; S. 333/1; S. 334/2
Seltmann Chr. R. W. GmbH	Weiden	S. 347/4
Siemens-Electrogeräte GmbH	München	S. 36/4, 5; S. 37/1, 7; S. 43/9, 10; S. 69/3; S. 350/2; S. 368/2; S. 370/6
Soehnle-Waagen GmbH &. Co. KG	Murrhardt	S. 26/1–2
Staehle G. GmbH & Co. KG	Stuttgart	S. 358/1, 2
Stein Uli c/o Catprint Marketing GmbH	Langenhagen	S. 74; S. 112; S. 242
StockFood	München	S. 31/7, 8; S. 31/7-8; S. 35/10; S. 45/1, 3–6; S. 46; S. 48/3; S. 49/2; S. 52/5; S. 53; S. 54; S. 62/2; S. 71/4; S. 72/3-4; S. 105/1; S. 118/1–4; S. 202; S. 213/2; S. 222/1–3; S. 227/1, 3; S. 252/1; S. 253/1; S. 303
Ultimate Food Photography CD	USA	S. 1; S. 52/3, 4, 6, 7; S. 109/1; S. 123/2; S. 170/2; S. 200/3; S. 206/1; S. 375/1
Verlag Europa-Lehrmittel Fachwissen Gebäudereinigung	Haan-Gruiten	S. 347/5 Hr. Steggewentz; S. 357/1,2,4 Fr. Pfaller
Verlag Europa-Lehrmittel	Haan-Gruiten	S. 47; S. 52/1; S. 56; S. 63; S. 68/1; S.71/1, 2; S. 72/1, 2; S. 76/1; S. 77/1; S. 78; S. 79; S. 81; S. 83; S. 86; S. 100; S. 101; S. 106; S. 115; S. 121; S. 126; S. 135; S. 139; S. 144/1–12; S. 147; S. 157; S. 169; S. 175; S. 178; S. 182; S. 183; S. 184/2; S. 188; S. 192; S. 195/1-3; S. 199/1; S. 203/1–2; S. 213/6, 7; S. 217/5–8; S. 219; S. 231/1; S. 235/1; S. 238/1–3; S. 245; S. 250; S. 254; S. 258; S. 261; S. 264; S. 268; S. 279; S. 285; S. 290; S. 293; S. 297; S. 308; S. 310; S. 314; S. 315; S. 317; S. 318/2; S. 319/1; S. 332/1, 4; S. 333/3; S. 341
Vileda GmbH	Weinheim	S. 351/1; S. 356/3, 4; S. 368/3; S. 369/3, 4; S. 370/1
Weis Karl und Cie. GmbH	Murr	S. 30/11
Werner & Mertz GmbH	Mainz	S. 345/1/3; S. 362/1; S. 365/1; S. 367/1
Wäschekrone GmbH u. Co. KG	Laichingen	S. 326/1
WMF AG	Geislingen (BW)	S. 31/1, 2; S. 207/2; S. 331; S. 346/2; S. 347/1, 2
Wüsthof Ed. Dreizackwerk KG	Solingen	S. 27/1, 2, 6; S. 28/3, 4, 5, 6
Zwilling J.A. Henckels AG	Solingen	S. 39/1–3

Literaturverzeichnis

Zitate/Gedichte	Verfasser	Seite
Edith Stein	Gedicht	S. 310
Roger von Oech	Sprüche	S. 3; S. 158; S. 221